WITHDRAWN
HARVARD LIBRARY
WITHDRAWN

DIE KIRCHEN DER WELT · BAND XX

DIE RÖMISCH-KATHOLISCHE KIRCHE

DIE KIRCHEN DER WELT

BAND XX

Herausgeber

D. HANS HEINRICH HARMS
D. DR. HANFRIED KRÜGER
DR. GÜNTER WAGNER
D. DR. HANS-HEINRICH WOLF

DIE RÖMISCH-KATHOLISCHE KIRCHE

Herausgegeben von
WERNER LÖSER SJ

EVANGELISCHES VERLAGSWERK FRANKFURT/M.

YVES M.-J. CONGAR O. P.
in Dankbarkeit zugeeignet

Dem Band ist eine Karte „Verbreitung der Katholiken auf der Erde"
beigefügt, siehe Umschlagseite 3.

ISBN 3-7715-0206-3
© 1986 by Evangelisches Verlagswerk GmbH, Frankfurt/M.
Druck: J. F. Steinkopf Druck+Buch GmbH, Stuttgart
Bindearbeiten: Ernst Riethmüller & Co., Stuttgart

INHALT

Vorwort 7

I. KIRCHE – MYSTERIUM UND INSTITUTION

Das Bild von der Kirche nach den Dokumenten des
II. Vatikanischen Konzils. *Wolfgang Beinert* 11
Katholizität und Romanität – das wechselvolle Miteinander
zweier Dimensionen der Kirche im Wandel der Zeiten.
Yves Congar O.P. 47
Apostolische Kirche. *Werner Löser SJ* 88
Katholische Spiritualität. *Franz-Josef Steinmetz SJ* 97

II. WELTKIRCHE HEUTE

Entwicklungen im Gegenwartskatholizismus. *David A. Seeber* . 115
Die römisch-katholische Kirche in den verschiedenen
Regionen der Welt 138
Nordafrika und Naher Osten. *Johannes Madey* 138
Schwarzafrika. *Polycarp Chuma Ibebuike* 157
Indischer Subkontinent. *Bischof Valerian d'Souza* 191
Südöstliches und fernöstliches Asien. *Fritz Kollbrunner* ... 215
Australien und Ozeanien. *Reiner Jaspers M.S.C.* 233
Vereinigte Staaten von Amerika und Kanada. *James Hennesey SJ* 246
Lateinamerika. *Andrés Mendoza* 261
Europa. *Ivo Fürer* 292

III. KIRCHE IN DER ÖKUMENE

Das Einheits- und Ökumenismusverständnis der
römisch-katholischen Kirche. *Werner Löser SJ* 331
Die Beziehungen zu den orthodoxen Kirchen.
Hans-Joachim Schulz 346
Die Beziehungen zu den reformatorischen Kirchen und
kirchlichen Gemeinschaften. *Aloys Klein* 384
Die katholische Kirche und der Ökumenische Rat
der Kirchen. *Basil Meeking* 415
Die Begegnung mit außerchristlichen Kulturen und
Religionen. *Georg Evers* 434

VORWORT

Die römisch-katholische Kirche in der Reihe „Die Kirchen der Welt" vorzustellen ist kein unproblematisches Unterfangen. Gehorsam gegenüber Gottes Willen möchte auch diese Kirche sein. Und genau darum meint sie, sich nicht als ein Planet unter vielen, die um Christus als die Sonne kreisen und von ihm das Licht empfangen, verstehen zu dürfen. (Dieses Bild stammt von E. Schlink, Ökumenische Dogmatik, Göttingen 1983, 696.) Die inzwischen berühmt gewordene Formulierung aus dem II. Vatikanischen Konzil, daß die Kirche Jesu Christi in der römisch-katholischen Kirche „subsistiere", will zwar der Tatsache Rechnung tragen, daß sich auch außerhalb der römisch-katholischen Kirche Elemente wahrer Kirchlichkeit finden, aber doch gleichzeitig auch zum Ausdruck bringen, daß die wahre Kirche Christi in einzigartiger Weise in der unter dem Papst geeinten Kirche zur Erscheinung kommt. Wie verträgt es sich mit diesem Anspruch, daß diese Kirche in einem zwanzigsten Band einer kirchenkundlichen Reihe vorgestellt wird? Eine doppelte Antwort kann gegeben werden. Zum einen hat die Einordnung dieses Bandes in diese Reihe nicht zur Folge, daß der genannte Anspruch nicht zur Sprache kommt, – was freilich in einer differenzierten Weise zu geschehen hat. Zum anderen steht die römisch-katholische Kirche in einem vielfältigen und wechselseitig gleichberechtigten Dialog mit anderen Kirchen und Gemeinschaften (das Ökumenismusdekret des letzten Konzils empfiehlt diesen Dialog „par cum pari", vgl. UR Nr. 9). Dieser Band möge als ein Beitrag zu diesem Dialog verstanden werden.

In achtzehn Beiträgen wird ein Bild der römisch-katholischen Kirche dargeboten. Daß diese Beiträge von verschiedenen Autoren geschrieben wurden und deren Stil und Perspektive in ihnen unverkennbar zum Tragen kommen, ist bei diesem Band von Vorteil; denn darin reflektiert sich noch am ehesten die nicht systematisierbare Vielgestaltigkeit der Erscheinungsweisen und Lebensäußerungen dieser Kirche. Ohnehin war es nicht einfach, deren Breite und Fülle einigermaßen in den Blick zu bekommen und sachgerecht geordnet vorzuführen. Kirchengeschichtliche und die aktuelle kirchliche Gegenwart betreffende Darlegungen nehmen einen breiten Raum ein. Aber auch theologisch grundsätzliche Erörterungen fehlen nicht. Zum Teil stand bei den kirchentheologischen Aufsätzen die Lehre von den Attributen der Kirche im Hintergrund (Einheit: der Beitrag über das Einheits- und Ökumenismusverständnis; Heiligkeit: der Beitrag über die Spiritualität; Katholizität: der Beitrag über Katholizität und Romanität; schließlich Apostolizität: der Beitrag über die apostolische Kirche).

Für die Frage nach „Grundprinzipien des Katholischen", die im vorliegenden Band nicht ausdrücklich behandelt wird, sei auf einige Veröffentlichungen hingewiesen, die in den letzten Jahren abgefaßt worden sind und das Spektrum der heute möglichen Antworten seitens der katholischen Theologie in etwa abdecken: Heinz Schürmann, Auf der Suche nach dem ‚Evangelisch-Katholischen'. Zum Thema ‚Frühkatholizismus' (in: P. G. Müller/W. Stenger [Hrsg.], Kontinuität und Einheit = FS F. Mußner, Freiburg 1981, 340–375); Heinrich Schlier, Das bleibend Katholische. Ein Versuch über ein Prinzip des Katholischen (in: Ders., Das Ende der Zeit = Exegetische Aufsätze und Vorträge III, Freiburg 1971, 297–320); Hans Urs von Balthasar, Anspruch auf Katholizität (in: Ders., Pneuma und Institution = Skizzen zur Theologie IV, Einsiedeln 1974, 61–116). In diesen Texten sind die bekannten Auffassungen J. A. Möhlers, E. Przywaras, H. de Lubacs u. a. aufgegriffen und weitergeführt.

Einem der Autoren sei ausdrücklich und von Herzen gedankt: Yves M.-J. Congar O. P. Er hat sich den großen Text über die Katholizität und die Romanität der Kirche im Herbst 1984 mit letzter Energie abgerungen, bevor ihn die Krankheit, die ihn schon lange plagte, noch mehr an der Arbeit hinderte. Y. Congar hat Jahrzehnte hindurch unermüdlich über die Kirche nachgedacht und gesprochen und geschrieben. Die Reihe der einschlägigen Bücher und Aufsätze ist lang. Gleichzeitig hat Y. Congar sich schon früh und dann immer wieder neu für die Vertiefung der Einheit zwischen den christlichen Kirchen eingesetzt. Als Zeichen der Anerkennung und Dankbarkeit sei ihm deshalb dieser Band gewidmet.

Heinz-Gerhard Justenhoven hat durch seine verläßliche und geschickte Mitarbeit in nicht geringem Maße dazu beigetragen, daß dieser Band in der vorliegenden Form erscheinen kann. Ihm sei aufrichtig gedankt.

Gedankt sei schließlich dem „Verband der Diözesen Deutschlands", der die diesem Band beiliegende Karte „Verbreitung der Katholiken auf der Erde" zur Verfügung gestellt sowie einen namhaften Druckkostenzuschuß gegeben hat.

Die Abkürzungen richten sich in der Regel nach dem Abkürzungsverzeichnis der Theologischen Realenzyklopädie, hrsg. von S. Schwertner, Berlin 1976. Für die Dokumente des II. Vatikanischen Konzils finden sich die Abkürzungen am Beginn des Beitrages von W. Beinert verzeichnet.

Werner Löser SJ

I.
Kirche – Mysterium und Institution

I.
Kirche – Mysterium und Institution

DAS BILD VON DER KIRCHE NACH DEN DOKUMENTEN DES II. VATIKANISCHEN KONZILS

WOLFGANG BEINERT, Regensburg

1. Rahmenbedingungen

1.1 Das Konzil der Kirche über die Kirche

Das II. Vatikanische Konzil ist nach Intention, Verlauf und Dokumenten die bisher umfassendste Reflexion der römisch-katholischen Kirche über sich selbst. Das Thema Kirche ist sein Schlüssel- und Leitmotiv.[1] Die Besinnung vollzog sich in drei Schritten. Der erste war eine Schau nach innen, auf das eigene Wesen und die daraus folgenden Aufgaben. Der zweite bestand in einer Betrachtung der religiösen Umwelt, in der das Verhältnis zu den christlichen Konfessionen und den Religionen geklärt werden sollte. An dritter Stelle folgte der Blick nach draußen, auf die irdischen Wirklichkeiten, in denen die Kirche lebt. Die 16 Texte des Konzilscorpus spiegeln die Gesamt- und Teilthematik:
1. Die *Selbstbesinnung* der Kirche geschieht vor allem in der *dogmatischen Konstitution über die Kirche „Lumen gentium" (LG)* vom 21. 11. 1964. Sie wird begründet oder entfaltet durch die dogmatische Konstitution über die göttliche *Offenbarung (DV)*, die auf den Lebensgrund der Glaubensgemeinschaft reflektiert, durch die *Liturgie*konstitution *(SC)*, die sie als betende Gemeinschaft zeigt, und durch Texte, die den einzelnen Gruppen in der Kirche gewidmet sind. Dazu gehören das Dekret über die *Hirtenaufgabe der Bischöfe (CD)*, die beiden Dekrete über die *Ausbildung (DT)* und über *Dienst und Leben der Priester (PO)*, das Dekret über die zeitgemäße Erneuerung des *Ordenslebens (PC)*, das Dekret über das *Laienapostolat (AA)* und die Erklärung über die *christliche Erziehung (GE)*. Eine gewisse Sonderstellung nimmt das Dekret über die katholischen *Ostkirchen (OE)* ein: Es befaßt sich mit einem besonderen Ritus innerhalb der römisch-katholischen Kirche, weist aber zugleich auf die Tatsache der Spaltung der einen Kirche hin.
2. Die *Umschau* der Kirche in die religiöse Welt geschieht hinsichtlich der anderen Verwirklichungen des Christentums im Dekret über den *Ökumenismus (UR)*, hinsichtlich der nichtchristlichen Religionen in den kurzen, aber hochbedeutsamen Erklärungen über die *Religionsfreiheit (DH)* und die *nichtchristlichen Religionen (NA)*, in etwa auch durch das Dekret über die *Missions*tätigkeit *(AG)* der Kirche, die zugleich eine ihrer wesentlichen Funktionen ist.

3. Die *Weltsicht* der Kirche klärt sich im Dekret über die sozialen *Kommunikationsmittel (JM)* und vor allem durch die *pastorale Konstitution "Gaudium et spes" (GS)* über die Kirche in der Welt von heute. Vom Inhalt wie von der (bisherigen) Wirkungs- und Rezeptionsgeschichte her sind nicht alle diese Texte gleich bedeutsam. Dennoch muß man der Feststellung *Karl Rahners* zustimmen: „Das II. Vatikanische Konzil ist in einem ersten Ansatz, der sich erst tastend selber zu finden sucht, der erste amtliche Vollzug der Kirche als Weltkirche."[2] Ein detailgenaues und umfassendes Bild der konziliaren Ekklesiologie läßt sich darum nur aus der Lektüre und Zusammenschau aller Verlautbarungen gewinnen. Es kann an dieser Stelle nicht nachgezeichnet werden. Von der Absicht dieses Buches und dem verfügbaren Raum her lassen sich nur die wesentlichen Linien des konziliaren Gemäldes von der Kirche nachzeichnen. Daher beschränken wir uns hauptsächlich auf die Konstitution „Lumen gentium". An wichtigen Punkten ziehen wir auch die Aussagen der übrigen Texte heran.[3]

1.2 Die geschichtliche Größe Kirche

1.21 Die Vorgeschichte der konziliaren Ekklesiologie

Beinahe zwei Jahrtausende christlicher Geschichte sind vergangen, bis es zur eingehenden Selbstbeschäftigung der Kirche gekommen ist. Der Umstand bedarf der Erklärung. Vom Neuen Testament an ist uns eine fast unübersehbare Menge von Schriften überkommen, die sich mit unserer Thematik befassen.[4] Es sei für das Altertum nur an *Augustinus* erinnert; für das Mittelalter kann die Tatsache namhaft gemacht werden, daß der bei jeder Bibelexegese entscheidende „allegorische Sinn" nichts anderes als die christologisch-ekklesiologische Textinterpretation war. Gleichwohl vergingen rund anderthalb Jahrtausende, ehe die Theologen zu einer *systematischen* Betrachtung über die Kirche vordrangen. Bis dahin war diese eine selbstverständliche Gegebenheit, der natürliche Raum, in dem die Glaubenden sich bewegten, das Fundament, auf dem sie das Gebäude ihres Lebens errichteten. Sie war die brüderliche Gemeinschaft, die alle Christen umschloß.[5] Das Entscheidende für sie war die personale Beziehung zu Gott, die durch Christus im Heiligen Geist als Glauben in Liebe geknüpft wird, nicht aber ein Lehrsystem.

Nähere Überlegungen standen allenfalls an, wenn einzelne Gruppen innerhalb der Glaubensgemeinschaft, die spätestens seit Beginn des zweiten Jahrtausends als mit der erfahrenen „Welt" identisch empfunden wurde, miteinander Konflikte austrugen. Geschichtlich wirksam wurde vornehmlich der Kampf um die Abgrenzung von *Sacerdotium* und *Imperium*. Sie war in erster Linie ein Problem der Institutionen und daher juristisch zu vollziehen. So geschah die erste ausdrückliche ekklesiologische Reflexion in der Kanonistik im Rahmen einer Institutionenlehre. Die Kirche begriff sich zunehmend als eigenständige, hierarchisch gegliederte, dem Staat mindestens ebenbürtige Gesellschaft *(societas perfecta)*. Beide waren deutlich unterschieden und nahmen eine unterschiedliche Entwicklung. Für den Christen, der zugleich Staatsbürger war, entstanden dadurch Probleme.

Ekklesiologisch wurden sie in drei Richtungen relevant. Die *kurialistische Richtung* sieht im römischen Papst den Inbegriff der Kirche und zentriert darum die gesamte kirchliche Wirklichkeit auf ihn. Der Erweis der Kirchentreue des Christen wird die Papsttreue. Die *konziliaristische Richtung* sucht seiner Eigenständigkeit Rechnung zu tragen und proklamiert das Konzil (als Repräsentanz aller Gläubigen) zum ekklesiologischen Bezugspunkt. Dem daraus resultierenden Streit sucht die *spiritualistische Richtung* zu entkommen, indem sie das Wesen der Kirche in der unsichtbaren, vom Heiligen Geist getragenen Gemeinschaft aller lebendigen Glieder des Leibes Christi sieht. Vom Spätmittelalter an bleiben alle drei Themen virulent. Jetzt entstehen auch die ersten sogenannten „Kirchentraktate", die freilich weitgehend noch juristisch konzipiert sind.

Das ändert sich im 16. Jahrhundert. Die Reformation war nicht zuletzt deswegen unternommen worden, um gegen eine verfestigt erscheinende, hierarchisch erstarrte, in vielerlei Laster verfallene Kirche das spiritualistische und das konziliaristische Moment zur Geltung zu bringen. Das mißlingt insofern, als es nicht zur Erneuerung, sondern zur Spaltung der (westlichen) Kirche kommt. Die nun Teil einer konfessionellen Theologie gewordene römische Ekklesiologie wird zur bloßen Verteidigungsdoktrin verengt. Sie begreift sich als Traktat innerhalb der Fundamentaltheologie, die sich, nochmals verkürzt, als reine Apologetik konzipiert. Seine Hauptmomente waren die hierarchische Struktur mit wachsender Akzentuierung des Papsttums und der gesellschaftlichen Sichtbarkeit der Glaubensgemeinschaft. Die Wahrheitsmomente der zweiten und dritten These hatten keine Chance mehr.

Immerhin war sich nun die Kirche ihrer selbst als Subjekt voll bewußt geworden. Erstmals bilden sich systematische Abhandlungen zum Thema auf römisch-katholischer Seite heraus. *Melchior Cano* wird zum Vater der Ekklesiologie[6]; der Dichter *Angelus Silesius* verwendet 1677 erstmals auch diesen Begriff.[7] Eine letzte Zuspitzung der gegenreformatorischen Sicht von der Kirche erfolgt in der Reaktion auf die innerkatholischen Bewegungen des *Gallikanismus, Febronianismus* und *Josephinismus*, die der glaubenden Basis mehr Rechte erstreiten wollen und dies auf Kosten der Oberhoheit des Papstes tun. Mit den Dogmen des I. Vatikanischen Konzils wird die Kirche faktisch mit dem Bischof von Rom identifiziert. Er wird ungeachtet der durchaus in der Konzilsaula wie danach[8] ins Spiel gebrachten Nuancierungen und Differenzierungen der Quell- und Mittelpunkt aller ekklesialen Wirklichkeit. Die Kirche hatte sich im Papst gefunden.[9] Er ist der letzte und in der Praxis allein entscheidende Ort von Autorität und Kompetenz, der Schiedsrichter zur Festlegung und Feststellung des kirchlichen Glaubens, der Einheitspunkt, in dem die Gemeinschaft selbst mit Gott ermöglicht wurde.

Diese Konzeption der Kirche wurde vor allem in den theologischen Manualien gepflegt. Ein charakteristisches Beispiel ist die Darstellung des spanischen Jesuiten *J. Salaverri* „De Ecclesia Christi"[10], deren Grundgliederung in der ersten Spalte des Schaubildes auf S. 16 wiedergegeben ist.

Das Schifflein der Ekklesiologie hatte sich damit (wie die Kirche selbst) in eine bedenkliche Schräglage begeben. Das war allerdings nicht so sehr dem Konzil von 1870 selber anzulasten, das aus einem Entwurf über die Kirche nur die den Papst betreffenden Kapitel herausgezogen hatte, als den politischen Umständen. Sie machten den Abbruch der Kirchenversammlung erforderlich und verhinderten damit die Behandlung der anderen Kapitel des Kirchenschemas. So erhob sich sehr bald im 20. Jahrhundert die Forderung nach einer ausgewogenen und umfassenden Lehre über die Kirche.[11] Theoretisch wie praktisch wurde sie unterstützt durch die kirchlichen „Bewegungen"[12], den gesamtdogmatischen Aufbruch und, nach dem Zweiten Weltkrieg, auch durch die politischen und anthropologischen Neuorientierungen.[13] Viele dieser Anregungen waren „von unten", will sagen: nicht von den Amtsträgern gekommen, sondern von den Laien. Sie erwiesen sich mit einem Mal nicht nur als die „hörende Masse", sondern als theologisch-kirchlich aktive Gruppe. Das kirchliche Lehramt reagierte erstmals 1943 mit der Enzyklika *Pius' XII. „Mystici Corporis".*[14] Kirche erscheint in ihr als Gegenstand theologisch-dogmatischer Überlegung. Sie wird vom Prinzip der Inkarnation christologisch begründet. Das hierarchische Prinzip bleibt jedoch unangetastet.

1.22 Die Geschichte der Konstitution „Lumen gentium"[15]

Bereits bei der Sichtung der von den Bischöfen und katholischen Universitäten nach der Konzilsankündigung angeforderten Voten zeigte sich die Ekklesiologie als Schwerpunktthema der projektierten Kirchenversammlung. Insbesondere äußerten die Eingaben den Wunsch nach einer organischen Zuordnung jener Momente und Elemente, die durch die bisherige Entwicklung von Kirche und Kirchenlehre disparat nebeneinander stehen geblieben waren: Wie verhalten sich Wesen und Verfassung der Kirche, wie Dienst und Lehre, wie Staat und Kirche, wie römische und andere christliche Kirchen zueinander? Ein weiteres Desiderat – meist ohne ekklesiologischen Bezug zunächst – war die Entfaltung der Mariologie.

Unter der Ägide der Theologischen Vorbereitungskommission wurde eine Vorlage mit zunächst 13, dann (1962) 11 Punkten über die Kirche und einem Anhang über Maria als „Mutter Gottes und Mutter der Menschen" erstellt.[16] Ihre Quellen sind hauptsächlich Enzykliken und Ansprachen der Päpste aus den letzten 100 Jahren, das kirchliche Rechtsbuch von 1917 und Dokumente römischer Kongregationen. Die Themen sind breit gefächert, doch eindeutig liegt das leitende Interesse darauf, die Autorität der hierarchischen Kirche und die Heilsbedeutung ihrer Institutionen hervorzuheben.[17]

In der Konzilsaula fand das Schema wenig Gnade. Die pastorale Zielsetzung der Versammlung, aber auch die Erfahrungen der Bischöfe in ihren Diözesen wie jetzt miteinander in der Diskussion, die Vermittlung des dogmatischen Kirchenbildes durch die Konzilstheologen sowie ökumenische Reflexionen verlangten eine Besinnung auf das Mysterium der Kirche. So wird das Schema der Theologischen Kommission zur Überarbeitung überwiesen.

Das Ergebnis wird 1963 vorgelegt. Der Entwurf besteht nun aus 4 Kapiteln. An erster Stelle steht eine Betrachtung des Geheimnisses Kirche; es folgen Überlegungen über Bischofsamt und Laien; den Abschluß bildet ein Abschnitt über die Berufung zur Heiligkeit, also wieder eine Überlegung zum Mysterium der Glaubensgemeinschaft. Das mariologische Thema hat keinen Platz mehr.[18]

Auf der 2. Sessio (1963) avanciert das Kirchenthema zum Hauptthema des Konzils. Zwei Forderungen werden gegenüber der Vorlage erhoben: Viele Väter wollen Kapitel III teilen in ein Kapitel über das Volk Gottes und ein anderes über die Laien; viele weitere plädieren für eine Einbeziehung der Mariologie in die Ekklesiologie. Letzteres

Schaubild: Die Entwicklung der konziliaren Ekklesiologie

J. Salaverri	Schema I (1962)	Schema II (1963)	Schema III (1964)	„Lumen gentium"
Buch I: Die soziale Verfassung der Kirche	1. Die Natur der streitenden Kirche	1. Das Geheimnis der Kirche	1. Das Geheimnis der Kirche	1. Das Mysterium der Kirche
1. Die Gründung der hierarchischen Kirche	2. Die Glieder der streitenden Kirche und deren Heilsnotwendigkeit	2. Die hierarchische Verfassung der Kirche, besonders das Bischofsamt	2. Das Volk Gottes	2. Das Volk Gottes
2. Die Einsetzung des obersten sichtbaren Hauptes der Kirche	3. Das Bischofsamt als oberste Stufe des Weihesakramentes und das Priesteramt	3. Das Volk Gottes, besonders die Laien	3. Die hierarchische Verfassung der Kirche, insbesondere das Bischofsamt	3. Die hierarchische Verfassung der Kirche, insbesondere das Bischofsamt
3. Die ständige Dauer der Kirche	4. Die residierenden Bischöfe	4. Die Berufung zur Heiligkeit in der Kirche	4. Die Laien	4. Die Laien
Buch II: Das Lehramt der Kirche und seine Quellen	5. Die Stände der evangelischen Vollkommenheit		5. Die allgemeine Berufung zur Heiligkeit in der Kirche und die Ordensleute	5. Die allgemeine Berufung zur Heiligkeit in der Kirche
1. Die göttliche Einsetzung des Lehramts	6. Die Laien			6. Die Ordensleute
2. Das dauernde Subjekt des unfehlbaren Lehramts	7. Das Lehramt der Kirche		6. Der endzeitliche Charakter unserer Berufung und unsere Einheit mit der himmlischen Kirche	7. Der endzeitliche Charakter der pilgernden Kirche und ihre Einheit mit der himmlischen Kirche
3. Das Objekt des unfehlbaren Lehramts	8. Autorität und Gehorsam in der Kirche			
4. Die Quellen des kirchlichen Lehramts	9. Die Beziehungen zwischen Kirche und Staat		7. Die selige jungfräuliche Gottesmutter Maria im Geheimnis Christi und der Kirche	8. Die selige jungfräuliche Gottesmutter Maria im Geheimnis Christi und der Kirche
5. Die Kriterien der göttlichen Überlieferung	10. Die Notwendigkeit, allen Völkern und der ganzen Welt das Evangelium zu verkünden			
Buch III: Das übernatürliche Wesen und die Eigenschaften der Kirche	11. Der Ökumenismus			
1. Übernatürlichkeit und Vollkommenheit der Kirche	Anhang: Die Jungfrau Maria, Mutter Gottes und Mutter der Menschen			Bekanntmachungen und Erläuternde Vorbemerkung
2. Der mystische Leib Christi und seine Glieder				
3. Die Eigenschaften und Kennzeichen der wahren Kirche				
4. Zusammenfassung: Die dreifache Gewalt der Kirche				

wird in einer Kampfabstimmung als Mehrheitswille erkannt. Nach den Sitzungen wird ein dritter Schema erarbeitet. Es besteht aus 7 Kapiteln, deren letztes Maria „im Geheimnis Christi und der Kirche" behandelt. Am bedeutungsvollsten ist die Entscheidung, eine eigene Reflexion über das Volk Gottes den Kapiteln über die Feinstruktur der Kirche vorzuschalten: Damit war das juridische Denken zugunsten einer gemeinschaftsbezogenen oder *kommunionalen Ekklesiologie* zurückgedrängt.

Auf der 3. Sitzungsperiode (1964) wurde diese Vorlage im wesentlichen akzeptiert.[19] Die Gliederung wurde nur noch dahin geändert, daß Kapitel V geteilt wird. Die Ordensleute erhielten dadurch wieder ein eigenes (jetzt das VI.) Kapitel. Am 21. 11. 1964 wurde der Text mit 2151 gegen 5 Stimmen verabschiedet.[20]

Freilich war der allgemeine Verlauf der Debatten nicht unproblematisch gewesen. Eine beträchtliche Zahl von Bischöfen hatte Einwände gegen die Auffassungen der Majorität über die Kollegialität des Bischofsamtes. Die Verfechter der herkömmlichen juridischen und jener der (für das Konzil) neuen kommunionalen Tendenz gerieten darüber in Streit. Er war wohl weniger sachlich begründet als durch Mißverständnisse provoziert. Er hatte aber Folgen.

Zwar waren die Aussagen des III. Kapitels mit der vorgeschriebenen Zweidrittel-Mehrheit gebilligt und daher nach der Geschäftsordnung nicht mehr zu verändern, doch schien es sinnvoll, einige Klarstellungen zu geben, die es der Minorität leichter machen konnten, der Gesamtvorlage zuzustimmen. So kam es zu den „Bekanntmachungen", die der Generalsekretär des Konzils in der 123. Generalkongregation am 16. 11. 1964 mitgeteilt hat, deren wichtigster Teil die mit besonderer Billigung des Papstes erlassene „Erläuternde Vorbemerkung" *(Nota explicativa praevia)* ist. Sie ist Teil der Konzilsakten, nicht aber der Konstitution „Lumen gentium".

2. Der Hauptinhalt der konziliaren Ekklesiologie nach „Lumen gentium"

Das konziliare Bild von der Kirche ist, wie schon angedeutet, differenziert; das gilt bereits für „Lumen gentium" und wird bestätigt durch die anderen um dieses Dokument gruppierten Verlautbarungen, die im übrigen oft auf diese dogmatische Konstitution Bezug nehmen und sie zitieren, auch wenn an der einen oder anderen Stelle dann doch noch andere Gewichtungen vorgenommen werden. Die entscheidenden Züge werden deutlich, wenn man deren Grundaussagen Revue passieren läßt. Sie werden in vier Themenbereichen entfaltet, deren jeder zwei Kapitel des Textes umfaßt.

2.1 Das Geheimnis der Kirche (LG I/II)

Die im Blick auf die vorkonziliare Epoche entscheidende Neuorientierung kommt zum Ausdruck, wenn die Kirche nicht mehr – wie noch in Schema I – mit soziologischen, sondern theologischen Kategorien beschrieben wird: Sie ist zuerst „mysterium", erst dann und unter diesem Vorzeichen auch „societas". Dem echten Anliegen der spiritualistischen These ist damit Rechnung getragen. Das ist das Generalthema des *Kapitels I*. Unter *Geheimnis (mysterium)* wird nicht etwas Verborgenes verstanden, das verborgen bleiben soll, sondern die Unbegreiflichkeit des in der Öffentlichkeit der Geschichte sich vollziehenden Heilshandelns Gottes, das durch die Sendung des Sohnes und das währende Wirken des Heiligen Geistes seine unüberbietbare Aufgipfelung erreicht hat und nun in der Kirche zutage tritt, die eben darum nicht rein spiritualistisch, sondern sichtbar – institutionell konzipiert ist. Die nähere Struktur wird durch drei wichtige Feststellungen beschrieben.

Die Kirche lebt, *erstens,* ganz von Christus her und in Analogie zu ihm. Diese Aussage kommt symptomatisch schon in den Anfangsworten zur Sprache. Hatte in der Ansprache zur Konzilseröffnung *Johannes XXIII.* noch die Kirche als „Licht der Völker" bezeichnet[21], so hebt die Konstitution dezidiert an: „Christus ist das Licht der Völker" (Nr. 1). Damit steht sie, *zweitens,* in völliger Unterordnung unter ihm und somit vollkommen im Dienst des göttlichen Heilsplanes. Sie ist nicht, wie die romantische Ekklesiologie des 19. Jahrhunderts gern sagte, der „fortlebende Christus" noch das Reich Gottes, das Jesus angekündigt hatte, sondern hat nur Ähnlichkeit mit ihm (Nr. 8). Sie lebt in sehnsüchtigem Verlangen nach dem vollendeten Reich (Nr. 6). So ist sie zwar gesellschaftlich konkret in der „katholischen Kirche, die vom Nachfolger Petri und von den Bischöfen in Gemeinschaft mit ihm geleitet wird", doch schließt das nicht aus, daß auch außerhalb ihrer „vielfältige Elemente der Heiligung und der Wahrheit zu finden sind" (Nr. 8, 2).[22] Diese der Kirche konstitutiv innewohnende Dialektik wird, das ist die *dritte* Aussage, durch die Einführung des Sakramentsbegriffs eingefangen. Mit diesem Terminus, der an mehreren Stellen wiederkehrt[23], wird das ekklesiologische Generalthema angeschlagen. Programmatisch ist der Text in Nr. 1: „Die Kirche ist ja in Christus gleichsam das Sakrament, das heißt Zeichen und Werkzeug für die innigste Vereinigung mit Gott wie für die Einheit der ganzen Menschheit". Die bleibende Christozentrik der Kirche wie auch die heilsgeschichtliche Funktion wird so beschrieben. Diese kann sie nur dann erfüllen, wenn sie sich ständig neu an Christus orientiert und auf ihn hin reformiert (Nr. 8). Sie ist also wesentlich geschichtlich zu begreifen, aber zugleich lebt sie aus der Transzendenz: Die Kirche ist trinitarisch begründet und Instrument der trinitarisch vollzogenen Verwirklichung des Heils von Anbeginn der Welt bis zu ihrem Ende (Nr. 2). Das Mysterium zeigt sich ferner darin, daß es eine adäquate Definition der Kirche nicht gibt. Bewußt werden daher nur die verschiedenen biblischen Bilder als Beschreibung aufgezählt (Nr. 6). Gleichwohl gibt es Benennungen, die, wie das Wort *Sakrament*, deutlicher machen als andere, was Kirche ist. In diesem Rahmen kommt besondere Bedeutung der Vorstellung vom *Leib Christi* zu, die unter wechselnder Wertung seit einem Jahrhundert besonders beachtet worden war (Nr. 7). Sie ruft ins Gedächtnis, daß Kirche nicht primär Organisation, sondern Organismus ist, der vom eucharistischen Christusleib getragen und genährt wird. Hier deutet sich bereits an, daß die Grundgestalt der Kirche die eucharistische Versammlung, die Kirche am Ort ist.[24]

Doch die eigentliche ekklesiologische Leitvorstellung des Konzils ist die Idee vom *Volk Gottes*. Ihr ist das ganze *Kapitel II* eingeräumt. Aus zwei Gründen entspricht sie dem konziliaren Denken besonders. Sie macht auf die Vorläufigkeit der Kirche aufmerksam. „Auf der Suche nach der kommenden und bleibenden Stadt" zieht sie „in der gegenwärtigen Weltzeit" einher (Nr. 9, 2). Die sakramentale Aufgabe dieses Volkes hat weiter die Konsequenz, daß Kirche universal ist: „Bestimmt zur Verbreitung über alle Länder, tritt sie in die menschliche Geschichte ein und übersteigt doch zugleich Zeiten und Grenzen der Völker" (Nr. 9, 3). Ihr Mysterium manifestiert sich als umfassende anthropologisch-geschichtliche Größe. Die Abschnitte 10–17 ziehen daraus die Folgerungen. Binnenkirchlich kommt die Universalität zum Ausdruck im „gemeinsamen Priestertum der Gläubigen", an dem alle Christen unbeschadet ihrer weiteren Stellung in der Kirche gleicherweise Anteil haben (Nr. 10), in der ekklesiologischen Struktur der sieben Einzelsakramente, die den gesamten Bereich der christlichen Existenz beeinflussen (Nr. 11), und in der geistgeleiteten Betätigung des allen Gläubigen zukommenden Glaubenssinnes, kraft dessen die Kirche im Glauben nicht irren kann (Nr. 12, 1). Durch diese Aussagen wird die gegenreformatorische Ekklesiologie korrigiert, die nur im Amt die Garantie der Rechtgläubigkeit gegeben sah. Zugleich werden die genuinen Elemente der konziliaristischen These aufgenommen. In Zusammenhang damit geht das Konzil auch auf die Charismen der Gläubigen ein, die neben dem Amtscharisma und unabhängig von ihm „für die Erneuerung und den vollen Aufbau der Kirche" gegeben werden (Nr. 12, 2). Die ekklesiale Universalität hat ihren Ausdruck auch in der kirchlichen Verfassung. Es gibt die Pluralität und Pluriformität der Ämter und Lebensordnungen, aber auch die unterschiedliche Gestalt der Teilkirchen, die gerade durch ihre Verschiedenartigkeit und Verschiedenheit die spezifische Einheit der Kirche formen (Nr. 13). Die Einheit und Katholizität der Kirche, nach den Symbola zwei ihrer Wesenseigenschaften, werden so in eine vitale Spannung zueinander gesetzt.

Die Idee von der Kirche als Gottesvolk modifiziert die Beziehungen innerhalb der Menschheit. Grundlegend ist die Feststellung, daß „zu dieser katholischen Einheit des Gottesvolkes... alle Menschen berufen" sind. „Auf verschiedene Weise gehören ihr zu oder sind ihr zugeordnet die katholischen Gläubigen, die anderen an Christus Glaubenden und schließlich alle Menschen überhaupt, die durch die Gnade Gottes zum Heil berufen sind" (Nr. 13, 4). Ohne den Begriff zu nennen, geht die Kirchenversammlung hier und in den folgenden Erläuterungen der Abschnitte 14–16 auf das in der Zeit nach „Mystici Corporis" heiß diskutierte Thema der Kirchengliedschaft ein. *Pius XII.* hatte sie faktisch auf die tatsächlich oder ihrem Verlangen *(votum)* nach der römisch-katholischen Kirche zugehörigen Glaubenden eingeschränkt. Das Konzil kennt zwar eine gestufte Gliedschaft (Zugehörigkeit oder Zuordnung), nimmt aber grundsätzlich niemanden von ihr aus. So ergibt sich das Modell von den konzentrischen Kreisen: Im Zentrum steht die römisch-katholische Kirche, um sie gruppieren sich die Nichtkatholiken (Nr. 15) und die Nichtchristen bis hin zu den Atheisten (Nr. 16). Die Konsequenzen ziehen dann die Konzilstexte über den Ökumenismus und die nichtchristlichen Religionen. Gleiches gilt von dem Grundriß einer Theologie der Mission in Nr. 17, der im entsprechenden Dekret eingehend kommentiert wird.

2.2 Die Struktur der Kirche (LG III/IV)

Nach dem heilsgeschichtlichen Aufriß über Wesen und Natur der Kirche wendet sich die Konstitution ihrer konkreten Gestalt zu. Dieser Weg vom Allgemeinen zum Besonderen führt zugleich in die Problematik ein, die dem Detail einwohnt. Auch historisch gesehen liegt der eigentliche Zündstoff der Ekklesiologie an dieser Stelle. Mit der Einführung des Sakramentsbegriffs für die Kirche war eine einleuchtende Antwort auf die Frage nach der Zuordnung von geistlicher und institutioneller Gestalt der Kirche gefunden. Grundsätzlich war auch das Thema vom Verhältnis zwischen Amt und Charismen oder Hierarchie und nichthierarchischen Kirchengliedern durch den umspannenden Begriff des Gottesvolkes entkrampft worden. Wir sahen aber, daß es sich in der Kirchengeschichte oft in der Spannung „Kurie" und „Konzil" oder Primat und Episkopat, aber auch in der Debatte um die Rolle des Kirchenvolkes artikuliert hatte. Die in den beiden ersten Kapiteln entwickelte Neuorientierung mußte virulent werden, wenn diese Strukturfragen angegangen werden sollten.

Kapitel III behandelt in zwölf Artikeln die hierarchische Verfassung der Kirche mit der historisch begründeten besonderen Aufmerksamkeit für das Bischofsamt. Nr. 18 hält an der unaufgebbaren Ämterstruktur fest; den Trägern solcher Ämter wird „heilige Vollmacht" *(sacra potestas)* zuerkannt. Sie berechtigt nicht zur Herrschaft, sondern muß ausgeübt werden „zum Besten (der) Gläubigen, ja der ganzen Kirche, deren organische Struktur und Eintracht der Heilige Geist immerfort stärkt" (Nr. 22, 2). In der Betonung des potestas-Begriffs in den Nrn. 18–27, die in der Nota praevia noch verstärkt wird, zeigt sich aber auch die Spannung von Kapitel III zu Kapitel II unübersehbar, in welchem die Hierarchie als ein Dienst unter anderen und mit anderen gesehen wird. Nun wird die Sonderstellung sehr stark betont, wobei die Konzentration auf den Papst auffällt.[25]

Der biblischen Begründung (Nr. 19) folgt die Lehre von der historischen Weiterführung des apostolischen Amtes, in dem zwar nicht allein, aber wesentlich die Apostolizität der Kirche, eine dritte Wesenseigenschaft nach den Symbola, begründet liegt. Dogmatisch klärend ist die strenge Parallelisierung der Fortdauer dieses Amtes mit der Fortdauer des Petrusamtes wie auch die Erklärung der Sakramentalität der Bischofsweihe (Nr. 21). Das erste sichert die Eigenständigkeit des Episkopates, der ebenso wie der Primat zur bleibenden Ausstattung der Kirche gehört. Das zweite ist eine logische Konsequenz aus der sakramentalen Gestalt der Kirche. Wenn diese sich aus der Eucharistie ergibt und wenn der Bischof der eigentliche Priester einer Teilkirche ist (Nr. 23; 26), dann ist auch sein Amt sakramental begründet. Das gilt auch für die zwar als Teilhabe am Bischofsamt, doch nicht als absolut unselbständig deklarierten anderen kirchlichen Ämter des Presbyterates (Nr. 28) und des Diakonates (Nr. 29). Letzteres wird „als eigene und beständige hierarchische Stufe wiederhergestellt" (Nr. 29, 2).

Der brisanteste Artikel ist Nr. 22, in dem die Lehre von der Kollegialität der Bischöfe behauptet und ein Gegengewicht zu den nach dem I. Vatikanischen Konzil aufgetretenen Einseitigkeiten des Kirchenverständnisses gesetzt wird. Ihr theologischer Grund liegt in der Sakramentalität der Bischofsweihe und in der „hierarchischen Gemeinschaft mit Haupt und Gliedern des Kollegiums" (Nr. 22, 1). In Zusammenhang mit den Artikeln 23 und 26 über die Struktur der Kirche „in und aus Teilkirchen" werden hier zwei höchst folgenreiche Prinzipien statuiert, wenn auch nicht genau präzisiert:

1. Das allgemeine Prinzip der Kollegialität besagt, daß die Gesamtkirche *(ecclesia universalis)* ein Netz von Gottesdienstgemeinschaften oder Teil- bzw. Ortskirchen ist *(ecclesiae particulares)*, die durch ihre Eigenart die Katholizität der Kirche in die Einheit der Universalkirche integrieren.[26]

2. Das Prinzip von der kollegialen Gestalt des Episkopats bringt zum Ausdruck, daß das oberste Leitungsorgan der Kirche die Gesamtheit der Bischöfe in Einheit mit dem Bischof von Rom (Papst) ist. Es fungiert so, daß die Bischöfe nur zusammen mit ihm, er aber auch allein als Haupt des Kollegiums handeln und sprechen kann.

Die Abschnitte 24–27 beschreiben die Aufgaben des Einzelbischofs[27], und zwar jetzt durchgehend in der Kategorie „Dienst" *(ministerium)*.[28] Gerade weil die Amtsträger, allen voran die Bischöfe, „Stellvertreter und Gesandte Christi" sind, müssen sie sich das Beispiel dessen vor Augen halten, „der nicht gekommen ist, sich bedienen zu lassen, sondern zu dienen" (Nr. 27, 1.3).

Das ist bereits eine Vorgabe für das *Kapitel IV* über die Stellung des Laien in der Kirche. Sie ist von der des Amtsträgers klar abgehoben, doch die Laien haben „die geweihten Amtsträger zu Brüdern" (Nr. 32, 2f.).[29] Das Konzil widersteht der Versuchung zu klassifizierender Definition von Amtsträgern und Laien (und Ordenschristen). Sie sind nicht adäquat voneinander unterschieden, sondern stehen in geschwisterlicher Beziehung zueinander. Nr. 31, 2 sieht das Spezifikum des Laien darin, daß ihm „der Weltcharakter in besonderer Weise *(peculiari modo)* zu eigen" sei. Er kommt ihm also nicht exklusiv zu; auch Kleriker können sogar weltliche Berufe ausüben (Nr. 31, 2). Es ist aber des Laien vornehme Aufgabe, das Reich Gottes vor allem in den „normalen Verhältnissen" zu suchen und zu erbauen.[30] Das ist eine eigenständige Aufgabe, die nicht vom Amt verliehen worden ist.[31] „Das Apostolat der Laien ist Teilnahme an der Heilssendung der Kirche selbst. Zu diesem Apostolat werden alle vom Herrn selbst durch Taufe und Firmung bestellt" (Nr. 33). Dieser Eigenständigkeit entspricht die Aufforderung: „Entsprechend dem Wissen, der Zuständigkeit und hervorragenden Stellung, die sie einnehmen, haben sie die Möglichkeit, bisweilen auch die Pflicht, ihre Meinung in dem, was das Wohl der Kirche angeht, zu erklären."[32]

In den Abschnitten 34–36 werden die Aufgaben beschrieben, die sich aus der Teilhabe am dreifachen Amt Christi für die Laien ergeben. Das Dekret über das Laienapostolat versucht im Anschluß daran die praxisorientierte Umsetzung dieser Weisungen in das gegenwärtige Leben. Ziel aller Aktivitäten ist es, „die Welt mit den Früchten des Geistes zu nähren" (Nr. 38).

2.3 Die Zielrichtung der Kirche (LG V/VI)

Ursprünglich (Schema I) folgte auf das Kapitel über die Bischöfe eine Abhandlung über die Ordensleute unter dem Titel „Die Stände der evangelischen Vollkommenheit". Weil aber die Heiligkeit kein Reservat der Religiosen ist, sprach Schema II allgemein über die Berufung zur Heiligkeit in der Kirche. Das rief deren Protest hervor. Schema III verband, der endgültige Text trennte beide Themenkreise. Innerlich gehören sie sicher zusammen: Die allgemeine Berufung zur Heiligkeit wird in besonders zeichenhafter Weise von den Ordenschristen gelebt. In allen Gliedern der Kirche aber wird in je spezifischer Weise das gemeinsame heilsgeschichtliche Ziel des wandernden Gottesvolkes angestrebt, das in der vierten Eigenschaft der Kirche nach den Symbola als bleibendes Merkmal ausgesprochen wird: die Heiligkeit, die orientiert ist an der Heiligkeit jenes Gottes, der der schlechthin Heilige ist. Damit aber führen die beiden Kapitel wieder zur Beschreibung der geistlichen Grundgestalt der Kirche zurück.

Die besonderen Akzente von *Kapitel V* liegen darin, daß deutlich ausgesprochen wird, daß Heiligkeit nicht auf Leistung, sondern auf der Rechtfertigungsgnade beruht (Nr. 40). Sie ist also Geschenk, das jedoch entsprechend der Stellung oder Lebensform des einzelnen Kirchengliedes angeeignet und fruchtbar gemacht werden muß. Das wird exemplifiziert an den Amtsträgern, den Eheleuten, Witwen, Unverheirateten, an den Arbeitern, an den Armen, Kranken und Bedrängten (Nr. 41). Die funktionale Bedeutung der (persönlichen) Heiligkeit für die heilige Kirche hebt der Grundsatz von Nr. 40 ins Licht: „Durch diese Heiligkeit wird auch in der irdischen Gesellschaft eine menschlichere Weise zu leben gefördert." Der letzte Artikel des Kapitels konkretisiert Heiligkeit als Gottes- und Nächstenliebe (Nr. 42).

Die 5 Artikel des *Kapitels VI* enthalten grundsätzliche und praktische Anweisungen für das Ordensleben; letztere werden teils im Dekret über die Hirtenaufgabe der Bischöfe, vornehmlich aber im Dekret über die zeitgemäße Erneuerung des Ordenslebens näher ausgeführt. Die Existenz im Orden wird nicht mehr wie früher als eigener Stand oder gar als „Stand der Vollkommenheit" gesehen, sondern als charismatische Existenzform, die Amtsträgern wie Laien möglich ist. Das Bekenntnis zu ihr erscheint „als ein Zeichen, das alle Glieder der Kirche wirksam zur eifrigen Erfüllung der Pflichten ihrer christlichen Berufung hinziehen kann und soll" (Nr. 44). Ausdrücklich gilt das auch für die Weltsendung der ganzen Kirche. Wenn die Ordensleute „auch zuweilen ihren Zeitgenossen nicht in unmittelbarer Weise hilfreich sind, haben sie diese doch auf tiefere Weise in der Liebe Christi gegenwärtig und wirken geistlich mit ihnen zusammen, daß der Bau der irdischen Gesellschaft immer in Gott gründe und auf ihn ausgerichtet sei und seine Erbauer nicht vergeblich arbeiten" (Nr. 45).

2.4 Die Vollendung der Kirche (LG VII/VIII)

Auch dieses Kapitelgefüge gehört innerlich zusammen. Von Anfang an fällt die heilsgeschichtliche Grundmelodie der Konstitution auf. Nach Wesen und Struktur ist die Kirche auf die Fülle des Gottesheiles ausgerichtet, die für die Vollendung der Zeiten verheißen ist. Sie lebt also in der Zeit und wirkt zum Wohl der Zeiten, aber geht nicht in der Zeitlichkeit auf. Sie ist Vorlauf und vorläufig; heilsorientiert, nicht das Heil; Teil der vergehenden Weltgestalt und also in Erwartung[33]: Sie ist, kurz gesagt, eine *eschatologische Größe*. Das klang in vielen vorausgehenden Abschnitten immer wieder einmal an[34], zum Abschluß wird es eigens bedacht. In Kapitel VII wird das mehr theoretisch, in Kapitel VIII personal beschrieben. So kehrt das Dokument am Ende zurück zur beständigen Tradition, daß Kirche und Heil erstlich personale und existentielle Gegebenheiten sind.

Der eschatologische Charakter der Kirche wird in *Kapitel VII* zuerst grundsätzlich betrachtet (Nr. 48f.), dann im Blick auf die Heiligen im Himmel, die Weiser für den eigenen Weg zu Gott und besondere Freunde Christi sind (Nr. 50). Das legitimiert ihre Verehrung, die freilich von Mißbräuchen freizuhalten ist (Nr. 51).

Kapitel VIII würde mißverstanden, sähe man darin nur die Darstellung der mariologischen Gedanken des Konzils, die mehr oder minder willkürlich an die Ekklesiologie angehängt ist, wie dies schon lange vorher in vielen Dogmatikwerken üblich war. In Wirklichkeit kommt in dieser Zuordnung eine Grundentscheidung ans Licht. In Konformität mit der biblischen und patristischen Marienlehre sehen die Väter die Mutter Jesu Christi als exemplarische Jüngerin des Herrn, „als überragendes und völlig einzigartiges Glied der Kirche wie auch als ihren Typus und klarstes Urbild im Glauben und in der Liebe" (Nr. 53), die, gerade weil sie wie alle anderen Glieder der Kirche „den Pilgerweg des Glaubens" ging (Nr. 58), als ein Mensch erkannt wird, der „gewissermaßen die größten Glaubensgeheimnisse in sich" vereinigt (Nr. 65). Der personale Charakter der Kirche, der auf der Menschenliebe Gottes beruht und die Gottesliebe der Menschen zusammenfassen will, wird unübersehbar. Es geht bei allem, was mit der Kirche Jesu Christi zusammenhängt, stets und ständig um unser, der Menschenfamilie, Heil; daß es real ist, dafür ist die Mutter Jesu dem Volk Gottes „Zeichen der sicheren Hoffnung und des Trostes" (Nr. 68). Mariologie nährt sich aus der Ekklesiologie, die Gestalt Marias weist auf die Kirche. Diese aber führt die Menschen von sich weg zu Gott.

„Christus ist das Licht der Völker" – so setzte das entscheidende Dokument der konziliaren Ekklesiologie ein. Es endet mit der Hoffnung, die Völkerfamilien mögen „in Friede und Eintracht glückselig zum einen Gottesvolk versammelt werden, zur Ehre der heiligsten und ungeteilten Dreifaltigkeit" (Nr. 69). Dazwischen liegt die sakramentale Funktion der Kirche.

3. Die Grundstruktur der konziliaren Ekklesiologie

3.1 Die formale Struktur

3.11 Treue zu den Quellen

Die Lehre des II. Vatikanischen Konzils über die Kirche wurde innerhalb und außerhalb der Aula von St. Peter als etwas Neues empfunden. Die einen begrüßten das ebenso lebhaft wie es die anderen beklagten. Ob das Urteil zu Recht besteht, entscheidet sich nicht zuletzt durch den Blick auf die Quellen.[35] Er zeigt eines deutlich: Die Väter wollten sich dem Wort Gottes in größtmöglicher Treue hörend öffnen, wie es in der Heiligen Schrift niedergelegt und durch die lehramtliche und theologische Tradition der Kirche erschlossen worden ist. Während die vorkonziliare Theologie von der *These* ausging, die meist aus der unmittelbaren päpstlichen Lehrverkündigung abgeleitet worden war, und sich erst dann aus dem Material der Überlieferung die dazu passenden Belegstellen heraussuchte, spürt man bei den Konzilsbischöfen das Bestreben, die Stimme der *Überlieferung* selbst zu Wort kommen zu lassen, um sie dann ins Gespräch mit den zeitgenössischen Problemen zu bringen. Dieser Wandel hängt zusammen mit der pastoralen Ausrichtung des Konzils, ist aber auch das Ergebnis der umfangreichen dogmen- und theologiehistorischen Anstrengungen der ersten Hälfte unseres Jahrhunderts. Sie hatten das reiche Material der Theologie der Vorzeit erschlossen und unbefangen vorgelegt.

An erster Stelle ist die biblische Verwurzelung der Ekklesiologie zu nennen. An nicht weniger als 432 Stellen nimmt „Lumen gentium" zitierend oder referierend auf die Schrift Bezug. Erkennbar wird das Bemühen um die rechte Interpretation des Gotteswortes vor allem dort, wo das Konzil sich gegen die Vulgata auf den griechischen Urtext beruft.[36]

Ein zweites Merkmal ist die Aufnahme der patristischen Tradition des Westens *und* des Ostens. Die Orientalen werden an 42 Stellen zitiert.[37]

Die mittelalterliche Theologie wird 27mal ins Gespräch einbezogen; dabei hat Thomas von Aquin mit 16 Zitaten den ersten Platz. Aus der Neuzeit kommt nur noch ein Theologe zu Wort[38], sonst beruft sich das Dokument auf Konzilien, päpstliche und kuriale Verlautbarungen und den Codex Iuris Canonici von 1917.

Ein Beleg für den unbefangenen Umgang mit der Überlieferung ist Kapitel VIII. Die vorkonziliare Mariologie hatte das Bestreben, beinahe um jeden Preis die Vorzüge der Mutter des Herrn zu vermehren und ihr alle nur irgendwie denkbaren „Privilegien" zuzuerkennen, die sie immer mehr auf die Seite Gottes rückten. Damit entfernte sie sich allerdings von den eher nüchternen Aussagen des Neuen Testamentes. Dieses hat mehrere Stellen, die mariologisch recht zurückhaltend sind.[39] Sie wurden meist verschwiegen oder über die Maßen relativiert. „Lumen gentium" kennt, wie etwa Nr. 57 f. zeigt, solche Ängste nicht mehr.

3.12 Personales Denken

Ein beliebtes, um 1810 entstandenes Kirchenlied beginnt: „Fest soll mein Taufbund immer stehn, ich will die Kirche hören. Sie soll mich allzeit gläubig sehn und folgsam ihren Lehren."[40] Es gibt sehr genau das vorkonziliare Verständnis wieder. Die Kirche erscheint als moralisches Kollektivsubjekt von Rechten, Pflichten und Privilegien, die sich in der Hierarchie verkörpern; als Institution von Gnade und Wahrheit, der die nichthierarchischen Gläubigen als „hörende Kirche" gegenüberstehen, zu Gehorsam und Annahme aller ihrer Verlautbarungen verpflichtet. Notwendig traten das Trennende und die einzelnen Gruppen in der Kirche Konstituierende stärker ins Blickfeld als das Verbindende. Laien, Ordenschristen und Kleriker erschienen scharf voneinander abgegrenzt, wobei die hierarchischen Unterschiede innerhalb des Klerus noch einmal eigens herausgearbeitet wurden. Die Ekklesiologie des II. Vatikanischen Konzils denkt dagegen personal.

Der Personalismus in der zeitgenössischen Philosophie mag dabei ebenso eine Rolle gespielt haben wie die Erkenntnis, daß Kirche und kirchliches Leben nur wirklich erfahren werden als Teil der eigenen, der individuellen Lebenswelt. Entscheidend war jedoch die Rückbesinnung auf die Quellen des Christentums. Sie stellen das Heilsgeschehen als interpersonale Kommunikation dar. „Gott hat in seiner Güte und Weisheit beschlossen, sich selbst zu offenbaren und das Geheimnis seines Willens kundzutun: daß die Menschen durch Christus, das fleischgewordene Wort, im Heiligen Geist Zugang zum Vater haben und teilhaftig werden der göttlichen Natur. In dieser Offenbarung redet der unsichtbare Gott aus überströmender Liebe die Menschen an wie Freunde und verkehrt mit ihnen."[41] Die Kirche ist Teil einer Liebesgeschichte mit weltgeschichtlichen Dimensionen, die unter dem Stichwort vom Neuen und ewigen Bund bedacht wird. Sie kann nur unter personalen Kategorien verstanden und plausibel gemacht werden.[42] Nicht die Institution ist die fundamentale Gegebenheit der Kirche, sondern „die Würde und Freiheit der Kinder Gottes, in deren Herzen der Heilige Geist wie in einem Tempel wohnt".[43] Die Kirche ist zuerst *congregatio fidelium*.

Die Konzilsväter verstehen die Kirche darum als *communio*, d. h. als Gemeinschaft von Personen, die ihre Wurzel in der Dreipersönlichkeit Gottes selber hat und in der personalen Nachfolge Jesu Christi als umfassendes Sakrament des Heiles in der Geschichte wirkt. „Mit Christus also in der Kirche verbunden und mit dem Heiligen Geist gezeichnet, ... heißen wir wahrhaft Kinder Gottes und sind es."[44] Dieser Satz könnte das Leitwort der Konzilsekklesiologie sein. Er läßt sich an vielen Stellen verifizieren. Die Kirchenkonstitution selber beginnt mit der Berufung auf Christus und endet trinitarisch. Die Einfügung der Mariologie in die Ekklesiologie signalisiert die grundlegende Vermittlung der göttlichen und menschlichen Personalität: sie geschieht von Gott her durch die Gnade, vom Menschen durch den Glauben; beides verbindet sich in denkbar reiner Form in Maria, die dadurch zum Typus der Kirche gestaltet wird. Wenn die Bildvorstellung vom Volk Gottes deutliche Bevorzugung erfährt, dann, weil mit ihr der ekklesiologische Personalismus zum Ausdruck gebracht werden kann. In der Neuaufnahme der Lehre vom allgemeinen Priestertum, von der Verantwortung des Bischofs gegenüber seinen Gläubigen und der Laien für die Kirche, in der Heraushebung der Berufung aller zur Heiligkeit, vor allem aber auch durch die in „Gaudium et spes" artikulierte Bereitschaft zur Verantwortung für die Gesellschaft zeigen sich die Konkretionen der hier zur Sprache gebrachten Struktur.

3.13 Einbindung in die Geschichte

Die abendländische Theologie und damit auch ihre Ekklesiologie waren lange Zeit durch zwei Faktoren bestimmt: durch den weitgehenden und weitreichenden Ausfall der Pneumatologie und durch die aristotelische Wissenschaftstheorie, in der die Geschichte keine Geltung hat. Das hatte zu einem verengenden Christomonismus und zu einer essentialistischen Theologie geführt. Ekklesiologische Folgen waren der bekannte Juridismus, eine statische Konzeption der Kirche, die sich oft in einem unbedachten Triumphalismus äußerte, die Identifikation der irdischen Kirche mit dem verheißenen Reich Gottes.

Das Konzil hat wenigstens in Ansätzen eine Lehre vom Heiligen Geist entwickelt[45] und mit der Aufgabe der scholastisch bedingten Standpunkte auch deren Essentialismus hinter sich gelassen. Das äußere Zeichen dafür ist noch einmal die Bevorzugung der Volk-Gottes-Vorstellung vor dem Leitbild des Leibes Christi. Damit wird die dort herausgehobene christologische Fundierung nicht aufgegeben: „Der Herr ist das Ziel der menschlichen Geschichte, der Punkt, auf den hin alle Bestrebungen der Geschichte und Kultur konvergieren."[46] Aber er wirkt durch den Geist, „dessen wunderbare Vorsehung den Lauf der Zeiten leitet und das Antlitz der Erde erneuert".[47] Damit wird der Blick frei für die eschatologische Wirklichkeit: Gott ist in der Geschichte *schon* am Werke und gleichwohl hat das Reich Gottes in der Kirche *noch nicht* seine eigentliche Gestalt gefunden. „Bis es aber einen neuen Himmel und eine neue Erde gibt, in denen die Gerechtigkeit wohnt, prägt die pilgernde Kirche in ihren Sakramenten und Einrichtungen, die noch zu dieser Weltzeit gehören, die Gestalt dieser Welt, die vergeht."[48] Ein solches heilsgeschichtliches Denken ermöglicht neue Erfahrungen.[49]

Eine eschatologische Ekklesiologie vermag die Kirche auf Gott hin zu relativieren. Sie kommt in allen ihren Gaben von ihm her und muß sich auf ihn hin ausrichten. Die Reform der Kirche gehört zu ihrer geschichtlichen Gestalt. Sie ist notwendig nicht nur wegen der Sünde, sondern auch wegen des Eingehens auf die Forderungen der Zeit, die je auch Zeit Gottes ist.[50] Kirchengeschichte ist nicht pure Kontinuität und Erfolgsgeschichte.

Das läßt auch die „anderen" in neuem Licht erscheinen. Wir können gelassen anerkennen, daß auch „die getrennten Kirchen und Gemeinschaften trotz der Mängel, die ihnen nach unserem Glauben anhaften, nicht ohne Bedeutung und Gewicht im Geheimnis des Heiles" sind.[51] Man muß mutig genug sein, „alle Haßausbrüche, Verfolgungen und Manifestationen des Antisemitismus, die sich zu irgendeiner Zeit und

von irgend jemandem gegen die Juden gerichtet haben", zu beklagen[52], auch wenn das ein Bekenntnis der eigenen Schuld ist.
Die Anerkennung der Geschichtlichkeit hat schließlich Konsequenzen für die Gegenwart.[53] Den Menschheitsfragen der Gegenwart hat die Kirche eine sachgerechte Antwort zu geben, weil „das Volk Gottes und die Menschheit, der es eingefügt ist, in gegenseitigem Dienst stehen".[54] Beide sind im Dialog[55], wobei die Kirche nicht nur Lehrmeisterin der Völker, sondern auch Partnerin ist. Sie hilft der menschlichen Gemeinschaft und erfährt von ihr Hilfe.[56]
Die Bejahung ihrer eigenen Geschichtlichkeit hat es schließlich der auf dem Konzil versammelten Kirche ermöglicht, überholte Vorstellungen aufzugeben, vergessene wieder aufzunehmen und neue vorzutragen und damit ihre unverwechselbare Gestalt zu finden[57] und ihre historischen Wirkungen zu entfalten.[58]

3.14 Dynamismus

Die apologetische Ekklesiologie war ekklesiozentrisch, obschon sie nach außen gerichtet war. Die konziliare Ekklesiologie ist dogmatisch auf die Kirche zentriert, hat aber zentrifugale Tendenzen. Im I. Vatikanum ist die Kirche das Völkerzeichen, im II. Vatikanum ist es Christus selbst.[59] Die Kirche dagegen ist auf dem Weg. Ein solches Verständnis ist dynamisch. Am klarsten zeigt es sich im Bekenntnis des Konzils zur *Katholizität* der Kirche.[60] Sie wird nicht mehr wie in der Apologetik als Erkennungszeichen für die Außenstehenden, sondern als eschatologische Qualität der Kirche selbst verstanden. Das Volk Gottes „fördert und übernimmt Anlagen, Fähigkeiten und Sitten der Völker, soweit sie gut sind. ... Diese Eigenschaft der Weltweite ... ist Gabe des Herrn selbst. In ihr strebt die katholische Kirche mit Tatkraft und Stetigkeit danach, die ganze Menschheit mit all ihren Gütern unter dem einen Haupt Christus zusammenzufassen in der Einheit seines Geistes."[61] Weil die Entäußerung der Kirche zum Schöpfer führt, vermag sie sich auch der Schöpfung zuzuwenden. Der ganze Mensch einschließlich seiner Leiblichkeit, die gesamte Weltwirklichkeit, die zeitlichen Werte, die Nichtglaubenden und die nichtchristlichen Religionen, die anderen christlichen Kirchen und kirchlichen Gemeinschaften – es gibt keine Realität, die nicht positiv geortet und nach ihrer Heilswertigkeit befragt werden kann.
Weil aber die Heiligkeit und die Katholizität der Kirche wachstumsorientiert sind, erscheint auch ihre *Einheit* als dynamische Gegebenheit. Der erste Satz des chronologisch ersten Konzilsdokumentes ist ein Pro-

gramm: „Das Heilige Konzil hat sich zum Ziel gesetzt, das christliche Leben unter den Gläubigen mehr und mehr zu vertiefen, die dem Wechsel unterworfenen Einrichtungen den Notwendigkeiten unseres Zeitalters besser anzupassen, zu fördern, was immer zur Einheit aller, die an Christus glauben, beitragen kann."[62] Das gilt nicht nur binnenkirchlich. Auch von außen her kann ihre Einheit gemehrt werden: „Da die Kirche eine sichtbare gesellschaftliche Struktur hat, das Zeichen ihrer Einheit in Christus, sind für sie auch Möglichkeit und Tatsache einer Bereicherung durch die Entwicklung des gesellschaftlichen Lebens gegeben."[63]

Auch die *Apostolizität* der Kirche steht unter dem gleichen dynamischen Gesetz. Wenn Gott die Zeichen seiner Liebe in welthaft-geschichtlichen Zeichen erfahren läßt und damit die Gnade selber geschichtlich wird[64], hat auch die Verkündigung des Wortes Gottes in die konkrete menschliche Situation hinein zu erfolgen: „Die Bischöfe ... sollen mit ihren Priestern die Botschaft Gottes so verkündigen, daß alle irdischen Tätigkeiten der Gläubigen von dem Licht des Evangeliums erhellt werden. ... Durch beharrliches Studium sollen sie sich fähig machen, zum Dialog mit der Welt und mit Menschen jedweder Weltanschauung ihren Beitrag zu leisten."[65] Sie treten damit in den Dienst der Gnade, die befreiend ist.[66]

3.2 Die materiale Struktur

3.21 Heilsgeschichtliche Sicht

Sie ist seit der Bibel eine bekannte Perspektive, wird aber erst in der Neuzeit wissenschaftlich reflektiert und vor allem von protestantischen Gelehrten in die Theologie eingebracht.[67] Über *Möhler, Newman, Daniélou* und *K. Rahner* findet sie Eingang ins Konzil.[68] Die Kirche wird nun nicht mehr ausschließlich als Ergebnis und Folge der Inkarnation verstanden, sondern erscheint als Moment des alle Geschichte umgreifenden Heilsplanes Gottes, der mit der Kirche in eine letzte entscheidende Phase getreten ist: „Die Kirche schreitet zwischen den Verfolgungen der Welt und den Tröstungen Gottes auf ihrem Pilgerweg dahin und verkündet das Kreuz und den Tod des Herrn, bis er wiederkommt."[69] Sie weiß sich gegründet, „um allen Menschen das Heil zu bringen"[70]; sie ist „für das ganze Menschengeschlecht unzerstörbare Keimzelle der Einheit, der Hoffnung und des Heils", aber zugleich auch „kleine Herde"[71]. In alledem erfährt sie sich selber als Geheimnis. Die heilsgeschichtliche Perspektive bildet den eigentlichen Gesichts- und Standpunkt der konziliaren Lehre von der Kirche.

Material kommt er in den verschiedenen heilsgeschichtlichen Durchblicken der Konzilsdokumente zum Ausdruck.[72] Sie zeigen den Ursprung der Kirche im göttlichen Heilswillen, der sich von der ersten Schöpfung an kundtut. Kirche und Menschheit sind koexistent; die „*Ecclesia ab Abel*"[73] hält sich auch in der Unheilsgeschichte durch. In sie hinein inkarniert das Wort und wird der Geist gesendet; und so kann sie als Volk Gottes ihre eschatologische Pilgerschaft antreten. Als Volk steht sie innerhalb des Systems der Bundesschlüsse, die Gott vom Anfang der Menschheitsgeschichte an ins Leben gerufen hat, deren vorchristlicher Höhepunkt die Erwählung Israels ist.[74] Das Bild vom Gottesvolk hebt aber auch die Diskontinuität und Neuheit der Kirche ins Licht. Sie ist Neuer und ewiger Bund aus Juden *und* Heiden[75], universale Gemeinschaft.[76]

3.22 Trinitarische Grundlegung

In dieser Perspektive erscheint die Kirche von selbst als Teil des umfassenden Heilsmysteriums Gottes. Dann aber lebt sie aus der Trinität. Mit *Cyprian* konstatiert „Lumen gentium": „So erscheint die ganze Kirche als das von der Einheit des Vaters und des Sohnes und des Heiligen Geistes her geeinte Volk."[77] Das ist eine echte Blickerweiterung. Auch in der traditionellen Ekklesiologie verstand man die Kirche als Teil des Heilsplanes. Da sie jedoch aufgrund der dogmenhistorischen Umstände vornehmlich institutionell-juridisch gestaltet war, sah man sie vor allem in der Inkarnation verwurzelt. Sie war als Leib Christi der in der Geschichte fortwirkende und als solcher erkennbare Christus. Erst die Aufnahme von Impulsen aus der östlichen Theologie führte zum Durchbruch durch die damit verbundenen Verengungen. Sie stießen vor allem die lange vernachlässigte Pneumatologie an, ohne die jede Christologie einseitig bleibt. Denn der Geist ist Christi Geist und erst „indem er seinen Geist mitteilte, hat er seine Brüder, die er aus allen Völkern zusammenrief, in geheimnisvoller Weise gleichsam zu seinem Leib"[78] und „seinen Leib, die Kirche, zum allumfassenden Heilssakrament gemacht".[79] Es ist der Geist, „durch den die lebendige Stimme des Evangeliums in der Kirche und durch sie in der Welt widerhallt"; er „führt die Gläubigen in alle Wahrheit ein und läßt das Wort Christi in Überfülle unter ihnen wohnen".[80] Er teilt „seine vielfältigen Gaben gemäß seinem Reichtum und den Erfordernissen der Dienste zum Nutzen der Kirche aus".[81]

Die Geistlehre des Konzils ist sicher noch relativ rudimentär; daß überhaupt solche Ansätze entwickelt wurden, muß als ekklesiologischer

Fortschritt gewertet werden. Das zeigt der Vergleich mit der Enzyklika „Mystici Corporis". Auch dort erscheint die Kirche als Mysterium. Aber die heilsgeschichtliche Linie lautet: *Sendung Christi – Sendung der Apostel – Sendung der Hierarchie – Gläubige.* Das Dokument bleibt ganz dem juridischen Schema verhaftet. „Lumen gentium" dagegen setzt beim Heilswillen des Vaters ein, der sich in der Sendung des Sohnes *und* des Geistes geschichtlich auszeitigt. Somit sind nicht nur die Ämter, sondern auch die Charismen ekklesiologisch gleichermaßen relevant. Die Kirche kann nicht mehr mit der Institution identifiziert werden. Sie zeigt ihr Wesen nicht in der Hierarchie, sondern umfaßt alle Glaubenden als Träger des Geistes. Und weil das Mysterium der Trinität Mysterium von Gemeinschaft in Liebe ist, ist eine trinitarisch grundgelegte Kirche grundlegend selbst eine Gemeinschaft, die Abbild der göttlichen Liebeseinheit ist in allen Dimensionen, also z. B. auch der sozialen. Dabei steht sie freilich unter dem eschatologischen Vorbehalt: sie lebt aus dem Geheimnis der Trinität, ist es aber nicht selbst.

So wird die Erfahrung der Geschichtlichkeit durch das Bekenntnis zur trinitarischen Verankerung der Kirche geklärt; aus der trinitarischen Verwurzelung aber folgt die spezifische Geschichtlichkeit der Kirche als Kirche der beständigen Erneuerung, als Kirche in der unablässigen Spannung von Gesetz und Freiheit, Recht und Liebe, aber auch als Kirche mit göttlichem Auftrag.

3.23 Sakramentale Verwirklichung

Diese Antagonismen werden vermittelt durch den Begriff der Sakramentalität. Er gehört zu den wesentlichen Grundlagen der vatikanischen Ekklesiologie. Dahinter steht eine theologische Überlegung, die die herkömmliche Sakramententheologie weiterentwickelt. Sie deutet Jesus Christus als *Ursakrament* Gottes, das durch die Kirche in der Welt kundgemacht werden soll (Eph 3, 10). Die Kirche wird damit zum *Grundsakrament,* das sich vor allem in den sieben seit dem 12. Jahrhundert benannten und vom Konzil von Trient sanktionierten Heilszeichen auswirkt. In der Kirchenkonstitution wird diese Konzeption benutzt, um zu zeigen, wie sich Kirche als Mysterium und als soziale Institution zueinander verhalten und zur Synthese kommen. Sie ist ihrer innersten Natur nach geistliches Ereignis, verborgene Realität, aber ebenso wesentlich gehört zu ihr die Sichtbarkeit mit allen Konsequenzen, auch der der nur unvollkommenen Realisierung des Mysteriums. Sie ist nicht nur pneumatisches Ereignis, nicht nur Institution, sondern komplexe Wirklichkeit. Sie ist von Christus her zu deuten, der selber (Ur-)Sakra-

ment ist, aber gleichwohl nicht mit ihm zu verwechseln.[82] Denn die Kirche hat keinen Selbstand, sondern ist Christus nach- und zugeordnet. Sie verweist auf ihn und soll ihn zugleich sakramental vergegenwärtigen.[83]
Diese Sicht erweist sich als außerordentlich fruchtbar. Mit ihr gelingt es, die Aporien der institutionalistischen Ekklesiologie keimhaft zu überwinden.[84]
Eine erste Konsequenz ist der Heilsoptimismus des Konzils. Das Heil ist zu allen Zeiten in der Kirche am Werk, aber es muß auch in der Freiheit als Geschenk der Gnade angenommen werden. Die Kirche ist Epiphanie des Heiles[85], aber sie ist es für alle Menschen und nicht nur für jene, die ihr institutionell zugeordnet sind. Heilsentscheidend ist die Einigung mit der Gnade Christi, nicht die formale Kirchengliedschaft. Aber weil die Gnade Christi kirchlich gestaltet ist, ist man auch in dem Maße in der Kirche, in dem man in der Gnade steht. Damit ist ein altes Axiom zu revidieren. Daß *„außerhalb der Kirche kein Heil"* sei, konnte nun nicht mehr heißen, daß Heil und Institution deckungsgleich sind, sondern nur, daß die Gnade Christi heilsentscheidend ist, daß sie aber ebenso ekklesial ist. Die Kirche hat ihren unveräußerlichen Platz in der Geschichte der Gnade, aber weil sie nicht selber die Gnade ist, gibt es auch Gnade außerhalb ihrer verfassungsmäßigen Grenzen.[86]
Das hat ökumenische Folgen. Kirche Christi und konkrete Kirchengemeinschaft sind nicht unbedingt identisch. Scholastisch gesprochen: die *res* des Sakramentes Kirche, das sie eigentlich ausmachende Mysterium, kann sich auch in anderen Gemeinschaften realisieren. Die römisch-katholische Kirche *ist* nicht mehr schlechterdings die Kirche; diese hat freilich ihre konkrete Existenzform in ihr[87], aber sie ist in gestufter Intensität auch in anderen Gemeinschaften anwesend.
Für die römisch-katholische Gemeinschaft selbst resultiert aus dem sakramentalen Wesen der Kirche die grundlegende Gleichheit aller Glaubenden. Sie wird durch die Taufe begründet.[88] Diese ist das Heilszeichen der Eingliederung in die Kirche, weil und sofern sie Gleichgestaltung mit Christus ist.[89] Aus diesem Grund haben alle Glaubenden teil an der Fülle des Priestertums Jesu Christi, an seinen Ämtern und somit an der sakramentalen Mitteilung[89] wie an der Unfehlbarkeit, die der Kirche als ganzer verheißen ist.[90] Alle haben gleicherweise Verantwortung für das Leben der Kirche, auch wenn es in concreto verschiedene Charismen (darin eingeschlossen das des Amtes) gibt.[91]
So erwächst auch die Sonderstellung des Amtes aus der Sakramentalität der Kirche. „Wer ... unter den Gläubigen die heilige Weihe empfängt, wird im Namen Christi dazu bestellt, die Kirche durch das Wort und die

Gnade Gottes zu weiden."[92] Amt ist funktionaler Dienst an der ganzen und für die ganze Kirche und deren universale Mission. Auch deswegen vertritt das Konzil die Lehre von der Kollegialität der Bischöfe. Sie ist ein Ausdruck dafür, daß dem Einzelbischof stets auch die Sorge für die ganze Kirche anvertraut ist.[93] Die Synthese von amtlichem Auftrag und gesamtkirchlicher Beauftragung versucht die Kirchenkonstitution in Nr. 32: „Der Unterschied, den der Herr zwischen den geweihten Amtsträgern und dem übrigen Gottesvolk gesetzt hat, schließt eine Verbundenheit ein, da ja die Hirten und die anderen Gläubigen in enger Beziehung miteinander verbunden sind". Das Fundamentalgesetz einer sakramentalen Kirche ist das Gesetz der brüderlichen und schwesterlichen Liebe.

Damit stehen wir bei einer letzten Konsequenz. Schon seit jeher ist die Eucharistie als das zentrale der sieben Sakramente angesehen worden. Es ist nicht nur ein Heilszeichen, das von der Kirche gewirkt wird, sondern wirkt zugleich die Kirche selber. „Die christliche Gemeinde wird ... nur aufgebaut, wenn sie Wurzel und Angelpunkt in der Feier der Eucharistie hat."[94] Diese ist „das Zeichen der Einheit, das Band der Liebe".[95] Kirche zeigt sich darum in dichtest möglicher Weise in der eucharistischen Versammlung. Daraus ergibt sich die Bedeutung der Ortskirche, die zu den Grundaussagen der konziliaren Ekklesiologie gehört. Denn Eucharistie kann nur am Ort gefeiert werden; die Kirche am Ort ist darum der Ort, an dem Kirche überhaupt gegenwärtig wird. In der Teilkirche ist Wesen und Gestalt der Kirche als Ganzsakrament des Heiles realisiert.

3.24 Kommunionale Konkretion

Aus der heilsgeschichtlich erkannten trinitarischen Grundlegung der Kirche und ihrer sakramentalen Verwirklichung ergibt sich als Grundverfassung die Gemeinschaft *(communio)* der Glaubenden, die aus der Teilhabe *(communio)* an der Eucharistie (und den anderen Sakramenten) gebildet wird. Kirche ist „die Gemeinschaft des Glaubens, der Hoffnung und der Liebe"[96]; gestiftet von Christus als „Gemeinschaft des Lebens, der Liebe und der Wahrheit".[97] Das Konzil integriert hiermit die Ekklesiologie des ersten Jahrtausends. Die frühe Kirche verstand sich ja als ortsgebundene Gemeinschaft ohne Ansehen von Geschlecht, Rasse und sozialem Stand (Gal 3, 28), in der die Verschiedenheit der Ämter und Gnadengaben die Einheit nicht minderte, sondern voll konstituierte. Die Ortsgemeinde wußte sich ihrerseits in ein Netz kommunionaler Beziehungen mit allen anderen Ortsgemeinden gleichen Glaubens und gleicher Eucharistie eingespannt. Auch hier gab es besonders wichtige Knotenstellen wie die Patriarchatssitze und vor allem die Kirche von Rom, doch dienten sie nicht der Beherrschung, sondern der Festigung der einzelkirchlichen Strukturen.[98] Freilich steckt wie überall auch hier der Teufel im Detail. Zentrifugale Tendenzen führten unter wechselnden Vorzeichen zur Lockerung der Einheit. Man wollte ihr, wie schon gesagt, im Westen durch die Ausbildung der hierarchischen Elemente in der Kirchenverfassung begegnen, bis schließlich die Idee der Einheit nur mehr durch den Papst realisierbar erschien.

Das Konzil suchte durch die Ekklesiologie der communio einen Ausgleich. Es bekannte sich damit zu einem Pluralismus in Einheit als Form der Kirche: die Verschiedenheiten sprengen die Gemeinsamkeiten nicht, da sie für das Ganze und mit dem Ganzen leben. So betont das Konzil in der Ämterlehre die Notwendigkeit und Komplementarität von Amt *und* Charisma, von Papst *und* Bischöfen. Im Rahmen der Theologie der evangelischen Räte gab es die Vorstellung von einem „Stand der Vollkommenheit" auf und zeigte den Orden als eine spezifische Verwirklichung der Nachfolge Christi neben anderen spezifischen und ebenso authentischen Weisen. Mit der Lehre vom Glaubenssinn der Gläubigen und vom allgemeinen Priestertum sollte die Gemeinschaftlichkeit in der Kirche gezeigt, durch das Rätesystem praktisch verwirklicht werden.[99] Die neuerliche Betonung der ortskirchlichen Verfassung wollte den kommunionalen Charakter der Gesamtkirche ins Gedächtnis rufen.

Kirche verliert damit das Odium des Abstrakten. „Ihr Miteinander ist der Ort, an dem Christus der Welt aufstrahlt."[100] Sie vermag wieder zum Ort der Erfahrung der Gnade Gottes in Christus zu werden, der nicht neben der übrigen Lebenswelt steht, sondern mitten in ihr. In der Ortskirche wird der Christ in die Gesamtkirche vital einbezogen. Diese wird ja in der Ortsgemeinde präsent. Die gleichen Momente schaffen hier wie dort communio: Glauben, Liebe, Hoffnung, Wahrheit. Das gilt nicht nur in synchroner Hinsicht, sondern auch diachron. Nicht nur mit den Glaubenden der Gegenwart verbindet Kirche, sondern auch mit denen der Vergangenheit.

Weil spätestens an dieser Stelle die Nagelprobe fällig ist, wie weit die Lehre von der Kirche auch deren Praxis ist, kann es niemanden verwundern, daß gerade die kommunionale Konzeption der Kirche die Stelle war und ist, an der die theologischen und praktischen Differenzen aufbrechen. Damit kommen wir zu einem letzten Gedankengang.

4. Bedeutung, Problematik und Rezeption der konziliaren Ekklesiologie

4.1 Ein neuer Anfang?

Unmittelbar nach dem Konzil kennzeichnete ein Beobachter dessen Lehre über die Kirche wie folgt: „Der radikale Wunsch nach Echtheit, der Wille, in der Kirche eine Unterscheidung zu treffen zwischen Strukturen und Wesen, zwischen äußerer Erscheinung und innerem Gehalt, zwischen äußerlichen Verhaltensweisen und innerer Überzeugung, zwischen soziologischen Inkarnierungen und geistlicher Sendung, und vor allem zu zeigen, daß die ersteren von den letzteren abgeleitet sind."[101] Gegenüber der scholastischen Kirchentheorie erschienen die Betonung des Mysteriencharakters, die Akzentuierung der sakramentalen und eschatologischen Dimension, die Hervorhebung der kommunionalen Verfassung der Kirche als hoffnungsvolle Ansätze zu einer Vitalisierung nicht nur der Ekklesiologie, sondern vornehmlich des kirchlichen Lebens. Mehr als die früheren Synoden erschien diese als „eine Synode der positiven Neuverkündigung".[102] Ist sie aber wirklich etwas Neues gewesen?

Versteht man das I. Vatikanum als Schluß- und Höhepunkt der ausformulierten traditionellen Ekklesiologie, mußte das II. Vatikanum geradezu als revolutionär empfunden werden: statt Triumphalismus und Autoritarismus das Bekenntnis zu Zeugnis und Dienst, zu Bekehrung und Gemeinschaftlichkeit; die Kirche nicht mehr auf die Hierarchie, sondern auf die Welt zentriert; statt Selbstbetrachtung ökumenische Öffnung; statt scholastischem Monolithismus theologischer Pluralismus!

Aus dem Abstand heraus wirkt das Bild freilich etwas nuancierter. Das Konzil hatte zwar den entschiedenen Willen zur Erneuerung, lehnte aber beharrlich echte Neuerungen ab. Es wußte sich dem gleichen Grundsatz verpflichtet, den es selber für die wissenschaftliche Glaubensreflexion aufstellte: „Die heilige Theologie ruht auf dem geschriebenen Wort Gottes, zusammen mit der Heiligen Überlieferung, wie auf einem bleibenden Fundament."[103] Zugleich aber legte es sich Rechenschaft darüber ab, daß es ein Wachstum im „Verständnis der überlieferten Dinge und Worte" gibt, weil „die Kirche im Gang der Jahrhunderte ständig der Fülle der göttlichen Wahrheit entgegen" strebt.[104] Nicht die Analyse des Zeitgemäßen, sondern die Synthese von Tradition und Gegenwart haben es geprägt. So liegt das Neue der konziliaren Ekklesiologie nicht in der Abkehr von der Tradition, sondern in Auswahl, Sichtung und Akzentuierung der traditionellen Perspektiven. Historisch ge-

nau genommen ist ja das Nicht-Traditionelle nicht die kommunionale Ekklesiologie des II. Vatikanischen Konzils, sondern der Institutionalismus des I. Vatikanum.[105]
Das Konzil wollte nicht „Neu" und „Alt" – was immer das konkret bedeuten mochte – polarisieren, sondern vermitteln. Es wollte die Kirche nicht nur als universale, sondern auch als partikular verfaßte Gemeinschaft zeigen, nicht nur Papst und Hierarchie, sondern alle Christen als Subjekte ekklesialer Heilsmittelung herausstellen, die originäre Stellung der Bischöfe neben der unbestrittenen Primatialfunktion des römischen Bischofs ins rechte Licht rücken, die Bedeutung des Lehrens ergänzen durch die Weisung zum Hören für alle; es wollte die unverzichtbare Aussonderung von der Welt ergänzt wissen durch die gleicherweise notwendige Partnerschaft der Kirche mit der Welt. Die sakramentale Dimension der Institution sollte von neuem bewußt werden, die Verfassung als Ausdruck des Mysteriums erscheinen, die Verpflichtung zum Gehorsam gegen Gottes Willen als Eröffnung der Freiheit des Menschen verständlich werden. So jedenfalls wollte es die Mehrheit des Konzils. Ist das Wirklichkeit geworden?

4.2 Die ungelösten Fragen

Inzwischen sind zwei Jahrzehnte ins Land gegangen. Sie waren erfüllt mit Auseinandersetzungen über die Ekklesiologie des Konzils. Das zeigt schon an, daß die Frage nicht schlankweg bejaht werden kann. Schon die Vermittlung der juridischen und kommunionalen Sicht der Kirche im Konzil ist nur unvollkommen gelungen. In der nachkonziliaren Praxis konnte dieses Manko nicht ausgeglichen werden. Es gab Konflikte. „Lumen gentium" hat in bis dahin unbekannter Tiefe Licht auf das Mysterium Kirche geworfen; es für die Praxis deutlicher zu machen, ist nicht voll gelungen.[106]
Die Ursachen können nur im Telegrammstil genannt werden. An erster Stelle ist zu bedenken, daß das Konzil keinen systematisch ausgewogenen Kirchentraktat schreiben, sondern aktuellen Fragen an und über die Kirche Antworten geben wollte. Sie sind jetzt von der Theologie in die Ekklesiologie zu integrieren.
Die grundsätzlichen ekklesiologischen Diskussionen entzündeten sich bekanntlich an Kapitel III. Sie verbrauchten weitgehend die Energie der Väter. Die juridische Konzeption verlor dabei zwar ihr Monopol, aber die kommunionale setzte sich letztlich nicht durch. Zum Kapitel III kam die „Nota praevia". Unvereint blieben damit stehen die Behauptung von der Gewaltenfülle des Bischofskollegiums und von der

Gewaltenfülle des Papstes allein, die Betonung der vollkommenen Freiheit und Souveränität des Bischofs von Rom und die Notwendigkeit des Konsenses aller in der Kirche. In der Praxis hat sich heute gegenüber den Regelungen aus dem I. Vatikanum nicht allzuviel geändert. Das belegen schon die bisherigen Bischofssynoden zur Genüge. Ungeklärt geblieben ist weiterhin die Theologie der Ortskirchen und ihre Position gegenüber der Universalkirche. Die konziliaren Formulierungen sind sehr offen und bedürfen näherer Erläuterung. Man kann nicht verhehlen, daß das Grundschema von „Lumen gentium" universalkirchlich ist. Die Lehre von der Bedeutung der Partikularkirchen ist erst später eingebaut, aber nicht mit dem Ganzen verschmolzen worden. Das seither ausgebildete System der regionalen und nationalen Bischofskonferenzen wirft die Frage nach der tatsächlichen Souveränität des Einzelbischofs in seiner Kirche auf.

Nicht befriedigend ist die Spannung zwischen dem Charisma des Amtes und den anderen Charismen durchgehalten. Die erst nach dem Konzil in Schwung gekommene Rede von der „Amtskirche", die als Gegensatz zur „Basiskirche" empfunden wird, beweist zur Genüge, daß die konziliare Theorie im Leben der Kirche nicht erfahren wird. Nach wie vor muß konstatiert werden, daß die Rolle des Laien in der Kirche nicht hinreichend gewürdigt wird. Das dürfte damit zusammenhängen, daß auch innerhalb der Kirchen am Ort das kommuniale Denken nicht weit verbreitet ist. Das Konzil hatte sich auch unter diesem Aspekt so sehr auf die Rolle von Primat und Episkopat konzentriert, daß für eine Ekklesiologie der Gemeinde und eine Reflexion auf das Amt des Pfarrers keine Zeit mehr blieb. Die nachkonziliaren Auseinandersetzungen unter dem *Stichwort Basiskirche oder Volkskirche* waren und sind eine der Folgen. Die zunehmende Klerikalisierung und eingehende Befassung mit den Problemen der Inkulturation und den kontextualen Theologien sind andere. Auch das neue Kirchenrecht von 1983 ist kaum als exakte Kodifizierung der konziliaren Ekklesiologie anzusprechen.[107]

4.3 Wirkungsgeschichte

Besteht also ein unüberwundener, vielleicht sogar unüberwindlicher Hiatus zwischen Theorie und Praxis, Kirchenkonstitution und Kirchenleben? Ist die konziliare Ekklesiologie Utopie geblieben, ein bloßer Kirchentraum, aus dem es nur ein Erwachen in eine Realität und zunehmend auch Mentalität gibt, die immer noch „vorkonziliar" sind? Hat eine Darstellung der Lehre der Kirche über sich selbst nach den

Dokumenten des II. Vatikanischen Konzils überhaupt noch einen aktuellen Bezug?
Die letzte Frage muß entschieden bejaht werden! Zwar steht eine wirkliche Rezeption noch aus. Das ist aber nicht allein der Ambivalenz der Konzilsaussagen und restaurativen Bestrebungen der Nachkonzilszeit zuzuschreiben. Inzwischen haben sich auch neue Konstellationen ergeben. Die europäischen Kirchen und ihre Theologie haben an Einfluß verloren. In der westlichen Welt sind neue kulturelle und ethische Verhaltensmuster aufgetreten. Die Institution überhaupt ist in die Krise geraten. Die Christen haben vor allem in der „Südkirche" neue Erfahrungen gemacht, die mit den traditionellen westlichen und östlichen nicht immer kongruent sind.[108] An den Platz der Utopien der sechziger Jahre von Frieden, Fortschritt und internationaler Zusammenarbeit, die auch die Phantasie der Konzilsbischöfe beflügelten, ist ein düsterer Pessimismus getreten, der dem Mysterium keinen Glauben schenkt.
Das alles ist bei einer Bewertung in Rechnung zu stellen. Gleichwohl und trotzdem geht diese Rechnung nicht auf, wenn man die tatsächlichen Anstöße des Konzils nicht ebenso verbucht. Das eigentliche hermeneutische Kriterium der konziliaren Lehre von der Kirche kann nicht die nachfolgende Praxis, sondern muß die geistliche Erfahrung sein, die dort eingefangen worden ist. *A. Acerbi* bringt sie auf den Nenner: „Reform der Kirche im Blick auf die Sendung unter dem Zeichen des Wortes Gottes."[109] In der Konzilsaula hat sich die Kirche vor sich selber zur *Diskussion* gestellt, aber keineswegs zur *Disposition*. Sie wollte nicht flache Anpassung an das gerade Bestehende, auch nicht Verendgültigung des Gestrigen, sondern Erneuerung der Treue zum Wort Gottes in Jesus Christus, das ihr im Heiligen Geist zugesprochen wird. Daraus strömten ihr vitale Anregungen zu, die so bedeutend und tiefgreifend sind, daß man eine rasche Umsetzung in das tägliche Leben kaum erwarten darf. Die bislang verflossene Zeit ist nach allen Erfahrungen mit der Rezeption von Konzilsbeschlüssen einfach zu kurz, um ein auch nur halbwegs gerechtfertigtes Abschlußurteil zu wagen.
Als solche Impulse kann man zusammenfassend benennen: die Reflexion auf das Mysterium der Kirche, die Erkenntnis von ihrer fundamentalen Struktur als universales Heilssakrament, die neue Sicht der Katholizität, die Erkenntnis von der Einheit und Gleichheit der Glieder des Gottesvolkes, die eschatologische Ausrichtung des kirchlichen Lebens und Denkens, die Dialogbereitschaft für alle, das Eintreten für Menschenwürde und Menschenrechte. Alles das sind Momente, die sich zwar stets im historischen Kontext auszeitigen müssen, die aber auch unabhängig sind vom Kontext sowohl der Kirchenversammlung

wie der gegenwärtigen Verhältnisse. Die Hauptlinien der Ekklesiologie des II. Vatikanischen Konzils bleiben für die römisch-katholische Kirche (und darüber hinaus) gültig. Sie haben für uns hier und jetzt die Bedeutung eines „noch nicht voll abgegoltenen Versprechens"[110], des „hohen Anspruchs an die einzelnen Kirchen und Gemeinden".[111] Ob das Versprechen eingelöst und der Anspruch Wirklichkeit wird, daran wird sich freilich Glaubwürdigkeit und Geschick der Kirche in vielem entscheiden. Die konziliare Ekklesiologie bleibt also Maßgabe und Vorgabe, die sie in die Pflicht nehmen.

ANMERKUNGEN

1 Literatur zur Ekklesiologie des II. Vatikanischen Konzils: A. Acerbi, Due ecclesiologie. Ecclesiologia giuridica ed ecclesiologia di communione nella „Lumen gentium" (= Collana nuovi saggi teologici 4), Bologna 1975 – J. S. Arrieta, Die heilsgeschichtliche Schau der Kirche auf dem Zweiten Vatikanischen Konzil: F. Christ (Hrsg.), Oikonomia. Heilsgeschichte als Thema der Theologie (FS O. Cullmann), Hamburg 1967, 322–341 – G. Baraúna (Hrsg.), De Ecclesia. Beiträge zur Konstitution „Über die Kirche" des Zweiten Vatikanischen Konzils, 2 Bde., Freiburg u. a. 1966 – P. Parente, Saggio di una ecclesiologia alla luce del Vaticano II, Roma 1968 – G. Philips, L'Eglise et son mystère au deuxième concile du Vatican. Histoire, texte et commentaire de la constitution „Lumen gentium", 2 voll., Tournai 1967 – J. Ratzinger, Einleitung: Zweites Vatikanisches Konzil, Dogmatische Konstitution über die Kirche, Münster 7/8 1966, 7–19 – G. Philips – A. Grillmeier – K. Rahner – H. Vorgrimler – F. Klostermann – F. Wulf – O. Semmelroth – J. Ratzinger, Kommentar zur Dogmatischen Konstitution über die Kirche: LThK²Vat Konz I, Freiburg–Basel–Wien 1966, 137–359. Die nach dem Konzil erschienenen dogmatischen Werke über die Kirche sind weitgehend auch Kommentare zur Konzilsekklesiologie. Umfassend unterrichtet J. Auer, Die Kirche – Das allgemeine Heilssakrament (= KKD VIII), Regensburg 1983 (Literatur!).

2 K. Rahner, Theologische Grundinterpretation des II. Vatikanischen Konzils: Ders., Schriften zur Theologie 14, Zürich–Einsiedeln–Köln 1980, 288; so auch Ders., Die bleibende Bedeutung des II. Vatikanischen Konzils: a.a.O. 304.

3 Textausgaben der Konzilsdokumente: Die offizielle lateinische Publikation ist der vom Generalsekretariat des Konzils herausgegebene Band Sacrosanctum Oecumenicum Concilium Vaticanum II, Constitutiones, Decreta, Declarationes, Città del Vaticano 1966 (sehr gutes Sachregister!). Eine deutsch-lateinische Ausgabe bietet LThK²VatKonz 3 Bde., Freiburg–Basel–Wien 1966–1968 (mit Kommentaren von Konzilstheologen). Für

den Handgebrauch empfiehlt sich der deutsche Text: K. Rahner – H. Vorgrimler, Kleines Konzilskompendium. Sämtliche Texte des Zweiten Vatikanums (= Herderbücherei 270), Freiburg 1966 (und in vielen Neuauflagen); zu erwähnen sind die vorzüglichen Einführungen dieser Ausgabe. – Zur Übersicht dienlich ist ferner J. Deretz – A. Nocent, Konkordanz der Konzilstexte, Graz–Wien–Köln 1968. Für die Kirchenkonstitution selber leisten gute Dienste: Indices Verborum et locutionum Decretorum Concilii Vaticani II, 3: Constitutio dogmatica de Ecclesica Lumen gentium (= Testi e ricerche di Scienze religiose), Firenze 1968.

4 Zur Geschichte der Ekklesiologie vgl. P. V. Dias – P. Th. Camelot – Y. Congar, Die Lehre von der Kirche (= HDG III/3 a–d), Freiburg–Basel–Wien 1974, 1970, 1971. Einen kurzen Überblick gibt P.-G. Gieraths, Der Kirchenbegriff im Wandel der Jahrhunderte. Ein historischer Beitrag zur Ekklesiologie: Angelicum 56 (1979), 467–514. Wichtige Monographien bei J. Auer, Die Kirche (Anm. 1) 54f.

5 Die schon 1054 erfolgte bisher endgültige Spaltung zwischen Ost- und Westkirche wurde im Abendland kaum als solche empfunden; dazu waren aus seiner Sicht die orientalischen Kirchen zu randständig.

6 Vgl. E. Klinger, Ekklesiologie der Neuzeit. Grundlegung bei Melchior Cano und Entwicklung bis zum Zweiten Vatikanischen Konzil, Freiburg–Basel–Wien 1978.

7 J. Scheffler, Ecclesiologia, Breslau 1677.

8 Der eigentlich anstößige Punkt war schon 1870 die in letzter Minute in den Schlußtext aufgenommene Formel, die endgültigen Entscheidungen des Papstes seien unabänderlich „ex sese, non autem ex consensu ecclesiae" (aus sich und nicht auf Grund der Zustimmung der Kirche) (DS 3074 = NR 454). Sie war jedoch nicht absolut, sondern im Sinne eines „Notstandsrechts" gemeint. Vgl. dazu W. Beinert, Die Exzentrizität des Papstes. Über die Unfehlbarkeit des römischen Bischofs in der Kirche: A. Brandenburg – H. J. Urban (Hrsg.), Petrus und Papst. Evangelium – Einheit der Kirche – Papstdienst, Band II, Münster 1978, 56–86. Eine Interpretation in Richtung auf die Eigenständigkeit des Episkopates erfolgte auch anläßlich einer Circular-Depesche Bismarcks 1875, erst durch eine Kollektiverklärung der deutschen Bischöfe, dann durch eine Bestätigung derselben durch Pius IX. (DS 3112–3117).

9 A. Acerbi, Due ecclesiologie 23 (Vgl. Anm. 1) beschreibt die Situation der Kirche treffend: „Ihr Bild wird durch den theoretischen und praktischen Vorrang charakterisiert, der der Institution und der Hierarchie – empfunden als Schutz der göttlichen Ordnung und der Wahrheit und als Garant der Transzendenz des Christentums – eingeräumt wird und darum vor allem dem, der in sich alle Vorzüge (virtù) der Institution trägt: dem Papst."

10 J. Salaverri, De Ecclesia Christi: Patres S. J. Facultatum Theologicarum in Hispania professores (Hrsg.), Sacrae Theologiae Summa, vol. I: Theologia fundamentalis (= BAC 61), Madrid ⁴1958, 501–993.

11 Vgl. O. Rousseau, Die Konstitution im Rahmen der Erneuerungsbewegungen in Theologie und Seelsorge während der letzten Jahrzehnte: G. Baraúna (Hrsg.), De Ecclesia I (Anm. 1), 25–44.
12 Im einzelnen sind zu nennen die Bibelbewegung, die liturgische, patristische und ökumenische Bewegung sowie die Bestrebungen zur Erneuerung der Pastoral.
13 Zu erwähnen sind der neuerwachte Sinn für die Würde der Person, für Freiheit, soziale Gerechtigkeit und internationale Zusammenarbeit ebenso wie die bedrohlichen Negativa der Gegenwart, z. B. Atomgefahr, Bevölkerungsexplosion, Probleme der Technik, Totalitarismus und das Überhandnehmen des theoretischen wie praktischen Atheismus.
14 AAS 35 (1943), 193–248.
15 Die meisten der Anm. 1 genannten Werke bringen einen Überblick über die Entstehung von „Lumen gentium". Als kurzer Überblick kann vor allem dienen U. Betti, Die Entstehungsgeschichte der Konstitution: G. Baraúna (Hrsg.), De Ecclesia I, 45–70.
16 Die Schemata zu „Lumen gentium" sind abgedruckt in: Acta Synodalia SS. Concilii Oecumenici Vaticani Secundi, Città del Vaticano.
Schema I („Aeternus Unigeniti"): Vol. I, Periodus prima, Pars IV (1971), 12–91; Schema Const. Dogmat. de BMV Matre Dei et matre hominum („Immensae Bonitatis") 92–121.
Schema II („Lumen gentium"): Vol. II, Periodus secunda, Pars I (1971), 215–280.
Schema III („Lumen gentium"): Vol. III, Periodus tertia, Pars I (1973), 158–170, 181–192, 211–233, 271–281, 293–301, 310–315, 336–342, 353–366.
17 Die Spalte 2 des Schaubildes auf S. 16 macht diese Tendenzen deutlich.
18 Vgl. Spalte 3 des Schaubildes S. 16.
19 Vgl. Spalte 4 des Schaubildes.
20 Vgl. Spalte 5 des Schaubildes.
21 Constitutiones, Decreta, Declarationes (Anm. 3) 869: „Ecclesia Catholica, cuius lux omnia illuminat ...".
22 Vgl. auch Ökumenismusdekret 3, 2–4.
23 Kirchenkonstitution (= LG) 1; 9; 48; 59. Außerdem kommt (teilweise als Zitat aus LG) der Ausdruck vor: SC 5; 26; UR 3; AG 1; 5; GS 42; 45. Vgl. zur Geschichte und Interpretation W. Beinert, Die Sakramentalität der Kirche im theologischen Gespräch: J. Pfammatter – F. Furger (Hrsg.), Theologische Berichte 9, Einsiedeln–Zürich–Köln 1980, 13–63; W. Kasper, Die Kirche als universales Sakrament des Heils: E. Klinger – K. Wittstadt (Hrsg.), Glaube im Prozeß. Christsein nach dem II. Vatikanum (FS K. Rahner), Freiburg–Basel–Wien 1984, 221–239.
24 LG 26; SC 41.
25 Vgl. hierzu A. Acerbi, Due ecclesiologie (Anm. 1) 522–526.
26 Vgl. auch CD 3, 2; OE 2; 3; 4; 9.

27 Für die Praxis werden sie entfaltet im Dekret über die Hirtenaufgabe der Bischöfe.
28 LG 20; 22; 24; 26; 28.
29 G. Ruggieri, Die Wiederentdeckung der Kirche als evangelischer Gemeinschaft der Brüderlichkeit: Conc 17 (1981), 460–470.
30 K. Rahner – H. Vorgrimler, Kleines Konzilskompendium (Anm. 3) 116 (Einleitung zu LG).
31 LG 31 wird der Terminus *vocatio* sowohl vom Priester wie von den Laien gebraucht. Die Theologie des Laikats vor dem Konzil sah im Laienapostolat eine Teilhabe am hierarchischen Apostolat der Kirche: Vgl. die Ansprache Pius' XII. an den Weltkongreß des katholischen Laienapostolates vom 14. 10. 1951 (AAS 43 (1951), 784–792). Dort wird der Laienapostel als „Werkzeug in der Hand der Hierarchie" bezeichnet.
32 LG 37, 2 unter Berufung auf Pius XII.!
33 Vgl. LG 48.
34 So in den Ausführungen über die Sakramentalität der Kirche, ihre Reformbedürftigkeit und die allgemeine Berufung zur Heiligkeit.
35 Neben den Indices bei J. Ratzinger (Anm. 1) und den Indices Verborum (Anm. 3) kann zur Übersicht über die Quellen herangezogen werden L. Turrado, Las Citas de la Sda. Escritura en la Constitución „Lumen gentium" del Concilio Vaticano II: Salmant. 12 (1965), 641–684.
36 Z. B. LG 7, 6; 13, 1; 32, 2; 42, 5; 48, 1.
37 Das Schema I der Kirchenkonstitution hatte lediglich an fünf Stellen ausdrücklich griechische Väter zitiert; im Marienschema gibt es vier Zitate sowie ebensoviele (indirekte) Erwähnungen: Dieses Defizit ist angesichts der reichen Mariologie des Ostens besonders augenscheinlich. Im definitiven Text fällt ebenso die reiche Bezugnahme auf die Orientalen auf wie die Spannweite: Es kennt nicht nur die „klassischen" griechischen Väter wie Origenes, Johannes Chrysostomos und Johannes v. Damaskus, sondern auch Väter wie Palladios, Hesychios v. Jerusalem oder Germanos v. Konstantinopel. Häufig werden zitiert die Apostolischen Väter (23 Stellen) und die Apologeten (12). Selbstredend wird auch der westlichen Patristik der gebührende Raum eingeräumt: Bevorzugte Eideshelfer sind Augustinus (24), Cyprian (14), Ambrosius (6), Leo d. Gr. (4).
38 LG 62, Anm. 15 wird Kleutgen erwähnt.
39 Vgl. Mk 3, 21.31–35 par.; Joh 2, 1–11. Vgl. dazu LG 57f.
40 Im „Gotteslob" erscheint das Lied nicht mehr im Stammteil, wohl aber in manchen Diözesananhängen.
41 DV 2. Die biblischen Verweise sind ausgelassen.
42 Hier liegt der Grund für alle jene Züge der konziliaren Ekklesiologie, die unter 3.2 als „materiale Strukturen" behandelt werden.
43 LG 9, 2.
44 LG 48, 3.
45 Y. Congar, Die christologischen und pneumatologischen Implikationen der Ekklesiologie des II. Vatikanums: G. Alberigo – Y. Congar – H. J. Pott-

meyer (Hrsg.), Kirche im Wandel. Eine kritische Zwischenbilanz nach dem Zweiten Vatikanum, Düsseldorf 1982, 111–123.
46 GS 45.
47 a.a.O. 48, 4.
48 LG 48, 3.
49 Vgl. unten 3, 21.
50 Das trifft nicht nur für den innerkirchlichen Raum, sondern auch für die gesellschaftlichen Relationen der Kirche zu: Vgl. GS 21, 5; 26; 63, 5; 65, 2; 71, 6; 81, 2.
51 UR 3, 4.
52 NA 4, 7.
53 GS 4–10 gibt eine ausführliche Analyse der Momente, die die zeitgenössische Situation kennzeichnen.
54 GS 11, 3.
55 a.a.O. 40, 1.
56 a.a.O. 42–44.
57 Vgl. unten 4.11.
58 Vgl. unten 4.2.
59 Vgl. LG 1. Dagegen erklärt das I. Vatikanische Konzil: „Schon durch sich selbst ist die Kirche ein großer steter Beweggrund der Glaubwürdigkeit und ein unwiderlegbares Zeugnis ihrer göttlichen Sendung ... Daher kommt es, daß sie wie ein Zeichen ist, das aufgerichtet unter den Völkern, die zu sich lädt, die noch nicht glauben, ihren Kindern aber die festgegründete Sicherheit schenkt, daß ihr Glaube, den sie bekennen, auf sicherster Grundlage beruht" (DS 3013 = NR 385).
60 W. Beinert, Um das dritte Kirchenattribut. Die Katholizität der Kirche im Verständnis der evangelisch-lutherischen und römisch-katholischen Theologie der Gegenwart, 2 Bd. (= Koinonia 5/6), Essen 1964 – W. Beinert – Th. Nikolaou – R. Groscurth, Katholizität: Ökumene-Lexikon, Frankfurt 1983, 615–622 (neuere Literatur!).
61 LG 13, 2.
62 SC 1.
63 GS 44.
64 G. Greshake, Gottes Heil – Glück des Menschen. Theologische Perspektiven, Freiburg–Basel–Wien 1983, 132f.
65 GS 43, 4.
66 a.a.O. 41; AG 8.
67 Einen Überblick gibt A. Darlapp, Heilsgeschichte, systematisch: HThG I, 674–680.
68 Vgl. auch 3.13.
69 LG 8, 4.
70 JM 3.
71 LG 9.
72 Solche Durchblicke finden sich LG I, AG I, UR 2. Vgl. auch die Gesamtanlage von DV. GS zieht aus solchen Betrachtungen die Konsequenzen für die gegenwärtige Kirche.

73 LG 2 nimmt damit einen alten patristischen Topos auf: Vgl. die Anm. 2 des Konzilstextes zur Stelle.
74 Dadurch wurde dem Konzil auch eine unbefangenere Sicht des Judenproblems möglich: Vgl. LG 16 und NA 4.
75 LG 9.
76 LG 13.
77 LG 4, 2 (als Zusammenfassung von LG 2–4).
78 LG 7. Vgl. den ganzen Abschnitt.
79 LG 48, 2.
80 DV 8.
81 LG 7. Vgl. auch LG 50, 4 (Liturgie); 12, 1; 25, 3 (Wort); 12, 2; 21, 2; 34, 1; 39 (Ämter und Charismen).
82 Hier gilt nach LG 8 das Gesetz der Analogie. In analogen Verhältnissen aber überwiegt bei aller Ähnlichkeit immer die Unähnlichkeit.
83 GS 45, 1.
84 Vgl. A. Acerbi, Due ecclesiologie (Anm. 1) 495–507. Das Problem des Verhältnisses von Institution und geistlicher Gestalt, zwischen „sichtbarer" und „unsichtbarer" Kirche gehört nach wie vor zu den Barrieren der ökumenischen Verständigung zwischen römisch-katholischer und den reformatorischen Kirchen: vgl. dazu das Dokument der bilateralen Arbeitsgruppe der deutschen Bischofskonferenz und der Kirchenleitung der VELKD „Kirchengemeinschaft in Wort und Sakrament", Paderborn–Hannover 1984, Nr. 9 (S. 14f.).
85 LG 9.
86 K. Rahner, Das neue Bild der Kirche: Ders., Schriften zur Theologie 8, Einsiedeln–Zürich–Köln 1967, 340 f.: „Wo immer Gnade in der Welt außerhalb des einzelnen Wort- und Sakramentgeschehens sich ereignet, hat dieses Gnadenereignis schon im Grundsakrament der Kirche seine kategorial-heilsgeschichtliche Greifbarkeit."
87 LG 8; das Dokument unterscheidet sich hier klar von der Lehre der Enzyklika „Mystici Corporis", die die volle Identität behauptet.
88 Vgl. LG 33; AG 6.
89 SC 26; LG 11.
90 LG 12. DV 8; 10.
91 LG 31; 33.
92 LG 11.
93 LG 23, 3.
94 PO 6.
95 SC 47. Vgl. LG 3; UR 2.
96 LG 8, 1.
97 LG 9, 2.
98 L. Hertling, Communio und Primat: Xenia Piana (Misc. Hist. Pont. 7), Roma 1943, 1–48.
99 Nach dem Wunsch des Konzils sollten folgende kollegiale Gremien und Räte eingerichtet werden: Bischofskonferenzen (CD 36–38), Priesterräte

(PO 7), Seelsorgeräte (CD 27), Laienräte (AA 26). Über Synoden und die Bischofssynode vgl. CD 36; 5.
100 K. Hemmerle, Einheit als Leitmotiv in „Lumen gentium" und im Gesamt des II. Vatikanums: E. Klinger – K. Wittstadt (Hrsg.), Glaube im Prozeß. Christsein nach dem II. Vatikanum (FS K. Rahner), Freiburg–Basel–Wien 1984, 210.
101 O. G. Hernandez, Das neue Selbstverständnis der Kirche und seine geschichtlichen und theologischen Voraussetzungen: G. Baraúna (Hrsg.), De Ecclesia (Anm. 1) I, 182.
102 A. Grillmeier, Geist, Grundeinstellung und Eigenart der Konstitution „Licht der Völker": G. Baraúna (Hrsg.), a.a.O. 142.
103 DV 24.
104 a.a.O. 8.
105 H. J. Pottmeyer, Kontinuität und Innovation in der Ekklesiologie des II. Vatikanums. Der Einfluß des I. Vatikanums auf die Ekklesiologie des II. Vatikanums und Neukonzeption des I. Vatikanums im Licht des II. Vatikanums: G. Alberigo – Y. Congar – H. J. Pottmeyer (Hrsg.), Kirche im Wandel. Eine kritische Bilanz nach dem II. Vatikanum, Düsseldorf 1982, 89–110.
106 H. Petri, Wandlungen im Kirchenverständnis seit „Lumen gentium": LZ 39 (1984), Heft 2, 5–16.
107 Zum Ganzen vgl. das Anm. 105 genannte Sammelwerk und N. Colaianni, Die Kritik am Zweiten Vatikanischen Konzil in der heutigen Literatur: Conc. 19 (1983), 579–584. Zum Codex Iuris Canonici (1983) s. E. Corecco, Die kulturellen und ekklesiologischen Voraussetzungen des neuen CIC: AkathKR 152 (1983), 3–30. Bemerkenswert ist, daß das Hauptsubjekt des neuen Codex nicht mehr der Klerus, sondern die Gläubigen sind und daß das Prinzip der Communio Verfassungsrang gewonnen hat (can. 333; 336; 368 § 2; 369, 384). Konzilsaussagen werden aber auch unvollständig zitiert (can. 205 läßt aus LG 14, 2 „Spiritum Christi habentes" aus, was den Sinn von LG ändert) oder gar nicht beachtet (z. B. die Charismen als Wesenselement der Kirche). Das societas-perfecta-Modell wird in den cann. 129–144 über die Kirchengewalt deutlich. Nach R. Puza, Der Laie im neuen Codex Iuris Canonici: ThQ 164 (1984), 88–102 zeigt der Codex sogar Defizite gegenüber dem II. Vatikanum.
108 W. Bühlmann, Weltkirche. Neue Dimensionen. Modell für das Jahr 2001, Graz 1984.
109 A. Acerbi. Die Rezeption des Zweiten Vatikanischen Konzils in einem veränderten historischen Kontext: Conc 17 (1981), 512f.
110 H. Petri, a.a.O. (Anm. 106) 14.
111 D. Wiederkehr, Die Kirche als Ort und Subjekt des Heilsgeschehens: MySal Erg. Bd., Zürich–Einsiedeln–Köln 1981, 260.

KATHOLIZITÄT UND ROMANITÄT –
DAS WECHSELVOLLE MITEINANDER
ZWEIER DIMENSIONEN DER KIRCHE
IM WANDEL DER ZEITEN*

Yves Congar O. P., Paris

Im nizäno-konstantinopolitanischen Glaubensbekenntnis, das in der ganzen Christenheit bis heute liturgisch verwendet wird, wird die Kirche Jesu Christi als die „katholische" bezeichnet. Bedarf diese Kennzeichnung noch einer weiteren Präzisierung – etwa durch „römisch"? Die Kirche, die die Katholizität stets besonders beansprucht und von daher ihre Bezeichnung bezogen hat, hat gleichzeitig auf ihre Romanität großen Wert gelegt. So heißt sie die „römisch-katholische Kirche". Welche Bedeutung liegt darin?

1. Terminologische Vorklärungen

Wir beginnen damit, genau zu bestimmen, welchen Sinn drei Ausdrücke während der ersten Jahrhunderte hatten, nämlich: ecclesia catholica, ecclesia Romana, episcopus ecclesiae catholicae (urbis Romae).

1.1 Ecclesia catholica

Das Wort „katholisch" kommt in seiner Anwendung auf die Kirche zum ersten Mal bei Ignatius von Antiochien (um 110) vor: „Wo der Bischof erscheint, dort soll die Gemeinde sein, wie da, wo Christus Jesus ist, die katholische Kirche ist."[1] Die Interpreten sind sich über den genauen Sinn des Ausdrucks nicht einig. Im Blick auf den Parallelismus zwischen der Ortskirche, welcher der Bischof vorsteht, und der „katholischen" Kirche, deren Haupt Christus ist, verstehen einige den Begriff im Sinn von universal, von Gesamtkirche.[2] Aber einerseits will Ignatius betonen, daß es ohne den Bischof keine Legitimität, keine wahre Kirche gibt; andererseits ist die enge Beziehung der Repräsentation und Kontinuität zu beachten, die Ignatius zwischen der irdischen Kirche und der

---

* Übersetzt aus dem Französischen von August Berz.

himmlischen Wahrheit erblickt: Es gibt einen absoluten, höchsten Bischof, der unsichtbar ist (der Vater, Christus), und der irdische Bischof erhält seine Würde, indem er dessen Abbild ist. Von hierher gesehen weist der Ausdruck „katholische Kirche" nicht nur in Richtung Totalität, sondern auch in Richtung Wahrheit, Echtheit. Darum ist nach mehreren Autoren, die in neuerer Zeit der Frage nachgingen, der vorrangige Sinn der: die umfassende und (in der Wahrheit und in der Verbundenheit mit Christus) vollkommene Kirche, ja sogar die einzige wahre Kirche.[3] Über die frühesten Verwendungen des Wortes läßt sich diskutieren. Doch vom Ende des zweiten Jahrhunderts an wird der Ausdruck häufig im Sinn von „wahre Kirche" verwendet.

Da zwei verschiedene Sinndeutungen fortbestehen, darf man sich nicht ausschließlich an die eine oder andere halten. Übrigens findet sich in der Zeit nach Ignatius „katholisch" als Epitheton der Kirche viermal im „Martyrium Polycarpi" (nach 156).[4] Irenäus kennt wohl voll und ganz den gemeinten Bedeutungsgehalt[5], verwendet aber den Ausdruck „katholische Kirche" nicht. Dagegen gebraucht ihn Klemens von Alexandrien im Sinn von „wahre" Kirche, im Gegensatz zu den häretischen Sekten.[6] Ebenso Tertullian, öfters sogar in der elliptischen Form „catholica".[7] Zu der gleichen Zeit verwendet das Muratorische Fragment „ecclesia catholica" als eine Bezeichnung, welche die echte Kirche von den Sekten abhebt. Vom dritten Jahrhundert an hat sich diese Bedeutung durchgesetzt: Der Beiname „katholisch" bezeichnet die wahre, weltumspannende Kirche oder eine Ortsgemeinde, die mit dieser Kirche in Gemeinschaft steht.[8] Der „Gegenpapst" Hippolyt von Rom macht es denn auch den zu Papst Kalixtus haltenden Gläubigen zum Vorwurf, sich als „katholische Kirche" zu bezeichnen, obwohl sie doch bloß eine „Schule" seien.[9]

Sehr beredt ist die Stelle aus dem Verhör von Märtyrern in Smyrna (im Jahre 250): „Wie nennst du dich?" – „Christ." – „Welcher Kirche?" – „Der katholischen."[10]

Die beiden Sinngehalte bleiben stets nebeneinander bestehen und sind oft von den gleichen Autoren gleicherweise anerkannt worden.[11] Es ließe sich hier eine ansehnliche Dokumentation bieten, um zu beweisen, daß in allen Epochen „katholisch" gleichbedeutend war mit „wahr", „authentisch", „rechtgläubig". Doch läßt sich nicht bestreiten, daß im Katholizitätsbegriff oft die Idee der Ausdehnung, der anthropologischen und/oder geographischen Universalität im Vordergrund stand. Cyrill von Jerusalem hat in erster Linie diese Sicht, doch vervollständigt er sie sogleich durch die Idee der Wahrheitsfülle, der anthropologischen Universalität und der Totalität in Sündenvergebung und Tugend.¹² Der Gedanke der geographischen Universalität wurde von Augustinus und schon vor ihm von Optatus von Mileve betont¹³; sodann von denen, die von Augustinus beeinflußt waren¹⁴, sowie von Isidor von Sevilla, der die echt augustinische Definition vorgelegt hat: „Catholica: meint universal, gleichsam kathólon, d. h. gemäß dem Ganzen. Sie bleibt nämlich nicht wie die Konventikel der Häretiker auf einige Teilregionen beschränkt, sondern breitet sich über den ganzen Erdkreis aus."¹⁵

1.2 Ecclesia Romana

In Texten aus dem Ende des vierten und dem Anfang des fünften Jahrhunderts bezeichnet dieser Ausdruck die Ortskirche von Rom, welche die Sedes Petri, die Sedes apostolica ist: „Die römische Kirche, in der der Vorrang des apostolischen Stuhles stets in Geltung stand."¹⁶ Bleiben wir in Afrika. Die Sammlung der afrikanischen Kanones und die Korrespondenz Augustinus' in der pelagianischen Frage bieten uns genügend Belege. Das Konzil von Karthago von 407 beschließt, an den Papst Innozenz zu schreiben, um die Meinungsverschiedenheit zwischen der „römischen Kirche" und der Kirche von Alexandrien beizulegen.¹⁷ Auf dem Konzil von Karthago von 419 gilt Faustinus als „Legat der römischen Kirche", obwohl er eigentlich der Gesandte des Papstes Zosimus ist.¹⁸ Der Papst selbst wird „Bischof der Stadt Rom"¹⁹, „Bischof der römischen Kirche"²⁰ genannt. Im Jahre 417 begann Papst Innozenz I. sein Schreiben an das Konzil von Mileve, das die Lehre des Pelagius verurteilt hatte, mit den Worten: „Unter den übrigen Obliegenheiten der römischen Kirche und den Geschäften des apostolischen Stuhles".²¹ In einem Brief vom Ende des Jahres 417 an den Papst Zosimus rühmt der afrikanische Diakon Paulinus, daß der Glaube in der „apostolica ecclesia" nie getrübt worden sei, dieser „wahre Glaube, den die Apostel gelehrt haben und den die römische Kirche im Verein mit allen Lehrern des katholischen Glaubens festhält".²²
Aus der gleichen Epoche stammt der berühmte Brief, den 416 Innozenz I. an Decentius von Gubbio schrieb: „An das, was vom Apostelfürsten Petrus der römischen Kirche überliefert worden ist und bis heute bewahrt wird, müssen sich alle halten".²³ Man ersieht aus diesen verschiedenen Zeugnissen, daß die *ecclesia Romana*, die Ortskirche von Rom, sich vom apostolischen Stuhl des Petrus nicht trennen läßt.

1.3 Der Papst als *episcopus ecclesiae catholicae* („Bischof der katholischen Kirche")

Wir brauchen die Epoche, in der wir uns bisher aufgehalten haben, nicht zu verlassen, denn die erste bezeugte Verwendung dieser Formel für den Papst findet sich in einer Bittschrift des Klerus von Rom aus dem Jahre 418, um Bonifatius zum Bischof zu erhalten. Dessen Vorgänger, Zosimus, wird als „Papst der katholischen Kirche der Stadt Rom"[24] bezeichnet. Hilaire Marot hat nachgewiesen[25], daß dieser Ausdruck in erster Linie die wahre, rechtgläubige Kirche im Unterschied zu einer Sekte oder falschen Kirche besagte. So schreibt z. B. Augustinus: „Augustinus, Bischof der katholischen Kirche, an Honoratus, den Bischof der Partei des Donatus".[26] Den gleichen Sinn hat der Ausdruck, wenn er auf Rom bezogen wird, doch wird er im fünften und sechsten Jahrhundert zu einer Formel der päpstlichen Kanzlei und in den wichtigsten Dokumenten verwendet. Auf „ecclesiae catholicae" folgt oft „urbis Romae". Damit bezeichnete man einfach die Ortskirche von Rom, ohne irgendwie auf deren universale Vorrechte anzuspielen. Manchmal wird „urbis Romae" durch „Romanorum" ersetzt, es findet sich auch „Romanae ecclesiae", so bei Martin I. (649–655). Am Ende des zehnten und zu Beginn des elften Jahrhunderts verschwindet „Romanae", doch wurde deswegen die Formel nicht im Sinn eines Universalepiskopates des Papstes verwendet. Paul VI. hat die Dokumente des II. Vatikanischen Konzils bei deren Promulgation im alten, herkömmlichen Sinn mit „Paulus, Bischof der katholischen Kirche"[27] unterzeichnet.

2. Die Kirche von Rom als Inbegriff der Gesamtkirche

Mehrere Briefe der frühen Kirche sprechen unterschiedslos von der ecclesia (der Gemeinschaft) und ihrem Hirten. So um 90 der Brief des Klemens von Rom an die Kirche von Korinth; 177 das Schreiben der Kirche von Vienne und Lyon an die Kirchen Asiens und Phrygiens. Wie schon aus den Ausführungen im Abschnitt 1.2 hervorgeht, wird die „ecclesia Romana" als die Kirche des Petrus und Paulus gesehen. Ihr wurde das Charisma ihres Glaubens und der auf Petrus zurückgehende Primat zuerkannt.

Das am frühesten bezeugte Charisma ist das des nie versagenden Glaubens der Kirche Roms und folglich auch deren Bischofssitzes. Wenn die Päpste die Vorrechte des ersten Sitzes anführten, haben sie dies in theologisch-rechtlichen Formulierungen getan. Die Dokumente sind bekannt: der Brief Julius' I. an die Antiochener aus dem Jahre 344 (DS 132), in dem sich der Satz findet: „Kennt ihr nicht die Gewohnheit, daß zunächst uns geschrieben wird und daß von hier aus beurteilt wird, was rechtens ist?"; dann der Brief Innozenz' I. an die Väter des Konzils von Mailand aus dem Jahre 417 (DS 218). Dort ermahnt er sie, mit der Kirche Roms und dem Papst in Beziehung zu treten, „vor allem dann, wenn es um eine Angelegenheit des Glaubens geht"[28]; der Teil des Gelasianums, den die Historiker dem Papst Damasus zuschrieben als 382 erfolgte Antwort auf den dritten Kanon des Konzils von Konstantinopel, der aber in Wahrheit wohl mehr als hundert Jahre später verfaßt worden ist, enthält den Satz: „Doch die heilige römische Kirche ist nicht durch Synodenbeschlüsse den übrigen Kirchen vorgezogen worden, sondern hat durch die Stimme des Herrn und Erlösers im Evangelium den Vorrang erhalten (Mt 16, 18f.). Zudem ist ihr noch der seligste Apostel Paulus beigesellt worden (...). Der erste Sitz des Apostels Petrus ist also der der römischen Kirche, ohne Flecken, Falten oder andere Fehler".[29] Man vergleiche auch die von Papst Hormisdas im Jahre 515 geprägte Formulierung: „Auf dem apostolischen Stuhl ist die katholische Religion stets unbefleckt bewahrt worden" (DS 363).[30]

Diese Vorzüge sind die der „ecclesia Romana" (oder die der Sedes, des Bischofsstuhles), nicht die der jeweiligen Person des Papstes. Obwohl dieser an sich von niemand gerichtet werden kann, kann er doch gerichtet werden wegen Häresie, denn in diesem Fall (einzig in diesem Fall) steht jemand über ihm. Dies haben sogar die Päpste anerkannt, die am meisten auf ihre Autorität pochten, angefangen mit Papst Hadrian II. 869, der damals in Auseinandersetzung mit dem Patriarchen Photius stand[31], über den Kardinal Humbert, den feurigen Vorkämpfer der gregorianischen Reform[32], und über Gregor VII. selbst bis zu Innozenz III. Wie Leo Meulenberg nachgewiesen hat, ist es für Gregor VII. die „ecclesia Romana", die „nie geirrt hat"[33] und, wie es die Schrift bezeugt, niemals irren wird[34], und der Papst nur so weit, als er den Glauben des Petrus bekennt.[35] Es geht stets um die Verbindung zwischen dem Bischof und seiner Kirche. Sie sind ineinander, wie Cyprian sagt.

Doch Cyprian sah in der Rolle des Petrus den Ursprung des Apostelkollegiums und des ihm folgenden Bischofskollegiums in dem Sinn: Daß der Herr den Petrus zum Apostel gewählt und auf ihn seine Kirche gegründet hat, stellte die Einheit der Kirche und des Bischofskollegiums vorweg dar. Die Päpste jedoch haben diesen Vorrang, diesen Primat in dem Sinn verstanden, daß sie, als Erben und Nachfolger des Petrus nun Inhaber des apostolischen Stuhles der römischen Kirche, wie die römische Kirche caput, fons, origo (Haupt, Quell, Ursprung) aller Kirchen seien. Ihnen obliege die Sorge für sie alle und sie seien im Besitz der dazu nötigen Vollmachten. Diese in Rom schon sehr früh vorhandene Überzeugung wurde dort seit dem Ende des vierten Jahrhunderts (Papst Damasus) und während des fünften Jahrhunderts in Rechtsbegriffe gefaßt und auch mit solchen gedeutet.[36] Es setzte sich die Idee durch, daß Rom als Haupt und Quelle der Kirche sämtliche Titel der Kirche, die Apostolizität und die apostolischen Traditionen sowie die Katholizität einzigartig und hervorragend verkörpere.[37] Die römische Kirche hatte so das Bewußtsein, irgendwie die ganze Kirche zu enthalten oder zusammenzufassen. Papst Hadrian (772–794) spricht von „unserer heiligen, katholischen und apostolischen, universalen, römischen Kirche".[38] Als Papst Paschalis I. (817–824) den Erzbischof Ebbo von Reims mit der Mission im Norden beauftragt, sagt er, wenn irgendein Problem auftauche, „wird er stets zur heiligen katholischen und apostolischen, römischen Kirche Zuflucht nehmen und deren Säfte aus der reinsten Quelle schöpfen".[39] Für Nikolaus I. (858–867) ist die römische Kirche gewissermaßen der Inbegriff der Gesamtkirche: Hat nicht der Apostel Petrus in einer Vision alle Tiere im gleichen Leinentuch gesehen?[40]

Nachdem Innozenz I. anerkannt hat, daß die römische Kirche in gewissem Sinn „Teil der Gesamtkirche"[41], eine Teilkirche sei, sagt er, man könne diese Kirche auch „ecclesia universalis" (Universalkirche) nennen, weil sie durch ein von Gott erhaltenes Vorrecht an die Spitze aller anderen Kirchen gesetzt worden sei: „Sie enthält in sich sämtliche Kirchen."[42] Rom ist die Kirche; die Kirche ist römisch. Die Abhängigkeit von Rom, so wie die Glieder des Leibes vom Haupt abhängen, ist im Westen „rezipiert" worden. Das Reich ist römisch.[43]

Man wird die der Autorität des Papstes unterstehende katholische Kirche denn auch „römische Kirche" nennen. Diese Bezeichnung wird sich als eine notwendige Präzisierung aufdrängen, wenn andere Kirchen oder Sekten sich der katholischen Kirche gegenüberstellen. Wie im dritten, vierten und fünften Jahrhundert von der „katholischen", so wird man jetzt von der „römischen" Kirche sprechen. Dazu kam es gegenüber Petrus Waldes 1180–1181. Den Text hat Innozenz III. fast wortgetreu in das Glaubensbekenntnis übernommen, das er 1207 und 1210 von den bekehrten Waldensern verlangte: „Wir glauben im Herzen und bekennen die eine Kirche nicht der Häretiker, sondern die hei-

lige katholische, apostolische und unbefleckte römische Kirche, außerhalb derer, wie wir glauben, niemand gerettet wird."[44]
Die Notwendigkeit der Präzisierung zeigt sich in einer Stelle des Traktates des Moneta von Cremona „Adversus Catharos et Valdenses" von 1240. Sie unterscheidet zwei Bedeutungen des Begriffs „Ecclesia": „Congregatio fidelium" im Sinn eines nicht historisch und ekklesiologisch vermittelten Glaubens, „des Glaubens einfachhin"[45], und „Congregatio fidelium" im Sinn eines geschichtlich und ekklesiologisch bedingten Glaubens: „Dies ist die Kirche, die man die ‚römische' nennt."[46]
Noch weitere Glaubensbekenntnisse sprechen von der römischen Kirche. So das dem Kaiser Michael Paläologus abverlangte und am 6. Juni 1274 auf dem Konzil von Lyon gesprochene Glaubensbekenntnis[47] und das sogenannte Tridentinische Symbolum Pius' IV. vom 13. November 1564: „Ich anerkenne die heilige, katholische und apostolische römische Kirche als Mutter und Lehrerin aller Kirchen."[48] Diesen Glauben zu bekennen sieht man stets als heilsnotwendig an. Pius IX., der die gleichen ekklesiologischen Aussagen übernimmt, fügt zum ersten Mal in einem offiziellen Dokument hinzu: außer bei unüberwindlicher Unkenntnis.[49]
Selbstverständlich bedürfen derart massive Behauptungen einer Rechtfertigung. Sie können nur eine einzige Begründung haben, die von den Päpsten und den Theologen unermüdlich entwickelt worden ist, nämlich die: Eine Funktion des Petrus, die ihn zum „princeps apostolorum" („Erster der Apostel", griechisch koryphaios) und zum sichtbaren Haupt der Kirche macht, setzt sich im Bischof von Rom fort.[50] Und dies geht auf göttliche Anordnung zurück. Gewiß ist zuzugeben, daß die Ausübung und die Äußerungen dieser Autorität in einer Unzahl geschichtlicher Formen erfolgt sind. Bekanntlich konkretisiert sich das göttliche Recht geschichtlich nur in positiven menschlichen Rechtsformen.[51] Fast (?) alle Verwaltungsakte, die der Papst außerhalb seiner Diözese ausübt, gründen, selbst wenn er dabei seine ganze Autorität einsetzt, in seinem Titel „Patriarch des Abendlandes".[52]
Solange sie christliche Kirchen anderen Gepräges nicht vor sich hatte, hat die katholische Kirche nicht das Bedürfnis verspürt, in ihre dogmatische Definition der Kirche den Papst mithineinzunehmen. Die Kirchenväter haben von der Einheit der Kirche eine dogmatische Sicht, in der der Papst nicht vorkommt[53], auch wenn sie dem römischen Stuhl ein Charisma und eine Autorität zuschreiben, die das Leben der Kirche und die Gemeinschaft unter ihnen betrifft.[54]
Dies gehört schon zu ihrem Wesen, wie wir bei Innozenz III. und beim

Konzil von 1274 gesehen haben und es anhand der Einigungsvorschläge noch sehen werden. Doch die abendländische Kirche und die Ostkirche hatten (und haben immer noch) die gleiche sakramentale Struktur als Leib Christi. Das war bei den aus der Reformation hervorgegangenen Kirchen nicht mehr der Fall. Dies hat die katholischen Apologeten dazu veranlaßt, in ihre Definition der Kirche eine Erwähnung des Papstes hineinzubringen. Der Gallikaner Jean Launoi hat daran Anstoß genommen. Er schreibt diese Neuerung Petrus Canisius und Robert Bellarmin zu und gibt vor allem dem ersteren die Schuld daran, da dieser einzig vom Papst spreche, während Bellarmin die Bischöfe mithinzunehme.[55]

Einen unzweideutigen Hinweis darauf, daß die Romanität, obwohl sie in der theologischen Definition der Kirche nicht ausdrücklich angeführt wird, doch zu deren Wirklichkeit gehört, haben wir darin, daß während Jahrhunderten die wesentliche, wenn nicht sogar einzige Vorbedingung für die Wiederherstellung der Einheit zwischen der griechischen und der lateinischen Kirche der Respekt und der Gehorsam gegenüber der römischen Kirche war.[56] Nach dem Bruch von 1054 gibt es dafür eine Menge von Belegen. Gregor VII. hat den großen Wunsch, zwischen der römischen Kirche und der von Konstantinopel wieder ein herzliches Einvernehmen (er gebraucht dafür den Ausdruck concordia, „Eintracht") herzustellen.[57] Doch es ist seine Überzeugung: „Es kann nicht als Katholik gelten, wer mit der römischen Kirche nicht in Einklang steht."[58] 1112 schrieb Papst Paschalis II. an den Kaiser Alexius I. Komenius, der erste Schritt auf dem Weg zur Einheit bestehe darin, „daß unser Mitbruder, der Patriarch von Konstantinopel, den Primat anerkennt und die dem apostolischen Stuhl gebührende Hochachtung erweist".[59] Die Einheit verlangt eben, einen einzigen Leiter (so Hadrian IV.), eine einzige Mutter aller Kirchen (so Alexander III.) anzuerkennen. Mit Innozenz III., der auf die Einigung mit den Griechen sehr bedacht war, erreicht die römische Lehre einen Höhepunkt an Argumentationskraft und Ausdrucksstärke. Der Briefwechsel, den er 1199 mit dem Patriarchen Johannes X. Kamateros führte, formuliert diese Auffassung: Die (Orts-)Kirche von Rom, die auf geographischer Ebene eine Teilkirche ist, ist auf der qualitativen Ebene „universalis", denn sie ist „caput" (Haupt) und Mutter aller Kirchen.[60]

Folglich besteht die Wiedervereinigung in der Rückkehr des Glieds zum Haupt, der Tochter zur Mutter, indem man der römischen Kirche den schuldigen Respekt und Gehorsam erweist.[61] Die Texte sind so wichtig und bedeutsam, daß wir sie trotz ihrer Länge in den Anmerkungen wiedergeben. Ein kurzer Nachhall ist auf dem Laterankonzil von 1215 vernehmbar: Die Griechen sollen sich als gehorsame Söhne der heiligen römischen Kirche, „ihrer Mutter"[62], verhalten. Unter Klemens IV. wird Rom seine Bedingungen noch verschärfen, indem es vom Kaiser als unerläßliche Bedingung ein Bekenntnis des Glaubens verlangt. Vor dem Konzil von 1274 wird stets das gleiche Vokabular verwendet. Die Konzilskonstitution „Zelus Fidei" sagt: „Die griechischen Völker, die stolzen Nackens den nahtlosen Leibrock des Herrn gewissermaßen zerrissen haben und sich der Ehrerbietung und dem Gehorsam gegenüber dem apostolischen Stuhl entzogen haben, sollen zur Einheit der Kirche zurückgeführt werden."[63] Das ist scheußlich! Es ist jedoch zu bemerken, daß der ehemalige Dominikanergeneral Humbert de Romanis im Schreiben, das der Papst im Blick auf das Konzil erbat, sagte: „Meines Erachtens sollte die römische Kirche sich nicht darauf verlegen, von den Griechen vollen Gehorsam zu verlangen, sofern nur ihr Patriarch sich durch die Autorität der römischen Kirche bestätigen ließe und die Kirche der Griechen die Legaten der römischen Kirche ehrenvoll empfangen würde".[64]

Auch in der Folgezeit war die Rede von „ad Matrem redire" – „zur Mutter zurückkehren" (so Klemens VI., 1343) und von der „Trennung der Griechen vom Gehorsam gegenüber der heiligen römischen Kirche"[65] (so Martin V., der Papst des Konzils von Konstanz).[66] Doch das Konzil von Ferrara-Florenz schlug dann einen anderen Ton an, obwohl sich auch noch bei ihm einige Erklärungen im dargelegten Sinn finden; übrigens ist auf seiten der Griechen zugunsten ihrer Kirche dasselbe der Fall. Im Ganzen gilt: Schon damals und seither ist die Gemeinschaft mit dem Primatsitz von Rom für die Einheit der katholischen Kirche wesentlich.

3. „Ecclesia Romana" als Gesamtheit der Gläubigen

Die kritischen Fragen und die Notwendigkeit, die Bezeichnung „katholische Kirche", „universale Kirche", „römische Kirche" zu präzisieren, ergaben sich zunächst aus dem Zusammenhang, in den man von alters her „katholisch" oder „universal" und den Glauben brachte. Er findet sich insbesondere bei Boëthius, dessen „Opuscula sacra" während des Mittelalters im Abendland sehr verbreitet waren und gelesen wurden. Er hatte geschrieben: „Die Gestalt des christlichen Glaubens hat einen hohen, ja einzigartigen Rang, die sowohl aufgrund der universalen Geltung ihrer Vorschriften, durch die die Autorität dieser Religion erfaßt wird, als auch aufgrund der weltweiten Verbreitung ihres Gottesdien-

stes als die katholische, bzw. universale bezeichnet wird."[67] Die Schule Abälards hat ganz besonders auf dem universalen Charakter des Glaubens bestanden.[68] Der gleiche Gedanke findet sich bei Roland von Cremona[69], Petrus Lombardus, Gilbert von Poitiers und bei anderen. Thomas von Aquin und die großen Scholastiker haben den Glauben und die Katholizität oder Universalität in einen engen Zusammenhang gebracht. Ein Konzil galt dann als universal, wenn es den gemeinsamen Glauben der Kirche treu zum Ausdruck brachte.[70] Die ganze Welt war an diesem Glauben interessiert. Von daher versteht sich der beredte Text des Briefes, den Papst Nikolaus I. 865 an Kaiser Michael von Konstantinopel gesandt hat, um dessen Anmaßung, sich in die Regierung der Kirche einzumischen, zurückzuweisen: „Wo denn haben Sie gesehen, daß die Kaiser, die Ihre Vorgänger waren, den Konzilien beigewohnt hätten, es sei denn wenn es dabei um den Glauben ging, der universal, allen gemeinsam ist und nicht nur Sache der Kleriker, sondern auch der Laien und überhaupt aller Christen ist?"[71] Das entspricht einem Grundsatz, den man im Mittelalter allgemein annahm: Fragen des Glaubens oder Irrglaubens betreffen die ganze Gemeinschaft.
Der berühmte Kanonist Huguccio von Pisa, Lehrer Innozenz' III., kennt 1180–1190 folgenden Text des Nikolaus, den er bei Gratian las: „Der Fürst mußte zugegen sein, weil die Angelegenheit (eine Glaubensfrage) jedermann betraf. Daraus folgt: Sofern etwas universal ist, geht es alle an – im Sinne des Satzes: Was alle betrifft, muß auch von allen behandelt und gutgeheißen werden."[72]
Es war eine allgemein angenommene These, daß die römische Kirche im Glauben nie geirrt hat und nie irren wird. Doch was war unter „römischer Kirche" zu verstehen? Man wandte auf die in Petrus verkörperte Kirche ziemlich allgemein das Wort Jesu an: „Ich habe für dich gebetet, damit dein Glaube nicht erlischt." (Lk 22, 32)[73] Folglich betraf dies nicht nur die Ortskirche von Rom, den Papst und die Kardinäle, sondern die Gemeinschaft aller Gläubigen. Diese Auffassung wurde im zwölften Jahrhundert häufig vertreten. Schon ein Text von Gerhoh von Reichersberg († 1169) hat vielleicht diesen Sinn.[74] Sicherlich sprechen die Dekretisten in diesem Sinn, so die Summe „Et est sciendum" zwischen 1181 und 1185[75] und vor allem unser Huguccio 1186–1190.[76] Er schrieb: „Unter dem Glauben des Petrus (versteht man) den Glauben der gesamten Kirche, der nie ganz verschwunden ist oder verschwinden wird. Nun behaupte ich, daß „römische Kirche" die ganze katholische Kirche besagt, die nie gänzlich geirrt hat; beziehungsweise besagt „römische Kirche" den Papst und die Kardinäle, und selbst wenn jener geirrt hätte, so doch nicht die Kardinäle oder doch wenigstens nicht

alle Römer (ad D. XIX c. 9). Also ist überall da, wo gute Gläubige sind, die römische Kirche. In einem anderen Sinn findest du keine römische Kirche, an der nicht viele Flecken und Falten wären (ad D. XXI c. 3). Nun wird aber doch gesagt, die römische Kirche habe keinen Makel oder keine Falte (so in XXI Quamvis c. 3). In diesem Fall wird unter „römischer Kirche" die Gesamtheit der Gläubigen verstanden" (ad D. XXII c. 1).
Was die Reinheit des Glaubens und die Lauterkeit des Lebens betrifft, werden also unter „ecclesia Romana" alle wahren Gläubigen verstanden – denn sämtliche Dekretisten sind der Ansicht, daß der Papst irren kann. Dieses Verständnis findet sich denn auch bei den Kommentatoren Gratians.[77] Ockham hatte also gute Gewährsmänner hinter sich, wenn er – jedoch in seiner eigenen Sicht – schreibt:
„Überall da, wo gläubige Christen sind, ist die römische Kirche."[78] Es bestätigt sich hier die aufschlußreiche Bemerkung von Brian Thierney: Die Konziliaristen ließen sich von den Dekretisten und von Kanonisten wie z. B. Hostiensis inspirieren. Unsere Unterscheidung findet sich bei Konrad von Gelnhausen[79], bei Heinrich von Langenstein[80] und, zum Zeitpunkt des Baseler Konzils, bei Nikolaus von Kues[81], bei Johannes von Ragusa[82], beim Panormitaner Nikolaus von Tudeschi[83] und so weiter. Doch nicht nur die Konziliaristen unterscheiden zwischen den beiden Verständnissen. Beim Augustinianer Hermann von Schildesche († 1357), einem theologischen Verteidiger der päpstlichen Privilegien, der nicht abgeneigt war, dem Papst die Eigenschaft zuzuerkennen, inobliquabilis (unverkrümmbar) zu sein, findet sich die Unterscheidung ebenfalls.[84] Die Unterscheidung zwischen den beiden Verständnissen von „Ecclesia Romana" hatte zur Folge, daß man der Ortskirche Roms das Vorrecht absprach, die Katholizität im Sinn von Universalität zu enthalten und einzubegreifen. Die Autoren des Mittelalters zitieren unablässig das Wort von Hieronymus: „orbis maior urbe" (Der Erdkreis ist größer als die Stadt ‚Rom').[85] Konziliaristen wie Nikolaus von Kues oder Johannes von Ragusa erkennen dem Papst den Titel „caput" (Haupt) zu, doch nicht in dem Sinn, daß das Haupt allein sämtliche Glieder enthalte.

4. Der Anspruch nicht-römischer Kirchen auf Katholizität

Eine neue und noch immer aktuelle Situation trat bezüglich des Verhältnisses „katholische Kirche/römische Kirche" ein, als Kirchen als „katholisch" gelten wollten, obwohl sie ablehnten, daß die Unterordnung unter den Primat der römischen Kirche eine Voraussetzung für echte Katholizität sei.

4.1 Das Konzil von 879–880, das die Gemeinschaft zwischen Konstantinopel und Rom wiederhergestellt hat, erklärt in seinem ersten Kanon, daß Kleriker, Laien oder Bischöfe, die vom heiligen Papst Johannes (VIII.) exkommuniziert, abgesetzt oder mit Bann belegt seien, und daß desgleichen diejenigen, die der heilige Patriarch Photius mit Strafe belegt habe, „vom heiligen Papst Johannes und mit ihm von der göttlichen heiligen römischen Kirche" als mit Strafe belegt anzusehen seien.[86] Dieser Ausdruck bezeichnet den gesamten Bereich der Kirche, der der „patriarchalen" Gewalt des Papstes tatsächlich unterstand. In der Folge kam es zum Bruch der Gemeinschaft, die man als unzertrennlich bezeichnet hatte. Der klassische Kanonist Johannes Zonaras schrieb in seinem Kommentar zum 28. Kanon des Konzils von Chalkedon: „Da die heiligen Väter, vom Heiligen Geist erleuchtet, voraussahen, daß die römische Kirche wegen ihrer Irrtümer von der Gemeinschaft des Gottesvolkes getrennt und aus der Gemeinschaft der Gläubigen ausgeschlossen werden sollte, haben sie dieser Kirche (Konstantinopel) den Primat zuerkannt."[87]

Wie verhält es sich in Wirklichkeit? Für J. N. Karmiris gibt es weder ein „byzantinisches Schisma" (M. Jugie) noch ein „Schisma des Photius" (F. Dvornik), sondern ein Schisma der römischen Kirche, und zwar wegen der Anmaßung der Päpste (Nikolaus I.), eine hinterhältige, tyrannische Regierung auf die ganze Kirche auszudehnen.[88] Er sagt: „Durch dieses Schisma wurde die alte, geeinte und ungeteilte katholische Kirche in zwei katholische Kirchen getrennt: die orthodoxe und die römische" – in zwei Schwesterkirchen. Nach J. N. Karmiris ist die orthodoxe Kirche gegenüber einer anderen, der römischen, als „katholisch" zu bezeichnen.

4.2 Sehr früh haben die Anglikaner beansprucht, als „katholisch" zu gelten. Philpot, der unter der Königin Maria zum Tod auf dem Scheiterhaufen verurteilt war, sagte zu seinem Richter: „I am, master doctor, of the unfeigned Catholic Church and will live and die therein..." (Ich bin, gelehrter Herr, ein Glied der echten katholischen Kirche und will in ihr leben und sterben..."). Der Erzbischof William Laud († 1645) schrieb: „Ich sterbe, wie ich gelebt habe, im wahren, rechtgläubigen Bekenntnis des katholischen Glaubens an Christus, als ein wahres Glied seiner katholischen Kirche, von der die jetzige Kirche Englands ein lebendiger Schößling ist."[89] Die zweite Flugschrift der Oxford-Bewegung

(1833) trug den Titel „The Catholic Church". In ihrem vielberedeten Aufruf an das ganze christliche Volk gab die Lambeth-Konferenz von 1920 dem Begriff einen sehr umfassenden Sinn: „Wir glauben, daß Gott die Gemeinschaft will. Durch Gottes Tat kam diese Gemeinschaft in und durch Jesus Christus zustande. Und ihr Leben besteht in ihrem Geist. Wir glauben, daß es Gottes Absicht ist, diese Gemeinschaft, was diese Welt betrifft, in einer sichtbaren und geeinigten äußeren Gesellschaft zutage treten zu lassen, die an *einem* Glauben festhält, ihre anerkannten Leiter hat, gottgeschenkte Gnadenmittel gebraucht und alle ihre Glieder zum weltweiten Dienst am Reich Gottes anspornt. Dies ist es, was wir unter „katholischer Kirche" verstehen".[90] Damit wird eher ein ökumenisches Ideal zum Ausdruck gebracht. Doch gewisse Anglikaner, nicht nur der Oxfordbewegung, sondern auch ein John Wordsworth (Theophilus angelicanus) haben die geschichtlichen Gemeinschaften als drei Zweige bezeichnet, in denen die katholische Kirche bestehe: die orthodoxe Ostkirche, die römische und die anglikanische Kirche.[91] Der Ausdruck „römisch-katholisch" zur Bezeichnung der romtreuen Christen findet sich erstmals um die Wende vom 16. zum 17. Jahrhundert.[92] Nachdem die englischen Katholiken die Bezeichnung zuerst zurückgewiesen und „catholic roman" ihr vorgezogen hatten, nahmen sie sie schließlich an, indem sie präzisierten, „römisch" schränke „katholisch" nicht ein. Doch die damals verbreitete Zweigtheorie führte im März/April 1870 zu einem Zwischenfall auf dem I. Vatikanischen Konzil.[93] Der Entwurf zur Konstitution „Dei Filius" begann mit den Worten: „Sancta Romana catholica Ecclesia credit" (Die heilige römische katholische Kirche glaubt). Englische Bischöfe, Ullathorne und Clifford, wandten ein, in englischer Übersetzung könnte dies die Zweigidee begünstigen. Und andere fragten sich, ob das Beiwort „römisch" nicht die Katholizität einschränkte. Man behob die Schwierigkeit, indem man schrieb: „Sancta catholica apostolica Romana Ecclesia" (Die heilige katholische apostolische römische Kirche [DS 3001]). Doch, wie Max Seckler bemerkt, gab man damit zu, daß die konfessionelle Situation es nicht mehr zulasse, ganz einfach von „katholischer Kirche" zu sprechen: „Die Konfessionalisierung der Katholizität hat sich damit faktisch ihren sprachlichen Ausdruck erzwungen."[94]

Die vorbereitende Theologische Kommission hatte für das II. Vatikanum einen Entwurf zu einer Konstitution über die Kirche verfaßt, worin es hieß: „Die heilige Synode lehrt und bekennt feierlich, daß es nur eine einzige wahre Kirche Christi gibt, die nämlich, die wir im Glaubensbekenntnis als eine, heilige, katholische und apostolische Kirche preisen ... Deshalb wird mit Recht einzig die römisch-katholische als Kirche bezeichnet."[95] Dieser Text ist nicht in „Lumen gentium" übernommen worden, worin sich die schlichte, bemerkenswerte und glückliche Formulierung findet: „subsistit in" (ist verwirklicht in) (LG 8). „Lumen gentium" verwendet den Ausdruck „Romana Ecclesia" nie und spricht auch nicht von „Romanae Ecclesiae episcopus", wohl aber sehr oft vom „Romanus Pontifex".[96]

4.3 Luther kam erst unter dem Anstoß der Polemik gegen Prierias, gegen Eck dazu, die Unterscheidung zwischen der universalen Kirche, die nicht irren kann, und der römischen Kirche oder dem Papst, die geirrt haben[97], zu übernehmen. Die Kirche entsteht durch den Glauben an das Gotteswort; man sagt nicht: „Ich glaube an den Heiligen Geist, eine heilige römische Kirche". Die Kirche ist eine geistliche Wirklichkeit; sie ist nicht an einen Ort gebunden. Sie ist katholisch, weil sie sich durch den Glauben an Christus in allen Kirchen und in allen Christen auf der ganzen Welt und zu allen Zeiten findet. Hingegen spricht Luther von „Papistica secta".[98]

Luther selbst, Melanchthon und ihre Schüler haben die Katholizität als Kontinuität der Lehre verstanden. So wollten sie als „katholische" Kirche gelten; als „evangelisch-katholisch", sagt Gerhard.[99] In einem anderen Klima wurde in unserer Epoche die Idee „evangelischer Katholizität" von Nathan Söderblom, Friedrich Heiler und von verschiedenen Bewegungen zur Restauration katholischer Werte im Schoß des deutschen Protestantismus vertreten.[100]

5. Romanität als apologetisch behauptete Wesenseigenschaft der Kirche

Als die Kirche im dritten und vierten Jahrhundert Sekten oder schismatischen Gruppen gegenüberstand, bezeichnete sie sich als „katholisch". Augustinus sprach von der „catholica" und manchmal von der „Großkirche" (Celsus nach einem Traktat des Origenes). Gegenüber der griechischen Kirche nach dem Bruch der Gemeinschaft, vor allem aber gegenüber den aus der Reformation hervorgegangenen Kirchen insistierte die katholische Kirche auf ihrem römischen Zentrum, beziehungsweise Prinzip als auf einer von Gott gelegten Grundlage.

Nach der Konziliarismuskrise rief die Kritik der Reformatoren gegenüber der römischen Kirche bei den katholischen Apologeten nicht nur Antworten hervor, sondern auch ein vermehrtes Insistieren auf den Vorrechten des römischen Stuhles. In seiner bemerkenswerten These von 1937 zeigt Gustave Thils auf, wie in der apologetischen Argumentation die via primatus in die via notarum eindrang. Im 16. Jahrhundert „sprechen z. B. Pighius, Cochläus, Elysius, Van der Lindt von der Einheit bloß in Abhängigkeit von der via primatus".[101] „Während die Apologeten des 16. Jahrhunderts gestanden, daß sie die Apostolizität gern auf die römische Sukzession zurückführten..., setzen die des 17. Jahrhunderts in beeindruckender Anzahl die römische Sukzession oder die Romanität einfach an die Stelle der bischöflichen Sukzession."[102] Seit dem Anfang des 19. Jahrhunderts identifizieren die Apologeten „die Legitimität der Hirten mit der Unterwerfung unter den Papst".[103] Doch der Triumph dieser These von der via primatus war vor allem das Werk von Giovanni Perrone, der, mit kurzen Unterbrechungen, von 1824 bis 1876 in Rom Professor war und dessen „Praelectiones theologicae" 34 Auflagen erlebten.[104] Man neigte dazu, an die vier klassischen Wesenseigenschaften der Kirche im Glaubensbekenntnis die „Romanitas" als Merkmal hinzuzufügen oder sie damit zu vervollständigen, da sie eine Vorbedingung zu deren Geltung sei.[105] Gewisse Autoren haben es jedoch abgelehnt, die Romanität zu den Wesenseigenschaften der Kirche zu zählen. Gustave Thils führt in diesem Sinne Yves de la Brière und Jean-Vincent Bainvel an.[106] Diese geben als Grund an, daß es unnütz wäre, diesen Wert vorauszusetzen, da er ja von den anderen doch nicht angenommen werde. Andere haben gegen die Benennung „römisch-katholische" Kirche die recht banale Idee vorgebracht, daß die Kirche überall, wo sie sei, national und autochthon sei.[107] Dies liegt nicht auf der theologischen Ebene der Frage, da es doch um etwas anderes geht als um die geographische Abgrenzung.

6. Überlegungen zum heutigen Verständnis der Romanität der katholischen Kirche

Wo stehen wir heute? Wir sind uns heute mehr als früher der Wahrheit der anderen bewußt. Auch sie haben eine Heilsmöglichkeit, zumal wenn sie getauft sind und in einem Bezug zur Kirche stehen. Wir halten auch heute an den gesicherten dogmatischen Wahrheiten fest, schätzen aber eine Anzahl von ihnen anders ein. Wer würde beispielsweise heute die Aussage der Bulle der Union mit den Kopten oder das Dekret für die Jakobiten vom 4. Februar 1442, worin von der Verdammung nicht bloß der Heiden, sondern auch der Juden, Häretiker und Schismatiker die Rede ist, noch im buchstäblichen Sinn nehmen?[108] Die offizielle Lehre der katholischen Kirche untersagt es heute, das Prinzip „Extra Ecclesiam nulla salus" im buchstäblichen Sinn aufzufassen. Dieses ist nicht eine Aussage über das (Nicht-)Heil irgendwelcher Menschen, sondern eine Bekräftigung, daß die Kirche die volle katholische Fähigkeit besitzt, jedem Menschen das Heil in seiner Fülle zu bringen.[109] Der Titel „katholisch" ist von so starker Sinnfülle, daß wir es gar nicht allzu gern haben, wenn man uns „römische Katholiken" nennt. Das erste Beiwort scheint das zweite einzuschränken und uns als eine „Konfession" unter anderen aufzufassen. Das Bewußtsein, „Kirche" zu sein und sogar „die Kirche" zu sein, fühlt sich in der Kategorie „Konfession" beengt. Und doch kommen wir nicht mehr darum herum, von der römisch-katholischen Kirche zu sprechen. Das ist Brauch geworden. Das wird von der ökumenischen Situation erfordert. Man versichert uns sogar, das sei 1930 vom Vatikan offiziell gefordert worden.[110] Wir haben zu versuchen, das zu begreifen, das zu rechtfertigen, indem wir erklären, in welchem Sinn die Bezeichnung zu verstehen ist. Wir tun dies in drei Schritten.

6.1 Nicht nur die katholische Kirche hat sich auf der ganzen Welt ausgebreitet; bei allen klassischen Kirchen war dies bis zu einem gewissen Grad auch der Fall. Andererseits wollen alle christlichen Konfessionen oder Gemeinschaften „katholisch" sein, und sie bekennen sich als „katholisch". Dies ist recht klar ersichtlich bei der orthodoxen Kirche, die sich als Fülle in der und durch die Kontinuität der lebendigen Tradition versteht. Die aus der Reformation hervorgegangenen Kirchen haben die Katholizität beansprucht, indem sie sich vor allem darauf berufen, daß ihr Glaube ganz der Lehre des Evangeliums und der Apostel entspreche, ohne daß etwas zu dieser hinzugefügt oder von ihr weggenommen worden sei.[111] Wie wir anderswo aufgezeigt haben, bestanden übrigens die Reformatoren auf der Apostolizität der Lehre als einer Voraussetzung der Apostolizität des kirchlichen Amtes.
Wir haben weiter oben gesehen, daß die anglikanische Kirchengemeinschaft sich als „katholisch" ausgibt, weil sie an der herkömmlichen Lehre festhalte, wobei sie sich oft auf den Kanon des Vinzenz von Lerins beruft: „In der katholischen Kirche ist angelegentlich dafür zu sorgen, daß wir uns an das halten, was überall, was immer, was von allen geglaubt worden ist. Das ist nämlich im eigentlichen Sinn katholisch."[112]
So finden wir überall einen Zusammenhang zwischen Katholizität und Apostolizität. Dies war denn auch das Thema und der Titel einer gemeinsamen Kommission von Vertretern der römisch-katholischen Kirche und des Ökumenischen Rates der Kirchen, die 1967/68 zusammengekommen ist und deren Sitzungsberichte veröffentlicht worden sind.[113] Im ökumenischen Klima haben sich die Konfessionen aus einer

gewissen konfessionellen Sturheit und Enge gelöst. Jeder hat etwas von den anderen gelernt, z. B. die evangelischen Christen auf dem Gebiet der Tradition und der Liturgie, wir in bezug auf das Gotteswort und die Ortskirche. All dies betrifft auch das Wissen um die Katholizität.
Wir müssen jedoch auf den Zusammenhang zwischen „katholisch" und „römisch" zu sprechen kommen. Ist er für die Kirche konstitutiv oder handelt es sich bloß um etwas geschichtlich Gewordenes, das bestimmte Gegebenheiten beschreibt? Beides ist der Fall. Wir müssen also zwei Ebenen oder Aspekte unterscheiden, die nun dargelegt werden.

6.2 Die konstitutive Ebene. Die katholische Kirche ist römisch insofern 1. der Primat der Kirche und des Bischofssitzes von Rom integrierender Bestandteil ihrer Struktur ist und 2. diese Eigenschaft mit dem geographischen Ort Rom zusammenhängt.

6.2.1 Die katholischen Exegeten und Apologeten haben viele Forschungen durchgeführt und Zeugnisse vorgelegt zugunsten zunächst des Primats des Petrus und sodann des römischen Bischofssitzes. Jeder liest die Texte in einem konfessionellen Vorverständnis. Wir können die Argumente dafür und dagegen hier natürlich nicht darlegen und erörtern. Eine bloße Bibliographie würde mehrere Seiten beanspruchen. Wir werden uns an den Typus halten, den Christus für die Apostolizität seiner Kirche vorgezeichnet hat. Kraft dieses Typus ergänzte vor Pfingsten die Gemeinde auf die Initiative des Petrus hin das Zwölferkollegium. Das Zitat „Sein Amt (episkope) soll ein anderer erhalten" (PS 109, 8) veranschaulicht treffend, was wir unter „Typus" verstehen. Man muß sich an die Hinweise halten, die Gott in bezug auf das Handeln und das Werk, das er weiterführt, gegeben hat. Man muß Gott auf die Weise lieben und ihm auf die Weise dienen, wie er geliebt und verehrt sein will. Auf dieser Ebene liegen die dogmatischen Thesen über die Wesensstruktur der Kirche.
Petrus ist nicht „Bischof" von Rom oder zu Rom gewesen. Man kann die Apostel nicht zu Bischöfen machen (dieses Argument bringen die Orthodoxen gegen die römischen Thesen vor). Darum führen denn auch die ältesten Sukzessionslisten Petrus nicht als ersten Bischof an.[114]
Man kann jedoch vom Stuhl Petri reden, wie so viele alte Texte es tun. M. Maccarone hat nachgewiesen, daß cathedra (und thronos) auf dem Hintergrund des biblischen Sprachgebrauchs seit dem zweiten Jahrhundert gleichbedeutend mit Bischofsamt ist.[115]
Der Ausdruck wurde insbesondere auf das Lehramt bezogen.[116] Der Ausdruck „cathedra Petri" (Stuhl Petri) stammt von Cyprian. Dieser verwendet ihn zur Bezeichnung entweder des auf Petrus gründenden

katholischen Episkopats (Ep 43, 5, 2) oder des Bischofsstuhls von Rom (Ep 59, 14).[117] Eine große Zahl von Texten des dritten bis fünften Jahrhunderts sagt, die Bischofsfunktion habe in Petrus begonnen.[118] Schon in den ältesten Zeugnissen ist von der „römischen Kirche" die Rede. Ihr kommt der Primat zu, weil sie die Kirche ist, in der Petrus und Paulus den Glauben gelehrt und bezeugt, das Martyrium erlitten haben, wo ihre Leiber ruhen und ihre Gegenwart immer noch lebendig ist. Der Bischof, der von den Aposteln die „episkopè", das Amt des Bischofs in dieser Kirche erhalten hat – „Linô tès episkopès leitourgían enecheírisan", sagt Irenäus – besitzt deswegen das, was wir den Primat nennen. „Bischof von Rom" ist sicherlich der erste Titel des Papstes. Diesen erkennen ihm auch die Orthodoxen zu. Sie sagen zudem, daß der Papst als Bischof von Rom der erste der Bischöfe ist. Die katholische Position sagt mehr. Der Nachfolger des Petrus ist mehr als ein einfacher Bischof, selbst wenn er der erste, „primus inter pares" ist. Die Prärogativen, die das Erste Vatikanum dem Papst zuerkannt hat – höchste Jurisdiktionsgewalt über die ganze Kirche; Unfehlbarkeit gewisser Akte des Lehramtes –, liegen zwar immer noch im Rahmen des Titels „Nachfolger des Petrus", besagen aber mehr, als daß der Papst der Erste unter den Bischöfen ist. Der Papst gehört zum Bischofskollegium, aber als dessen Haupt; Petrus war einer der Zwölf, hat aber unter diesen eine einzigartige Stellung erhalten. Dies ist, zumal von Innozenz III., damit begründet worden, daß Christus beständig zuerst dem Petrus, und zwar ihm allein, das gegeben hat, was er dann den Zwölfen, Petrus inbegriffen, gegeben hat.

Alle Apostel sind Fundament
   Eph 2, 20; Offb 21, 14
	Petrus ist der Fels
	   Mt 16, 18

Alle Apostel sind Hirten
   Apg 20, 28; 1 Petr 5, 2
	Petrus ist der universale Hirt
	   Joh 21, 15–17

Alle Apostel haben die Schlüsselgewalt, die Vollmacht, zu binden und zu lösen
   Mt 18, 18; Joh 20, 23
	Petrus hat die Vollmacht, zu binden und zu lösen, die Schlüsselgewalt
	   Mt 16, 19

Alle Apostel sind Zeugen des auferstandenen Christus
   Apg 1, 8; u. a.
	Petrus empfängt als erster die Erscheinung des auferstandenen Christus
	   1 Kor 15, 5; Lk 24, 34

Jesus hat für alle gebetet Joh 17, 9 und 20	Er hat für Petrus gebetet, damit dessen Wirken anderen zugute komme Lk 22, 32

Petrus verkörpert somit offenbar zwei Werte. Er ist, zusammen mit den anderen, einer der Zwölf, und er ist und hat, was auch die anderen sind und haben. Er erhält jedoch diese Gaben persönlich auf eine Weise, die ihn auszeichnet und zu etwas Einzigartigem macht: Er wird Fels, nicht nur Grundlage sein; er wird ein universales Hirtenamt haben; er wird den Glauben bestärken und nicht bloß Glaubender und Zeuge sein. Die Evangelien und die Apostelgeschichte zeigen ihn zudem als den, der für alle spricht, für alle antwortet und Initiativen ergreift, welche die Kirche engagieren.

Petrus wird in den Evangelien 114mal und in der Apostelgeschichte 57mal erwähnt; Johannes, der nach ihm am meisten genannt wird, bloß 38-, bzw. sechsmal. Oft wird Petrus für alle Apostel und für die ganze Kirche genommen, vgl. z. B. Mt 17, 24–27; Mk 14, 26–31.34.37; Lk 5, 4–11. Petrus äußert oft die Frage, welche die Jünger stellen (Mt 18, 21; Lk 12, 41; Mk 10, 28 par.) oder bisweilen schreibt ein Evangelist eine Frage, die diese gestellt haben, ihm zu (vgl. Mk 7, 17 und Mt 15, 15; Mt 21, 20 und Mk 11, 21).

Die Außenstehenden fassen Petrus als den Repräsentanten der Gruppe auf (Mt 17, 24). Werden die anderen nicht zuweilen „die bei Petrus" (Mk 1, 36; Lk 8, 45; 9, 32; vgl. Apg 2, 14; 5, 21 und den kurzen Markusschluß) genannt? Andererseits wird Petrus, obwohl zur Gruppe gehörend, oft für sich allein genannt (Mt 16, 7; Apg 2, 14.37; 5, 29; 1 Kor 9, 5), und wir sahen, daß er die Titel, die den anderen gegeben werden, für sich allein erhält und zwar in ihrem vollen Umfang. All dies besagt, daß Petrus im Apostelkollegium die Funktion hat, es zu repräsentieren und die Initiative zu ergreifen. Er hat den Vorsitz, er steht auf, er spricht (Apg 1, 15; 2, 14; 15, 7); sein Wort legt Zeugnis ab; Hananias und Saphira legen ihre Habe „den Aposteln zu Füßen" (Apg 5, 12), doch Petrus ist es, der sie zur Rede stellt; man erwähnt die von den Aposteln gewirkten Wunder, doch wendet man sich für Wunder an Petrus (Apg 5, 15). Er ist es, dem der Heilige Geist als erstem den Anstoß dazu gibt, den Heiden das Tor der Kirche zu öffnen, und als die Angelegenheit synodal erörtert wird, spricht nach einer langen Debatte (15, 7) Petrus, und „die ganze Versammlung schwieg" (Vers 12).

Diese beiden Aspekte, Werte oder Dimensionen finden sich beim „Nachfolger des Petrus" wieder. Es handelt sich um eine gewisse Struktur der Apostolozität der Kirche. Sie hat sich nicht nur in der Geschichte, sondern durch die Geschichte herausgebildet und präzisiert. Das heißt: Das, was „göttlichen Rechts" an ihr ist, hat konkret nur existiert und existiert konkret nur unter menschlichen, relativen Bedingungen, die Wandlungen durchgemacht haben und weiterhin durchmachen können.[119] Es ist z. B. klar, daß es geschichtlich bedingt und nicht von Gott angeordnet ist, zu den Staaten Nuntien zu senden oder „Staatsoberhaupt" zu sein – der letzte Titel des Papstes im „Annuario Pontificio". Wir bleiben hier im Rahmen dessen, was „göttlichen Rechts" ist. Wir haben vom „Charisma des Petrus" gesprochen. Man muß noch das Charisma hinzufügen, das zu Beginn der römischen Kirche und ihres Primats Paulus ausübte. Bei seinen feierlichen Akten beruft sich der Papst auf „die Autorität der Apostel Petrus und Paulus": so bei der Einberufung eines Konzils, bei Heiligsprechungen, bei einer dogmatischen Definition. Paulus – das bedeutet die Fürsorge für alle Kirchen, das Wort, die Lehre, das Streben nach Gemeinschaft der aus dem Heidentum hervorgegangenen Kirchen mit der aus dem Judentum stammenden (vermittels Geldkollekte [2 Kor 8–9]). In ihren Kommentaren zu dieser Schirmherrschaft des Paulus neben der des Petrus haben die Theologen Paulus die Lehre, Petrus die Leitungsautorität zugesprochen.[120] Wir müssen es vor allem zu schätzen wissen, daß der Plan der Vorsehung dem Felsen den Paulus beigesellen wollte, den E. B. Allo „den Ersten nach dem Einzigartigen" nennen konnte.

Der Nachfolger des Petrus, der Bischof von Rom, ist zunächst ein Bischof unter den anderen, der erste Bischof, Mitglied des Bischofskollegiums, so wie Petrus Mitglied des Apostelkollegiums war. Er ist dies kraft einer Weihe, in der Gemeinschaft des Glaubens.[121] Wir stehen hier auf der sakramentalen Ebene, an die sich die orthodoxe Theologie, wie uns scheint, hält. Doch innerhalb des Bischofskollegiums erhält der Bischof von Rom als Nachfolger des Petrus ein besonderes Charisma, ein funktional zu bestimmendes Charisma, das ihn zum Erben der Vorrechte des Petrus im Kollegium und in der Gesamtkirche macht. Wie soll man diese Funktion benennen? Wir verwenden nicht gern die Bezeichnung „vicarius Christi – Stellvertreter Christi", denn sie bedarf einer Erklärung und wird überdehnt. Es gibt jedoch die Titel „Haupt des Kollegiums", „Haupt der Kirche", „universaler Hirte". Der Bischof von Rom ist nicht Bischof der ganzen Kirche im Sinn eines Inhabers eines Bischofstuhls, er ist nicht „Universalbischof". Wir schätzen es sehr, wie konstant Johannes Paul II. sich als „Bischof von Rom und universaler Hirte" vorstellt.[122] Diese Kategorie „universaler Hirte" könnte, ohne sie zu beseitigen, gut an die Stelle der Kategorie „Jurisdiktion" treten, was den Ton mehr auf den geistlichen Sinn der Vollmacht legen würde, der darin besteht, die Brüder im lebendigen Bekenntnis des Glaubens und in der Liebe zum Herrn Jesus zu vereinen. Es ist der Dienst an der Gemeinschaft der Kirchen durch die Gemeinschaft der Christen. Der Ausdruck kann sich auf das II. Vatikanische

Konzil berufen, wo er an der Seite anderer, gleichbedeutender Ausdrücke vorkommt.
Suchen wir den besonderen Charakter dieses Charismas, dieser Funktion zu präzisieren, die im Nachfolger des Petrus über die Funktion eines Bischofs der Diözese Rom hinausgeht, wenn auch, wie wir sahen, im Verein mit ihr. Man könnte passenderweise das Eigenschaftswort „primatial" gebrauchen unter der Bedingung, daß man dessen Inhalt nicht auf das beschränkt, was Febronius, Tamburini, Eybel, ja selbst Passaglia – die Gegner, gegen die das I. Vatikanische Konzil gearbeitet hat – in das Wort hineinlegten. Dieses Konzil gibt uns eine wertvolle Richtschnur, wenn es sagt, seine Lehre über den päpstlichen Primat sei „gemäß dem alten, unwandelbaren Glauben der gesamten Kirche"[123] festzuhalten und somit so zu verstehen, „wie es die Verhandlungsberichte der allgemeinen Kirchenversammlungen und die heiligen Rechtsätze enthalten"[124], „wie die beständige Übung der Kirche es beweist und die allgemeinen Kirchenversammlungen es selbst erklärt haben, jene vor allem, auf denen sich der Osten mit dem Westen zur Einheit in Glaube und Liebe zusammenfand".[125] Ebenfalls das I. Vatikanische Konzil gibt uns noch einen Hinweis, der als Kriterium dienen wird. Es handelt sich um den Prolog zu der dogmatischen Konstitution „Pastor aeternus". Darin heißt es:
„Um dem heilbringenden Werk der Erlösung dauernden Bestand zu geben, hat der ewige ‚Hirt und Bischof (episkopos)' unserer Seelen (Petr 2, 26) beschlossen, die heilige Kirche zu bauen. In ihr sollten alle Gläubigen wie im Haus des lebendigen Gottes durch das ewige Band des einen Glaubens und der einen Liebe umschlossen sein. Deshalb hat er vor seiner Verherrlichung den Vater nicht nur für die Apostel gebeten, sondern auch für jene, die auf ihr Wort hin an ihn glauben würden: daß alle eins seien, wie der Sohn selber und der Vater eins sind (Joh 20, 21), so sollten nach seinem Willen auch in seiner Kirche Hirten und Lehrer bis zur Vollendung der Weltzeit sein (Mt 28, 20). Damit aber das Bischofsamt selber einig und ungeteilt sei und damit durch die unter sich verbundenen Priester die ganze Schar der Gläubigen in der Einheit des Glaubens und der Gemeinschaft bewahrt bleibe, deshalb stellte er den heiligen Petrus an die Spitze der übrigen Apostel und setzte in ihm den ewig dauernden Ausgangspunkt und die sichtbare Grundlage für diese doppelte Einheit."[126]
Obwohl uns die Ekklesiologie dieses Textes nicht ganz zu befriedigen vermag – sie ist statisch und geschlossen, ganz auf die Hierarchie ausgerichtet –, ist in indirekter Bezugnahme auf Leo den Großen doch in etwa an die Gemeinschaft unter den Kirchen gedacht; sie rechtfertigt

die Primatsinstitution von einem Endzweck her: Der Primat soll den Zusammenhang, die Gemeinschaft zwischen den Kirchen (ihren Hirten) bewahren, sie alle in der Einheit des apostolischen Glaubens bewahren. Dieser Endzweck liegt den Vollmachten zugrunde, die zu seiner Verwirklichung notwendig sind, und bildet den Maßstab für ihre Ausübung, ihren Gebrauch. Wie die Geschichte zeigt, konnte man sie übersteigern, sie mißbrauchen, denken wir z. B. an das, was man aus der Zwei-Schwerter-Theorie gemacht hat. Doch da, wo die Päpste allein ihren Primat ausgeübt haben, d. h. außerhalb ihres Patriarchates, im Osten, entsprachen die Taten dem Grundsatz recht gut, bis auf einige Fehlgriffe.

Sofern wir sie richtig verstehen, sind wir mit den Begriffswörtern, mit denen das I. Vatikanische Konzil diese potestas (Gewalt) bestimmt hat, einverstanden: „immediata, ordinaria, vere episcopalis" (unmittelbare, ordentliche, bischöfliche), doch wir bevorzugen „primatiale Gewalt". Der Nachfolger des Petrus ist weder „Universalbischof" noch ein „Superbischof"; andererseits ist er mehr als „der Erste unter den Bischöfen" im Sinn von „primus inter pares". Er hat die Funktion und somit die Vollmacht und das Charisma, den „Frieden" aufrechtzuerhalten, die Gemeinschaft im apostolischen Glauben zu fördern und in Übereinstimmung zu bringen. Kraft dieser Gemeinschaft im Glauben, die der eigentliche universale, katholische Wert ist, wird alle Vielfalt zur Einheit zurückgeführt. Die Kirche gründet auf dem Glauben des Petrus an Christus, den Sohn des lebendigen Gottes.

Selbstverständlich haben die Ausübung, ja sogar das Verständnis der Primatialgewalt des Bischofs von Rom im Lauf der Geschichte mehrere Formen gekannt. Insbesondere sind die Rolle eines Metropoliten, des Patriarchen des Abendlandes, und die Autorität des Primats zu einem Block verschmolzen.[127] Verwaltungstätigkeiten – z. B. die Ernennung von Bischöfen (einzige Ausnahmen: die Ostkirche und zwei Schweizer Bistümer) – gehören nicht eigentlich zum Primat. Man könnte diesen also anerkennen, ohne daß man alles annehmen muß, was sich an ihn angeheftet hat. Christus hat dem Petrus den Primat gegeben, doch die Geschichte hat diesen zum Papsttum geprägt, das großartige Wirkungen gezeigt, aber auch dunkle Schatten geworfen hat.

Obwohl der römische Primat am unmittelbarsten die Apostolizität der Kirche betrifft, berührt er sich doch auch mit allen anderen Wesenseigenschaften der Kirche, denn es besteht zwischen diesen eine Art von „circuminsessio" (wechselseitige Durchdringung): die eine wohnt der anderen inne. Die Apostolizität ist einig, heilig und katholisch. Befassen wir uns mit der Katholizität, denn um sie geht es in dieser Abhandlung ganz besonders. Sie hängt mit der Cathedra Petri und den beiden Hauptsinngehalten, die wir dieser zuerkannt haben, zusammen: Authentizität oder Orthodoxie des Glaubens, somit der Kirche; universale Zuständigkeit. Der erste Sinngehalt – die Rechtgläubigkeit – hat im Glauben der Kirche Roms, den schon der Apostel Paulus gelobt hat, Beachtung gefunden.[128] In der christlichen Antike finden sich zahlreiche Zeugnisse über den Glauben der römischen Kirche, so daß dieser die Geltung einer Richtschnur für die anderen Kirchen erhielt. Dies wurde damals nicht in juristischen Autoritätsbegriffen zum Ausdruck gebracht, sondern es war davon eher als von einem Charisma die Rede, das „zum allgemeinen Nutzen" lebendig ist. Später wird dies als Charisma und Autorität des Papstes gesehen, des Papstes und der Kardinäle (11.–15. Jahrhundert), bis dann, am Ende einer langen geschichtlichen Entwicklung, das Dogma vom 18. Juli 1870 verkündigt wird. Es handelt sich immer noch um ein Charisma, selbst wenn dieses in Begriffen apostolischer Autorität definiert wird. Der zweite Sinngehalt, die Katholizität, wird nicht nur vorausgesetzt, sofern Apostolizität universale Sendung und Dynamik (Apostolat) besagt und der Glaube von sich aus einzig und universal ist, sondern er wird formell erwähnt im Kapitel des I. Vatikanischen Konzils über das unfehlbare Lehramt des Papstes.[129]

Der Wortlaut der Erklärungen des Ersten Vatikanischen Konzils ist oft mißverstanden und manchmal überinterpretiert worden. Die neueren Studien haben nachgewiesen, daß er einen gemäßigten Charakter aufweist und einer gesunden Ekklesiologie mehr entspricht, als gewisse Ultramontane, selbst vom Format eines Manning, gewollt hatten.[130] Die Geschichtsforschung, der ökumenische Dialog, die Erneuerung der Kirche und schließlich das II. Vatikanische Konzil haben neue Erkenntnisse und neue Möglichkeiten erschlossen. Dies hat uns veranlaßt, von einer „Neurezeption" des I. Vatikanischen Konzils zu sprechen, will sagen von einer Rezeption unter neuen Bedingungen. Doch braucht dies Zeit, um auszureifen.

6.2.2 In welchem Maße, mit welchem Recht und in welcher Weise ist der Primat an den geographischen Ort Rom gebunden? Wenn man die Frage so stellt, kommt sie einem einfacher vor, doch ihre Behandlung durch die Theologie ist komplizierter.[131] Es gibt keine Stellungnahme des Lehramtes zu der Frage als ganzer. Das I. Vatikanische Konzil hat sich nicht ausdrücklich mit ihr befaßt, es jedoch abgelehnt, zu sagen, es sei göttlichen Rechts, daß der römische Bischof Nachfolger des Petrus sei. Ob göttlichen Rechts (eine formelle Anordnung Christi), ob menschlichen Rechts (ein freier, widerruflicher Entschluß des Petrus) oder eine Mischung von beidem (ein Entscheid des Petrus, der jedoch nachher nicht mehr geändert werden kann)? Das Konzil ließ die Frage offen.[132]

Daß der Primatsitz kraft göttlichen Rechts an Rom gebunden ist, läßt sich schwer vertreten. Dies würde eine Anordnung Jesu voraussetzen, worauf nichts hindeutet. Jesus hat von Anbetung in Geist und Wahrheit gesprochen, die an keinen Ort gebunden ist (Joh 4, 21). Nicht auf Rom als solches kommt es an, sondern auf Petrus und die cathedra Petri. Es geht um den Bischofssitz des Petrus und nicht um den geographischen Ort. Darum blieben die Päpste Bischöfe von Rom auch dann, wenn sie, wie das öfters der Fall war, anderswo residierten. Petrus Venerabilis hat dies schon zugunsten Innozenz' II. bemerkt.[133] Es gab das Exil von Avignon, doch bedeutet das nicht, daß der Papst oder ein Konzil oder irgendeine Willenskundgebung von Gläubigen beschließen könnte, die Vorrechte der cathedra Petri auf einen anderen Bischofssitz zu übertragen, z. B. auf Wien oder São Paulo. Und doch haben dies große konziliaristische Theologen wie Johannes Gerson[134], Nikolaus von Kues[135], Johannes Stojkevic von Ragusa[136] behauptet, aber auch, gerade im Namen der souveränen Freiheit, die dem Papst zusteht, Vertreter der päpstlichen Vorrechte.[137] Eine ähnliche These wurde wieder von den Febronianern[138] vertreten, sodann 1844 und 1846 vom Kanonisten Johannes Nepomuk Nuytz von Turin, was ihn auf den Index brachte, und im Syllabus von 1864 lautet die 35. der verurteilten Thesen: „Nichts verbietet, das Papsttum vom römischen Bischof und Rom auf einen anderen Bischof und eine andere Stadt zu übertragen, wenn ein allgemeines Konzil es so beschließt oder bestimmte geschichtliche Angelegenheiten es notwendig machen."[139] Dieser Text hat keine weitere Bedeutung als die, die von Nuytz vertretene These zu verurteilen.

Setzt dies hingegen voraus, daß die Stadt Rom nie zerstört werden und nie ganz in Unglauben oder Irrglauben versinken wird? Einige Autoren waren dieser Meinung[140], andere der gegenteiligen Ansicht.[141] Der katholische Glaube zwingt weder zu einem Ja noch zu einem Nein in dieser Frage. Ihm zufolge muß es nur stets einen Bischof geben, der die cathedra Petri mit dem Titel Bischof von Rom innehat, auch wenn vielleicht das Bistum von Rom „in partibus infidelium" zu liegen kommt.
Doch lassen wir diese theologische Gedankenspielerei. Hingegen darf man mit Leo dem Großen und Leo XIII. der Ansicht sein, die Vorsehung habe die Hauptstadt des Römischen Reiches dazu bereitgemacht, eines Tages das Zentrum der Kirche zu werden, und sie sei darum be-

sorgt, daß die Kirche Roms – trotz so vieler tragischer Begebenheiten und Schwächen – dem Glauben treu bleibe.

6.3 Historische, soziologische und deskriptive Ebene

In dieser Hinsicht nennt man den konkreten Katholizismus „römisch-katholische Kirche", nicht nur insofern er mit dem Primatssitz von Rom verbunden und mit ihm dogmatisch-ekklesiologisch in hierarchischer Gemeinschaft (Gehorsam) steht, sondern auch insofern, als dieses Verhältnis in sein Leben gewisse arteigene Züge gebracht hat und immer noch bringt. Das damit Angedeutete erschließt sich dem Blick des Historikers. Aber auch geographische Gesichtspunkte spielen eine Rolle; denn die Grundzüge, die wir hervorheben werden, sind nicht überall in gleichem Maße vorhanden.

Während des christlichen Altertums und im großen und ganzen während des ersten Jahrtausends haben die Orts- oder Nationalkirchen, was die gewöhnlichen, alltäglichen Vollzüge betrifft, ein selbständiges Dasein geführt.[142] In dieser Epoche hat Rom durch seine Sprache, das Latein, durch sein Organisationstalent, das es in die Kirchenstruktur investierte, im Abendland einen tiefgreifenden Einfluß ausgeübt. Es setzte auch seinen Sinn für Machtausübung ein, der ihm half, örtliche Autoritäten, die an ihrem Platze gelassen wurden, einer wirksamen Kontrolle zu unterziehen. Es ist auch vorgekommen, daß das Papsttum die liturgischen Bräuche der Kirche von Rom anderen Kirchen aufzwingen wollte.[143] Ein Beispiel dafür findet sich in der berüchtigten Antwort, die Nikolaus I. am 13. November 866 an die Bulgaren gesandt hat.[144] Doch haben die Griechen die Lateiner im Namen ihrer Gepflogenheiten, aus denen sie eine absolut geltende Regel machten, ebenfalls streng verurteilt.

In bezug auf das, was uns hier beschäftigt, beginnt das eigentliche Problem mit dem Sieg des päpstlichen Systems über den Konziliarismus – Eugen IV.; Konzil von Florenz; V. Laterankonzil 1512–1517 –, über die Reformation, über den Gallikanismus und den Episkopalismus. Der Vorgang ist verstärkt worden durch die Notwendigkeit, kritischen Strömungen die Stirn zu bieten, welche die katholischen, ja die christlichen Glaubensgewißheiten aufzulösen drohten, ein erstes Mal im 16.–18. Jahrhundert gegenüber dem Aufkommen der kritischen Vernunft und sodann der Aufklärung, ein zweites Mal im 19. Jahrhundert gegenüber dem Unglauben, der sich in der Gesellschaft ausbreitete. So hat sich das gebildet und durchgesetzt, was Giuseppe Alberigo „Tridentinismus" nennt.[145] Es handelt sich um ein Theologie- und Rechtssystem zugleich, das die gutorganisierte und mächtige Römische Kurie zum Zentrum hat. Dieses System brachte eine Zentralisierung der Entscheidungsinstanzen mit sich und nach der Unterdrückung von Universitäten und religiösen Studienzentren durch die Gründung theologischer Kollegien in Rom selbst eine Zentralisierung auch der Theologie. Die am 27. September 1540 erfolgte Approbation der Gesellschaft Jesu durch Paul III. belobigte diejenigen, deren Willen es ist, „unter dem Banner des Kreuzes für Gott zu kämpfen und allein dem Herrn und seinem Statthalter auf Erden, dem römischen Papst, zu Diensten zu sein".[146] Die Gesellschaft Jesu ist, wenigstens in der öffentlichen Meinung, eng mit dem Tridentinismus verquickt.

Diejenigen, die diesem Katholizismus nicht hold sind, sprechen manchmal von „Romanismus" – in verächtlichem Sinn. Sie legen, ohne dies ernsthaft geschichtlich zu begründen, alles, was ihnen mißfallen mag, in dieses Wort. Versuchen wir eine Analyse. Wir werden feststellen, daß man damit oft Auswüchse und Übersteigerungen von Qualitäten, ja sogar von Charismen, meint, die mit der Sendung Roms verbunden sind – ein wenig so, wie Huizinga zufolge das Ende (der „Herbst") des Mittelalters in der Übertreibung seiner Qualitäten besteht: Flamboyantstil, Untergangsstimmung, dialektische Finessen und so weiter. Gemeint ist vor allem eine Übersteigerung der Autorität und der Person des Papstes – „der Papst mehr als der Papst", wie J. M. R. Tillard sagt, der Beispiele beibringt.[147] Die katholische Volksmeinung hat sich dem angeschlossen und es noch mehr übersteigert. Dazu kam die Tendenz zu isolieren, was doch organisch zusammengehört: die Ordensleute vom heiligen Volk Gottes, die Jungfrau Maria vom Mysterium Christi und der Kirche, den Papst vom Bischofkollegium und schon den heiligen Petrus von den Aposteln.[148] Der Papst wurde konkret als Universalbischof aufgefaßt, und er hat auch als solcher gehandelt. Er konnte dies dank der Institution der Kurie, d. h. eines Zentrums zur Verwaltung des Weltkatholizismus, wirkkräftig tun. Dies bedeutete eine Zentralisierung, und es zog eine Latinisierung nach sich. Gegen diese Latinisierung ist von den Orthodoxen oft Klage erhoben worden. J. Aksakov schrieb: „Die römische Kirche ist ganz einfach geprägt ... Es ist einfach der Westen, es ist Rom, die sich eine universale Bedeutung geben."[149] In der Tat war, selbst für den Osten, die „praestantia ritus latini"[150], die inzwischen ein Ende gefunden hat, selbstverständlich, wie oft haben wir nicht, sogar im Brevier, gelesen, dieses oder jenes Fest unseres Heiligenkalenders oder dieser oder jener Liturgietext sei „auf die ganze Kirche ausgedehnt" worden, während es sich in Wirklichkeit nur um deren freilich weiten lateinischen Teil handelte!

Doch das Problem hat theologische Aspekte oder Wurzeln. Dies hängt damit zusammen, daß aufgrund des Papsttums der Begriff „katholisch" von der Kirche Roms irgendwie absorbiert worden ist. Wie wir dargelegt haben, ist das Wort „katholisch" im Sinn von universal und rechtgläubig zu verstehen. Nun aber schreibt sich Rom die Sorge für alle Kirchen und die universale Jurisdiktion zu; andererseits hat man seinen Glauben für makellos gehalten und ihn zur Richtschnur für die anderen genommen. Der Papst hat erklärt, seinem Lehramt komme die Unfehlbarkeit zu, mit der Christus seine Kirche ausgestattet habe. So entsprechen die Vorrechte des Bischofssitzes oder der Kirche von Rom den beiden Sinngehalten der Katholizität.[151] In seiner Antwort von 1199 an den Patriarchen von Konstantinopel unterschied Innozenz III. zwei Bedeutungen von „ecclesia universalis".[152] Eine erste, quantitative Bedeutung, wonach die Universalkirche alle Teilkirchen in sich enthält. Schon in diesem ersten Sinn ist die römische Kirche, obwohl sie eine dieser Kirchen ist, gewissermaßen die erste von ihnen als das Haupt des Leibes, von dem dieser durch Teilhabe seine Vollmacht erhält. Die zweite Bedeutung ist qualitativ: Man kann diejenige (Orts-)Kirche, die alle anderen enthält, als universal bezeichnen. In diesem Sinn läßt sich der Ausdruck nur auf die römische Kirche anwenden, die den anderen gegenüber „Haupt" ist.[153] Mitsamt dem Latinismus beklagt man den Juridismus. Zumal die Orthodoxen machen uns diesen zum Vorwurf. Soweit er begründet ist, wendet auch er sich gegen eine eventuelle Übersteigerung eines Charismas, das Rom hat. Aus evangelischer Sicht beträfe die Kritik eher einen Legalismus in der Ethik, eine – durch die Kasuistik (Escobar!) oder durch den Probabilismus (Liguori) gemilderte – Starrheit der auferlegten Verhaltensregeln.

Das aus dem Tridentinismus hervorgegangene System bestand auch darin, daß bei der theologischen Ausbildung nicht einmal der von Leo XIII. belobigte Thomas von Aquin vorgeherrscht hat, sondern lateinische Handbücher, deren Latein gleichsam eine neue „Koine" war. Theologische Veröffentlichungen und Vorlesungen unterstanden einer Überwachung, die für Kreativität und Originalität wenig Raum ließ.

Auf dem Gebiet des Gottesdienstes und der Frömmigkeit haben die evangelischen Christen bei uns einst ein Vorherrschen des Sakramentalismus und der äußeren Andachtsübungen beklagt. Sie haben das „opus operatum" freilich oft mißverstanden, als ob damit mehr Gewicht auf das Handeln des Menschen als auf die Gnade gelegt würde, während das Gegenteil der Fall ist. Doch hatte man noch etwas weiteres zu bemängeln: daß man der Mittlertätigkeit der Kirche und des Priesters zu viel zuschreibe. Was die Frömmigkeitsübungen betrifft, so stimmt es, daß sie viel Raum einnahmen. Dies ist einer der Grundzüge der großen Vitalität des Katholizismus des 19. Jahrhunderts (Es gibt noch weitere: die Missionen, die Lehrtätigkeit in den Schulen, Liebeswerke). Denken wir an die Verehrung des heiligsten Herzens Jesu, der Mysterien der Kindheit Jesu, der Jungfrau Maria mit den entsprechenden Frömmigkeitsübungen, die eventuell mit Ablässen versehen waren.[154] Kitschige volkstümliche Bilder haben all dies zum Ausdruck gebracht, unterstützt und verbreitet.

Doch der Katholizismus – der römische Katholizismus – ist auch und sogar zuerst etwas anderes. Nicht nur in seinem verborgenen inneren Leben, sondern auch in seinem wahrnehmbaren geschichtlichen Leben. Das Buch von Karl Adam „Das Wesen des Katholizismus" (1927) zeigte „Das wahre Antlitz des Katholizismus", wie die französische Ausgabe betitelt war. Die Kirche ist in ihrer Sichtbarkeit ein sacramentum, das der geistlichen Realität, der res, entspricht, in deren Dienst sie stehen und zu der sie verhelfen soll. Die Kirche ist Gemeinschaft in Form von Gesellschaft.[155] Als Sakrament des Heils und der Vereinigung mit Gott ist sie die Frucht der „Heilsökonomie", die ihrerseits aus Gnade eine in der Geschichte erfolgende Auswirkung und Folge der „Theologie", will sagen des Mysteriums der heiligsten Dreifaltigkeit ist – man vergleiche dazu Kap. I von „Lumen gentium". Dieser dogmatische Beitrag des II. Vatikanischen Konzils ist die Frucht einiger Jahrzehnte einer neuen Vertiefung in die Bibel, die Vätertheologie und die Liturgie, des ökumenischen Dialogs und schließlich der Tatsache, daß die katholische Kirche ihre östliche Seele wiederentdeckt hat, denn auf dem Konzil brachte sie diese zum Ausdruck. Das Ergebnis war mehr als lediglich ein „aggiornamento": eine Bekehrung, eine Reform, so daß die katholische Kirche, die immer noch römisch im dogmatischen Sinn bleibt, in dem Sinn, den wir unter der Bezeichnung „Tridentinismus" und „Romanismus" soeben dargelegt haben, nicht mehr „römisch" ist, also im soziologischen, deskriptiven Sinn. Dies ist sehr wichtig. Während wir von den Orthodoxen und den anderen „getrennten Brüdern" verlangen, die Autorität der römischen Kirche im dogmatischen Sinn anzuerkennen – natürlich anders als dies Nikolaus I., Gregor VII., Innozenz III. und Pius IX. aufgefaßt haben –, sehen sie nicht selten auf die Kirche in ihrer soziologischen Gegebenheit, in ihrer lateinischen Form. Zwar bestehen Zusammenhänge zwischen beiden, doch sind es zwei verschiedene Dinge, und das zweite kann sich ändern, denn es ist geschichtlich bedingt. Das erste übrigens auch, denn das göttliche

Recht verwirklicht sich konkret nur in geschichtlichen, menschlichen Formen (siehe oben!).
Das II. Vatikanische Konzil hat keines der Vorrechte des römischen Stuhls gestrichen, aber es hat die Wirklichkeit der Orts- oder Teilkirchen, die Wahrheit der Patriarchalinstitution, die Berechtigung einer anderen Kirchenorganisation neben der lateinischen anerkannt; es hat die Bedeutung der Kollegialität und des konziliaren bzw. synodalen Lebens wiederentdeckt. All dies ändert die Erscheinungsweise der Katholizität. Die Kirche war von jeher katholisch im dogmatischen Sinn des Wortes und wird nun im soziologischen und kulturellen Sinn weniger lateinisch sein und dafür mehr afrikanisch, asiatisch und so weiter.
Und die Scholastik der Handbücher und ihr Latein? Bekanntlich hat sich die Situation nach dem Konzil geändert: Die Kirche schenkt der Wahrheit, wo und wie immer sie erscheint, Gehör und nimmt sie auf. Die Scholastik? Man zieht ihr die Kirchenväter vor; und dennoch sind alle Traditionszeugen anzuhören. Das Latein? Man will von der Kultur unserer Zeit profitieren, natürlich mit Vorsicht.
Der Gottesdienst? Mit dem Gebrauch der Muttersprache hat er sich weit für das Gotteswort, für eine reichhaltige Schriftlesung geöffnet. Die Liturgie hat Ostern wieder als ihr Zentrum zurückerhalten. Es gibt auch weiterhin eine Marienfrömmigkeit; und das ist richtig, denn das Marienmysterium gehört ganz tief zu den Mysterien Christi und der Kirche. Doch die Spiritualität ist bei vielen trinitarisch geprägt. Der Heilige Geist wird als mächtig erfahren.
Der Papst ist nur Papst als Bischof von Rom. Wird er weiterhin „mehr als der Papst" sein? Die letzten Päpste haben ihr Amt evangeliumsgemäß ausgeübt. Sie – so meinen wir – trifft der von J. M. R. Tillard formulierte Tadel nicht. Bekanntlich ist am 14. Dezember 1975 Paul VI. vor dem Metropoliten Meliton von Chalzedon, dem Gesandten des Patriarchen von Konstantinopel, in die Knie gesunken und hat ihm die Füße geküßt. Diese dem Evangelium entsprechende Geste demütigen Dienstes hat dem Patriarchen Dimitros I. den freudigen Ausruf entlockt: „Paul VI. ist über das Papsttum hinweggegangen." Die Weisung des „Dictatus Papae" Gregors VII.: „Alle Fürsten sollen allein des Papstes Füß küssen"[156] liegt weit hinter uns. Wenn Johannes Paul II. die Welt durchreist, bezeichnet er sich als „Hirten" und „Verkünder des Evangeliums".

ANMERKUNGEN

1 An die Smyrnäer, 8.2. Der vorliegende Abschnitt „Katholisch" ist weitgehend aus Mysterium Salutis IV/1, 479 ff. übernommen.
2 So Hippolyte Hemmer, Henri de Lubac, Gustave Bardy, Pierre-Thomas Camelot, John Norman Davidson Kelly, E. C. Blackmann, Wolfgang Beinert.
3 So F. Kattenbusch, Das Apostolische Symbol ... Bd. II, Leipzig 1909, 922; Der Quellort der Kirchenidee (Festgabe Harnack), Tübingen 1921, 148 und Anm. 1.
4 In der Anschrift und in XIX, 2, vielleicht auch in VIII, 1 kann der Ausdruck „universal" bedeuten, doch in XVI, 2 besagt er zweifellos „wahre Kirche" in Absetzung von Gruppen, die sich Kirche nennen, es aber nicht sind.
5 Vgl. P. Galtier, „Ab his qui sunt undique..." (Irenäus, Adv. Haer., III, 3, 2), in: RHE 44, 1949, 411–428.
6 Strom. VII, 17, 106 und 107 (PG 9, 547 und 551).
7 Vgl. Praescr. 26, 9; 30, 2 mit der Bedeutung „wahr", „echt" (Sources chrét. 46, Paris 1957, 123 und Anm. S. 126); Adv. Marc. IV, 4: „catholicae Ecclesiae contulit" (CSEL 47, 429).
8 Einige Belege dazu in: D. Stone, The Christian Church, London 1915, 137: Cyprian, Epp. 44; 47; 48, 3; 55, 1; 66, 8; Athanasius, Ep. Enc. 5; Apol. c. Arianos 28; Ep. Heort. XI, 11; Cyrill v. Jerusalem, Catech. XVIII, 23, 26; Gregor v. Nazianz, Exemp. Test.; Augustinus, Ep. 52, 1; C. ep. Manich. 5; Konzil v. Nicäa Can. 8, 9 und 19 und die Bannformel, die auf die expositio fidei folgt: „Jene, die sagen ..., erklärt die katholische und apostolische Kirche im Bann."
9 Refutatio 3, 12 (PG 16/3, 3387).
10 W. Beinert, Um das dritte Kirchenattribut. Die Katholizität der Kirche im Verständnis der evangelisch-lutherischen und römisch-katholischen Theologie der Gegenwart, Bd. I, Essen 1964, 51, Anm. 79.
11 So von Cyrill v. Jerusalem (Cat. XVIII, 23) und Augustinus. Vgl. Ch. Mohrmann, Die altchristl. Sondersprache in den Sermones des hl. Augustinus. I. Teil, Nijmegen 1932, 91 und 131; G. Martíl, La Tradición en S. Agustín, Madrid 1943, 143f. Auch noch im Mittelalter, sowohl im Westen (z. B. Albert d. Gr., III Sent. d. 24 a. 6 (Borgnet 28, 457b) wie auch im Osten (z. B. Symeon v. Thessalonich, † 1429, PG 155, 796). Dazu insbesondere H. Marot, Note sur l'expression „Episcopus Ecclesiae catholicae": Irénikon 37, 1964, 221–226.
12 Catech. XVIII, 23 (PG 33, 1044; lat. Sp. 1043): „Die Kirche heißt katholisch, weil sie auf dem ganzen Erdkreis, von dem einen Ende bis zum anderen, ausgebreitet ist, weil sie allgemein und ohne Unterlaß all das lehrt, was der Mensch von dem Sichtbaren und Unsichtbaren, von dem Himmlischen und Irdischen wissen muß, weil sie das ganze Menschengeschlecht, Herrscher und Untertanen, Gebildete und Ungebildete, zur Gottesver-

ehrung führt, weil sie allgemein jede Art von Sünden, die mit der Seele und dem Leib begangen werden, behandelt und heilt, endlich weil sie in sich jede Art von Tugend, die es gibt, besitzt, mag sich dieselbe in Werken oder Worten oder in irgendwelchen Gnadengaben offenbaren" (Übersetzung von Ph. Häuser in: Bibliothek der Kirchenväter Bd. 41, München 1922, 351f.). Man beachte, wie die Totalität in biblischer Art und Weise zum Ausdruck gebracht wird durch die Gegensatzpaare Gebildete und Ungebildete, in Taten und Worten usw. Etwas später (Nr. 27: Sp. 1049) sagt Cyrill: Während die Könige nur Macht haben über eine Region, ist die Macht der Kirche unbegrenzt.

13 Vgl. P. Batiffol, Le catholicisme de S. Augustin, Paris 1922, 96–100.
14 Zum Beispiel von Faustus von Riez, Tract. de symbolo (in: Caspari, Alte und neue Quellen, 1879, 272f., zit. bei J.N.D.Kelly, Early Christian Creeds, London 1950, 386): „Was ist die katholische Kirche anderes, als das Gott geweihte Volk, das über die ganze Erde hin zerstreut ist?", oder die Predigt 242, 4, die fälschlicherweise Augustinus zugeschrieben wurde (PL 39, 2193).
15 „Catholica universalis quasi *kath'holon*, id est secundum totum. Non enim sicut conventicula haereticorum in aliquibus regionum partibus coarctatur, sed per totum orbem terrarum dilatata diffunditur."
    Etymol. VIII, 1, (PL 82, 293f.); vgl. auch VII, 14, 14 und De eccl. off. I, 3 (PL 83, 739); Sent. I, 16, 6 (PL 83, 572) mit den entsprechenden Anmerkungen.
16 „Romana ecclesia, in qua semper apostolicae cathedrae viguit principatus." Augustinus im Jahr 397–398. Epist. 43, 7 (PL 33, 163).
17 „Legatus Romanae ecclesiae." Codex ecclesiae africanae, c. 101; H. Bruns, Canones, 186.
18 Dieser Faustinus war gegenüber den afrikanischen Bischöfen frech und ehrverletzend, „quasi ecclesiae Romanae asserens privilegia" (sich gleichsam die Vorrechte der römischen Kirche anmaßend), ebda. 200.
19 „episcopus urbis Romae". Ebda. 158 und c. 106, 187.
20 „episcopus ecclesiae Romanae". Ebda. 199. Oder „ecclesiae Romanae sacerdos", 197. Vgl. Synode von Sardika (343): DS 135.
21 „Inter ceteros Romanae Ecclesiae curas et apostolicae Sedis occupationem." PL 33, 784. Die afrikanischen Bischöfe hatten sich an die „Apostolica Sedes" gewandt. So lautet der Ausdruck bei Augustinus, Epist. 186, 2 (PL 33, 816) an Paulinus von Nola; Sermo 131, 10 vom 23. September 417.
22 „Vera fides quam apostoli docuerunt et Romana cum omnibus catholicae fidei doctoribus tenet ecclesia." DS 221 und P. Batiffol, Le Catholicisme de S. Augustin, Paris 1920, 422. Und vgl., ebd. 425, den Text vom 21. März 418, worin Zosimus von „Sedes apostolica" und von „Romana ecclesia" spricht.
23 „id quod a principe apostolorum Petro Romanae ecclesiae traditum est ac nunc usque custoditur, ab omnibus debet servari". PL 20, 552; Jaffé 34.

24 „papa ecclesiae catholicae urbis Romae".
25 H. Marot, Note sur l'expression „Episcopus Ecclesiae catholicae", in: Irén. 37, 1964, 221–226.
26 „Honorato, episcopo partis Donati, Augustinus, episcopus Ecclesiae catholicae."
27 „Ego Paulus, Ecclesiae catholicae episcopus."
28 „praesertim quoniam fidei ratio ventilatur".
29 „Sancta tamen Romana Ecclesia nullis synodicis constitutis caeteris Ecclesiis praelata est, sed evangelica voce Domini et Salvatoris primatum obtinuit (Mt 16, 18f.). Addita est etiam societas beatissimi Pauli Apostoli (...). Est ergo prima Petri Apostoli sedes Romanae Ecclesiae, non habens maculam neque rugam nec aliquid huiusmodi." DS 350 und 351. C. H. Turner, E. Schwartz, E. Casper haben dazu einschlägige Forschungen angestellt.
30 „in Sede Apostolica immaculata est semper catholica servata religio".
31 Mansi 26, 126, wo von Papst Honorius die Rede ist. Und vgl. Y. Congar, Ecclésiologie du Haut Moyen Age, Paris 1968, 160, Anm. 107.
32 Zum vielberedeten „nisi deprehendatur a fide devius" („Außer wenn offensichtlich vom Glauben abgewichen wird") des Fragments „De sancta Romana Ecclesia" vgl. T. E. Schramm, Kaiser, Rom und Renovatio I, SBW, Leipzig 1929, 128–129. Unsere Stelle ist von „Deusdedit" und sodann von Gratian (C. 6 1 d XL, Friedberg 146 übernommen worden); Cardinal Humbert and the Ecclesia Romana: Studi Gregoriani, Bd. IV, Rom 1952, 111–127.
33 „numquam erravit".
34 Dictatus papae 22.
35 Leo Meulenberg, Une question toujours ouverte: Grégoire VII et l'infaillabilité du pape, in: Aus Kirche und Reich. Festgabe Fr. Kempf, Sigmaringen 1983, 159–172.
36 Vgl. Y. Congar, Ecclésiologie du Haut Moyen Age, Paris 1968, 187–195, aber auch 151–163; W. Ullmann, Gelasius I., 492–496. Das Papsttum an der Wende der Spätantike zum Mittelalter, Päpste und Papsttum 18, Stuttgart 1981.
37 Vgl. K. F. Morrison, Tradition and Authority in the Western Church 308–1140, Princeton 1969, 81–82 in bezug auf die Apostolizität (Innozenz I. 401–417); 156 in bezug auf die universale römische Kirche.
38 Codex Carolinus ep. 36: Morrison a.a.O. 156.
39 „ad sanctam Dei catholicam et apostolicam Romanam ecclesiam recurrebit semper et eius hauriet purrissima fonte latices". M. G. H. Epp. 5, 69.
40 Brief vom 28. September 865 an den Kaiser Michael über Photius (PL 119, 951–952; M.G.H. Epp. VI, 477–478): „etiam ipsa sola Romanorum urbs ... ipsius orbis instar dignoscitur in se continere universorum animalium quae homines intelliguntur, spiritualiter rationes. Suscepit ergo ac continet in se Romana ecclesia, quod Deus universalem ecclesiam suscipere ac continere praecepit." Vgl. Johannes VIII. in: Y. Congar, Ecclésiologie du Haut Moyen Age, a.a.O. 234, Anm. 12.

41 „pars universalis ecclesiae".
42 „sub se continet ecclesias universas". Reg. II, 209 (PL 214, 763 AB); F. Kempf, Papsttum und Kaisertum bei Innozenz III. Die geistigen und rechtlichen Grundlagen seiner Thronstreitpolitik, Rom 1954, 287.
43 Vgl. Y. Congar, Ecclésiologie du Haut Moyen Age, a.a.O. 223, 237–239, 283–284.
44 DS 792.
45 „fides simpliciter".
46 „haec est Ecclesia qua modo Romana dicitur". Lib. 5 c. 3: Ausg. Ricachini, Rom 1743, 409.
47 DS 855.
48 „sanctam catholicam et apostolicam Romanam Ecclesiam omnium ecclesiam matrem et magistram agnosco" (DS 1868).
49 Rede vom 9. Dezember 1854: Denzinger 1647 (nicht in DS).
50 M. Guerre Gomez, Los nombres del Papa, Teología del Sacerdocio 15, Burgos 1962.
51 Y. Congar, „Jus divinum", in: RDC 27 (Mélanges J. Gaudemet), 1978, 108–122.
52 Vgl. Y. Congar, Le Pape comme Patriarche d'Occident. Approche d'une réalité trop négligée, in: Ist. 28, 1983, 374–390.39.
53 Vgl. D. Stone, The Christ in Church, London 1915, 214 und 201.
54 Klassische Darlegung von L. Hertling, Communio und Primat (Xenia Piana = Miscellanea Historiae Pontificiae VII, 9), Rom 1943, 31 ff.
55 Jean Launoi, Epist. XIII an Nicolas Gatin (1683), in: Opera omnia Bd. V/2, Paris 1731, 665–686. Er führt 103 Autoren (Kirchenväter und Theologen) an aus der Zeit vor dem Konzil von Trient und 39 nach diesem, welche die Kirche als Versammlung der Gläubigen definieren, ohne den Papst zu erwähnen. Vgl. eventuell auch zur Information den Altkatholiken E. Michaud, der sich darüber beklagt, daß von 1670 an in den Katechismen der Begriff „römische Kirche" eingeführt wurde: E. Michaud, De la falsification des catéchismes francais et des manuels de théologie par le parti romaniste de 1670 à 1868, Paris 1872, 9–13.
56 Vgl. eventuell Y. Congar, Quatre siècles de désunion et d'affrontement. Comment Grecs et Latins se sont appréciés réciproquement au point de vue ecclésiologique, in: Ist. 12, Paris 1968; G. Denzler, Das morgenländische Kirchenschisma im Verständnis von Päpsten und Ökumenischen Konzilien des Mittelalters, in: MThZ 20, 1969, 104–117; G. Alberigo, L'oecuménisme au Moyen Age, in: 1274 année charnière. Mutations et continuités, Paris, CNRS, 1977, 319–340; als Aufsatz auch veröffentlicht in: RHE 71, 1976, 365–391.
57 Brief vom 9. Juli 1073 an den Kaiser Michael VII. Dukas: Reg. 1, 18 (Casper, 29).
58 „quod catholicam non habeatur qui non concordat Romanae Ecclesiae". Dictatus Papae 25 (Casper, 207); zu den Parallelen, die in Anmerkung angeführt werden, ist hinzuzufügen: Lanfrancus, De Corpore et Sanguine Domini c. 2 (PL 150, 410).

59 „et confrater noster Constantinopolitanus patriarcha primatum et reverentiam Sedis Apostolicae recognoscere". Jaffé, 6331 (PL 163, 388–389).
60 Ep. II, 204 (PL 214 Sp. 762D–763: „Ecclesia duabus de causis universalis vocatur. Intelligentia namque dictorum ex causis est assumenda dicendi, cum non res sermoni, sed rei sit sermo subiectus. Dicitur enim universalis ecclesia quae de universis constat ecclesiis, quae graeco vocabulo *catholica* nominatur. Et secundum hanc acceptionem vocabuli, ecclesia Romana non est universalis ecclesia, sed pars universalis ecclesiae, prima videlicet et praecipua, veluti caput in corpore: quoniam in ea plenitudo potestatis existit, ad caeteros autem pars aliqua plenitudinis derivatur. Et dicitur universalis ecclesia illa una quae sub se continet ecclesias universas. Et secundum hanc nominis rationem romana tantum ecclesia universalis nuncupatur, quoniam ipsa sola singularis privilegio dignitatis coeteris est praelata: sicut et Deus universalis Dominus appellatur, non quasi iam divisus in species specialissimas, aut etiam subalternas, sed quoniam universa sub eius dominio continentur. Est enim una generalis ecclesia, de qua Veritas inquit ad Petrum: *Tu es Petrus ... ecclesiam meam;* et sunt multae particulares ecclesiae, de quibus Apostolus ait: *Instantia mea quotidiana, sollicitudo omnium ecclesiarum* (2 Cor 11, 18). Ex quibus una consistit, tanquam ex particularibus generalis; et una praeeminet omnibus, quoniam cum unum sit corpus ecclesiae, de quo Apostolus *Omnes unum corpus sumus in Christo* (Rm 12, 5) illa, velut caput, caeteris membris excellit."
61 „... ut scilicet membrum ad caput et ad matrem filia revertatur, ecclesiae Romanae reverentiam et obedientiam debitam impensurus, te sicut fratrem carissimum et praecipuum membrum ecclesiae benigne et hilariter admittemus; de coeteris auctoritate sedis apostolicae ac sacri approbatione concilii, cum tuo et aliorum fratrum nostrorum consilio quae statuenda fuerint statuentes". Der Patriarch möge kommen oder an seiner Stelle senden, „procuratores idoneos et aliquos de maioribus ecclesiarum praelatis, apostolicae sedi reverentiam et obedientiam secundum statum canonicum praestiturus: ne, si secus actum fuerit, quod non credimus, tum in imperatorem ipsum, qui potest, si voluerit, efficere quod mandamus, quam in te et Graecorum ecclesiam procedere compellamur" (764D–765).
62 „oboedientiae filii sacrosanctae Romanae Ecclesiae matri suae". Cap. 4: DS 810.
63 in: Giuseppe Alberigo u. a. (Hrsg.), Concil. Oecum. Decreta, Freiburg 1962, 285.
64 Opus tripartitum p. II c. 19, in: Brawn, Vasciculus rerum expect. et fug., 222–223.
65 „divisio Graecorum ab oboedientia sancte Romane ecclesie".
66 Von Denzler, a.a.O. (vgl. oben Anm. 54) 114 Anm. 43 zitierte Texte.
67 Boëthius, De Trinitate, c. 1 (PL 64, 1249): „Ea fides (christianae religionis) pollet maxime et solitarie, quae cum praeter universalium praecepta regularum, quibus eiusdem religionis intelligatur auctoritas, tum propterea quod eius cultus per omnes pene mundi terminos emanavit, catholica vel universalis vocatur."

68 Abälard, Intr. ad Theologiam lib. I § 4 (PL 178, 986 C): „Catholica quippe est fides, id est universalis, quae ita omnibus necessaria est, ut nemo discretus absque ea salvari possit... Sunt et qui velint fidem catholicam ad differentiam fidei catholicorum (sic: zu lesen ist: haereticorum) non ubique, cum Ecclesiae dilatatae, sed quasi in angulo aliquo latitantis vel in aliqua terrarum parte conclusae..."
69 Vgl. Die Sentenzen Rolands, Ausg. A. Gietl, Freiburg 1891, 14.
70 Vgl. G. H. Fuhrmann, Das Ökumenische Konzil und seine historischen Grundlagen, in: GWU 12, 1961, 672–695 (681f.).
71 DS 639. Zitiert von Gratian, C. 4, D. 96 (Friedberg, 388), und schon wiedergegeben von „Deusdedit (Coll, Ausg. von Glanvell, IV, 164) und von der Collectio trium Partium (I, 62).
72 Huguccio, dist. 96, 4, angeführt von H. J. Sieben: Die Konzilsidee des lateinischen Mittelalters (847–1378), Paderborn 1983, 257: „Debebat etiam tunc interesse princeps, quia causa communiter et ad omnes pertinebat. Unde sequitur quae id est quia ipsa *universalis* est, id est quae id est quia ipsa *omnium*, et cum argumento, quod omnes tangit, ab omnibus debere tractari et approbari." Zu diesem Grundsatz vgl. Y. Congar, Quod omnes tangit, ab omnibus tractari et approbari debet in: Die geschichtlichen Grundlagen der modernen Volksvertretung, Darmstadt 1980, 115–182.
73 Dies war die allgemeine Interpretation. Vgl. F. Gillmann, Zur scholastischen Auslegung von Mt 16, 18, in: AKathKR 104, 1924, 41.53. Vgl. Albert d. Gr., IV Sent. d. 20 a. 17 arg. 4; Bonaventura, IV Sent. d. 20 p. 2 art. unic. q. 2; Thomas v. A., Summa theol. $2^a\ 2^{ae}$ q. 1 a. 9 sed c.; q. 2 a. 6 ad 3.
74 De edificio dei, Ausg. E. Sackur (MGH Libelli de lite III) c. 70, S. 174: „Dico autem Romanam ecclesiam, cuius caput est Christus, membra vero Petrus et Paulus et omnis illius ecclesiae spiritualis filius, non solum in urbe illa, sed etiam per totum mundum in petra, quae Petro nomen dedit, constitutus. Omnis, inquam, spiritualis pertinet ad ecclesiam Romanam, quae omnes iudicat et ipsa a nemine iudicatur, quia Paulo affirmante Spiritualis iudicat omnia, et ipse a nemine iudicatur (1 Cor. 2, 15)."
75 Ad 21, 3: „Nota quod nomine Romana ecclesia accipitur interdum universalis ecclesia, quae a Romani pontificis sententia non discordat; quae esse sine macula haeresis et ruga duplicitatis... Dicitur etiam Romana ecclesia ipsa sedes et ecclesia Petri; in qua acceptatione accipitur illud quod res Romanae ecclesiae, id est beati Petri non possunt nisi centenaria praescriptione praescrivi... Accipitur etiam pro capite et membris, id est papa et cardinalium collegio, ut hic; et interdum pro solo papa ut cum dicitur: Appello Romanam sedem id est papam", in: B. Tierney, Foundations of the Conciliar Theory. The Contribution of the Medieval Canonists from Gratian to the Great Schism, Cambridge 1955, 42, Anm. 3.
76 B. Tierney, a.a.O. 41–42.
77 Ad c. 9 C. XXIV q. 1, angeführt von Tierney, a.a.O. 45. Um das Ende des zwölften Jahrhunderts findet es sich in der Glosse von Wolfenbüttel zu

D. XIX c. 9 und c. 9 C. XXIV q. 1, zwischen 1210 und 1215 in der Glosse Palatina ad c. 9 C. XXIV q. 1, zwischen 1215 und 1217 in der Glosse ordinaria von Johannes Teutonicus, die sehr weit verbreitet war und oft zitiert wurde. Vgl. F. J. von Schulte, Die Glosse zum Dekret Gratians, Wien 1872, 11; Bruchstück in Tierney, a.a.O. 43.

78 Im Sinne des Satzes in Ockhams „Dialogus" „ubicumque sunt boni, ibi est Ecclesia Romana" hat Pierre d'Ailly ausgeführt, jeder Gläubige könne sich als „römisch" bezeichnen. Auch Paulus habe das getan, obwohl er außerhalb Italiens geboren worden war. Vgl. Pierre d'Ailly, Utrum Petri ecclesia lege reguletur, in: Gersoni opera, hrsg. Ellies du Pin, Bd. I, Sp. 662–671, hier: 666f.

79 Epistola concordiae vom Mai 1380, c. 3: Ausg. J. Bliemetzrieder, Literarische Polemik zu Beginn des großen abendländischen Schismas, Wien–Leipzig 1909, 128.

80 Im Jahre 1381: Concilium pacis de unione ac reformatione ecclesiae, in: Gersoni opera, hrsg. Ellies du Pin, Bd. II, Sp. 822C–826B; Jean Courtecuisse, Tractatus de fide, Ecclesia, Romano Pontifice et Concilio generali, ebd. Bd. I, Sp. 806–903, hier: Sp. 885–893 (Tractatus de fide III, 2, bes. 886C).

81 De Concordantia catholica lib. I, c. 17: Ausg. G. Kallen, Hamburg 1984, 88–89.

82 Tractatus De Ecclesia. Ausg. Franjo Sanjek (A. Krchnak, M. Biškup) (Croatica christiana. Fontes 1), Zagreb 1983, I c. 2, 13. Die Präzisierungen zu „römische Kirche" sind im gleichen Kapitel, 17–19.

83 Vgl. K. W. Nörr, Kirche und Konzil bei Nicolaus de Tudeschis (Panormitanus), Köln–Graz 1964, 85.

84 Contra haereticos, c. 7, in: R. Scholz, Unbekannte kirchenpolitische Streitschriften aus der Zeit Ludwigs des Bayern (1327–1354) Bd. II, Rom 1954; 134: „Est considerandum quod nomine Romanae et apostolicae ecclesia consueverunt sancti patres et doctores uti dupliciter: uno modo ut distinguitur contra omnem haereticorum et schismaticorum congregationem, et sic includit omnes ecclesias et omnes fideles. Alio modo accipitur Romana et apostolica ecclesia ut distinguitur contra omnem ecclesiam cui non immediate praesidat pontifex Romanus, et sic includit solum ea quae pertinent ad rationem capitis."

85 Hieronymus, Epist. 146, 1 (PL 22, 1194; CSEL 56, 310). Wiedergegeben von Gratian, D. 93 c. 24, Friedberg 328, und somit zitiert von den Dekretisten (B. Tierney, Foundations of the Conciliar Theory (Cambridge 1955) 40–41. 48 Anm. 1. 49 Anm. 4. 82 Anm. 5. 212.250); von Johannes von Paris, De Potestate, c. 20 Ende; von Marsilius von Padua, dictio II a. 15 § 8 und a. 28 § 20 (Ausg. Scholz, 334, 555); von Ockham (vgl. G. de Lagarde, La naissance de l'esprit laïque ... V. Ockham (^{2}1963); auf dem Konzil von Basel, selbst bei einem Verteidiger des Papstes wie Johannes von Tarent (Mansi 39, 488). Der Papst ist nur ein Teil der Kirche und dem Ganzen unterworfen: Antwort des Konzils von Basel vom September 1432 „Cogitanti" (Mansi 29, 245).

86 Mansi 17, 497.
87 PG 137, 488 D.
88 John N. Karmiris, The Schism of the Roman Church, in: Theol(A) 21, 1950, 400–433, 555–587.
89 Zu dieser anglikanischen Auffassung von „katholisch" vgl. Y. Congar, Chrétiens désunis, Paris 1937, 213 (Belegstellen); W. Beinert, a.a.O., Anm. 7, 152–155.
90 G. K. A. Bell, Document on Christian Unity, I, S. 1.
91 Diese Theorie ist am 16. September 1864 vom Sanctum Officium verworfen worden: DS 2886–2888. In seinem Thesaurus Theologicus, Bd. II, S. 335, verweigerte E. Beveridge († 1708) der „Romana ista Ecclesia", die so viele neue Dogmen erfunden habe, den Titel „katholisch".
92 Vgl. eine dokumentierte Anmerkung von J. Wadoux in Documentation catholique Bd. 13, Nr. 279 (28. 2. 1925) 559–560.
93 Zum Zwischenfall vgl. Th. Granderath, Geschichte des Vatikanischen Konzils, Freiburg i. Br. 1903, Bd. II, 411–414, 464f. Und Mansi, 51, 105–107, 199–209, 350, 394–424.
94 M. Seckler, Katholische Konfessionsbezeichnung, in: ThQ. 145 (1965), 401–431, hier: 415).
95 „Docet igitur Sacra Synodus et sollemniter profitetur, non esse nisi unicam veram Jesu Christi Ecclesiam, eam nempe quam in Symbolo unam, sanctam catholicam et apostolicam celebramus ... ideoque sola iure Catholica Romana nuncupatur Ecclesia." Kap. 1, Nr. 7: Rita Synodalia SS. Concilii Oecumenici Vaticani II. Vol. 1. Periodus prima, pars 4, Rom, Vatikan 1971, 15.
96 z. B. LG 18; 22; 23; 25; u. a.
97 Ad dialogum Silvestri Prieritatis de potestate papae responsio, 1518: (WA 1, 685, 19–25); Resolutiones Lutherianae super propositionibus suis Lipsiae disputatis, 1519 (WA 2, 405, 14–18); De captivitate Babylonica, 1540 (WA 6, 561); Genesiskommentar, begonnen 1535 (WA 42, 276–277 zu Gen 6, 3).
98 Ad librum Catharini, responsio, 1521 (WA 7, 753, 18 und 21).
99 W. Beinert, a.a.O., Anm. 7, 109 zitiert ebenfalls Matthias Hoe von Hoonegh († 1545). Vgl. auch Gerhard, Confessio catholica, in qua doctrina catholica et evangelica, quam ecclesiae Augustanae confessione addicta profitentur ex Romano-catholicorum scriptorum suffragiis confirmatur (1634–1637).
100 W. A. Visser 't Hooft, Le Catholicisme non-romain (Cahiers de Foi et Vie), Paris 1933; Herkorr 12 (1957/58) 338–341: „Katholizität" oder Römischkatholisch; W. Beinert, a.a.O., Anm. 7, 266–311.
101 G. Thils, Les Notes de l'Eglise dans l'apologétique catholique depuis la Réforme, Gembloux 1937, 156. Zu Bellarmin vgl. 163–164.
102 G. Thils, a.a.O. 271; Belegstellen in Anm. 3.
103 G. Thils, a.a.O. 280.
104 Vgl. G. Thils, vor allem 77, Anm. 1; 94, Anm. 1; 145, 197f., 282.

105 So P. J. de Guibert, De Christi Ecclesia, Paris 1926, 111: „Ceteras quatuor notas vel saltem tres priores hanc (romanitatis) notam postulare ut, non materialiter tantum, sed formaliter habeantur, etenim ..."; N. Nicolau und J. Salaverri, Sacrae theologiae Summa, I. Theologia fundamentalis, Madrid ⁴1958, 668. Im großen Artikel „Chiesa" der Enciclopedia Cattolica, BD. III, Vatikan 1950, findet sich ein Abschnitt (Sp. 1461–1466) von Mario Cordovani über die „Romanità della Chiesa". Darin heißt es jedoch: „Wenigstens vom methodologischen Standpunkt aus ist die Romanität nicht als ein Wesensmerkmal der Kirche anzusehen ..."
106 Y. de la Brière, Eglise (Question des notes), in: DAFC, Bd. I, Sp. 1278–1279; J. V. Bainvel, De Ecclesia Christi, Paris 1925, 46–47. Vgl. Cordovani (zitiert in Anm. 92) Anm. 72.
107 W. H. van de Pol, Het christelÿke Dilemma ..., Amsterdam 1948, 393. Die Reaktion erklärt sich von daher, daß der Autor durch den Anglikanismus gegangen ist.
108 DS 1351. Dies wurde als etwas ausgegeben, das die heilige römische Kirche fest glaubt und verkündet.
109 Vgl. W. Beinert, a.a.O., Anm. 7, 544–554 (Bibliographie). Dazu kommen seither die Texte des Zweiten Vatikanums: Lumen gentium, 14–17; Ad gentes, Nr. 7–8.
110 Vgl. H. Burn-Murdoch, The Development of the Papacy, London 1954, 33, nach seiner Angabe gestützt auf die Official Correspondence with the Holy See.
111 Zu den Lutheranern vgl. W. Beinert, a.a.O., Anm. 7, 107, 220f. und vor allem 249f. die neueren Autoren. Zu den Reformierten vgl. Jean *Bosc,* Die Katholizität der Kirche, in: Katholizität und Apostolizität. Theol. Studien einer gemeinsamen Arbeitsgruppe zwischen der Römisch-Katholischen Kirche und dem Ökumenischen Rat der Kirchen. (Deutsche Ausgabe besorgt von Reinhard Groscurth. Beiheft zu der Zeitschrift „Kerygma und Dogma" 2, Göttingen 1971.) Darin schreibt Bosc: „Die Apostolizität ist der Hauptschlüssel zur Fülle und Selbigkeit der Kirche in ihrer Katholizität" (29).
112 „In ipsa item catholica Ecclesia magno opere curandum est, ut id teneamus quod ubique, quod semper, quod ab omnibus creditum est. Hoc enim vere proprieque catholicum." Commonitorium 1, 2 (PL 50, 640).
113 Auf deutsch vgl. oben Anm. 111.
114 Vgl. Irenäus, Adv. haer. III, III, 3.
115 Vgl. Hirte des Hermas, Kanon von Muratori, sodann Tertullian, Hippolyt.
116 Vgl. Irenäus, Eideixis, 2.
117 M. Maccarone, Apostolicità, episcopato e primato di Pietro. Ricerche e testimonianze del II al V secolo, in: Lateranum N.S. XLII, 1976/2, Rom 1976, 64–155. Zum Fest Natalis Petri de Cathedra, das den Beginn des Episkopats in Petrus feierte, vgl. P. Batiffol, Cathedra Petri, Paris 1938, 123–134 und weitere Studien, z. B.: D. Balboni, 1954; A. Coppo, 1968.
118 P. Batiffol, a.a.O., 95–103: „Petrus initium episcopatus".

119 Vgl. „Jus divinum" in: RDC 27 (Mélanges J. Gaudemet), 1978, 108–122.
120 Vgl. Y. Congar, Saint Paul et l'autorité de l'Eglise romaine d'après la Tradition, in: Studiorum Paulinorum Congressus, Rom 1963, 491–516. Zu der byzantinischen Liturgie vgl. Th. Strotmann, Les Coryphées Pierre et Paul et les autres apôtres, in: Irén. 36, 1963, 164–176.
121 LG 22 Nr. 1: „Glied der Körperschaft der Bischöfe wird man durch die sakramentale Weihe und die hierarchische Gemeinschaft mit Haupt und Gliedern des Kollegiums." Vgl. Nota explicativa praevia, 2. Das Haupt ist in die Gemeinschaft des Kollegiums und der Kirche einzuordnen. Vom Rechtsstandpunkt aus überlegen, ist es doch abhängig in bezug auf die Glaubensgemeinschaft. Dies ist sehr wichtig.
122 Im „Annuario Pontificio" ist nicht mehr von „Krönung" die Rede. In bezug auf Johannes Paul II. lautet die Formulierung: „Am 22. Oktober 1978 hat er seinen Dienst als universaler Hirt der Kirche feierlich begonnen."
123 Dogmatische Konstitution „Pastor aeternus", Vorwort (DS 3052).
124 Ebd., Kap. 3 (DS 3059).
125 Ebd., Kap. 4 (DS 3065).
126 DS 3050. Und vgl. J. M. R. Tillard, L'évêque de Rome, Paris 1982; ebenso die Studien von G. Thils, zumal die über den Primat des Papstes: La primauté pontificale. La doctrine de Vatican I, Gembloux 1972.
127 Vgl. J. Ratzinger, Episkopat und Primat, in: Das neue Volk Gottes. Entwürfe zur Ekklesiologie, Düsseldorf 1969, 121–146; Y. Congar, Le Pape comme Patriarche d'Occident. Approche d'une réalité trop négligée, in: Ist. 28, 1983, 374–390.
128 Röm 1, 8 und 12. Natürlich bezieht sich dieser Text auf die Zeit vor der Ankunft des Petrus in Rom. Bemerken wir bei dieser Gelegenheit, daß an der Leipziger Disputation von 1515 Luther das Argument vorgebracht hat, Petrus sei erst nach zwanzig Jahren nach Rom gekommen, um daraus zu schließen, daß die universale Kirche schon bestand, bevor es eine römische Kirche gab: vgl. WA 9, 190; 276, 5f.; 285, 27.
129 Vgl. DS 3069 und, in bezug auf die Bewahrung der ganzen Herde im Glauben, 3071.
130 Vgl. z. B. den Schluß des Buches von J. Ratzinger (angeführt in Anm. 111) und die Studien von R. Aubert.
131 Vgl. z. B. V. Bainvel, De Ecclesia Christi, Paris 1925, 200–203; S. Salaville in der Enzyklopädie (unter der Leitung von G. Jaquemet) Tu es Petrus, Paris 1931, 167–172. Zu der dort angeführten Bibliographie ist hinzuzufügen: Joannes a S. Thoma, Cursus theologicus in Summam theologicam S. Thomae, Bd. VII, Tractatus de auctoritate Summi Pontificis, disp. I, art. 4 (Ausg. Vives, Paris 1886) 202–209; J. Perrone, Praelectiones Theologicae, Paris 1856, Bd. IV, 257; Chr. Pesch, Praelectiones dogmaticae, Bd. I, Ausg. 6a und 7a, Freiburg i. Br. 1924, 352–356; R. M. Schultes, De Ecclesia catholica. Praelectiones dogmaticae, Paris 1925, 453–456; M. de Herbigny, Theologia de Ecclesia, Bd. II, Paris ²1921, 192–200; J. V. de Groot, Summa apologetica de Ecclesia catholica, Regensburg ³1906,

572–579; A. Vandepitte, L'union indissoluble de la primauté et du Siège romain, in: RAug 4, 1904, 209–227; Fr. Grivec, De nexu Primatus cum Sede Romana, in: AAV 18, 1947, 46–52 (Zusammenfassung in: ZkTh 77, 7, 1955, 340–341); Ch. Journet, L'Eglise du Verbe incarné. I. La hiérarchie apostolique, Paris 1942, 522–531; J. C. Fenton, The Local Church of Rome, in: AEcR 72, 1950, 454–464; A. Dulles in P. J. McCord (Hrsg.), A Pope for all Christians, New York 1976, 56.
132 Vgl. U. Betti, La Costitutziolne dommatica „Pastor aeternus" del Concilio Vaticano I, Rom 1961, 597–601; ders., La perpetuità del Primato di Pietro nei Romani Pontefici secondo il Concilio Vaticano, in: Div. 3, 1959, 95–143 (vor allem 102–107); G. Thils, Choisir les évêques; élire le Pape?, Gembloux–Paris 1970, 85–89.
133 Epist. 1 (PL 189, 65).
134 Questio in Vesperio (im Jahre 1380), in: Opera (Ausg. Ellies du Pin), Den Haag 1718, Bd. I, 668. Vgl. Pierre d'Ailly, zitiert in J. Hashagen, Staat und Kirche vor der Reformation, Essen 1931, 534.
135 De Concordantia Catholica, lib. II, c. 34 (Ausg. G. Kallen), Hamburg 1965, Nr. 262, 304–305.
136 Vgl. A. Rösch, Das Kirchenrecht im Zeitalter der Aufklärung, in: AKathKR 83, 1903, 446–482 (470f.); 84, 1904, 56–82, 244–262, 495–526; 85, 1905, 29–63.
137 E. Delaruelle (Histoire de l'Eglise, Bd. 14), L'Eglise au temps du Grand Schisme et de la crise conciliaire (1378–1449), Paris 1964, 515 führt in diesem Sinn Allegationes pro papa und Johannes Le Fèvre, Expositio missi regii an. Hinzuzufügen sind Johannes a S. Thoma, a.a.O., und Journet, a.a.O., 529.
138 De Ecclesia, III. Teil, Kap. 9.
139 „Nihil vetat, alicuius concilii generalis sententia aut universorum populorum facto, summum Pontificatum ab Romano episcopo atque Urbe ad alium episcopum aliamque civitatem transferre". DS 2935, wo unter Nr. 9 die Belege zu den Schriften von Nuytz vorgelegt werden.
140 Bellarmin? Journet zitiert in diesem Sinn R. M. Schultes, De Ecclesia catholica, Paris 1925, 455.
141 So legt René Thibout die sogenannte Weissagung des Malachias aus: Selbst nach der ev. Zerstörung Roms würde das Papsttum anderswo weitergehen: La mystérieuse prophétie des papes, Namur–Paris, 1951.
142 Vgl. F. Heiler, Altkirchliche Autonomie und päpstlicher Zentralismus, München 1941; F. Dvornik, National Churches and the Church Universal, Westminster 1944; Y. Congar, Ecclésiologie du Haut Moyen Age, Paris 1968; La Chiesa nei Regni dell'Europa Occidentale e i loro Rapporti con Roma sino al'800, Spoleto 1960.
143 Bezeichnende Texte von Innozenz I. (401–417), Gregor VII. gegen den mozarabischen Ritus (Reg. I, 64, im Jahre 1074) finden sich in: Y. Congar, Diversités et Communion, Paris 1982, 46–50.
144 Mansi XV, 401f. (PL 119, 978–1016); MGH Epp. VI, 568–600.

145 Vgl. G. Alberigo, Das Konzil von Trient in neuer Sicht, in: Conc(D) 1 (1965/7), 574–583.
146 „sub crucis vexillo Deo militare, et soli Domino atque Romano pontifici eius in terris vicario servire".
147 J. M. R. Tillard, L'évêque de Rome, Paris 1982.
148 Mit der unseres Erachtens nicht haltbaren These, daß die Apostel ihre Jurisdiktion von Petrus und die Bischöfe sie vom Papst hätten.
149 Zitiert von Cl. Lialine, La méthode irénique. Bd. I, 1938, 53. Vgl. N. Berdiaeff, Die Ostkirche, in: Sonderheft Una Sancta, Stuttgart 1927, 7–8; Msgr. Neophyt Edelby, katholischer Metropolit von Aleppo, in seinem Kommentar: Orientalium Ecclesiarum, in: Vatican II. Les Eglises orientales (= UnSa 76), Paris 1970, 112.
150 Vgl. Y. Congar, Diversités et Communion, vgl. Anm. 143, 121.
151 Vgl. Anselm von Havelberg, Dialogi III, 12 (PL 188, 122 B).
152 Innozenz III, Reg. II, 209 (PL 214, 762 D – 763). Der Dictatus Papae Gregors VII. von 1074 sagt: „Quod solus Romanus pontifex iure dicatur universalis" (Nr. 2). Und vgl. oben Nikolaus I.
153 Liegt es nicht in der gleichen Linie, wenn die Theologen der päpstlichen Richtung sagen, man könne ein Konzil als „universal" bezeichnen entweder „ex parte convocandorum" (im Blick auf die zu ihm Einzuberufenden) oder „ex parte convocantis" (im Blick auf den Einberufenden), den Papst. So Turrecremata, Summa de Ecclesia III, 3 (J. Sieben, Traktate und Theorien zum Konzil, Frankfurt a. M. 1983, 117–118) und D. Jacobazzi, De conciliis, Rom 1538, 238, Anm. 282. 240.
154 Vgl. die Liste in: C. Mirbt, Quellen zur Geschichte des Papsttums und des römischen Katholizismus, Tübingen 1934, Nr. 730 und 731.
155 Vgl. F. Pilgram (ein Laie), Physiologie der Kirche, 1860; neue Ausg. Mainz 1931.
156 „Quod solius papae pedes omnes principes deosculentur."

APOSTOLISCHE KIRCHE

Werner Löser SJ, Frankfurt/Main

In der Liturgie der römisch-katholischen Kirche werden viele Heiligengedenktage gefeiert. Unter ihnen ragen die Festtage der Apostel durch Bedeutsamkeit und Feierlichkeit heraus. So bringt die Kirche zum Ausdruck, daß sie sich als auf das „Fundament der Apostel gegründet" versteht.Doch in welcher Weise ist sie die „apostolische Kirche"? Sie ist es, indem sie ihre Herkunft von den Aposteln durch das Bewahren und Weitergeben der Einrichtungen und der Vollzüge, die auf die Apostel zurückgehen, zum Tragen bringt. Diese Institutionen und Funktionen gehören zum Wesen der Kirche und machen ihr Profil aus. Die Apostolizität wird in der Regel und mit Recht von der „Sukzession" und von der „Tradition" ausgesagt. „Apostolische Sukzession" ist eine Dimension des geistlichen Amtes in der Kirche. „Apostolische Tradition" umfaßt vor allem anderen das „apostolische Evangelium", durch das der „apostolische Glaube" geweckt und genährt wird, die Sakramente als die Feiern der apostolischen Kirche sowie den apostolischen Dienst, zu dem auch die vielgestaltige Diakonie über die Grenzen der Gemeinde hinaus gehört. Die apostolische Sukzession und die apostolische Tradition bilden ein komplexes Ganzes und verweisen aufeinander. Das II. Vatikanische Konzil hat in der Dogmatischen Konstitution über die Offenbarung „Dei Verbum" Nr. 7 und 8 das Gefüge der Dimensionen und Elemente, die miteinander die Apostolizität der Kirche ausmachen, dargelegt. Da finden sich u. a. folgende Sätze: „Was Gott zum Heil aller Völker geoffenbart hatte, das sollte ... für alle Zeiten unversehrt erhalten bleiben und allen Geschlechtern weitergegeben werden." „Damit das Evangelium in der Kirche für immer unversehrt und lebendig bewahrt werde, haben die Apostel Bischöfe als ihre Nachfolger zurückgelassen und ihnen ‚ihr eigenes Lehramt überliefert' (Irenäus, Adv. haereses III, 3, 1)." „Was von den Aposteln überliefert wurde, umfaßt alles, was dem Volke Gottes hilft, ein heiliges Leben zu führen und den Glauben zu mehren. So führt die Kirche in Lehre, Leben und Kult durch die Zeiten weiter und übermittelt allen Geschlechtern alles, was sie selber ist, alles, was sie glaubt."

1. Traditio apostolica

1.1 Kirche des Wortes

Hat man die Ausgewogenheit, die in diesen Sätzen zur Geltung kommt, in der römisch-katholischen Kirche immer genügend beachtet und zum Tragen gebracht? Es spricht einiges für die Auffassung, in den letzten Jahrhunderten – mitbedingt durch eine gegenreformatorische Einstellung – habe man das Amt und die Sakramente deutlich, wenn nicht gar überdeutlich herausgestellt, das Wort (Gottes) jedoch weniger beachtet. Dieser Tatbestand sei in unserer Zeit als ein Mangel erkannt worden, und dieser sei nun aus theologischen und ökumenischen Gründen zu beheben gewesen. Die Dogmatische Konstitution „Dei Verbum" sei ein gewichtiger Ausdruck dieses neuen Bemühens und ein entscheidender Beitrag zu seiner Verwirklichung. In der Tat erfährt das Wort Gottes bzw. die Verkündigung des apostolischen Evangeliums in der römisch-katholischen Kirche heute eine neue Wertschätzung. Sie ist nicht nur in der neuen Stellung greifbar, die dem Studium der Bibel in den reformierten Ordnungen der theologischen Ausbildung zugemessen wird, sondern auch und vor allem in der Bedeutung, die der Verkündigung und Auslegung des Wortes Gottes im kirchlichen Gottesdienst seit den durch das letzte Konzil angestoßenen liturgischen Neuerungen zukommt. Andererseits wird man sich vor Vereinfachungen hüten müssen. In den letzten Jahrhunderten mag das Wort Gottes in der Theologie und in der Liturgie unterbewertet worden sein. Das besagt aber nicht unbedingt auch, es sei in dieser Zeit in der katholischen Kirche gar nicht verkündet und gehört worden. In vielfältigen, wenngleich vielleicht nicht immer ganz geklärten Formen ist dies immer der Fall gewesen. In unserer Zeit hat bestenfalls die gedankliche Durchdringung der Verkündigung des Evangeliums und die Klärung der Formen, in denen sie sich abspielt, zugenommen.

Wenn im Zusammenhang der Theologie des Wortes Gottes und des Glaubens von der „Apostolizität" die Rede ist, tritt deren geprägte und verbindliche Inhaltlichkeit hervor. Das „Wort Gottes" ist dann das von den Aposteln bezeugte, in der Heiligen Schrift greifbare, von der Kirche überlieferte und in der Verkündigung als solches vergegenwärtigte apostolische Evangelium. Es ist die „Lehre der Apostel". Ihr Inhalt ist das im Wort und Werk Jesu Christi gipfelnde Heilshandeln Gottes. Dem so verstandenen Wort Gottes entspricht der „apostolische Glaube", der sich im „apostolischen Glaubensbekenntnis" und in anderen Glaubensbekenntnissen verdichtet und ausgesprochen hat. Die Kirche ist sich der Apostolizität ihrer Lehre gewiß, indem und solange sie diese Glaubensbekenntnisse als ihr Richtmaß festhält und beachtet. Die römisch-katholische Kirche hat auf diese Dimension des Wortes Gottes und des Glaubens stets großen Wert gelegt. Und dies hat seine Auswirkungen gehabt. So hat die katholische Kirche die Existenz und die Kompetenz eines kirchlichen Lehramtes definiert (vor allem im I. Vatikanischen Konzil), dessen Aufgabe es ist, die apostolische Lehre zu hüten und zu entfalten. Der Glaube der einzelnen Katholiken weiß sich an die Lehre der Kirche gewiesen und gebunden und nimmt – wie oft festgestellt worden ist – die Züge eines „dogmatischen Glaubens" an.

1.2 Kirche des Sakraments

Unter den Einrichtungen, die die apostolische Tradition ausmachen und in deren Vollzug die Kirche ihre Apostolizität bewahrt und bewährt, sind es in besonderem Maße die Sakramente, die in der römisch-katholischen Kirche Beachtung fanden. Darum hat man diese Kirche bisweilen als „Kirche des Sakramentes" bezeichnet – im Unterschied zu den Kirchen der Reformation, die „Kirchen des Wortes" seien. Die liturgische Praxis der katholischen Kirche sowie die spirituelle Formung ihrer Glieder belegen, daß die Kennzeichnung „Kirche des Sakramentes" nicht unzutreffend ist. Es ist kein Zufall, daß sich die römisch-katholische Kirche in mehreren Konzilen ausgiebig mit den Sakramenten befaßt hat. Und mehrfach hat sie verbindliche Lehrtexte über die Sakramente konziliar vereinbart. Indem sie dies getan hat, hat sie sich einer wesentlichen Dimension ihrer eigenen Apostolizität vergewissert. Im Konzil von Florenz wurde am 22. November 1439 die Bulle „Exsultate Deo" verabschiedet, zu der ein umfangreicher Lehrtext über die sieben Sakramente gehört. Die sieben gnadenvermittelnden Zeichen des Neuen Bundes: Taufe, Firmung, Eucharistie, Buße, letzte Ölung, Weihe zum Amt, Ehe werden nacheinander beschrieben. Als Kriterium für die Sakramentalität dieser Gnadenzeichen gilt dabei der in der scholastischen Theologie des Mittelalters ausgebildete allgemeine Sakramentenbegriff. Im Konzil von Trient waren die sieben Sakramente noch einmal und ausführlicher als in Florenz Gegenstand der Verhandlungen. Es ging den Konzilsvätern darum, die katholische Lehre von den Sakramenten gegen ihre Bestreitung seitens der Reformatoren zu verteidigen und zu vertiefen. Am 3. März 1547 wurde ein „Dekret über die Sakramente" verabschiedet. Es enthält im wesentlichen drei Reihen von Lehrsätzen: über die Sakramente im allgemeinen, über die Taufe und über die Firmung. Am 11. Oktober 1551 folgte ein Dekret „über die heilige Eucharistie", dem 1562 noch zwei Texte hinzugefügt wurden: über die Kommunion unter beiden Gestalten und die Kinderkommunion sowie über den Opfercharakter der Messe. Am 25. November 1551 verabschiedete das Konzil Texte über das Bußsakrament und über die letzte Ölung. Zwölf Jahre später, am 15. Juli 1563, wurde der Text über das Weihesakrament erlassen, und um das Ehesakrament ging es schließlich in dem Lehrtext vom 11. November 1563. Auch das II. Vatikanische Konzil ließ sich die Lehre von den Sakramenten angelegen sein. Es ordnete Reformen für den liturgischen Vollzug der Sakramente an (in der Konstitution über die Liturgie „Sacrosanctum concilium") und lehrte, die Sakramente als „Feiern der Kirche" zu verstehen. In der Kirchenkonstitution „Lumen gentium" Nr. 11 ist dies der neue Akzent, der zu der überlieferten Lehre von den Sakramenten als den gnadenvermittelnden Zeichen hinzutritt. Im übrigen hat das Konzil in großer Deutlichkeit und Ausführlichkeit die Kirche selbst als „Mysterium" und „Sacramentum" bezeichnet (vor allem in Kap. I; vgl. dazu den obigen Beitrag von W. Beinert). Die einzelnen Sakramente erscheinen nun als Vollzüge der Kirche; sie haben ihren Sinn und ihre Kraft aus ihrer Einbettung in sie. Mit ihr haben sie ihren Ursprung im Leben und Sterben und Auferwecktwerden Jesu Christi und verweisen auf ihn.

Die Bedeutung des Sakramentalen ist im tridentinischen Dekret „über die Rechtfertigung" aus dem Jahre 1546 in grundsätzlicher Weise zur Sprache gekommen. In diesem Text geht es nicht nur um die Frage, wie sich der Glaube und die Werke zueinander verhalten, sondern auch um die Frage, in welcher Beziehung der Glaube und die Taufe oder – anders formuliert – das Wort und das Sakrament zueinander stehen. Wird dem sündigen Menschen die rechtfertigende Gnade, die Gott durch Jesus Christus schenkt, durch das Wort oder durch das Sakrament zuteil? Mit den Reformatoren zusammen hat das Konzil von Trient geantwortet: weder ausschließlich durch das Wort noch ausschließlich durch das Sakrament, sondern durch Wort und Sakrament. Aber innerhalb dieser gemeinsamen Antwort hat das Konzil von Trient die Akzente anders gesetzt, als die Reformatoren es getan haben. Denn es hat dem Sakrament einen gewissen Vorrang eingeräumt. Für das Sakrament steht im Rechtfertigungsdekret die Taufe, kraft derer der Mensch in den Christusleib der Kirche eingefügt wird. Durch die Taufe wird die Kirchengliedschaft eröffnet. Wer durch die Taufe dem Leib Christi, der Kirche, zugehört und ihr Leben mitlebt, wird eben dadurch der rechtfertigenden Gnade Christi teilhaft. Daß die Rechtfertigung durch die Taufe geschieht, wird im tridentinischen Rechtfertigungsdekret mehrfach ausdrücklich gesagt, am deutlichsten jedoch in Kap. IV, wo es heißt: Die Rechtfertigung ist „die Überführung aus dem Stand, in dem der Mensch als Sohn des ersten Adam geboren wird, in den Stand der Gnade und der Annahme zur Gotteskindschaft durch den zweiten Adam, Jesus Christus, unseren Heiland. Diese Überführung ist nach der Verkündigung des Evangeliums ohne das Bad der Wiedergeburt oder das Verlangen danach nicht möglich, nach dem Wort der Schrift: ‚Wenn jemand nicht wiedergeboren ist aus dem Wasser und dem Heiligen Geist, kann er nicht eingehen in das Reich Gottes' (Joh 3, 5).“ Die Taufe wird im Kap. VII als „sacramentum fidei" bezeichnet; d. h. die Taufe und das Sakrament überhaupt gehören mit dem Glauben und also auch mit dem Wort Gottes, dem er entspricht, zusammen. Doch in welcher Weise ist das der Fall? Im Sinne des tridentinischen Dokumentes umgibt der Glaube die Taufe. Er geht ihr voraus und zielt auf sie hin. Er stellt den Glaubenden auf den Weg des Katechumenats, an dessen Ende der Empfang der Taufe steht. Und: der Glaube folgt der Taufe. Er ist zusammen mit der Hoffnung und der Liebe ein Existenzvollzug, in dem der Getaufte sein Getauftsein und Gerechtfertigtsein und seine Zugehörigkeit zum Leib Christi, der Kirche, darstellt, festigt und je aktuell lebt.

Die skizzierte Lehre des tridentinischen Rechtfertigungsdekrets über das Verhältnis von Wort und Sakrament, Glaube und Kirchengliedschaft, Leben und Taufe kann als charakteristisch für das katholische Verständnis des Christlichen überhaupt gelten. Dem Sakramentalen kommt dabei eine entscheidende Bedeutung zu. Auf dem Hintergrund dieser Optionen ist es verständlich, daß die römisch-katholische Kirche als „Kirche des Sakramentes" erscheint. Es braucht nicht geleugnet zu werden, daß die konkrete Weise, wie katholische Christen die Sakramente ihrer Kirche vielfach verstanden und vollzogen haben, nicht einfachhin gutzuheißen ist. Bisweilen haben sie sich einem zu dinglichen und quantitativen Verständnis überlassen. Doch auch hier ist zwischen Brauch und Mißbrauch zu unterscheiden. Der Brauch aber darf als Aktualisierung eines wesentlichen Elements der „apostolischen Tradition" gelten.

2. Successio apostolica – Kirche des Amtes

Die Kirche verkündet das apostolische Evangelium und feiert die Sakramente und ist, sofern diese Vollzüge die wesentlichen Gehalte der „apostolischen Tradition" sind, ebendadurch selbst die „apostolische Kirche". Sie ist dies aber auch dadurch, daß sie sich selbst fortsetzt, ja "fortpflanzt". Sie tut dies, indem sie sich durch die An- und Eingliederung neuer Glieder vermehrt und verjüngt. An dieser Stelle hat das Bild von der „Mutter Kirche", das in der katholischen Kirche oft gebraucht wird, seine Bedeutung. In LG 64 heißt es von der Kirche: „Durch Predigt und Taufe gebiert sie die vom Heiligen Geist empfangenen und aus Gott geborenen Kinder zum neuen und unsterblichen Leben." Aber nicht nur in dieser Hinsicht setzt sich die Kirche durch die Zeiten und Räume hin fort, sondern auch in ihrer auf die apostolischen Ursprünge zurückgehenden inneren Gegliedertheit: sie vollzieht sich im Miteinander von Amt und Gemeinde. Das Amt hat an der Apostolizität der Kirche teil und stellt sie in der „apostolischen Sukzession" dar. Diese gilt als eine konstitutive Dimension des geistlichen Amtes, wie es – ähnlich wie in den orthodoxen Kirchen und in der anglikanischen Kirchengemeinschaft – in der katholischen Kirche verstanden wird. Die primäre Ebene ihrer Verwirklichung ist die bischöfliche. Nur ein Bischof kann durch Handauflegung und Gebet einen Bischof (und einen Presbyter und einen Diakon) weihen. Die Kette oder auch das Netz der Handauflegungen gilt als sakramentales Symbol der in der Weihe geschehenden Einfügung des Geweihten in das eine, letztlich auf die Apostel zurückgehende Kollegium der Bischöfe.

Besonders eindringlich hat die katholische Kirche über die „apostolische Sukzession" in LG 20 gesprochen. In der vorhergehenden Nummer war an den Jüngerkreis um Jesus und an das „Kollegium" der Apostel erinnert worden. In Nr. 20 wird dann ausgeführt, die normative Ursprungsgestalt des biblischen Amtes, der urkirchliche Apostolat, werde im nachapostolischen Episkopat weitergeführt. Auf entsprechende Texte des Konzils von Trient, des I. Vatikanischen Konzils und der Enzyklika „Mystici Corporis" verweisend sagt das II. Vatikanische Konzil schließlich, die Heilige Synode lehre, „daß die Bischöfe aufgrund göttlicher Einsetzung an die Stelle der Apostel als Hirten der Kirche getreten sind".

Am apostolischen Amt haben auch die „Helfer" der Bischöfe, die Priester und die Diakone, teil. Mit ihnen zusammen nehmen die Priester und die Diakone ihren pastoralen Dienst in der Gemeinde wahr. Die Dreistufigkeit des einen pastoralen Amtes ist in der Kirche „seit alters" (ab antiquo; LG 28) bekannt und bewährt. Sie war freilich viele Jahrhunderte hindurch in der kirchlichen Wirklichkeit verunklärt. Erst in den letzten Jahrzehnten ist die Dreistufigkeit des Amtes wieder in voller Klarheit hervorgetreten. Es ist gleichwohl auch heute nicht ganz einfach, die Grenzen zwischen dem Bischofsamt, dem Presbyteramt und dem Diakonenamt genau abzustecken.

Das eine pastorale Amt in der Kirche entfaltet sich in drei Aufgaben. Darauf hat das letzte Konzil mit großem Nachdruck aufmerksam gemacht. Es handelt sich um das Amt der Verkündigung des Wortes Gottes, um das Amt der Leitung des einzelnen und der Gemeinde und um das Amt der Feier der Sakramente. Daß sich das eine kirchliche Amt derart in mehrere Ämter gliedert, ist in der katholischen Kirche nicht immer so deutlich herausgestellt worden, wie das jetzt geschieht. Das zeigt ein Blick in die Geschichte. Vom Mittelalter an verstand man das priesterliche Amt vorwiegend als Vollmacht zur Wandlung und Darbringung des Leibes und Blutes Christi, also als Befähigung zur Feier des Meßopfers. In unserem Jahrhundert wurden die Akzente dann neu gesetzt. Das II. Vatikanische Konzil machte sich die Lehre von der Entfaltung des einen Hirtendienstes in die drei Ämter der Verkündigung, der Leitung, der Sakramentenfeier zu eigen. Es machte sie sich zu eigen, d. h. es brauchte sie nicht erst zu entwickeln. Diese Lehre hat eine breite biblische und theologiegeschichtliche Grundlage. Aber ihre volle systematische Gestalt fand diese Lehre erst im 16. Jahrhundert – bei Jean Calvin. Dieser hatte aber nicht zuerst das kirchliche Amt im Auge, sondern Jesus Christus selbst. Er ist nach Calvin dadurch gekennzeichnet, daß er Träger des „Priesteramtes, des Königsamtes und des Prophetenamtes" ist. Die Lehre von den drei Ämtern Christi wurde später von der katholischen Theologie aufgenommen und nach und nach für eine Deutung des kirchlichen Amtes fruchtbar gemacht. Heute prägt die „Drei-Ämter-Lehre" durch und durch das Verständnis des pastoralen Dienstes in der Kirche. Das rührt wohl nicht zuletzt daher, daß diese Sicht des kirchlichen Amtes und seiner Aufgaben die tatsächlich geübte Praxis des pastoralen Dienstes treffend umschreibt.
Die römisch-katholische Kirche hat eine ausgeprägte Lehre vom kirchlichen Amt und auch eine entsprechende Praxis. (In diesem Zusammenhang ist auch an das Amt des Papstes zu denken, über das in anderen Beiträgen dieses Bandes ausgiebig gesprochen wird.) Von daher ist es verständlich, daß diese Kirche bisweilen als „Kirche des Amtes" bezeichnet worden ist. In dieser Bezeichnung klingt mit: sie ist zu wenig die Kirche der Laien oder aller Getauften, und also ist sie eine „klerikale Kirche". Man wird nicht leugnen können, daß die starke Herausstellung des geistlichen Amtes in der Kirche bisweilen zu Verhältnissen geführt hat, die den genannten Eindruck haben entstehen lassen. Das II. Vatikanische Konzil hat auch in dieser Hinsicht eine Korrektur durchzuführen beabsichtigt. Es hat zuerst über das, was alle Christen verbindet, und erst dann über das, was das kirchliche Amt betrifft, gehandelt. Es hat das „gemeinsame Priestertum" aller Getauften und Ge-

firmten und zur Feier der Eucharistie Zusammentretenden betont. Es hat die Kategorie „Volk Gottes" ins Spiel gebracht. Die „Christgläubigen" sind im Sinne der heutigen katholischen Theologie nicht nur Adressaten oder gar Objekte des kirchlichen Handelns, sondern selbst Subjekte.

Es mag sein, daß in früheren Zeiten in der katholischen Kirche das Amt allzu herrschaftlich verstanden und verwaltet wurde. Das letzte Konzil hat demgegenüber in unübersehbar deutlicher Form ausgesprochen, daß das Amt in der Kirche „ministerium" = Dienstamt zu sein hat.

Wenn von der „Apostolizität" der Kirche die Rede ist, geht es in der Regel vor allem um die bisher aufgeführten Elemente: Wort Gottes, Sakramente, kirchliches Amt. Neuerdings hat die Kommission für „Glauben und Kirchenverfassung" des Ökumenischen Rates der Kirchen in dem Konvergenzdokument über das „Amt" (das ist das dritte der „Lima-Papiere") darauf aufmerksam gemacht, daß zur „Apostolizität der Kirche" über die genannten Sachverhalte hinaus auch noch das Gebet und der Dienst an den Kranken und Bedürftigen gehören. In der Tat zählten diese Vollzüge auch schon in der apostolischen Zeit zum Leben der Kirche – wie die neutestamentlichen Schriften zeigen. Und so müssen sie es auch heute tun. Wenn Christen also heute in ihrer Kirche das Gebet und den brüderlichen Dienst vollbringen, lassen sie die Apostolizität der Kirche auch in dieser (nicht entbehrlichen) Weise aktuell werden. Die römisch-katholische Kirche hat in immer neuen Formen Gebet und Dienstgemeinschaft sein wollen. Sie hat dabei ihre eigenen Wege beschritten, sich aber doch auch mit anderen Kirchen und Gemeinschaften in dem Erweis solcher Apostolizität getroffen und eins gewußt. Die Apostolizität der Kirche war in den Jahrhunderten der Selbstbesinnung der römisch-katholischen Kirche ein durchgehendes, bestimmendes Thema. Darum hat sie ihre Aufmerksamkeit so intensiv auf die Sakramente, die Ämter und die apostolische Lehre gerichtet.

BIBLIOGRAPHIE

Yves Congar, Die Wesenseigenschaften der Kirche, in: Mysterium Salutis IV/1, Einsiedeln 1972, 357–599, bes. 535–599.
Ders., Apostolicité de ministère et apostolicité de doctrine, in: R. Bäumer / H. Dolch (Hrsg.), Volk Gottes = FS J. Höfer, Freiburg 1967, 84–111.
Katholizität und Apostolizität: Löwen 1971, Studienberichte der Kommission für Glauben und Kirchenverfassung, hrsg. von Konrad Raiser, 1971 (Ökum. Rundschau, Beiheft 18/19).
Concilium 4 (1968) 237–319.

KATHOLISCHE SPIRITUALITÄT

Franz-Josef Steinmetz SJ, Münster

Es hat Zeiten gegeben – gehören sie endgültig der Vergangenheit an? –, in welchen katholische Spiritualität dazu neigte, den Geist, der wie der Wind weht, wo er will (Joh 3, 8), möglichst anzubinden. Die bewegte Gemeinschaft zwischen Gott und den Menschen (vgl. 2 Kor 5, 18 ff.; Phil 2, 1–11) verfestigte sich in eine eher statische Struktur. Man verließ sich mehr auf ein überschaubares Recht als auf die Botschaft vom Skandal des Kreuzes (1 Kor 1, 23), die alle Vernunft-Harmonien wieder in Frage stellt. Man unterschätzte die Notwendigkeit der jeweils neuen Umkehr und verstand sich als Gemeinde der Gerechten, die der sündigen Welt gegenüberstehen. In diesem Bild ist vieles vereinfachend gesagt, aber daß es eine Tendenz der lange geübten Praxis aussagt, wird man nicht leugnen können.

Heute kann man zumindest in Europa, aber doch wohl auch in anderen Kontinenten eher das Gegenteil beobachten. Es ist nicht zu übersehen, daß altvertraute Ausprägungen katholischer Frömmigkeit in beträchtlichem Maße preisgegeben oder vernachlässigt werden, vor allem dann, wenn sie institutionelle oder sakramentale Elemente enthalten. Es gibt freilich auch Länder und Regionen, in denen überlieferte Frömmigkeitsformen noch lebendig sind. Man denke hier beispielsweise an einige süd- und osteuropäische Länder und an Mittel- und Südamerika. Doch auch dort gilt das Erbe vielfach nicht mehr als sicherer Besitz. Insbesondere die Erwartungen und die spirituellen Erfahrungen der jungen Menschen unserer Zeit sind nur schwer auf einen Nenner zu bringen. Neues wird versucht. Man schließt sich in Gruppen zusammen, um so einen Raum intensiverer geistlicher Erfahrung zu haben. Aktuelle gesellschaftliche Probleme werden in das spirituelle Bemühen hineingenommen. So bekommt die Spiritualität eine politische Dimension. Anregungen aus fremden Religionen und Kulturen werden hier und da aufgegriffen und geprüft.

Ein einheitliches Bild katholischer Spiritualität ist – zumal für „Außenstehende" – heute nicht leicht erkennbar. Wer etwa einen der in der Bundesrepublik Deutschland regelmäßig stattfindenden „Katholikentage" besucht, mag dort einen Eindruck von der Breite des Spektrums gewinnen, in dem sich katholische Spiritualität heute und morgen darstellt. Aber auch dieser Eindruck müßte noch ergänzt werden durch das, was in anderen Ländern und Kontinenten geschieht.

Und doch gibt es einige erkennbare und typische Linien in dem, was man katholische Spiritualität nennen kann. Den Katholiken sind sie vertraut; wer aber aus einer gewissen kleineren oder größeren Distanz auf das Leben der katholischen Kirche schaut, wird wohl auch einige dieser Linien wahrnehmen, aber gleichzeitig für eine Erklärung ihres Sinnes dankbar sein.

Seit vielen Jahrhunderten gab und gibt es in vielen katholischen Pfarreien den nicht notwendigen und dennoch beliebten Brauch einer Prozession am Fronleichnamstage. Die nachdenkliche Betrachtung einer solchen Prozession soll im folgenden als Leitfaden dienen und weiterführen. Sie kann zu einem tieferen Verständnis katholischer Spiritualität beitragen. Man stelle sich also vor, wie die Volksscharen durch die geschmückten Straßen ziehen, irgendwie geordnet und doch recht bunt gemischt, Musikkapellen begleiten ihre Gesänge, man hört laute Gebete, manche tragen Fahnen oder Statuen, in der Mitte oder am Ende des Zuges sieht man die Monstranz mit dem Sakrament des Altars, das von Priestern getragen wird.

1. Gemeinschaft

Es ist durchaus charakteristisch, daß Katholiken so gemeinsam einherziehen und beten. Sie können das im Neuen Testament fundierte Ideal einer *kommunitären Spiritualität* einfach nicht vergessen. Sie sind davon überzeugt, daß der Einzelmensch sich keineswegs verliert, sondern sich vielmehr selbst gewinnt, wenn er sich – in personaler Entscheidung – auf die größere Gemeinschaft des Glaubens einläßt. Nicht bloß wegen der Entlastungsfunktion, die vorgegebene gemeinsame Gewohnheiten, Gesetze, Riten usw. nun einmal haben, sondern um des Evangeliums willen.

Christsein führt immer zur Gemeinde und Gemeinde heißt schließlich Einheit. Man könnte dazu eine ganze Reihe von Bibelstellen anführen, etwa aus dem Johannesevangelium (Joh 15; 17), aus dem ersten Korintherbrief (1 Kor 12), aus dem Brief an die Epheser (Eph 4), aber auch aus dem Matthäusevangelium (Mt 17). Das neue Leben, das Jesu Geist uns schenkt, wird erst dann ganz ernstgenommen, wenn das Miteinander und Zueinander der einzelnen in der einen Kirche Jesu gelebt wird.

Wer jedoch – man denke an unser einleitendes Bild – eine katholische Prozession beobachtet, wird feststellen, daß die viel gepriesene Einheit recht locker gehandhabt wird. Da gibt es keinen Gleichschritt und keine einheitliche Uniform für alle. Im Gegenteil, es gibt in der katholischen Kirche heute die Frage, ob das Leben, wie es sich konkret in den katholischen Gemeinden abspielt, genügend kommunitär ausgerichtet sei, ob es nicht vielleicht doch zu sehr auf bloße Betreuung und Verwaltung, nicht aber auf wirkliche Gemeinschaft hin angelegt sei. In der Tat sind viele Menschen, die von der Sehnsucht nach dem Du und dem Wir erfaßt sind, von vielen üblichen Gemeinden enttäuscht. Sie suchen nach neuen Lebensformen, die entgegen den Strukturen einer gottfernen und kranken Gesellschaft das realisieren, was etwa in der Apostelgeschichte gezeigt wird: „Die Gemeinde der Gläubigen war ein Herz und eine Seele. Keiner nannte etwas von dem, was er hatte, sein Eigentum, sondern sie hatten alles gemeinsam" (vgl. Apg 4, 32–37; 2, 43–47). Sie erinnern auch an die Bergpredigt, wo gesagt wird: „So soll euer Licht vor den Menschen leuchten, damit sie eure guten Werke sehen und euren Vater im Himmel preisen" (Mt 5, 16).

Solche Einwände und Wünsche sind sehr verständlich. Aber sie können nicht bedeuten, daß katholische Gemeinden ein abgekapseltes Leben führen sollten, geschweige denn ihre Nächstenliebe auf den Binnenraum ihrer Kirche einschränken dürften. Auch über denen, die noch „draußen" sind, steht schon die göttliche Verheißung, die ans Ziel kommen wird: „Gott hat alle in den Ungehorsam eingeschlossen, um sich aller zu erbarmen" (Röm 11, 32).

Die katholische Kirche bemüht sich zunächst um einigende Strukturen und Lebenszusammenhänge zwischen ihren eigenen Mitgliedern. Zu nennen wären da die Ortsgemeinden, die Diözesen, schließlich die Weltkirche: In deren Dienst stehen die Priester, die Bischöfe, der Papst in Rom und die vielen, die ihnen als Mitarbeiter zur Seite stehen. Aber die Kirche existiert nicht für sich selbst und um ihretwillen, sondern zur Ehre Gottes und für die ganze Welt. Sie entfaltet sich, indem sie mit allen ein Gespräch beginnt, ihnen zu dienen sucht und sie in die tiefe Einheit einlädt, die im „Leib Christi" gefunden werden kann. Die katholische Prozession, die wir betrachten, versucht all das ein wenig zu signalisieren.

2. Bibel

Für eine katholische Prozession ist auch kennzeichnend, daß Lesungen aus der Heiligen Schrift vorgetragen werden, daß man diesem Buch mit Ehrfurcht begegnet, daß es Beachtung findet. Wie intensiv dies geschieht und ob die *Bibel* tatsächlich Weg oder Ziel katholischer Spiritua-

lität ist, bleibt dabei offen. Sicherlich war es ein Mangel, wenn in vergangenen Zeiten die Frömmigkeit sozusagen abseits von der Schrift verankert wurde. Man las die Bibel wie eine Art Reiseführer, wandte sich dann aber mehr dem Eigentlichen, dem Tun des christlichen Lebens zu, wie es den Traditionen entsprach.
In den letzten Jahrzehnten hat die katholische Kirche einen erstaunlichen Bibelfrühling erlebt, der Gott sei Dank auch heute noch anhält. Man denke etwa an die Praxis der kontinuierlichen Lesungen, wonach in einem drei- bzw. zweijährigen Zyklus, in den Gottesdiensten sowohl der Sonntage als auch der Werktage, ein beträchtlicher Teil der Heiligen Schrift vorgetragen wird. Man denke ebenso an die vielfachen Bemühungen, die den Seelsorgern einen Weg zur Bibelpredigt eröffnet haben. – Irre ich mich, wenn ich vermute, daß die meisten Predigten heute im Stil einer biblischen Homilie gehalten werden, und dies so sehr, daß man mancherorts dieses Stils schon wieder überdrüssig ist? – Man denke schließlich an die praktische Bibelarbeit, die weltweit verbreitet und so auch ein Kennzeichen katholischer Spiritualität geworden ist. Es gibt wohl nur wenige Gemeinden, wo diese Art von Frömmigkeit nicht geübt würde, zum Beispiel in Form von Meditations- oder Gesprächskreisen mit ihren zahlreichen neuen Methoden zur direkten oder indirekten Erschließung biblischer Texte. Und all das geschieht, obwohl man durchaus nüchtern mit nachteiligen Nebenwirkungen einer so intensiven Liebe zur Bibel rechnet.
Das Zweite Vatikanische Konzil hat also mit Erfolg betont, daß die Heilige Schrift selbst „reiner, unversieglicher Quell des geistlichen Lebens ist". Man sieht wieder deutlicher, wie echtes christliches Leben im Grunde Aktualisierung und Verwirklichung der biblischen Botschaft sein muß und nichts anderes sein darf. Die Bibel ist nicht bloß Hilfsmittel, Medium oder Wegweiser, sondern im gewissen Sinne Gegenstand katholischer Frömmigkeit geworden. Aber dies will recht verstanden sein.
Zwar gilt das Hieronymus-Wort, wonach der, der die Schrift nicht kennt, auch von Christus nicht viel weiß. Zumindest schadet derjenige seiner Christusliebe, der die Bibel besitzt, sich aber nicht in deren Gedankenwelt vertieft und ihren Worten lauscht. Wenn sich aber die Gestalt Christi zu sehr in das Ereignis der Schrift auflöst, steht nicht mehr der lebendige Herr, sondern das Buch im Zentrum der Religion. Ein Buch aber kann niemals Zielpunkt des Glaubens sein, geschweige denn Zentrum katholischer Frömmigkeit. Ihr Zentrum ist vielmehr der gegenwärtige Jesus Christus selbst.
So wird also ein Katholik, der sich dem Anspruch der Schrift stellt und

sich um ihren genuinen Sinn bemüht, immer auch auf den Herrn selbst schauen, den man nur in ehrfürchtiger Glaubenshaltung erreichen kann, indem man sich am konkreten Leben der Kirche heute beteiligt. Nicht der Buchstabe, sondern der Geist der Schrift ist es, der uns zu christlichem Handeln und zur Gestaltung unserer Welt befähigt und drängt.

3. Gebet

Wenn aber das Engagement so wichtig ist, wie soll man dann jene Katholiken verstehen, die während einer Prozession z. B. einfach den sogenannten „Rosenkranz" beten? Sie wiederholen unzählige Male das „Ave Maria" und das „Vaterunser", wobei die Perlen einer Kette durch ihre Finger gleiten. Ein solches Verhalten scheint eher meditativ, beinahe nur passiv und kaum aktiv zu sein.
Tatsächlich wird in der katholischen Kirche viel Zeit zur *Betrachtung und Meditation* verwendet. Das Rosenkranz-Gebet ist dafür nur ein Beispiel. Es möchte dem Beter helfen, die Grund-Mysterien des Lebens Jesu (von seiner Menschwerdung über den Kreuzweg bis zur Himmelfahrt) zu verinnerlichen. Durch die meditative Wiederholung weniger Worte wird die Aufmerksamkeit auf das Wesentliche gefördert. Man kann den Wert dieses Gebetes, wie alle Gebete der Einfachheit, leicht unterschätzen. Man sollte es in den größeren Zusammenhang stellen, der die Notwendigkeit von Besinnung und Passivität herausstellt. Christliches Engagement gelingt nur, wenn man auch Zeiten kennt, in denen man wirklich zur Muße und Sammlung, zum *Beten und Feiern,* zum Hören und Nachdenken kommt.
An katholischen Traditionen wäre hier vieles zu nennen. Man denke hier nicht bloß an die „Geistlichen Übungen" im engeren Sinne, wie sie in besonderen Exerzitienhäusern angeboten werden. Dabei läßt sich der Übende unter Anleitung auf verschiedene Wort-, Bild- und Tatmeditationen ein und sucht dabei Gottes Willen für sich zu erkennen. Man denke auch an das, was in den Gebet- und Gesangbüchern der katholischen Kirche den Gläubigen für ihren Alltag empfohlen wird: Grundgebete, Gebete zu den verschiedenen Tageszeiten, Familiengebete, zahlreiche Andachten und Vespern, Litaneien und Psalmen usw. Man denke schließlich an streng kontemplative Gemeinschaften, die tatsächlich mehr Zeit dem Gebet als der Arbeit widmen. All das sind keine weltflüchtigen Ersatzhandlungen, sondern Versuche, von Gott her die nötige Kraft zu empfangen, die es ermöglicht, sich sowohl gegen die

Gewalttätigkeit der nur Aktiven als auch gegen ein Leben der Hoffnungslosigkeit zu wehren. Die Evangelien berichten mehrfach von Jesus, daß er zwischen seinen Taten viele Stunden, ja ganze Nächte im Gebet verbringt (vgl. Mk 1, 35; 6, 46).
Wenn Mutter Theresa in Kalkutta von ihren Schwestern trotz, nein wegen ihres Einsatzes unter den Armen mindestens eine Stunde der eucharistischen Anbetung täglich verlangt, dann geschieht dies eben aufgrund solchen Zusammenhangs. Das gleiche Beispiel erinnert freilich daran, daß katholische Spiritualität nicht ohne *aktives Engagement* zu denken ist. Das Gemeinte ist wahrscheinlich hinreichend bekannt: kircheneigene Krankenhäuser, Sozialstationen, karitative Einrichtungen, Schulen, ambulante Helfer und Helferinnen. Weniger bekannt ist vielleicht das Experiment der Priester, die, obwohl, nein weil sie Priester sind, als Arbeiter unter Arbeitern leben. Auch die Kleinen Brüder oder Schwestern Jesu muß man erwähnen, die Sein verborgenes Leben in Nazareth für unsere Zeit zu aktualisieren wünschen. Sie alle erfahren, wie schwierig es sein kann, als gläubiger Christ unter dem Druck des Alltags zu leben. Sie alle versuchen dennoch, ein ausgewogenes Verhältnis zwischen Aktion und Kontemplation, zwischen Arbeit und Gebet zu finden.
Nicht zu übersehen ist schließlich eine Blüte katholischer Spiritualität, die erst jüngeren Datums ist: die teilweise umstrittene „Theologie der Befreiung". Manche meinen, daß hier eine wenig christliche Spiritualität gelebt werde, die vor allem Auflehnung und Klassenkampf predige, während man früher mehr die Notwendigkeit des Kreuztragens betont habe. Die Kirchen Lateinamerikas sind heute noch voll von Passions-Gemälden und -Statuen, Osterlieder hingegen sind ganz selten zu hören. Man kann die komplizierten Hintergründe dieser „neuen" Spiritualität gewiß nicht mit wenigen Sätzen erhellen. Die Fragen, die da gestellt werden, atmen jedenfalls katholischen Geist: Wie kann man einem wirklich Armen zeigen, daß Gott Liebe ist? Wie kann man das Evangelium einem Menschen nahebringen, der ständig ausgebeutet oder unterdrückt wird? Ist die Befreiung dieses Menschen nur eine Zukunfts-Hoffnung? Muß sie nicht zugleich hier und heute beginnen?

4. Sakramente

Trotz dieser Fragen schreitet unsere Prozession fröhlich voran. Die Gläubigen singen Dank- und Preislieder und scheinen sich zu freuen, als ob das Ziel der Befreiung schon erreicht wäre. Nicht zufällig beginnt

oder endet die Prozession mit einer Eucharistiefeier. *Katholische Spiritualität* ist *wesentlich eucharistisch.* Was aber heißt das?
Das griechische Wort Eucharistie heißt zunächst Danksagung. Es ist geziemend und heilsam, würdig und recht, Gott immer und überall zu danken. Das grundlegende Motiv dafür ist der Neue, ewige Bund, den Gott mit der Menschheit in Jesus Christus geschlossen hat. In ihm vermag der Mensch die Welt und sich selbst in einem neuen Licht zu sehen, d. h. im Licht der Frohbotschaft, die ihm mehr zeigt, als seine Augen sehen, z. B. daß Gott das einmal begonnene Werk der Erlösung auch glücklich vollenden wird und wir dabei „mitwirken" dürfen. Eucharistie wäre verantwortungslos, hätten wir nicht diese Zuversicht.
Eucharistie meint aber vor allem die Erfüllung des Abendmahlauftrages Jesu: „Tut dies zu meinem Gedächtnis!" (1 Kor 11, 24). Nicht bloß an Sonn- und Festtagen, sondern auch an gewöhnlichen Werktagen findet man daher Katholiken in der heiligen Messe. Die Verehrung des Altarsakramentes ist eigentlich nur Fortsetzung der grundlegenden Eucharistiefeier. „Tag für Tag verharrten sie einmütig im Tempel, brachen in ihren Häusern das Brot und hielten miteinander Mahl in Freude und Einfalt des Herzens", so lesen wir schon in der Apostelgeschichte (2, 46). Im Zweiten Vatikanischen Konzil heißt es sogar, die Eucharistie sei Mitte und Höhepunkt des christlichen Lebens. Daher gibt es eine faszinierende Vielfalt von Gestalten und Formen, von Riten und Zeremonien, in welchen sie gefeiert wird. Ich nenne als Beispiele der Vielfalt nur das Hochamt in der Kathedrale, die Messe in kleinem Kreis rund um einen Tisch, die Messen mit rhythmischen Gesängen oder mit alten Chorälen, die verschiedenen Hochgebete. Zu den jeweiligen Anlässen (Ostern, Pfingsten, Hochzeit, Beerdigung etc.) hat die Eucharistiefeier ihr jeweils eigenes Profil. Im Grunde aber geht es immer um das gleiche Geheimnis des Glaubens: daß im Tod Jesu am Kreuz für uns alle das wahre Leben entstand.
Die Häufigkeit der heiligen Messe in der katholischen Kirche ist von unschätzbarem Wert und will doch kritisch betrachtet sein. Der Auftrag Jesu „Das tut!" bezieht sich zweifellos auf die sakramentale Vergegenwärtigung Seines Kreuzesopfers, meint aber ebenso, daß Seine Liebe und Sein Tun auf uns übergreifen sollen und wollen, wenn wir Sein Abendmahl begehen. Die entsprechende Kritik des Paulus in seinem ersten Korintherbrief (11, 17–34) ist immer aktuell. Zwar mag es sein, daß diese Aktualität infolge der heute üblichen Trennung von Agape und Liturgie nicht mehr so auffällt. Vielfach erscheinen eucharistische Feiern wie Orte der Eintracht und Liebe, aber die Gefahr einer nur

oberflächlichen Harmonie, die zu geringe Auswirkungen im Alltag hat, sollte man nicht unterschätzen. Der Glaube bedarf der Vertiefung. Die objektive Gültigkeit und Wirksamkeit des Sakramentes von Gott her wird mit Recht betont; dies bedeutet jedoch keineswegs, daß die subjektive Bereitschaft des Empfängers (opus operantis genannt) unwichtig wäre. Mangelnder Glaube oder fehlende Bekehrung, Aberglaube und Mißverständnisse können die faktischen Auswirkungen des Sakramentenempfanges schwächen oder vereiteln.

Dies ist in ähnlicher Weise zu bedenken, wenn die *sakramentale Frömmigkeit* im allgemeinen zur Sprache kommt, die in der Praxis der katholischen Kirche von großer Bedeutung ist (Taufe, Firmung, Buße, Eucharistie, Priesterweihe, Ehe, Krankensalbung). Einerseits sind diese Sakramente Vollzüge des eschatologisch siegreichen Heiles, das Jesus uns allen gebracht hat. Sie bleiben im Grunde verschiedene Realisationen des Wesens der Kirche, die von Jesus als Ur-Sakrament gestiftet wurde. Anderseits bewirken und fordern sie vom Sakramentenempfänger die existentielle Haltung, die ihnen jeweils entspricht: Sterben und Auferstehen; Dienst an der Welt; sich erneuernde Metanoia; Aneignung und Übernahme des Kreuzes Christi; priesterliche Lebensweise; eheliche Liebe; Annahme der Ohnmacht in Krankheit und Tod.

Wenn das Zueinander von sakramentalem Geschehen und konkretem Leben als problematisch empfunden wird, so beruht dies vermutlich auf dem verbreiteten Mißverständnis, als ob Gottes Heil in den Sakramenten gleichsam von außen auf uns zukomme. Oft meint man, der Mensch sei Gott nur in den Sakramenten besonders nahe und „religiöses" Leben bzw. der christliche Glaube ereigne sich vor allem in ihnen. Man kann zeigen, daß eine solche Sichtweise weder notwendig noch die einzig mögliche ist. Die Sakramente der Kirche bezeugen vielmehr das, was auch sonst verborgen da ist in der Finsternis der Zeit oder in der Tiefe des Herzens: daß wir schon eingefügt sind in die Dynamik der Ankunft Gottes, der uns durch seine Selbstmitteilung rettet. In dieser „anderen" Sicht sind die Sakramente weder unwichtig noch überflüssig, aber es wird deutlicher, daß sie uns nicht vom täglichen Ringen um Glaube, Hoffnung und Liebe dispensieren. In ihnen wird ausdrücklich ergriffen, was von Gott her schon für unser ganzes scheinbar nur profanes Leben gilt: Verheißung und Zusage göttlichen Heiles. Zum Umfeld der Sakramente gehören auch die „kleinen" Sakramente, die in der katholischen Kirche „Sakramentalien" genannt werden. In der Frömmigkeit vieler Katholiken spielen sie eine große Rolle – z. B. die Austeilung des Aschenkreuzes am Aschermittwoch, die Segnung der Kerzen am Tag der Darstellung des Herrn, die Fußwaschung am Gründonnerstag, die Segnung der Zweige am Palmsonntag. Speisen und Geräte werden gesegnet. So durchdringen die Symbole des Glaubens das Leben.

5. Orden

Eine eigentümliche Frucht katholischer Spiritualität sind nicht zuletzt die überaus zahlreichen *Orden, die nach den evangelischen Räten (Armut, Ehelosigkeit, Gehorsam) leben* und sich durch ewige Gelübde für immer dazu verpflichten. Wer eine katholische Prozession betrachtet, wird in den meisten Fällen auch Vertreter solcher Gemeinschaften dabei erkennen. Er wird viele aktuelle Fragen stellen wollen oder sich an historische Kontroversen erinnern. Hier sind nur wenige Bemerkungen möglich.

Es geht in den katholischen Orden nicht um eine höhere Vollkommenheit im Unterschied zu einer niederen Sittlichkeit der gewöhnlichen Christen, wie manchmal – aus gegebenem Anlaß? – vermutet wird. Spätestens seit dem Zweiten Vatikanum weiß jeder Katholik, daß es nur eine christliche Berufung gibt, nämlich die zur Nachfolge Jesu. Aber es gibt darin unterscheidbare Aufgabenbereiche, Dienste und Wege, klösterliche und missionarische.

Die Bedeutung einer „Sache" wird zuweilen erst dann richtig klar, wenn man sie sich gleichsam „wegzudenken" versucht. Was wäre die katholische Kirche ohne die überaus bunte Vielfalt dessen, was man vereinfachend „Ordensleben" zu nennen pflegt? Man versuche einmal, sich die Antwort auf diese Frage ein wenig auszumalen. Wenn dieses vielfältige Leben, das sich in seinen jeweiligen Ursprüngen (Ordensgründungen) gerade durch schöpferische Initiativen auszeichnete, im Laufe der Zeit hier und da selber einer gewissen Erstarrung erlag, dann sagt das nichts gegen seine biblische Berechtigung, sondern mahnt zu neuem Aufbruch: „Löscht den Geist nicht aus" (1 Thess 5, 19).

Wer das Neue Testament kennt, weiß auch, daß darin vielerlei Anregungen und Anstöße zu einem Leben in Armut und Ehelosigkeit zu finden sind. Man denke u. a. an die Perikope vom reichen Jüngling (Mk 10), an die Gütergemeinschaft der Jerusalemer Gemeinde (Apg 2 und 4), an den sogenannten Eunuchenspruch (Mt 19) und den Rat zur Ehelosigkeit in 1 Kor 7. Eine biblische Rechtfertigung des Ordensgehorsams bieten vor allem jene Evangelien-Texte, die zu brüderlichem Dienen aufrufen und dem Jünger Jesu nahelegen, den letzten Platz einzunehmen. Hier eröffnet sich für die Antwort auf die Liebe Gottes je

nach Berufung und Situation des einzelnen ein weites Feld möglicher Gemeinschaftsbildungen und Lebensformen.
Es ist schwer, den Sinn des ohnehin vielschichtigen Ordenslebens auf eine einfache, rundum befriedigende Formel zu bringen. Das gilt sowohl für den Grundansatz der Deutung als auch für die Frage nach der Ranghöhe dieser Lebensweise im Lichte heutiger Ehetheologie. Ohne Zweifel jedoch entsteht in der Kirche und in der Menschheit durch die Orden ein Freiheitsraum, der ohne ein solches Leben zumindest kleiner sein würde.
Die Tatsache, daß man sich in den Orden auf bestimmte Lebensweisen durch Gelübde verpflichtet, ist dazu kein Widerspruch. Man kann durchaus zeigen, daß die menschliche Freiheit von ihrer Eigenart her nur da zur vollen Entfaltung kommt, wo sie Bindungen eingeht, und daß auch ein Gelübde eine solche Bindung sein kann, wenn die äußere Form mit dem Geist der Nachfolge Jesu gefüllt wird.
Das Zölibatsversprechen der katholischen Priester wird auf dem Hintergrund dieser Bemerkungen zum Ordensleben vielleicht etwas verständlicher. Das Zölibatsgesetz (zölibatäres Leben als Bedingung für die Zulassung zur Priesterweihe) bleibt eine praktisch-pastorale Entscheidung, die sich nicht aus dem Wesen des amtlichen Priestertums ableiten läßt, sondern verschiedene Angemessenheitsgründe für sich hat. Ein praktischer Grund ist die größere seelsorgerliche Verfügbarkeit. Wichtiger ist die Absicht, den existentiellen Anspruch, der mit einem kirchlichen Amt gegeben ist, „bis ins Fleisch" hinein konkret und erfahrbar werden zu lassen. Der priesterliche Zölibat ist heute auch unter Katholiken umstritten, und man weiß nicht sicher, ob er sich angesichts der mit ihm zusammenhängenden menschlichen und kirchlichen Probleme aufrechterhalten läßt, obwohl er ohne Zweifel die Möglichkeit bietet, sich in reicherem Maße mit dem auferstandenen Christus zu identifizieren.

6. Heilige

Daß bei katholischen Prozessionen *Bilder und Statuen* mitgeführt werden und daß in katholischen Kirchen *Gemälde und Figuren* zu sehen sind, ruft heute keinen Glaubenskrieg hervor, gibt jedoch Anlaß zu weiteren Fragen.
Selbstverständlich ist, daß diese Bilder und Statuen nicht um ihretwillen verehrt werden, sondern der „Kult" wesentlich auf die dargestellten Personen bezogen wird. Zentrales Christus-Bild bleibt das Kreuz und

der Kreuzweg mit seinen vierzehn Stationen, also ein Bild, das sich öffnet für den je größeren, unbegreiflichen Gott selbst. Alle übrigen Gemälde haben nur eine relative Bedeutung, sie dürfen und wollen den Inhalt des Glaubens nicht begrenzen.
Wohl die meisten Bilder oder Statuen stellen Heilige dar oder Szenen aus der Heilsgeschichte, möchten also einfach daran erinnern, daß es zu allen Zeiten eine „Wolke von Zeugen" (Hebr 12) gab, die uns im Glauben vorangeschritten sind und auch heute mit uns ziehen. Die katholische Kirche hat nie gelehrt, daß die Heiligenverehrung eine Pflicht für jeden sei, aber in ihr ist die Meinung lebendig, daß sie erlaubt, nützlich und schriftgemäß ist. Freilich gibt es mancherorts eine Volksfrömmigkeit, die sich von religiösem Kitsch beeindrucken läßt oder sentimentalen Gefühlen folgt. Die Heiligen werden dann vielleicht nicht als kritische Vorbilder des christlichen Glaubens verehrt, sondern rücken selber in den Mittelpunkt eigenwilliger Vorlieben. Aber beweisen solche Phänomene katholischer Frömmigkeit, daß jede Heiligenverehrung abwegig ist?
Wer das Credo sagt, bekennt in seinem dritten Artikel den Glauben an die eine, heilige, katholische und apostolische Kirche. Da ist also auch von der Heiligkeit der Kirche die Rede. Heilig sind nicht nur ihre objektiven Institutionen (z. B. die Sakramente), sondern auch ihre konkreten Glieder (vgl. u. a. Röm 1, 7; Eph 1, 15). Kanonisierte Heilige sind die schöpferischen Vorbilder echten Glaubens zumindest für eine bestimmte Zeit. Wenn katholische Christen sie verehren (keineswegs anbeten), ihre Taten meditieren, ihre Fürbitte anrufen, dann loben und rühmen sie zuerst und zuletzt die siegreiche Gnade Gottes, die in ihnen erfolgreich war. Ihr Leben hat für die Welt und vor Gott eine bleibende Gültigkeit.
Die Heiligkeit der Kirche, die eine Gabe Christi ist (Eph 5, 27), tritt im Glauben, Hoffen und Lieben ihrer Glieder in Erscheinung. Daß dies wirklich geschieht, ist der Sinn jener lebendigen Bemühung, die man Frömmigkeit oder Spiritualität nennt. Wenn sie richtig verstanden und geübt wird, ist sie auch bei einem Katholiken nicht „Werkfrömmigkeit", der die rechtfertigende Gnade Gottes nicht vorausgehen müßte. Motive des tridentinischen Dekretes „über die Rechtfertigung" aufgreifend, hat das letzte Konzil das Verhältnis von Rechtfertigung und Heiligung noch einmal klar ausgesagt: „Der Herr Jesus, göttlicher Lehrer und Urbild jeder Vollkommenheit, hat die Heiligkeit des Lebens, deren Urheber und Vollender er selbst ist, allen und jedem einzelnen seiner Jünger in jedweden Lebensverhältnissen gepredigt: ‚Seid ihr also vollkommen, wie auch euer Vater im Himmel vollkommen ist' (Mt 5, 48). Allen

hat er den Heiligen Geist gesandt, daß er sie innerlich bewege, Gott aus ganzem Herzen, aus ganzer Seele, aus ganzem Gemüt und aus ganzer Kraft zu lieben (vgl. Mk 12, 30) und einander zu lieben, wie Christus sie geliebt hat (vgl. Joh 13, 34; 15, 12). Die Anhänger Christi sind von Gott nicht kraft ihrer Werke, sondern aufgrund seines gnädigen Ratschlusses berufen und in Jesus, dem Herrn, gerechtfertigt, in der Taufe des Glaubens wahrhaft Kinder Gottes und der göttlichen Natur teilhaftig und so wirklich heilig geworden. Sie müssen daher die Heiligung, die sie empfangen haben, mit Gottes Gnade im Leben bewahren und zur vollen Entfaltung bringen. Vom Apostel werden sie gemahnt zu leben, ‚wie es Heiligen geziemt' (Eph 5, 3), und ‚als von Gott erwählte Heilige und Geliebte herzliches Erbarmen, Güte, Demut, Milde, Geduld' anzuziehen (Kol 3, 12) und die Früchte des Geistes zur Heiligung zu zeitigen (vgl. Gal 5, 22; Röm 6, 22). Da wir aber in vielem alle fehlen (vgl. Jak 3, 2), bedürfen wir auch ständig der Barmherzigkeit Gottes und müssen täglich beten: ‚Und vergib uns unsere Schuld' (Mt 6, 12)" (LG 40).

Wenn bei der Heiligenverehrung besonders oft von Maria, der Mutter Jesu, die Rede ist, dann erklärt sich dies aufgrund ihrer einzigartigen Stellung in der Heilsgeschichte. Sie ist „seligzupreisen vor allen Geschlechtern" (Lk 1, 48), weil Gott durch ihre Erwählung der ganzen Schöpfung Großes getan und allen Menschen Barmherzigkeit erwiesen hat. „Während aber die Kirche in der seligsten Jungfrau schon zur Vollkommenheit gelangt ist, in der sie ohne Makel und Runzel ist (vgl. Eph 5, 27), bemühen sich die Christgläubigen noch, die Sünde zu besiegen und in der Heiligkeit zu wachsen. Daher richten sie ihre Augen auf Maria, die der ganzen Gemeinschaft der Auserwählten als Urbild der Tugenden voranleuchtet ... Die Kirche aber wird, um die Ehre Christi bemüht, ihrem erhabenen Typus ähnlicher durch dauerndes Wachstum in Glaube, Hoffnung und Liebe und durch das Suchen und Befolgen des Willens Gottes in allem" (LG 65).

In diesem Zitat aus der Kirchenkonstitution des Zweiten Vatikanums wird der Sinn marianischer Frömmigkeit innerhalb der katholischen Spiritualität so einfach und klar beschrieben, daß alle denkbaren Mißverständnisse eigentlich ausgeschlossen sind. Wer erfahren möchte, was Marienverehrung beabsichtigt, lese am besten das ganze 8. Kapitel dieser Konstitution. Es hat den bezeichnenden Titel „Die Gottesmutter Maria im Geheimnis Christi und der Kirche". Zwar ist leider damit zu rechnen, daß diese Zusammenhänge von manchen Katholiken zu wenig beachtet oder überhaupt nicht gesehen werden. Die Gestalt Mariens erscheint dann als isolierte Herrlichkeit, deren universale Bedeutung nur schwer verständlich ist. In Wahrheit hingegen erinnert sie daran, daß der christliche Glaube nicht bloß den rettenden Gott, sondern auch die gerettete Kreatur umfaßt, d. h. notwendig eine „inkarnatorische" Struktur hat. Es geht im Glauben letztlich um einen „hochzeitlichen" Austausch, wobei die Kirche (Maria als Erste) der bräutliche Schoß Gottes in Christus ist.

7. Wallfahrt

Zu den Eigentümlichkeiten katholischer Spiritualität gehören schließlich nicht bloß Prozessionen, wie sie hier beschrieben wurden, sondern auch sogenannte *Pilgerreisen bzw. Wallfahrten,* z. B. ins Heilige Land (Israel), nach Rom oder Santiago de Compostela oder an andere Orte von besonderer religiöser Prägung. Wenn ich recht sehe, sind allerdings Phänomene dieser Art in den letzten Jahren seltener geworden. Es ist verständlich, daß man in einer Zeit wie der unseren, die vom Reisefieber des modernen Nomaden geschüttelt wird, dem katholischen Wallfahrer-Wesen eher zurückhaltend gegenübersteht. Man betont stattdessen die Gott-Suche in der Tiefe des Herzens oder an der Stelle, die Er uns zugewiesen hat.
Eigentlich hat man immer schon gewußt, daß „Pilgerfahrten der Füße" allein nicht genügen. Vielmehr muß sich unser Ich in Bewegung setzen. Der betende und sich ehrlich in guten Werken übende Mensch, nur ein solcher wandert wahrhaft Gott entgegen. Schon viele Kirchenväter haben sich so geäußert, und heutige Theologen warnen erst recht vor der immer nahe liegenden Gefahr, einer vordergründigen Auffassung vom heiligen Ort zu erliegen, einer Art „Gnadengeographie", wie dies kritisch genannt wird. Vielmehr habe sich Jesus mit seiner Gegenwart dort zugesagt, wo sich zwei oder drei im Glauben versammeln (Mt 18, 20).
Trotzdem behalten Wallfahrten auch in Zukunft ihren relativen Wert. Christsein heißt unterwegs sein, unter Mühen und in Hoffnung auf Ziel und Vollendung gerichtet, zugleich aber getragen von der Gemeinschaft der Pilgernden. Das Bedürfnis, sich von den Alltagszwängen zu befreien und Gott in einem „Raum" zu begegnen, der anderswo liegt, ist zunächst vielleicht bloß natürlich und kein eigentlicher Ausdruck des Glaubens. Die Erfahrung jedoch zeigt: Unzählige Pilger sind verwandelt zurückgekehrt. Man denke an moderne Wallfahrtsorte wie Taizé oder Assisi.
Das Leben aus dem Geist Christi – was heißt katholische Spiritualität

anders? – läßt sich also nicht auf eine glatte Formel bringen. Es schenkt gewiß Freiheit und verlangt doch zugleich Treue, es befähigt zur Tat und ruft doch auch zum Hören und zur Sammlung, bei aller Aktion fordert es um so tiefere Kontemplation, es zielt auf Universalität, ohne das konkrete einzelne zu vernachlässigen, es ermöglicht fließende Liebe, aber eben dies verlangt Hingabe, es bleibt realistisch und hofft gerade so auf das Unmögliche. In allem zeigt sich jeweils eine unauflösbare Dialektik zwischen Natur *und* Gnade, Leib *und* Seele. Selbstlosigkeit *und* Selbstfindung, Individuum *und* Gemeinschaft usw.

Ich meine, daß sie zumindest so sein sollte, die wahrhaft katholische Spiritualität. Nicht nur durch ihre Überfülle, die von keinem endlichen Begriff ganz umfangen wird, auch durch die große Zahl der Völker, der Epochen, der Persönlichkeiten in ihren verschiedenen Begabungen und Sendungen entsteht eine bewegte Vielheit der Formen und Stile, in denen sie sich ausdrückt.

„Die christliche Wahrheit unterscheidet sich von allen übrigen Lehren darin, daß sie die Weisheit nicht in eine mittelmäßige Neutralität setzt, sondern in scheinbar widersprüchliche Gestimmtheiten, die jeweils bis zur äußersten Intensität vorgetrieben erscheinen: Freude und Buße, Stolz und Demut, Liebe und Verzicht usf. Wie über ein Kreuz ausgespannt erleidet der Mensch dessen äußerste Spannung und ausdehnende Kraft nach allen Richtungen hin . . ." (G. K. Chesterton).

Und doch gibt es eine Art Regel, die das paradoxe Verhältnis von hoffender Erwartung und menschlicher Anstrengung in etwa zusammenfaßt. Sie lautet: „Vertraue so auf Gott, als wenn der ganze Erfolg allein von dir und nichts von Gott abhinge; arbeite aber so, als wenn du nichts, Gott aber alles bewirkte." Es geht in katholischer Spiritualität letztlich um nichts anderes als um „Gottvertrauen", und gerade dieses Vertrauen fordert unseren tätigen Einsatz heraus; denn Gott will unsere Zukunft durch uns und unsere Mitarbeit verwirklichen. Ebenso aber bleiben wir aufgerufen, unser Tun dem Schöpfer zurückzugeben, damit er es aufnehme in die eschatologische Verwandlung.

BIBLIOGRAPHIE

K. Hemmerle, Spiritualität – was heißt das? in: Aus dem Geist leben. Arbeitshilfen Nr. 33, hrsg. vom Sekretariat der Deutschen Bischofskonferenz, 13–20.

K. Hemmerle, Merkmale der Kirche – Kennmale des Geistes. In: Aus dem Geist leben a.a.O., 21–43.

F. Kamphaus/J. Bours (Hrsg.), Gelebte Spiritualität. Erfahrungen und Hinweise. Freiburg i.Br., 1979.

H. J. M. Nouwen, Der dreifache Weg. Freiburg i. Br., 1984.

J. Sudbrack, Dienst am geistlichen Leben. Pastorale, hrsg. im Auftrag der Deutschen Bischofskonferenz. Mainz 1971.

F. Wulf, Geistliches Leben in der heutigen Welt. Geschichte und Übung der christlichen Frömmigkeit. Freiburg i. Br. 1960.

„Geist und Leben". Begründet als Zeitschrift für Aszese und Mystik. Echter-Verlag Würzburg.

Handbuch der Pastoraltheologie. Praktische Theologie der Kirche in ihrer Gegenwart (Hrsg. Karl Rahner u. a.). Freiburg 1968. Band II/1. Teil, 61ff. und 126ff.; Band III, 548–559 und 628–633.

II.
Weltkirche heute

ENTWICKLUNGEN IM GEGENWARTSKATHOLIZISMUS

DAVID A. SEEBER, FREIBURG/BREISGAU

Die Entwicklung der katholischen Kirche ist gegenwärtig widersprüchlich, auf jeden Fall uneinheitlich, mit viel Gegenläufigem inmitten von Aufbrüchen. Und es ist nicht so, als folgte zeitverschoben das eine dem anderen, der Erneuerungseuphorie die Rückwendung ins Gewohnte und Vertraute, sondern beides ist zu unterschiedlichen Zeiten auf unterschiedliche Weise von beiden durchwirkt.

1. Vielfältige Öffnungen

Wer sich nur oberflächlich mit dem Gegenwartskatholizismus, verstanden als Vielfalt der Lebens- und sozialen Erscheinungsformen der katholischen Kirche, und mit dieser selbst als Institution und Glaubensgemeinschaft beschäftigt, könnte den Eindruck haben, selbst das Zweite Vatikanum mit allem, was ihm folgte oder von ihm in Bewegung gebracht wurde, mit all den Spannungen und Konflikten, die es auslöste oder die, je nach Richtung und persönlichen Vorlieben, an ihm festgemacht werden, habe an *beiden* nicht viel zu ändern vermocht. Aber natürlich hat sich vieles gewandelt: wer heute in den römischen Katholizismus hineingeboren wird, erlebt in vielem eine ganz andere Kirche, auch ein ganz anderes Glaubensklima mit erheblich veränderten Gewichten im katholischen Christsein, als noch die Generation derjenigen, die das Zweite Vatikanum auf den Weg gebracht und es in den Prozeß seiner Verwirklichung hinein begleitet haben. Der katholische Monolith, verstanden als strenge Einheitlichkeit nach innen – trotz immer wirksamer unterschiedlicher Spiritualitäten – und als starre Abgrenzung nach außen – gegenüber dem gesellschaftlich-kulturellen Umfeld der Kirche –, ist aufgebrochen. Der Katholizismus hat sich geöffnet – in vielen Richtungen und unter vielerlei Gesichtspunkten. Er hat *als Gesamtkirche* seine Beziehungen zu den anderen christlichen Kirchen gründlich überprüft, hat die selbstgewählte, noch bis zum Ende des Pontifikats Pius' XII. andauernde ökumenische Isolierung aufgegeben, ist inzwischen Teil und *ein* Mittelpunkt ökumenischer Bewegung geworden. Er spielt, und daran wird sich so leicht nichts mehr ändern, gegenwärtig trotz der nach seinem Selbstverständnis zu wahrenden „Sonderstrukturen" im Verhältnis der christlichen Kirchen zueinander insgesamt eine führende Rolle und hat sogar die Schwergewichte innerhalb dieses Verhältnisses verschoben: Rom ist heute auf seine Weise nicht minder ökumenische Schaltstelle sowohl im Verhältnis zu den Ostkirchen wie zu den Kirchen der Reformation, wie es der Ökumenische Rat in Genf auf seine Weise für die innerprotestantische Ökumene und für das Verhältnis zu den Orthodoxen ist.

Die katholische Kirche hat ihr Verhältnis zu den anderen Religionen überdacht und gründlich verändert, nicht nur in der theologischen Theorie, sondern in der Praxis der Begegnung mit ihnen: dort, wo sie wie im süd- und ostasiatischen Raum selbst eine Minderheit ist und „die anderen" die örtliche Kultur und das Zusammenleben der Menschen prägen, aber auch dort, wo die anderen in Minderheit sind wie im nachchristlichen Europa die Juden und die Muslime. Und sie tat dies nicht bloß auf pragmatische Weise zu taktischen Zwecken, etwa weil die Diesseitsorientierung säkularer Gesellschaften die Religionen als Lebenssinn vermittelnde Orientierungsinstanzen insgesamt in Bedrängnis bringen, weil Atheismus, Agnostizismus und religiöse Gleichgültigkeit nicht nur die Offenbarungsreligionen, sondern jeden Glauben bedrohen.

Sie tat es auch nicht bloß deswegen, weil es in einer solchen Situation auch für die katholische Christenheit gut ist, daß sich nicht nur Konfessionen einander annähern, sondern Religionen allen – gestiegenen – Gefahren synkretistischer Vermengung zum Trotz nicht gegeneinander stehen, sondern, soweit möglich, miteinander in die Lebensstrukturen der herrschenden Zivilisation einbringen, was sich in den verschiedenen Gesellschaften unterschiedlich als „natürlicher Hunger des Menschen nach Religion" (Bernhard Welte) erhalten hat oder als solche Sehnsucht wieder neu durchbricht, sondern sie tat es aus „besserer" Einsicht in ihr eigenes Wesen, ihren Verkündigungs- und Heilsauftrag.

Die katholische Kirche hat sich spät zwar, viel zu spät, aber doch mutig und insgesamt ohne Hintergedanken zu den Grundlagen der modernen demokratischen Gesellschaft bekannt und hat damit ihr Verhältnis zur Gesellschaft insgesamt und darin eingeschlossen zum Staat auf eine neue Grundlage gestellt: Sie hat auf Privilegien und gesetzliche Vorrangstellung verzichtet und die Freiheit der Kirche wie die aller Religionsgemeinschaften als das allein „grundlegende Prinzip in den Beziehungen zwischen der Kirche und den öffentlichen Gewalten sowie der gesamten bürgerlichen Ordnung" (DH Nr. 13) proklamiert.

So schwierig dieser Weg zur vollen Anerkennung der Religionsfreiheit und des bestehenden Pluralismus noch im Zweiten Vatikanum war und so zögerlich er begangen wurde, so einschneidend und unvermittelt waren seine Wirkungen. Heute ist die katholische Kirche nirgends mehr Staatsreligion, nicht einmal mehr im „päpstlichen" Italien oder in dem nicht minder „katholischen" Spanien. Das Tempo und die Gründlichkeit, mit der sich die katholische Kirche zunächst de facto und dann auch rechtlich in diesen Ländern aus der Rolle der Staatsreligion gelöst hat, erstaunt nicht zuletzt angesichts der Schwierigkeiten des Luthertums in den skandinavischen Ländern und der Kirche von England ein gleiches zu tun, von orthodoxen Gemeinschaften wie der Kirche Griechenlands ganz zu schweigen.

Die katholische Kirche hat mit der gleichen Entschiedenheit ihr traditionelles, aus katholischem „Kulturseparatismus" (Bernhard Hanssler) des 19. Jahrhunderts kommendes, vorwiegend apologetisches Verhältnis zur profanen Gesamtkultur revidiert. Gaudium et spes – die Pastoralkonstitution über die Kirche in der Welt von heute – verficht ein ganz anderes Kulturverhältnis als es durch die katholische Gettokultur des 19. Jahrhunderts üblich geworden war. Die Gläubigen sollen sich nicht absondern, sondern „in engster Verbindung mit den anderen Menschen ihrer Zeit leben und sich bemühen, ihre Denk- und Urteilsweisen, die in der Geisteskultur zur Erscheinung kommen, vollkommen zu verstehen" (GS Nr. 62). Wie von selbst versteht es sich nun, daß die Kirche sich *jeder* Kultur öffnet, ohne an eine *bestimmte* Kultur gebunden zu sein. Das Leben in verschiedenen Kulturformen erscheint vorwiegend als Möglichkeit gegenseitiger Bereicherung: der Kirche durch die Kultur und der jeweiligen Kulturformen durch die Kirche (GS Nr. 58).

Natürlich war die im Zweiten Vatikanum vollzogene vielseitige Öffnung, die den Dialog anstelle von Verurteilung und Abschottung zur beherrschenden Umgangsform mit der religiösen, sozialen und kulturellen Umwelt der Kirche machen sollte, nicht einfach das Ergebnis einer souveränen Willensbekundung der kirchlichen Führung, des Papstes oder des Konzils. Mehr als der dezidierte Wille, die die Kirche umgebende menschliche, personale und soziale Wirklichkeit mit neuen Augen zu sehen, war sie Reaktion auf den vom gesellschaftlichen Umfeld ausgehenden Druck, Nachholprozeß gegenüber einer der Kirche längst vorausgeeilten Entwicklung der Gesamtgesellschaft, jedenfalls dort, wo das Christentum bisher seinen Schwerpunkt hatte: im europäischen und im amerikanischen Raum. Aber der konziliare Prozeß der Öffnung war gewiß kein bloßes Oberflächen-„aggiornamento", sondern ein neues Begreifen der „Zeichen der Zeit", das im praktischen Heutigwerden der Kirche auch mehr binnenkirchliche Freiheit zutage förderte und *Ansätze* zu einem neuen Miteinander vor allem auch *in der Kirche* selbst gezeigt und – wenigstens potentiell zu mehr Mitverantwortung des einzelnen Katholiken wie des ganzen Kirchenvolkes geführt hat.

2. Doppelter Wachstumsprozeß

Damit wurde ein *doppelter Wachstumsprozeß* in Gang gesetzt: ortskirchlich entstand eine größere Vielfalt der Formen der Zusammenarbeit, gesamtkirchlich ein als „neue" Universalität wahrnehmbarer kirchlicher Pluralismus, der die lateinische Einheitskultur der katholischen Kirche durch einen geographisch wie strukturell größeren Pluralismus der Organisations- und Lebensformen abgelöst hat.

Noch bis ins Zweite Vatikanum hinein war die katholische Pfarrei mehr oder weniger ein Pfarrerbetrieb, war es der Pfarrer allein, der die Gläubigen sakramental, pastoral und katechetisch versorgte, in Europa unterstützt durch Kapläne als Hilfspriester, durch technisches Personal und Seelsorgehelferinnen und in den Missionskirchen durch den Katechisten in der Verkündigung und religiösen Unterweisung und durch Ordensschwestern vorwiegend im karitativen Bereich. Erst in der Folge des Zweiten Vatikanums – hierzulande vorbereitet freilich schon seit Kriegsende – hat sich, gestützt auf dessen Volk-Gottes-Ekklesiologie, bewußtseinsmäßig und praktisch *Gemeinde* entwickelt: Der Kreis der im Pfarrsystem Mitverantwortlichen hat sich verbreitert, zu einem aufgefächerten Mitarbeiterstab treten die Räte, die die Autorität des geistlichen Gemeindeleiters in keiner Weise beschneiden oder einschränken, aber doch ein *neues Element* der Mitwirkung in die katholische Kirche vor Ort einbringen. Damit ist zugleich das Klima freier und das Meinungsbild pluraler geworden. Wo Kirche lange praktisch auf Sakramentenspendung reduziert war, weil es an Priestern mangelte und Gläubige von Missionsstationen oder von Großpfarreien aus versorgt werden mußten, bilden sich heute von Lateinamerika bis nach Fernost „kleine Gemeinschaften" unterschiedlichster Art mit einem zum großen Teil auf Eigeninitiative beruhenden örtlichen kirchlichen Leben. Sie entstehen in den letzten Jahren mehr und mehr auch dort, wo, wie in einzelnen Ostblockländern die amtlich verfaßte Kirche vom Staat überwacht und beeinflußt wird und gemeinschaftliche Glaubensvertiefung im hierarchie-amtlichen Rahmen der Kirche über den streng gottesdienstlichen Bereich hinaus nur sehr bedingt möglich ist.

Parallel zu diesem *Binnenwachstum* und struktureller Differenzierung vor Ort als Gemeinde und gelegentlich auch in ursächlichem Zusammenhang damit bildet sich ein *neuer weltkirchlicher Pluralismus* heraus: Die regionalen Kirchen in Asien, Afrika und Lateinamerika sind auf dem Weg zu größerer Eigenständigkeit, lassen sich stärker von den eigenen gesellschaftlichen und kulturellen Verhältnissen her prägen, gewinnen im Gemeindeleben, in Liturgie und Theologie Eigenprofil oder streben dieses wenigstens an.

Damit wird die Kirche insgesamt umgeformt, nicht nur weil der *europäische Katholizismus* seinerseits mit der Gesamtkirche schon längst nicht mehr einfach identisch, seine gesamtkirchliche Rolle überdenken und neu finden muß, sondern weil sich die gesamte Kirche bei zunehmender Gewichtsverlagerung in die Dritte Welt, mehr und mehr in einer noch bis zur Mitte dieses Jahrhunderts unbekannten Vielzahl von lokalen Verkörperungen darstellt, die in der erkennbaren, wenn auch nur sehr langsam voranschreitenden Herausbildung regionaler und kontinentaler kirchlicher Autoritäten (kontinentale Bischofsräte) teilweise eine Stärkung, teilweise ein Gegengewicht finden.

Erst so hören diese Kirchen auf, europäisch-amerikanische Exportware zu sein. Nach einem Wort von Karl Rahner war das Zweite Vatikanum „der erste Akt in der Geschichte..., in dem die Weltkirche als solche amtlich sich selbst zu vollziehen begann". Dies scheint mir eine Überschätzung des letzten Konzils im Blick sowohl auf das Davor wie auf das Danach zu sein, aber sicher ist, daß es den Weg zu einer stärkeren weltkirchlichen Differenzierung des Katholizismus öffnete.

3. *Papsttum als Gegenpol*

Mit diesen, teilweise erst in Ansätzen gedeihenden Entwicklungen kontrastiert freilich das Bild des Weltkatholizismus, wie es *durch das Papsttum* und ganz besonders durch den gegenwärtigen Papst geprägt wird. Dieses Bild gehört nicht minder zur gegenwärtigen Realität des Weltkatholizismus wie die Wirkungen, die von Aufbrüchen des Konzils auf das kirchliche Leben und die Beziehungen der Kirche zu ihrem gesamtgesellschaftlichen Umfeld ausgegangen sind. Denn mehr denn je erscheint die katholische Kirche, als ob es das Zweite Vatikanum nie gegeben hätte, *als Papstkirche:* Der Papst ist nicht nur ihre personelle Mitte, in der sie ihren organisatorischen und bekenntnisbezogenen Zusammenhalt findet, sondern der Papst beherrscht die Kirche weltkirchlich so sehr, daß diese mit dem Papsttum fast gleichgesetzt wird. Gelegentlich wird sogar gesagt, das Erscheinungsbild des heutigen Papsttums nehme eine Größe an, die die Kirche als weltweite Glaubensgemeinschaft gar nicht einholen kann, weil dem institutionell starken Papsttum eine in ihrem Leben und ihren Wirkungen schwache Kirche gegenübersteht. Nun ist es zwar so, daß gerade ein starkes Papsttum eine in ihrem gesellschaftlichen Gewicht schwache Kirche stützen kann und muß. Sie muß es gerade dort, wo sie durch äußere oder innere Bedrängnisse in Gefahr kommt, aber manchmal erscheint die katholische Kirche gegenwärtig dort, wo sie nicht als örtliche Gemeinde oder als regionaler Katholizismus, sondern als Weltkirche wahrgenommen wird, tatsächlich wie eine bloße Begleiterscheinung eines sie in jeder Beziehung überragenden Papsttums.

Dies hat gewiß mit dem besonderen Führungscharisma und dem Führungsstil des gegenwärtigen Papstes Johannes Paul II. zu tun. Es hängt auch damit zusammen, daß in einer Weltgesellschaft mit wenigen markanten Führungsfiguren, die nicht nur ihr Amt verwalten, sondern in einem gesellschaftlich-moralischen Sinne Vorbild sein können, ein so sehr Gesellschaftsmoral verkörpernder und Massenzuwendung praktizierender Papst ein gesellschaftliches Autoritätsvakuum mit religiösem Führungsanspruch ausfüllt.

Das Phänomen könnte also zeit- und personengebunden und deshalb etwas Vorübergehendes sein. Es darf aber das Entscheidendere nicht übersehen werden: daß nicht nur das Papsttum – dieses vor allem –, sondern die hierarchische Struktur der Kirche insgesamt trotz heftiger Diskussion über Ämter und Autoritäten die Wechselfälle des konziliaren Aufbruchs unbeschadet und im wesentlichen unverändert überdauert hat. Die zentrifugalen Kräfte vermochten nicht nur an der zentralen Stellung des Papsttums nicht zu rütteln, auch das bischöfliche Amt ging, ohne daß die der katholischen Kirche konstitutionell innewohnenden Spannungen zwischen Primat und Episkopat aufgelöst worden waren, aus dem Zweiten Vatikanum gefestigt hervor. Auch ihm ist trotz heftig ausgefochtener Autoritätskonflikte in der Folgezeit des Konzils und trotz der größer gewordenen Räume für freie Meinungsäußerung Autorität nicht geraubt worden, sondern neu zugewachsen. Die hierarchische katholische Führungsordnung ist innerkirchlich unumstrittener denn je.

Damit ist aber nicht die Autonomie der Bischöfe in lokalkirchlichen Entscheidungsprozessen gewachsen. Die teilweise durch das Konzil neugeschaffenen, teilweise mit Rechtsvollmachten ausgestatteten Kollegialorgane (Bischofskonferenzen, Bischofssynoden) erweitern zwar den kollegialen Handlungsspielraum der Bischöfe, aber abgesehen davon, daß aus dem katholischen Primatsverständnis heraus Organe des

Heiligen Stuhles a priori „in positione" und zudem – gestützt auf ein weltweites Kommunikationsnetz – in der Entscheidungsfindung weniger schwerfällig sind als nationale oder regionale Kollegialorgane, gewähren diese selbst nicht nur begrenzte Autonomie, sondern dienen zugleich der *weltkirchlichen Einbindung.* Diese Einbindung ist um so leichter und wirksamer, je größer die Ängste über mögliche Fehlentwicklungen in der Kirche bei den einzelnen Episkopaten sind, je schwächer das Führungsprofil von Bischöfen ausgeprägt ist und je selbstverständlicher ein Papst samt kurialem Apparat von den dogmatisch definierten und kanonisch festgelegten Primatsvorrechten Gebrauch macht, je umfassender er dies tut und je stärker ein Papst *sein* Verständnis von Kirche, Dogma, Tradition, Moral und faktisch zu lebender Kirchlichkeit der Gesamtkirche aufprägt.

Alle diese Faktoren spielen voll zugunsten eines ungeschmälerten päpstlichen Zentralismus. Dieser wird gegenwärtig noch dadurch verstärkt, daß unter Johannes Paul II. der traditionell zur katholischen Kirche gehörige Lehr- und Verwaltungszentralismus durch einen in seiner Weise neuen „pastoralen" Zentralismus ergänzt und gesteigert wird. Gemeint ist damit nicht nur die Prägung der Gesamtkirche durch einen einheitlichen „weltbischöflichen" Stil, sondern eine erkennbare Verlagerung konzeptioneller seelsorgerlicher Aktivitäten von der „Peripherie" ins Leitungszentrum bei gleichzeitig verstärkter Verwaltungs- (durch die Kurie), Beobachtungs- (durch Nuntien) und Reisepräsenz (des Papstes) in den Ortskirchen. Dieses Vorgehen begünstigt von selbst eine Einheitskonzeption von Kirche auf Kosten lokaler und regionaler Vielfalt.

Da diese Strategie in der Person des Papstes sich mit doktrinaler Standfestigkeit auch dort verbindet, wo es keineswegs um das katholische, geschweige denn um das christliche Proprium geht (Beispiele: Gottesbild, Geschichts- und Traditionsverständnis, sakrales Priesterbild, Empfängnisverhütung) und dies alles in traditions-katholischer Frömmigkeit seinen Ausdruck findet, kann leicht der Eindruck entstehen, eigentlich habe sich trotz Vatikanum II und – unter Paul VI. – mühsam erlernter katholischer Dialogik am Weltkatholizismus wenig geändert: Vom katholischen Dogmenglauben und der strengen Kirchen- und Moraldisziplin bis zur Marienfrömmigkeit und zur Papstverehrung sei noch alles jederzeit erlebbar da oder beginne, den im Zweiten Vatikanum eingeleiteten Öffnungs- und Reformprozeß zu überholen oder in „latenter Restauration" (Walbert Bühlmann) rückgängig zu machen.

In Wirklichkeit zeigt der Katholizismus lokal und weltkirchlich ein Doppelgesicht: er ist zentralistisch, dogmatistisch, bürokratisch, naivselbstsicher und pluralistisch, dialogisch, basisnah und unsicher zugleich. Er lebt in zwei verschiedenen Sphären, die partiell sich berühren und ineinanderwirken, gelegentlich aber auch sich in ein und derselben Person als nur leidlich koordinierte Glaubenshaltungen treffen. Welche Sphäre auf Dauer zur bestimmenden wird, ist noch nicht entschieden, auch nicht wie konfliktreich das Neben- und Ineinander in absehbarer Zukunft verlaufen wird.

4. Veränderte Kirchlichkeit

Es wäre aber oberflächlich und unschicklich, wollte man den Gegenwartskatholizismus als Kirche unterwegs nur nach dem bisher Gesagten beurteilen. Ein etwas vollständigeres Bild ergibt sich, wenn man bei einer zweiten Problemschicht ansetzt.

Es sind zum einen tiefgreifende Veränderungen im Verhalten der Gläubigen, zum anderen Verschiebungen in den Grundvollzügen der Kirche, die sich vor allem auf die strukturelle Verfassung des Katholizismus als Sozialgestalt der Kirche auswirken. Die ersten beziehen sich auf das sakramentale Leben und auf die kirchliche Teilnahme insgesamt; die zweiten berühren und verändern den Kirche-Welt-Bezug, speziell die Fähigkeit der Kirche als ganzer, ihrem Heilsauftrag gerecht zu werden. Die beobachtbaren Veränderungen sind lokal unterschiedlich, ihr Hintergrund ist das säkulare Umfeld moderner Industriegesellschaften, aber sie betreffen doch auch den Katholizismus als Weltkirche und sind keine bloß europäische Besonderheit. In ihnen wirken verschiedene binnen- wie außerkirchliche Ursachen zusammen.

In einem tiefen, in der Nachkonzilszeit verstärkten und trotz Belebung von Papstkatholizismus und traditioneller Volksfrömmigkeit weiterwirkenden Umbruch befindet sich das *religiöse Leben der katholischen Gläubigen*. Kennzeichnend dafür sind weniger Entfremdungserscheinungen, wie sie – zugespitzt – in einer in Wellenbewegungen sich fortsetzenden Tendenz zum Kirchenaustritt und als Rückgang von Taufen und kirchlichen Trauungen allen christlichen Kirchen – wenigstens in den Industrieländern – gemeinsam sind.

Ein sehr viel wichtigerer Indikator gerade für die katholische Kirche ist die Entwicklung der sog. *Dominikantenzahl*, des Anteils der katholischen Bevölkerung, die regelmäßig den Sonntagsgottesdienst besucht. Die im Falle der Abweichung mit schweren moralischen Sanktionen versehene Einhaltung des Sonntagsgebots gilt bis heute als katholisches „Proprium". Gerade hier hat es in den letzten 20 Jahren aber tiefe Einbrüche gegeben. Seit Anfang der 60er Jahre ist der Anteil der regelmäßigen Sonntagsgottesdienstbesucher im Durchschnitt um 25 bis 30 Prozent zurückgegangen. Und es sieht so aus, als ob diese Entwicklung noch lange nicht zum Stillstand kommen würde. Sie ist kein typisch mittel- oder nordeuropäisches Phänomen und betrifft nicht nur Länder mit traditionell laxer Gottesdienstpraxis oder Teilkirchen, in denen sich Gläubige einem anderswo bereits früher wirksamen Säkularisierungstrend anpassen. Pfarreien mit einem Sonntagsgottesdienstbesucheranteil von nur 10 bis 15 Prozent gibt es inzwischen nicht nur in gewissen französischen Landstrichen oder deutschen Vorstädten mit Unterschichtbevölkerung oder in priesterarmen Gegenden Lateinamerikas, sondern auch in Großstädten des katholischen Polen.

Die wachsende Entfremdung breiter Massen von der Kirche ist aber auch hier nur *ein* Faktor, der diese Entwicklung erklären hilft. Ein anderer, nicht minder wichtiger ist das veränderte Verhalten von Katholiken, die sich als gläubige Christen verstehen und sich, wenn schon nicht als aktive, so doch als am religiösen Leben beteiligte Glieder ihrer Kirche verstehen.

Früher war für diese breite Gruppe die Beachtung der Kirchengebote insgesamt und der sonntägliche Besuch des Gottesdienstes im besonderen mehr oder weniger selbstverständlich. Inzwischen gilt das nicht mehr oder nur noch beschränkt. Ohne daß sich Gläubige vom Glauben der Kirche oder von der Kirche als religiöser Institution distanzieren, haben *Kirchengebote,* ohne je aufgehoben worden zu sein, an Wirkung verloren oder erfahren in Theorie und Praxis eine eher subjektive Auslegung. Nicht mehr die kirchliche „Vorgabe" ist das Entscheidende, sondern man lebt stärker aus Zweckmäßigkeiten und Bedürfnissen. Dies ist zweifellos auch die Folge eines größer gewordenen kirchlichen Freiheitsspielraumes, spiegelt aber noch deutlicher „bürgerliches" Verhalten wider: Autonomie statt Verbindlichkeit. Entsprechend gestaltet man auch sein Verhältnis zur Kirche stärker nach persönlich gesetzten Rangordnungen. Auf diese Weise greifen die Kirchengebote nicht nur bei jenen nicht mehr, die, ohne sich von der Kirche zu trennen, ihr gleichgültig gegenüberstehen oder sie mehr oder weniger nur aus humanitären Gründen (Friedensarbeit, Sozialarbeit, Erziehung, Dritte-Welt-Hilfe) bejahen, ohne sich über ihren Verkündigungsauftrag Rechenschaft zu geben oder sich ernsthaft mit ihm auseinanderzusetzen oder sich durch ihn betroffen zu fühlen. Sie haben auch für diejenigen an Bedeutung verloren, die sich der Kirchen als Glaubensgemeinschaft zugehörig wissen, sich bewußt für sie entschieden haben und sie als *gläubige* Katholiken bejahen. Daß trotz des Einbruchs bei den Gottesdienstbesucherzahlen der Anteil der regelmäßigen Gottesdienstbesucher in der katholischen Kirche, von wenigen Gebieten mit spezieller Bevölkerungsschichtung abgesehen, dennoch sehr viel höher bleibt als im evangelischen Raum, ist ein Zeichen für die trotz erkennbarer Distanzierung von den Kirchengeboten fortbestehende intensivere Kirchenbindung der Katholiken.

Doch diese Verselbständigung gegenüber den kirchlichen Vorgaben wirkt sich nicht nur im Gottesdienstbesuch aus: noch tiefer ist der Einbruch in der *Beichtpraxis*. Während die Teilnahme an den Eucharistiefeiern *mit Kommunionempfang* in einer linearen Entwicklung seit Pius X. als immer selbstverständlicher empfunden wird, ist die persönliche Beichte im Gegensatz zu Teilentwicklungen im evangelischen Bereich praktisch zur Ausnahme geworden. Dies kann auf eine Vielzahl von Ursachen zurückgeführt werden, darunter auch auf recht banale, aber entscheidende: Schon allein der akute *Priestermangel* in den meisten katholischen Teilkirchen macht zumindest die Praxis *häufiger* Beichte obsolet. Aber natürlich konnte eine scharfe Reaktion auf eine vom Jansenismus herkommende katholische „Harmatiozentrik" (Bischof Georg Moser) verbunden mit einer ebenso rigoristischen wie formalistischen Beichtpraxis in dem Moment nicht ausbleiben, in dem die Kirche insgesamt sich auf mehr binnenkirchliche Freiheit und auf eine heilsoptimistischere Sicht des Menschen besann. Und ein Grund für den Umschlag von der Praxis monatlicher oder gar wöchentlicher „Andachtsbeichte" in die fast völlige Vermeidung der persönlichen Beichte ist sicher auch die einseitige Fixierung des Sündenbewußtseins in der katholischen Kirche auf den Bereich des Sexuellen. Da die Sexualmoral immer mehr zu dem Punkt geworden ist, wo nicht nur die lehramtliche Verkündigung der Kirche und das praktische Verhalten der Katholiken, sondern kirchliche Morallehre und sittliches Bewußtsein der Gläubigen weit auseinanderklaffen, ist selbstverständlich auch dieser Umstand nicht ohne Auswirkung auf das Beichtverhalten der Katholiken geblieben.

Die Wirkungen dieses Wandels sind aber auf keinen Fall zu unterschätzen, denn sie betreffen *einen Kern spezifischer katholischer Kirchlichkeit*. Sie dürften um so nachhaltiger sein, als die amtlich verfaßte Kirche insgesamt und damit auch die Seelsorge eher halbherzig und verlegen als mit einer konzeptionell erneuerten Bußpraxis reagiert und, zwischen sakramentaler Einzelbeichte und – in der Regel – nichtsakramentaler gemeinschaftlicher Bußfeier schwankend, theologisch wie kirchenpraktisch keine plausible Antwort zu geben versteht.

Die Bedeutung der Einbrüche in der Bußpraxis wird vollends verständlich, wenn man sie auf dem Hintergrund einer das gesamtkirchliche Leben erfassenden Entwicklung stellt. Gemeint ist damit, was man seit einiger Zeit die „*partielle Identifikation*" (Johann B. Metz) mit der Kirche nennt.

Parallel zur stärkeren Abwendung von der Kirche nimmt in dieser selbst die Tendenz zu, sich *selektiv* zu verhalten, und zwar nicht nur in der Anerkennung von Glaubenssätzen und in der Befolgung von kirchlichen Lebensregeln, sondern auch in der Einstellung zu den Sakramenten oder in der Interpretierung kirchlicher Zuständigkeiten. Man bejaht und praktiziert den häufigen Kommunionempfang, lehnt aber die Beichte „für sich" entschieden ab oder hat über die christologischen Dogmen oder über das ewige Leben seine ganz persönliche Ansicht, ohne damit sein *Katholischsein* im geringsten in Frage zu stellen. Das subjektive Element ist so im Verhalten der Gläubigen insgesamt größer geworden. Man kann der Kirche die Zuständigkeit in einem ganzen, vom Glauben nicht zu lösenden Lebensbereich absprechen, in wirtschafts- und familienethischen Fragen zum Beispiel, man kann weit davon entfernt sein, sich einzelne Dogmen, auch zentrale Bekenntnissätze, auch nur indirekt zu eigen zu machen, ohne daß dies am Bewußtsein, Glied der Kirche und gläubiger Katholik zu sein, etwas ändert.

Das Phänomen ist nicht neu. Das katholische *Glaubenssystem* ist zu komplex und zu ausdifferenziert, um vom Durchschnittskatholiken auch nur annähernd in allen seinen Dogmen- und Bekenntnissätzen bewußt vollzogen werden zu können. Die Kirche hat über die „fides implicita" auch immer mit dieser faktischen existentiellen Unmöglichkeit gerechnet, und sie hat im Zweiten Vatikanum den Grundsatz von der „Hierarchie der Wahrheiten" eingeführt, nach der Glaubenslehren einen durchaus verschiedenen Rang haben können, „je nach der verschiedenen Art ihres Zusammenhangs mit dem Fundament des christlichen Glaubens" (UR Nr. 11).

Dies hat selbstverständlich nicht nur für das ökumenische Gespräch, sondern für den „modus credendi" des einzelnen Katholiken Bedeutung. Niemals hat es eine lückenlose Übereinstimmung zwischen dem Glauben der Kirche und dem Glauben des einzelnen gegeben: weder reflex noch unreflex, weder in der Lehre noch im Vollzug. Immer hat es auch innerhalb der katholischen Kirche einen Pluralismus der spirituellen Strömungen und eine Vielfalt von Glaubensgestalten gegeben, die aus je eigenen Quellen leben und daraus spirituell und frömmigkeitlich ihren eigenen katholischen Lebensstil entwickeln. Diese Quellen sind oft nicht weniger bestimmend für das Bewußtsein und den religiösen Vollzug als Bibel und Dogma, wenn nicht bestimmender. Manche For-

men katholischer Marienfrömmigkeit und Heiligenverehrung sind heute noch ein gutes Beispiel dafür.
Aber was sich gegenwärtig im Katholizismus entwickelt, geht über das alles erkennbar hinaus. Es bildet sich ein zu einem guten Teil auf „partieller Identifikation" beruhender *Pluralismus von Glaubenswelten und persönlichen Glaubensüberzeugungen* heraus, die nicht auf verschiedene Weise die eine kirchliche Orthodoxie verkörpern, sondern katholischen Glauben, wenn nicht aus eigenem Anspruch, so doch *in eigener Interpretation* leben wollen und dies bewußt tun.
Diese Entwicklung ist keineswegs überraschend. Es wäre sogar zu fragen, ob Glaube, auch kirchlicher, auf dem säkularen Hintergrund, auf dem der einzelne Christ lebt, überhaupt anders möglich ist. Auf jeden Fall greifen hier säkularer Lebensstil und das, was wir gemeinhin gesellschaftlichen Funktionsverlust der Kirche nennen bzw. die wachsende Unmöglichkeit der Kirche, auf die Gewissen und das Glaubenswissen ihrer Gläubigen wirklich Einfluß zu nehmen, ineinander.

5. *Gemeindezentrierter Katholizismus*

Parallel zu diesen Verhaltensänderungen unter Katholiken sind bestimmte *Strukturverschiebungen* zu sehen, die in erster Linie Spiritualität und Sozialgestalt der Kirche betreffen, die aber wie die Verhaltensänderungen bei den Gläubigen vor allem auch mit der Frage zu tun haben, wie die Kirche künftig ihren Heilsauftrag ausrichten kann.
Kernpunkt ist ein im Vollzug des Zweiten Vatikanums sich abzeichnender Ekklesiozentrismus: die in der Besinnung auf ihr Wesen der Kirche widerfahrene Rückwendung auf sich selbst oder wie es Karl Rahner kurz vor seinem Tod ausdrückte: obwohl sich die Kirche im Konzil in einer offensiven Weise der heutigen Situation stellen wollte, habe ihr Putzen der eigenen Brille erst recht den Blick für das verstellt, was sie umgibt.
Dieser von kollektiver Introversion nicht freie Ekklesiozentrismus findet seinen praktischen Ausdruck in einer *gemeindezentrierten Kirchlichkeit*. Wenn es im Katholizismus Gemeinde so recht erst seit dem Zweiten Vatikanum gibt, so ist das wesentlich auch auf die Reform der katholischen Liturgie und die noch stärkere Konzentration alles Gottesdienstlichen auf die Eucharistiefeier zurückzuführen. Ein wenig am Reißbrett und als Produkt vornehmlich der Reinigung von nur noch geschichtlich und nicht mehr im Vollzug zugänglicher Riten verstanden, ist die „vatikanische" katholische Liturgie gegenüber der „tridenti-

nischen" an Formenreichtum und damit als Ausdruck kultisch vermittelter Kultur also kulturanthropologisch ärmer geworden. Sie ist deshalb noch weit entfernt von der Forderung Romano Guardinis, der heutige Mensch müsse „mit *seiner* Wahrheit" in ihr stehen können. Aber als Volksliturgie ist der katholische Gottesdienst, insbesondere die Eucharistiefeier *gemeinschaftsförmiger* geworden, der einzelne ist als Teilnehmender unmittelbarer einbezogen, und Gemeinde erlebt sich in der Liturgie mehr als Gemeinschaft. Insofern entfaltet der katholische Gottesdienst nicht nur sakramental, sondern *sozial* seine eigene gemeindebildende Dynamik als „Ort" kirchlicher Zusammengehörigkeit. Zugleich erlaubt die „vatikanische" Liturgie – wiederum als Volksliturgie – eine weitergehende Inkulturierung des katholischen Gottesdienstes in unterschiedliche regionale Kulturen als die „tridentinische".

So ist nicht nur europäisch, sondern weltkirchlich die Eucharistiefeier als sakramentale Mitte des Katholizismus auch zu dessen *sozialer Mitte* geworden. Gemeinde ist weltkirchlich vor allem zur Gottesdienstgemeinde geworden, von der sich auch das örtliche Gruppenleben nährt. Was sonst noch Gemeinde bestimmt, ist angebotsorientierter Apparat mit begrenzter „Kundschaft". Das neue Bewußtsein vom *Subjektsein der Gemeinde* ergibt sich aber erst aus dem Zusammentreffen der Gottesdienstreform mit der Volk-Gottes-Ekklesiologie des Zweiten Vatikanums. Sie ist das gemeindlich von der Eucharistie als Mitte her lebende Volk Gottes. Gemeinde wird dadurch nicht Ortskirche – dies kann nach katholischem Verständnis nur die von einem Bischof geleitete Diözese sein –, aber da sich die sozial wahrnehmbare Existenz von Kirche mehr denn je vor allem gemeindlich realisiert, wird diese auch kirchenpraktisch nicht nur zentrales Handlungssubjekt, sondern zum *kirchlichen Handlungssubjekt schlechthin*. Auf die Gemeinde richten sich deshalb auch die hauptsächlichen Erwartungen. Sie soll nicht nur sakramentaler Grundvollzug und Ort der Verkündigung sein, sondern auch privilegiertes, wenn nicht hauptsächliches Aktionszentrum und *Impulsgeber gesellschaftlichen Handelns von Katholiken* oder versteht sich wenigstens als solcher.

Dies wiederum hat Gründe, die mit dem Konzil wenig, aber sehr viel mit den Einwirkungen aus dem gesamtgesellschaftlichen Umfeld zu tun haben. Denn der wachsenden Konzentration auf die Gemeinde voraus ging eine nicht minder deutlich wahrnehmbare *Schwächung der Familie* als Träger oder Scharnier religiöser Erziehung, bei gleichzeitiger Schwächung der Begleitinstanzen religiöser Sozialisation (Religionsunterricht, Jugendarbeit) und der *Niedergang des katholischen Verbandswesens*. Der unter Pius XI. geschaffenen Katholischen Aktion berufs-

und naturständischer Prägung, wie sie vor allem in romanischen Ländern vorherrscht, erging es dabei nicht viel anders als dem weniger unmittelbar der kirchlichen Hierarchie verantwortlichen deutschen katholischen Verbandswesen.
Damit ist der zur beherrschenden Sozialgestalt der katholischen Kirche geronnene „Gemeindekatholizismus" gewiß auch als ein Geflecht religiös-gesellschaftlich lebendiger gewordener Zellen, aber zugleich als ein *Notzustand* zu verstehen. Die Gemeinde wird so zu einer universellen Spielart des „supplet ecclesia". Nach den ihr entgegengebrachten Erwartungen soll sie vieles oder alles übernehmen, was anderswo unbefriedigend oder gar nicht geleistet wird. Sie wird so Ersatz für vieles, was sie nicht ersetzen kann. Sie kann weder den Ausfall von Verbänden (überlokaler Art) noch den der Familie als religiöser Sozialisationsfaktor auffangen. Erst in allerletzter Zeit scheint deswegen gesamt- und lokalkirchlich eine Rückbesinnung beispielsweise auf die Familie als Begründer und Vermittler von Glaubenstradition stattzufinden. Auf jeden Fall ist der gemeindezentrierte Katholizismus nur die Kehrseite eines amorpher gewordenen, stark in der Vereinzelung lebenden Gesamtkatholizismus, der nur punktuell, anläßlich von Papstreisen, bei Großwallfahrten oder – bei uns – auf Katholikentagen zu einer wahrnehmbaren Gestalt findet.
Nimmt man also die Verhaltensänderungen bei den Gläubigen und die strukturellen Verschiebungen im kirchlichen Leben zusammen, so ergibt sich für eine absehbare Zukunft für die katholische Kirche eine Gesamtsituation, die gekennzeichnet ist durch größere innerkirchliche Freiheit bei gleichzeitiger Differenzierung von Glaubenshaltungen und Kirchenzugehörigkeit und von wachsender gesellschaftlicher Vereinzelung der Gläubigen, die ihrerseits Folge des Verlustes fast aller sozialer Stützstrukturen jenseits der Gemeinden ist. Zwischen „papstkirchlicher" Gesamtkirche, bischöflicher Diözesankirche und lokalen Gemeindekernen entstehen Leerräume, die durch keinerlei neue kirchliche Sozialformen ausgefüllt sind und die um so spürbarer werden, je größer die Bevölkerungsteile sind, die sich von der Kirche ganz entfernen und je subjektiver und disparater die Glaubenshaltungen von einzelnen und Gruppen sich darstellen.

6. *Wandlungen im Glaubensprofil*

Drei Reaktionen, in denen Niedergang und Aufbruch sich mischen, zeichnen sich als Folge, nicht unbedingt als bewußte Antwort auf diese Situation ab.

Die erste: eine *Abflachung des christlichen Profils* im Verhalten der Gläubigen wie im Handeln der Kirche selbst. Im Rahmen der Umfragen zur Gemeinsamen Synode in Würzburg kam das Stichwort vom „kognitiven Streß" (Gerhard Schmidtchen) auf. Gemeint war damit das Spannungsverhältnis in der persönlichen Lebensführung des einzelnen zwischen kirchlichen Normen und säkularer Wertehierarchie. Bezogen war es vor allem auf Schwierigkeiten mit der katholischen Morallehre. Es drückt sich darin aber etwas Umfassenderes und Grundsätzlicheres aus. Auf eine vermutlich zu schlichte Formel gebracht: der säkulare Druck „von außen" und die von der Kirche vermittelten Sinngehalte fordern in einem pluraler und zugleich amorpher gewordenen Gesamtkatholizismus dem einzelnen Entscheidungen ab, die ihm in von christlichen Lebensregeln bestimmten Gesellschaften weitgehend abgenommen waren. Wenn er sich nicht nach den Regeln verhielt, war das Verhalten zwar unerlaubte Abweichung, „Sünde", aber Sünde, Unglaube oder Häresie inmitten einer vom Glauben bestimmten gesellschaftlichen Sinn- und Handlungsstruktur.

Für den Katholiken, traditionsgewohnter als der evangelische Christ, von Haus aus weniger trendanfällig als letzterer, aber an ein festes Gefüge normativer Vorgaben gewöhnt, ist der weitgehende Wegfall sozialer Stützstrukturen eine besondere Herausforderung. Die Folge: Er sucht in der Regel den Kompromiß. Ohne aufzuhören, aus katholischer Tradition zu leben, entwickelt er eine Lebensweise und eine Form kirchlicher Teilnahme, die den Gegensatz abschwächt. Er will ja Isolation vermeiden, an dem Teil haben, was andere denken und tun. Und das will natürlich nicht nur der „schlichte" Gläubige, sondern auch der Prediger oder der Religionslehrer nicht. Es ist so verständlich, daß auch bei ihm die Neigung entsteht, Glaubensformeln nur zu wiederholen oder Glaubensinhalte nicht zu sehr herauszustellen oder vor allem nur ihren „humanen", verallgemeinbaren Sinngehalt hilfreich zu vermitteln.

Das kann selbstverständlich nicht ohne Auswirkungen auf die *existentielle Qualität* des Glaubens bleiben. Wenn Paul VI. in seinen, in den späten Pontifikatsjahren sich häufenden Warnungen vor kirchlichen Auflösungserscheinungen und nachlassender Glaubenskraft wiederholt das Schlagwort von einem „Christentum zu herabgesetzten Preisen" aufgriff, wußte er, wovon er redete: Es ging im faktischen Vollzug des „aggiornamento" des christlichen Glaubens und des kirchlichen Lebens ja nicht nur um die adaptive Rezeption moderner Gesellschaftsprinzipien, sondern *auch* um Entlastung von Widersprüchen und Spannungen zwischen religiöser und bürgerlicher Existenz.

Diese Tendenz ist auch nicht auf den einzelnen beschränkt. Die Kirche als Institution wirkt dabei auf ihre Weise, wenn auch gegen ihren Willen, mit. Nicht durch Aufweichung von Glaubenssätzen und Moralregeln: Sie achtet vielmehr rigoros auf das „depositum fidei", verstanden als normative Tradition, daß daran nicht im mindesten gerüttelt wird. Aber sie stellt sich *strategisch* um, indem sie aus Vorgaben Angebote macht: Die Freiheit respektierend und zugleich die Orthodoxie der Lehre und die eigene Identität im amtlichen Handeln schützend, hält sie zwar nachdrücklich am Verpflichtungscharakter kirchlicher Vorgaben fest, mindert aber die Herausforderung in ihrer Verkündigung und Gemeindearbeit durch Verpackung in Angebotsform. Und wenn dies auch nur unausdrücklich und vielfach nicht eigentlich bewußt geschieht – da Glaubensverkündigung immer auch mit Lebenshilfe zu tun hat, ergeben sich problemlos gleitende Übergänge –: Der Durchschnittsgläubige versteht es so, wenn er zur Bußfeier, zum Gottesdienst, zum Gemeindeabend, zur Meditationsrunde „eingeladen" wird. Er verhält sich nicht nur so in Zonen, die in sein freies Ermessen gestellt sind, sondern gewöhnt sich daran, kirchliche Vollzüge überhaupt als Angebot zu verstehen, die religiösen, auch sakramentalen nicht anders als die lebenshilflichen und sozialen. Kirche als Amt und geordnete Gemeinde werden so zur verwaltenden Anbieterin, der Gläubige zum unterschiedlich interessierten Konsumenten.

Dies erleichtert es allerdings zugleich interessierten Gruppen, sich um ein besonderes Anliegen zu sammeln und dieses Anliegen als das eigentlich kirchliche oder christliche darzustellen. Das wiederum fördert die Tendenz zur Aufspaltung in Gesinnungsgruppen und zugleich – wegen des Drucks säkularer Bedürfnisse von außen – zu einer Verstärkung der Aufmerksamkeit für gesellschaftliche und politische Themen von innen. Bischöfen ergeht es dabei nicht anders als dem kirchlichen Fußvolk: Sie erscheinen in der Öffentlichkeit in der Regel mit Traktandenlisten, die viel mit gängigen Diskussionen über „gesellschaftliche" Themen zu tun haben, in denen Glaubensverkündigung aber mehr zwischen den Zeilen als unmittelbar vorkommt und damit oft gar nicht geschieht.

Gibt aber die Kirche als ganze – auch in ihrer Leitung – diesem Trend nach, gerät *sie selbst* in eine Schieflage. Dies ist gegenwärtig in mehr als nur einer Hinsicht der Fall. Die Schieflage ist lokal- und universalkirchlich deutlich erkennbar. Nicht nur, weil es weithin an einer schöpferischen Theologie fehlt, sondern aus Sorge um den rechten Glauben wird gegenwärtig relativ wenig für die *Glaubensvertiefung* getan. Weder gibt es die große Auseinandersetzung mit konkurrierenden Sinnsystemen und

Weltdeutungen aus dem profanen Bereich, noch bemüht man sich besonders um die theologische und existentielle Erschließung des christlichen Bekenntnisses als ganzem und der kirchlichen Dogmen im einzelnen. Sie werden, obwohl ihr Sinn von der Zeitlage her alles andere als spontan plausibel ist, kaum in ihrem inneren Reichtum entfaltet, sondern *als geglaubte*, als ob sie sich von selbst verstünden, vorausgesetzt. Das geschieht weitgehend so in den amtlichen Verlautbarungen des Papstes und der Episkopate, und der Durchschnittsprediger verhält sich nicht anders. Man spricht „pastoral", es fehlt aber in der gesamten Verkündigung an einer den einzelnen herausfordernden und *die Kirche als ganze prägenden Glaubensstrategie* auf einem angemessenen intellektuellen wie spirituellen Niveau. Soweit Inhalte problematisiert bzw. dargestellt werden, ist man in erster Linie bemüht, ihren Lebensnutzen und ihre Tauglichkeit für die Lösung gesellschaftlicher Probleme plausibel zu machen. Die Darstellung der Glaubensproblematik bleibt in päpstlichen Kundgebungen nicht anders als in der Gemeindekatechese plakativ. Der Schwerpunkt der Aufmerksamkeit liegt auf allgemeinen Fragen des gesellschaftlichen Zusammenlebens, der *ethischen Bedürfnisse der Gesellschaft*. Die praktische Tätigkeit der Kirche ist weitgehend von lebenshilflichen, allgemeinen humanitären und sozialen Aufgaben ausgefüllt.

Hinzu kommt, daß, sei es wegen des Drängens von außen und des Verlangens, die Meinung der Kirche möglichst *amtlich* zu erfahren, sei es wegen der schon angesprochenen Schwäche von Verbänden und Vereinigungen, die alte, zeitweilig nicht schlecht funktionierende Arbeitsteilung zwischen Hierarchie und Laien ganz im Gegensatz zur Absicht des Konzils, das im Laien die „eigentliche Weltperson" (Bernhard Hanssler) sah, im Schwinden begriffen ist. Immer selbstverständlicher wird die amtlich verfaßte Kirche und die Hierarchie als deren „Sprecherin" zur eigentlichen katholischen Autorität in gesellschaftlichen Fragen mit der Folge, daß die Kirche weniger als Glaubensgemeinschaft denn als moralische Anstalt für gesellschaftliche Werte-Fragen wahrgenommen wird.

Es wäre übertrieben, in diesem Zusammenhang von der Gefahr einer *Selbstsäkularisierung der Kirche* zu sprechen. Aber es ist nicht zu leugnen, daß die Abflachung des kirchlichen Glaubensprofils und (damit zusammenhängend) die Verlagerung kirchlicher Aufmerksamkeit auf Gesellschaftsfragen die religiöse Glaubwürdigkeit der Kirche nicht stärkt, sondern schwächt.

Eine andere Reaktion auf den Druck des säkularen Umfeldes, auf die Vereinzelung der Gläubigen und auf die gesellschaftliche Minderheits-

situation der Katholiken insgesamt ist die *Selbstabriegelung*. Sie ist in der Regel nicht Rückzug des einzelnen auf sich selbst oder in seinen persönlichen Glauben, sondern Rückzug in den scheinbar sicheren Hort katholischen Bekenntnisses und kirchlicher Institutionalität. Vor der Orientierungslosigkeit des gesellschaftlichen Umfeldes flüchten Gläubige in den vermeintlich sicheren Besitz des Glaubens, dessen alleinige legitime Verwalterin das kirchliche Amt ist und den das Amt in scheinbar immer sinngleichen Formeln als „la foi de toujour" anbietet. Verkündigung durch Bewahren, nicht Bewahren durch Verkündigen ist hier die unausgesprochene Grundregel.
Es sind nicht im eigentlichen Sinne fundamentalistische Strömungen. Vernunft und Geschichte sind aus der Wahrheitsfindung nicht verbannt, aber sie sind nicht maßgebend. Maßgebend ist der *Autoritätsglaube*, orientiert fast ausschließlich an Amt und Dogma. Primäres Anliegen ist die klar definierte Wahrheit, ihre Problematisierung wird von vornherein als Gefahr empfunden. Theologien oder auch mit Glaube, Religion und Kirche befaßten profanen (anthropologischen) Fächern wie Soziologie und Psychologie, die sich solche Problematisierung zur Aufgabe machen, wird mit grundsätzlichem Mißtrauen begegnet, sie sind von vornherein verdächtigt, den „immer gleichen" Glauben zu verdunkeln, seine Wahrheit unkenntlich zu machen, die sichere Orientierung kirchlicher Lehre Glaubenstheorien aus Menschenverstand zu opfern.

Wie im Fall der ersten Reaktion Verflachung droht durch Flucht nach vorne (Plausibilisierung von Religion und Glaube als Sinn-Nutzen für die Gesellschaft), droht im Falle dieser zweiten Reaktion Abkapselung durch Flucht nach innen, wobei „innen" in diesem Fall nicht Innerlichkeit heißt, sondern Flucht vor einer orientierungsschwierigen Gesellschaft in der Kirche als Institution ist.
Wie bei der ersten Reaktion handelt es sich auch bei dieser zweiten um eine gegenwärtig in der Gesamtkirche wirksame *Grundströmung*. Der einfache Gläubige traditionalistischen Frömmigkeitstyps gehört ebenso dazu wie der operativ-pragmatisch argumentierende Amtsträger, dem Geschlossenheit alles und problematisierende Theologie ein Greuel ist; und der Seminarist, der zur Stützung seiner Identität sich auf „geistliche" Kleidung kapriziert und sich der Handkommunion verweigert, ebenso. Aber sie ist das Gegenteil von Außenseitertum. Die amtlich verfaßte Kirche ist vor allem an dieser Strömung nicht minder beteiligt als manche volkskirchlichen oder volksfrömmigkeitlichen Bewegungen. In mancher Hinsicht erscheint diese Richtung gegenwärtig gar

als *die* katholische Kirche bzw. als die kirchenamtliche Form von Kirchlichkeit, die Strategien und Leitungsstil bestimmt. Ist es nicht trotz Vatikanum II immer kirchenamtliche Glaubenspolitik der katholischen Kirche geblieben und in den letzten Jahren wieder deutlicher geworden, den Glauben allein durch formelhaftes Bekenntnis zu bewahren, anstatt ihn durch Aufweis seiner inneren Wesensbezogenheit auf den Menschen weiterzugeben und als dessen transzendente Bestimmtheit, als den Kern einer leiblich-geistigen Existenz plausibel zu machen?

Die Tendenz zur Abkapselung in das sichere Leben und in der festen Institution ist zweifellos mächtig im Kerngefüge der Kirche – und sie wirkt gegenwärtig in der katholischen Kirche klimabildend, einmal, weil sie sich der Papst ganz überwiegend zu eigen macht, zum anderen, weil sie katholischer Tradition entspricht.

Der arbeitsteiligen, Rollen zuteilenden, säkularen Gesellschaft wiederum kommt ein in seinen Amtsstrukturen verfestigter, im Grunde für sich lebender Katholizismus nicht minder entgegen als eine religiös abrüstende, als Autorität für Gesellschaftsmoral Profil suchende Kirche. In der Wirkung auf die Gesellschaft besteht deshalb kaum ein Gegensatz zwischen der ersten und der zweiten Richtung. Einer von Indifferenz gegenüber der zur Privatsache erklärten Religion geprägten Gesellschaft und ihren Repräsentanten, Leitfiguren und kollektiven Erwartungsträgern ist es nur recht, wenn Kirche sich nicht zum „Protestpotential" entwickelt, sondern gesellschaftlich integrierend wirkt, indem sie die ihr zugewiesene Rolle annimmt. Eine als Glaubenswelt sich abkapselnde Kirche ist durchaus nach ihrem Geschmack. Ihr genügt die Kirche als moralische Autorität, ihre Nützlichkeit als Legitimationshilfe. In diesem Sinne kann eine in sich abgekapselte oder vor allem traditionalistisch lebende, Glaubensprobleme nicht aufarbeitende Kirche gesellschaftlich durchaus zweckmäßig sein. Insofern wirken ein Bewahrungskatholizismus und eine Angebotskirche in Richtung Selbstsäkularisierung zusammen. Ohne daß die Kirche es wahrnimmt, hat die Gesellschaft ihr ihren Ort zugewiesen.

7. Neue Aufbrüche im Kleinen

Anders verhält es sich mit einer *dritten* Reaktion: Katholiken schließen sich örtlich, teil- und gesamtkirchlich zu Gruppen oder Bewegungen zusammen. Ihr Hauptziel ist ein intensiveres religiöses Leben, ein konzentrierteres Erfahrbarmachen von kirchlicher Gemeinschaft vor Ort oder ein gezielterer Einsatz für humane und soziale Zwecke aus christlich-katholischer Motivation.

An sich ist das Phänomen der Gruppenbildung und schon gar nicht das der Bewegungen in der katholischen Kirche etwas Neues, weder im eigentlichen religiösen noch im sozialen Bereich. Orden, Bruderschaften, fromme Vereinigungen und Verbände entwickelten sich je zu ihrer Zeit und mit den je eigenen Zielsetzungen bzw. Lebensformen auf derselben Linie. Neu ist indessen die Art der Gruppen und Bewegungen: Weder die *Basisgemeinden* haben einen benennbaren geschichtlichen Vorläufer noch die neuen, hauptsächlich von Laien getragenen geistlichen Bewegungen wie die „Focolarini" oder der „Cursillo". Auch die katholischen Pfingstler – im deutschen Sprachraum als „Charismatische Gemeindeerneuerung" sich einführend – sind nicht nur von ihrer enthusiastisch-pneumatischen Frömmigkeit her, sondern in der Art der Vergemeinschaftung eine Bewegung neuen Typs.

Noch am leichtesten lassen sich die *Säkularinstitute* geschichtlich einordnen. Sie setzen im Grunde doch in einer welthaften Weise unter Verzicht auf klösterliches Gemeinschaftsleben die Tradition der Orden in modifizierter Weise und vornehmlich als Gemeinschaften von Laien fort.

Wieweit sie sich ausbreiten und als radikalisierte christliche Lebensform von Laien werden durchsetzen können, wieweit sie zu Fluchtburgen für gesellschaftlich an den Rand gedrängte oder vereinzelt lebende Christen werden oder den Orden ein neues Element und der Kirche eine neue Lebensform hinzufügen und gewichtige Teile der Männer- und Frauenorden sogar ablösen, wieweit sie zu Sammlungen rein geistlicher Erbauung oder ob sie zu einem Ferment christlichen Weltzeugnisses werden, das das der *Verbände* verändern oder gar ersetzen wird, bleibt offen.

In jedem Fall sind all diese Gruppen und Bewegungen *das eigentlich Neue am Gegenwartskatholizismus*, sind Fermente eines Wandels von unten, spontane Neubildungen oder das Werk einzelner, die Gefolgschaft zu finden und eine größere Organisation aufzubauen verstanden. Sie scheinen gegenwärtig das einzige Kraftzentrum – teils außerhalb der Gemeinden, teils in Symbiose mit ihnen – zu sein, das die Kirche langfristig verwandeln, ihre innere geistliche Austrocknung abmildern oder verhindern und den einzelnen eine feste religiöse Identität vermitteln kann, ohne in einen auf die Dauer nicht lebbaren moralischen oder dogmatischen Rigorismus zu verfallen.

Daß auch ihnen enge Grenzen der Ausstrahlung gesetzt sind, liegt von dem säkularen Umfeld her auf der Hand: nachchristliche Gesellschaften haben so vieles auf banale Weise Christliches in sich, daß das Zeugnis des einzelnen, sein anziehendes Beispiel sich nur schwer veran-

schaulichen läßt, ohne daß der einzelne gesellschaftlich zum Exoten wird. Und sie sind zugleich so unchristlich, daß sie, ohne offene Anfeindung, dazu neigen, alles Religiöse gesellschaftlich von vorneherein auszugrenzen.
Auch der *Geist* dieser Bewegungen läßt viele Fragen offen. Die meisten entstanden noch in der Zeit vor dem Konzil und sind von dem im Konzil bewirkten „Aufbruch von oben" nur sehr bedingt geprägt. Häufig sind sie mehr um die geistliche Identität ihrer Mitglieder bemüht als schon um missionarische Impulse besorgt. Und wo sie, wie die „*Integrierte Gemeinde*", sich als „Kontrastgesellschaft" (Gerhard und Norbert Lohfink) verstehen, das Ganze der Gesellschaft „exemplarisch" erneuern wollen oder wie das *Opus Dei* durch diskrete Machtausübung in der Kirche und mit der Kirche in der Gesellschaft sich durchsetzen wollen, geraten sie leicht in den Geruch eines integralistischen Katholizismus voraufklärerischer Prägung oder gar in den Verdacht kryptotheokratischer Neigungen.
Es wäre eine Vergewaltigung von Begriffen und Realitäten, wollte man alle hier genannten neuen Fermente begrifflich und nach Tendenz auf einen einheitlichen Nenner bringen. Sie haben nicht nur zeitlich und örtlich ganz unterschiedliche Ursprungsgründe und Anlässe. Die *Basisgemeinden* verbindet mit den neuen geistlichen Bewegungen wie mit den Säkularinstituten einzig die Tatsache, daß es sich bei allen dreien um *neue* Formen kirchlicher Sammlung und Gemeinschaft handelt. Ansonsten haben sie weder im Ursprung noch in der Art der Vergemeinschaftung und nicht einmal in der Zielsetzung viel gemeinsam. Vermessen wäre es, das Entstehen der neuen kirchlichen Gemeinschaften und Bewegungen *allein* als Reaktion auf das säkulare Umfeld der Kirche zu verstehen. Sie sind nicht minder das Ergebnis innerkirchlicher Prozesse. Und speziell die Basisgemeinden sind, anders als in Afrika, vor allem in Lateinamerika Teil und Motor eines Bewußtseinswandels, der die Bedeutung des Glaubens für Selbsthilfe gegen soziale Verelendung und politische Unterdrückung neu entdeckt.
Soweit sie im europäischen und nordamerikanischen Raum als Reaktion auf ein religiös gleichgültig gewordenes gesamtgesellschaftliches Umfeld erscheinen, sind sie das mehr in einer indirekten Weise: Je undeutlicher unter dem Einfluß des säkularen Umfeldes und wegen der geringeren Verbindlichkeit binnenkirchlicher Normen das religiöse Profil der Kirche – konkret vor Ort – wird, um so stärker wächst das Bedürfnis bei Minderheiten, sich in Gruppen, Gemeinschaften und Bewegungen mit kräftigerem Eigenprofil zusammenzuschließen. Und je größer der innerkirchliche Freiheitsraum – nicht von der Institution

oder nicht in erster Linie von dieser her, sondern *von den Lebensverhältnissen* her – wird, um so größer werden die Chancen eines auch das Glaubensprofil unterschiedlich darstellenden innerkatholischen Gruppenpluralismus. Natürlich wächst damit auch die Gefahr einer institutionellen und bekenntnismäßigen Verselbständigung nicht nur innerhalb, sondern gegenüber der Gesamtkirche.

Noch ist nicht abzuschätzen, welche Spannweite der von ihnen verkörperte Struktur- und Richtungspluralismus erreichen wird, ob trotz aller „Individualität" die einzelnen Gruppen und Bewegungen zu traditionellen Formen der Selbsteinbindung in die Gesamtkirche finden oder ob auf lange Sicht gerade von den Basisgemeinden her so etwas wie eine *freikirchliche Bewegung innerhalb des Katholizismus* entstehen wird. Ungewiß bleibt schließlich, ob insbesondere die verschiedenen geistlichen Bewegungen den konziliaren Aufbruch von oben von unten her fortsetzen oder ob sie in der manchen von ihnen eigenen kirchlichen und geistlichen Introvertiertheit letztlich mehr dem zweiten Typ von Kirchlichkeit, dem in Institution und Lehrformeln sich einkapselnden Katholizismus zuneigen und so zu einem Element „nachvatikanischer" katholischer Restauration werden. Die stärker sich dem vom Zweiten Vatikanum ausgehenden innerkirchlichen Erneuerungsprozeß und der ihm zugrunde liegenden Ekklesiologie verdankenden Basisgemeinden scheinen jedenfalls das innovatorischere Element zu sein. Die überörtlichen Bewegungen und Gemeinschaften haben einstweilen die größere Konsistenz für sich. Auf jeden Fall können sie nur gemeinsam der Übergang zu einer neuen Gestalt des Katholizismus werden.

8. Drei-Schichten-Kirche

Wie könnte dieser als kirchliche Sozialstruktur aussehen? Vermutlich kristallisiert sich, rein strukturell und ohne Rücksicht auf „ideologische" Differenzierungen so etwas wie eine Drei-Schichten-Kirche heraus mit teils horizontalen, teils vertikalen, jeweils stark ineinandergreifenden Komponenten. Die erste Komponente: die amtlich verfaßte Kirche vom Papst bis zur kleinsten Ortsgemeinde. Die zweite: der ins 19. Jahrhundert zurückgehende, in der Katholischen Aktion unter Pius XI. gesamtkirchlich stärker die Form eines weltlichen Arms der Hierarchie annehmende, inzwischen aber gegenüber der Hierarchie als Katholische Aktion eigenständig gewordene Verbändekatholizismus. Dritte Komponente: das Ensemble der neuen Bewegungen und Gemeinschaften.

Die zweite Komponente ist gegenwärtig die schwächste, sie bleibt aber insbesondere für die Kirche-Gesellschaft-Beziehungen trotz des Nachrückens der neuen Gemeinschaften unentbehrlich. Sollten aber die geistlichen Bewegungen, wofür einiges spricht, die überörtlichen, stärker binnenkirchlich orientierten Gemeinschaften und Bewegungen nach und nach das Erbe der mehr gesellschaftszugewandten und berufsbezogenen Verbände antreten, dann bedeutet dies neue Chancen geistlicher Erneuerung von innen her, durch Bewegungen mit ausgeprägterem religiösem Profil, aber zugleich (teilweise durch Aufsplitterung, teilweise durch „Verkirchlichung" des Zeugnisses von Laien) weiteren Verlust an *gesellschaftsimmanenter* Weltpräsenz der katholischen Kirche. Noch so gut formulierte Hirtenworte zu gesellschaftlichen Sachfragen können formelle und informelle Laienaktivität in den gesellschaftlichen Sachbereichen – in Erziehung, Wirtschaft, Kultur, Gesetzgebung – nicht ersetzen. Sie können sie höchstens stützen.

Es wird also auf jeden Fall sehr darauf ankommen, daß die in den neuen geistlichen Gruppen und Bewegungen aktiven Laienkatholiken ihre kirchliche Mitarbeit nicht nur nach innen, sondern nach außen richten. Ein Katholizismus, der *weltkirchlich wie lokalkirchlich* gesellschaftlich eine Minderheit ist, braucht Phasen der Identitätsvergewisserung. Vermutlich ist dies im zu Ende gehenden zweiten Jahrtausend des Christentums auch die eigentliche Aufgabe der Kirche. Aber diese Wendung nach innen darf nicht auf die Dauer die aktivsten Kräfte der Kirche binden. Vielleicht bereitet sich in den pluralen Strukturen der neuen Gemeinschaften und Bewegungen bereits eine neue Öffnung vor, die durch die gegenwärtig offensivere kirchliche Führung ermuntert und abgestützt werden könnte.

DIE RÖMISCH-KATHOLISCHE KIRCHE IN DEN VERSCHIEDENEN REGIONEN DER WELT

DIE KIRCHE IN NORDAFRIKA UND IM NAHEN OSTEN

JOHANNES MADEY, PADERBORN

1. *Geschichte*

Nach den christologischen Auseinandersetzungen, vor allem des 5. Jahrhunderts, die zur Schaffung der ersten Sonderkirchen geführt haben[1], der Eroberung Nordafrikas, Palästinas, Syriens und Mesopotamiens durch die islamischen Araber und dem großen Schisma, das 1054 zwischen Rom und Konstantinopel seinen Ausgang genommen hat, wodurch auch die chalkedonensischen Christen des Nahen Ostens (Melkiten) in die Trennung miteinbezogen wurden, war die katholische Kirche in diesem Teil der Welt für Jahrhunderte höchstens durch spärliche Reste vertreten. Das gilt vor allem von Nordafrika, wo es im 6. Jahrhundert z. B. allein auf dem Gebiete des heutigen Algerien 175 Diözesen gegeben hat.

Man muß daher schon einige Jahrhunderte weitergehen, um von einer irgendwie gearteten Präsenz der katholischen Kirche sprechen zu können. Zwei geschichtliche Ereignisse spielen hierbei eine herausragende Rolle: die Kreuzzüge und die Gründung der Franziskaner- und Dominikanerorden, die sehr früh ihr Interesse der islamischen Welt und den Christen der apostolischen Kirchen des Orients zugewandt haben. Des weiteren muß die Wiederaufnahme der vollen Kirchengemeinschaft mit Rom seitens der Maroniten im Patriarchat Antiochien (1181) herausgestellt werden, die sich selbst allerdings immer in Gemeinschaft mit Rom betrachteten, auch wenn die geschichtlichen Umstände regelmäßige Kontakte unmöglich gemacht hatten; schon 1215 nahm Patriarch Jeremias II. am IV. Laterankonzil teil. Die Maroniten sind geschlossen in der Gemeinschaft mit Rom; es gibt keinen nichtkatholischen Zweig, und es wäre daher nicht richtig, diese Kirche syrischer Tradition – mit durchaus eigenständiger Überlieferung – mit dem Beinamen *unierte* Kirche zu versehen.

Aufgrund der unterschiedlichen Entwicklung der einzelnen orientalischen Kirchen und ihrer Einheitsbemühungen liegt es nahe, diese gesondert zu betrachten, ebenso die westliche, „lateinisch" genannte, d. h. römisch-katholische Kirche, die im Nahen Osten (wozu wir auch Ägypten rechnen) in den Kreuzzügen, vor allem aber später, nach der Gründung der Kongregation zur Ausbreitung des Glaubens („Propaganda Fide") Fuß faßte, wobei die Protektorate westlicher Mächte, vor allem Frankreichs[2], eine bedeutende Rolle mitspielten.

Die Entfaltung der Kirche in Nordafrika muß gesondert betrachtet werden; denn hier haben wir es ausschließlich mit der Erneuerung der Präsenz der römisch-katholischen Kirche zu tun.

1.1 Die Kirche in Nordafrika

Wir betrachten hier die Länder zwischen dem heutigen Libyen und Marokko. Franziskus von Assisi entsandte bereits 1219 fünf seiner Ordensbrüder nach *Marokko:* Berard, Otto, Petrus, Accursus und Adjutus. Sie erlitten allesamt das Martyrium und sind die ersten Blutzeugen des Franziskanerordens. Die Dominikaner gingen 1225 auf Bitten des Papstes Honorius III. dorthin. Einige Mitglieder beider Orden wurden Bischöfe.

Ebenso wirkten Mitglieder beider Orden in *Tunesien,* wo die Missionare mehr Freiheit genossen, da hier der Islam Verfallserscheinungen aufzeigte und die muslimischen Fürsten untereinander uneins waren. Doch wie in anderen islamischen Regionen, in denen die Verkündigung des christlichen Glaubens an Muslime mit der Todesstrafe bedroht war, konnten sich Franziskaner und Dominikaner seelsorglich nur an christliche Soldaten, Kriegsgefangene, abgefallene Katholiken, Nichtkatholiken und manchmal Heiden wenden. In Tunesien wirkte auch der Franziskanertheologe Raymundus Lullus, der nicht nur als Missionar, sondern auch als Mystiker in die Geschichte einging. Seine Mystik, die ganz in der franziskanischen Tradition steht, ist stark beeinflußt vom Sufismus und dem mittelalterlichen Augustinismus. Er starb um 1316 eines gewaltsamen Todes.[3]

Das Missionswerk kam im 16. Jahrhundert praktisch zum Stillstand. Der Franziskaner Andreas von Spoleto fand 1530 das Martyrium in Marokko. In Tunesien und Algerien blieb noch hier und da ein Missionar zurück. Die Kapuziner, die 1624 nach Marokko kamen, konnten ebenfalls keine Erfolge unter der islamischen Bevölkerung erzielen. Allein im heutigen *Libyen* („Tripolitanien") konnte im 17. Jahrhundert eine geregelte Missionsarbeit eingeleitet werden.

Mit der Konstitution *Inscrutabili Divinae Providentiae* vom 22. Juni 1622 war die Kongregation zur Ausbreitung des Glaubens errichtet worden; die Missionsarbeit wurde damit der Leitung des Heiligen Stuhles von Rom direkt unterstellt, was freilich zu gewissen Reibungen mit Portugal geführt hat. Diese Spannungen berührten aber Nordafrika kaum, da im 17. Jahrhundert der politische Einfluß in *Marokko* von Portugal auf Frankreich übergegangen war. Eine französische Delegation zur Anknüpfung von Handelsbeziehungen machte sich erstmals 1624 nach Marokko auf; sie wurde von drei Kapuzinern begleitet. Aber alle Europäer wurden vom Sultan ins Gefängnis geworfen. Weitere Expeditionen, gleichfalls von Kapuzinern begleitet, landeten dort 1630; den Missionaren wurde nun gestattet, die Seelsorge in den konsularischen Vertretungen zu übernehmen. Die andalusischen Franziskaner entsandten 1628 zwei Patres zur Betreuung christlicher Gefangener. 1630 wurde ihr Provinzial Juan del Prado Apostolischer Präfekt von Marruecos; er erlitt 1631 das Martyrium, nachdem er vor dem Sultan bekannt hatte, der Religion Christi sei gegenüber der Muhammads der Vorzug zu geben. Trotz großer Schwierigkeiten setzten die Franziskaner ihre Tätigkeit fort. Von ihren Kirchen und Hospitälern aus betreuten sie Hunderte von Sklaven. Dieser Apostolatsform widmeten sich auch die Trinitarier- und Mercedarierorden. Die spanischen Kapuziner aus Andalusien konnten 1646 in der Hafenstadt St. Michel-Mamoré Fuß fassen und noch weitere Niederlassungen gründen; sie unterstanden dem Bischof von Cadiz (Spanien).

In *Algerien* gab es vom 16. bis zum 18. Jahrhundert missionarische Niederlassungen an jenen Orten, an denen europäische Mächte Einfluß hatten. Allein in Algier gab es 30 000 europäische Sklaven. Vertragsgemäß genossen die christlichen Kaufleute in ihren Wohnvierteln Religionsfreiheit. Unter Muslimen war jegliche Missionsarbeit verboten. Auch hier leisteten die Trinitarier und Mercedarier während der häufigen Epidemien Großes für die Gesamtbevölkerung. 1630 findet man unter den Gefangenen in Algier auch Franziskaner, die unter ihren Schicksalsgefährten seelsorglich tätig sind, ebenso im libyschen Tripoli. Der hl. Vincenz von Paul sendet einige Mitglieder der von ihm gegründeten Gemeinschaft der Lazaristen als Seelsorger der französischen Konsuln nach Nordafrika. In *Tunesien* gelingt es einem von ihnen, J. Guérin, der dort 1645 eingetroffen war, sogar einen tunesischen Fürsten für den christlichen Glauben zu gewinnen. Der Lazarist Jean Le Vacher wird 1650 Apostolischer Vikar von Tunesien. Obwohl er auch französischer Konsul ist, zuerst in Tunis, dann (ab 1668) in Algier, läßt ihn der Bey 1683 erschießen. Schon vor den Lazaristen waren 1624 die Kapuziner nach Tunesien gekommen.

In *Libyen* wird die Mission 1642 dem französischen Franziskaner Paul Compte anvertraut, der 1643 Apostolischer Präfekt wird. Im Jahre 1653 hat dieses Missionsgebiet seinen ersten Märtyrer: Jean-Baptiste de Ponto. Bald darauf verlassen die französischen Missionare das Land, und an ihre Stelle treten italienische Franziskaner, die sich der Seelsorge an den europäischen Kaufleuten und Gefangenen widmen. Seit 1714 Ahmed Karamanli an der Macht ist, kann sich ihre Arbeit ruhig entfalten.

Bis jetzt ist die Zeit für eine unmittelbare missionarische Tätigkeit an den islamischen Bewohnern Nordafrikas noch nicht reif. Ihnen dienen die Missionare ausschließlich durch ihre Liebeswerke.

Im Jahre 1830 erobert Frankreich Algerien und Tunesien. Die Regierung unter König Louis Philippe behindert eher die missionarische Tätigkeit, um Unruhen zu vermeiden. Erst der Vorwurf des Atheismus von seiten der Muslime führt zur Umwandlung des 1677 errichteten Apostolischen Vikariats *Algerien* in ein Bistum im Jahre 1838, den Missionaren bleibt aber eine Evangelisation unter den Muslimen verboten. Im Jahre 1866 wird Algier Erzbistum mit den beiden Suffraganbistümern Oran und Constantine. Ein Jahr später bietet der französische Generalgouverneur MacMahon Bischof Lavigerie (später Kardinal) von Nancy das Erzbistum Algier an; dieser missionarisch gesinnte Bischof nimmt an. Gegen MacMahon und die Regierung in Paris setzt er 1868 in Algerien die Religionsfreiheit durch. Als kurz darauf Cholera und Typhus das Land heimsuchen, erweist er sich als der Vater aller; er ruft Frankreich und die USA um Hilfe auf, und er selbst nimmt 1800 Waisenkinder auf und gründet mit ihnen, nachdem er die Erlaubnis für ihre christliche Erziehung erhalten hatte, die beiden christlich-arabischen Dörfer Ste-Monique und St-Cyprien.[4] Aus diesem Hilfswerk erwächst die Missionsgesellschaft der Weißen Väter (Missionare von Afrika); ein Jahr darauf gründet Lavigerie die Weißen Schwestern (Soeurs Missionnaires de N. D. d'Afrique).

In *Tunesien* war zu Beginn des 19. Jahrhunderts die katholische Religion noch offiziell verboten. Erst nach der Eroberung von 1830 faßten die Christen hier festen Fuß, und eine Apostolische Präfektur wurde errichtet. Diese wurde 1843 Apostolisches Vikariat und 1884 Erzbistum mit Lavigerie als Erzbischof. Die Behinderung der Missionsarbeit seitens der französischen Regierung und – nach dem Zweiten Weltkrieg – die Wiedererlangung der Unabhängigkeit des Landes ließen keine gro-

ßen Missionserfolge zu, und im Jahre 1964 wurde das Erzbistum Karthago in den Rang einer Territorialprälatur Tunis zurückgestuft.
Marokko hatte zu Beginn des 19. Jahrhunderts nur noch drei Franziskanermissionare, die als Seelsorger für die Kaufleute in Tanger wirkten. Im Jahre 1858 wurde die Apostolische Präfektur Marokko gegründet. Im Vertrag zwischen Marokko und Spanien von 1861 wurde eine Klausel aufgenommen, die über die Freiheit der katholischen Religion in diesem Land handelt. Zu Beginn dieses Jahrhunderts wurde die Präfektur schließlich in den Rang eines Apostolischen Vikariats erhoben.

1.2 Die Kirche im Nahen Osten – Einheit in der Vielheit

1.2.1 Die lateinische Kirche

Am 15. Juli 1099 besetzten die Kreuzfahrer *Jerusalem;* ihre dortige Herrschaft dauerte bis 1291 im Heiligen Land. Überall, wo die Kreuzfahrer die Herrschaft übernahmen, ließen sich lateinische Geistliche nieder und organisierten das kirchliche Leben „nach dem feudalen und lateinischen Rechtsstand".[5] Anstelle des melkitischen Patriarchen hat von nun an der lateinische die geistliche Oberhoheit; im 12. Jahrhundert umfaßt das Patriarchat die drei Kirchenprovinzen Palästinas, die Provinz Tyrus und zwei arabische Provinzen. Schon vor der Eroberung hatte es lateinische Klöster im Land gegeben; nun kamen weitere männliche und weibliche Ordensniederlassungen hinzu.

Wie im Heiligen Land organisierte sich die lateinische Kirche auch im Patriarchat *Antiochien;* zahlreiche Suffraganbischöfe im heutigen Syrien und Libanon umgaben den Patriarchen. Ebenso wurden viele lateinische Klöster gegründet, oft in der Nachbarschaft jahrhundertealter orientalischer Klöster: Benediktiner, Karmeliten und Augustiner-Chorherren sind die ersten; Anfang des 13. Jahrhunderts kommen Zisterzienser, Franziskaner und auch Dominikaner.

In *Alexandrien,* der bedeutenden ägyptischen Hafenstadt, die rege Handelsbeziehungen zu Venedig, Pisa, Genua und Ancona unterhielt, wurde zwar ein lateinischer Erzbischof eingesetzt, der im 13. Jahrhundert sogar die Patriarchenwürde erhält; aber dies bleibt ein Ehrentitel, da die abendländischen Ritter niemals die Stadt erobert haben.

Da die lateinische Kirche jedoch hier nur von außen aufgepfropft war, konnte sie unter den Gläubigen, die verschiedenen Ostkirchen angehörten, keine festen Wurzeln schlagen. Nach dem Ende der Kreuzfahrerzeit in Jerusalem residierten die lateinischen Patriarchen noch bis 1291 in Akko (Haifa). Nachdem diese Stadt in die Hände der Muslime gefallen war, gab es nur noch Titularpatriarchen, ein Titel, den römische Prälaten innehatten. Erst 1847 wurde das Patriarchat Jerusalem wiederhergestellt. Bisher sind alle Patriarchen Italiener gewesen; gegenwärtig sind die beiden Auxiliarbischöfe und Patriarchalvikare latinisierte arabische Christen. Antiochien fiel 1268 in die Hände der Mamelukken; das Patriarchat wurde nur noch als Ehrentitel verliehen, bis es ebenso wie das lateinische Patriarchat Alexandrien vor kurzem aufgehoben wurde.

In *Palästina* blieben auch unter der muslimischen Herrschaft, allen Entbehrungen zum Trotz, die Franziskaner; sie bildeten die Kustodie des Heiligen Landes. Ihr Oberer, der Kustos, obwohl nicht im Bischofsrang, hatte vom 13. bis zum 19. Jahrhundert die bischöfliche Jurisdiktion über alle Katholiken des Heiligen Landes, gleichzeitig war er bis zur Gründung des Apostolischen Vikariats Aleppo (1762) päpstlicher Kommissar für *Syrien* (wozu auch der Libanon gehörte); vom 14. Jahrhundert an gab es auch Franziskaner in *Ägypten,* wo man kein eigenes Bistum errichtete; denn die dortigen Christen unterstanden ebenfalls der Kustodie des Heiligen Landes; dieser gehört noch heute ein Teil der Franziskaner an. Die andere Gruppe der Franziskaner wurde von der Missionskongregation 1697 von der Kustodie abgetrennt, um sich vor allem der Arbeit unter den Kopten zu widmen.

Schon seit dem Mittelalter arbeiteten Dominikaner unter den Armeniern in der Diözese Nakhitchewan, die damals in *Persien* lag. Im 13. Jahrhundert entsandten Papst Innozenz IV. und der französische König Ludwig IX. Dominikaner und Franziskaner in dieses Land; in Tabriz gab es um 1300 etwa 1000 Katholiken. Die erste Missionsepoche ging jedoch mit der Invasion Tamerlans 1380 zu Ende. In Ispahan trafen 1602 Augustiner und 1607 Unbeschuhte Karmeliten ein; nach der Gründung der Missionskongregation kamen 1628 Kapuziner, 1662 Jesuiten und 1694 Dominikaner hierher. Die lateinische Diözese wurde 1632 errichtet und war von Babylon abhängig. Ende des 18. Jahrhunderts waren keine lateinischen Geistlichen mehr da; erst 1834 begannen die Lazaristen mit einer lateinischen Mission. Der bischöfliche Stuhl wurde mit einem eigenen Bischof aber erstmals erst 1910 (ab 1913 Erzbistum) besetzt, ein zweites Mal 1974–1982; sonst wurde er von einem anderen Prälaten mitverwaltet.

Die Missionskongregation entsandte im 17. Jahrhundert Kapuziner, Jesuiten und Karmeliten in den Nahen Osten, die sich ernsthaft um die Wiederherstellung der Kirchengemeinschaft mit den getrennten Orientalen bemühen sollten. 1625 faßten die Kapuziner Fuß in *Aleppo* und breiteten sich rasch über den Orient aus; schon zwei Jahrzehnte später haben sie 50 Missionsstationen. Die Jesuiten kamen zwei Jahre später nach Aleppo; im selben Jahrhundert findet man sie in Syrien, Persien und Ägypten. Die Dominikaner gründeten 1750 eine Mission in *Mosul* und haben einen festen Platz in der Kirchengeschichte der Region; sie wirkten dort unter den Nestorianern. Das französische Protektorat, das sich zwar nur auf die europäischen Missionare, vor allem die französischen erstreckte, war besonders hilfreich, und die Konsuln konnten viel zum Schutz der einheimischen Christen tun; ohne dieses Protektorat wäre es sicher nicht zu den Teilunionen gekommen, die heute die bunte Palette des Katholizismus im Orient ausmacht. Der Name des französischen Konsuls von Aleppo (1653–61), François Picquet, der später Apostolischer Vikar von Babylon (und Administrator von Ispahan) wird, steht für das Zusammenwirken von Diplomatie und Missionaren.[6] Das Bistum Babylon/Bagdad wurde 1632 errichtet, aber erst zu Beginn des 18. Jahrhunderts konnten die Bischöfe dort ihre Residenz festigen.

In *Ägypten*, das bisher der Kustodie des Heiligen Landes unterstand, erhielten die dort ansässigen lateinischen Katholiken 1839 einen apostolischen Vikar; für die Gläubigen im Nildelta wurde 1886/1891 eine Apostolische Präfektur errichtet, die 1909 Apostolisches Vikariat wurde; im Jahre 1926 kam das Apostolische Vikariat Suezkanal hinzu. Seit 1951 werden die Apostolischen Vikariate genannt: Alexandria (fr. Ägypten), Heliopolis (fr. Nildelta) und Port Said (fr. Suezkanal); seit 1978 verwaltet der Apostolische Vikar von Alexandria auch die beiden anderen Apostolischen Vikariate.

1.2.2 Die maronitische Kirche[7]

Die Kreuzfahrer sind mit den Maroniten an der phönizischen Küste in Berührung gekommen. Das „Buch der Gesetze und der Vollkommenheit" *(Kitāb al-Hudā)* zeigt, daß diese Kirche damals bereits eine feste Struktur hat. Seit 1151 hat der Patriarch vier Auxiliarbischöfe, die in den Klöstern in der Umgebung des Patriarchats residieren. Allein der Patriarch hat die Primatialgewalt. 1145 fällt das Gebiet um Saida in die Hände der Franken. Das maronitische Patriarchat verbindet sich 1181/82 mit den Kreuzfahrern und nimmt die volle Kirchengemeinschaft mit Rom auf, als Aimery von Limoges lateinischer Patriarch von Antiochien ist. Auf dem vierten Laterankonzil (1215) nimmt der maronitische Patriarch Jeremias teil. Wegen der Bulle *Quae divinae sapientiae,* die auf die beiden Willen in Christus Bezug nimmt, meinen manche Historiker, die Maroniten seien zuvor Monotheleten gewesen, was letztere aber bestreiten. Zwar bemühte sich Rom immer wieder, die Maroniten zur westlichen Liturgie und Disziplin überzuführen, aber die Maroniten, die zwar manche westlichen Eigenheiten integrierten, bewahrten ihre Identität in Liturgie, Spiritualität und Disziplin (u. a. verheirateter Pfarrklerus), oft unter äußeren lateinischen Formen. Erst die große Nationalsynode von 1736 im Kloster U. L. Frau von al-Luwaiza unter dem Vorsitz von Johannes Simeon Assemani führte zur Errichtung von Bistümern und zur Einsetzung von Diözesanbischöfen, die nun mit dem Patriarchen an der Spitze eine Synode bildeten. Die ältesten Bistümer sind Aleppo, Beirut, Zypern, Damaskus, Tripoli (Libanon) und Baalbeck. Die Bischöfe wurden nun nicht mehr ausschließlich aus den Mönchen erwählt, sondern auch aus den Reihen zölibatärer Diözesanpriester, von denen viele ihre Studien in Rom absolviert hatten, wo schon 1584 ein Maronitisches Kolleg errichtet worden war. Dieses trug erheblich zur Bildung des maronitischen Klerus bei, aber auch zu weiteren Latinisierungen und zu einer Reform des Mönchtums nach dem Vorbild lateinischer Orden. Aus diesem Mönchtum ist der kürzlich heiliggesprochene Priestermönch Charbel Makhlouf hervorgegangen, der in gleicher Weise von Christen und Muslimen verehrt wird.

1.2.3 Die syrische Kirche[8]

Nach der Eroberung Antiochiens durch die Kreuzfahrer begannen Beziehungen zwischen der syrischen „jakobitischen" Kirche und der lateinischen Kirche. Die Synode zur Wahl des Patriarchen findet 1297 in der Kirche der Lateiner statt. Einzelne Patriarchen und Bischöfe legten in der Folge das katholische Glaubensbekenntnis ab. Formell wurde die Union auf dem Konzil von Florenz abgeschlossen, konnte sich aber nicht durchsetzen. Der päpstliche Legat Leonardo Abel überbrachte zwar dem Patriarchen Da'ūd Šah das Pallium (1583), es gelang ihm aber nicht, die gesamte „syrische Nation" für die Union mit Rom zu gewinnen. Erst im 17. Jahrhundert begann eine Unionsbewegung in Aleppo. Andreas Akhīğan, seit 1643 katholisch, ehemaliger Alumnus des maronitischen Kollegs in Rom, wurde 1656 syrisch-orthodoxer Bischof von Aleppo und 1661 Patriarch. Auch sein Nachfolger Gregorios (1678–1702) hatte zahlreiche Verfolgungen zu erleiden. Nach seinem Tode blieb das Patriarchat fast 80 Jahre unbesetzt, und die Union brach fast zusammen. Erst 1783 wurde der 1774 katholisch gewordene Bischof von Aleppo Michael Garweh von vier der sechs Bischöfe des syrischen Patriarchats in Mardin zum Patriarchen gewählt. Die beiden oppositionellen Bischöfe weihten darauf vier neue Bischöfe und wählten zusammen mit ihnen einen Gegenpatriarchen. Seit dieser Zeit gibt es zwei Patriarchenlinien: eine katholische und eine „jakobitische" (syrisch-orthodoxe). Patriarch Michael verlegte seine Residenz nach

Šarfeh bei Beirut, wo auch seine Nachfolger bis 1831 residierten. Später residierten sie in Aleppo (bis 1850) und in Mardin, bis Anfang dieses Jahrhunderts Patriarch Ignatius Āprem II. Raḥmānī die Residenz nach Beirut verlegte. Zu seiner Zeit traten der ehemalige „jakobitische" Patriarch 'Abdal-Masīḥ und die Bischöfe von Jerusalem und Homs zur katholischen Kirche über. Der große Reorganisator der syrischen Kirche ist Patriarch Ignatius Gabriel I. Tappuni (1929–1967), ihr erster Kardinal. Er kann im Libanon zahlreiche „Jakobiten" mit ihrem Erzbischof Ḥannā Gandūr († 1961) in die Kirche aufnehmen.

1.2.4 Die griechisch-melkitische Kirche[9]

Unter dieser Bezeichnung sind die chalkedonensischen Christen in den Patriarchaten von Alexandrien, Antiochien und Jerusalem, die erst im 12. Jahrhundert in ihrer Liturgie den byzantinischen Ritus anstelle des syro-antiochenischen bzw. alexandrinischen angenommen haben, zu verstehen. Sie wurden in den Partriarchaten Antiochien und Jerusalem von den Kreuzfahrern am schlechtesten behandelt; damals unterstellte man ihre Bischöfe den lateinischen; so war das Ende der Kreuzfahrerherrschaft für sie eine wirkliche Befreiung. Nachdem 1516 die türkische Herrschaft sich ausgebreitet hatte, erhielten Alexandrien und Jerusalem Patriarchen griechischer Nationalität. Das einheimische Element blieb am stärksten im Patriarchat Antiochien. Aufgrund der Tätigkeit der Missionare der Propaganda Fide unter den Melkiten, wo sie von Patriarchen und Bischöfen freundlich aufgenommen wurden, bildeten sich im 17. Jahrhundert starke katholisierende Gruppen. Manche Patriarchen und Bischöfe legten das katholische Glaubensbekenntnis ab, andere wiederum vertraten die anti-lateinische Haltung Konstantinopels. Im Jahre 1701 erhielt der zweifelsohne katholische Bischof von Tyrus und Sidon (Saida) Eftimios Ṣaifī von Rom die Jurisdiktion für alle Katholiken innerhalb des Patriarchats Antiochien; er gründete auch die Ordensgemeinschaft der Basilianer vom hl. Erlöser in der Nähe von Saida. Nach dem Tode des katholisierenden Patriarchen Athanasios III. Dabbās 1724 wählten die Damaszener, Katholiken und Orthodoxe, seinen Neffen Seraphim Ṭānās zum Patriarchen; er nahm den Namen Kyrillos VI. an. Die Unionsgegner wählten dagegen den Zyprioten Silvester, einen Neffen des verstorbenen Patriarchen zum Patriarchen, und dieser erlangte die Anerkennung durch den Sultan. Seit dieser Zeit ist das Patriarchat von Antiochien, ebenso die Hierarchie, verdoppelt. Die katholischen Patriarchen mußten vom Libanon aus ihr Patriarchat verwalten. Erst 1838 erlangte Patriarch Maximos III. Maẓlūm die zivilrechtliche Anerkennung, und seit seinem Pontifikat ist auch die Residenz des katholischen Patriarchen in Damaskus. Da die katholischen Patriarchen auch in den Patriarchaten Jerusalem und Alexandrien Jurisdiktion haben, wurde Maximos III. und seinen Nachfolgern zugestanden, diese beiden Patriarchate ihrem Titel zuzufügen. Von allen in Gemeinschaft mit Rom stehenden Kirchen hat die griechisch-melkitische Kirche ihre Identität am besten bewahren können. Ihre Patriarchen Gregorios II. Yūsof (1864–1897) und Maximos IV. Ṣā'igh (1947 bis 1967) spielten auf dem Ersten bzw. Zweiten Vatikanischen Konzil eine herausragende Rolle und machten durch ihre Interventionen der überwiegend römisch-westlich geprägten Hierarchie bewußt, daß es eine östliche Katholizität gibt, die man nicht außer acht lassen darf, vor allem dann nicht, wenn man der Einheit der Christenheit dienen will. Patriarch Athenagoras I. von Konstantinopel sagte zu Maximos IV. 1964 bei dessen Besuch im Phanar: „Sie haben [auf dem II. Vatikanum] in unserem [der Orthodoxen] Namen gesprochen."

1.2.5 Die Kirche des Ostens (der „Chaldäer")[10]

Sie hat ihren Ursprung in Mesopotamien und Persien und war einst eine große Missionskirche; die indischen Thomas-Christen hingen wenigstens hierarchisch von ihr ab. Im Jahre 1340 nahmen die nach Zypern ausgewanderten Chaldäer die Gemeinschaft mit Rom auf. Eine erste Teilunion mit Rom kam zustande, als Patriarch (Katholikos) Johannes Sulāqā 1552 das katholische Glaubensbekenntnis ablegte, er wurde jedoch von seinen Gegnern ermordet, die zum „nestorianischen" Patriarchen Simon VIII. Denḥā hielten. Die Union wurde aber unter dem Patriarchen Simon XIII. (1662–1700) wieder aufgelöst. Doch nicht alle Chaldäer folgten diesem Patriarchen. Metropolit Joseph I. von Diarbekir war 1672 katholisch geworden und von Rom als Patriarch bestätigt worden, wenn er auch nicht den traditionellen Titel führte; seine Nachfolger nannten sich alle Joseph. Joseph IV. zog sich 1780 nach Rom zurück, und sein Neffe übernahm die Verwaltung von Diarbekir: Augustin Hindi († 1830). Ende des 18. Jahrhunderts legte der nestorianische Patriarch Elias XII. Denḥā das katholische Glaubensbekenntnis ab, ohne daß das eine Union zur Folge hatte; auch sein Neffe, Metropolit Johannes Hormizd von Mosul, wurde 1878 katholisch, und nach Hindis Tod wurde er als einziger katholischer Patriarch „von Babylon der Chaldäer" bestätigt; diesen Titel führen alle seine Nachfolger bis heute. Bischof Nikolaus Zayyā von Salmas wurde sein Koadjutor mit dem Recht der Nachfolge, womit das erbliche Patriarchat vom Onkel zum Neffen beendet wurde. Die Unionsbewegung ging im 19. Jahrhundert weiter, wurde aber von nichtkatholischen Missionen (Anglikanern; Presbyterianern; russischen Orthodoxen) behindert. Die chaldäische Synode von Rabban Hormizd (1853) unter dem Vorsitz von Benoît Planchet SJ latinisierte diese Kirche in erschreckender Weise. Dennoch spielte Patriarch Joseph VI. Audō (1848–1878) auf dem Ersten Vatikanischen Konzil eine herausragende Rolle; mit Würde verteidigte er den christlichen Osten. Patriarch Abu l-Yūnān (1878–1894) schickte als seinen Vikar für die seit der Mitte des 19. Jahrhunderts ausgewanderten Gläubigen den Priester Patros Abed nach Ägypten; 1980 wurde aus dem Vikariat ein eigenes Bistum. Unter Patriarch Emmanuel II. Thomas (1900–1947) wurde der größte Teil der „Nestorianer" katholisch. Dieser Patriarch ließ auch die liturgischen Bücher drucken. Er verlegte die Patriarchalresidenz von Mosul nach Baghdad. Der Klerus erhielt eine gediegene Ausbildung im Seminar der Dominikaner in Mosul zusammen mit den Klerikern der syrischen Kirche. Seit 1982 haben die Chaldäer auch in den Vereinigten Staaten ihren eigenen Bischof.

1.2.6 Die armenische Kirche[11]

Zur Zeit der Kreuzfahrer schloß Katholikos Gregor VI. Apirat (1194–1203), unterstützt von König Leon II. und Bischof Nerses von Lampron, die Union mit Rom, die auf dem Konzil von Florenz 1439 erneuert wurde, dann aber in Vergessenheit geriet. Zu einer ersten Union kam es im 17. Jahrhundert bei den Armeniern in Lemberg (1635). Einzelne Katholikoi von Etschmiadzin zeigten sich ebenfalls im 16. und 17. Jahrhundert unionsgeneigt, es kam jedoch zu keinem Unionsabschluß. Seit Beginn des 17. Jahrhunderts arbeiteten westliche Missionare auf eine Union in Konstantinopel und Syrien hin. Die Katholiken innerhalb der armenischen Kirche anerkannten den Katholikos Michael von Kilikien (1737–1758) nicht, sondern erwählten den Erzbischof Abraham Ardzivian von Aleppo (seit 1710) im Jahre 1740 zu ihrem Katholikos-Patriarchen; dieser nahm den Beinamen Petrus an, den alle armenischen Patriarchen seither tragen. Da er sich in Aleppo nicht halten konnte, verlegte er seine Residenz nach Kraim/Libanon und übte von dort seine Jurisdiktion aus. In Konstantinopel gab es innerhalb des lateinischen Patriarchats schon ein armenisches Ritusvikariat (1759), das 1830 Primatialerzbistum wurde; 1867 wurde dieses Erzbistum in das Patriarchat eingegliedert und Patriarchalsitz. Im Jahre 1850 hatten auch die Armenier in Ispahan/Persien einen eigenen Bischof erhalten. Konflikte innerhalb der armenischen katholischen Gemeinschaft in Konstantinopel Ende des 19. und Anfang des 20. Jahrhunderts führten zur Verlegung des Patriarchalsitzes nach Rom, wo

1911 die (in der Geschichte der Ostkirchen am meisten latinisierende) Synode der armenischen Nation stattfand. Während des Ersten Weltkrieges erlitt die armenische Kirche in der Türkei schwerste Verluste: 14 Bistümer gingen in dem Blutbad unter. Im Jahre 1928 unternahm die armenische Hierarchie eine Reorganisation der Bistümer, und der Patriarchalsitz wurde nach Beirut verlegt. Patriarch Gregor Petrus XV. Agagianian (1937–1962), einer der vier Moderatoren des Zweiten Vatikanischen Konzils und Präsident der Missionskommission für die Evangelisierung der Völker, verzichtete auf sein Amt und widmete sich in seinen letzten Lebensjahren († 1971) bis 1970 der Leitung der Missionskongregation. Auf dem Gebiet der Kultur und Literatur hat sich insbesondere der Orden der Mechitaristen in Venedig und Wien verdient gemacht, den 1701 der Priester Mechitar von Sebaste († 1749) in Konstantinopel nach seinem Übertritt zur katholischen Kirche gegründet hatte.

1.2.7 Die koptische Kirche[12]

Seit dem 15. Jahrhundert gab es zwischen den koptischen Päpsten (Patriarchen) und Rom zahlreiche Kontakte, und einzelne Patriarchen bekannten sich auch als Katholiken. Erst Patriarch Johannes (17. Jahrhundert) unterbrach die Beziehungen. Von nun an gingen die Missionare zu Einzelkonversionen über. Bis 1741 unterstanden die koptischen Katholiken wie alle Katholiken Ägyptens der Kustodie des Heiligen Landes. In diesem Jahr ernannte Papst Benedikt XIV. den katholisch gewordenen Erzbischof Athanasios von Jerusalem zum ersten Apostolischen Vikar für die Kopten. Von nun an studieren koptische Priesterkandidaten auch in Rom am Kolleg der Missionskongregation. Erst im Jahre 1824 werden die katholischen Kopten von der Ziviljurisdiktion des nichtkatholischen Patriarchen befreit. Im Jahre 1895 stellt Papst Leo XIII. mit dem Apostolischen Schreiben *Christi Domini* das koptische katholische Patriarchat wieder her; zu diesem gehören die Patriarchatsdiözese Alexandria und die beiden Diözesen Luqsor und Minya, im Altertum bekannt als Thebae und Hermopolis Magna. Erster Patriarch wird der damalige Apostolische Vikar Kyrillos Makarios (von 1895 an ist er Patriarchaladministrator, im Konsistorium vom 19. Juni 1899 wird er Patriarch). Wegen verschiedener Schwierigkeiten tritt er 1908 zur griechischen Orthodoxie über, kehrt aber 1912 zur katholischen Kirche zurück. Er zieht sich in den Libanon zurück und stirbt 1922 in Beirut. Von 1908 bis 1947 leiten zwei Apostolische Administratoren das koptische Patriarchat. Auf Patriarch Morqos II. Khouzam (1947–1958) folgt Patriarch Stephanos I. Sidarouss (seit

1965 Kardinal „der heiligen Kirche"), den seit 1984 ein Apostolischer Administrator „sede plena" wegen seines hohen Alters unterstützt.

2. Strukturen und Daten

2.1 Die Kirche in Nordafrika

Die Hierarchie Nordafrikas ist vereint in der Nordafrikanischen Regionalen Bischofskonferenz, die ihren Sitz in Algier hat. In *Algerien* gibt es a) seit 1866 das Metropolitanbistum *Algier* (Bistum seit 1838), das mit dem Titel von Iulia Caesareaensis verbunden ist; ihm gehören 35 000 Katholiken in 42 Pfarreien an. 47 Diözesan-, 53 Ordenspriester, 3 Diakone und 255 Ordensschwestern unterstützen den Erzbischof, Kardinal Léon-Étienne Duval; b) das im 2. Jahrhundert gegründete und 1866 wiedererrichtete Bistum *Constantine* (vereint mit dem Titel von Hippo Regionum) mit 10 000 Katholiken, 12 Pfarreien, 16 Diözesan- und 19 Ordenspriestern sowie 67 Ordensschwestern; c) das ebenfalls 1866 errichtete Bistum *Oran* mit 16 000 Katholiken in 17 Pfarreien, das 18 Diözesan- und 18 Ordenspriester sowie 79 Ordensschwestern hat; d) das den Weißen Vätern anvertraute, direkt Rom unterstellte Bistum *Laghouat* mit 2500 Katholiken (Gesamtbevölkerung 1,84 Millionen) mit 2 Diözesan-, 26 Ordenspriestern und 81 Ordensschwestern.
In *Tunesien* besteht die Prälatur *Tunis* (1884–1964 Erzbistum Karthago) mit 20 000 Katholiken in 17 Pfarreien; 24 Diözesanpriester, 26 Ordenspriester, 1 Diakon und 227 Ordensschwestern, die u. a. 41 Schulen betreuen, versehen hier ihren Dienst.
Marokko hat das Erzbistum Rabat (seit 1923 Apostolisches Vikariat) seit 1955. Die 55 000 Katholiken in 48 Pfarreien werden von 26 Diözesan-, 49 Ordenspriestern und 260 Ordensfrauen betreut; ferner das Erzbistum *Tanger* (1908 als Apostolisches Vikariat Marokko gegründet) seit 1956 mit 9250 Katholiken in 9 Pfarreien; 22 spanische Franziskaner und 139 Ordensschwestern sind hier tätig; sie betreuen 29 Schulen.
Im Jahre 1970 wurde die Apostolische *Präfektur Westsahara* (früher Spanische Sahara und Ifni, gegründet 1954) errichtet in El-Aaiún; hier leben 365 Katholiken, die von 3 Oblatenpatres betreut werden.
In *Libyen* arbeiten die Franziskaner aus Italien in a) dem Apostolischen Vikariat *Bengasi* (errichtet 1939, früher Apostolisches Vikariat Libyen, gegründet 1913); 15 000 Katholiken zählt die eine Pfarrei; es gibt hier 7 Ordenspriester und 76 Ordensschwestern; b) das Apostolische Vikariat *Tripolis* (1927 vom Vikariat Libyen teilweise abgetrennt als Vika-

riat Tripolitanien) mit 30 000 Katholiken in 2 Pfarreien, die von 6 Ordenspriestern und 50 Ordensschwestern betreut werden; mit Tripolis ist vereint c) das Apostolische Vikariat *Derna;* d) der Apostolische Vikar von Tripolis ist auch Präfekt der 1939 gegründeten Apostolischen Präfektur *Misurata.*

2.2 Die Kirche im Nahen Osten

In diesem Raum haben wir folgende Organe bischöflicher Zusammenarbeit, die *konsultativen* Charakter haben: a) die Versammlung der katholischen Hierarchie Ägyptens unter dem Vorsitz des koptischen Patriarchen; b) die Versammlung der katholischen Patriarchen und Bischöfe des Libanon unter dem Vorsitz des maronitischen Patriarchen; c) die Versammlung der Ordinarien der Arabischen Republik Syrien unter dem Vorsitz des griechisch-melkitischen Patriarchen; d) die Interrituelle Vereinigung der Bischöfe des Irak unter dem Vorsitz des chaldäischen Patriarchen. Während die orientalischen Kirchen ihre Patriarchalsynoden haben, ist kollegiales Organ der lateinischen Bischöfe die Konferenz der lateinischen Bischöfe in den Arabischen Regionen unter dem Vorsitz des lateinischen Patriarchen von Jerusalem; ferner gibt es die Iranische Bischofskonferenz, der der chaldäische Erzbischof von Teheran vorsteht.

2.2.1 Die lateinische Kirche

Das lateinische Patriarchat *Jerusalem* hat in Israel, Jordanien und auf Zypern 59 178 Gläubige, 58 Diözesan-, 309 Ordenspriester, 1158 Ordensfrauen, 280 Schulen und 113 karitative Werke.

Im Erzbistum *Bagdad* (Irak) gibt es 3500 Gläubige; 15 Ordenspriester und 40 Ordensschwestern sind hier tätig. Im Erzbistum *Ispahan* (Sitz: Teheran/Iran) leben 3000 Gläubige; 13 Ordenspriester und 20 Ordensschwestern unterstützen den Apostolischen Administrator. Für Syrien ist das Apostolische Vikariat *Aleppo* zuständig; 9650 Gläubige, 37 Ordenspriester und 190 Ordensschwestern unterstützen den Apostolischen Vikar. Im Apostolischen Vikariat *Beirut,* das den ganzen Libanon umfaßt, gibt es 20 000 lateinische Katholiken; es verfügt über 6 Diözesan-, 265 Ordenspriester und 1519 Ordensschwestern. Sie betreuen 155 schulische und 66 karitative Einrichtungen. In Ägypten gibt es im Apostolischen Vikariat *Alexandrien* 5654 Gläubige, 73 Ordenspriester und 722 Ordensschwestern, im Apostolischen Vikariat *Heliopolis* 1150 Gläubige, 3 Diözesan-, 58 Ordenspriester und 364 Ordensschwestern und im Apostolischen Vikariat *Port Said* 330 Katholiken,

4 Ordenspriester und 45 Ordensschwestern; karitative und erzieherische Einrichtungen sind ihr Tätigkeitsbereich. Fügen wir noch das Apostolische Vikariat *Kuweit* hinzu, das der Kongregation für die Evangelisierung untersteht; es gibt hier 44 000 Katholiken verschiedener Riten, die von 3 Diözesan- und 4 Ordenspriestern sowie 29 Ordensschwestern betreut werden.

2.2.2 Die maronitische Kirche

Ihr Oberhaupt ist der Patriarch von Antiochien und dem Ganzen Orient, Antūn Butros Khoraiche, Kardinal „der hl. Kirche", den zwei Auxiliarbischöfe unterstützen. Im *Libanon* hat die maronitische Kirche die *Erzbistümer* Beirut (120 000 Gläubige, 114 Pfarreien, 64 Diözesan-, 57 Ordenspriester, 196 Ordensschwestern), Zypern (165 664 Gläubige, 108 Pfarreien, 63 Diözesan-, 63 Ordenspriester, 540 Ordensschwestern; auf der Insel Zypern betreut ein Generalvikar die Gemeinden), Tripoli (161 000 Gläubige, 124 Pfarreien, 96 Diözesan-, 16 Ordenspriester, 23 Ordensschwestern) und Tyrus (arab. Sūr; 21 500 Gläubige, 26 Pfarreien, 12 Diözesanpriester, 7 Ordensschwestern) sowie die *Bistümer* Baalbeck und Zahlé (55 000 Gläubige, 45 Pfarreien, 13 Diözesan-, 10 Ordenspriester, 40 Ordensschwestern), Gibail und Batrun (Diözese des Patriarchen; 211 416 Gläubige, 189 Pfarreien, 106 Diözesan-, 63 Ordenspriester, 182 Ordensschwestern), Jounieh (163 217 Gläubige, 64 Pfarreien, 60 Diözesan-, 40 Ordenspriester, 198 Ordensschwestern), Saida (92 600 Gläubige, 96 Pfarreien, 37 Diözesan-, 27 Ordenspriester, 89 Ordensschwestern) und Sarba (90 200 Gläubige, 37 Pfarreien, 18 Diözesan-, 70 Ordenspriester, 145 Ordensschwestern); in *Syrien* die *Erzbistümer* Aleppo (3183 Gläubige, 4 Pfarreien, 7 Diözesan-, 4 Ordenspriester) und Damaskus (5000 Gläubige, 2 Pfarreien, 1 Diözesanpriester) und das *Bistum* Laodizea (Sitz in Tartus; der Bischof ist gleichzeitig Patriarchalvikar von Damaskus. – 22 500 Gläubige, 31 Pfarreien, 16 Diözesan-, 2 Ordenspriester, 24 Ordensschwestern); in Jerusalem ist ein Patriarchalvikariat; in *Ägypten* ist das Bistum Kairo (5500 Gläubige, 3 Diözesan-, 5 Ordenspriester). Außerhalb des Patriarchatsgebietes hat die maronitische Kirche Diözesen in den USA, Kanada, Australien und Brasilien; die Gemeinden in Frankreich, Argentinien, Mexiko, West- und Südafrika usw. unterstehen den örtlichen lateinischen Bischöfen. – In Kaslik bei Jounieh befindet sich die von maronitischen Ordensleuten geleitete Heilig-Geist-Universität, an der auch die anderen ostkirchlichen Theologen ihren Studien nachgehen.

2.2.3 Die syrische Kirche

Ihr Oberhaupt ist der Patriarch von Antiochien, Mōrōn Mōr Ignatios Antūn II. Hayek, den ein Auxiliarerzbischof unterstützt. Drei Patriarchalvikariate unterstehen direkt dem Patriarchen: 1. *Libanon* (geleitet von einem Bischof; 22 150 Gläubige, 8 Pfarreien, 12 Diözesanpriester, 9 Ordensschwestern); 2. *Jerusalem* (1 Diözesanpriester, 1 Diakon, 2 Ordensschwestern, 1000 Gläubige); 3. *Türkei* (1000 Gläubige, 2 Pfarreien, 2 Priester); in *Syrien* bestehen die *Metropolien* Damaskus (4000 Gläubige, 3 Pfarreien, 5 Diözesanpriester, 2 Diakone) und Homs (8300 Gläubige, 15 Pfarreien, 9 Diözesanpriester), die *Erzbistümer* Aleppo (8500 Gläubige, 2 Pfarreien, 7 Diözesan-, 1 Ordenspriester) und Hassaké-Nisibis (3467 Gläubige, 5 Pfarreien, 7 Diözesan-, 1 Ordenspriester, 6 Ordensschwestern); im *Irak* die Erzbistümer Baghdad (21 500 Gläubige, 7 Pfarreien, 5 Diözesanpriester, 2 Diakone, 2 Ordensschwestern) und Mosul (18 700 Gläubige, 8 Pfarreien, 24 Diözesanpriester, 18 Ordensschwestern); in *Ägypten* das Bistum Kairo (2180 Gläubige, 3 Pfarreien, 6 Diözesanpriester, 1 Diakon, 4 Ordensschwestern). Syrische Kirchen und Gemeinden gibt es in Rom, Paris, Jacksonville/Florida, USA, und Maracay/Venezuela.

2.2.4 Die griechisch-melkitische Kirche

Oberhaupt dieser Kirche ist Maximos V. Hakim, Patriarch von Antiochien und dem Ganzen Orient, von Alexandrien und von Jerusalem. Vier Auxiliarbischöfe gehören zur Patriarchalkurie. Patriarchalvikare verwalten in seinem Auftrag die Patriarchate Alexandrien (*Ägypten und Sudan:* 8000 Gläubige, 10 Pfarreien, 13 Diözesan-, 2 Ordenspriester, 7 Ordensschwestern) und *Jerusalem* (3300 Gläubige, 8 Pfarreien, 5 Diözesan-, 7 Ordenspriester, 56 Ordensschwestern) sowie die Patriarchalvikariate *Irak* (500 Gläubige, 1 Pfarrei, 1 Ordenspriester) und *Kuwait* (4500 Gläubige, 1 Pfarrei, 1 Diözesanpriester). In *Syrien* befinden sich die *Metropolien* Damaskus (Patriarchaldiözese; 80 000 Gläubige, 16 Pfarreien, 25 Diözesan-, 5 Ordenspriester, 32 Ordensschwestern), Aleppo (11 000 Gläubige, 8 Pfarreien, 14 Diözesan-, 5 Ordenspriester, 30 Ordensschwestern), Bosra und Hauran (26 000 Gläubige, 41 Pfarreien, 13 Diözesan-, 3 Ordenspriester, 8 Ordensschwestern) und das *Erzbistum* Laodizea (arab. Lattaqiya. 13 000 Gläubige, 16 Pfarreien, 9 Diözesan-, 3 Ordenspriester, 16 Ordensschwestern). Im *Libanon* sind die *Metropolien* Beirut (150 000 Gläubige, 49 Pfarreien, 32 Diözesan-, 60 Ordenspriester, 75 Ordensschwestern) und Tyrus (6000 Gläubige, 8 Pfarreien, 5 Diözesanpriester, 4 Ordensschwestern) sowie die *Erzbistümer* Baalbeck (15 500 Gläubige, 10 Pfarreien, 9 Diözesan-, 1 Ordenspriester, 64 Ordensschwestern), Paneas-Cäsarea Philippi im Südlibanon (1860 Gläubige, 14 Pfarreien, 1 Ordenspriester, 5 Ordensschwestern), Saida (26 027 Gläubige, 50 Pfarreien, 10 Diözesan-, 12 Ordenspriester, 20 Ordensschwestern), Tripoli (6000 Gläubige, 8 Pfarreien, 7 Diözesan-, 1 Ordenspriester, 21 Ordensschwestern) sowie Zahlé und Furzol (70 300 Gläubige, 36 Pfarreien, 10 Diözesan- und 24 Ordenspriester, 42 Ordensschwestern). In *Jordanien* befindet sich das Erzbistum Petra und Philadelphia (Amman. – 18 000 Gläubige, 32 Pfarreien, 18 Diözesan-, 5 Ordenspriester, 37 Ordensschwestern), in Galiläa das Erzbistum Akka (Sitz: Haifa/Israel. – 42 000 Gläubige, 31 Pfarreien, 17 Diözesan-, 5 Ordenspriester, 42 Ordensschwestern). Die melkitische Kirche hat ferner Bistümer in den USA, Brasilien und Kanada, Gemeinden in Frankreich, Australien, Argentinien, Venezuela, Westafrika und Madagaskar.

2.2.5 Die Kirche des Ostens

Ihr Oberhirte ist Mārān Mār Paulos II. Cheikho, Patriarch von Babylon der Chaldäer; er wird von einem Auxiliarerzbischof unterstützt. Die meisten Diözesen sind im *Irak*. Hier befinden sich die *Metropolien* Baghdad (Patriarchaldiözese. – 270 000 Gläubige, 28 Pfarreien, 23 Diözesan-, 9 Ordenspriester, 96 Ordensschwestern) und Kerkūk (4617 Gläubige, 3 Pfarreien, 4 Diözesanpriester, 2 Ordensschwestern), ferner die *Erzbistümer* Erbil (10 510 Gläubige, 6 Pfarreien, 7 Diözesanpriester, 1 Diakon, 3 Ordensschwestern), Basra (5000 Gläubige, 7 Pfarreien, 3 Diözesanpriester, 2 Ordensschwestern), Mosul (16 045 Gläubige, 8 Pfarreien, 12 Diözesan-, 7 Ordenspriester, 58 Ordensschwestern) sowie die *Bistümer* Alqōš (12 000 Gläubige, 9 Pfarreien, 6 Diözesan-, 4 Ordenspriester, 15 Ordensschwestern), Amadiyah (3000 Gläubige, 7 Pfarreien, 3 Diözesanpriester), Aqra (200 Gläubige, 1 Pfarrei, 1 Diözesan-, 1 Ordenspriester), Sulaimaniya (600 Katholiken, 1 Pfarrei, von Aqra mitbetreut) und Zāḫō (7014 Gläubige, 12 Pfarreien, 13 Diözesanpriester, 2 Ordensschwestern; im *Iran* die *Metropolien* Teheran (9000 Gläubige, 10 Pfarreien, 5 Diözesan-, 4 Ordenspriester, 10 Diakone, 13 Ordensschwestern) und Urmyā (2200 Gläubige, 1 Pfarrei, 2 Diözesan-, 2 Ordenspriester), das *Erzbistum* Ahwaz (1700 Gläubige, 11 Pfarreien, 1 Diözesan-, 1 Ordenspriester) und das von Urmyā mitbetreute Bistum Salmas. In *Jerusalem* gibt es ein Patriarchalvikariat, in *Syrien* die Diözese Aleppo (10 000 Gläubige, 7 Pfarreien, 2 Diözesan-, 3 Ordenspriester, 2 Ordensschwestern), im *Libanon* die Diözese Beirut (8187 Gläubige, 4 Pfarreien, 4 Diözesan-,

2 Ordenspriester), in *Ägypten* das Bistum Kairo (650 Gläubige, 8 Pfarreien, 3 Diözesanpriester), und in der *Türkei* das Erzbistum Diarbekir (Sitz: Istanbul. – 6000 Gläubige, 11 Pfarreien, 6 Diözesanpriester). Ein Patriarchalvikariat gibt es auch in Paris und in den USA das Bistum St. Thomas (Sitz: Southfield, Michigan).

2.2.6 Die armenische Kirche

Oberhaupt ist der Katholikos-Patriarch von Kilikien Johannes Petrus XVIII. Kasparian, den zwei Auxiliarbischöfe unterstützen. Die *Patriarchaldiözese* ist Beirut/Libanon (26 150 Gläubige, 12 Pfarreien, 3 Diözesan-, 26 Ordenspriester, 64 Ordensschwestern). Zum Patriarchat gehören das Bistum Ispahan (Sitz: Teheran) im *Iran* (3000 Gläubige, 4 Pfarreien, 3 Ordenspriester, 8 Ordensschwestern), im *Irak* das Erzbistum Baghdad (3000 Gläubige, 1 Diözesan-, 2 Ordenspriester, 5 Ordensschwestern), in *Ägypten* das Bistum Iskanderiya (Sitz: Kairo. – 1759 Gläubige, 3 Pfarreien, 1 Diözesan-, 2 Ordenspriester, 8 Ordensschwestern), in *Syrien* das Erzbistum Aleppo (15 800 Gläubige, 7 Pfarreien, 11 Diözesan-, 3 Ordenspriester, 11 Ordensschwestern), das Bistum Kamichlié (4410 Gläubige, 5 Pfarreien, 2 Diözesan-, 1 Ordenspriester, 5 Ordensschwestern) und das Patriarchalvikariat Damaskus (3950 Gläubige, 1 Pfarrei, 1 Diözesanpriester, 3 Ordensschwestern). Außerdem gibt es ein Patriarchalvikariat in Jerusalem. Apostolische Exarchate, die von Bischöfen geleitet werden, bestehen in Frankreich, Lateinamerika und USA/Kanada. In der UdSSR leben etwa 100 000 armenische Katholiken ohne geregelte seelsorgliche Betreuung.

2.2.7 Die koptische Kirche

Geistliches Oberhaupt ist Abuna Stephanos I. Sidarouss, Patriarch von *Alexandrien,* geboren 1904, den Amba Andraos Ghattas, Bischof von Luqsor, als Apostolischer Administrator „sede plena" unterstützt. Die Patriarchaldiözese (Sitz: Kairo) hat 50 000 Katholiken in 34 Pfarreien; in ihrem Dienst stehen 47 Diözesanpriester und 118 Ordensschwestern. Kürzlich wurde die Diözese *Ismailia* von ihr abgetrennt. Die anderen Bistümer sind *Luqsor* (16 200 Gläubige, 18 Pfarreien, 9 Diözesan-, 14 Ordenspriester, 122 Ordensschwestern), *Assiut* (Lycopolis. – 35 350 Gläubige, 46 Pfarreien, 37 Diözesan-, 3 Ordenspriester, 59 Ordensschwestern), *Minya* (20 839 Gläubige, 23 Pfarreien, 27 Diözesan-, 9 Ordenspriester, 79 Ordensschwestern) und *Sohag* (12 500 Gläubige, 22 Pfarreien, 17 Diözesanpriester, 28 Ordensschwestern). Die im *Libanon* wohnenden Kopten werden vom maronitischen Erzbischof von Beirut als Ordinarius seelsorglich betreut.

ANMERKUNGEN

1 W. de Vries, Die „Ausgliederung" der „nichtorthodoxen" Kirchen aus der universalen Kirche: E. v. Ivánka – J. Tyciak – P. Wiertz (Hrsg.), Handbuch der Ostkirchenkunde, Düsseldorf 1971, 3–18; Ders., Die Altorientalischen Kirchen. Ihre älteste Eigentradition und ihre Sonderentwicklung als Folge der christologischen Streitigkeiten: W. Nyssen – H. J. Schulz – P. Wiertz (Hrsg.), Handbuch der Ostkirchenkunde, Düsseldorf 1984, I 209–248..
2 J. Hajjar, Le Christianisme en Orient, Beirut 1971. Für die neuere Zeit, Ders., Le Vatican – La France et le Catholicisme Oriental (1878–1914), Paris 1979; Ders., L'Europe et les destinées du Proche-Orient (1815–1848), Paris 1970.
3 A. Mulders, Missionsgeschichte, Regensburg 1960, 189, 191.
4 Siehe Tiquet, Une expérience de petite colonisation indigène en Algérie, Les colons arabes-chrétiens du Cardinal Lavigerie, Alger 1936.
5 J. Hajjar, Zwischen Rom und Byzanz. Die unierten Christen des Nahen Ostens, Mainz 1972, 112.
6 Ebd. 172–174, 178, 181–183, 191–193; W. de Vries, Rom und die Patriarchate des Ostens, Freiburg–München 1963, 84, 87.
7 P. Dib, L'Église Maronite, 3 Bde. (Bd. I, Paris 1930, Bd. II, Beirut 1962, Bd. III, Beirut 1973); M. Hayek, Liturgie Maronite, Tours 1963. Siehe auch J. Madey, Maronitische Kirche: J. Aßfalg – P. Krüger (Hrsg.), Kleines Wörterbuch des christlichen Orients, Wiesbaden 1975, 255–257.
8 W. de Vries, Dreihundert Jahre syrisch-katholische Hierarchie: Ostkirchliche Studien 5 (1956) 137–157; J. Mounayer, Die syrische Kirche von Antiochien und ihre ökumenische Situation: Ut omnes unum 36 (Paderborn 1973) 66–75; J. M. Fiey – M. Daoud, From Rejection to Symbiosis. The Syrian Catholic Church: J. Madey – S. T. Erackel (Hrsg.), The Future of the Oriental Catholic Churches, Tiruvalla/Paderborn 1979, 53–66.
9 C. Korolevskij, Histoire des Patriarcats melkites, Bde. II und III, Rom 1910f.; Maximos IV. (Hrsg.), Die Stimme der Ostkirche, Freiburg–Wien 1962; Ders., L'Église Grecque-Melkite au Concile, Beirut 1967. Patriarchalzeitschrift: Le Lien, Beirut 1968ff.
10 G. Beltrami, La Chiesa Caldea nel secolo dell'Unione (= Orientalia Christiana 83), Rom 1933; G. de Vries, Nel quarto centenario della Chiesa cattolica caldea: Civiltà Cattolica 103/2 (1952) 236–252; J. Madey, Chaldäische Kirche: Aßfalg–Krüger, a.a.O., 86f.
11 M. J. Terzian, Le patriarcat de Cilicie et les Arméniens catholiques, Beirut 1955; G. Amadouni, L'Église Arménienne et la Catholicité, Venedig 1978 (englisch in: Madey–Erackel, The Future of the Oriental Catholic Churches 87–144).
12 M. Hanna, Die koptische Kirche – Ihre Trennung und ihr Einheitsstreben: Der christliche Osten 28 (1973) 68–83; A. Abadir, The Ecumenical Role of the Catholic Copts: Madey–Erackel, a.a.O., 29–42; Annuaire Catholique d'Égypte, Kairo 1973.

Für den Abschnitt „Strukturen und Daten" stützten wir uns auf: Oriente Cattolico. Cenni storici e statistiche ⁴1974 und auf das Annuario Pontificio 1984.

DIE KATHOLISCHE KIRCHE IN AFRIKA*

POLYCARP CHUMA IBEBUIKE, OGBOKO (NIGERIA)

1. Geschichte

1.1 Erben der Antike: Die katholische Kirche in Äthiopien und Nubien

In den ersten Jahrhunderten war die Kirche über weite Teile Ägyptens und Nordafrikas verbreitet. Schon früh griff sie über die Grenzen des römischen Reiches hinaus. Während des Episkopats Athanasius' von Alexandrien im 4. Jahrhundert wurde Ezana, der König von Äthiopien, von zwei jungen Christen bekehrt, die an der Küste des Roten Meeres Schiffbruch erlitten hatten und an seinen Hof gebracht worden waren. Sie wurden zu einflußreichen Beamten am Hof und genossen schon bald wieder volle Freiheit. Frumentius, einer der beiden, kehrte zu Athanasius zurück und wurde von ihm durch Handauflegung zum Bischof bestellt. Athanasius sandte den jungen Bischof zurück nach Äthiopien mit dem Auftrag, dort die Kirche aufzubauen und Priester zu weihen. Diese Arbeit wurde später von den Neun Heiligen, syrischen Mönchen, weitergeführt. Sie gründeten Orden, übersetzten die Bibel und die Liturgie in die Landessprache und bildeten Männer für den Dienst der Kirche aus. Gegen den Widerstand der heidnischen Religionen wurde Äthiopien ein christliches Königreich.

In Nubien erfolgten die ersten Bekehrungen wahrscheinlich im 5. Jahrhundert. Hundert Jahre später etablierten ägyptische Missionare die Kirche durch zahlreiche Bekehrungen – auch der nubischen Könige – und den Ausbau erster Leitungsstrukturen. Klöster wurden gebaut, reich verzierte Kathedralen entstanden, und jedes kleine Dorf bekam seine Kirche.

1.2 Der Aufstieg des Islam

Im 7. Jahrhundert eroberten die Araber Ägypten und Nordafrika und führten den Islam als neue Religion ein. Die Kirche der Region hatte sich in Streitigkeiten über den rechten Glauben erschöpft, viele Mönche waren faul und reich geworden, es gab zahlreiche halbherzige Christen. Aus diesen Gründen fanden die Muslime wenig Widerstand, und viele

---

* Übersetzt aus dem Englischen von Heinz-Gerhard Justenhoven.

traten zum Islam über. Trotz dieser schweren Situation überlebte die Kirche in Ägypten als eine kleine Gruppe, weiter im Westen verschwand sie jedoch ganz.

Äthiopien kam nie unter die Herrschaft der Muslime, und es dauerte noch sechs Jahrhunderte, bevor Nubien – 1315 im Norden und 1504 im Süden – überrannt und die Kirche zerstört wurde.

Heute haben wir Äthiopiens reiche Tradition und interessante Geschichte wiederentdeckt; Archäologen graben die nubische Kirche im wahrsten Sinne des Wortes wieder aus: Gemälde nubischer Bischöfe und Herrscher aus kürzlich freigelegten Kirchen und Kathedralen sind im Museum von Karthoun ausgestellt.

Beide Länder, Äthiopien und Nubien, waren seit dem Aufstieg des Islam bis vor kurzem von der christlichen Welt isoliert. Das restliche Afrika mußte bis in die Neuzeit hinein auf die Botschaft Jesu Christi warten.

1.3 Der Beginn des Christentums in Schwarzafrika: 1500–1900

Die ersten christlichen Missionare unternahmen im 15. Jahrhundert den Versuch, ihren Glauben den Völkern Schwarzafrikas zu bringen. Die Reise von Europa nach Afrika dauerte erheblich länger und war ungleich härter als heute. Die Segelschiffe jener Zeit waren nicht für Vergnügungsreisen gedacht. Viele Missionare verloren ihr Leben in den Wracks sinkender Schiffe, die Überlebenden mußten in Afrika ihnen bis dahin unbekannte Sprachen lernen, die noch niemand aufgeschrieben hatte. Die Arbeit der Missionare war zudem durch häufige Stammeskriege, Thronfolgestreitigkeiten und Sklavenrazzien behindert, die Unruhe und Mißtrauen unter den afrikanischen Völkern nach sich zogen. Die größte Schwierigkeit der Missionare stellten jedoch das Klima und die sonstigen örtlichen Bedingungen dar: die tropische Sonne, die vielfältigen tropischen Krankheiten, besonders Malaria, die die Medizin weder heilen noch durch Schutzimpfung verhindern konnte. Kommunikation war fast unmöglich, da weder Straßen noch ein Fernmeldesystem gebaut waren; angesichts der Aufgabe der Missionare, eine verstreute Bevölkerung in von Sklavenrazzien verwüsteten Gebieten zu versorgen, bedeutete das eine erhebliche Erschwerung.

Wir werden einige bedeutendere Zentren der Missionsarbeit dieser Zeit behandeln, indem wir uns von der Küste Westafrikas südlich auf der Route der portugiesischen Seefahrer nach Indien bewegen. Die Stationen dieser Seereise markieren früheste christliche Missionen im südlichen Afrika.

An der Westküste Afrikas, in *Sierra Leone*, predigten christliche Missionare schon seit 1550. In den ersten hundert Jahren bewegten sie nur wenige zu einer Bekehrung. Offenbar kam der neue Glaube den Menschen in Sierra Leone zu fremd und verschieden von ihren Stammesgewohnheiten vor und wurde deshalb von ihren Führern nicht unterstützt. Möglicherweise waren die portugiesischen Missionare, die ihren Seeleuten folgten, auch zu schlecht ausgebildet für diese Mission.
1787 wurde Freetown als Kolonie befreiter Sklaven aus den USA, Kanada und den Karibischen Inseln gegründet. Diese befreiten Sklaven wurden wirkungsvolle Botschafter des Christentums für ihre Brüder entlang der Küste, da sie schon im christlichen Glauben lebten. Die befreiten Sklaven spielten unter der Schirmherrschaft der anglikanischen Missionsgesellschaft CMS eine führende Rolle bei der Verbreitung des Christentums in Freetown, Bathurst, Conakry und Monrovia.
In der Mitte des 19. Jahrhunderts begann eine fruchtvolle missionarische Arbeit entlang der afrikanischen Westküste: Die „Kongregation für die Verbreitung des Glaubens" gab 1856 die gesamte Westküste Afrikas in die Hände der „Heilig-Geist-Väter". Pater Schwindenhammer, der Generalobere, war willens, einen Teil des Gebietes den „Lyoner Afrikamissionaren" zu überlassen. Dennoch bekam Bischof Melchior des Marion Bresillac Sierra Leone und später Dahomey, die heutige Republik Benin. Bischof Melchior sandte die Patres Baptiste Bresson und Louis Reymond und Bruder Eugène Raynaud als Pioniere zur Mission nach Sierra Leone. Sie erreichten Freetown am 12. Januar 1859 und wurden vom französischen Vizekonsul, Comte de Villautre, empfangen. Er empfahl den französischen Missionaren, englisch zu lernen, falls sie ihr Ziel, die Evangelisation der englischen Kolonie Sierra Leone, erreichen wollten. Der britische Gouverneur in Sierra Leone empfing die Missionare und versprach ihnen den gleichen Schutz, den er zuvor den protestantischen Missionaren garantiert hatte. Am 28. August 1860 begann das neue apostolische Vikariat von Dahomey seine Arbeit.

Im Süden des modernen Nigeria lag das Königreich *Benin*. Hier startete Lissabon ein missionarisches Pionierunternehmen, angefangen mit König Alfonso, König John II, König Manuel und König John III von Benin, 1472–1621. Die päpstliche Bulle gab Portugal das Monopol für den kommerziellen und spirituellen Einfluß über den ganzen afrikanischen Kontinent. Dieses Monopol fußte auf der Erforschung der Westafrikanischen Küste mit den Mitteln der portugiesischen Krone im 15. Jahrhundert. 1472 wurden portugiesische Priester der Diözese Lis-

sabon, die im Grunde keine Missionare waren, vom portugiesischen König mit den Händlern in das Königreich Benin gesandt, um es zu missionieren und mit ihm Handel zu treiben. Der portugiesische König und seine missionierenden Priester gebrauchten die alte Missionsstrategie, die in Europa benutzt worden war: Alle Bemühungen wurden auf den Herrscher des Staates gerichtet in der Hoffnung, daß seine Bekehrung die Bekehrung des ganzen Staates zur Folge haben würde. In Benin funktionierte diese Strategie jedoch nicht. Der erste nachgewiesene Kontakt der Missionare mit dem „Oba von Benin" wird als eine hochoffizielle Angelegenheit geschildert; der Oba suchte eine Allianz mit einer militärisch starken Nation. Er sandte seinen Sohn nach Portugal, um aus erster Hand die Religion und die Kultur der Portugiesen zu lernen. Die Anstrengungen Lissabons jedoch, eine Massenbekehrung der Bini zum Christentum zu bewirken, schlug fehl. Auch der Enthusiasmus Roms, das portugiesische Monopol in Afrika zu legalisieren, ließ mit der Zeit nach. Die Beziehungen zwischen Rom und Lissabon wurden immer schlechter, bis Rom schließlich 1640 die Anerkennung und jede Beziehung mit der gerade unabhängig gewordenen Regierung Portugals abbrach. Im übrigen ließ Portugals Einfluß in Benin aufgrund seiner Zwistigkeiten daheim mit Spanien und in Übersee mit Holland nach. Die „Kongregation zur Verbreitung des Glaubens" (de Propaganda Fide) unterstellte nun die Präfektur Benin den spanischen Kapuzinern der Provinzen Valencia und Aragon. Pater Angel de Valencia wurde 1648 Präfekt von Benin. Er erreichte am 12. Februar 1651 mit neun Mitbrüdern Benin, suchte den Oba auf und fand ein offenes Ohr für seine Botschaft. Dennoch konnte er kein weiteres Treffen erreichen: Seine Mission schlug fehl, weil er in Benin versucht hatte, rituelle Menschenopfer abzuschaffen. Er wurde von den Häuptlingen des Landes verwiesen und segelte auf einem englischen Schiff zurück nach Europa.
Ein Missionsversuch italienischer Kapuziner vor der Insel São Tomé, direkt vor der Küste, scheiterte ebenfalls.
Die „Society of the African Missions" (SMA) eröffnete am 28. August 1680 das neue Apostolische Vikariat von Dahomey. Am 5. Januar 1861 kam die dritte Missionsexpedition der SMA, die Toulon in Frankreich verlassen hatte, in Quidah in Benin an. Der Superior der Gruppe, Pater Francesco Borghero, hatte großen Erfolg mit seiner Mission in Quidah. Pater Borghero war dann auch der erste der „Lyoner Afrikamissionare", der Lagos erreichte und dort eine Missionsstation gründete. In Lagos traf er auf eine Gruppe katholischer Christen, die nach der Sklavenbefreiung aus Brasilien zurückgekehrt waren. Er sorgte da-

für, daß ein Priester zu ihnen geschickt wurde, um in ihrer Gemeinde zu leben und zu arbeiten. Das Vikariat Bight of Benin wurde 1870 in Nigeria gegründet. Allerdings gab es in diesem Gebiet schon seit 1840 evangelische Missionare, aus denen 1864 der einheimische Bischof Samuel Ajayi Crowther hervorging.

Das alte Königtum Kongo lag fast ganz im modernen Angola. Dort erlebten die christlichen Missionare des 16. Jahrhunderts ihre größten Erfolge.
Der Kongo wurde 1482 von portugiesischen Seefahrern entdeckt, die an der Küste Afrikas nach Süden segelten, um Indien zu finden. Kaum zehn Jahre später, 1491, kamen die ersten Missionare und tauften bald den König, seine Frau Nzinga und ihren ältesten Sohn. Die Hauptstadt Mbanza Congo wurde umbenannt in San Salvador. Obwohl der erste christliche König, kaum daß er getauft war, wieder vom Glauben abfiel und es einige Jahre hindurch nach einem Triumph der alteingesessenen Kulte aussah, regierte der Thronfolger Alfonso ab 1507 als aufrechter christlicher König.
Alfonso I. beanspruchte absolute Gleichbehandlung und Partnerschaft als Basis seiner Kooperation mit dem portugiesischen König. Er betrachtete den portugiesischen König als seinen Bruder und gestaltete die Verwaltung seines Königreiches nach dem Vorbild Portugals, unterschätzte dabei allerdings die unterschiedliche Kultur und Entwicklung beider Völker. Da Portugal nicht in der Lage war, die nötige Anzahl Priester in seine afrikanischen Missionsgebiete zu entsenden, schickte Alfonso I. viele Kongolesen zum Theologiestudium nach Portugal. Unter ihnen war auch Prinz Henry, ein Sohn des Königs. Er wurde zum Priester geweiht und 1518 von Papst Leo X. durch Handauflegung zum Bischof bestellt. Bischof Henry war der erste schwarzafrikanische Bischof. Zu dieser Zeit, ab 1518, hatten Vater und Sohn das höchste weltliche und geistliche Amt im Kongo inne. Mit dem Tod des Königs Alfonso I. im Jahre 1541 kam die christliche Blüte jäh zum Stillstand. Das Christentum verschwand fast vollständig, da es für die riesigen Gebiete kaum Priester gab und die portugiesischen Priester aufgrund des ungewohnten Klimas nicht länger bleiben konnten.

Auf ihrer Seereise nach Indien erreichten die Portugiesen bald Ostafrika. Zu Beginn des 16. Jahrhunderts ließen sich portugiesische Priester in den Festungen Sofala und *Mosambik* nieder und verkündeten von dort aus den Menschen in und um die Handelszentren das Evangelium. 1541–42 predigte der heilige Franz Xaver sechs Monate in Mosambik, bevor er nach Indien segelte, wo er 10 Jahre als Missionar tätig war. Zwanzig Jahre nach ihm, 1560, erreichte Goncalo da Siveria Mosambik mit drei anderen Missionaren. Er wurde einer der berühmtesten Missionare Ostafrikas. In Inhambane, einer blühenden Handelsstation an der Küste, begann er seine Predigt und zog schon bald ins Landesinnere. Er erreichte Simbabwe, das zum Einflußbereich des Monomotapa, eines Herrschers mit sakraler Würde, gehörte. Innerhalb von drei Wochen hatte er 1652 sowohl den Herrscher als auch 300 Verwandte und höhere Untertanen getauft. Schon ein Jahr später wandte sich der Monomotapa auf Drängen seiner islamischen Berater gegen Silveria und ließ ihn nachts umbringen. Zehn Jahre lang traute sich kein Missionar mehr in Monomotapas Reich.

Erst ab 1570 kamen mehr und mehr Missionare und bauten Kirchen und Siedlungen entlang des Flusses Sambesi. Von dort aus arbeiteten sie sich weiter vor in das Gebiet, welches das heutige Simbabwe umfaßt. Auf ihrem Weg bauten sie Kirchen und predigten in bedeutenderen Handelszentren. Zu Beginn des 17. Jahrhunderts war ihre Position so stark, daß sie den unchristlichen Monomotapa herausfordern und absetzen konnten. An seine Stelle setzten sie ein christliches Mitglied der Königsfamilie, Maruva, auf den Thron. Einige christliche Monomotapas und bedeutende Stammeshäupter ließen ihre Söhne in den portugiesischen Missionsschulen in Sena, Tete, Mosambik oder Goa erziehen. Einer dieser Schüler, der Sohn eines Monomotapas ließ sich 1670 als Theologe ausbilden, ein anderer wurde Priester und predigte in seinem Volke.

Aber im Grunde war das Bestehen des Christentums von der Macht Portugals abhängig. Als Portugals Position in Zentralafrika durch die Angriffe der Rozwi und Zimba schwächer wurde und schließlich im 17. Jahrhundert zusammenbrach, verlor das Christentum nördlich des Flusses Rovuma in Tansania fast allen Boden; nur wenige Christen blieben übrig.

Schon 1505 erreichten einige Franziskaner Kilwa an der Küste Tansanias, und 1542 streifte Franz Xaver auf seiner oben genannten Reise die Küste. Erst 1560 begann die eigentliche Missionstätigkeit, als Jesuiten und Dominikaner im Süden mit dem Häuserbau begannen. Zugleich bauten die Augustiner im Norden in Mombasa, Faza, Pate und Zanzibar. Die Jesuiten, die in Gebieten arbeiteten, wo die Menschen noch vornehmlich einheimischen Kulten anhingen, bekehrten viele zum Glauben. Aber die Augustiner hatten unter der islamischen Bevölkerung des Nordens wenig Erfolg, obwohl sie 1599 sechshundert Menschen und den König Pemba tauften.

Im 19. Jahrhundert wurde der Sklavenhandel der Europäer von Westafrika nach Amerika eingestellt. Herausragende Christen wie Thomas Fowell Buxton geißelten den Sklavenhandel und unterstützten die Gründung der beiden Siedlungen für ehemalige Sklaven in Sierra Leone und Liberia. Ehemalige Sklaven, wie Samuel Ajayi Crowther, der spätere Bischof, kehrten nach Westafrika zurück, um das Christentum zu verbreiten und den Lebensstandard zu heben.

Trotzdem wurden im 19. Jahrhundert immer noch Menschen als Sklaven von Ostafrika in die Länder des mittleren Ostens verschleppt. David Livingstone rüttelte das Gewissen der Europäer gegen diese Verbrechen wach, und Kardinal Charles Lavigerie, der Erzbischof von Algier, unternahm mit der von Livingstone besorgten Information eine ausgedehnte Predigtreise gegen die Sklaverei durch Europa. Es dauerte allerdings noch einige Zeit, bis der Druck der europäischen Mächte auf die ostafrikanischen Sklavenhändler seine Wirkung zeigte. Katholische und anglikanische Missionare kauften unterdessen aus ihren Mitteln Sklaven frei und gründeten Siedlungen für diese Menschen an der ostafrikanischen Küste. Die „Heilig-Geist-Väter" gründeten ein christliches Dorf in Bagamoyo, nördlich des heutigen Daressalam. Schon bald gab es zahlreiche solcher Dörfer an der Küste und im Hinterland. Die Dörfer bewahrten die Befreiten vor dem Übel, erneut versklavt zu werden oder in ihren einheimischen Kult zurückkehren zu müssen.

Nachdem Charles Lavigerie 1867 Erzbischof von Algier geworden war, gründete er christliche Dörfer auch für die Waisen, die von den Sklavenrazzien zurückgeblieben waren und für die Opfer von Naturkatastrophen, Hunger und Krankheiten. Ein Jahr später stiftete er die katholische Missionsgesellschaft der „Weißen Väter" und schickte sie nach Uganda und Tansania. Lavigerie gab seinen Missionaren den ausdrücklichen Auftrag, keine weiteren christlichen Dörfer zu gründen, sondern die in Ostafrika vorhandenen Gemeinschaften und Institutionen zu christianisieren. Die Weißen Väter arbeiteten auch unter den Bemba von Sambia, wo Bischof Joseph Dupont durch seine Mission bekannt wurde. Die Weißen Väter und die anglikanische Missionsgesellschaft CMS verlangten von den Katechumenen eine lange Vorbereitungszeit, wodurch sich jetzt wirklich überzeugte Christen taufen ließen.

1902 kamen noch die „Consolata Fathers" von Italien nach Kenia und nahmen ihre Arbeit im Gebiet um Nairobi auf.

Um 1900 war die Kirche zwar schon in vielen Schlüsselgebieten präsent, aber verbreitet hatte sie sich noch nicht. Lediglich unter den evangelischen Christen in Westafrika gab es einige ausgebildete afrikanische christliche Führer. Die Katholiken breiteten sich später dank der Pionierarbeit (im Schul- und Krankenhauswesen) von Bischof Shannahen von Ostnigeria aus. In Uganda setzte eine bedeutende Entwicklung ein, da afrikanische Christen die Führung in der Verbreitung des Glaubens übernahmen. In der ersten Hälfte des 20. Jahrhunderts füllten viele Missionen die leeren Räume, die die Kirche gelassen hatte. Es gab eine Verschiebung in der Vorrangigkeit von der Evangelisation zur Ausbildung; die Zahl der Christen wuchs ständig. Allerdings konnte das Wachstum der einheimischen Führungsgruppe nicht mithalten und von den vierziger Jahren an gab es durch die beginnende politische Unabhängigkeit weitere tiefgreifende Veränderungen.

2. Die Kirche in Afrika heute

Die heutige Kirche in Afrika verdankt sich zu einem großen Teil den enormen Opfern, unter denen die ersten Missionare Christus in Afrika bezeugt und verkündigt haben. Oft haben sie dabei ihr Leben oder doch wenigstens ihre Gesundheit verloren. Ihnen und den ersten Afrikanern, die die Botschaft Christi angenommen und unter ihren Brüdern verbreitet haben, danken die heutigen Christen von ganzem Herzen. Vor allem danken sie dem Heiligen Geist, der mit seiner Kirche ist und sie wachsen läßt.

2.1 Der afrikanische Klerus

Die wachsende Zahl einheimischer Priester, Mönche und Nonnen fällt unmittelbar ins Auge; die kirchliche Hierarchie, mit allen Strukturen etabliert, ist fast vollständig mit einheimischen Bischöfen besetzt. Gott hat Afrika mit vielen Berufungen zum Priestertum gesegnet.

Von den heute 120 Kardinälen der katholischen Kirche stammen zehn aus Afrika: Paul Zoungrana aus Obervolta, Laureen Rugambwa aus Tansania, Maurice Otunga aus Kenia, Emmanuel Nsubuga aus Uganda. Bernadin Gantin aus Benin, Dominic Ignatius Ekandem aus Nigeria, Joseph Malula aus Zaire, Hyacinthe Thiandoum aus Senegal, Léon-Etienne Duval aus Algerien und Victor Razafimahatratra aus Madagaskar.

Unter den 3709 katholischen Bischöfen der ganzen Welt sind 448 Afrikaner, 24 von ihnen arbeiten in der römischen Kurie: Kardinal Bernadin Gantin aus Benin ist seit April 1984 von Papst Johannes Paul II. beauftragt, die Verantwortung für die Ernennung der Bischöfe in der ganzen katholischen Kirche zu tragen.

Der Erzbischof von Onitsha in Nigeria, F. A. Arinze, ist Propräsident des „Sekretariates für die Nichtchristen".

2.2 Kirchenstruktur

Außer der nationalen Bischofskonferenz jeden Landes gibt es einzelne regionale Bischofskonferenzen, sowie die alle umfassende Bischofskonferenz von Afrika und Madagaskar.
Gemeinsam mit den 448 Bischöfen Afrikas arbeiten über 200 000 ausgebildete Christen in fast 70 000 pastoralen Zentren an der Verbreitung des Glaubens. Die 6052 Diözesenpriester Afrikas versehen ihren Dienst in über 7000 Pfarreien, zu denen noch 733 Missionsstationen mit ständigen Priestern hinzukommen.
Sie arbeiten gemeinsam mit 11 294 Ordenspriestern, 35 586 Ordensschwestern, 5365 Ordensbrüdern und der gewaltigen Zahl von 142 138 Katechisten.
Die Bedeutung, die den Katechisten in Afrikas Kirche zukommt, zeigt sich, wenn man weiß, daß zwei Drittel aller Katechisten der katholischen Kirche in Afrika lebt und arbeitet, vornehmlich in den fast 60 000 Missionsstationen, die keine Priester haben. Die Bedeutung der Mission in Afrika zeigt teilweise die Zahl der Getauften von 1980: 1,4 Millionen Kinder und knapp 600 000 Erwachsene.

2.3 Die Rolle der Kirche in der Erziehung

Die Hauptsorge missionarischer Aktivität ist immer schon das Bemühen um geistliche und materielle Wohlfahrt der Menschen gewesen. Die Erziehung ist eine der Methoden der Kirche, um dieses Ziel zu erreichen. In Afrika ist die Kirche der eigentliche Pionier des Erziehungswesens, nicht die Kolonialmächte. Die Kirche hat Schulen und Universitäten gegründet und geleitet und auf diesem Wege vielen Menschen eine Ausbildung ins Haus gebracht. In der Zeit der Unabhängigkeit wurden Schulen vieler afrikanischer Länder verstaatlicht. Da die Kirche solche Bestrebungen nicht unterstützt, sucht sie Mittel und Wege, sich an der Ausbildung der Jugend in Schulen und Universitäten zu beteiligen. So leiten christliche Erzieher in der Regel die Institute für Religionswissenschaft an den Universitäten. Viele Schulen für Blinde und Taubstumme wurden von der Kirche gegründet und werden auch von ihr geleitet. In vielen Diözesen werden Pastoralinstitute gebaut. Diese Institute helfen mit, gemeinsame Lehrpläne für den Religionsunterricht an Schulen und Universitäten zu erstellen. Zugleich dienen

sie in der Urlaubszeit als Zentren, in denen Studenten an Führungskursen teilnehmen.
Buchläden werden von den Bischöfen eingerichtet, um katholische Literatur zu verbreiten. Viele Priester und Ordensleute sind heute noch in der Erziehung unserer Jugend in Schule und Universität tätig.
Die Kirche in Afrika legt einen Akzent auf die Priesterausbildung. So gibt es in jedem Land „Kleine Seminare" und Priesterseminare, in denen Priesteramtskandidaten erzogen werden. Die 448 Seminare gliedern sich in 90 Priesterseminare, 261 „Kleine Seminare" und 97 weitere Ausbildungsstätten für Seminaristen.
1980 gab es 6549 Priesteranwärter, unter ihnen 1101 in verschiedenen Orden, in den Seminaren. Hinzu kommen 28 215 Bewohner der „Kleinen Seminare", die eine Oberschulausbildung bekommen, bevor sie das Theologiestudium beginnen können. Drei Institute Katholischer Theologie, die von der Kirche gegründet wurden, seien genannt:
1. Institute Catholique de l'Afrique Occidentale in Abidjan, Elfenbeinküste, gegründet am 12. August 1975,
2. Catholic Institute of West Africa, in Port-Harcourt, Nigeria, gegründet am 30. November 1981,
3. Kinshasa Faculty of Catholic Theology der Université du Zaire Campus de Kinshasa, gegründet im Jahre 1958.

2.4 Medien der Kommunikation

Eng verbunden mit der Erziehung ist der Aufbau der Kommunikationsmedien, um eine christliche, öffentliche Meinung heranzubilden. In Nigeria gibt es beispielsweise zwei katholische Zeitungen „Ibadan" (Unabhängigkeit) und „Owerri" (der Führer), die vierzehntägig erscheinen; und eine Vierteljahresschrift „Das katholische Leben". Die einzelnen Zeitungen von jedem afrikanischen Land hier zu nennen, ist nicht möglich.

2.5 Die Arbeit der Kirche im Gesundheitswesen

Das Leid der Menschen zu lindern, auch und gerade physisches und psychisches Leid, ist eines der wichtigsten Vermächtnisse Jesu Christi. Die Kirche versucht, dieses Beispiel nachzuahmen, indem sie Krankenhäuser, Entbindungs- und Krankenstationen baut, um die Kranken und Hilfsbedürftigen zu heilen. Nun baut die Kirche nicht nur diese Häuser, sondern stellt zugleich das Personal. Ordensfrauen spielen die herausragende Rolle in diesem Bereich des kirchlichen Dienstes am Men-

schen. Von den oben genannten über 35 000 Ordensschwestern arbeitet ein großer Teil als Krankenschwestern, medizinische Hilfskräfte oder Ärzte. Einige bilden angehende Krankenschwestern und Hebammen aus.
Die folgenden Daten sprechen für sich: In ganz Afrika gibt es seitens der Kirche 978 Krankenhäuser, 3115 Krankenstationen, 283 Leprastationen, 358 Waisenhäuser und 360 Pflegeheime/Kinderheime.

3. Afrikanische Spiritualität

Die Spiritualität ist die ernsthafte Antwort des Menschen auf die Offenbarung der Liebe Gottes in Christus und besteht im Dienst an Gott und am Menschen. Christliche Spiritualität beginnt, wenn ein Mensch das Wort Gottes glaubend empfangen hat. Sie drückt sich in der Liebe zu Gott in Wort und Tat aus und wächst darin.

3.1 Die Liturgie der afrikanischen Kirche

Die Liturgiekonstitution des II. Vatikanischen Konzils hat festgelegt, daß die Landessprache in der Liturgie gebraucht werden kann und soll. So wurde die Forderung des Konzils, alle Gläubigen sollten bewußt und aktiv am Gottesdienst teilnehmen, erst erfüllbar. Diese Neuerung wurde für die afrikanische Kirche in die Praxis umgesetzt.
Auf diesem Hintergrund erst kann die lebhafte afrikanische Eucharistie beschrieben werden. Das Hochgebet der Messe wird in jeder afrikanischen Muttersprache gesungen. Die afrikanischen Komponisten, von der Heiligen Schrift und der liturgischen Tradition angeregt, bringen einfache Melodien hervor, die die Menschen erfassen und erfreuen. Afrikanische Instrumente begleiten den Gesang, der Rhythmus der Trommeln bringt die singenden Menschen in Bewegung. Die Lieder spiegeln die afrikanische Herkunft der Gläubigen, die bald zu tanzen beginnen möchten. Während der Eucharistie tanzen die Gläubigen selbstverständlich nicht, aber der Gottesdienst wird doch immer sehr lebhaft gefeiert. Die Gläubigen nehmen am Gebet der Kirche nicht bloß passiv teil, sie sind eigentlich Handelnde. Sie reden Gott als Vater und Schöpfer an, sprechen Bittgebete im Bewußtsein der vollkommenen Abhängigkeit von Gott, benutzen dabei afrikanische Vorstellungsweisen im biblischen Kontext. Trotz aller Bemühungen und Anstrengungen um eine Inkulturation haben einige Menschen Sehnsucht nach der lateinischen Messe, und einigen Pfarrern liegt sehr daran, diesem Verlangen nachzukommen.

3.2 Christliche Kunst

Die afrikanische christliche Kunst ist sehr ausgeprägt und hat ein eigenes Selbstverständnis. Hier ist eine Inkulturation bereits weit fortgeschritten. Die Westafrikaner haben Kunstgegenstände nicht nur aus Holz hergestellt, sondern auch aus anderen Werkstoffen. 1947 haben die „Lyoner Afrikamissionare" in Oye Ekiti in Nigeria ein Zentrum zur Entwicklung afrikanischer Kunst für die Kirche gegründet. Seit dieser Zeit entstehen regelmäßig afrikanische Kunstwerke, vor allem Holzschnitzereien. Die Kapelle der katholischen Universität in Ibadan und St. Paul in Lagos stellen seit langem moderne und traditionelle afrikanische Kunst aus.

In Ostafrika gibt es ebenfalls seit langem ein Bemühen, einheimische Kunst zu assimilieren und umzuformen. Ein bemerkenswertes Beispiel dafür ist die Dreifaltigkeitskathedrale in Nairobi, Kenia.

Genauso gibt es in der Diözese von Tanga in Tansania und in St. Peter bei Daressalam großartige Beispiele afrikanischer Kunst in der Ausgestaltung von Kirchengebäuden. In der Kibosho-Kirche in Uganda gibt es ein Wandgemälde über dem Hauptaltar; ein Bild zeigt die klagende Mutter, ein anderes die ugandischen Märtyrer.

Im Staat Malawi gibt es eine wunderschöne Holzschnitzerei: die Trinität in einer afrikanischen Interpretation. Diese Arbeit veranschaulicht die ewige Sendung der Trinität: Der Vater, der den traditionellen Armreif des Häuptlings trägt, legt seine Hand auf die Schultern des Sohnes und schickt ihn aus. Der Sohn trägt den Heiligen Geist in Gestalt einer Taube in den Händen, die er zu seiner Kirche schickt.

Für die afrikanische Kunst wurde Christus in Afrika geboren als der leidende und sterbende Mensch, als der, in dem die afrikanische Art, menschlich zu sein, in einer allumfassenden Weise sichtbar wurde. So überwand er alle Mächte und brachte das Leben in Fülle. Leben ist bipolar. Darum wurde der Gekreuzigte im alten Kongo bisexuell dargestellt. Hier drückt sich auch die afrikanische Erfahrung mit dem Leben am stärksten in einem christlichen Symbol aus. Im Senkrechtbalken des Kreuzes wird das Leben aufgerichtet, und im zweiten, dem Querbalken, wird das Böse durchkreuzt; darin findet Afrika den angemessenen Ausdruck seiner religiösen Erfahrung. So zeigt die Kunst der Theologie einen Weg auf, wo die Theologie ihren Weg noch nicht gefunden hat.

3.3 Inkulturation

Die Kirche hat die Aufgabe, hinauszugehen und das Evangelium in alle Welt zu bringen. Aber wie kann es die Kirche erreichen, daß die Bot-

schaft wirklich alle Völker anspricht, daß sie in den Erfahrungshorizont aller Menschen eindringt und daß die Menschen den Geist des Evangeliums zum Maßstab ihres Lebens machen?
Vor allem und zuerst durch die Inkulturation. Verkündigung und Inkulturation sind nicht die zwei Seiten einer Münze, sondern das eine steckt im anderen. Die Inkulturation ist die Weise der Verkündigung, die Menschen anzusprechen. Genau dies meinten die Konzilsväter des II. Vatikanischen Konzils im Missionsdekret „Ad gentes" Nr. 22.
In Afrika wurde in dieser Hinsicht schon sehr viel getan. Das erste Zeichen dafür ist, daß fast alle Verkünder der Botschaft Christi in Afrika heute Afrikaner sind. Sie sind in den Bräuchen und Traditionen, der Kunst und der Kultur ihrer Gemeinden aufgewachsen. Sie sprechen zu ihnen geradewegs so, wie ihre Mütter es ihnen beigebracht haben und gebrauchen Bilder und Sprichwörter, um das Evangelium Jesu Christi verstehbar und eingängig zu machen. Aus dieser günstigen Position heraus haben sie die Kultur ihrer Völker bereichert: den Lebensstil, die Art und Weise, Liebe, Gerechtigkeit, Glück, Wahrheit, Frieden und Gnade auszudrücken, die Weise, alle die so erfahrenen Werte zu bewahren.
Dennoch gibt es überall Probleme. Der Mittelpunkt unseres christlichen Gottesdienstes ist die Eucharistie. Dieses Sakrament wird mit Brot und Wein gefeiert. Beide Elemente, vor allem der Wein, müssen nach Afrika importiert werden. Wie aber sollen sie dann die Frucht der afrikanischen Erde sein und der afrikanischen Hände, für die wir Gott danken?
Die Afrikaner würden lieber Palmwein und Hirsebrot nehmen, die wirklich aus Afrika kommen.
Die Vielehe geht sehr stark zurück, nicht nur weil das Evangelium dagegen ist und die Kirche dies predigt, sondern die heutige wirtschaftliche Situation in der Welt macht es jedem unmöglich, mehr als eine Frau und somit erheblich mehr Kinder zu haben. Sie zu ernähren und großzuziehen ist ein Problem, das kaum zu lösen ist. Viele andere Fragen resultieren aus den althergebrachten Gewohnheiten. Da die guten Bräuche der Menschen ja an die Botschaft Christi herangeführt und nicht die Botschaft an sie angepaßt werden soll, wird es noch einige Zeit dauern, bis das Christentum ganz afrikanisch ist.

3.4 Afrikanische Theologie

Es ist eine Ironie der Geschichte, daß Afrika so frühe und berühmte Kirchenväter wie Origines, Tertullian, Cyprian, Augustinus und die

Ägyptischen Väter hervorbrachte, heute aber keine Theologie hat, die als afrikanisch zu bezeichnen ist. Woher kommt dieser Kontinuitätsbruch? Es soll kurz gezeigt werden, was afrikanische Theologen heute tun, um afrikanische Theologie zu betreiben.
Die Quellen der afrikanischen Theologie heute sind die Bantu-Philosophie und die afrikanische Anthropologie. Die afrikanischen traditionellen Religionen haben eine Menge beizusteuern: den Ahnenkult, die Hochschätzung des Lebens, die Praxis der Initiation, die Vorstellung von der Ehe, die Gastfreundschaft und im Grunde die ganze afrikanische Kultur. Dazu kommt die Erfahrung Afrikas in den Händen seiner Kolonialmächte und die Auswirkungen der Unabhängigkeit.
Heute wird Theologie in vielen Seminaren Afrikas betrieben, besonders für die, die Priester werden wollen. Neben den drei genannten Universitäten öffnet demnächst eine vierte in Nairobi, Kenia, ihre Tore. Diese Fakultäten lehren Theologie im sozio-kulturellen Kontext Afrikas. Sie erstreben eine theologische Synthese zwischen afrikanischen Perspektiven und denen der Universalkirche und versuchen so, für die Kirche in Afrika einen kreativen Beitrag zu leisten. Daneben werden akademische Lehrer für die Seminare ausgebildet, Institute und Zentren für Seelsorge und Katechetik errichtet. Durch ihre Forschungen, Veröffentlichungen sowie Symposien leisten sie einen beachtlichen Beitrag und bilden sie die Wurzeln für die lang erwartete afrikanische Theologie.
Seit zwanzig Jahren helfen verschiedene Konferenzen, die Theologie in Afrika zu verlebendigen. In Ostafrika gibt es die „Association of Theological Institutions", deren Mitglieder sich aus Lektoren der Seminare und Lehrer der Oberschulen und Universitäten zusammensetzen. Sie treffen sich jährlich und untersuchen ihre Lehrpläne und Prüfungsordnungen und diskutieren die Kontextualisierung der Theologie. In Westafrika gibt es die „West African Association of Theological Institutions", die an der wissenschaftlichen Übersetzung der Bibel in die verschiedenen westafrikanischen Sprachen sowie an der Kontextualisierung der theologischen Erziehung arbeitet und eine Kirchengeschichte aus der Sicht Afrikas schreibt.
Eine andere Arbeitsgemeinschaft ist das „Accrediting Council for Theological Education in Africa". Diese Konferenz bezieht ganz Afrika ein und hat als neuestes Mitglied die „Association of African Exegetes" aufgenommen. Neben diesen Konferenzen arbeiten die verschiedenen Pastoralinstitute in speziellen Gebieten an der Afrikanisierung der Kirche. Das „Gaba-Pastoral Institute of Eastern Africa" gibt die Zeitschrift „Afer" und „Spearhead" heraus. Das Pastoralinstitut „Bodija" in Iba-

dan, Nigeria, bearbeitet praktische pastorale Fragen: den Dialog mit dem Islam und das Problem der Verstädterung.
Im ökumenischen Dialog wird auch einiges getan. Das „Lutheran Theological College" in Makumira, Tansania, gibt das „African Theological Journal" heraus. Die ökumenische Vereinigung afrikanischer Theologen hat in den letzten Jahren auf vielen Versammlungen des Ökumenischen Rates der Kirchen mitgearbeitet.
Das Anliegen der afrikanischen Theologen ist die Ausarbeitung einer Inkulturationstheologie. Dies ist besonders deutlich, seitdem das Symposium der Bischofskonferenz von Afrika und Madagaskar 1974 dazu anregte.

4. Die Kirche in den einzelnen Ländern

Im folgenden geben wir knappe Informationen zur Lage der katholischen Kirche in den einzelnen Ländern Afrikas. Als Informationsquelle dienten das Annuarium Statisticum Ecclesiae von 1981 und die wertvollen „Länderberichte" der deutschen Zeitschrift „Katholische Missionen".

Somalia

Das Land ist fast zweieinhalb mal so groß wie die Bundesrepublik Deutschland. Es ist dünn besiedelt. Die Gesamtbevölkerung beträgt etwa 3,5 Millionen. Fast alle sind Muslime. Die gut 2000 Katholiken sind fast durchweg Ausländer, vor allem Italiener. Übertritte zum Christentum sind verboten. Etwa 60 Ordensschwestern und 6 Ordenspriester sind in dem Bistum Mogadischu tätig. 1972 wurden die kirchlichen Schulen und Krankenhäuser verstaatlicht. Obwohl das System marxistisch-leninistisch ausgerichtet ist und sich nach China hin orientiert, werden die (sozialen) Dienste der Kirche gutgeheißen.

Dschibuti

Dschibuti ist seit 1977 eine unabhängige Republik, nachdem es vorher eine französische Kolonie gewesen war. Die Gesamtbevölkerung beläuft sich auf ungefähr 200 000. Die meisten sind Muslime. Dschibuti ist seit 1955 Diözese. Die 12 000 Katholiken sind zu einem erheblichen Teil Ausländer. 10 Priester und ungefähr 50 Ordensleute sind in dem Land tätig. Die Kirche ist besonders auf dem Gebiet des karitativen und sozialen Apostolats tätig.

Sudan

Auf einem Gebiet, das ungefähr zehnmal so groß wie die Bundesrepublik Deutschland und ungenügend erschlossen ist, leben etwa 19 Millionen Menschen. Sie gehören vielen Volks- und Sprachgruppen an. Etwa 60 Prozent der Sudanesen, vor allem im Norden, sind Muslime, mehr als 30 Prozent, vor allem im Süden, leben in den traditionellen afrikanischen Religionen. Den Rest bilden vor allem die Christen, unter denen die Katholiken mit über einer Million etwa 5 Prozent ausmachen. 90 Prozent von ihnen befinden sich im Südsudan. Khartum und Juba sind Sitze von Erzbischöfen, darüberhinaus gibt es 6 Bistümer. Die Zahl der Priester ist zu gering und darüberhinaus rückläufig. Im Südsudan sind es gegenwärtig ungefähr 60, von denen die Hälfte einheimisch ist.

Der Präsident Numeiri, der seit 1983 der vielen Probleme in seinem Land dadurch Herr zu werden versuchte, daß er das islamische Strafgesetz rigoros durchsetzte, ist im Frühjahr 1985 durch General al Dhahab, den Chef einer Militärregierung abgelöst worden. Die Katholiken sehen darin eine Chance für die Zukunft. Nachdem in den 60er Jahren viele Missionare aus dem Sudan ausgewiesen worden waren, arbeiten die verbleibenden Kräfte vor allem im Erziehungs- und Gesundheitswesen.

Äthiopien

Ende 1974 wurde Kaiser Haile Selassie abgesetzt. Seitdem gehört die Macht dem „Derg", einem tyrannisch im Sinne eines marxistisch-leninistischen Sozialismus regierenden Komitee, an dessen Spitze Mengitu Haile Marioun steht. In Äthiopien herrschen katastrophale soziale und wirtschaftliche Verhältnisse. Ungezählte Menschen leiden an Krankheit und Hunger. Genaue statistische Angaben über Äthiopien sind nicht möglich. Man wird mit etwa 30 Millionen Einwohnern rechnen müssen. Etwa 40 Prozent sind äthiopisch-orthodoxe Christen, ca. 30 Prozent gehören dem Islam an. Weitere 10 bis 15 Prozent sind Angehörige traditioneller afrikanischer Religionen. Die katholische Kirche wird um 200 000 Mitglieder haben, von denen zwei Drittel zum äthiopischen Ritus gehören. Die evangelischen Kirchen sind zahlenmäßig stärker als die katholische. Addis Abbeba ist Sitz eines Erzbischofs (äthiopischer Ritus). Außerdem gibt es zwei Bistümer (ebenfalls äthiopischer Ritus) und vier Apostolische Vikariate und eine Apostolische Präfektur (lateinischer Ritus). Die Christen engagieren sich, so gut sie es können, im schulischen und im karitativen Bereich. Zwar gibt es keine systematische Christenverfolgung, aber vereinzelte Aktionen gegen Christen kommen vor.

Senegal

Seit 1960 ist Senegal ein unabhängiger Staat, der sich allmählich zu einer Mehrparteiendemokratie entwickelt. Sein Präsident ist der Katholik L. L. Senghor, der einen „afrikanischen Sozialismus" vertritt. Korruption und Armut sind in Senegal noch nicht überwunden. Dürrekatastrophen werfen das Land immer wieder zurück. In Senegal leben insgesamt etwa 6 Millionen Menschen. Die weitaus meisten sind Muslime. Etwa 5 Prozent, also 300 000 Senegalesen sind Katholiken. Dakar ist Sitz des Erzbischofs. Darüberhinaus gibt es vier Diözesen und eine Apostolische Präfektur. Im Süden des Landes sind einige Gebiete fast ganz katholisch. Etwa 50 einheimische Diözesanpriester sind tätig. Dazu kommen etwa 150 Ordenspriester. Die Zahl der Seminaristen steigt. Die Kirche hat sich in Senegal vor allem im Schulbereich betätigt. Sie hat in dem islamisch geprägten Land ein hohes Ansehen und mehr Einfluß als es ihrer zahlenmäßigen Größe entspricht.

Gambia

Gambia ist der kleinste der unabhängigen Staaten Afrikas. Es war lange britische Kronkolonie, ist aber seit 1965 unabhängig. Es ist von Senegal umschlossen, hat jedoch ein kleines Stück Atlantikküste. Bathurst, die Hauptstadt, ist auch Bischofsstadt. Von den etwa 600 000 Einwohnern sind ungefähr 10 000 katholisch. Die Mehrheit der Einwohner sind Muslime.

Guinea-Bissau

Ein kleiner, an Senegal südlich angrenzender Staat ist Guinea-Bissau. Nach jahrhundertelanger Zugehörigkeit zu Portugal ist das Land seit 1974 unabhängig. Etwa 800 000 Einwohner leben in Guinea-Bissau. Mehr als die Hälfte sind Anhänger traditioneller afrikanischer Religionen, 35 bis 40 Prozent bekennen sich zum Islam. Neben einer kleinen Gruppe evangelischer Christen gibt es etwa 40 000 Katholiken. Missionarische Bemühungen waren in diesem Gebiet stets schwierig und weitgehend erfolglos. 1977 wurde die Apostolische Präfektur in eine Diözese umgewandelt. Heute wirken in 15 Pfarreien knapp 40 (nicht einheimische) Priester und ebenso viele Ordensbrüder und -schwestern. Sie sind vor allem im (staatlichen) Schul- und Gesundheitsdienst tätig.

Kapverdische Inseln

500 km von der senegalesischen Küste entfernt liegt im Atlantischen Ozean die Gruppe der Kapverdischen Inseln. Sie gehörten viele Jahrhunderte hindurch Portugal; seit 1975 sind sie unabhängig. Die Inseln werden oft von Dürrekatastrophen heimgesucht. Auf den Inseln leben etwa 300 000 Einwohner. 95 Prozent von ihnen sind Katholiken. Schon seit dem 16. Jahrhundert gibt es auf den Inseln Christen. Heute sind in dem Gebiet der Inseln etwa 50 Priester tätig. Nur ein Teil von ihnen ist einheimisch. Dasselbe gilt für die 30 Ordensschwestern.

Mauretanien

An Senegal schließt sich nach Norden Mauretanien an. Es ist ein dünnbesiedeltes Land. 1,5 Millionen Einwohner, viele von ihnen Nomaden, leben in ihm. Mauretanien ist ein äußerst armes Land. Es leidet unter ständiger Dürre. Seit 1960 ist es (von Frankreich) unabhängig. Fast alle Mauretanier sind Muslime. Die 5000 Katholiken sind ausnahmslos Ausländer. Der Bischof lebt in der Hauptstadt Nouakchott. Ein Dutzend Priester und 25 Ordensschwestern helfen ihm. Sie stehen in der Seelsorge an den Katholiken und betätigen sich in schulischen und gesundheitlichen Diensten. Seit Dezember 1984 ist Oberst Toga, der als integre Persönlichkeit gilt, Staatschef in diesem Land.

Mali

Mali, etwa doppelt so groß wie Frankreich, ist eines der ärmsten Länder der Welt. Es gehört z. T. zur Sahara, z. T. zur Sahel-Zone. Dürrekatastrophen suchen das Land heim. Etwa 7 Millionen Menschen leben in Mali. Seit 1960 ist Mali selbständige Republik. Dreiviertel der Bevölkerung sind Muslime. Neben 20 000 evangelischen Christen gibt es etwa 70 000 Katholiken. Die restlichen Malier gehören traditionellen Stammesreligionen an. Bamako ist Sitz des Erzbischofs. Fünf andere Städte sind Bischofssitze. Etwa 150 Priester und 170 Ordensschwestern sind tätig. Einige sind einheimisch. Die Kirche ist besonders im schulischen Bereich tätig. Das ist ihr möglich, da der Staat religiös neutral sein will. Im übrigen sind die sozialen und karitativen Aufgaben stets drängend.

Obervolta

Obervolta, seit 1980 wieder unter einer Militärführung stehend, ist ein künstliches Gebilde – ursprünglich eine französische Verwaltungseinheit. Viele Volks- und Stammesgruppen leben in dem Land zusammen. Zwei Drittel der etwa 6 Millionen Einwohner Obervoltas leben in den traditionellen afrikanischen Stammesreligionen, 15 Prozent sind Muslime, 10 Prozent Christen. Unter ihnen stellen die Katholiken mit etwa 500 000 die Mehrheit dar. Die Kirche ist inzwischen in Obervolta fest verwurzelt. Alle neun Bischöfe (darunter ein Erzbischof in Wegadugu) und ein großer Teil der insgesamt etwa 400 Priester und der ca. 700 Ordensleute stammen aus dem Lande. Die fast 100 einheimischen Seminaristen werden an zwei Seminaren ausgebildet. Eine Benediktinerinnenabtei und eine Benediktinerabtei sind gegründet worden. Viele Katholiken haben sich zu kleinen Gemeinschaften zusammengeschlossen. Obervolta gehört auch zu den ganz armen, von Dürrekatastrophen geplagten Ländern der Sahelzone. Die Kirche bemüht sich nach Kräften, die Folgen dieser Not zu lindern.

Niger

An Mali und Obervolta schließt sich nach Osten hin das große Land Niger an. Es ist etwa fünfmal so groß wie die Bundesrepublik. Fünfeinhalb Millionen Menschen wohnen dort. Niger gehört zur Sahelzone und ist immer wieder von der Dürre bedroht. Seit 1974 leitet General Kountché mit großem Geschick das Land. Ein Putschversuch ist 1983 mißlungen. Das Land ist von wirtschaftlichen Sorgen und Arbeitslosigkeit bedrängt. Etwa 90 Prozent der Bevölkerung sind Muslime. Die Christen – meist afrikanische und nichtafrikanische Ausländer – machen mit 25 000 nur 0,4 Prozent aus. Etwa 15 000 sind Katholiken. In Niger gibt es ein Bistum: Niamey. Alle 29 Priester sind Ausländer, ebenso fast alle Ordensschwestern (insgesamt 80). Die Schulen und Krankenstationen, die von ihnen geleitet werden, haben in dem religiös neutral sein wollenden Land ein hohes Ansehen.

Tschad

Im Osten von Niger liegt der ungefähr ebenso große Tschad. Auch er ist ein sehr armes Land, das in den letzten Jahren von vielen bürgerkriegsähnlichen Unruhen betroffen war. Der Grund für die Auseinandersetzungen war vor allem das völkische Ungleichgewicht. Seit 1981 hat sich das Land wieder beruhigt. Unter den viereinhalb Millionen Bewohnern des Landes, die im Norden vor allem muslimisch sind und im Süden weitgehend den Stammesreligionen angehören, sind ungefähr 250 000 Katholiken. N'Djamena ist Sitz des Erzbischofs, außerdem gibt es – im Süden des Landes – drei Diözesen. Die 16 Diözesanpriester und die 120 Ordenspriester sowie die fast 200 Ordensschwestern kommen nur zum geringsten Teil aus dem Tschad. Eine große Rolle spielen die Katechisten. Viele Katholiken haben sich zu Nachbarschaftsgemeinden zusammengetan.

Sierra Leone

Das Land war ehemals eine britische Kronkolonie. Seit 1971 ist es eine unabhängige Republik. Etwa 3,5 Millionen Menschen bevölkern das Land. Sie gehören verschiedenen Volks- und Stammesgruppen an. Die traditionellen Naturreligionen sind bei weitem am stärksten verbreitet. Ca. 25 Prozent sind Muslime. Die Zahl der Katholiken beträgt gut 60 000, die der evangelischen Christen liegt etwas höher. Neben einem Erzbistum (Freetown and Bo) gibt es zwei Bistümer. 26 Pfarreien sind eingerichtet. Daneben werden viele Missionsstationen unterhalten. Die Kirche ist im Schulwesen und im Gesundheitswesen aktiv.

Guinea

Als im März 1984 der Staatspräsident Sékou Touré starb, ging für das Land und für die Kirche eine schwierige Zeit diktatorischer Willkürherrschaft zu Ende. Jetzt leitet ein „Militärkomitee für den nationalen Wiederaufbau" unter Lasana Conté die Geschicke des Landes. Es bestehen Hoffnungen für eine Besserung der Lage. Gleichwohl sind die wirtschaftlichen und sozialen Lebensbedingungen in Guinea in einem schlechten Zustand. Unter 5 Millionen Einwohnern leben etwa 50 000 Katholiken. Zwei Drittel der Bevölkerung sind muslimisch, die übrigen sind Anhänger traditioneller Stammesreligionen. Die Kirche ist in zwei Bistümer und eine Apostolische Präfektur eingeteilt. Etwa 20 einheimische Priester und etwa 25 afrikanische Ordensschwestern sowie eine beträchtliche Zahl von Katechisten arbeiten im Dienst der Kirche. Während der Herrschaft Sékou Tourés kam es oft zu Spannungen zwischen Staat und Kirche. Die ausländischen Kräfte der Kirche wurden des Landes verwiesen. Dennoch gilt die Kirche in Guinea als eine lebendige. Die Zahl der Katholiken steigt.

Liberia

An Sierra Leone und Guinea schließt sich nach Südosten hin Liberia an. In diesem kleinen Land siedelten im 19. Jahrhundert frei gewordene amerikanische Negersklaven. Heute ist Liberia, das keine Kolonie war, durch einen starken Gegensatz zwischen reicher Oberschicht und armer Bevölkerung gekennzeichnet. Die Siedler des letzten Jahrhunderts waren meist protestantische Christen. Sie konnten das Land mitprägen. Heute hat Liberia 1,8 Millionen Einwohner. Die Zahl der Katholiken beläuft sich auf etwa 40 000. Anderen christlichen Kirchen gehören etwa 100 000 Liberianer an. Mindestens drei Viertel aller Liberianer leben in den traditionellen Stammeskulturen und -religionen. Der Rest ist muslimisch. Die katholische Kirche in Liberia ist in zwei Apostolische Vikariate aufgeteilt. Die Zahl der einheimischen Priester ist einstweilen zu gering. Nachdem die katholische Kirche es lange Zeit nicht einfach hatte, in Liberia Fuß zu fassen, genießt sie heute Einfluß und Ansehen, vor allem im Bildungs- und Gesundheitswesen.

Elfenbeinküste

Die Elfenbeinküste grenzt östlich an Liberia und Guinea und ist etwa halb so groß wie Frankreich. Etwa 8 Millionen Menschen bevölkern das Land. Aufgrund der Baumwoll-, Kakao- und Kaffeeproduktion und der Ausfuhr landwirtschaftlicher Erzeugnisse erzielte es ein für afrikanische Verhältnisse beträchtliches Wirtschaftswachstum. Der seit vielen Jahren regierende katholische Präsident Houphuet-Boigny verfolgt eine liberale und zunehmend demokratische Linie. Das Land sucht sich von Frankreich auch kulturell mehr und mehr zu lösen. Das wirkt sich besonders im Schulbereich aus, in dem die Kirche stark engagiert ist. Fast die Hälfte der Bewohner der Elfenbeinküste lebt im Rahmen der traditionellen Stammesreligionen. 40 Prozent sind Muslime und 15 Prozent sind Christen, zwei Drittel von ihnen, also etwa 800 000, sind Katholiken. Im Süden ist die Kirche schon fest verwurzelt, im Norden ist das weniger der Fall. Abidjan ist Sitz eines Erzbischofs, außerdem gibt es sieben weitere Diözesen. Ein Viertel der etwa 400 Priester sind einheimisch. Die Kirche hat in diesem Lande den Dialog mit dem Islam begonnen.

Ghana

Östlich der Elfenbeinküste folgt Ghana. Seit wenigen Jahren wird das Land durch sogenannte Volks- und Arbeiter-Verteidigungskomitees unter Leitung von John J. Rawlings regiert. Das bedeutet: Kuba und der kommunistische Ostblock können Einfluß ausüben. Die ökonomische und die soziale Situation des Volkes ist dadurch nicht verbessert worden. Die Not ist in den letzten Jahren durch die Rückkehr mehrerer Hunderttausend Ghanaer aus Nigeria gewachsen. Man rechnet mit etwa 12 Millionen Einwohnern in Ghana. Ein Viertel von ihnen sind Christen, davon etwa 1,4 Millionen Katholiken. Die Zahl der Muslime nimmt zu. Sie machen ebenfalls etwa ein Viertel der Bevölkerung aus. Der große Rest gehört zu den afrikanischen Stammesreligionen. Die Katholiken sind in acht Diözesen und einer Erzdiözese (Tamale) organisiert. Viele werden für oberflächliche Christen gehalten. Dennoch leistet die Kirche im Schul- und Gesundheitswesen wichtige Arbeit und ist darum angesehen.

Togo

Togo, vor dem Ersten Weltkrieg deutsches Schutzgebiet, später britisches und französisches Mandatsgebiet – der britische Teil ist inzwischen an Ghana übergegangen –, schließt sich östlich an Ghana an. 1961 hat Togo die Unabhängigkeit von Frankreich erlangt. Gleichwohl sind die Nachwirkungen der französischen Prägung noch stark spürbar. Seit gut zehn Jahren bemüht sich das Land unter seinem Führer, dem General Eyadema, darum, ein Programm der „Authentizität", d. h. der umfassenden Abkehr von der europäischen Kultur und der Hinkehr zu einer afrikanischen Eigenständigkeit, zu verwirklichen. Durch deutsche, britische und französische Missionare wurde die katholische Kirche in Togo eingerichtet. Heute leben unter den ca. 2,5 Millionen Einwohnern ungefähr eine halbe Million Katholiken. Lomé ist der Sitz eines Erzbischofs. Darüberhinaus gibt es noch drei weitere Bischofssitze. In den vier Diözesen wirken etwa 60 afrikanische Diözesanpriester und 70 ausländische Missionspriester. Viele Katechisten sind in den Gemeinden tätig. Im Süden des Landes ist der Wodukult lebendig. Dort ist die Arbeit der Kirche besonders schwierig.

Benin

Bis 1975 hieß dieser östlich an Togo angrenzende Staat Dahomey. Nach der Erlangung der Unabhängigkeit von Frankreich im Jahre 1960 entwickelte sich das Land recht unruhig. Heute hat es sich ausdrücklich dem marxistisch-leninistischen System verschrieben. So versucht Oberstleutnant Mathieu Kevehou die Probleme des Landes zu lösen. In

Benin leben etwa dreieinhalb Millionen Einwohner. Die meisten sind Anhänger traditioneller Stammesreligionen. Zwischen ihnen und der derzeitigen politischen Führungsgruppe sind Konflikte unausweichlich. Verfolgungen und Beschränkungen der Wirkmöglichkeiten seitens des Staates sind nicht selten. Fast 600 000 Einwohner Benins sind katholisch. Auch sie sind Repressalien ausgesetzt. In den 70er Jahren wurden die Schulen verstaatlicht. Außer der Erzdiözese Cotonou gibt es noch fünf weitere Diözesen in Benin. Etwa 150 Priester sind tätig. Die ungefähr 280 Ordensschwestern arbeiten vorwiegend im Kranken- und Sozialdienst.

Nigeria

Nigeria ist das volkreichste Land Afrikas. Man wird davon ausgehen können, daß dort 80 bis 100 Millionen Menschen leben. Seit Ende 1983 ist das Militär mit General Buhari an der Macht. Er will die vielen Mißstände, die es zuvor in Nigeria gab, überwinden. Ob es gelingen wird, darf bezweifelt werden. Die Zahlenangaben bezüglich der Religionszugehörigkeit schwanken. Große Teile der Bevölkerung sind Muslime oder gehören afrikanischen Stammesreligionen an. Aber auch die Christen machen eine große Gruppe aus. Unter ihnen sind etwa 6 Millionen Katholiken. Neben drei Erzbistümern (Lagos, Kaduna und Onitsha) gibt es noch 31 Bistümer. 29 Bischöfe sind Afrikaner. Etwa 1500 Priester und 1300 Ordensschwestern (beide Gruppen mehrheitlich afrikanisch) arbeiten mit ihnen zusammen. Wie in den anderen afrikanischen Ländern ist die Kirche auch in Nigeria im Schulwesen und im Sozialwesen besonders engagiert. Inzwischen sind freilich die meisten Schulen vom Staat übernommen worden. Mehrere tausend Katechisten sind in den Gemeinden im Dienst der Kirche tätig. Die Kirche in Nigeria ist auf dem Wege, eine große afrikanische Ortskirche zu werden. Ihre Lebendigkeit erweist sie nicht zuletzt dadurch, daß sie Priester und Ordensleute als Missionare in andere Länder entsendet.

Kamerun

Östlich an Nigeria schließt sich Kamerun an. Vor dem Ersten Weltkrieg war das Land deutsches Schutzgebiet, danach teilten sich England und Frankreich das Gebiet. Kamerun, heute durch den Präsidenten Paul Biya geführt, erscheint in Mittelafrika als eine Oase eines gewissen Friedens und Wohlstands. Das ist um so verwunderlicher, als es dort in kultureller, ethnischer, religiöser, sozialer Hinsicht eine bunte Vielfalt und doch wohl auch Spannungen gibt. Die ungefähr 8 Millionen Einwohner Kameruns gehören zu einem großen Teil den alten afrikanischen Religionen an. Die Muslime machen wohl ein Fünftel bis ein Viertel der Bevölkerung aus. Auch die Christen sind stark vertreten. Unter ihnen sind mehr als 2 Millionen Katholiken. Genaue statistische Angaben sind nicht vorhanden. Jaounde, die Hauptstadt des Landes, ist Sitz des Erzbischofs. Außerdem gibt es noch 12 Bistümer. Die Zahl der Priester beläuft sich auf etwa 800, die der Ordensschwestern auf ca. 1200. Die Arbeit in den Schulen hat einen hohen Stellenwert.

Zentralafrikanische Republik

Wie der Name schon sagt, liegt dieses Land mitten in dem großen Kontinent Afrika. Es hat eine Reihe von Revolutionen und Putschen hinter sich. Seit 1981 ist wieder eine Militärregierung unter General André Kolingba an der Macht. Die Lage ist auch heute nicht stabil. Obwohl das Land Bodenschätze hat und nicht unfruchtbar ist, ist seine wirtschaftliche Lage schwierig. Die Schulden sind hoch. In der Zentralafrikanischen Republik leben etwa 2,4 Millionen Einwohner. Sie stammen aus einer Vielzahl unterschiedlicher Stämme. Zwei Drittel der Bevölkerung gehören den afrikanischen Stammesreligionen an. Die Muslime sind eine Gruppe von etwa 5 Prozent. Der Rest, d. h. etwa ein Viertel der Gesamtbevölkerung, sind Christen, unter ihnen 360 000 Katholiken (neben 200 000 evangelischen Christen). Bangui ist Sitz des Erzbischofs. Außerdem gibt es fünf Bistümer. Nur ein geringer Teil der etwa 220 Priester und der etwa 300 Ordensschwestern sind Afrikaner. Man macht große Anstrengungen, um die Zahl der einheimischen Kräfte zu erhöhen. Die Kirche hat in diesem Land einstweilen noch das Profil einer Missionskirche.

Äquatorial-Guinea

Dieser Staat besteht aus einem Stück Festland, das sich südlich an Kamerun anschließt und heute den Namen Mbini trägt, und aus einer etwa 300 km nordwestlich liegenden Insel mit dem Namen Bioko. Bis 1968 war das Ganze eine spanische Kolonie, dann kam die Unabhängigkeit. 1979 wurde der Diktator Macias Nguema gestürzt, seitdem ist der Staatspräsident Teodor Nguema an der Macht und versucht, das Land aus seinen vielen Problemen herauszuführen. Eine gewisse Ruhe ist inzwischen eingekehrt, aber eine durchgreifende Ordnung der Verhältnisse hat noch nicht durchgesetzt werden können. Von den ca.

350 000 Einwohnern sind die weitaus meisten, nämlich ca. 310 000, katholisch. Auch eine Gruppe evangelischer Christen lebt in Äquatorial-Guinea. Zwei Diözesen sind errichtet worden. Die meisten Priester und Ordensleute kommen von außerhalb. Die Kirche hat damit zu tun, die Folgen der Unterdrückung in den Jahren der Diktatur zu überwinden und ein neues authentisch-afrikanisches Profil zu entwickeln.

Gabun

Südlich an Kamerun und Äquatorial-Guinea schließt sich Gabun an. Das Land ist weitgehend von Urwald bedeckt. Dennoch ist es ein verhältnismäßig wohlhabendes Land – aufgrund des Exports von Erdöl, von wertvollen Edelhölzern und von teuren Metallen. Das Land, das fast so groß wie die Bundesrepublik Deutschland ist, wird von nur 1,2 Millionen Menschen bewohnt. Die Unterschiede zwischen Stadt und Land und zwischen arm und reich sind groß. Der unangefochtene Staatspräsident Omar Albert-Bernard Bongo trat 1973 zum Islam über, der in Gabun einige wenige Tausend Anhänger hat. Mehr als die Hälfte der Bevölkerung gilt als christlich. Neben etwa 50 000 evangelischen Christen lebt die erheblich größere Zahl der Katholiken. Libreville, die Hauptstadt von Gabun, ist Sitz eines Erzbischofs. Außer dem Erzbistum gibt es noch drei Bistümer. Etwas mehr als 100 Priester und etwa 150 Ordensschwestern sind in der Kirche Gabuns tätig. Die meisten kommen aus dem Ausland. Eine bedeutende Rolle hat die Kirche im Erziehungs- und Gesundheitswesen gespielt. Im übrigen gilt die Kirche in Gabun als eine Kirche ohne Vitalität und missionarische Kraft.

Kongo

Diese ehemals französische Kolonie ist seit 1960 unabhängig. Sie bezeichnet sich heute als „Volksrepublik" und drückt damit aus, daß sie eine afrikanisch-marxistische Ordnung verwirklichen möchte. Der Kongo unterhält Beziehungen zu den kommunistischen Staaten des Ostblocks und bezieht von daher die notwendigen finanziellen Unterstützungen. Der Kongo ist mit etwa 1,5 Millionen Einwohnern schwach besiedelt. Mehr als ein Drittel der Bevölkerung ist katholisch. Aber auch die Zahl der evangelischen Christen ist nicht gering (ca. 200 000). Der Islam ist schwach verbreitet. Brazzaville, die Hauptstadt des Landes, ist Sitz des Erzbischofs. Neben der Erzdiözese gibt es noch zwei weitere Diözesen. Die Zahl der Priester (etwa 150) und der Ordensschwestern (etwa 160) ist angesichts der Aufgaben zu gering. Die meisten sind nicht einheimisch. Viele Aufgaben werden von afrikanischen Katechisten wahrgenommen. Im März 1977 wurde der Erzbischof von Brazzaville, Kardinal Biayenda, entführt und ermordet. Die Hintergründe dieser Tat sind nicht voll geklärt. Im übrigen kann sich die Kirche im Kongo trotz der marxistisch ausgerichteten Politik einigermaßen frei entfalten.

Zaire

Zaire grenzt südöstlich an den Kongo und an die Zentralafrikanische Republik an. Es ist etwa zehnmal so groß wie die Bundesrepublik Deutschland. Bis 1960 war Zaire – damals Belgisch-Kongo genannt – von Belgien abhängig. Zu abrupt wurde das Land in die Unabhängigkeit entlassen. Trotz vieler Bodenschätze und nicht geringer Fruchtbarkeit des Landes kommt es nicht zu einem allgemeinen Wohlstand. Einer kleinen Schicht von Reichen steht die große Zahl der Armen gegenüber. Seit fast 20 Jahren regiert General Mobutu. Er wird der Korruption nicht Herr. Seine Beziehungen zur Kirche sind nicht problemfrei. Neuerdings haben sich die Spannungen wieder verstärkt. Zaire hat fast 30 Millionen Einwohner. Die Zahl der Katholiken beläuft sich auf annähernd 50 Prozent. Sie steigt weiter. Sechs Städte sind Sitze von Erzbischöfen: Mbandaka, Kisangani, Bukavu, Lubambeshi, Kananga und Kinshasa. Außer den Erzbistümern gibt es noch 41 Bistümer. Von den etwa 2500 Priestern (Diözesenpriester und Ordenspriester) kommen zwei Drittel aus dem Ausland. Von den über 4000 Ordensschwestern ist ungefähr die Hälfte einheimisch. Viele Laien sind im kirchlichen Bereich tätig. Bedeutende Arbeitsfelder sind das Erziehungs- und das Gesundheitswesen. Neben den Katholiken gibt es in Zaire über 2 Millionen evangelische Christen und eine ebenso große Gruppe christlicher „Kimbanguisten". Die Muslime sind nicht zahlreich. Ein Drittel der Bevölkerung gehört zu den traditionellen afrikanischen Stammesreligionen.

Rwanda

Rwanda ist ein kleines Land, das östlich von Zaire liegt. Dennoch wohnen in ihm ungefähr 5 Millionen Menschen, die meisten sind noch sehr jung. Die Bevölkerung wächst sehr schnell. Die meisten Bewohner des äußerst armen Landes leben von der Landwirtschaft. Seit 1962 ist Rwanda politisch unabhängig. Dennoch ist das Land auf vielerlei Hilfe seitens des Auslandes angewiesen. Der Staatspräsident Juvenal Habiyavimana möchte die Bevölkerung zur Mitarbeit an den verschiedenen Entwicklungsprojekten aktivieren. Das Schulwesen spielt eine große Rolle. Dort leistet die Kirche ihre Dienste. Etwa 40 Prozent der Bevölkerung sind Katholiken, 5 Prozent evangelische Christen, weitere 5 Prozent Muslime. Die andere Hälfte der Bevölkerung gehört den traditionellen Religionen der Stämme an. In Kigali residiert ein Erzbischof. Über seine Erzdiözese hinaus gibt es noch fünf weitere Bistümer. Die Zahl der einheimischen Priester und Ordensleute ist zu klein, als daß das Land ohne Hilfe von außen auskommen könnte.

Burundi

Auch Burundi ist ein kleines Land im Herzen Afrikas, südlich von Rwanda und östlich von Kinshasa gelegen. Früher stand Burundi unter belgischer Kolonialverwaltung. Die Bevölkerung gehört verschiedenen Stämmen an. Anfang der 70er Jahre führten einige von ihnen einen blutigen Krieg miteinander. Der Krieg forderte viele Tausend Opfer. Seit 1976 regiert Oberst Bagaza das Land, das als sehr arm gilt. In Burundi leben etwa 4 Millionen Menschen. Mehr als die Hälfte ist katholisch. Es gibt eine kleine Gruppe evangelischer Christen und eine verschwindende Minderheit von Muslimen. Die übrigen Bewohner des Landes sind Anhänger der traditionellen afrikanischen Religionen. Burundi hat fünf Diözesen, darunter eine Erzdiözese, deren Zentrum Gitega ist. In den letzten Jahren hat die Kirche in Burundi eine Nationalsynode durchgeführt. Dabei ging es vor allem um eine situationsbezogene Pastoral.

Angola

Angola schließt sich südlich an Zaire an. Früher war das Land portugiesisches Kolonialgebiet. Inzwischen ist es unabhängig, aber es leidet unter einem erbitterten Bürgerkrieg. Verschiedene Gruppen kämpfen und kämpften um die Macht. Dank kubanischer und sowjetischer Hilfe hat sich die kommunistische MPLA (Volksbewegung für die Befreiung Angolas) durchsetzen können. Dennoch dauern die Auseinandersetzungen unvermindert an. Der MPLA steht die UNITA (Nationale Union für die totale Unabhängigkeit Angolas) gegenüber. An der Südgrenze Angolas ist schließlich auch noch die SWAPO (Südwestafrikanische Volksbewegung) in die Kämpfe verwickelt. Die etwa 7 Millionen Einwohner Angolas sind die Leidtragenden in dem Bürgerkrieg. Armut und Elend sind groß. Die Kirche setzt sich für sie ein. Freilich sind ihre Möglichkeiten begrenzt. Etwa 40 Prozent der Bevölkerung sind Katholiken. Insgesamt 250 Priester stehen in ihrem Dienst. Etwa 600 Ordensschwestern sind tätig. Neben drei Erzbistümern (Uige, Huambo, Menongue) gibt es neun weitere Bistümer. Schulen und Krankenhäuser sind verstaatlicht worden. Die Kirche Angolas leidet große Not; dennoch scheinen die Christen mutig und lebendig ihren Weg zu gehen.

Kenia

Das Land grenzt östlich an Uganda an und reicht im Osten bis an die somalische Grenze und das Meer. Der Präsident Daniel Arap Moi ist seit 1978 an der Macht. Trotz des Wirtschaftswachstums und des lebhaften Tourismus leidet das Land unter großen sozialen und wirtschaftlichen Nöten. Die Kluft zwischen arm und reich ist groß. Die Landflucht führt zur Vergrößerung der Slums. Neben den Stadt- und den Landbewohnern leben im Norden des Landes Nomadenstämme. Das Land ist doppelt so groß wie die Bundesrepublik Deutschland. Die meisten der ca. 16 Millionen Menschen leben auf dem Hochplateau im Südwesten des Landes. Zwei Drittel der Bevölkerung sind Christen, darunter etwa 2,5 Millionen Katholiken. Die Muslime sind eine kleine Gruppe. Der Rest, etwa ein Viertel der Gesamtbevölkerung, gehört traditionellen afrikanischen Stammesreligionen an. Neben einer Erzdiözese (Nairobi) gibt es 13 Bistümer und eine apostolische Präfektur. Das Zahlenverhältnis zwischen den einheimischen und ausländischen Bischöfen, Priestern und Ordensleuten ist in Kenia erfreulich. Die meisten sind Afrikaner. Die Kirche ist im kirchlichen und öffentlichen Bildungswesen stark engagiert.

Uganda

Uganda grenzt im Westen an Zaire, im Norden an Sudan und im Osten an Kenia. Uganda lebte in den 70er Jahren unter der Diktatur Idi Amins. Willkür und Mord standen an der Tagesordnung. Seit 1979 ist – nach komplizierten Übergangsprozessen – Milton Obote an der Macht. Die Hoffnungen in eine Liberalisierung und Demokratisierung haben sich bisher nicht erfüllt. Frieden und Ordnung sind nicht eingekehrt. Etwa 40 Prozent der 11 Millionen Ugander sind katholisch. Die Kirche hat die Schreckensherrschaft der letzten Jahre überstanden und ihre Lebendigkeit bewährt. Kampala ist Zentrum eines Erzbistums. Außerdem gibt es elf Bistümer. Die meisten der Priester und Ordensleute sind Afrikaner. Mehrere Tausend sind tätig. Die Kirche hat sich große Verdienste im Gesundheits-, Erziehungs- und Informationswesen erworben.

Tansania

Südlich von Uganda und Kenia liegt das große Land Tansania. Julius Nyerere regierte das Land über 20 Jahre. 1967 verkündete er das Programm eines eigenständigen tansanischen Sozialismus. Dieses Programm wurde konkret in der Gründung von Dörfern, in denen die Menschen in einer neuen Weise zusammenleben und arbeiten sollten. Der Preis für diese Umstrukturierung war hoch, die Erfolge sind nicht zu übersehen. Nyerere hatte ein hohes Ansehen. Aber trotz aller seiner Anstrengungen leidet das Land noch immer unter beträchtlicher wirtschaftlicher Not. Erpressung und Korruption sind nicht auszurotten. Nyerere selbst ist Christ und hatte in seinem Wirken einen „christlichen Sozialismus" vor Augen. 1985 wurde er durch Ali Hassan Mwinyi abgelöst. Tansania hat ungefähr 18 Millionen Einwohner. Ungefähr ein Fünftel sind Katholiken. 10 Prozent evangelische Christen kommen hinzu. Die Muslime machen ein knappes Drittel der Bevölkerung aus. Und noch einmal ein Drittel gehören zu den afrikanischen Stammesreligionen. Die meisten der 23 Diözesen und zwei Erzdiözesen (Daressalam, Dodoma) werden von afrikanischen Bischöfen geleitet. Etwa die Hälfte der ungefähr eineinhalb Tausend Priester und der 3600 Ordensschwestern sind einheimisch.

Sambia

Sambia – östlich von Angola – ist stark durch seine Kupferindustrie bestimmt. Sie hat u. a. zu einer problematischen Verstädterung geführt. Fast die Hälfte der etwa 6 Millionen Einwohner des Landes leben in Städten. Der Präsident des Landes, Kenneth Kaunda, ist seit 1964 im Amt. Er ist unangefochten der Führer seines Landes. Er folgt dem Programm eines humanistischen, ja christlichen Sozialismus. Verschiedene christliche Kirchen haben in Sambia Fuß gefaßt. Die Zahl der Katholiken dürfte sich auf eineinhalb Millionen belaufen. Sie leben in neun Bistümern, darunter sind zwei Erzbistümer: Lusaka und Kasama. Die Zahl der Priester und Ordensleute reicht angesichts der Aufgaben nicht aus.

Mosambik

Mosambik zieht sich südlich von Tansania viele hundert Kilometer am Indischen Ozean entlang hin. Der Präsident des Landes, Samora Machel, versucht, durch eine marxistische Gesellschaftsordnung der vielen Probleme des Landes Herr zu werden. Das Volk leidet große Not. Naturkatastrophen führten zu Hungersnöten, ein lange sich hinschleppender Bürgerkrieg führt zu Unsicherheit und Mißtrauen. Neuerdings wendet das Land sich aus Enttäuschung über die ausbleibende Hilfe aus den Ostblockländern ein wenig dem Westen zu. In Mosambik leben fast 11 Millionen Menschen. Neben den Muslimen, den Hindus und den Angehörigen der afrikanischen Stammesreligionen leben die evangelischen und die katholischen Christen. Die Zahl der Katholiken dürfte bei ungefähr 1,7 Millionen liegen. Sie sind in neun Bistümern, darunter drei Erzbistümern (Nampula, Beira, Maputo) zusammengefaßt. Die Zahl der Katholiken steigt, die Zahl der kirchlichen Berufe nimmt hingegen nicht genügend zu. Etwa 300 Priester und 650 Ordensleute sind tätig, nur ein Fünftel von ihnen sind einheimisch. Die Kirche hatte in den vergangenen Jahren seitens des Regimes erhebliche Einschränkungen hinnehmen müssen. Zur Zeit lockern sich die Beziehungen des Staates zur Kirche, weil der Staat auf den aktiven und loyalen Einsatz der Kirche angewiesen ist.

Malawi

Malawi liegt zwischen Sambia und Mosambik. Es ist etwa halb so groß wie die Bundesrepublik Deutschland. Das Land – seit 1964 unabhängig – ist arm und wenig entwickelt. Viele Bewohner Malawis müssen ihr Brot außerhalb des Landes verdienen. Krankheit und Unwissenheit sind weit verbreitet. Der Präsident von Malawi, Dr. Banda, steuert politisch einen mittleren Kurs und kann inzwischen auf Fortschritte in der Bekämpfung der vielfachen Not verweisen. Er bleibt auf vielfache finanzielle Hilfe von außen angewiesen. Malawi hat etwa fünf Millionen Einwohner. Fast 20 Prozent von ihnen sind Katholiken. Etwa ebenso viele evangelische Christen gibt es in dem Land. Die Muslime machen 10 Prozent der Bevölkerung aus. Die anderen Bewohner des Landes gehören den afrikanischen Stammesreligionen an. Außer dem Erzbistum Blantyre gibt es noch sechs weitere Bistümer. Im Dienste der einen Million Katholiken stehen nahezu 300 Priester. Das Verhältnis zwischen den ausländischen und den einheimischen Kräften verschiebt sich zugunsten der einheimischen. Die Kirche ist in Malawi lebendig und voller Hoffnung. Sie bemüht sich, an der Schaffung eines eigenständigen Profils eines afrikanischen Christentums mitzuwirken.

Namibia

Bis 1918 war Namibia – damals Südwestafrika – deutsches Kolonialgebiet. Danach wurde es der Südafrikanischen Union als Mandatsgebiet anvertraut. Seit 1966 trägt das Land den Namen Namibia. Die Vereinten Nationen haben der südafrikanischen Regierung das Recht aberkannt, die früheren Mandatsrechte auszuüben. Gleichwohl weigert sich Südafrika, sich aus dem Gebiet ganz zurückzuziehen. Es betrachtet Namibia als eine Pufferzone zwischen dem eigenen Land und dem marxistisch gelenkten Angola. Ein „Generaladministrator" ist in Namibia tätig. Durch ihn ist die Macht des Präsidenten Namibias, Dirk Mudge, erheblich begrenzt. In Namibia kämpft die SWAPO um mehr Unabhängigkeit. So ist Namibia ein ruheloses Land. Die Leidtragenden sind die Bewohner des Landes. Es sind etwa 1 Million, unter ihnen ca. 100 000 Weiße. Eine nicht kleine Gruppe von Menschen sind evangelische Christen. Die Zahl der Katholiken beträgt etwa 150 000. Sie leben in zwei Diözesen. Die Kirche in Namibia ist eine Missionskirche der Weißen für die Schwarzen. Die meisten der etwa 50 Priester sind deutschsprachige Missionare. Die Kirche äußert sich offen zu den sozialen und politischen Problemen im Land. Gleichzeitig ist sie im Erziehungs- und Gesundheitswesen engagiert. Nur langsam gelingt es der Kirche in Namibia, ihre deutsche Prägung abzulegen und ein authentisch afrikanisches Profil anzunehmen.

Simbabwe

1980 wurde Simbabwe unabhängig. Jahre blutiger Auseinandersetzungen waren diesem Ereignis vorausgegangen. Zwischen Weißen und Schwarzen sowie unter den Schwarzen zwischen den Schona (77 Prozent) und den Amandebele (19 Prozent) hatte es sie gegeben, und sie sind auch heute noch nicht zu Ende. Der Schonaführer Robert Mugabe ging aus den Auseinandersetzungen als Sieger hervor. Joshua Nkomo, der zu den Amandebele gehört, unterlag. Mugabe will Simbabwe ein sozialistisches Gepräge geben. Da er in diesem Prozeß die Amandebele benachteiligt, kommt es laufend zu Unruhen und Blutvergießen. Zu diesen Problemen kam in den letzten Jahren ein großer Wassermangel und eine Hungersnot hinzu. Alles wurde noch verschlimmert durch die Flüchtlingsströme aus Mosambik. In Simbabwe leben etwa 7,5 Millionen Menschen. Unter ihnen sind 200 000 Weiße. Fast 10 Prozent der Bevölkerung sind Katholiken. Die weitaus meisten dieser Katholiken sind Afrikaner. Verschiedene evangelische Kirchen sind in Simbabwe ebenfalls vertreten. Harare ist Zentrum eines Erzbistums, außerdem gibt es noch vier Bistümer und eine apostolische Präfektur. Die meisten der gut 300 Priester kommen aus dem Ausland. Die Kirche ist im Erziehungs- und Gesundheitswesen aktiv. Im übrigen scheut sie sich nicht, zu den vielen sozialen und politischen Problemen des Landes Stellung zu nehmen.

Südafrika

Die Republik Südafrika ist das südlichste Land Afrikas. Sie wurde 1961 gegründet. Vorher gehörte das Gebiet zum Britischen Commonwealth. Wegen seiner Apartheid-Politik wird Südafrika vielfach und mit Recht kritisiert. Die schwarzen afrikanischen Staatsbürger fühlen sich als Fremde im eigenen Land. Sie werden in vieler Hinsicht, auch in räumlicher, von den Weißen isoliert. Der jetzige Premierminister Botha setzt die Politik seines Vorgängers fort. Die katholische Kirche wendet sich gegen die Apartheid-Politik, kann dies jedoch nicht mit voller Entschiedenheit tun, da sie auch unter den Weißen Anhänger hat. Die Gesamtbevölkerung Südafrikas beträgt etwa 30 Millionen. Über 20 Millionen sind Schwarze, die Weißen und die Mischlinge machen jeweils etwa 4 Millionen aus. Gut 2 Millionen Südafrikaner, darunter zwei Drittel Schwarze, sind Katholiken. Die Zahl der verschiedenen evangelischen Kirchen angehörenden Christen ist weit größer. Viele Katholiken sind ihrer Kirche recht entfremdet. In Südafrika gibt es 22 Diözesen, darunter vier Erzdiözesen (Pretoria, Durban, Bloemfontein, Kapstadt).

Transkei

Dieses Land gilt seit 1976 als das 50. Land Afrikas. Damals hat es sich für unabhängig erklärt. Das Land verdankt seinen Ursprung der Rassentrennungspolitik Südafrikas, von dem allein es auch anerkannt wird. Von den etwa 2 Millionen Einwohnern sind fast die Hälfte Christen, aber nur 160 000 Katholiken. Die Grenzen des Bistums Umtata fallen nicht ganz mit den Grenzen des Landes zusammen. Fast 100 europäische Priester arbeiten an der Seite von etwa 20 einheimischen. Die Zahl der einheimischen Ordensschwestern beläuft sich auf etwa 100. Dazu kommen weitere Schwestern aus Europa.

Botswana

Botswana liegt im Norden Südafrikas. Es gehört zu den Staaten, die die Apartheidpolitik Südafrikas verurteilen. Aber es ist nicht stark genug, dieser Ablehnung in wirksamer Weise Ausdruck zu verschaffen. Bis 1966 war Botswana unter dem Namen Betschuanaland britische Kolonie. Das Volk ist sehr arm. Der Bildungsstand ist niedrig. In Botswana leben etwa 1 Million Menschen. Etwa 70 Prozent der Bevölkerung bezeichnen sich als Christen. Sie gehören den verschiedensten Kirchen an. Die Zahl der Katholiken ist ziemlich klein. Man rechnet mit 30 000. Sie bilden die Diözese Gabavone. Die ausländischen und die einheimischen Schwestern sind im Pfarrdienst, in Schulen und in der Sozialarbeit tätig.

Swasiland

Dieser kleine Staat wird von Südafrika und Mozambik umschlossen. 1968 wurde er unabhängig. Er hat etwa eine halbe Million Einwohner. Eine kleine Gruppe Weißer hat entscheidenden Einfluß. Etwa 60 Prozent der Bevölkerung sind Christen, unter ihnen etwa 35 000 Katholiken. Sie bilden das Bistum Manzini.

Lesotho

Das frühere Basutoland ist seit 1966 ein unabhängiges Königreich. Es ist von Südafrika umschlossen und von ihm vielfach wirtschaftlich abhängig. Etwa eineinhalb Millionen Menschen wohnen in diesem Land. Ein Drittel von ihnen ist katholisch. Sie bilden ein Erzbistum (Maseru) und drei weitere Bistümer.

Madagaskar

Wenige hundert Kilometer vor der Küste von Mosambik liegt die große Insel Madagaskar. Ihre Bevölkerung ist z. T. malaiischen, nicht afrikanischen Ursprungs. Um der wirtschaftlichen und sozialen Probleme des Landes Herr zu werden, folgt die Regierung unter dem Präsidenten Ratsiraka einem „revolutionär-sozialistischen" Programm. Dabei spielt das Dorf als überschaubare Einheit eine große Rolle. Über die Hälfte der Bewohner Madagaskars gehört zu alten einheimischen Religionen. Etwa 5 Prozent sind Muslime. Die große restliche Gruppe wird von Christen gebildet, unter denen die Hälfte Katholiken sind, also knapp 2 Millionen. Die Gesamtbevölkerung wird um 9 Millionen betragen. Die Katholiken leben in 17 Diözesen, drei von ihnen sind Erzdiözesen: Diego Suarez, Antananarivo, Fianarantsoa. Die Mehrzahl der Bischöfe kommt aus Madagaskar. Fast 700 Priester sind tätig. Zu einem großen Teil sind sie einheimisch. 1975 fand eine Nationalsynode statt. Ihr zentrales Thema war der Übergang von der Missionskirche zu der authentischen Ortskirche.

Komoren, Seychellen, Réunion, Mauritius

Im weiteren Umkreis von Madagaskar liegen im Indischen Ozean viele kleine Inseln, die unter den genannten Namen bekannt sind. Auf diesen Inseln leben nicht wenige Katholiken: auf den Komoren unter 350 000 Einwohnern 1000 Katholiken, auf den Seychellen unter 65 000 Einwohnern 62 000 Katholiken, auf Réunion unter 500 000 Einwohnern 450 000 Katholiken. Die Priester und Ordensleute kommen z. T. aus dem Ausland, z. T. sind sie einheimisch. Die Kirche ist im Erziehungs- und Gesundheitswesen aktiv.

BIBLIOGRAPHIE

Annuario Pontificio 1983, Citta del Vaticano.
Annuarium Statisticum Ecclesiae 1981.
Christian Living Today, Pastoral Institut of Eastern Africa, Geoffrey Chapman, London 1975.
Die katholischen Missionen, Freiburg.
Für Gottes Volk auf Erden, Ökumenischer Fürbittkalender, Frankfurt/M. 1980.
Herder Korrespondenz, Freiburg.
Makozi, A. O. und Ojo, G. A. (Hrsg.), The History of the Church in Nigeria, Macmillan, Nigeria 1982.

DIE KATHOLISCHE KIRCHE AUF DEM INDISCHEN SUBKONTINENT

Bischof Valerian d'Souza, Poona (Indien)

1. *Meilensteine in der Geschichte der indischen Kirche*

Die Kirche existierte in Indien seit apostolischen Zeiten für eineinhalb Jahrtausende nicht als „römisch-katholische Kirche", sondern als eine „katholische Kirche", die sich nicht auf römische Ursprünge, sondern auf den Apostel Thomas gegründet sehen will, was immer man diesem Anspruch an historischem Wert zuschreiben mag. Zumindest haben wir vom 4. Jahrhundert an eine syrische Kirche in Südindien, die sich nicht von der römischen Kirche herleitet noch einen direkten Kontakt mit ihr hatte. Eine „römisch-katholische Kirche", wie sie heute verstanden wird, existierte in den ersten eineinhalb Jahrtausenden in Indien nicht. Selbst heute ist ein Großteil der indischen Kirche nicht „römisch-katholisch", sondern „orientalisch-katholisch". Außerdem gibt es nicht wenige Christen, die nicht zu der so umschriebenen katholischen Kirche gehören.

Wir verstehen im folgenden unter der „katholischen Kirche Indiens", die sich aus einer apostolischen Urkirche über eine Reihe von wechselnden Formen zu der heutigen katholischen indischen Kirche entwickelt hat, sowohl die römisch-katholische Kirche als auch die orientalisch-katholischen Kirchen. Kurz: die katholische Kirche Indiens existiert nicht nur in einer Form, der lateinischen, sondern in drei voneinander unterscheidbaren Formen, nämlich der syro-malabarischen, der lateinischen und der syro-malankarischen Form und ist in dieser Reihenfolge auch historisch in Erscheinung getreten.[1]

Es handelt sich bei diesen Kirchen nicht um Splitterformen (wie im Nahen Osten), die zahlenmäßig kaum ins Gewicht fallen. Die syro-malabarische Kirche beispielsweise hat mehr als 3 Millionen Mitglieder. Das entspricht 28 Prozent der indischen Kirche. Dazu kommt als ein für Indien wesentliches Element, daß die orientalischen Kirchen zum größten Teil aus Angehörigen höherer und hoher Kasten bestehen, während die lateinische, abgesehen von einigen Gruppen, sich meist aus niederen zusammensetzt. Diese orientalischen Gruppen gehören zu den sozial und finanziell bestgestellten Gruppen der indischen Kirche und haben damit eine große Bedeutung im Gesamtwerk der indischen Mis-

sion. Innerhalb der katholischen Kirche Indiens gibt es also beträchtliche Unterschiede. Die Bezeichnung „römisch-katholische Kirche" allein würde zu ihrer Kennzeichnung nicht genügen.
Die gegenwärtige Missionskirche Indiens ist das Ergebnis von vier verschiedenen Missions-Epochen, in denen jeweils verschiedene Grundanliegen wirksam waren.

1.1 Die Mission der syrischen Christen des Apostels Thomas[2]

Das Christentum in Indien ist nicht das Ergebnis der weltweiten Ausbreitung eines vom Westen kommenden kolonialen Christentums, sondern wurde von einem Apostel Christi, dem heiligen Thomas, gegründet. Die Mehrzahl der ernst zu nehmenden Autoren nehmen das heute an, während noch vor einigen Jahrzehnten das Verhältnis umgekehrt war und wissenschaftlich ernst zu nehmende Autoren die Anwesenheit des Apostels Thomas in Indien in das Reich der Fabel verwiesen. Die Thomaschristen in Kerala sind ganz und gar davon überzeugt und berufen sich auf ihre wissenschaftlichen Argumente sowie vor allem auf ihre lebendige und ungebrochene Tradition.
Wie immer man sich dazu stellen mag, vom 4. Jahrhundert an begegnen wir ohne jeden Zweifel in Kerala einem eigenständigen Christentum, das im Nahen Osten seine Wurzeln hat und von dort auch seine Bischöfe und kirchlichen Strukturen sowie seine Liturgie erhalten hat.
Das Christentum in Indien führt sein Bestehen bis in die ersten Jahrhunderte, vielleicht sogar bis in die apostolische Zeit zurück und ist damit älter als die Kirche in Zentral-, Nord- und Osteuropa.
Soviel wir wissen, hielt sich das auf die erste Missionsbewegung zurückgehende Christentum grundsätzlich und bewußt von den niederen Kasten fern. Man nahm nur Angehörige höherer Kasten auf.[3] (Die Christen entsprechen in etwa den sozialen Kasten der Nayars.) Es besteht kein Zweifel, daß die ersten Christen an der Südwestküste sich harmonisch in die sozialen Strukturen der damaligen Zeit einfügten, die vom Hinduismus geschaffen waren. Dieses Christentum bediente sich für seine Theologie und seine Liturgie ausschließlich der im Mittleren Osten von der syrischen Kirche geschaffenen Elemente.
Jede Angleichung des christlichen Glaubens und der Liturgie an die Hindu-Sprache und an Hindu-Gebräuche wurde entschieden zurückgewiesen, und da jeder Kompromiß mit dem allgegenwärtigen und allmächtigen Hinduismus abgelehnt wurde, entging das Christentum dem Schicksal anderer Religionen, selbst solchen wie der Buddhismus, die ursprünglich aus dem Hinduismus hervorgegangen waren, dann aber

schließlich von ihm re-sorbiert wurden. Insbesondere die Liturgie, das Herzstück des christlichen Lebens, wurde in der syrischen Kirche völlig vom Mittleren Osten übernommen und zeigt in keiner Weise eine Neigung, sich hinduistischer Ausdrucksformen zu bedienen. Die syrischen Kirchen waren anders organisiert als die westlichen Kirchen, beispielsweise als die römisch-katholische Kirche. Sie verstanden sich als eine Gemeinschaft, die durch das „Gesetz des heiligen Thomas" eng miteinander verbunden waren. Diese syrische Kirche hat bis heute eine starke Vitalität gezeigt, die sich vor allem in der erstaunlich hohen Zahl von geistlichen Berufen, vielleicht der höchsten in der katholischen Welt, offenbart. Ein weiteres Charakteristikum dieser Kirche ist die unermüdliche missionarische Tätigkeit, die freilich erst in den letzten Jahrzehnten sichtbare Erfolge zeitigte, nachdem das in den vorausgehenden 1900 Jahren nicht der Fall war. Im Gegenteil, es ist ein seltsames Phänomen, daß sich diese Kirche nicht über ihren ursprünglichen Raum, den äußersten Südwesten des Kontinents, in den großen Raum hinein ausdehnte, der vom Hinduismus beherrscht wurde. Sie übte auf die immer wieder aufkommenden Reformbewegungen innerhalb der sie umgebenden indischen Religionen und Philosophien, vor allem des Hinduismus, keinen Einfluß aus. Es wäre interessant herauszufinden, ob und inwieweit indische Thomaschristen an der Missionsbewegung beteiligt waren, die von syrischen Händlern weit in den asiatischen Raum hineingetragen wurde. Eine systematische Erforschung dieser ersten Ausbreitung des Christentums in Asien entlang der Südostküste bis hinein nach Zentral-Asien würde vielleicht manches Neue zutage bringen.[4] Die volle Bedeutung dieser ersten syrischen Kirchen Keralas kommt erst heute nach einem langen Zwischenraum von fast 1900 Jahren voll zur Geltung, da sich diese Kirchen sowohl auf ihre Vergangenheit besinnen als auch auf neue Aufgaben für die Zukunft einstellen.

1.2 Die portugiesische Padroado-Mission[5]

Erst vom 16. Jahrhundert an kam die typisch westliche Missionsform, die sich zunächst im Padroado-System der Portugiesen verkörperte, in Indien zum Tragen und bestimmte den Verlauf der Missions- und Kirchengründungen im 16. und 17. Jahrhundert. Diese neue europäische Missionsbewegung vermischte von Anfang an religiöse und politische Elemente. Mit dem Einbruch der portugiesischen Seefahrer, die sich trotz erstaunlich geringer politischer Macht ein Handelsreich in ganz Asien aufbauten, trat für das ganze Christentum und die christliche Mission eine entscheidende Wende ein. Die christliche Mission wuchs in unzertrennbarer Schicksalsgemeinschaft mit der politischen Ausdehnung Portugals, blühte und starb am Ende mit ihr. Die ältesten und die treuesten Missionskirchen Asiens sind nach denen des Apostels Thomas die Padroado-Kirchen. Ihre Missionsmethoden jedoch haben neben all den Erfolgen, die man anerkennen muß, zu einer Reihe schwieriger Missionsprobleme geführt, die sich der weiteren Ausdehnung der katholischen Kirche in Asien wie ein Wall entgegenstellten.[6] Die Padroado-Mission kann für sich in Anspruch nehmen, daß von Goa aus das Christentum in den ganzen Osten Asiens ausstrahlte. In Indien selber ließ diese Missionswelle christliche Inseln im Reich des Großen Moguls zurück (Agra, Lahore), ja sie versuchte, aufs Ganze gehend, sogar den gewaltigsten Herrscher dieses Reiches, Akbar den Großen (1566–1605), selber zu bekehren, was freilich fehlschlug. Aber auch so ging dies in seiner Kühnheit weit über das hinaus, was spätere Generationen von Missionaren versuchten, die sich auf die Adivasis und die Harijans (die Ausgestoßenen) beschränkten. Die Padroado-Mission hat aber zur gleichen Zeit Gruppen von Christen geschaffen, die in ihrer ganzen religiösen und politischen Haltung sich dem Westen verpflichtet fühlten und kulturell zu einem großen Teil entwurzelt waren. Trotzdem hat diese Padroado-Kirche für die moderne indische Kirche bis in die jüngste Vergangenheit weitschauende Führer hervorgebracht, wie z. B. den ersten Kardinal Indiens, Valerian Kardinal Gracias von Bombay, und den ersten Kardinal Pakistans, Kardinal Cordeiro. Beide haben entscheidend dazu beigetragen, ihre Kirchen zur Eigenständigkeit zu führen.[7]

1.3 Die durch die römische „Congregatio de propaganda fide" geleitete Mission[8]

Schon vor dem Zusammenbruch der politisch inspirierten Padroado-Mission sah sich die Kirche erstmalig dazu gezwungen, ein eigenes Missionszentrum in Rom zu schaffen: die „Congregatio de propaganda fide", gegründet im Jahre 1622. Schon 37 Jahre später gab diese ihren ersten ausreisenden Apostolischen Vikaren sehr klare, bis dahin unerhörte Grundsätze mit, daß das Christentum den asiatischen Kulturen anzugleichen sei und daß die Missionare nicht versuchen sollten, ein zweites Europa in Asien zu schaffen. Wären diese Grundsätze in Indien befolgt worden, so hätte die ganze indische Missionsgeschichte eine andere Wendung genommen. Leider war das Gegenteil der Fall. Die lateinischen, westlichen Formen wurden überall als die Normen, bald sogar als die absoluten Normen für den Aufbau der Kirche in Indien vorgeschrieben. Die durch die Congregatio de propaganda fide geschaffenen Missionskirchen Indiens zeigen unverkennbare Züge ihrer portugiesischen, italienischen, französischen etc. Gründer und sind als solche bis zur Stunde eines der Hauptindernisse geblieben, die das Christentum von der indischen Kultur trennen und sie ausländisch, unindisch, ja bisweilen anti-indisch erscheinen lassen. Die Kolonialmächte ließen sich keine Gelegenheit entgehen, wenn sie die Mission als Vorspann für ihre eigenen politischen Ziele gebrauchen konnten. Die überragende Gestalt eines De Nobili (1577–1656), der eine indische Kirche aus indischem Stoff bauen wollte, wird immer den Wendepunkt darstellen, an dem die indische Kirche sich dessen bewußt geworden ist, daß sie eigentlich indisch geprägt sein sollte. Freilich konnte De Nobili aus seiner zeitgebundenen Perspektive heraus noch nicht das Grundproblem aufgreifen, das uns heute so tief bewegt: die Frage, inwieweit und ob die großen religiösen Traditionen der Menschheit, früher „nichtchristliche Religionen" genannt, heilswirkende Kraft besitzen, – was er persönlich verneinte.

Die Missionstätigkeit der Padroado-Periode liefert noch heute die Hauptargumente für die wachsende Missionsfeindlichkeit seitens der gegenwärtigen Hindu-Renaissance.[9] Die darauf folgende „Propaganda-Mission" baute erneut durch ihre Konzentration auf Rom und das allumfassende Prinzip der Latinisierung, die beide überall befolgt wurden, neue große Wälle gegen den Aufbau echter indischer Ortskirchen. Die „Propaganda-Mission" hat aber zugleich die Grundstrukturen der modernen indischen Kirche gelegt: am 1. Oktober 1886 wurde mit der Bulle „Humanae salutis" durch Leo XIII. die indische Hierarchie geschaffen und die bisherigen Apostolischen Vikariate wurden zu selbständigen Diözesen (zehn) und Erzdiözesen (sechs) erhoben. Die indische Kirche begann ihre neue Phase mit siebzehn kirchlichen Einheiten unter der Jurisdiktion der „Congregatio de propaganda fide" und zwei (Goa und Mylapore) unter der Padroado-Jurisdiktion. Im folgenden Jahr 1887 wurden die ersten beiden Apostolischen Vikariate der Syrer geschaffen (Kottayam und Trichur), die aber noch durch lateinische Prälaten geleitet wurden, bis sie 1911 ihre eigenen syrischen Prälaten erhielten. Am 21. Dezember 1923 schuf Pius XI. die syrische Hierarchie Indiens und am 11. Juni 1932 die Syro-Malankara-Hierarchie, die reife Frucht der Wiedervereinigungsbewegung, die mit Mar Ivanios begonnen hatte. Damit waren die drei Kräftefelder geschaffen, die das Leben der drei Riten und damit der indischen Kirchen heute bestimmen.

1.4 Die indische Missionsbewegung

Das II. Vatikanische Konzil hat auch für Indien einen tiefgreifenden Wandel der Missionsarbeit gebracht.[10] Die gesamte Kirchenführung ging nun endgültig in indische Hände über, und zwar in einem atemberaubenden Tempo. Als 1886 die indische Hierarchie geschaffen wurde, waren alle Prälaten Ausländer; 1896 erschienen die ersten syrischen Prälaten; 1923 der erste lateinische; heute – 60 Jahre später – warten von den 110 Diözesanbischöfen die zwei letzten Ausländer auf ihre Ablösung durch Inder. Mit Kardinal Gracias schließt sich der Kreis: der erste Inder trat mit ihm in das Kardinalskollegium ein; 1969 folgte der zweite, ein Syrer, Kardinal Parecattil; und 1976 folgte der dritte, Kardinal Picachy.

„Indianisierung" auf allen Gebieten, einschließlich der Theologie und der Liturgie, – das wurde das Schlüssel- und Zauberwort für die weitere Entwicklung.

Die finanzielle Abhängigkeit der indischen Kirche vom Westen wurde dabei jedoch in keiner Weise geringer, sondern stieg infolge der Großzügigkeit der Hilfe, die von allen Seiten nach Indien floß, noch rapide an. Sie stellt heute eines der Haupthindernisse dar, die einer völligen Freiheit und Selbständigkeit der indischen Kirchen im Wege stehen. Obwohl wir erst am Anfang dieser neuen Periode stehen, sehen wir bereits eine große Zahl von Versuchen, die immer größeren Nachdruck auf die soziale Entwicklung der notleidenden und unterdrückten Massen legen, von denen fast die Hälfte unter dem Existenzminimum leben. Die Missionsmethoden, die angewendet werden, ergänzen einander, zum Teil aber widersprechen sie sich auch. Ein allen einsichtiger und gangbarer Weg, eine indische Kirche aufzubauen, ist bis heute noch nicht gefunden worden. Eine Reihe nationaler und regionaler Institute, wie die in Kerala, Bangalore, Poona, Hyderabad, Delhi, Patna und Ranchi, haben wertvolle Vorarbeit in dieser Hinsicht geleistet. Vielleicht können wir in ein oder zwei Generationen mit einer neuen Missionsmethode arbeiten, die die Einwurzelung der Kirche in Indien zusammen mit der Bejahung eines echten indischen Menschseins ermöglicht. Es kann freilich auch sein, daß Indien, entgegen unseren Wünschen, nach Gottes unerforschlichen Ratschlüssen mit dem Licht, das ihm seit Tausenden von Jahren gegeben war, seinen Weg weitergehen muß.

Die entscheidend neue Einsicht ist die, daß Indien sich im wesentlichen nicht auf ausländische Modelle irgendwelcher Art, vielleicht nicht einmal auf ein einziges indisches Modell, verlassen kann, sondern eine

Vielzahl eigener indischer Formen suchen und erproben muß. Werden die neu entstehenden Missionskirchen Indiens in ihrer Vielfalt die große weltweite Missionsaufgabe der Kirche mit neuen Ideen und Methoden aufgreifen und weiterführen? Oder wird sich die zukünftige Missionsgeschichte Indiens in eine Periode des Streites auflösen, in dem es nicht um wesentliche Dinge geht, sondern um eher unwesentliche wie den Streit um diese oder jene liturgische Form und um theologische Spitzfindigkeiten? Wird die indische Kirche weiterhin mit geborgten ausländischen Geldern leben und arbeiten oder die große Herausforderung annehmen, die an sie gestellt ist?

2. Die indische Kirche heute: eine Minderheit mit einer Mission inmitten der religiösen Welt Indiens

Es ist nicht einfach, komplexe geschichtliche Entwicklungen, in unserem Falle fast zwei Jahrtausende umfassend, mit ein paar Strichen zu skizzieren. Trotzdem müssen wir uns um ein wenigstens vorläufiges Bild der katholischen Kirche Indiens bemühen.[11]

2.1 Indien und seine Religionen – einige Zahlen

Zuerst müssen wir uns eine realistische Vorstellung über Indien selbst machen. Indien hat 3,29 Millionen km^2 – was etwa der Größe Europas ohne Rußland entspricht – und zur Zeit etwa 720 Millionen Menschen, die noch vor Ende dieses Jahrhunderts die Milliardengrenze überschritten haben werden. Indien ist damit das zweitgrößte Volk der Welt nach China. Seine Bevölkerung wächst jährlich um 2 Prozent, d. h. um 14 Millionen. In den Jahren 2010 bis 2020 wird sich nach Vorausberechnungen der Bevölkerungsexperten die indische Bevölkerung bei rund einer Milliarde stabilisieren. Indien kann diese Menschenmassen ernähren, wenn die entsprechenden Mittel eingesetzt werden. Das darf trotz aller entgegengesetzten Befürchtungen gesagt werden. Indien ist bereits heute eines der großen technisierten Länder der Welt.[12]

Entscheidende Bedeutung hat für Indien immer die Religion gehabt. Sie spiegelt sich in politischen Gruppen. Nach den letzten Schätzungen von 1981 haben wir 82 Prozent Hindus, 12 Prozent Muslime, 3,2 Prozent Christen (davon 55 Prozent Katholiken), 1,8 Prozent Sikhs, 0,3 Prozent Jains, 0,3 Prozent Buddhisten und 0,4 Prozent andere Splittergruppen. Am schnellsten wachsen die Gruppen der Christen und der Muslime. Die Christen haben eine Wachstumsquote von 3 Prozent, die sich zusammensetzt aus einer noch hohen, jedoch rasch absinkenden Geburtenquote und früher aus einer hohen Bekehrungsziffer, die sich aber heute immer mehr dem Nullpunkt nähert. Die Wachstumsziffer der Muslime, die die Christen bald überholen werden, liegt bei 2,8 Prozent jährlich, bisher allein bedingt durch den Geburtenüberschuß, kaum durch Bekehrungen. Während heute überall die Geburtenziffern sinken, steigen sie bei den Muslimen. Aufgrund der genannten Wachstumszahlen kommen wir zu folgender Voraussage für das Jahr 2000[13]:

Christen: 45 Millionen (davon 25 Millionen Katholiken). Sie sind die größte Konzentration von Christen in Asien nach den Philippinen.

Muslime: 145 Millionen, 15,3 Prozent der indischen Bevölkerung. Tatsächlich aber möchten die Muslime um das Jahr 2000 25 Prozent erreichen, was 220 Millionen entsprechen würde.

Die Hindus würden nach dieser Berechnung von 82 Prozent auf 75 Prozent zurückfallen. Diese Befürchtung hat eine starke Reaktion in Hindukreisen ausgelöst. Mit allen Mitteln soll ein weiteres Abbröckeln von dem Hindu-Koloß verhindert werden und der „Bharat", dem Mutterland, das göttlichen Charakters ist, sollen die verlorenen Kinder wieder zugeführt werden.

Schon der erste Blick auf die Statistik zeigt uns, welche weittragenden Konsequenzen sich daraus ergeben: die Christen sind trotz einer langen Vergangenheit niemals aus ihrer Minderheitsposition herausgekommen. Sie machen immer noch nur einen geringen Bruchteil der indischen Bevölkerung aus, und dies gegenüber einer erdrückenden Mehrheit von fast 97 Prozent Nichtchristen. Diese Tatsache allein macht es sehr fraglich, ob die großartigen Pläne realistisch sind, die bestimmte christliche Kirchen mit Hilfe starker ausländischer Geldmittel verwirklichen wollen, anstatt sich den Plänen des Staates einzugliedern, wo es möglich ist.[14]

Die wichtigste Frage für uns lautet: Wächst das Christentum in Indien oder geht es zurück oder stagniert es? Im letzten Teil der britischen Periode – in den etwa 70 Jahren vor der Entlassung Indiens in die Unabhängigkeit – war die christliche Kirche die am schnellsten wachsende Religion. Sie stieg von 0,71 Prozent auf 2,35 Prozent.[15] In den darauffolgenden Jahrzehnten übernahm der Neo-Buddhismus, der völlig politisch orientiert war, die Führung mit einem rasanten Anstieg seiner Zahlen. Dieses Feuer, entfacht durch die soziale Revolution der Ausgestoßenen, brach aber bald wieder in sich zusammen. In der Zukunft sind keine wesentlichen Änderungen der religiösen Karte Indiens zu erwarten, da sich die Regierung und die Hindu-Extremisten sofort einschalten würden. All das hat einen weittragenden Einfluß auf die christliche Mission, die in der Form, in der sie bisher durchgeführt wurde, in eine Sackgasse geraten ist. Trotz der gewaltigen Leistungen für die unterdrückten und leidenden Menschen in Indien hat sich die christliche Mission im modernen Indien nicht mehr an die Auseinandersetzung mit dem eigentlichen Hinduismus herangewagt. Sie hat dazu auch im Grunde keine Möglichkeiten, da sie vor allem unter den Kastenlosen und den Ureinwohnern zu Hause ist. Soweit man heute sehen kann, wird die Missionsmethode Indiens – wie Asiens überhaupt – für die nächsten Jahrzehnte der Dialog sein. Das ist eine Tatsache, die von der Asiatischen Bischofskonferenz (FABC = Federation of Asian Bishops' Conferences) in all ihren Vollversammlungen klar ausgesprochen wurde. Wird man dieser Methode folgen, so wird das große Konsequenzen für die Missionsarbeit haben.

2.2 Charakteristika der indischen Missionskirche

Die indische Missionskirche ist durch einige der folgenden Grundzüge nicht nur tief gekennzeichnet, sondern auch bereits in ihren Aktionen weitgehend festgelegt.

2.2.1 Die katholische Kirche – angesiedelt in den Randzonen Indiens

Die geographische Verteilung der Katholiken Indiens spiegelt ihre Missionsgeschichte wieder. Diese hat sechs kleine Gruppen von Katholiken hervorgebracht, im Süden in Kerala und Tamil Nadu, an der Ost- und Westküste und in den zwei Adivasi-Gebieten von Ranchi und Assam. Sie machen 94 Prozent der indischen Katholiken aus. Der Rest von 6 Prozent verteilt sich in dem ungeheuer großen Gebiet, wo sie eine kaum wahrnehmbare Minderheit sind. Dieses Gebiet ist aber zugleich das Kerngebiet des Hinduismus und des modernen Indien. Für diese 6 Prozent Katholiken und die 500 Millionen Nichtchristen, unter denen sie leben, hat die katholische Kirche nur 13 Prozent ihrer Kräfte zur Verfügung gestellt. Mit anderen Worten: so, wie sich die Kirche im Augenblick in Indien darstellt, bedeutet sie keine Macht, die irgendeinen wesentlichen Einfluß ausüben könnte – weder auf das indische Leben noch auf die nichtchristlichen Religionen.[16]

2.2.2 Die nord-östliche Ausbreitung zu den Urstämmen hin

Die Kirche hat sich zunächst nach Chotanagpur (Ranchi) – der größte Missionserfolg der indischen Kirche nach Franz Xavier – und heute zum äußersten Nordosten Indiens nach N. E. India (Assam) hin ausgedehnt. Die politisch und kulturell entscheidende Stoßrichtung nach der weiten Gangesebene, dem Urgebiet des Hinduismus, der indischen Religionen und Kulturen und dem Zentrum der politischen Macht wurde bisher nicht eingeschlagen. Hier wäre eine Änderung dringend notwendig. In Uttar Pradesh beispielsweise, einem Staat mit 110 Millionen Einwohnern, haben wir nur ein halbes Prozent Katholiken, und diese gehören sämtlich den untersten Schichten an. Im Herzland des Hinduismus ist das gewiß keine Empfehlung für die katholische Kirche, was immer sie sonst an Großartigem für die Armen getan haben mag.

2.2.3 Zahl und Einsatz der Priester und Ordensleute[17]

Im Gegensatz zu den meisten Ländern der katholischen Kirche des Westens zeigt Indien nicht nur keinen Rückgang der Priester- und Ordensberufe, sondern sogar einen steilen Anstieg. Während der letzten 30 Jahre hat sich die Zahl der Katholiken von weniger als 5 Millionen auf 12 Millionen erhöht.[18] Die Zahl der indischen Priester hat sich verdreifacht, von 3500 auf 12 000, und die Zahl der Ordensschwestern verfünffacht. Sie zählen heute 67 000 und machen deshalb heute über 60 Prozent aller Ordensschwestern in Asien aus.[19] Schwache Punkte im Personalbild sind die geringe Zahl der Mitglieder kontemplativer Gemeinschaften, die zudem fast sämtlich ausländischen Modellen folgen; dann der Rückgang der Ordensbrüder – ein Weltphänomen, das sich auch in Indien zeigt; schließlich die geringe Zahl der Säkularinstitute, die in Asien nicht recht fußfassen konnten. Am bedauerlichsten ist die starke Klerikalisierung des kirchlichen Apostolats. Weniger als ein halbes Prozent der Laien ist in irgendeiner Weise formell und ganzzeitlich am Aufbau der Kirche beteiligt. Aus der Analyse der Personalsituation ergibt sich, daß in der katholischen Kirche Indiens einige Akzente neu gesetzt werden müssen.[20]

2.2.4 Wandlungen in der kirchlichen Leitungsschicht.

Bis vor 60 Jahren war es selbstverständlich, daß nur Ausländer als kirchliche Obere die Kirche in Indien leiten konnten. Das hat sich inzwischen geändert. Die europäische Leitungsschicht wurde durch eine einheimische abgelöst. Die neuen Kräfte kamen bisher vor allem von der Westküste, die Europa in vieler Hinsicht am nächsten stand. Die Westküste wiederum hat heute ihre bevorzugte Stellung an Kerala abgegeben. Das kirchliche Personalverzeichnis von 1980 zeigte für 106 Diözesen folgende Verteilung bezüglich der Herkunft der Bischöfe: 44 von Kerala, 27 von der Westküste (Goa, Bombay, Bangalore), 15 von Tamil Nadu, 9 von Andhra und 7 aus den „tribals" (den Urstämmen). Nur noch vier Ausländer waren im Amt. Die Aufstellungen der Religiosen-Konferenz Indiens (CRI) bringen diese Tatsachen ebenso klar zum Ausdruck, nur mit dem Unterschied, daß trotz allen Drucks der Regierung und kirchlicher Stellen hier die Anzahl der Ausländer größer ist.

2.2.5 Rückgang der Bekehrungen und Zunahme der Strukturen

Die Zahl der katholischen Diözesen wuchs von 20 im Jahre 1886, als die kirchliche Hierarchie in Indien errichtet wurde, auf 48 im Jahre 1946. Heute haben wir 110 Diözesen. Die Zahl ist also noch einmal rasch gestiegen. Eine neue Erscheinung ist das Entstehen orientalischer Jurisdiktionsbezirke, zunächst als Exarchate (Apostolische Vikariate) und dann als Eparchate (volle syrische Diözesen). Die Organisationsstrukturen der Kirche sind also vermehrt und verstärkt worden. Gleichzeitig ging das numerische Wachstum der Katholiken zurück. Die Diözesen schlossen sich schon 1945 zur „Katholischen Bischofskonferenz von Indien" (CBCJ) zusammen. Der Zusammenschluß der Ordensleute folgte 1960 in der „Konferenz der Religiosen Indiens" (CRI). Eine Reihe weiterer nationaler Organisationen folgte.

2.2.6 Anstieg der Werke „indirekter Missionsarbeit"

Im gleichen Maße, in dem sich die Gesamtstruktur der indischen Kirche institutionalisierte, nahm auch die Missionsarbeit, insbesondere der Teil, den man als „indirekte Missionsarbeit" bezeichnete, neue Formen an. Das zeigte sich vor allem auf den bisherigen zwei Hauptgebieten der Missionsarbeit: dem der schulischen Erziehung und der Gesundheitsfürsorge. In den vergangenen drei Jahrzehnten wuchs die Zahl der katholischen Universitätskollegien von 30 auf 120, und ihre Studentenzahl vervielfachte sich. Die Zahl der Hauptschulen nahm in der gleichen Zeit um 100 Prozent zu und die Zahl der Schüler um 300 Prozent, während die Grundschulen nur um 15 Prozent wuchsen und ihre Schülerzahl um 23 Prozent.

Im Gesundheitswesen nehmen wir eine ähnliche Entwicklung wahr. Die Zahl der großen Krankenhäuser vermehrte sich um das zehnfache, die Ambulanzstationen um das fünffache. Waisenhäuser und Leprastationen sowie Altenheime zeigten allerdings kaum einen Zuwachs. In all dem zeigt sich die alarmierende Tendenz, daß die Kirche, die sich als zu den Armen gesandt versteht, in Wirklichkeit in hohem Maße den Reichen dient. Dazu kommt noch, daß sich die kirchlichen Institutionen in den Städten konzentrieren, wo man alles hat, was man braucht, und sich dazu noch gegenseitig Konkurrenz macht, während das weite

Land, das dringend der Hilfe der Kirche bedarf, vernachlässigt wird. Ein bedenklicher Zug ist es auch, daß sich die karitativen Institutionen immer mehr aus den eigentlichen Missionsgebieten des Nordens in den schon stärker katholischen Süden zurückziehen und dort weniger der eigentlichen Missionsaufgabe als vielmehr der Zukunftssicherung der schon bestehenden Kirche dienen. All das führt zu der Frage, wie weit die so oft beschworene Verantwortung der Kirche für die Armen und die Mission wirklich ernstgenommen wird und wo gegebenenfalls neue Akzente zu setzen sind.

2.2.7 Der Einsatz für die Ärmsten

Nach offiziellen Zahlen leben 47 Prozent der indischen Bevölkerung unter dem Existenzminimum. Es fehlt an Nahrung, Kleidung und Wohnung. Erst recht besteht an vielem Mangel, was zwar nicht der unmittelbaren Existenzsicherung gilt, aber doch auch zum Menschsein gehört, z. B. die schulische Erziehung. Die moderne Mission hat sich das zu Herzen genommen und sich, da keine andere Missionsmethode Erfolg hatte, mit hohen Summen ausländischen Geldes in zahlreiche sozial-ökonomische Projekte gestürzt. Dies hat eine doppelte Wirkung gezeitigt: die „direkte" Missionsarbeit, die sich offenbar als unwirksam erwiesen hatte, wurde weitgehend zugunsten dieser Großprojekte aufgegeben, und es entstand in der Öffentlichkeit der Eindruck, die katholische Mission verfüge über unbeschränkte finanzielle Quellen, was seinerseits eine radikale, gehässige Gegenreaktion extremer Hindugruppen und eine immer größer werdende Überwachung und Einschränkung der kirchlichen Missionsarbeit durch die Regierung zur Folge hatte. Theologisch stellt sich das gleiche Problem noch anders dar. Es erhebt sich die Frage, ob eine indische Kirche im Sinne des II. Vatikanischen Konzils wirklich eine Ortskirche ist, wenn sie ohne große finanzielle Zufuhren aus dem Ausland nicht existieren kann.

2.2.8 Die Frau in der indischen Kirche[21]

Das Frauenbild in Indien wurde von den verschiedensten Faktoren geprägt: vom Hinduismus, dessen Frauenbild freilich keineswegs einheitlich ist, vom Islam, vom Buddhismus und Jainismus, vom Christentum und von den ideologischen Strömungen der Neuzeit. Die katholische Kirche hat sich insgesamt mit dem Problem der Frau in Indien wenig auseinandergesetzt. Sie schätzt die Frau, die willig einen großen Teil der Arbeit in der Kirche übernimmt, hat ihr aber in keiner Weise Führungsaufgaben zugewiesen. So wie die Frau erzogen wurde, ist sie mit dieser Stellung durchaus zufrieden. Erst in der jüngsten Vergangenheit zeigen sich einige Veränderungen. Erstmals haben sich Frauen radikalen Protestgruppen angeschlossen, um gegen schreiendes Unrecht aufzustehen. Seit langem existieren die traditionellen Frauen-Organisationen, die sich jedoch kaum öffentlich bemerkbar gemacht haben. Ein erster Erfolg war eine Konsultation über die Probleme der Frauen. Sie fand im Juni 1984 in Bombay statt, wurde jedoch nicht von Frauen einberufen und geleitet, sondern von der katholischen Bischofskonferenz. Eine Konfrontation zwischen der offiziellen Kirche und den Frauen, wie wir sie von den USA her kennen, gibt es in Indien nicht. Erste Versuche, das Problem der Frau in Indien wissenschaftlich zu erfassen, sind katholischerseits von Streevani („Stimme der Frau"), einem Zweig von Ishwani Kendra in Poona, unternommen worden. Die Entwicklung einer feministischen Theologie, die in protestantischen Kreisen weiter vorangeschritten ist, stößt in Indien katholischerseits bisher auf unüberwindliche Schwierigkeiten. Zu begrüßen ist, daß Frauen heute an theologischen Seminaren studieren können.

3. Das spirituelle Profil der katholischen Kirche Indiens

Das Profil der indischen Kirche zeigt viele Linien.[22] Sie erscheint als eine Kirche, die tief im Urchristentum verwurzelt ist und uns in syrischen Modellen Aspekte eines Kirchenbildes zeigt, die uns fast fremd geworden sind, z. B. die starke Betonung der lokalen Struktur oder das Mitspracherecht der Laien in der Malankara-Kirche. Die gleiche indische Kirche erscheint in Dschungelgebieten des Nordens, wo sie vielleicht soeben erst gegründet wurde, in einer noch unentfalteten Form und in vielen Strichen an der Westküste in Formen, die fast europäisch anmuten. Und doch liegen dieser Vielfalt einige tiefgehende gemeinsame Prinzipien zugrunde. Wir möchten eine Reihe davon aufzeigen.

3.1 Eine einigende Kirche in einer Welt der Gegensätze

In die Zersplitterung und Vielfalt und den Reichtum der indischen Sprachen, Kulturen, Religionen, sozialen Situationen tritt das Christentum als eine ordnende Macht ein, welche die heterogenen und auseinanderstrebenden Kräfte auf ein Zentrum hinordnet[23], auf den auferstandenen Christus. Die Verantwortung für die Einpflanzung der Kirche in die Länder und Kulturen liegt nicht bei den einzelnen Missionaren oder missionarisch tätigen Gemeinschaften, sondern bei der ganzen christlichen Kirche, die sich als „Ecclesia" versteht, weil sie dem Anruf des erhöhten Herrn gefolgt ist und weiterhin folgt. Es war die Tragik der indischen Missionsarbeit, daß sie durch die Jahrhunderte hindurch von Kirchen geleistet werden mußte, die selber oft zerspalten und zerstritten waren. Diese Situation, die bis heute fortdauert, kann nur überwunden werden, wenn die einzelnen Kirchen trotz aller unvermeidlichen großen und kleinen Unstimmigkeiten sich zu einer einzigen und gemeinsamen Aktion durchringen: die Kirche Christi in Indien aufzubauen. Die Kirche hat ihren Blick auf die entscheidenden Lebensfragen der indischen Welt und Kirche zu richten, und dies inmitten der zunehmenden Hindurestauration, des Hasses gegen Kirche und Mission, des wachsenden Materialismus und des Terrors, des Zerfallens des Volkes in immer neue Kasten und Gruppen und schließlich inmitten der steigenden Gefahr, daß am Ende eine radikale Linke oder Rechte alles diktatorisch übernehmen wird. Andernfalls hat die Kirche kaum Chancen für die Zukunft.

Die Bekehrung Indiens beginnt wie überall in der Kirche mit der eigenen Bekehrung. „Die Kirche muß zuallererst sich selbst vom Evangelium durchdringen lassen und zu ständiger Bekehrung und Erneuerung bereit sein, wenn sie der Welt mit Glaubwürdigkeit die frohe Botschaft bringen will", mahnt uns Paul VI. in seinem 1976 veröffentlichten Brief an die Gläubigen „Evangelii nuntiandi" (Nr. 15). Die Missionsaufgabe der indischen Kirche muß darum vor allem als die Berufung des ganzen Gottesvolkes in Indien begriffen werden. Alle anderen Berufungen entspringen aus ihr. So kann die Kirche aus dem, was sonst ein Chaos sein würde, eine Einheit in Christus schaffen.

Die Aufgabe, die Einheit zwischen Menschen zu fördern, stellt sich für die katholische Kirche Indiens aber nicht nur im Blick auf die kulturelle und religiöse Umwelt, sondern auch im zwischenkirchlichen, ökumenischen Kontext. Es gibt in Indien auch Christen und christliche Gemeinschaften, die der katholischen Kirche nicht angehören. Auch in Indien beeinträchtigt die Trennung der Kirchen die Glaubwürdigkeit der Mission. Aus dieser Erkenntnis ergaben sich die Anfänge der ökumenischen Arbeit in Indien. Sie gestaltet sich nicht einfach, vor allem auf der lokalen Ebene. Spannungen mit evangelischen Gruppen hat es vor allem in den Missionsgebieten Ost-Indiens (Assam) gegeben. Auf höherer Ebene bewegen sich die Kirchen allerdings aufeinander zu.

Die erste ökumenische Konsultation zwischen der katholischen Bischofskonferenz und dem Nationalen Rat der Kirchen in Indien im Oktober 1980 hat brauchbare Prinzipien formuliert[24], die aber noch zu wenig wirksam geworden sind. Dort wurde z. B. vorgeschlagen, daß eine positive Darstellung der getrennten christlichen Gemeinschaften

Teil des Theologiestudiums sein sollte; daß Experten von beiden Seiten schwierige Probleme (Eucharistie; konfessionsverschiedene Ehe; Kirchenstrukturen usw.) auf eine mögliche Zusammenarbeit hin studieren sollten; daß die verschiedenen Kirchen in ihrer Presse sich gegenseitig über ihre Arbeit informieren sollten; daß Projekte auf dem sozialen Sektor wo immer möglich gemeinsam unternommen werden sollten; daß gegenseitige Angriffe vermieden werden und Angriffe durch christenfeindliche Gruppen gemeinsam abgewehrt werden sollten; daß eine gemeinsame missiologische Institution geschaffen werden und daß schließlich ein Ausschuß von zehn Mitgliedern ernannt werden sollte, der jährlich alle ökumenischen Aktivitäten planen, unterstützen und beurteilen sollte. Ein ökumenisches Sekretariat und Zentrum sollte errichtet werden. Leider sind die meisten dieser Vorschläge noch nicht Wirklichkeit geworden.

3.2 Eine kontemplative Kirche in einer Welt der Aktion

Die Kirche ist im Laufe der Jahrhunderte zu einer großen Organisation und Institution geworden. Und doch ist sie letztlich etwas ganz Einfaches: eine Gemeinschaft, in der der Geist Jesu Christi lebt und die darum die beglückende Botschaft von Jesus all denen bringen darf, denen sie bisher noch nicht begegnet ist. Mission kann darum niemals ohne eine tiefe, alle missionarische Aktion begleitende und durchdringende Kontemplation lebendig sein. Viel von dem oft so bitteren Widerstand gegen die Mission der Kirche würde in Indien verschwinden, wenn die Kirche als eine geistliche Gemeinschaft des Gebetes und der Liebe erfahren würde, nicht aber als eine Struktur, die Macht verkörpert und – wie man meint – viel ausländisches Geld zur Verfügung hat. Mahatma Gandhi selber gab Missionaren den Rat: „Wenn ihr Indien bekehren wollt, dann schickt uns nicht tausend Missionare, sondern einen einzigen Heiligen!" Es ist eines der ermutigenden Zeichen unserer Zeit, daß sich langsam eine tiefere Wertschätzung der Kontemplation durchsetzt. Alle drei nationalen Kongresse, die sich mit der Aufgabe der indischen Kirche befaßten (Bangalore 1969, Nagpur 1971, Patna 1973), stellten am Ende die Kontemplation an die erste Stelle.[25] Inzwischen sind viele einzelne und viele Gemeinschaften aufgebrochen, diese verlorene indische Grundhaltung neu zu entdecken und sie mit der anderen ebenso dringenden und schwierigen Aufgabe der Hingabe an die Armen zu vereinen. Aus solcher Kontemplation erwächst ein neuer Sinn für die vielfältigen Aufgaben, die sich der Kirche in Indien stellen.

3.3 Eine dienende Kirche in einer Welt bedrückender Armut[26]

Nur eine dienende Kirche, die dem uns dienenden Jesus Christus folgt, hat in Indien eine Chance, ernstgenommen zu werden, zumal in einer Zeit radikaler Opposition gegen alles, was in der Religion nicht echt ist. Wenn die Kirche in Indien eine dienende Kirche sein will, muß sie eine Kirche der Armen sein.[27] Dieses Thema kommt auf vielen Kongressen in der ganzen Welt zur Sprache[28], und doch hat sich bis jetzt an der Lage der Armen, vor allem in der Dritten Welt, nur wenig geändert. Auch die Kirche Indiens und gerade sie wird unglaubwürdig, wenn sie den Anschein von Macht, Reichtum und Prestige erweckt. In einem Land, in dem die Hälfte der Menschen unter dem Existenzminimum leben, muß die Kirche bei den Armen sein. Überragende geistige Führer Asiens, wie z. B. Mahatma Gandhi, waren tief beeindruckt von der Person Jesu. Sie ließen sich von ihm inspirieren, die Armut der Bergpredigt mit all ihren Konsequenzen zu leben. Mahatma Gandhi warnte die Christen: „Es scheint mir, daß das Konzept, welches das Christentum übernommen hat, eine direkte Verneinung der Bergpredigt ist. Das ist ein Grund, warum ich kein Christ geworden bin." Nach indischen Begriffen sind Armut und Heiligkeit untrennbar, und eine reiche Kirche erscheint ihnen wie ein Hohn auf die Lehren des Evangeliums.

3.4 Eine katholische Kirche in einer Welt indisch geprägter Kultur

Einer der Züge, die das Profil der indischen Kirche bestimmen werden, wird eine indische Theologie sein.[29] Für Jahrhunderte bestand kaum ein Zweifel, daß die Theologie eine einzige, die ganze katholische Welt umfassende, allgemein gültige und überzeitliche Wissenschaft sein muß, die auf die Einsichten ihrer Schöpfer vor allem in der griechisch-lateinischen Welt zurückgeht und daß kaum etwas wesentlich Neues zu den alten, längst gelösten Problemen (Lehre von Gottes Dreifaltigkeit, von der Inkarnation und der Person Christi, von der Kirche usw.) hinzuzufügen ist. Bisher hatte man vielfach gemeint, die Theologie käme von oben, um sich mit der Kirche zu verbinden. Heute wissen wir nach vielen Irr- und Umwegen, daß wir den Weg noch nicht ganz zu Ende gegangen sind. Heute wissen wir, daß Theologie nur im Kontext der irdischen Realität gelebt, erfahren und dargestellt werden kann und nicht aus abstrakten Prinzipien hervorwächst, die aus einer anderen Kultur importiert sind. Trotzdem kennen wir bis jetzt nach den klassischen Theologien des Westens nur einen einzigen Versuch, eine neue, der Realität des Landes angepaßte Theologie zu schaffen, nämlich die „Befreiungstheologie". Diese Theologie nimmt sich die südamerikanischen Realitäten zu Herzen, reflektiert darüber und sucht, mit neuen, dadurch gewonnenen Einsichten eine neue südamerikanische Welt zu bauen. Heute nehmen wir in den Ländern der Dritten Welt eine Reihe derartiger Versuche, die freilich in vielen Fällen erst in den ersten Anfängen stecken, wahr. Das Grundprinzip, das eine solche theologische Neukonzeption bestimmt, ist, daß jede echte Theologie von der Realität, in der sie gelebt und gedacht wird, inspiriert sein muß. Die ungenügende Ausgangsbasis der meisten Länder der Dritten Welt besteht darin, daß sie keinen geeigneten Unterbau für eine derartige theologische Konstruktion haben, z. B. eine tragende Philosophie oder ein vollendetes Religionssystem. Das ist in Indien anders. Indien hat all das Jahrtausende hindurch entwickelt. Daran kann die christliche Kirche mit ihren theologischen Neuversuchen anknüpfen. Freilich muß man bedenken: für die indische Kirche hat Theologie einen geringeren Stellenwert als für den Westen. Sie ist zweitrangig; denn das Eigentliche des indischen Denkens und Erlebens ist das Erfahren des Göttlichen, über das man reflektieren kann, das man jedoch nicht aus Büchern lernen kann. Für den Inder nimmt „Anubhav" = Erfahrung die erste Stelle ein. Die indische Welt hat wie kein zweites Land eine Fülle von Methoden und Lebensformen durch viertausend Jahre hindurch entwickelt. Wenn all das im vollen Licht Christi, der die letzte Offenbarung des Vaters ist, neu durchdacht wird, werden wir eine neue Theologie bekommen, eine indische Theologie, die Eigenbesitz der indischen Kirche sein wird – so wie die Befreiungstheologie Eigentum Südamerikas ist. Zu dem Weg dorthin gehört eine sorgfältige Analyse der mystischen Schriften der indischen Religionen. Sie vermag Reichtümer zutage zu fördern, die dem Westen bis zur Stunde fast unbekannt sind.

Hier stellt sich nun in aller Schärfe das Grundproblem der indischen Theologie, das schon bald auch ein Grundproblem der Welt-Theologie sein wird, nämlich der lebendige Dialog mit den Weltreligionen, der ohne ein persönliches Sich-Einlassen auf sie nicht möglich sein wird.[30] Es ist selbstverständlich, daß dieser Dialog keine der wirklich geoffenbarten christlichen Wahrheiten in Frage stellen darf, im Gegenteil, er muß sie alle erst recht zum Leuchten bringen. Wir Christen müssen uns dessen bewußt sein, daß das ewige Licht in die Finsternis menschlichen Denkens und Tastens geleuchtet hat, schon bevor es in Jesus Christus Fleisch angenommen hat, und dies in einer ganz wunderbaren Weise vor allem in Indien. Dialog bedeutet darum nicht ein gelehrtes Studium der Religionswissenschaft oder der Indologie, obwohl beide gebraucht werden, sondern ein persönliches Erfahren des auch in den anderen

Religionen auf die Menschheit zukommenden Gottes, der sich ihr endgültig in Jesus Christus als Erlöser und Vollender vorgestellt hat. Es mag sein, daß er dort andere Namen trägt. Vielleicht werden wir durch eine schwierige Periode hindurchgehen müssen, wie wir sie aus den ersten großen theologischen, vor allem christologischen Kämpfen des Christentums kennen. Die Klärung, die sich damals schließlich ergeben hat, hatte einen hohen Preis.

Aus diesen theoretischen Erwägungen ergibt sich für die Kirche in Indien eine Schlußfolgerung von entscheidender Bedeutung: daß sie in Zukunft nicht mehr der Grundfrage ausweichen kann, die man bisher immer in den Hintergrund geschoben hat. Sie hat Großartiges für die Ausgestoßenen des Hinduismus und seine Randgruppen (wie die Adivasis) geleistet, aber sie ist dem eigentlichen Problem, einen ehrlichen Dialog mit dem Hinduismus wie mit dem Islam zu führen, ausgewichen.[31] In Zukunft wird sich die indische Kirche ehrlich mit den „nichtchristlichen Religionen" oder den „großen religiösen Traditionen" – wie man sie heute mit größerem Recht nennt – auseinandersetzen müssen, und dies nicht nur theoretisch, sondern vor allem auf der Erlebnis- und Erfahrungsebene. Das setzt eine gründliche Kenntnis dieser Traditionen voraus. Sie wird in den Hochreligionen Indiens, die nicht nur einen Großteil des indischen Lebens, sondern des Lebens ganz Asiens geprägt haben, einen Gott kennenlernen, der den Gott der traditionellen westlichen Theologie in neuen Tiefen erfahren läßt.

Aus solchen Einsichten heraus hat die Vereinigung der Asiatischen Bischofskonferenzen (FABC) auf ihren Vollversammlungen wie auf vielen Versammlungen ihrer Missions- und Dialogkommissionen klar herausgestellt, daß der Dialog *die* Missionsmethode Asiens ist, nicht in dem Sinne, daß man nun ein probates Mittel gefunden hätte, die absinkenden Bekehrungsziffern wieder anzuheben, sondern in dem Sinne, daß allein auf dieser Ebene lebendige Menschen dem lebendigen Gott begegnen können. So ist für Indien und Asien der Dialog der Kernbereich, um den sich alle Theologie wird ansiedeln müssen. Freilich werden damit erhebliche Probleme auf die Kirche zukommen, die der lebendige Gott, wie er das immer in der Kirchengeschichte getan hat, zu seiner Zeit lösen wird. In keiner Weise wird jedoch die Proklamation des Evangeliums durch den hier empfohlenen Dialog überflüssig.

Es ist selbstverständlich, daß eine Kirche, die sich auf den Dialog einläßt, neue Formen annehmen wird, die indisch sind. Die „Indianisierung" wird sich auf allen Gebieten bemerkbar machen.[32] Dabei bezeichnet dieser Ausdruck durchaus nicht einen einheitlichen Vorgang. Er schließt eine verwirrende Vielfalt von Ausdrucksformen ein. Eine

Lösung der damit gegebenen Probleme ist nur möglich im Kontext der Ortskirche, deren Bedeutung wir neu zu sehen gelernt haben. Heiße Eisen werden angefaßt werden müssen. Zum Beispiel ist die gegenwärtige Liturgie in Indien der ganz unindische Ausdruck eines heiligen Geschehens, das den meisten Indern fremd und unverständlich bleibt, wie viele Experimente bewiesen haben. Zeitweise wurde in der Liturgie eine weitgehende Angleichung an indische Denk- und Kultformen versucht, die aber heute wieder weitgehend zurückgenommen ist. Das Problem, das man heute als „Inkulturation" bezeichnet, die Eingliederung der Kirche in den Kulturkreis, in dem sie wächst, ist eine der dringendsten Fragen, die zu lösen sind, wenn das Christentum seinen bisher europäischen Charakter relativieren will. All das muß mit Mut, gegenseitiger Rücksichtnahme und ständiger Gesprächsbereitschaft in Angriff genommen werden. Schwierigkeiten, Gefahren und theologische Unglücksfälle werden nicht ganz zu vermeiden sein. Es liegt eine große Zukunft vor uns: der Aufbruch in eine neue Epoche der Theologie und der Kirche, in der erstmals die Völker Indiens ihre Jahrtausende alten Schätze in die Kirche hineintragen werden.

Die Bevölkerung Indiens wird vor dem Jahr 2000, also in 15 Jahren, die Milliardengrenze überschritten haben. Weltpolitisch wird sie vielleicht das Zünglein an der Waage sein. Wird das zweite Milliardenvolk Asiens dem Beispiel Chinas folgen und sich ein Paradies auf Erden bauen, das keine Religion mehr braucht? Oder wird es in der Lage sein, seine Religionen soweit zu reformieren, daß sie eine neue Welt bauen können, die dem Menschen eine Heimat sein kann? Die Menschen werden keiner Religion mehr folgen, die ihnen nicht ein menschenwürdiges Dasein erschließen kann. Außerdem ist es offensichtlich, daß keine Religion allein in der Lage sein wird, eine entscheidende Wende herbeizuführen. Die Hoffnung liegt in der Zusammenarbeit aller Religionen, die sich gemeinsam für das große Ziel der Menschheit einsetzen. Das fordert von allen eine große Selbstentäußerung und eine entschlossene Dialogbereitschaft. Hier hat Indien eine entscheidende Rolle zu spielen, vermutlich die entscheidende Rolle für Asien und die ganze Welt.

4. Pakistan – Bangladesh – Sri Lanka

Zum indischen Subkontinent gehören auch Pakistan, Bangladesh und Sri Lanka. Wenigstens in Kürze sei die Situation der römisch-katholischen Kirche in diesen Ländern geschildert.

Pakistan

Als 1947 die englische Kolonialherrschaft über Indien zu Ende ging, wurden zwei Provinzen aus dem ehemals Britisch-Indien herausgelöst: Ostpakistan und Westpakistan. Sie bildeten eine politische Größe, obwohl 1700 km zwischen den beiden Regionen liegen. Ost- und Westpakistan sollten eine islamisch geprägte Heimat für die indischen Muslime sein. Doch der Islam war dann doch nicht in der Lage, die beiden Teile zusammenzuhalten. Seit 1971 existieren Westpakistan – nun Pakistan genannt – und Ostpakistan – nun Bangladesh genannt – unabhängig voneinander. In Pakistan leben heute ungefähr 85 Millionen Einwohner. Etwa ein halbes Prozent von ihnen, d. h. ca. 430 000 Pakistani, sind Katholiken. Die Zahl der Katholiken hat seit 1950 um etwa 280 000 zugenommen. Etwa 400 000 der heutigen pakistanischen Katholiken sind urdu-sprechende Pantschabi. Sie kommen aus den ärmsten Volksschichten. Zum größten Teil sind sie Analphabeten. Sie leben auf dem Lande oder in Slums. Die übrigen Katholiken gehören entweder der Stammesbevölkerung in der Provinz Sind an oder sind englischsprechende Goanesen. Letztere leben vor allem in Karatschi, der Hauptstadt. Sie entstammen vielfach der oberen Mittelschicht (Lehrer, Ärzte, Kaufleute, Krankenschwestern, etc.). In Pakistan gibt es ein Erzbistum – Karatschi – und fünf weitere Diözesen. Inzwischen arbeiten ca. 100 einheimische Diözesanpriester. Die Ordenspriester und die Ordensschwestern (heute ungefähr 700) sind vor allem im seelsorglichen und karitativen Bereich tätig, nachdem die Schulen 1973 verstaatlicht wurden. Pakistan will ausdrücklich ein islamischer Staat sein. Gleichwohl wird durch die Verfassung allen Pakistani, also auch den Christen, Rechtsgleichheit zugesichert. In der Praxis freilich haben die Christen manche Benachteiligungen zu ertragen.

Bangladesh

Auch in Bangladesh, dem ehemaligen Ostpakistan, sind die Katholiken eine verschwindende Minderheit innerhalb einer vorwiegend islamisch geprägten Bevölkerung. Diese zählt fast 100 Millionen, unter denen 160 000 (= 0,16 Prozent) Katholiken sind. Ein kleiner Teil der Katholiken (etwa ein Drittel) geht auf die englischsprechenden Goanesen zurück, die meisten anderen stammen aus den unteren Kasten der Hindu-Minderheit und aus der Stammesbevölkerung an den Grenzen des Landes. Sie sprechen Bengali. Sie zählen zu den ärmsten Bevölkerungsschichten. Fast alle sind Analphabeten. Sie leben auf dem Lande und leiden vielfach an chronischer Unterernährung. In Bangladesh gibt es ein Erzbistum – Dacca – und drei weitere Diözesen. Die Zahl der Priester beträgt etwa 160, die meisten sind jetzt noch Ausländer. Doch die Zahl der einheimischen Priesteramtskandidaten ist so hoch, daß schon bald genügend einheimische Priester zur Verfügung stehen werden. Fast 500 Ordensschwestern sind in Bangladesh tätig, mehr als zwei Drittel sind einheimisch. Die Kirche engagiert sich im Schulwesen und sieht sich angesichts der großen Not und Armut vor allem zu karitativem Einsatz herausgefordert. Die Hilfen werden durch CORR (Christian Organization for Relief and Rehabilitation) koordiniert. Versuche zur Inkulturation der Kirche in die kulturellen und religiösen Traditionen Bangladeshs finden vor allem in Basisgemeinden statt. Während im früheren Ostpakistan der Islam Staatsreligion war, hat die erste Verfassung nach 1971 Bangladesh zum „säkularen Staat" erklärt, in dem alle Religionen gleiches Recht haben. 1975 wurde dem Islam in der Verfassung allerdings wieder eine gewisse Vorrangstellung eingeräumt. Obwohl die Christen eine sehr kleine Gruppe sind, sind sie wegen ihres sozialen und politischen Einsatzes allgemein geachtet.

Sri Lanka

Sri Lanka ist seit 1972 eine parlamentarische Republik, seit 1978 hat die Insel im Süden Indiens eine Verfassung im Sinne der französischen Präsidialdemokratie. Heute leben in Sri Lanka etwa 15 Millionen Menschen, davon sind mehr als zwei Drittel Singhalesen, ein Fünftel Tamilen (etwa je zur Hälfte Ceylon-Tamilen und Indien-Tamilen), der Rest gehört anderen Bevölkerungsgruppen zu. Ungefähr zwei Drittel der Bevölkerung von Sri Lanka ist buddhistisch, die Hindus und die Muslime machen ein weiteres Viertel aus, der Rest, ungefähr 7 Prozent, ist katholisch. Das bedeutet: In Sri Lanka leben etwa 1 Million Katholiken. Sie sind eine lebendige und beachtete Gruppe. Colombo, die Hauptstadt der Insel, ist Sitz eines Erzbischofs, darüber hinaus gibt es sieben Diözesen und eine Apostolische Präfektur. Die Zahl der Priester beträgt fast 500, die der Ordensschwestern ungefähr 2000. Die meisten sind einheimisch. Die Ursprünge der katholischen Kirche reichen in die Zeit der Mission Franz Xavers zurück. Aus einem mehrjährigen Konflikt mit dem Staat (Verstaatlichung der katholischen Schulen 1960–65) ging die Kirche verarmt, aber innerlich gestärkt hervor. Nach dem Konzil hielt sie die erste asiatische, sich über mehrere Jahre hinziehende Nationalsynode ab. Fragen der sozialen Verantwortung und der Begegnung mit den Kulturen und Religionen wurden erörtert. Heute vermag die Kirche Sri Lankas Ordensleute und Priester als Missionare in verschiedene Länder Asiens zu entsenden. Da die Katholiken sowohl aus der Gruppe der Singhalesen als auch aus der Gruppe der Tamilen stammen, hat die Kirche unmittelbar mit den heftigen Rassenkonflikten zu tun, die die Insel seit einigen Jahren erschüttern. Sofern sie beide Gruppen umfaßt, hat sie aber auch eine besondere Möglichkeit und Verantwortlichkeit, die Konflikte mildern zu helfen.

ANMERKUNGEN

1 Dieser Artikel benützt Teile eines anläßlich der Ökumenischen Tagung 1980 in Alwaye/Indien gehaltenen Referates: Engelbert Zeitler, Mission Yesterday and Today, Lessons from Indian Church History, in: Our Common Witness, Nagpur-Kottayam 1981, 9–50.
2 Die rasch wachsende Literatur zu diesem Thema folgt zwei Strömungen: eine lateinische und eine orientalische Interpretation der Geschichte der Riten. Eine erste kritische Gesamtausgabe der indischen Kirchengeschichte in 6 Bänden entsteht zur Zeit: History of Christianity in India, TPI, Bangalore. Für die erste Periode s.: A. M. Mundadan, History of Christianity in India, Bd. II, TPI, Bangalore.
S. auch E. R. Hambye, Christianity in India, Aleppey 1972. Darstellungen des syrischen Christentums finden sich z. B. bei Placid J. Podipara CMI, Xavier Koodapuzha und in der Zeitschrift Christian Orient, Kottayam. Vgl. Bd. V, Nr. 2, 7–26, Mar Abraham Mattam, The Indian Church of St. Thomas Christians and Her Missionary Enterprises before the 15th Century.
3 Neue Forschungen scheinen zu beweisen, daß sich das Kastensystem in seiner klassischen Starrheit in Kerala erst im 7. und 8. Jahrhundert entwickelte.
4 Leider existiert bisher keine wissenschaftlich zuverlässige Studie über dieses faszinierende Thema. Ein unzureichender Versuch ist z. B. J. Stewart, Nestorian Missionary Enterprises, Madras 1928, Trichur 1961.
5 Vgl. Joseph Thekkedath, History of Christianity in India from the Middle of the Sixteenth to the end of the Seventeenth Century (1542–1700) Bd. II, History of Christianity in India o. c.
6 Vgl. K. M. Panikar, Asia and Western Dominance, London 1953, das Pandit Nehru allen indischen Diplomaten als Handbuch empfahl.
7 Goa hat (dem ungeteilten) Indien 26 Bischöfe und die ersten zwei Kardinäle gegeben (Kard. Gracias und Kard. Cordeiro in Karachi).
8 E. R. Hambye, History of Christianity in India during the Eighteenth Century Bd. III CHAI, o. c. TPI – Bangalore.
9 Trotzdem hat die Kirche in keinem anderen Lande Asiens bisher eine solche Freiheit besessen wie in Indien. Das rote Tuch für die Hindus aller Schattierungen ist der Drang der Kirche, „die Heiden zu bekehren"; Hugald Grafe

(Hrsg.), History of Christianity in South India during the Nineteenth and Twentieth Centuries, Bd. IV CHAI; Chandran Devanesan (Hrsg.), History of Christianity in India during the Nineteenth and Twentieth Centuries: All India Developments, Bd. VI.
10 Vgl. Soares Prabhu, Inculturation, Liberation, Dialogue, Poona 1984.
11 Für die Situation vor 15 Jahren siehe: Zeitler, Orientation Paper „G" for the All India Seminar: The Church in India today. Personnel and Resources, New Delhi 1969; Ein Jahrzehnt später: Walter Fernandes, The Indian Catholic Community, in: Pro Mundi Vita Dossiers Jan. 1980, Brüssel.
12 Die Einstufungen schwanken zwischen der viertgrößten und der neuntgrößten Macht (T. A. Mathias Xavier Institute Jamshedpur).
13 Projektion von Theo Mathias, Jamshedpur Xavier Institute.
14 Gesetzliche Maßnahmen sind bereits eingeleitet, Geldüberweisungen von der vorherigen Erlaubnis des Staates abhängig zu machen.
15 S. D. Souza, Some Demographic Characteristics of Christianity in India, Soc. Compaß 1966, 415–26.
16 Es wurden die letzten Statistiken von 1984 verwendet. Leider zeigt sich sofort, daß die offiziellen Statistiken der Kath. Bischofskonferenz Indiens sehr unzuverlässig sind, da für manche Sparten die Angaben fehlen und die vorhandenen zuweilen die Zahlen der Vorjahre wiederholen.
Trotzdem geben die Statistiken eine Ahnung, wie die Realität in diesem Riesenland aussieht.
17 W. Fernandes, o.c. op 8–11, Zeitler, Orientation Paper G.o.c. 9–42.
18 So W. Fernandez, o.c. – Das Catholic Directory 1984 gibt widersprüchliche Zahlen, wenn man die einzelnen Diözesen tatsächlich aufrechnet.
19 Das Catholic Directory 1984 gibt die Zahl der Schwestern mit 49 956 an. Ein Anhang im gleichen Dokument gibt die Zahl derselben Schwestern mit 48 786 an, gibt aber für 166 aufgeführte Kongregationen Zahlen nur für 157 an. – Das Direktorium der Ordensgenossenschaften (CRI) gibt für das gleiche Jahr 1984 eine Gesamtzahl von Schwestern von 64 670 an, läßt aber die Zahlen für 11 Kongregationen aus.
Wenn man beide Direktorien von 1984 kombiniert, findet man 172 Schwesternkongregationen mit einer Gesamtzahl von 68 090 Schwestern. Selbst dann fehlen immer noch die Zahlen von 10 Kongregationen!
20 W. Fernandes, o.c. 11–12.
21 S.: Zeitler, Engelbert, SVD – L. Misquitta RSCJ – Jessie Tellis Nayak, Women in India and in the Church, Ishvani Kendra, Poona; and Peter Fernando – Dr. Frances Yasas, Women's Image Making and Shaping Pune, Ishvani Kendra 1984.
22 S. Catholic Directory of India, 1984, Delhi 1984. Eine gute allgemeine Einführung in die gegenwärtige indische Kirche gibt eine Broschüre „Catholic India", veröffentlicht von der CBCI, Delhi (keine weiteren Angaben); vgl. auch World Christian Encyclopedia, Oxford 1982, India, 370–381; Christianity in India: its true face. CBCI Commission for Evangelization (Hrsg.) Delhi 1981 (Katholischer Standpunkt); Debate on Mission, Höfer, Her-

bert E. (Hrsg.), Gurukul Lutheran Theological College & Research Institute, Madras 1979. (Protestant. Standpunkt); Christianity in India. A Critical Study. Vivekananda Kendra Patrika Bd. 8 Nr. 2, 1979. Eknath Randade (Hrsg.) (radikal hinduistischer Standpunkt).

23 E. Zeitler, Orientation paper „G" for the All India Seminar, Delhi 1959, 54–69.

24 Our common Witness, Alwaye 1981, 111f.

25 All India Seminar, 253: Ermahnung, ohne Verzug die notwendigen Schritte zu machen, ein authentisches kontemplatives Leben in Indien zu schaffen... s. auch: Internat. Theol. Seminar in Nagpur 13, 415, 570 und Patna All India Seminar on Evangelization, 360–367.

26 FABC Papers, Hongkong. BIMA I, 9–13, No. 19.

27 Siehe eine Fülle von Veröffentlichungen zu dem Thema durch die CBCI und CRI, The Indian Social Institute etc. Auf FABC-Ebene für Asien durch das Office of Human Development, Manila; vgl. auch: Anto Karokaran, Evangelization and Diakonia, Bangalore 1978.

28 Vgl. Relevance of Christianity in India Today, a seminar at Jnana-Deepa Vidayapeeth, Poona. Published by J. D. V. Poona 1984.

29 Vgl. Theologizing in India. Selection of papers presented at the Seminar held in Poona on Oct. 26–30, 1978. M. Amaladas, T. K. John, Gispertsauch G (Hrsg.), CBCI Commission for Seminaries T. P. I. Bangalore 1981; Soares Prabhu, George, Inculturation–Liberation–Dialogue (Challenges to Christian Theology in Asia Today), Poona 1984.

30 Theologie im Kontext, Missionsw. Institut Missio, Aachen; Motte, Mary FMM & Lang, Joseph R., MM (Hrsg.), Mission in Dialogue. The Sedos Research Seminar on the Future of Mission, Rom 1981; Aykara, Thomas (Hrsg.), Meetings of Religions. New Orientations & Perspectives, Bangalore 1978; Guidelines for inter-Religious dialogue CBCI Dialogue Commission, Varanasi 1977; Anderson, Gerald H. & Stransky, Thomas F., Christ's Lordship and Religious Pluralism, Maryknoll 1981; Evangelization and Dialogue in India, Report of the International Theological Conference held at Nagpur, India Oct. 6–12, Delhi 1971.

31 Church and Islam. Report of a Consultation organised by the Offices of the FABC at Nav Sadhana, Varanasi (Nov. 26 – Dec. 4, 84).

32 Cultural history of India; An account of India's composite culture through the ages; M. L. Vidyarthi Meenakshi Prakashan, Meerut, New Delhi; Josef Müller, Missionarische Anpassung als Theologisches Prinzip, Münster i.W. 1973; Hesselgrave, David J., Communicating Christ cross-culturally, Allahabad 1973; Luzbetak, Louis J., Church and Cultures: An applied Anthropology for the Religious worker, Techny 1963; Fernando, Peter, Inculturation in Seminary Formation, Ishvani Kendra & Satprachar 1980.

DIE KATHOLISCHE KIRCHE
IM SÜDÖSTLICHEN UND FERNÖSTLICHEN ASIEN

FRITZ KOLLBRUNNER, LUZERN

1. Die missionsgeschichtliche Entwicklung

Die neuzeitliche Geschichte der Kirche in Asien[1] vollzog sich im *Rahmen des kolonialen Zeitalters,* wenn auch nicht alle Länder im selben Maß vom Kolonialismus betroffen waren. Wie in Lateinamerika unterstanden auch in Asien die Missionare dem portugiesischen, beziehungsweise, im Fall der Philippinen, dem spanischen Patronat. Die römische Kirchenleitung versuchte zwar seit der Gründung der Kongregation zur Verbreitung des Glaubens (1622) Mission und Politik zu entflechten, aber ohne viel Erfolg. Von 1659 an entsandte die Kongregation ihre eigenen Apostolischen Vikare (Bischöfe ohne Bischofssitz), die jedoch mit den Bischöfen des portugiesischen Padroado ständig in Konflikt gerieten. Diese andauernden *Jurisdiktionsstreitigkeiten* haben das missionarische Wirken sehr behindert. Hinzu kamen manchmal noch die Rivalitäten zwischen Missionaren aus verschiedenen Nationen und Orden. Im 19. Jahrhundert geriet die katholische Mission auch unter den Einfluß des französischen Kolonialismus. Vor allem in China und Indochina profitierte sie äußerlich vom französischen Protektorat. Selbst in Japan erfuhr die Kirche indirekt die Folgen des Kolonialismus, insofern die Verfolgungen nicht zuletzt in der Angst begründet waren, Japan könnte über das Christentum in europäische Abhängigkeit geraten.

Während die zahlenmäßige Präsenz der katholischen Kirche wie überhaupt des Christentums in Asien insgesamt gering blieb, wurde die mehrheitliche Bevölkerung der *Philippinen* wenigstens nominell katholisch. 1569 waren die 1521 entdeckten Inseln von Spanien formell in Besitz genommen worden. 1595 wurde bereits die kirchliche Hierarchie errichtet, und um 1620 zählte man schon zwei Millionen Christen. Prinzipiell versuchten Regierung und Kirche das Land zu hispanisieren, konnten jedoch die Einführung der Zwangsarbeit und der Sklaverei verhindern. Von den Zentren abgesehen haben die Missionare auch die Stammessprachen verwendet. Freilich blieb die Evangelisierung oft zu sehr an der Oberfläche haften, unter der sich die vorhandene animistische Religiosität hielt. Weil der einheimische Klerus zu sehr in untergeordneten Positionen gehalten wurde, beteiligten sich einige einheimische Priester an den separatistischen Bewegungen, die im 19. Jahrhundert auf den Philippinen einsetzten und aus denen sich auch einige unabhängige einheimische Kirchen entwickelten. Die bedeutendste unter ihnen ist die 1902 vom katholischen Priester Gregorio Aglipay gegründete Philippinische Unabhängige Kirche, die auf ihrem Höhepunkt sogar acht Millionen Anhänger zählte. Unter nordamerikanischer Herrschaft (1898–1946) kam auch das Christentum protestantischer Prägung auf die Philippinen.

Weitaus schwieriger gestaltete sich die Evangelisierung in anderen Ländern. Große Hoffnungen weckte anfänglich die durch Franz Xaver 1549 in *Japan* begonnene Mission, die um 1614 schon 300 000 Christen aufwies. Doch bereits Ende des 16. Jahrhunderts und dann von 1613 an setzten grausame Verfolgungen der jungen Kirche ein Ende. Ein Teil der japanischen Christen konnte den christlichen Glauben, zum Teil mit japanischen religiösen Elementen vermischt, im geheimen weitertradieren. 1865 entdeckte der Missionar P. Petitjean die Altchristen von Nagasaki, von denen sich jedoch nicht alle der Kirche wieder anschlossen. Nach einer nochmaligen Verfolgungswelle wurde 1889 volle Religionsfreiheit gewährt, und schon 1891 wurde die kirchliche Hierarchie errichtet. Nach 1900 nahmen jedoch die Taufzahlen wieder ab.

1583 gelang es den Jesuiten Matteo Ricci und Michele Ruggieri, vom portugiesischen Makao aus nach *China* einzureisen, dessen Christianisierung zuvorderst auf der Wunschliste der damaligen Asienmissionare stand. Ricci und seine Nachfolger vermittelten am Kaiserhof in Peking die europäischen Wissenschaften und wurden dadurch zu einer nachhaltigen Stütze der Chinamission. Gleichgesinnte Missionare schlugen nach Riccis Vorbild den Weg einer großzügigen Anpassung an die chinesische Lebensweise und Mentalität ein. Sie knüpften beim Konfuzianismus und den chinesischen Gottesnamen an, duldeten bei den Christen Bräuche des Konfuzius- und Ahnenkultes und verzichteten auf einige kirchliche Bräuche, die für chinesisches Empfinden anstoßerregend waren. Im sog. *Ritenstreit* vollzog sich eine längere Auseinandersetzung um die Missionsmethode Riccis, die schließlich, nach zunächst unterschiedlichen Beurteilungen Roms, 1742 definitiv verurteilt wurde. Erst 1936 wurden für Japan und 1939 für China bezüglich der Ahnenverehrung wieder Zugeständnisse gemacht. Die Beurteilung des Ri-

tenstreites ist freilich nicht einfach. Die Methode Riccis war teilweise einseitig; sie verfolgte zu sehr eine Bekehrung „von oben nach unten" und versäumte den Dialog mit den Buddhisten und Taoisten.
Die Verurteilung der sogenannten chinesischen Riten wurde vom Kaiser selbst als unzulässige Einmischung einer fremden Macht in die inneren Angelegenheiten Chinas empfunden und war mit ein Grund für die erstmals 1717 einsetzenden Christenverfolgungen. Trotz anhaltender Schwierigkeiten konnte sich die Kirche jedoch allmählich ausbreiten. Sie zählte um das Jahr 1815 210 000 Mitglieder. Eine neue Epoche der Chinamission begann 1844 mit dem französisch-chinesischen Vertrag von Whampoa, der China dem westlichen Handel öffnete, und weiteren Verträgen (Tientsin 1858, Peking 1860), die schließlich die Religionsfreiheit in ganz China bewirkten. Weil diese „ungleichen Verträge" China jedoch praktisch aufgezwungen waren, entstanden fremden- und christentumsfeindliche Reaktionen, besonders im Boxeraufstand von 1900. Dennoch nahm das Wachstum der Kirche beständig zu. 1912 gab es 1,4 Millionen Katholiken mit 724 einheimischen Priestern. Allmählich bahnte sich eine Missionsmethode an, die sich vom herrschenden Europäismus löste. Sie kam auf der Nationalsynode von Schanghai 1924 zum Ausdruck. Zu Beginn der kommunistischen Herrschaft (1949) zählte die Kirche 3,3 Millionen Gläubige.
Die Missionsversuche in *Indochina* oder Hinterindien, die im 16. Jahrhundert in Malakka begannen, führten im 17. Jahrhundert zu größeren Erfolgen. Sie waren vor allem dem Einsatz des Jesuiten Alexander de Rhodes und später den Missionaren der Missions Etrangères de Paris zu verdanken, denen es gelang, wie nirgendwo sonst im Osten, einen starken einheimischen Klerus zu schaffen. In der Hauptstadt Siams bestand von 1664 bis 1769 für seine Ausbildung ein eigenes Priesterseminar. Besonders zahlreich konnte sich die Kirche in Tonkin und Cochinchina entfalten, wo es Ende des 17. Jahrhunderts ungefähr 300 000 Christen gab. Neben dem einheimischen Klerus und gut organisierten Katechisten wurde auch die erste einheimische Schwesternkongregation gegründet. Doch hatte die Kirche, besonders im 18. und noch bis ins 19. Jahrhundert, wiederholt unter Verfolgungen zu leiden. Allein in den Jahren 1833 bis 1862 fielen ihnen 115 einheimische Priester zum Opfer.
Die Ermordung eines französischen Missionars 1862 war für Frankreich der Anlaß, in Indochina einzugreifen und sich als Kolonialmacht zu etablieren. Für die Missionare brachte das zwar Sicher-

heit, aber auch einige Behinderungen durch die antiklerikale Einstellung. Die kirchliche Aufbauarbeit ging gut voran. 1934 wurde in Hanoi das erste Nationalkonzil abgehalten. Vor dem Zweiten Weltkrieg waren 1,5 Millionen der 20 Millionen Einwohner katholisch. Die Kirche in Indochina besaß 1379 einheimische Priester, 600 einheimische Brüder und 4500 einheimische Schwestern – das Mehrfache des ausländischen Missionspersonals. Diese hoffnungsreiche Entfaltung fand im Indochinakrieg und in der weiteren Entwicklung großenteils ein bitteres Ende.

Einen Sonderfall stellt die Entstehung der Kirche in *Korea* dar. Ein Angehöriger der koreanischen Gesandtschaft wurde 1784 in Peking getauft und verbreitete danach in seiner Heimat mit Freunden die Frohe Botschaft, auch über literarische Mittel. Erst 1793 konnte von Peking aus ein chinesischer Priester zur Betreuung der entstandenen Gemeinden geschickt werden. Der erste ausländische Missionar erreichte Korea 1836. Das Laienelement ist in der koreanischen Kirche immer bedeutsam geblieben. Die Kirche, die im 19. Jahrhundert von schweren Verfolgungen heimgesucht wurde, gewann jedoch, auch während der japanischen Besetzung (1910–1945), an Boden, bis sie von 1949 an im Norden erneut unter Verfolgungen zu leiden hatte.

Auf dem Malaiischen Archipel, dem heutigen *Indonesien,* wurde nach den Erkundungsfahrten Franz Xavers (1546/47) an einigen Orten die Missionsarbeit begonnen, so auf den Molukken, Celebes, Java und den kleinen Sunda-Inseln. Durch die Ankunft der Holländer wurde sie jedoch unterdrückt. Obwohl auf verschiedenen Inseln während des 17. Jahrhunderts noch missionarische Versuche unternommen wurden, geriet die katholische Mission im 18. Jahrhundert in Verfall. Einige Gemeinden konnten sich jedoch halten. Trotz weitergehenden Behinderungen im 19. Jahrhundert konnte sich die Kirche, besonders gegen Ende des Jahrhunderts, wieder besser entfalten. Die sich differenzierende kirchliche Organisation im riesigen Inselreich wurde vor allem durch die japanische Besetzung während des Zweiten Weltkrieges behindert.

Für die Missionsgeschichtsschreibung ist die *Errichtung der kirchlichen Hierarchie* in der Regel ein Zeichen, daß eine Missionskirche ein bestimmtes Maß an Reife erlangt hat. Dies gilt aber erst für die neuere Zeit, denn im portugiesischen Padroado der beginnenden Neuzeit wurden früh eigenständige Bistümer errichtet: Malakka 1557, Makao 1576, Manila 1579. Seit Ende des 19. Jahrhunderts wurden folgende kirchliche Hierarchien errichtet: 1888 Malakka-

Singapur (wiedererrichtet), 1891 Japan, 1946 China und Hongkong, 1952 Taiwan, 1955 Burma, 1961 Indonesien und Südvietnam, 1962 Südkorea, 1965 Thailand, 1972 Singapur und Malaysia (Neuregelung). In Laos, Kambodscha und Nordkorea konnte die kirchliche Hierarchie nicht mehr errichtet werden.

2. Die gegenwärtige kirchliche Lage in den einzelnen Ländern[2]

Burma

In dem sozialistischen und stark vom Buddhismus geprägten Land bilden die 410 000 getauften Katholiken nur ein gutes Prozent der Bevölkerung. Die katholische Kirche rekrutiert ihre Mitglieder vor allem aus den Stämmen der Bergbevölkerung. Infolge Ausweisung fast aller Missionare im Jahre 1966 muß die Kirche auf eigenen Füßen stehen, was besonders dank der Katecheten und Schwestern gelingt. Neben einigen nicht verstaatlichten Sozialeinrichtungen verfügt die Kirche Burmas über ein gutbesetztes Priesterseminar in Rangun.

China

Die wirkliche Lage des Christentums in China läßt sich auch heute noch nicht mit Sicherheit beschreiben. Auf die Ausweisung der Missionare und die Verhaftung von Priestern und Gläubigen in den 50er Jahren folgte 1966 mit der Kulturrevolution eine Phase, die allen Religionen in der Volksrepublik China die Zukunft zu verunmöglichen schien. Seit 1951 hatte die Regierung versucht, eine katholische Nationalkirche aufzubauen, was unter den Gläubigen eine gewisse Spaltung bewirkte. 1958 wurden erstmals ohne römische Erlaubnis Bischofsweihen vorgenommen, die nach römischer Betrachtung ein Schisma zur Folge hatten. Während eine Zeitlang der Untergang der Kirche befürchtet wurde, haben die letzten Jahre gezeigt, daß das Christentum in China sich nicht nur behaupten, sondern auch ein erstaunliches Ausmaß an innerer Reife gewinnen konnte. Auf dem Land soll es sogar einzelne Dörfer geben, die mehrheitlich katholisch sind. Nachdem sich die Regierung mit der faktischen Weiterexistenz der Religionen abgefunden hat, sind auch kirchliche Institutionen wieder möglich geworden. Kirchen dürfen wieder benutzt werden. Gegenwärtig sind sechs Priesterseminarien geöffnet. Ein Desiderat bleibt die Aussöhnung zwischen der römischen Kirchenleitung und der von der Patriotischen Vereinigung beherrschten katholischen Kirche, deren Selbständigkeit allerdings nach chinesischer Auffassung bleiben muß; zudem müßte der Vatikan die diplomatischen Beziehungen mit Taiwan abbrechen. Theologie und Frömmigkeitsformen der katholischen Kirche Chinas sind bislang meistens vorkonziliar geblieben. Nach optimistischen Schätzungen ist die Katholikenzahl nun auf fünf Millionen angestiegen.

Hongkong

Die 264 000 Katholiken betragen gut 5 Prozent der Bevölkerung. Die Stärke der Kirche Hongkongs liegt im erzieherischen und karitativen Bereich. Die Zukunft ab 1997 ist ungewiß, weil das Territorium wieder an China zurückgehen wird.

Indonesien

Die 3 449 000 Katholiken – 2,2 Prozent der Gesamtbevölkerung – leben weit verstreut, in unterschiedlicher Dichte und eher in Randgebieten des riesigen Inselstaates, sie gehören auch eher nationalen Minderheiten an. Die relativ junge Kirche Indonesiens erlebt seit 1965 ein starkes Wachstum. Eine aktive Missionsarbeit ist jedoch nur unter der Bevölkerung möglich, die keiner anderen, von der Regierung anerkannten Hochreligion angehört. Die gut organisierte Kirche verfügt über ein ansehnliches Netz von Spitälern und Schulen, darunter vier Universitäten. Wegen des Priestermangels kommt dem Wirken der Schwestern und Katecheten, für deren Ausbildung mehrere Katechetenschulen vorhanden sind, eine besondere Bedeutung zu. Dem Wunsch der indonesischen Bischöfen, viri probati zu Priestern weihen zu dürfen, hat Rom nicht entsprochen. In der Liturgie werden mutige, wenn auch nicht unumstrittene Versuche zur Inkulturation unternommen. Es gibt eine katholische Tageszeitung sowie mehrere kirchliche Zeitschriften; zudem kann die Kirche am Rundfunk regelmäßig Sendungen anbieten. Die katholische Kirche besitzt wenig direkten politischen Einfluß, leistet aber einen bedeutenden, auch von der Regierung geschätzten Beitrag zur geistigen, kulturellen und sozialen Entwicklung des Landes. Sie respektiert den in der Verfassung grundgelegten religiösen Pluralismus und versucht tolerant und dialogbereit mit Andersdenkenden umzugehen, setzt sich jedoch für Unterprivilegierte ein. Ein gewisse

Spannung zur Regierung ergab sich im Gefolge der Annexion Osttimors (1976). Das Verhältnis zwischen Katholiken und Protestanten ist, wohl auch wegen der muslimischen Übermacht, besser geworden, wenn auch an der Basis noch nicht überall. 1971 ist eine gemeinsame Bibelübersetzung in die Wege geleitet worden.

Japan

Die 421 000 Katholiken Japans machen nur 0,3 Prozent der Bevölkerung aus, die Christen insgesamt ein knappes Prozent. Der Einfluß des Christentums ist indessen weitaus größer, als die Zahlen vermuten ließen. Ungefähr drei Prozent der Japaner betrachten sich nämlich als Christen, auch wenn sie keiner kirchlichen Gemeinschaft fest angehören. Übrigens gibt es außerhalb Japans unter den Emigranten mehr Katholiken als im Land selbst. Die Kirche ist vor allem in den städtischen Gebieten vertreten, wohin der Zuzug vom Lande immer noch anhält. Eine stark traditionell ausgerichtete Gruppe bilden die Katholiken aus der Gegend von Nagasaki und den alten Missionsstationen, eine andere die eingewanderten Koreaner. Die Nagasaki-Katholiken kommen eher aus der unteren Volksschicht, während die übrigen Katholiken eher der Mittelschicht angehören. Die katholische Kirche Japans ist immer noch stark westlich geprägt, was durch die säkularisierte und auf technischem Gebiet europäisierte japanische Gesellschaft mitbedingt sein mag. An theologischen Leistungen haben die Katholiken keine der protestantischen japanischen Theologie vergleichbaren Beiträge aufzuweisen. Dafür ist auf theoretischer wie praktischer Ebene in Elitekreisen eine eingehende Begegnung mit dem Buddhismus zu verzeichnen; mit dem Shintoismus ist eine solche bislang versäumt worden. Die derzeit größten Herausforderungen erwachsen der Kirche jedoch von der gesellschaftlichen Lage her. Die Christen müßten ein prophetisches Wort zur Umwelt-, Erziehungs- und Wirtschaftsproblematik sowie zur Verpflichtung der Dritten Welt gegenüber sprechen. Die katholischen Gemeinden müßten dazu ihre oft gettohafte Haltung der Umwelt gegenüber aufgeben und sich vermehrt den Marginalisierten und Ausgebeuteten zuwenden. Personell ist die Kirche immer noch vom Ausland abhängig, versucht jedoch, die Basis zu aktivieren, beispielsweise durch Bibelkurse auf Gemeindeebene. Imposant ist der Beitrag der Kirche auf schulischem Gebiet, angefangen bei den zahlreichen Kindergärten, die den Kontakt zur Bevölkerung erschließen, bis zu den drei größeren Universitäten.

Über wöchentliche Radio- und Fernsehsendungen erreicht die Kirche ein weites Publikum. Unter den ökumenischen Leistungen ist vor allem die gemeinsame Bibelübersetzung zu erwähnen, von der 1978 das Neue Testament abgeschlossen war.

Kambodscha

Die Präsenz der katholischen Kirche war hier nie stark, und die meisten Katholiken gehörten auch nicht zu den Khmer, sondern waren Vietnamesen. Im Verlauf der kriegerischen Auseinandersetzungen sind von 1970 an Tausende von Katholiken umgekommen. 1975 schätzte man die Katholikenzahl noch auf 15 000, 1982 nur noch auf 500. 1979 gewährte die vietnamesische Besatzungsmacht zwar Religionsfreiheit, verbot aber das Abhalten von Gottesdiensten.

Korea

Seit 1949 war die Kirche in *Nordkorea* schweren Verfolgungen ausgesetzt, die sie mehr oder weniger ausgelöscht haben. Nach offiziellen nordkoreanischen Angaben sollen noch 5000 vorwiegend ältere Christen übriggeblieben sein, davon 80 Prozent Presbyterianer. Die Katholiken sind ohne geistliche Betreuung. Die Religionsfreiheit ist fiktiv. Alle Kirchen wurden zur Koreanischen Christenliga zusammengeschlossen.

Um so erfreulicher ist das Bild der Kirche in *Südkorea*. Seit 1950 verzeichnete die katholische Kirche ein außerordentliches Wachstum. Von den damals 150 000 Gläubigen stieg die Zahl 1960 auf 452 000. Gegenwärtig beträgt sie 1,6 Millionen, was 3,7 Prozent der Bevölkerung entspricht. Der Anteil der protestantischen Christen beträgt 28 Prozent. In der allgemein verunsicherten Lage finden die Koreaner im Christentum mehr Halt als im Buddhismus, der zahlenmäßig im Sinken begriffen ist. Zudem bietet die Kirche in dem beinahe diktatorisch regierten Land einen gewissen Raum der Freiheit. Der Anteil der jugendlichen Taufbewerber – Arbeiter und Studenten – ist auffallend hoch. Die Amtskirche verfolgt ihrerseits einen gesellschaftskritischen Kurs und setzt sich für die Einhaltung der Menschenrechte und für demokratische Verhältnisse ein. Personell steht die koreanische Kirche fast auf eigenen Füßen: Von den ungefähr 1000 Priestern sind nur 230 ausländische Missionare. Die 3600 Schwestern sind fast alle Koreanerinnen. In den vier

Priesterseminaren befinden sich ungefähr 1000 Theologiestudenten.
Auf spirituellem Gebiet ist eine „Theologie des Volkes" entstanden.

Laos

1976 übernahm die kommunistische Regierung alle kirchlichen Einrichtungen und wies die ausländischen Missionare aus. Über den gegenwärtigen Stand der Kirche läßt sich kaum Genaues sagen. Die Katholiken dürften noch ein knappes Prozent der Bevölkerung ausmachen. Im nördlichen Teil des Landes bilden sie jedoch eine Kirche des Schweigens, während sich im Süden noch kirchliches Leben regt; es ist allerdings ganz auf das persönliche Zeugnis angewiesen. Die Statistik verzeichnet noch drei Bischöfe. 1983 ist in Vientiane ein Weihbischof ordiniert worden.

Makao

In diesem portugiesischen Pachtgebiet besteht die Kirche aus einer portugiesisch und einer chinesisch sprechenden Hälfte. Die Katholiken bilden mit 18 000 Mitgliedern 6,2 Prozent der Einwohner, nehmen aber zahlenmäßig ab. In letzter Zeit aktiviert die Kirche ihre Jugendpastoral.

Malaysia

Die 456 000 Katholiken, 3 Prozent der Bevölkerung, sind nicht gut in die malaiische Gesellschaft integriert. Ein Grund liegt darin, daß der Islam Staatsreligion ist und von daher dem Wirken der Kirche enge Grenzen gezogen sind. Gewisse muslimische Kräfte möchten Malaysia überhaupt zu einem islamischen Staat machen. Infolge von Ausweisungen ausländischer Missionare in den 70er Jahren leidet die Kirche an Priestermangel.

Philippinen

Das zu 83 Prozent katholische Land ist auch reich an sozialen Problemen. Seit Mitte der 60er Jahre involvierten sich einige Priester und Laien in sozialen Aktionen, vor allem einige Jesuiten verfolgten eine kirchlich progressive Linie, während die Cursillo-Bewegung immer noch mit veralteten Methoden der Indoktrination in den Gemeinden arbeitete. Gegen die Kirche, sofern sie auf der Seite der

Mächtigen und Besitzenden stand, auch gegen den früheren Kardinal R. J. Santos, wurde mehrmals demonstriert. Auf die Einführung des Kriegsrechtes durch Präsident Marcos (1972) protestierte nur eine Minderheit der Amtskirche. 1983 haben die Bischöfe jedoch in einem gemeinsamen Hirtenbrief zu den gesellschaftlichen Problemen Stellung genommen. Während dies aber vorerst eher ein bloß verbaler Protest gegen Ungerechtigkeit und Ausbeutung ist, versucht eine aktive kirchliche Minderheit vor allem über Basisgemeinden einen Bewußtseinsbildungsprozeß im Volk in die Wege zu leiten, der zur Befreiung führen soll. Im pastoralen Bereich sind für die ganze philippinische Kirche Versuche auf der Insel Mindanao wegleitend geworden. Seit einigen Jahren wird auch eine „Filipino-Theologie" erarbeitet, weniger auf spekulativer Basis, sondern über Liturgie und Bibelübersetzung. Für den gesamten ostasiatischen Raum ist der kirchliche Radiosender Veritas in Manila von großer Bedeutung. Er ist seit 1969 in Betrieb und sendet Beiträge für das In- und Ausland. Eine weitreichende Wirkung übt auch das Ostasiatische Pastoralinstitut in Manila aus.

Singapur

Die 98 000 Katholiken bilden 4 Prozent der Bevölkerung. 1972 ist die hierarchische Zuständigkeit neu geregelt worden; die frühere Erzdiözese Malakka-Singapur wurde in die Erzdiözesen Singapur und Malaysia aufgeteilt. Obwohl in Singapur verschiedene Ethnien vorhanden sind, sind doch 70 Prozent der Katholiken Chinesen. Singapur ist auch der Sitz des für die 700 000 katholischen Auslandschinesen zuständigen Erzbischofs. Die Kirche Singapurs engagiert sich ein wenig im sozialen und politischen Bereich.

Taiwan

Die Insel, deren Mission nach ersten Anfängen im 16. Jahrhundert erst 1859 wieder aufgenommen werden konnte, erhielt in den 50er Jahren einen starken Zustrom von Flüchtlingen des chinesischen Festlandes. Demzufolge und dank der enormen Missionserfolge unter den Bergstämmen (Ureinwohnern) stieg die Katholikenzahl rasch an. Gegenwärtig ist sie allerdings wieder im Sinken begriffen; sie beträgt 290 000, was 1,5 Prozent der Bevölkerung ausmacht. Die Kirche besteht ungefähr aus den drei gleich großen Gruppen der Festlandchinesen, Ureinwohner und Taiwanesen; zu den letzteren findet die Kirche den Zugang nicht leicht. Durch die enorme Industrialisierung ergab sich eine Landflucht. Die Kirche versucht nun, die pastorellen Aufgaben in den Städten neu wahrzunehmen. Sie leidet jedoch an Personalmangel. In den letzten Jahren hat sich die Kirche Taiwans, auch auf verschiedenen Synoden, im Geist des II. Vatikanikums erneuert und ist auf eine inkulturierte Gestalt des Christentums bedacht. Zur zahlenmäßig starken Presbyterianischen Kirche, die sich auch gesellschaftspolitisch bedeutend mehr exponiert, bestehen noch wenig Kontakte. Die Kirche Taiwans, deren Bischöfe fast ausschließlich Festlandchinesen sind, fragt mit Blick auf China unsicher nach ihrer Zukunft.

Thailand

Die Christen gelten hier oft als Ausländer. Ein echter Thai ist nach geltender Meinung auch Buddhist. Tatsächlich stammen viele Christen aus der vietnamesischen, chinesischen oder der Bevölkerung der Bergstämme. Die katholische Kirche, die nach den Verfolgungen des 18. Jahrhunderts auch in diesem Jahrhundert noch Behinderungen erfahren hat, ist mit ihren 199 000 Mitgliedern eine deutliche Minderheit, sie entsprechen 0,41 Prozent der Gesamtbevölkerung. In den ländlichen Gebieten – den zentralen und nordöstlichen Landesteilen vor allem – ist die Kirche unter den armen Schichten vertreten; in Bangkok selber rekrutiert sie sich aus allen Kreisen der Bevölkerung. Die Kirche strebt personelle und finanzielle Selbständigkeit an und versucht, Basisgemeinden zu bilden. Das Lux-Mundi-Seminar in Samphran (Erzdiözese Bangkok) beherbergt außerordentlich viele Priesteramtskandidaten. Auch die Zahl der Schwestern – meistens Thailänderinnen – ist hoch. Am meisten wird der schulische Beitrag der Kirche geschätzt. Von seiten einiger Buddhisten erfahren die Katholiken gelegentliche Störmanöver.

Vietnam

Nach der 1954 erfolgten Zweiteilung des Landes hatte die Kirche im Norden unter der kommunistischen Herrschaft zunehmend zu leiden. 1960 gab es dort keine ausländischen Missionare mehr. Nach dem Ende des Vietnamkrieges wurde 1976 die Sozialistische Republik von Vietnam ausgerufen und die Vereinigung von Nord- und Südvietnam vollzogen. Seither ist auch die Kirche im Süden starken Behinderungen ausgesetzt. In der Statistik figuriert als einzig sichere Zahl die von 42 Bischöfen. Die Katholiken betragen etwa 4 Prozent der Bevölkerung. Im Süden erfreut sich die Kirche immer noch eines ungebrochenen Zustroms. Die Regierung versucht jedoch nach chinesischem Muster eine Nationalkirche zu bilden, neuerdings über das „Solidaritätskomitee vietnamesischer patriotischer Katholiken". Bischöfe und Gläubige stellen sich aber geschlossen gegen diese angestrebte Entwicklung. Die Regierung verhindert insbesondere den Priesternachwuchs; in den sechs Seminaren dürfen jährlich nur wenige Kandidaten aufgenommen werden. Von den ungefähr 2000 Priestern sind noch zahlreiche inhaftiert oder befinden sich in Umerziehungslagern.

3. Einzelne Aspekte des kirchlichen Lebens

3.1 Kontinentale kirchliche Strukturen

Als sich 1970 die asiatischen Bischöfe anläßlich des Besuches Pauls VI. in Manila versammelten, entstand die Idee, eine *Föderation der asiatischen Bischofskonferenzen* zu bilden (FABC: Federation of Asian Bishops' Conferences). 1974 wurden ihre Statuten vom Heiligen Stuhl definitiv anerkannt. In der FABC sind die nationalen Bischofskonferenzen von 18 asiatischen Ländern vertreten, welche nach den drei soziokulturellen Regionen aufgeteilt sind: Südasien (Indien, Pakistan, Bangladesh, Sri Lanka), Südostasien (Philippinen, Thailand, Malaysia, Singapur, Indonesien, Kambodscha, Laos, Burma) und Ostasien (Korea, Japan, Taiwan, Hongkong, Makao, Vietnam). Die FABC besitzt fünf verschiedene Abteilungen: Mission, soziale Kommunikation, menschliche Entwicklung, Ökumenismus und zwischenreligiöse Angelegenheiten, Erziehung und Studentenseelsorge. Einzelne Abteilungen haben Seminare über Themen, die sie besonders betreffen, abgehalten.

Zur Aufgabe der FABC gehören das gemeinsame Studium der Probleme, die sich den asiatischen Kirchen stellen, die Förderung einer dynamischen Präsenz der Kirche, die Zusammenarbeit unter den Ortskirchen und den Bischofskonferenzen, die Förderung der Entwicklung der asiatischen Völker und die Pflege der Beziehungen zur übrigen Weltkirche.

Die FABC hält alle vier Jahre eine Generalversammlung ab: 1974 in Taipei über die Evangelisation im heutigen Asien, 1978 in Kalkutta über das Gebet in der Kirche Asiens, 1982 in Bangkok über die asiatische Kirche als Glaubensgemeinschaft. Ferner werden Kolloquien zu Spezialfragen abgehalten. Von besonderer Bedeutung war das Kolloquium von Hongkong (1977) über die neuen Dienstämter in der Kirche sowie der internationale Missionskongreß der Kirche Asiens in Manila (1979). Zu einzelnen Fragen erscheinen als Sonderbeiträge die

„FABC Papers". Im Zusammenhang der FABC ist auch eine Föderation der Obern religiöser Gemeinschaften in Asien entstanden.
Die in Hongkong von Januar 1985 an erscheinende katholische Wochenzeitung „Asia Focus" soll den Kontakt unter den Katholiken Asiens fördern.

3.2 Kirche und nichtchristliche Religionen

Obwohl Asien als *der* religiöse Kontinent bezeichnet zu werden pflegt, hat die Kirche erst in neuester Zeit begonnen, sich mit den asiatischen Religionen auf positive und fruchtbare Weise auseinanderzusetzen. Im südöstlichen und fernöstlichen Asien begegnet sie dem Buddhismus, dem Islam, der chinesischen Religiosität konfuzianischer und volkstümlicher Prägung sowie den animistischen Stammesreligionen.

Bereits im vorkommunistischen China haben Spezialisten unter den Missionaren sich mit den fernöstlichen Religionen und Kulturen befaßt und ihre Arbeit später zum Teil in Japan und Taiwan fortgesetzt. Intensive Studien werden auf akademischer Ebene geleistet, in Japan vor allem im „Oriens Institute", an den Universitäten Nanzan in Nagoya und Sophia in Tokyo, wo der bekannte Erforscher des Zenbuddhismus, Heinrich Dumoulin, das Forschungsinstitut für fernöstliche Religionen gründete. Mit dem Konfuzianismus haben sich chinesische Theologen auseinandergesetzt, z. B. der derzeitige Rektor der Fujen-Universität in Taipei, Erzbischof Stanislaus Lokuang. Begegnung mit den Religionen geschieht aber auch im Bereich der Erfahrung. In Japan versuchen einige Theologen, die Methoden des Zen für den christlichen Glauben fruchtbar zu machen, z. B. die Jesuiten Hugo M. Enomiya-Lassalle und Kakichi Kadowaki, der seine Erkenntnisse im Buch „Zen und die Bibel" (Salzburg 1980) vermittelt hat, sowie der Dominikaner Shigeto Oshida, der ein Meditationszentrum leitet.

Schwierig gestaltet sich schon das Nebeneinander und erst recht die Begegnung zwischen Christen und Muslimen. Die FABC hat 1983 in Varanasi/Indien eine Konsultation über die „christliche Präsenz unter Muslimen in Asien" abgehalten, deren Botschaft den Eindruck erweckt, die Begegnung zwischen Christentum und Islam stehe eigentlich noch bevor und müsse behutsam eingeleitet werden.

In Japan haben kürzlich sogar Gespräche zwischen Christen und Shintoisten stattgefunden. Die Begegnung mit den Stammesreligionen geschieht „vor Ort", indem in der Missionsarbeit ihre Eigenarten wahrgenommen und soweit als möglich in die Gestalt eines einheimischen Christentums integriert werden.

3.3 Auf dem Weg zu einer inkulturierten Kirche

Den meisten Asiaten erscheint das Christentum immer noch als eine fremde und westliche Angelegenheit. Seit dem Zweiten Vatikanischen Konzil versucht die Kirche, in den asiatischen Ländern nun ihren Fremdheitscharakter abzulegen und sich tiefer zu inkulturieren. Das gemeinte Anliegen ist schon vor Jahrzehnten mit den Begriffen der Akkommodation und Indigenisation anvisiert worden.

Die Inkulturation betrifft alle Ebenen des kirchlichen Lebens. Um dazu die nötigen Informationen zu erhalten, müßte man heutzutage verschiedene asiatische Sprachen beherrschen, denn viele Beiträge, die nun in den *theologischen Zeitschriften* erscheinen, werden in den Landessprachen geschrieben. In den Ländern Südost- und Fernostasiens werden für den theologischen und pastoralen Bereich folgende bekanntere katholische Zeitschriften herausgegeben: Collectanea Catholica (Catholic College, Theological Faculty, Seoul), Collectanea Theologica Universitatis Fujen (Taipei), East Asian Pastoral Review (East Asian Pastoral Institute, Manila), The Japan Missionary Bulletin (Oriens Institute for Religious Research, Tokyo), Katorikku Kankyu (Catholic Studies, Sophia Theological Faculty, Tokyo), Philippiniana Sacra (University of Santo Tomás, Manila), Samok – Pastoral Review (Conferencia Episcoporum Coreae, Seoul), Sinhak Jonmang (Chonnam, Korea), Theology Annual (Theology Division, Holy Spirit Seminary College, Hongkong), Umat Baru (Yogyakarta). Diese Zeitschriften sind im Missionswissenschaftlichen Institut in Aachen zu finden. Die vom selben Institut herausgegebene Zeitschriftenschau „Theologie im Kontext" orientiert laufend über die Arbeiten in den Zeitschriften aus den Kirchen der Dritten Welt.

Die profiliertesten katholischen Theologen Asiens wenden sich gegen die vor kurzem noch geltende Meinung, eine einheimische Theologie sei lediglich die Übersetzung und Anwendung einer für die gesamte Weltkirche gültigen Universaltheologie. Sie fordern nachdrücklich eine Theologie im Kontext. Im weiten asiatischen Raum gibt es aber verschiedene Kontexte, deshalb läßt sich nicht einfach von einer asiatischen Theologie sprechen. Doch gibt es für die theologische Arbeit in Asien gemeinsame Grundzüge.

Für eine *asiatische Theologie*[3] sind drei Ausgangspunkte möglich. Man kann erstens von einer partikularen, lokalen Kultur ausgehen. Zweitens läßt sich eine Theologie entwickeln in der Begegnung mit den großen religiösen und philosophischen Traditionen des Ostens. Und drittens kann eine Theologie im Kampf gegen Armut und Unterdrückung entstehen, eine Art asiatischer Befreiungstheologie. Alle drei Varianten sind gegenwärtig anzutreffen, wobei auch Kombinationen möglich, ja unter Umständen erforderlich sind. Gerade asiatische Theologen weisen darauf hin, daß die lateinamerikanische Befreiungstheologie nicht unbesehen übernommen werden kann; eine östliche Befreiungstheologie muß eine religiöse Dimension aufweisen, in der die Fragestellungen der asiatischen Religionen und Kulturen aufgegriffen werden.

Es sei hier nur kurz auf deutschsprachige Literatur verwiesen, um einige typische Beispiele asiatischer Theologie zu zeigen. In den Rahmen der ersten Variante gehört die Darstellung der javanischen Weltanschauung und Ethik, die Franz Magnis-Suseno vorgelegt hat.[4] Auf Java hat sich eine Weltsicht entwickelt, die uralte javanische Elemente mit hinduistischen Einflüssen zu einem für Asien bezeichnenden Synkretismus und Monismus verbindet. Sie enthält Wertvorstellungen, die der traditionellen christlichen Moral nicht entsprechen. Nur im Eingehen auf diesen konkreten Kontext wird dann so etwas wie eine indonesische Theologie möglich. Ähnliche Bemühungen sind auf den Philippinen zu verzeichnen.[5]

Zur zweiten Möglichkeit, in der die Begegnung mit den religiösen und philosophischen Überlieferungen im Vordergrund steht, gehören z. B. die Arbeiten des an der katholischen Fujen-Universität in Taipei lehrenden chinesischen Theologen A. B. Chang Ch'un-shen. Er geht von Begriffen aus, die für die chinesische, besonders die konfuzianische Weltanschauung von Bedeutung sind und versucht, von ihnen her und im Licht der biblischen Offenbarung eine asiatische Theologie zu entwerfen, die zwar vor allem für den chinesischen Raum, aber auch darüber hinaus relevant ist.[6]

Der dritte Zugang zu einer asiatischen Theologie ergibt sich aus der gesellschaftlichen Wirklichkeit, die für die Mehrzahl der Asiaten durch Armut, Ausbeutung und Unterdrückung gekennzeichnet ist. Deshalb benötigt die asiatische Theologie die Dimension der Befreiung. Ansätze dazu hat es schon seit Jahren auf den Philippinen gegeben. Neuerdings wird diese Perspektive von den Dritte-Welt-Theologen (EATWOT) gefordert. Sie haben 1979 in Colombo/Wennappuwa/Sri Lanka ihre dritte Konferenz mit der Thematik „Asiens Kampf um volle Menschlichkeit – unterwegs zu einer relevanten Theologie" abgehalten. Obwohl die Theologie danach dezidiert von der gesellschaftlichen Realität ausgehen muß, hat die Schlußerklärung ebenso die Einbeziehung der Einsichten und Werte der großen Religionen gefordert.

3.4 Kirche und Gesellschaft

Von den Philippinen abgesehen befinden sich die Katholiken in Asien in einer ausgesprochenen Minderheitssituation. Davon ist ihre Einstellung zur Gesellschaft und ihren Problemen mitbestimmt. Es kann sich eine Tendenz zur Abkapselung und eine Gettomentalität ergeben. Die Kirche wagt dann aus Angst vor Benachteiligung nicht mehr, prophetisch hervorzutreten und Kritik anzubringen.

Die Möglichkeiten, auf die Gesellschaft einzuwirken, sind zwar nicht für alle asiatischen Kirchen gleich groß, aber immer irgendwie gegeben. Eine alte und auch in Zukunft notwendige Tradition ist die der karitativen Werke, zu denen in den letzten Jahrzehnten in einigen Ländern die gezielte Entwicklungshilfe hinzugekommen ist. Freilich ist der karitative und entwicklungsorientierte Beitrag der Kirchen in den besser industrialisierten Ländern nur begrenzt möglich. Die Kirche kann dabei zum Lückenbüßer werden, indem sie jene Funktionen übernimmt, für die die betreffende Gesellschaft blind ist.

Durch den karitativen und entwicklungspolitischen Einsatz kann die Kirche langfristig auf die gesellschaftlichen und religiösen Einstellungen der Umwelt einwirken, dort, wo z. B. das Elend aufgrund der Karmalehre oder eines sich aus muslimischer Ergebenheit motivierten Fatalismus belassen wird. Wenn in einigen asiatischen Ländern heute den sozialen Problemen mehr Aufmerksamkeit geschenkt wird, dürfte dies auch auf das Beispiel der Christen und den Geist des Evangeliums zurückzuführen sein, der über viele Kanäle in den asiatischen Raum eindringt.

Von der Kirche wird dort prophetische Kritik verlangt, wo die Menschenrechte verletzt werden. In diesem Sinn hat die katholische Amtskirche in letzter Zeit beispielsweise in Korea reagiert und teilweise, wenn auch weniger eindeutig, auf den Philippinen. Zurückhaltend ist sie in Japan und Taiwan.

In einer außerordentlichen Lage befinden sich die Katholiken der kommunistisch regierten Länder. In China haben sie aber nun während längerer Zeit gezeigt, daß es möglich ist, den Glauben selbst unter schwierigsten Bedingungen zu bewahren und dabei sogar einen positiven Beitrag zum Aufbau des Landes zu erbringen.

3.5 Missionarische Kirche

Obgleich die Kirchen in Asien in der Regel immer noch ausländisches Missionspersonal benötigen, wächst in ihnen die Einsicht, daß sie selber missionierende Kirchen werden müssen. Dies kam erstmals in den Beschlüssen der Vollversammlung der FABC in Taipei 1974 zum Ausdruck: „Mehr und mehr kommen wir zur Überzeugung, daß unsere eigenen Ortskirchen sehr wohl auch ihrerseits einige ihrer besten Söhne und Töchter aussenden können, um unseren Schwesterkirchen in Asien und in anderen Kontinenten zu dienen."[7] Ähnliches liest man in der Schlußerklärung des Missionskongresses von Manila 1979.

Tatsächlich gibt es bereits einige asiatische katholische Missionsgesellschaften: Auf den Philippinen die 1965 von den Bischöfen gegründete Missionsgesellschaft von Diözesanpriestern „Mission Society of the Philippines", die von den Maryknoll-Missionaren 1976 gegründete missionarische Laiengemeinschaft „Philippine Lay Missionary Program", in Korea seit 1975 die „Korean Missionary Society". Weitere Projekte sind die Planung begriffen. Nicht zu vergessen ist, daß die bereits bestehenden Orden und religiösen Gesellschaften mit internationalem Charakter ihre Mitglieder in verschiedene Länder aussenden.

In Zukunft wird der universale missionarische Beitrag der asiatischen Kirchen von Bedeutung werden. Für manche Länder der Dritten Welt sind beispielsweise philippinische Missionare und Missionarinnen besser geeignet als Europäer und Amerikaner. Koreanische Missionare könnten vielleicht eines Tages in der Kirche Chinas mitwirken, wo westliche Mitarbeiter in absehbarer Zukunft sicher nicht erwünscht sind.

ANMERKUNGEN

1 Vgl. A. Mulders, Missionsgeschichte, Regensburg 1960; H. Jedin (Hrsg.), Handbuch der Kirchengeschichte, IV, V, VI/1 und VI/2, Freiburg i. Br. 1967–1973 (die Beiträge von J. Glazik, J. Beckmann und J. Baumgartner).

2 Handbuch der Kirchengeschichte, VII, Freiburg i. Br. 1979 (Beitrag von J. Metzler über die jungen Kirchen in Asien und die Philippinen); D. B. Barrett (Hrsg.), World Christian Encyclopedia, Oxford 1982; Länderberichte in Zeitschriften wie „Herder Korrespondenz" und „Die Katholischen Missionen". M. Zago, La Chiesa in Asia oggi, Bologna 1983; Pro Mundi Vita: Dossiers 1984, Heft 2–3: Facts and Figures of the Catholic Church in Asia. Unsere Angaben über die Katholikenzahl sind in der Regel diesem Heft entnommen; sie gilt für das Jahr 1981. Manchmal haben wir die Zahlen aufgrund neuer Angaben geändert.

3 A. B. Lambino, Zur theologischen Methode in der Kontextualisierung: Kritik an einigen asiatischen Ansätzen, in: Zeitschrift für Missionswissenschaft und Religionswissenschaft 65 (1981) 1–13.

4 F. Magnis-Suseno, Javanische Weisheit und Ethik, München 1981.
5 E. Rivera, Auf dem Weg zu einer Filipino-Theologie, in: Den Glauben neu verstehen, Freiburg i. Br. 1981, 35–54.
6 A. B. Chang Ch'un-shen, Dann sind Himmel und Mensch in Einheit, Freiburg i. Br. 1984; vgl. auch P. Welte, Schwerpunkte des theologischen Denkens im Kontext der chinesischen Kultur, in: Zeitschrift für Missionswissenschaft und Religionswissenschaft 65 (1981) 161–172.
7 O. Degrijse, Der missionarische Aufbruch in den Jungen Kirchen, Aachen 1984, S. 60.

DIE KATHOLISCHE KIRCHE
IN AUSTRALIEN UND OZEANIEN

REINER JASPERS M. S. C., BOROKO (PAPUA NEUGUINEA)

Australien und Ozeanien zusammen bilden auf der südlichen Erdhälfte ein Gebiet von fast unvorstellbaren Ausmaßen. In etwa reicht es von der Westspitze Australiens bis zu den Gambier-Inseln in Polynesien über eine Länge, am Äquator gemessen, von mehr als 13 000 km; und in Nord-Süd-Richtung von den Marianen-Inseln bis zur Südspitze von Neuseeland mißt man mehr als 7000 km. Australien, der fünfte Kontinent, hat eine Größe von 7,6 Millionen km^2. Im Vergleich zu Ozeanien ist es noch klein. Insgesamt umfaßt die Inselfläche Ozeaniens, zusammengelegt, ca. 1,3 Millionen km^2; das ist etwa die doppelte Größe der iberischen Halbinsel. Jedoch ist diese Inselfläche verteilt über eine Ozeanfläche von ca. 66 Millionen km^2; das kommt in etwa der einundeinhalbfachen Größe Asiens gleich. Sieht man einmal von den beiden größten Inseln Ozeaniens ab, Neuguinea und Neuseeland, so bleibt für alle Inseln zusammengenommen nur eine Fläche übrig, die dreiviertel von Neuguinea einnimmt. Geographisch läßt sich Ozeanien durch folgende Linienführung umschreiben: Hawaii – Gambier-Inseln – Neuseeland – Neukaledonien – Neuguinea – Marianen-Inseln – Hawaii.

Die Gesamtzahl der Einwohner für Australien und Ozeanien beträgt heute rund 24 Millionen; davon entfallen auf Australien allein rund 15 Millionen. Zieht man von den verbleibenden 9 Millionen für Gesamtozeanien die Einwohnerzahl für Neuseeland – 3,12 Millionen – und Hawaii, dem 50. Bundesstaat der USA – ca. 1 Million – ab, so bleiben für den Rest von Ozeanien rund 4,88 Millionen Einwohner; von diesen leben mehr als 3 Millionen allein in Papua Neuguinea, der Rest verteilt sich auf die übrige Inselwelt. Diese 4,88 Millionen bilden die ursprüngliche Bevölkerung Ozeaniens.[1] Die ursprüngliche Bevölkerung von Hawaii, Neuseeland und Australien ist zahlenmäßig praktisch bedeutungslos, da diese drei Gebiete neuzeitliche Siedlungskolonien sind.

Erst seit dem Ende des 18. Jahrhunderts ist dieses riesige Gebiet Australiens und Ozeaniens genauer bekannt geworden; bis dahin hatte man dort einen riesigen Kontinent, die ‚Terra Australis', vermutet als ein ausgleichendes Gegenstück auf der südlichen Erdhälfte zur großen

Landmasse auf der nördlichen Erdhälfte. Im 16., 17. und 18. Jahrhundert wurden von den Kolonialmächten Spanien, Holland, England und Frankreich zahlreiche Versuche gemacht, diesen Erdteil zu entdecken und in Besitz zu nehmen. So haben die Spanier von Südamerika aus versucht, die entdeckten Inselvölker zu missionieren, auf den Salomonen (1567–69 und 1595), Neuen Hebriden, heute Vanuatu, (1606) und zuletzt Tahiti (1772–76). Die erste permanente und erfolgreiche Mission im Bereich von Ozeanien wurde auf den Marianen-Inseln im Jahre 1668 durch Jesuiten begonnen; diese Inselgruppe mit Guam als Zentrum lag auf der Hauptschiffahrtsroute von dem spanischen Mexiko zu den spanischen Philippinen. Um 1740 war die Mission erfolgreich abgeschlossen, und die Bevölkerung unterstand in kirchlicher Hinsicht dem Bischof von Cebu auf den Philippinen.

Die erste permanente europäische – englische – Siedlung in Australien wurde 1788 in Sydney errichtet, und damit begann auch – nach Ozeanien – die christliche Präsenz in Australien.[2]

1. Die katholische Kirche in Australien[3]

Die von James Cook 1770 entdeckte und für die britische Krone in Besitz genommene Ostküste Australiens war von der britischen Regierung als Siedlungsgebiet für dorthin deportierte Strafgefangene bestimmt worden; und als 1788 die ersten Deportierten dort eintrafen, befanden sich unter ihnen viele Katholiken aus Irland. Auch im bald einsetzenden freiwilligen Einwandererstrom nach Australien befanden sich sehr viele katholische Iren, die nur an Sonntagen privat zum gemeinsamen Gebet zusammenkommen konnten. Von 1820 an wurden sie mit Zustimmung der Regierung regelmäßig von einigen Priestern betreut, die dem Apostolischen Vikar von Mauritius (im Indischen Ozean gelegen) unterstanden, zu dessen Jurisdiktionsbereich auch Australien gehörte.

Nach Aufhebung der Strafgesetze gegen die Katholiken in England durch die Emanzipationsakte von 1829 erlaubte die britische Regierung die Ernennung eines Apostolischen Vikars im Range eines Bischofs für Australien unter der Bedingung, daß nur ein Engländer und nicht ein Ire von Rom ernannt werden sollte. Ernannt wurde der englische Benediktiner John Bede Polding, der bei seiner Ankunft eine schon starke Gemeinde von ca. 12 000 Katholiken vorfand, die hauptsächlich in und um Sydney siedelten, i. e. rund 33 Prozent aller Siedler waren katholisch; der Rest war überwiegend anglikanisch. Von der Administration wurde Bischof Polding die Tätigkeit ziemlich erleichtert, als Gouverneur Bourke 1836 gleichmäßig die Existenz von vier Konfessionen anerkannte: Anglikaner, Methodisten, Presbyterianer, Katholiken. Schon 1842 wurde für Australien die ordentliche Hierarchie eingerichtet mit Polding als Erzbischof von Sydney und Melbourne und Hobart (auf Tasmanien) als Suffragane; da war aufgrund verstärkter Einwanderung von Irland die Zahl der Katholiken von 12 000 im Jahre 1834 auf über 40 000 angestiegen. Poldings Ideal war es, möglichst bald einen australischen Klerus heranzubilden, der nach englisch-benediktinischem Vorbild erzogen und geformt sein sollte. Aber es kam bald zum Zwiespalt mit den ziemlich undisziplinierten, aber doch eifrigen, irischen Priestern, die wenig Sympathie für monastische Ideale hatten und schon überhaupt keine Sympathie für einen englischen Bischof wie Polding.

Innerhalb von gut 25 Jahren verzehnfachte sich die katholische Bevölkerung, vor allem dank der starken Einwanderung von Irland, angezogen von den reichen Goldfunden in Südaustralien. Das machte die Errichtung von immer neuen Pfarreien und Diözesen notwendig. Bis 1874 wurden acht neue Diözesen errichtet. In diesem Jahr wurde auch eine zweite Kirchenprovinz eingerichtet mit Melbourne als Metropolitansitz.

Unterstützt von ihrer Heimat Irland unternahmen es die irischen Priester und Bischöfe, Australien in ein „neues Irland" umzuwandeln auf dem Wege der „Verpflanzung", was eine radikale Abkehr von den Idealen des englischen Bischofs Polding bedeutete. Sein Nachfolger als Erzbischof von Sydney, der Benediktiner und Engländer Roger Bede Vaugham (1877–84), schwenkte auf die Linie der irischen Bischöfe und Priester ein und tat alles, um dem kirchlichen Leben der irischen Katholiken in Australien ein festes Gerüst zu geben, das ausgerichtet war an der traditionellen irischen Frömmigkeit und Pastoral. Dazu gehörte vor allem das Funktionieren der Pfarrschulen, die – wie auch die der anderen Konfessionen – bis 1880 vom Staat subventioniert worden waren. Als diese Subvention aufhörte, konnten die Katholiken sie nicht aus eigenen Mitteln ersetzen. Von da an mußte sich – so wie schon das Pastoralsystem – auch das ganze Schulsystem auf Erziehernachschub von Irland verlassen; vor allem spezialisierte Orden und Kongregationen sprangen als billige Ersatzkräfte ein. Allerdings geschah dies zum Nachteil des Engagements und der Ausbildung katholischer Laien im Erziehungswesen als Lehrer und Erzieher. Dafür wurden die Laien mehr und mehr aktiv im sozialen Bereich, vor allem in der Betreuung der Einwanderer und auf dem Gebiet der karitativen Tätigkeit.

1884 wurde der Ire Patrick Francis Moran zum neuen Erzbischof von Sydney ernannt und bald darauf zum Kardinal erhoben. Kardinal Moran wurde sehr schnell zur beherrschenden Persönlichkeit der katholischen Kirche in Australien; für mehr als ein Vierteljahrhundert verkörperte er den australischen Episkopat in seiner irischen Ausprägung. Mit seiner ganzen bischöflichen Autorität insistierte er auf strikt einheitlich-kirchlicher Disziplin beim Klerus und verlangte von allen Gläubigen bedingungslosen Gehorsam. Römische Zentralisierungstendenzen aufnehmend, gründete er 1885 ein Priesterseminar in Manly (Sydney), das erste und bis 1920 einzige in Australien, das für alle australischen Diözesen (und nach der Meinung von Moran auch für alle in Australien tätigen Orden und Kongregationen) Priester ausbilden sollte.

Im Zuge der Vereinheitlichung hielt Kardinal Moran Provinzialsynoden und mit großem Erfolg auch Plenarsynoden für alle Diözesen Australiens ab (1885, 1895, 1905), zu denen auch die Bischöfe der angrenzenden Diözesen und Apostolischen Vikariate in Neuseeland und Ozeanien eingeladen waren.

Obwohl Kardinal Moran viel zur Stärkung des irischen Charakters der katholischen Kirche im Lande beitrug, sah er doch klar, daß es nicht gut war, einfach das alte, an Europa orientierte Irland nach Australien zu verpflanzen; vielmehr sollte sich in Australien ein neues Irland entwickeln, wo die Iren gleichermaßen als Bürger und als Katholiken sich voll entfalten konnten, was ihnen in Irland seit der Reformation versagt worden war. Von hier aus muß man wohl den wertvollsten Beitrag Kardinal Morans zum Aufbau der katholischen Kirche in Australien verstehen, nämlich die Integration der Katholiken in die australische Gesellschaft. Immer wieder bewies er seine Bereitwilligkeit zur Zusammenarbeit mit den staatlichen Autoritäten, sowohl im Erziehungswesen, wo er den Lehrplan der katholischen Schulen zur Übereinstimmung mit dem staatlichen brachte, als auch auf dem Gebiet der Politik, wo er im Hinblick auf eine pluralistische Gesellschaft die Idee von konfessionellen Parteien und Gewerkschaften zurückwies. So hatte Kardinal Moran großen Anteil an der Gründung der australischen Labour Party – ein Drittel der gesamten australischen Arbeiterschaft bestand aus katholischen Iren; er sprach sogar vom „christlichen Sozialismus".[4]

So versuchte Kardinal Moran, das Selbstbewußtsein der Katholiken zu stärken und sie aus dem irischen Getto herauszuführen. Wie erfolgreich er war, zeigt sich in den seit 1901 regelmäßig abgehaltenen Nationalkongressen der Katholiken.

Dieses erstarkende Selbstbewußtsein der Katholiken im öffentlichen Leben provozierte eine anti-katholische Reaktion, die ihren Ausdruck fand in der von dem Presbyterianer Dill Macky 1901 gegründeten „Australian Protestant Association". Von da an sah sich die katholische Kirche wieder in die Defensive gedrängt, und bittere Polemik beherrschte die Szene. Sie verstärkte sich vor allem während des Ersten Weltkrieges, als die australischen Katholiken nicht so sehr die Sache Englands gegen Deutschland unterstützten als vielmehr die Sache des Freiheitskampfes des katholischen Irland gegen England. Von Integration in die australische Gesellschaft schien die Kirche weiter entfernt denn je, und es entstand der Eindruck, daß sie vielmehr ein Fremdkörper sei.

Aber bis zum Ausbruch des Zweiten Weltkrieges konnte die gespannte Situation weitgehend entschärft werden. Dazu trug vor allem bei, daß seit etwa 1925 keine Bischöfe mehr von Irland „importiert" wurden und daß vor allem katholische Laien sich in der Öffentlichkeit hervorragend bewährten, wie etwa durch das 1938 gegründete „National Secretariat for Catholic Action", das im sozialen Bereich äußerst aktiv war. Auch in der für die Kirche so wichtigen Schulfrage – der staatlichen Subventionen und Anerkennung – konnte es 1950 zu einer einigermaßen zufriedenstellenden Übereinkunft kommen.

Seit dem Ende des Zweiten Weltkrieges wurde allerdings der irische Charakter der katholischen Kirche in Australien mehr und mehr in Frage gestellt, als ein neuer, starker Einwandererstrom einsetzte, der nun aber nicht von Irland kam. Viele Katholiken aus den ehemaligen deutschen Ostgebieten, aus den kommunistisch besetzten Gebieten Osteuropas und aus Südasien (vor allem Vietnamesen und Chinesen), fanden Zuflucht in Australien. Von da an ergab sich für die katholische Kirche die Notwendigkeit, mehr und mehr den irischen Charakter aufzugeben und zu einer harmonischen Integration der verschiedenen katholischen Traditionen zu kommen; es ist eine Aufgabe, die für viele sehr schmerzlich zu vollziehen und noch nicht zum Abschluß gekommen ist.

Ein anderes Problem, das sich aus der geschichtlichen Entwicklung ergibt, ist die Schulfrage. Man hat gesagt, daß die katholische Kirche in Australien fast ausschließlich ‚kinder-orientiert' sei und nicht ‚erwachsenen-orientiert'. Daran ist vieles richtig. Die Erwachsenen standen vielfach den Problemen, Diskussionen und Texten des II. Vatikanischen Konzils fassungslos und verständnislos gegenüber, und begannen Fragen zu stellen, für die sie aufgrund ihres fast ausschließlich „kindlichen" Schulwissens keine Antwort fanden. Das hat sowohl zu einer ernsthaften Krise im Schulwesen als auch zu einer Hinwendung zur intensiven Pastoral und Fortbildung der Erwachsenen geführt. Es ist bemerkenswert, daß es in der Vergangenheit in der katholischen Kirche in Australien hervorragende Fachleute auf dem Gebiet der schulischen Erziehung gab, auf dem Gebiet der Theologie allgemein und der theologischen Forschung im besonderen aber nicht.

Die katholische Kirche in Australien ist aufgemacht und aufgebaut worden von Immigranten; sie ist nicht das Ergebnis missionarischer Tätigkeit. Die Aufgabe der ersten Priester für Australien wurde von der Propaganda-Kongregation in Rom 1819 zwar „Mission" genannt, zugleich aber umschrieben als „Seelsorge an den Katholiken" in Australien.[5] Seit 1976 untersteht die katholische Kirche in Australien nicht mehr der Jurisdiktion der Kongregation für die Evangelisation der Völker, und seitdem ist die australische Bischofskonferenz verantwortlich für die Evangelisierung der australischen Ureinwohner; diese war bis dahin von durch Rom beauftragten Missionsgesellschaften wahrgenommen worden. Daraus ergibt sich, daß die Kirche sich nun – neben der Integration der Einwanderer verschiedenster Nationalitäten – auch noch dem Problem der Integration der Urbevölkerung gegenübersieht. So hat sich die Bischofskonferenz schon zu wiederholten Malen für die Rechte der Urbevölkerung gegenüber dem Staat und den Interessen der Wirtschaft sehr energisch eingesetzt.

In der Gesellschaft Australiens hat die katholische Kirche einen festen Platz und ihre Stimme und ihr Beitrag zu Fragen des aktuellen Lebens werden vernommen. Mit über vier Millionen Mitgliedern stellt sie gut 26 Prozent der Gesamtbevölkerung. Ihre Weltoffenheit und ihre Lebenskraft zeigen sich auch im missionarischen Engagement: Der finanzielle Beitrag pro Person gehört mit zu den weltweit höchsten. Ihre Missionare sind vor allem tätig in den angrenzenden Gegenden Asiens und Ozeaniens.

Dank der wachsenden und erstarkenden ökumenischen Bewegung in allen Konfessionen in Australien ist die bittere Polemik geschwunden und hat Platz gemacht für Zusammenarbeit auf vielen Gebieten bis hin zur religiösen Erwachsenenbildung. Wenn es der katholischen Kirche in Australien gelingt, zu einer Integration der verschiedenen katholischen Traditionen, der ökumenischen Bewegung und der missionarischen Tätigkeit zu kommen, dann steht in Zukunft ihr origineller Beitrag zum tieferen Verständnis des Glaubens, ihr Beitrag zur Katholizität der Kirche zu erwarten.

2. Die katholische Kirche in Ozeanien[6]

Ein ganz anderes Bild als in Australien bietet die katholische Kirche in Ozeanien sowohl im geschichtlichen Werden als auch in der Gegenwart. Das erfordert auch eine andere Form der Darstellungsweise, vor allem aber auch, weil die Kirche in Ozeanien das Ergebnis missionarischer Tätigkeit ist.[7]

Rund zwanzig Jahre, nachdem die katholischen spanischen Missionare, Franziskaner aus Peru, 1776 Tahiti erfolglos verlassen hatten, erschienen dort 1797 die ersten protestantischen Missionare der London Missionary Society (LMS). Nach der großen Bekehrung Tahitis (1819) war es der bekannteste LMS-Missionar, John Williams, der energisch und systematisch die Christianisierung nach Westen hin quer durch das südliche Ozeanien bis zur melanesischen Inselkette in Angriffe nahm, wobei er 1839 auf Erromanga sein Leben lassen mußte. Nachdem 1810 die anglikanische Church Missionary Society (CMS) auf Neuseeland ihre Tätigkeit begonnen hatte, kam es 1821 zwischen der LMS, CMS und der Wesleyan Missionary Society (WMS), die auf den Tonga-Inseln zu missionieren beabsichtigte, zu einer Absprache über eine Gebietsverteilung in Ozeanien: Neuseeland und die melanesische Inselkette für die CMS; Tonga, Fiji und ein Teil Samoas für die WMS; und der Rest Polynesiens für die LMS, allerdings mit Ausnahme der Hawaii-Inseln, wo seit 1820 die kongregationalistischen Bostoner Missionare (USA) tätig waren.[8]

Das war die Ausgangssituation für katholische Missionare zu Anfang des 19. Jahrhunderts. Als erste wurden 1825 die französischen Picpus-Missionare (SSCC) von der römischen Propaganda-Kongregation mit der Mission auf Hawaii beauftragt. Als sich dann eine Aufnahme der Tätigkeit jedoch als unmöglich erwies (erst 1839 wurde es möglich), wurde dieser Kongregation 1833 ganz Ost-Polynesien als Missionsgebiet anvertraut, d. h. alles Gebiet östlich der Linie Cook-Inseln – Hawaii-Inseln, mit Tahiti als Zentrum. 1834 begann sie ihre Tätigkeit auf den Gambier-Inseln, im äußersten Südosten des Apostolischen Vikariates Ostozeanien. Plan des Apostolischen Vikars, Bischof Rouchouze, war es, sofort nach dem Aufbau einer festen Position auf den Gambier-Inseln mit der Missionstätigkeit auf Tahiti und Hawaii zu beginnen; beide Gebiete blieben ihm jedoch verschlossen. Aus eigenen politischen und kommerziellen Interessen und bestärkt durch Petitionen der Picpus und des Heiligen Stuhls, ging Frankreich seit 1837 daran, Tahiti und Hawaii für die katholische Mission zu öffnen[9]; das führte schließlich auch zur Errichtung des französischen, heute noch existierenden Kolonialreiches in Ozeanien. Natürlich rief das auch die britische Regierung auf den Plan, um die Rechte ihrer Untertanen – der LMS und WMS-Missionare – in Ozeanien zu schützen; das wiederum führte zur britischen Annexion zahlreicher Inselgruppen. Aus diesem ursprünglichen Apostolischen Vikariat Ostozeanien sind vier Diözesen hervorgegangen: Das Erzbistum Papeete (Tahiti) mit der Diözese Taiohae (Marquesas-Inseln) als Suffragan; die Diözese Rarotonga (Cook-Inseln) gehört zur Kirchenprovinz Wellington, da diese Inselgruppe von Neuseeland abhängig ist; die Diözese Honolulu (Hawaii) gehört seit 1941 zur Kirchenprovinz San Francisco (USA).

Entsprechend dem Apostolischen Vikariat Ostozeanien von 1834 wurde 1836 das Apostolische Vikariat Westozeanien eingerichtet; es umfaßte den Rest Polynesiens sowie ganz Melanesien und Mikronesien bis hin zu den Marianen-Inseln; es wurde der Gesellschaft Mariens (SM), den Maristen, anvertraut. Der erste Apostolische Vikar, Bischof Pompallier, eröffnete die Mission auf Wallis und Futuna in Zentralpolynesien und begab sich dann nach Neuseeland zu den polynesischen Maori, die durch den Vertrag von Waitangi 1840 ihre Selbständigkeit an Großbritannien abgaben. In der Folge wurde Neuseeland zur Siedlungskolonie. Schwierigkeiten zwischen dem kirchlichen Obern, Pompallier, und dem Obern der Gesellschaft Mariens, J. Cl. Colin, führten 1844 zur Halbierung des Vikariates Ostozeanien.

Das dritte große Missionsgebiet in Ozeanien bildete seit 1844 das große Doppelvikariat Melanesien und Mikronesien, das, nach erfolglosen Missionsversuchen durch Maristen und die Mailänder Missionsgesellschaft (PIME), von 1845–1855, den Herz-Jesu-Missionaren (MSC) 1881 anvertraut wurde, die 1882 in Melanesien (auf New Britain) und 1888 in Mikronesien (auf den Gilbert-Inseln, heute Kiribati) erfolgreich die katholische Missionstätigkeit begannen.

Aus diesen Anfängen hat sich die katholische Kirche in Ozeanien entwickelt, die nun aus 39 Ortskirchen besteht. In gewissem Sinne ist auch noch die alte Struktur sichtbar in der Organisation der drei Bischofskonferenzen.

Die katholische Bischofskonferenz von Neuseeland umfaßt die fünf Diözesen der Doppelinsel. Die Bischofskonferenz von Papua New Guinea und Solomon Islands umfaßt das Gebiet des früheren apostolischen Vikariates Melanesien und zählt 21 Diözesen. Während die Diözesen Mikronesiens (Agana auf den Marianen, das Apostolische Vikariat der Karolinen und Marshall-Inseln), mit Ausnahme der Diözese Tarawa (Gilbert-Inseln, heute Kiribati), und die Diözese Honolulu (Hawaii-Inseln) heute zur Bischofskonferenz der USA gehören, sind die übrigen

10 Diözesen im südlichen Polynesien und Melanesien zusammengeschlossen in der Bischofskonferenz des Pazifik. Während die neuseeländische eine nationale Bischofskonferenz ist, sind die beiden anderen Bischofskonferenzen in Ozeanien übernational, sie sind mehr ausgerichtet an sozio-kulturellen Gegebenheiten und geschichtlichen Bedingungen.

Damit werden schon einige Grundprobleme der katholischen Kirche in Ozeanien sichtbar. Neuseeland ist im vergangenen Jahrhundert, vor allem nach den für die polynesische Bevölkerung so verlustreichen Maori-Kriegen (1845–48, 1860–70), eine Siedlungskolonie geworden, und die rund 14 Prozent Katholiken der Gesamtbevölkerung von rund 3,12 Millionen setzen sich vorzugsweise aus eingewanderten katholischen Iren oder deren Nachkommen zusammen; die Restbevölkerung der Maori spielt kaum eine Rolle. Auf Hawaii, im nördlichen Polynesien, sind Kirche und Kultur völlig amerikanisiert; die einheimische polynesische Bevölkerung macht weniger als 1 Prozent der Gesamtbevölkerung aus; auch hier hat sich – wie schon auf Neuseeland – die frühere Missionskirche zur Kirche der Immigranten gewandelt. Die nördlichen Marianen-Inseln (in politischer Union mit den USA) und Guam als USA-Territorium sind nicht an Ozeanien orientiert. Das gilt auch für das Gebiet des Apostolischen Vikariates der Karolinen- und Marshall-Inseln, welches das den USA anvertraute UN-Treuhandgebiet in Mikronesien umfaßt; kulturelle und soziale Entwurzelung ist hier das Hauptproblem der Mikronesier.

Die beiden übernationalen Bischofskonferenzen sind sich sehr wohl der Schwierigkeiten bewußt, die sich aus der Verschiedenheit der Kulturen, Sprachen und Nationalitäten ergeben. Deshalb fällt z. B. die Bischofskonferenz des Pazifik keine Entscheidungen, die bindend sind für die Ortskirchen in all den Staaten und Territorien, die zu ihrem Bereich gehören. In ihr sind vereinigt die Ortskirchen folgender politischer Regionen:

a) unabhängige Staaten: Vanuatu, Fiji, Tonga, Western Samoa, Niue, Kiribati, Nauru, Tuvalu,
b) Französische Überseegebiete: Neukaledonien, Wallis und Futuna, Französisch Polynesien,
c) Neuseeländische Territorien: Cook-Inseln, Tokelau-Inseln,
d) USA-Territorium: Amerikanisch Samoa.

Die andere übernationale Bischofskonferenz vereinigt die 21 Bischöfe der beiden unabhängigen Staaten Papua New Guinea und Solomon Islands. Hier ergibt sich das Problem der Einheit nicht so sehr aus poli-

tischen Gründen, sondern vielmehr aus der Eigenart Melanesiens: die Aufsplitterung in Hunderte von verschiedenen Sprachen und Kulturen. In Papua New Guinea allein werden über 800 verschiedene Sprachen (Dialekte nicht mitgerechnet) mit entsprechenden, verschiedenen Kulturen gezählt. Die Bischöfe sind sehr darauf bedacht, daß die Vielfalt in der Einheit gewahrt wird und es nicht zur Uniformität kommt.
In der Bildung dieser beiden übernationalen Bischofskonferenzen drückt sich ein starker Wille zur Einheit aus trotz aller Verschiedenheit in Kultur, Sprache, Tradition und Nationalität. Letztlich ist es ein wirksamer Dienst an den Völkern des so zersplitterten Ozeaniens, der sich aus der Natur der Kirche ergibt: Zeichen und Werkzeug für die innerste Vereinigung mit Gott wie für die Einheit der ganzen Menschheit zu sein. Und es wird einem bewußt, was es bedeutet, daß die universale, katholische Kirche in und aus Ortskirchen besteht.
Von den 4,88 Millionen Einwohnern Ozeaniens (ohne Hawaii und Neuseeland) sind 1,6 Millionen katholische Gläubige; davon leben rund 1 Million allein in Papua New Guinea. Der prozentuale Anteil (ca. 33–34 Prozent) gilt gleichmäßig für die Gebiete beider übernationaler Bischofskonferenzen wie auch für die zur amerikanischen Bischofskonferenz gehörenden Ortskirchen in Mikronesien und auf Hawaii. Die katholische Kirche ist damit die größte einheitliche Religionsgemeinschaft in Ozeanien.

3. Einzelne Aspekte des kirchlichen Lebens

3.1 Einheimischer Klerus

Die Errichtung der ordentlichen Hierarchie in Ozeanien im Jahre 1966 brachte für die jungen Kirchen ein besonderes Problem mit sich: Die Diözesen waren nicht mehr, wie die Apostolischen Vikariate, einzelnen Missionsgesellschaften anvertraut, die die notwendige Anzahl von Priestern als Seelsorger, Pfarrer oder Missionare zur Verfügung zu stellen hatten. Nun war auf einmal die Heranbildung eines einheimischen Klerus dringender denn je geworden; das um so mehr, als die früher sendenden Missionsgesellschaften immer mehr unter Personalmangel zu leiden hatten. Beide übernationale Bischofskonferenzen haben je ein zentrales Priesterseminar eingerichtet in Suva auf Fiji und in Port Moresby in Papua New Guinea, die sowohl Diözesanpriester als auch Ordenspriester ausbilden. Aber es gibt eine ganze Reihe Diözesen, die weder einen Kandidaten im Studium noch einen einheimischen Priester haben. Zum Beispiel gibt es in Papua New Guinea – nach dem Stand vom Dezember 1983 – 510 Priester, die in den 18 Diözesen tätig sind; davon sind aber nur 55 einheimische Priester (= 10,6 Prozent), von diesen 55 sind nur 33 Diözesanpriester.[10] Im Bereich der Bischofskonferenz des Pazifik liegt der Anteil der einheimischen Priester bei etwa 17 Prozent. Der im Pfarrdienst tätige Ordensklerus ist in vielen Diözesen schon überaltert, und es wird noch viele Jahrzente dauern, bis genügend einheimischer Klerus vorhanden ist. Im Bereich der beiden übernationalen Bischofskonferenzen werden von den 31 Ortskirchen erst 7 von einheimischen Bischöfen geleitet. Auch in Zukunft werden wohl noch neue Bischöfe importiert. Der Einfluß des ausländischen Klerus auf die einheimische Kirche in Ozeanien ist also noch sehr bedeutend und groß; das wird von der Regierung vieler selbständiger Staaten aus nationalen Gründen nicht gern gesehen.

3.2 Theologie im kulturellen Kontext

Ähnlich langsam wie die Heranbildung eines einheimischen Klerus ist die Verwirklichung einer Theologie im Kontext der so extrem vielfältigen Kulturen in Ozeanien. Seit einigen Jahren bietet sich als Diskussionsforum an die Zeitschrift „Catalyst", die, wie auch die begleitende Schriftenreihe „Point", herausgegeben wird vom Melanesian Institute for Pastoral and Socio-Economic Service, Goroka, Papua New Guinea; es ist die einzige überregionale theologische Zeitschrift in Ozeanien.

Ein besonders hervorzuhebender Aspekt einer solchen Theologie im Kontext der Pluralität der Kulturen in Ozeanien ist die Betonung des Gemeinschaftsbezuges. Ein Grundaspekt aller Kulturen in Ozeanien, besonders ausgeprägt aber in Melanesien, ist, daß sie und das Leben des Menschen nicht individualbezogen sondern gemeinschaftsbezogen sind. Davon zeugen auch die so vielfältigen Formen des Gemeinschaftslebens vor allem in Papua New Guinea. Von hier aus könnte z. B. eine melanesische Theologie im kulturellen Kontext entwickelt werden als ein Beitrag zum Verständnis des Gemeinschaftsbezuges der Kirche in Vielfältigkeit. Lebensnotwendige, sichtbare Interaktion von Menschen, die in der Gemeinschaft des Glaubens leben, ist notwendig zum Aufbau einer Ortskirche. Die Entwicklung einer Theologie im melanesischen Kontext würde dann auch das Ende eines individualistisch geprägten tridentinischen Klerikalismus bedeuten, der von der Mehrzahl der ausländischen Priester noch praktiziert wird. Gemeinschaftsbezug ist vor allem ein Anliegen der einheimischen Priester, Ordensklerus wie Diözesanklerus.

Da die Arbeit an einer Theologie im kulturellen Kontext Ozeaniens noch kaum in Angriff genommen worden ist, so verwundert es nicht, daß wie in der Feier der Liturgie so auch im öffentlichen Ausdruck des Glaubens im täglichen Leben – wie in den verschiedenen Formen der Kunst und des Brauchtums – importierte Formen erdrückend vorherrschen, je nach nationaler Herkunft der Missionare.
Im gesamten Ozeanien ist die Kirche noch zu sehr verstanden als die Kirche der Kleriker, der ausländischen Kleriker, und nicht so sehr als das „neue Volk Gottes", das in Gemeinschaft als „Licht der Völker" seinen Weg durch Raum und Zeit zu gehen hat.[11]

3.3 Ökumenische Bewegung

Die Zeiten, da Missionare die Regierungen ihrer Heimat erfolgreich zu Hilfe riefen, um ihre Interessen durchzusetzen, sind vergangen. Statt dessen hat sich ein ökumenisches Klima gebildet, das ohne Zweifel sehr stark gefördert worden ist von dem in ganz Ozeanien traditionell praktizierten Prinzip des Konsensus, das seine Wurzel hat im praktizierten Gemeinschaftsbezug. Neben vielen nationalen ökumenischen Räten der Kirchen haben sich zwei übernationale gebildet: Der melanesische Rat der Kirchen im Bereich von Papua New Guinea und Solomon Islands und der Rat der Kirchen des Pazifik, der Kirchen im restlichen Melanesien und Polynesien umfaßt. Seit 1970 ist die Katholische Bischofskonferenz von Papua New Guinea und Solomon Islands volles Mitglied des melanesischen Rates der Kirchen, und seit 1976 ist auch die Katholische Bischofskonferenz des Pazifik Mitglied des Rates der Kirchen des Pazifik. Beiden ökumenischen Organisationen kommt es vor allem auf drei Dinge an, wie es der 1984 gewählte katholische Vorsitzende des melanesischen Rates der Kirchen, Martin Anugu, ausgedrückt hat: 1. Ermutigung zur Konsultation und zur Zusammenarbeit, 2. Dialog in theologischen Fragen, 3. Stärkung und Förderung des gegenseitigen Verständnisses aller Christen in Ozeanien.[12]
In der Tat, die katholische Kirche in Ozeanien hat einen langen Weg zurückgelegt. Es gibt berechtigte Hoffnungen und Anzeichen, daß sie die Zeichen der Zeit erkannt hat und zuversichtlich in die Zukunft sehen kann, um ihren eigenen Beitrag zur Katholizität der Kirche zu liefern: Vielfalt in Einheit.

ANMERKUNGEN

1 R. Crocombe, The South Pacific, Auckland 1983²; F. Doumenge, L'Homme dans le Pacifique Sud, Paris 1966.
2 R. Jaspers, Die missionarische Erschließung Ozeaniens, Münster 1972, 38–117.
3 H. Jedin (Hrsg.), Handbuch der Kirchengeschichte VI/2, VII, Freiburg 1973–1979; R. Aubert, The Church in a Secularised Society: L. Rogier, R. Aubert, D. Knowles, The Christian Centuries, Vol. V, London 1978.
4 Fr. Moran, History of the Catholic Church in Australasia, 2 Bde., Sydney 1896.
5 R. Jaspers, a.a.O., 148.
6 H. Jedin, Handbuch der Kirchengeschichte VII, Freiburg 1979 (Beitrag von J. Metzler); Les Missions dans le Pacifique: Journal de la Société des Océanistes 25, Paris 1969; G. Arbuckle, The Church in the South Pacific: Pro Mundi Vita Dossiers; Asia–Australasia Dossier 8, Brüssel 1978.
7 Zur Darstellung könnte man auch den Weg über die Beschreibung der einzelnen Inselgruppen gehen; man würde dann aber den starken Trend der Kirche zur Einheit in der Vielfalt Ozeaniens aus dem Auge verlieren oder gar nicht erst in den Blick bekommen.
8 R. Jaspers, a.a.O., 118–143.
9 Ebd., 195–220.
10 Vgl. Papers prepared for the visit of Pope John Paul II to Papua New Guinea, 7–10th May, 1984; Port Moresby 1984, 29.
11 R. Jaspers, The Unity of the Catholic Church in Papua New Guinea and the Role of Holy Spirit Seminary: Papers prepared ... 61–67.
12 R. Jaspers, The Catholic Church, a member of the Melanesian Council of Churches: ibid. a.a.O., 73f.

DIE KATHOLISCHE KIRCHE
IN DEN VEREINIGTEN STAATEN UND IN KANADA*

James Hennesey SJ, Boston (USA)

1. Geschichte

Der Katholizismus gelangte im Zug der Kolonialisierung durch Europäer im 16. und 17. Jahrhundert nach Nordamerika. Unter dem Patronat der spanischen und französischen Krone begleiteten Mönche und Jesuiten die Forscher, Ansiedler und Soldaten in die Neue Welt. Spanische Städte und Militärstationen bildeten einen Bogen durch die jetzigen Südstaaten, von St. Augustine in Florida (1565) bis Sonoma in Kalifornien (1824). Weltpriester errichteten Stadtpfarreien; Franziskaner sammelten Indianer in Missionsstationen, und ein Vorposten der Jesuiten gelangte von Mexiko aus nach Arizona. Durch Quebec am Sankt-Lorenz-Strom (1608) und durch New Orleans (1718) nahe an der Mündung des Mississippi verankert, lebte Neu-Frankreich von seinem Pelzhandel. Die Endpunkte des französischen Nord-Süd-Bogens wiesen Städte und Gutsbetriebe auf; diese letzteren wurden in Kanada von normannischen Bauern und in Louisiana von schwarzen Sklaven bearbeitet. Handelsposten lagen den großen Seen und dem zentralen Flußsystem des Kontinents entlang. Jesuiten, Franziskaner und Priester aus dem Seminar von Quebec waren in der Wildnis tätig. Quebec, seit 1658 ein Apostolisches Vikariat und 1674 unter Bischof François de Montmorency Laval zu einer Diözese erhoben, wies sechs Schwesterngemeinschaften auf, als erste die Congrégation de Notre-Dame der hl. Margrit Bourgeoys. 65 000 bis 70 000 französische und indianische Katholiken mit beinahe 200 Priestern gelangten unter englische Herrschaft, als der Vertrag von Paris (1763) dem Kolonialreich Frankreichs in Nordamerika ein Ende machte.

Acadia, eine Ackerbauregion am Atlantik mit der Bucht von Fundy als Zentrum, wurde 1713 britisch. Die Abenaki-Indianer, die sich dort und im benachbarten Maine befanden, blieben treue Katholiken. 1755–1763 wurden 14 000 „französische Neutrale" in die britischen Küstenkolonien umgesiedelt. Viele von ihnen fanden schließlich den Weg nach Louisiana, wo ihre Nachkommen („genteel" und „Cajun")

---

* Übersetzt aus dem Englischen von August Berz.

heute leben. Die Rückkehrer nach Acadia machten um 1800 40 Prozent der Bewohner dieser Gegend aus. Die Anzahl der Katholiken schwoll dort im 18. Jahrhundert durch die Einwanderung von gälisch sprechenden Schotten und Iren nach Neuschottland noch an. Um 1830 war die Hälfte der Bevölkerung von Neufundland katholisch.
Englische Katholiken waren unter einem katholischen Landbesitzer, Lord Baltimore, bei der Gründung von Maryland (1634) mitbeteiligt und stellten durch ein Gesetz von 1639 vollständige Religionsfreiheit her. Obwohl der katholische Bevölkerungsteil unter dem Zuzug irischer Knechte und schwarzer Sklaven wuchs, herrschten protestantische Dissidenten vor, und die Katholiken bildeten bald eine Minderheit, deren Religionsfreiheit eingeschränkt war. Mit Ausnahme eines halben Dutzends Franziskaner waren während anderthalb Jahrhunderten Jesuiten die einzigen Priester. Im quäkerischen Pennsylvania nahmen sich englische und deutsche Jesuiten einer vielsprachigen englisch-irisch-deutschen Gemeinde an und unternahmen missionarische Vorstöße nach New Jersey und New York. Vom Gouverneur des Königs Jakob II. protegiert, blühte in der Stadt New York 1683–1689 eine englische Jesuitenschule. Überall sonst in den britischen Kolonien verhinderte eine stark antikatholische Haltung die Niederlassung von Katholiken.
Während der amerikanischen Revolution (1775–1783) blieben die Katholiken in Quebec und den kanadischen Kolonien am Atlantik der britischen Krone treu, doch in den übrigen dreizehn Kolonien schlossen sich die meisten Katholiken den Aufständischen an. Charles Carroll of Carrollton, ein führender Laie, unterzeichnete 1776 die Unabhängigkeitserklärung; sein Cousin, der Exjesuit John Carroll, organisierte die Kirche in der neuen Nation. 1784 wurde er Missionsoberer und 1789 wählte ihn der Klerus zum ersten Bischof von Baltimore. Überall setzte sich die Religionsfreiheit durch. In Hafenstädten von Boston bis Savannah begannen sich die Laien zu sammeln, denen irische und französische Priester zur Seite standen. Der amerikanische demokratische Geist sowie Spannungen zwischen den verschiedenen nationalen Gruppen stellten die Autorität des Bischofs Carroll in Frage, der 1808 zum Erzbischof von Baltimore mit Suffragansitzen in Boston, New York, Philadelphia und Bardstown (Kentucky) wurde. Die Dispute – nach den Laientreuhändern, die den gesetzlichen Anspruch auf das Kirchenvermögen besaßen, „trusteeism" genannt – dauerten bis in die Mitte des 19. Jahrhunderts weiter.
John Carroll gründete das Georgetown College (1789) und das St. Mary's Seminary (1791); dieses stand unter der Leitung von Sulpizianern, die in der Französischen Revolution geflüchtet waren. Augusti-

ner und Dominikaner gesellten sich zu den Angehörigen des wiederhergestellten Jesuitenordens. Karmeliterinnen gründeten die erste weibliche Ordensgemeinschaft. Auch entstanden neue Schwesternkongregationen, als erste die Sisters of Charity der hl. Elizabeth Ann Seton (1809). Der Katholizismus dehnte sich nach Westen aus mit St. Louis (1826 zu einem Bistum erhoben) als Zentrum. Indianermissionen, die ein Jahrhundert zuvor von den Franzosen aufgegeben worden waren, lebten wieder auf, während in Texas, im Südwesten und in Kalifornien spanische Missionen inkorporiert wurden, zusammen mit kanadischen Gründungen im Pazifischen Nordwesten. Alaska (1867) und Hawaii (1898) folgten.

Die zehn Millionen Katholiken, die zwischen 1820 und 1920 aus Europa und Französisch-Kanada in die Vereinigten Staaten einwanderten, stießen auf eine Kultur, Gesellschaft und religiöse Einstellung, die ihnen nicht hold war. In den Staaten des Nordostens und in anderswo gelegenen Städten bildeten die Iren bald eine politische Macht, und sie waren in der Hierarchie, im Klerus und in den Ordensgemeinschaften vorherrschend. Deutsche Einwanderer, die ihre eigenen Priester mitbrachten, sowie Benediktinerabteien und Schwesternkongregationen mit deutscher Prägung stellten die irische Vorherrschaft im Mittleren Westen in Frage. Dort entwickelte sich ein ländlicher und ein städtischer Katholizismus. Nach 1880 wanderten einige Millionen Italiener ein und schufen in besonderen Stadtvierteln die Dorfatmosphäre ihres Mutterlandes. Slawische und italienische Bauern faßten in Kalifornien und portugiesische Fischer an beiden Küsten mit Erfolg Fuß. Osteuropäer zogen in die Kohlenreviere von Pennsylvania und die Fabrikstädte Mittelamerikas. 1907 wurde ein Bischof des ukrainischen Ritus eingesetzt, doch traten viele aus Osteuropa stammende Katholiken aus Enttäuschung über die eisige Aufnahme zur orthodoxen Kirche über, und eine polnische Nationalkirche brach mit Rom.

Die römisch-katholischen Christen, die bei der amerikanischen Revolution bloß ein Prozent der Bevölkerung ausgemacht hatten, waren um 1850 zur größten Konfessionsgruppe der Nation geworden, wurden aber in einer protestantischen Kultur als fremde Minderheit behandelt. Die Kirche nahm einen provinzlerischen Charakter an und igelte sich ein. Frühere demokratische Tendenzen machten Strukturen Platz und wichen klerikaler Autokratie. Eine Reihe von Nationalsynoden, die 1829–1884 in Baltimore stattfanden, waren bezeichnend für die Bestrebungen der Bischöfe, Gleichförmigkeit herzustellen, doch die Kollegialität blieb horizontal, und man trat an Kleriker und Laien nur wenig Verantwortung ab. Ohne staatliche Beihilfe errichtete man ein un-

abhängiges katholisches Schulsystem von der Primarschule bis zur Hochschule, dessen Krönung die 1889 gegründete Catholic University of America darstellte. Unterstützt von den Bischöfen, die 1887 mit knapper Not verhindern konnten, daß der Papst die Knights of Labor verurteilte, bekam die katholische Arbeiterschaft einen starken Einfluß auf die Bildung nichtkonfessioneller Gewerkschaften, die zu konservativen Bollwerken gegen das Aufkommen des Sozialismus wurden.
In den neunziger Jahren des letzten Jahrhunderts rief die Divergenz zwischen der Praxis der Kirche in Europa und der in Amerika das theologische Phänomen hervor, das von einer päpstlichen Enzyklika als „Amerikanismus" bezeichnet wurde. Im Unterschied zu Europa blühte der amerikanische Katholizismus vor allem in der städtischen Industriewelt des 19. Jahrhunderts. Bischöfe wie John Ireland von St. Paul waren von aktivistischem amerikanischem Eroberungsgeist beseelt. Isaac Hecker, der 1858 die ausgeprägt amerikanischen Paulistenbrüder gegründet hatte, eine Gemeinschaft, die nicht an die herkömmlichen Ordensgelübde gebunden war, kündigte eine neue Ära des Heiligen Geistes an, in welcher der Ton auf der persönlichen Verantwortung und der Pflege der „aktiven" im Gegensatz zu den „passiven" Tugenden liegen werde. Kardinal James Gibbons von Baltimore und Denis O'Connell, Rektor des Nordamerikanischen Kollegs in Rom, priesen den amerikanischen Stil einer friedlichen Trennung von Kirche und Staat als ein für das Wachstum der Kirche ideales Klima. Während die deutsch-amerikanischen Bischöfe im Verein mit den Jesuiten und einflußreichen deutschen Prälaten in Rom diesen Tendenzen widerstanden und neuere Einwanderungsgruppen sich ihrem Widerstand anschlossen, griffen diese Ideen von Irland nach Frankreich über. Vorschläge, dort die amerikanische aktivistische Haltung zu übernehmen, führten zu einer Reaktion Roms in der warnenden Enzyklika „Testem benevolentiae" (1899) mit ihrer unglückseligen Verurteilung dessen, was Leo XIII. als „Amerikanismus" bezeichnete. Die in Europa darauf folgende Modernismusepisode berührte die amerikanische Szene nur am Rande, doch die integralistischen Nachwirkungen im Verein mit den vorausgegangenen Warnungen vor dem „Amerikanismus" behinderten während mehr als einem halben Jahrhundert die theologische Arbeit und die Pflege der allgemeinen Geisteswissenschaften bei den amerikanischen Katholiken sehr stark.
In Kanada waren die französische Sprache und die Kirche die beiden Pfeiler, auf denen Quebec aufruhte. Die Männer der Kirche waren der Überzeugung: „Qui perd sa langue perd sa foi" („Wer seine Sprache verliert, verliert seinen Glauben"). Unter einer Bevölkerung von über

85 Prozent Katholiken förderten ultramontane, antiliberale, autoritäre Bischöfe und Geistliche das ethnisch/religiöse „Überleben" durch die „Revanche der Wiegen" (eine hohe Geburtenziffer) und „Binnenkolonisierung" (Siedlungen in entlegenen Landgebieten statt Auswanderung in die Vereinigten Staaten). Handel und Industrie überließ man den Anglo-Kanadiern. Auf die klassische Bildung ausgerichtete Schulen brachten eine Menge von Rechtsgelehrten und Priestern hervor. Bis zu den sechziger Jahren unseres Jahrhunderts hatte die Kirche das Schul-, Gesundheits- und Sozialwesen in Händen. Ordensgemeinschaften standen in Blüte und waren in Übersee sowie im eigenen Land tätig.

Die Katholiken machten in den Küstenprovinzen und Neufundland (das erst 1949 Kanada beitrat) zwischen einem Viertel und der Hälfte der Bevölkerung aus. Die Protestanten behielten die Mehrheit in Ontario, wo die irische Einwanderung im 19. Jahrhundert den Konflikt mit Oranier-Logen brachte, doch spätere Einwanderer aus Italien und Osteuropa ließen die katholischen Schichten anwachsen. Französische, schottische und „méti" (Teilindianer) Ansiedler organisierten die Kirche in Mittel- und Westkanada unter französischen Vorzeichen, doch war vor dem Ersten Weltkrieg die Leitung an Englischsprechende übergegangen. Ein Drittel der kanadischen Indianer waren Katholiken. 1912 wurde in Winnipeg ein ukrainischer Bischof ernannt. Die Katholiken sind in Kanada politisch führend; sie stellten schon den ersten Premierminister, Sir Wilfrid Laurier (1896–1911). Kirche und Staat sind nicht streng getrennt, und kirchliche Schulen und Institutionen werden durch öffentliche Geldmittel unterstützt. Die Frage, wie weit diese Beihilfe gehen solle, hat dann und wann zu Konflikten geführt, so 1905 in Alberta und Saskatchewan. Das ganze Primar- und Sekundarschulwesen in Neufundland steht unter konfessioneller Leitung.

Bis 1900 betrieb die katholische Kirche der Vereinigten Staaten Schulen jeder Stufe sowie Fürsorgeinstitutionen, Krankenhäuser und Sozialdienste, alles in Parallele zu oder als Ersatz für öffentliche Einrichtungen. Als im Gefolge des Spanisch-Amerikanischen Krieges (1898) die Nation zu einer Weltmacht wurde, gingen amerikanische Missionare nach Übersee, eine Tendenz, die nach dem Ersten Weltkrieg noch zunahm. In den zwanziger Jahren verlangsamten Gesetze die Einwanderung, was der Kirche den nötigen Atemraum zu ihrer Festigung gab. Eine „Zement-und-Baustein-Phase" ließ übergroße Seminarien und stattliche Pfarreizentren erstehen. Auf kulturellem Gebiet wurde nur ein bescheidener Fortschritt erzielt, der stark von französischen und englischen Schriftstellern abhängig war. Es entstand eine nach deut-

schen Vorbildern ausgerichtete liturgische Bewegung, die sich mit wachsender sozialer Betätigung verband.
Während der Wirtschaftskrise der dreißiger Jahre unterstützten die Katholiken anfänglich Präsident Franklin D. Roosevelt, der Interesse an der päpstlichen Soziallehre bekundete und Katholiken mit hohen Ämtern belohnte, doch gegen Ende des Jahrzehnts führte die der katholischen Gemeinschaft angeborene konservative Haltung manche in die politische Opposition. Der Radioprediger Charles E. Coughlin, ein Priester von Detroit, beeinflußte viele durch seinen rechtsgerichteten Extremismus, und die Katholiken waren geneigter als andere Amerikaner, für die spanischen Nationalisten einzutreten. Die wachsende Macht der Gewerkschaften förderte die steigende soziale und wirtschaftliche Mobilität der Katholiken, während Aktivisten wie die Catholic Workers prophetisch waren, indem sie akzeptierte Sozialauffassungen in Frage stellten. Katholiken neigten weniger als andere zu einem Eingreifen in den Zweiten Weltkrieg, unterstützten jedoch nach dem Angriff auf Pearl Harbour die Kriegsanstrengungen nach Kräften. Der Wander-Erzbischof Francis J. Spellman von New York war ein allgemein bekanntes Sinnbild für das Engagement der Katholiken, unternahm er doch viele Reisen, um Millionen von katholischen Männern und Frauen zu besuchen, die auf den Schlachtfeldern rund um die Welt in der Armee dienten.
Zwischen 1940 und 1960 verdoppelte sich in einer günstigen Ära des Wiederauflebens der Religion die katholische Bevölkerung der Vereinigten Staaten von einundzwanzig auf zweiundvierzig Millionen. Die Berufungen zum Priestertum und zu den Ordensgemeinschaften hielten damit Schritt. Der nach dem Krieg einsetzende „Baby-boom", der Erfolg der Gewerkschaften bei der Erreichung höherer Löhne und Vorteile für Industriearbeiter und die „GI Bill", die die Weiterbildung von Veteranen finanzierte, trugen dazu bei, daß die Bevölkerung aus den Stadtzentren in die Vororte zog. Die Funktion der Pfarrei als naheliegendes Sozialzentrum verlor an Bedeutung, da die Katholiken mobiler wurden und neue Lebensstile und ein breiteres Interessenspektrum entwickelten. Die Einwanderung von Schwarzen in Städte des Nordens veränderte deren konfessionelle Zusammensetzung, denn die meisten Schwarzen waren Protestanten, wenn auch in Städten wie Chicago viele von ihnen zum katholischen Glauben übertraten. Der Antikommunismus des Kalten Krieges in den fünfziger Jahren bot konservativen Katholiken einen neuen Schwerpunkt, und der Kreuzzug des Senators Joseph R. McCarthy gegen die Kommunisten zog sie an. Die katholische Spiritualität blieb moralistisch. Charakteristisch dafür waren

ganze Reihen von Pönitenten vor den Beichtstühlen, regelmäßiger Besuch der Sonntagsmesse (nach allgemeiner Schätzung nahmen um die siebzig Prozent der gläubigen Katholiken daran teil) und eine ganze Fülle paraliturgischer Andachten. Der theologische Unterbau war schwach und zumeist importiert. Die einheimische theologische Tradition, die um die Jahrhundertwende untergegangen war, mußte erst wiederaufleben.

Das Zweite Vatikanum war für die meisten Amerikaner eine Überraschung. Das Interesse daran war groß, und Änderungen waren willkommen, doch trat zutage, daß die religiöse Bildung der Geistlichen und der Laien unzulänglich war, und ideologische Gräben vertieften sich. In den Jahren des Konzils kam es auch zu bedeutsamen weltlichen Bewegungen: 1960 wurde John F. Kennedy zum Präsidenten gewählt. Zum ersten Mal hatte ein Katholik dieses Amt inne, was die Erinnerung an 1928 besänftigte; damals war Alfred E. Smith, ebenfalls ein Katholik, zum großen Teil wegen seiner Konfession nicht zum Präsidentenamt gelangt. Dazu kamen die sich optimistisch eröffnenden weltlichen Gelegenheiten zu Sozialeinsatz im Friedenskorps und in dessen inländischen Parallelen; die Agonie und Ekstase der Bürgerrechtsbewegungen der Schwarzen; die Enttäuschung, welche die Verwicklung Amerikas in den Vietnamkrieg begleitete; die amerikanische Version der weltweiten Studentenunruhen. Priester, Ordensschwestern und katholische Laien wurden zu prominenten radikalen Aktivisten. Immer mehr Priester und Ordensleute gaben ihren Stand auf. 1984 gab es 63 394 weniger Schwestern, 37 730 weniger Ordensleute und Diözesanpriester und 4943 weniger Ordensbrüder als 1965. Wohl waren 1984 6702 ständige Diakone hinzugekommen, doch Statistiken sagen voraus, daß es um das Jahr 2000 nur noch halb soviel Priester geben wird als die 1984 gezählten 57 441 Priester.

Der Episkopat hat das Engagement in öffentliche Angelegenheiten gestoppt. Eine Reihe nationaler Hirtenbriefe befaßten sich mit Moral- und Sozialfragen, insbesondere mit Krieg und Frieden (1983) und der Wirtschaft (1984). Ihr im allgemeinen liberaler Ton wurde von Laiengruppen angegriffen, beispielsweise von den „Catholics United for the Faith", die sich als „Wachhunde der Rechtgläubigkeit" anpreisen und starke Verbindungen zur Römischen Kurie haben und durch politisch konservative Intellektuelle in der „Fellowship of Catholic Scholars" und der „American Catholic Conference". Solange Erzbischof Jean Jadot Apostolischer Delegat war (1973–1980), wurden eher als fortschrittlich geltende Bischöfe ernannt, doch ist nun eher das Umgekehrte der Fall. Zu den Beziehungen zwischen Kirche und Staat kam eine neue

Seite hinzu: 1984 wurden zwischen dem Heiligen Stuhl und den Vernigten Staaten diplomatische Beziehungen auf Botschafterebene aufgenommen. In der Geschichte Amerikas hat es noch nie eine derart starke Einmischung von Bischöfen in die Präsidentenwahl gegeben wie 1984. Da sie sich auf einen 1973 gefällten Entscheid des Obersten Gerichtshofes der Vereinigten Staaten einschossen, der die Abtreibung legalisierte, und die Frage als das für das Land entscheidende Problem betonten, galten sie als Befürworter einer Wiederwahl des Präsidenten Ronald Reagan. Diese Situation wurde noch dadurch verschärft, daß die demokratische Opposition, deren allgemeines Sozialprogramm mit dem katholischen Sozialdenken besser übereinstimmt, zum ersten Mal in der Geschichte eine Frau als Vizepräsidentin vorgeschlagen hatte, Geraldine Ferraro, eine Katholikin.

2. Kirche heute

Der amerikanische Katholizismus befindet sich in einer Übergangsphase. Ein Viertel machen die Hispanoamerikaner aus, die erst in neuerer Zeit eingewandert sind. Einwanderer aus Haiti und Südostasien tragen zu noch größerer Buntheit bei. Abkömmlinge früherer Immigranten sind weniger als einfache Arbeiter tätig und weniger ethnisch eingestellt; sie wohnen mehr in Vorstädten und sind in den Behörden und in der Industrie stark vertreten. 40 Prozent der Universitätsstudenten sind der Herkunft nach Katholiken. Die meisten Katholiken stehen religiös in der Mitte. Sie haben den Wandel in der Liturgie akzeptiert, sehnen sich aber immer noch nach der Vergangenheit zurück. Was die Moral betrifft, ist man weithin mit den Normen der Kirche in bezug auf die Ehescheidung und Empfängnisverhütung nicht einverstanden, Scheidungen sind häufig. Man tritt stark, wenn auch nicht allgemein, für einen verheirateten Klerus ein. Die feministische Bewegung macht sich bemerkbar und setzt sich für die Weihe von Frauen ein. Nur auf Gebieten wie Euthanasie und Abtreibung weichen die Katholiken merklich von den nationalen Normen ab, doch selbst hier wird der Graben kleiner.
Nirgendwo in Nordamerika macht sich im Leben und in den Haltungen der Katholiken ein so tiefer Wandel bemerkbar wie in Quebec, wo seit 1965 eine „stille Revolution" eine ehemals von Klerikern beherrschte Welt umgestürzt hat. Der Besuch der Sonntagsmesse ist auf 25 Prozent gesunken. Optimistischere Einschätzungen sprechen von fünfunddreißig und vierzig Prozent. Der evangelische Protestantismus

hat Einbrüche erzielt. Nach Meinungsumfragen sind die Katholiken mehrheitlich mit der offiziellen Lehre über die Geburtenkontrolle, den Zölibat der Geistlichen und die Ehescheidung nicht einverstanden. Die kirchlichen Schulen werden weiterbetrieben, doch das Bildungswesen ist zu einer weltlichen Regierungssache geworden, wobei auf die Förderung der französischen Sprache deutlich Gewicht gelegt wird. Wirtschaftsangelegenheiten, die Industrialisierung und die politische Frage der Autonomie oder der Trennung von Kanada stehen im Vordergrund.

Die Einwanderung nach dem Zweiten Weltkrieg führte in der Gesellschaft Kanadas zu größeren Veränderungen. Der Konflikt zwischen Französisch- und Englischkanada dauert weiter. Die katholische Bevölkerung der Nation (5,6 Millionen von insgesamt 11,4 Millionen) ist nun noch viel bunter gemischt. Seit 1943 kommen Bischöfe aller katholischen Riten in der zweisprachigen Konferenz der kanadischen katholischen Bischöfe zusammen, die nach einem Konsensmodell arbeitet und ihre Tätigkeit auf Sozialangelegenheiten, Missionswesen, Ökumenismus, theologische und kirchenrechtliche Fragen aufteilt. Auf den römischen Bischofssynoden haben die kanadischen Bischöfe die Rechte der Frauen zu einem Hauptproblem gemacht. Innerhalb des Landes hat die Kirche für die Rechte der Indianer und Eskimos gekämpft. Unter den Hirtenschreiben findet sich eines der Bischöfe der östlichen Küstenregionen über Wirtschaftsfragen der Region und eine Verlautbarung der Sozialkommission der Canadian Catholic Conference (1983). Diese ist mit „Local Reflections on the Economic Crisis" betitelt und rief innerhalb und außerhalb der Kirche eine heftige Debatte hervor, weil sie politische Maßnahmen angriff, die gegen das menschliche Element in der Industrieproduktion verstoßen oder die Arme diskriminieren. Die Katholiken stellen in Kanada, wo sie sechsundvierzig Prozent der Bevölkerung ausmachen, eine mächtige politische Kraft dar. Die letzten vier Premierminister und mehrere Generalgouverneure in der neueren Zeit waren Katholiken. Die diplomatischen Beziehungen mit dem Heiligen Stuhl wurden 1984 auf die Nuntiaturebene gehoben, kurz bevor die Regierung einen Beitrag von 25 Millionen Dollars leistete, um den Besuch Johannes Pauls II. in Kanada zu finanzieren. 1983 waren nach einer Gallup-Umfrage 60 Millionen Amerikaner katholisch, davon 52 Millionen aktive Katholiken. Das „Official Catholic Directory" von 1984 veröffentlichte Statistiken von Diözesankanzleien, wonach die Zahl 52 392 000 beträgt. Nach einer Studie des „Center for Applied Research in the Apostolate" in Washington machen die Katholiken schätzungsweise 22 bis 27 Prozent der Gesamtbevölkerung der

Vereinigten Staaten und 42 Prozent der Mitglieder christlicher Kirchen aus. Die regionale Verteilung ist ungleichmäßig; von 46 Prozent der Bevölkerung in den Staaten des Nordostens und 35 Prozent in der mittleren atlantischen Ära bis zu ganz kleinen Ziffern in einigen Staaten des Südostens wie z. B. Nordkarolina (1,76 Prozent). Der gesellschaftliche und wirtschaftliche Umschwung und die allgemeine Bewegung der Bevölkerung zum südlichen „Sonnengürtel" ändern jedoch diese Prozentanteile. Die katholische Bevölkerung ist hauptsächlich in den Städten ansässig (80 Prozent). Abkömmlinge früherer Einwanderer sind zu mittleren bis höheren Einkommensstufen aufgerückt. 73 Prozent der Katholiken verfügen wenigstens über Sekundarschulbildung; 14 Prozent haben Hochschulgrade. Mehr als eine halbe Million gehören östlichen Riten an. 77 Prozent der Hispano-Amerikaner sind Katholiken, ebenso mehr als ein Viertel (265 000) der einheimischen Amerikaner (amerikanische Indianer). Bloß 4 Prozent (993 000) der amerikanischen Schwarzen sind Katholiken; einige davon stammen von Sklaven ab, die in Kolonial-Maryland und Louisiana und im Grenzgebiet von Kentucky gehalten worden waren; andere konvertierten zum Katholizismus, weil sie in stark katholische Städte des Nordens zogen. Die Geburtenziffer bei den Katholiken hat in den letzten Jahrzehnten abgenommen (die Katholiken wuchsen 1961–1970 noch um 15 Prozent an, gegenüber einer nationalen Wachstumsrate von 13 Prozent, doch im Jahrzehnt 1971–1980 bloß um 5 Prozent gegenüber einer nationalen Rate von 10 Prozent). Die religiöse Praxis ist jedoch im Aufschwung begriffen. Schätzungsweise 52 Prozent der 52 Millionen Katholiken des Landes nehmen wöchentlich an der heiligen Messe teil. Dies liegt unter den 70 Prozent der fünfziger Jahre, stellt aber eine erhebliche Steigerung gegenüber den Statistiken aus den siebziger Jahren dar.

1984 gab es in den Vereinigten Staaten sechs Kardinäle, 49 Erzbischöfe und 336 Bischöfe. 35 163 Diözesan- und 22 278 Ordenspriester bedienten 24 260 Pfarreien und Missionsstationen oder waren in anderen Aufgaben, z. B. im Schulwesen, beschäftigt. Es bestanden 239 kirchliche Kollegien und Hochschulen, 319 Priesterseminarien, 1436 katholische Sekundar- und 8009 Primarschulen. Die Gesamtzahl der Besucher des katholischen Schulwesens mit Einschluß der Teilnehmer an pfarreilichen religiösen Bildungsprogrammen betrug 7 679 760. Auf allen Stufen des katholischen Schulwesens herrschen immer mehr Laienlehrer vor, doch blieb dieses Gebiet die Hauptbeschäftigung der 118 027 Ordensschwestern und der 7596 Ordensbrüder des Landes. Diese sind ebenfalls in den 731 katholischen Krankenhäusern tätig, zusammen mit vielen nichtgeweihten Mitarbeitern in der Leitung und Verwaltung. In Kanada gibt es 17 Kirchenprovinzen mit 52 Suffragansitzen sowie eine direkt dem Heiligen Stuhl unterstehende Erzdiözese und mehrere Jurisdiktionen des ostkirchlichen Ritus und einen ukrainischen Metropolitansitz, dessen Suffragansitze in den oben angegebenen Zahlen enthalten sind. Das Wachstum der katholischen Bevölkerung Kanadas ist leicht unter das allgemeine Bevölkerungswachstum gesunken. Nach dem „Directory of the Canadian Catholic Conference of Bishops" von 1983 sind 10 433 849 der insgesamt 24 347 400 Einwohner katholisch. Die Katholiken machen 42,9 Prozent der Wohnbevölkerung Kanadas aus gegenüber 43,9 Prozent im Jahr zuvor. Die Katholiken sind hauptsächlich im östlichen Teil des Landes konzentriert, vor allem in der Provinz Quebec, wo sie insgesamt um 86 Prozent der Gesamtbevölkerung ausmachen. Weitere Provinzen mit starkem Katholikenanteil sind Neu-Braunschweig (48,8 Prozent), dort nimmt der Prozentsatz der Katholiken immer noch zu, und die Prinz-Eduard-Insel (40,9 Prozent), wo die Quote leicht absank. In den dünn besiedelten Provinzen des Nordwestens machen die Katholiken 41,7 Prozent der Einwohner aus. Die niedrigste Prozentzahl von Katholiken weist die an der Pazifikküste im fernen Westen gelegene Provinz Britisch-Kolumbien auf (11,6 Prozent). Im Land als ganzem gab es 1983 insgesamt 7243 Diözesanpriester, 5132 Ordenspriester, 332 Diakone, 3497 Ordensbrüder und 37 214 Ordensschwestern. Im Vergleich zu den Ziffern von 1982 haben alle diese Kategorien an Zahl abgenommen mit Ausnahme der Diakone, während die Anzahl der Pfarreien (5915) leicht zugenommen hat.

3. Spiritualität

Der Katholizismus in den Vereinigten Staaten glich in der frühesten Zeit der ruhigen, unaufdringlichen Art, die man unter den heutigen englischen Katholiken im Anschluß an den Titel des volkstümlichen Gebetbuches, das von Bischof Richard Challoner verfaßt worden war, als „Garden of the Soul"-(„Seelengarten"-)Frömmigkeit bezeichnet. Diese Haltung war ein Erbe der englischen und irischen Verfolgungszeit und wurde in den englischen Kolonien als Schutz vor dem überall vorhandenen Antikatholizismus und dem Übergewicht des puritanischen Protestantismus gepflegt. Einfache liturgische Traditionen entwickelten sich selbst in Maryland, wo auch unter der begrenzten Toleranz nach 1712 der Bau von katholischen Kirchen gesetzlich verwehrt war. Die Messe wurde für gewöhnlich in Privathäusern oder in Kapellen gefeiert, die in Häuser eingebaut waren. Der sulpizianische Einfluß, der vom St. Mary's Seminary in Baltimore ausging, brachte in das amerikanische kirchliche Leben einen stark moralistischen Ton, der in Regionen wie Kentucky, wo Baptisten, Methodisten und andere protestantische „frontier religions" den öffentlichen Ton angaben, besonders entsprechend war. Ein gemäßigter französischer Einfluß war in der Frühzeit der Kirche von Boston und in Neu-England stark wirksam, wo unitarische und kongregationalistische Abkömmlinge puritanischer Kalvinisten jede Schaustellung der Religion mieden. In den ersten Jahren der Vereinigten Staaten scheinen die römischen Katholiken nicht von der auf religiöse Erfahrung ausgehenden Gefühlsreligion erfaßt worden zu sein, die durch eine Reihe von „Erweckungen" eingeführt worden war, deren erste in den Jahren 1730–1760 vor sich ging. Man hat jedoch schon behauptet, daß die Volksmissionen, die während des 19. Jahrhunderts in allen Pfarreien stattfanden, von der mächtigen evangelischen Richtung beeinflußt gewesen seien, den der Protestantismus in den ersten drei Jahrzehnten dieses Jahrhunderts einschlug. Der Katholizismus lateinischen Stils hatte einen geringen Einfluß, bis dann die Wellen der Einwanderung von Italienern am Ende des 19. und zu Beginn des 20. Jahrhunderts sich bemerkbar machten und auswirkten. Spanische Traditionen hielten sich im Südwesten, zusammen mit exotischen Überresten, wie z. B. die Geißel-Bußbruderschaften von Neu Mexiko.

Deutsche Einwanderer brachten ihr religiöses Volksbrauchtum und ihre starke kirchenmusikalische Tradition mit, die den Katholizismus des Mittleren Westens beeinflußten, doch das Fehlen ähnlicher Kulturtraditionen unter den Iren war bestimmender. Gegenüber dem Erzbischof John Ireland beklagte man sich denn auch, daß die irische Auffassung von Liturgie „wie die aller keltischen Amerikaner einen Katakombengeruch habe". Selbst Abteien wie die in Collegeville (Minnesota), Erbin einer deutschen Benediktinertradition und später ein Hauptzentrum liturgischer Erneuerung, baute ihr Erbe ab und erlag dem allgemeineren Bild des amerikanischen Katholizismus als einer Kirche von Bauleuten und Aktivisten, denen es in erster Linie um das strukturelle Wachstum und um den Bau eines ganzen Netzes von Kirchen, Krankenhäusern und Schulen ging. In einem oft mageren theologischen Kontext, worin der Ton auf Pflicht und Verpflichtung lag, drang man besonders auf den regelmäßigen Empfang des Bußsakraments und der Kommunion sowie auf die Teilnahme an der Sonntags-

messe. Nicht untypisch – abgesehen von seinem einzigartigen Eifer –
war es, wie der spätere Kardinal John F. O'Hara C.S.C. während der
zwanziger Jahre als Studentenseelsorger an der University of Notre
Dame auf den täglichen Empfang der heiligen Kommunion drang und
außerhalb und innerhalb der Messe dazu Gelegenheit bot.
Die amerikanischen Katholiken wuchsen in theologischer Armut auf.
1885–1941 lernten Generationen von Kindern die Glaubenslehre aus
einer Reihe von Baltimore-Katechismen auswendig, während ihre älteren Brüder, die Seminaristen, auf anderer Ebene und in Latein nahezu
das gleiche taten mit den Thesen der neothomistischen Schule. Erst im
letzten halben Jahrhundert fand in der religiösen Schulung der Kinder
und der späteren theologischen Bildung eine Entwicklung und Differenzierung statt, und die Zeitschriften wurden ausgesprochen pluralistisch. Mit Ausnahme von Spezialgebieten wie die der Beziehungen
zwischen Kirche und Staat und die der Religionsfreiheit blieb das amerikanische theologische Denken von Europa abhängig und in neuerer
Zeit in gewissem Maß von Lateinamerika.
Eine Vielfalt von Wegen in der Spiritualität wurde zu einer Eigenart
der Ära nach dem Zweiten Weltkrieg. Manche zog der Personalismus
und das Gemeinschaftsdenken von Dorothy Day an. Die Berufungen
zu kontemplativen Ordensgemeinschaften nahmen stark zu, schwächten sich dann aber ab. Der Trappistenmönch Thomas Merton war eine
treibende Kraft. Während in den vergangenen zwei Jahrzehnten sich
der Zug zu aktiven Ordensgemeinschaften verminderte, kam es zu
einem beständigen Andrang zu Aufgaben in Übersee, in den einheimischen Stadtzentren und auf dem Feld der Fürsorge. Die provisorische
Natur des Einsatzes in diesen Aufgabenbereichen für Laien und ihre relative Unabhängigkeit von hierarchischen Strukturen erleichterten diese
Tendenz.
Während der Periode 1965–1984 zeigte sich ein weitverbreitetes Interesse an persönlicher Religion. Eine Reihe von Bibel- und Gebetsgruppen entstand. Eine charismatische Bewegung blühte auf. Man befaßte
sich auch mit der Entfremdung der Frauen in der Kirche und trat für
die Priesterweihe von Frauen ein. Bei den Debatten über die Kernwaffen, über die Außenpolitik der Vereinigten Staaten und die Beziehung
des christlichen Sozialdenkens zu der Weltwirtschaftsordnung standen
amerikanische Katholiken in den vordersten Reihen, doch waren ihre
Ansichten geteilt. In den Augen der Öffentlichkeit standen sie vor
allem als diejenigen da, die sich mit dem Problem der Legalisierung des
Schwangerschaftsabbruchs und mit der geeigneten Antwort darauf auf
politischer Ebene befassen. Die Diskussion darüber, welches der ver-

schiedenen sozialen und politischen Probleme vordringlich sei, ist in den achtziger Jahren zum Prüfstein geworden, an dem sich in den Reihen der amerikanischen Katholiken die Geister scheiden.

Die Geisteshaltung der kanadischen Katholiken ist von jeher zweipolig gewesen, von ihrer zweifachen Wurzel – der französisch- und der englischsprachigen – her geteilt. Die Trennung reichte tief in das Leben und die Kultur der Kirche hinein und wurde in den letzten Jahrzehnten vielgestaltiger, so wie Kanada selbst vielgestaltiger wurde. Beim Besuch des Papstes Johannes Paul II. trat diese Vielfalt darin zutage, daß der Papst außerordentlich viel Zeit für osteuropäische Gruppen aufwandte, die zu einem bedeutenden Teil des kanadischen Katholizismus geworden sind. Trotz der „stillen Revolution" sind die katholischen Franko-Kanadier tief verwurzelt. Ihre großen Heiligtümer heben sie von ihren amerikanischen Nachbarn ab: St. Anne de Beaupré (1658); Cap de la Madeleine (1714); das Oratorium des hl. Josef (1904), das über Montreal aufragt; das Heiligtum der kanadischen Märtyrer, ein gemeinsames Unternehmen der Regierung und der kanadischen Jesuiten, das an die Franzosen erinnert, die im Konflikt zwischen Huronen und Irokesen 1642–1649 das Martyrium erlitten. Gründerinnen von kanadischen Schwesterngemeinschaften, z. B. die im 17. Jahrhundert lebende Indianerin Kateri Tekakwitha, wurden heilig- oder seliggesprochen. Religionsfreiheit gehörte seit dem Quebec Act von 1774 stets zum kanadischen Erbe. Trotz der Schwierigkeiten während der Einwanderungsperiode, wo die Sprache wie die Religion eine Rolle spielte, ist dieses Erbe intakt geblieben, und es waren engere Beziehungen zwischen Kirche und Staat möglich als bei deren klarer Trennung in den Vereinigten Staaten. Der kanadische Katholizismus war eine kleine, leichter zu handhabende Körperschaft – ein Faktor, der es einem im wesentlichen konservativen Volk ermöglichte, recht flexibel zu bleiben. Manche Faktoren, die sich im heutigen Katholizismus der Vereinigten Staaten auswirken, wirken sich auch nördlich der Grenze aus. Während die pastorale Antwort der kanadischen Bischöfe auf das päpstliche Rundschreiben „Humanae vitae" von 1968 nuancierter war als die ihrer amerikanischen Kollegen, leidet die kanadische Kirche an konservativen Strömungen sowohl im nationalen Leben als auch in den religiösen Einstellungen genau so wie die benachbarte amerikanische Kirche. Das plötzliche Eintauchen Quebecs in den Hauptstrom des amerikanischen Lebens mit den religiösen Herausforderungen, die dies an eine Kirche stellte, die dieser Strömung so lange widerstanden hatte, waren ein besonderer Faktor. Einen weiteren besonderen Faktor bildete die Vertrautheit unter den verschiedenen Elementen der Kirche, die durch den relativ kleineren Umfang der katholischen Kirche in Kanada begünstigt wurde. Während die Verbindungen zwischen den katholischen Bischöfen der Vereinigten Staaten und den vielen katholischen theologischen Zentren in ihrem Land schwach waren, haben die Beiträge von Fakultäten, z. B. derer in Ottawa und Toronto und der päpstlichen Universität Laval in Quebec, auf der kanadischen Szene eine größere Rolle gespielt. Ein Problem, dem die amerikanische und die kanadische Kirche gemeinsam gegenüberstehen, ist der Rückgang des Priesternachwuchses. Nach dem Bericht einer kanadischen Diözese betrug das Durchschnittsalter der in ihrem Dienst stehenden Priester 1984 zweiundsechzig Jahre. Sowohl in den Vereinigten Staaten als auch in Kanada wurden die Lücken durch eine ausgedehntere Beteiligung von Laien an kirchlichen Diensten zum Teil gefüllt, doch stehen am Horizont der beiden letzten Jahrzehnte des zwanzigsten Jahrhunderts deutlich schwerwiegende ekklesiologische Fragen.

BIBLIOGRAPHIE

John Tracy Ellis, American Catholicism, Chicago ²1969.
John Tracy Ellis (Hrsg.), Documents of American Catholic History, 2 Bde., Chicago ³1967.
John Tracy Ellis und Robert Trisco (Hrsg.), A Guide to American Catholic History, Santa Barbara/Oxford ²1982.
Andrew M. Greeley, The American Catholic: A Social Portrait, New York 1977.
James Hennesey, American Catholics: A History of the Roman Catholic Community in the United States, New York/Oxford 1981; New York 1983; in italienischer Übersetzung: I Cattolici americani, Mailand 1985.
Dolores Liptak R.S.M., The Catholic Church in the United States at the Crossroads, Washington DC 1983.
William Perkins Bull, From Macdonnell to McGuigan: The History of the Growth of the Roman Catholic Church in Upper Canada, Toronto 1939.
A. G. Morice, History of the Church in Western Canada: From Lake Superior to the Pacific, 1659–1895. 2 Bde., Toronto 1910.
Dominique de Saint-Denis, L'Eglise catholique au Canada, Montreal ⁶1956.

DIE KATHOLISCHE KIRCHE IN LATEINAMERIKA*

ANDRÉS MENDOZA, BRÜSSEL

1. Geschichte

Die katholische Kirche faßte in der „Neuen Welt" mit der Ankunft von Christoph Kolumbus im Jahre 1492 Fuß. Im gleichen Jahr schlossen die katholischen Könige die Zurückgewinnung Spaniens aus der Herrschaft des Islam durch die Eroberung von Granada ab.

Sieben Jahrhunderte hindurch waren in Spanien Kirche und Staat dermaßen miteinander verbunden, daß die Treue zum christlichen Glauben und die Liebe zum Vaterland geradezu zu einer Einheit verschmolzen. Das daraus entstehende Gefühl wurde noch einmal verstärkt durch den langen Kampf gegen den Islam. Der Staat war der bewaffnete Arm, dessen sich die Kirche zur Zurückdrängung des Islams bediente, die Kirche diente dem Staat als Ferment der Einheit.

In den Gebieten, die damals wiedererobert wurden, hatten sich im Kult, bei der Ernennung der kirchlichen Oberhirten und im Bereich der religiösen Praxis abweichende Bräuche und Gewohnheiten herausgebildet. Das weit entfernte Rom konnte nicht umhin, sie anzuerkennen; denn es bejahte den Zurückeroberungskrieg und wünschte den Wiederaufbau der Kirche in den eroberten Gebieten. Die Gewohnheiten aber wurden im Laufe der Zeit zu Vorrechten.

Die Kirche in der „Neuen Welt" wies die gleichen Eigenarten auf wie die der Iberischen Halbinsel. Man stieß dort wie in den zurückeroberten Gebieten Spaniens und Portugals, nur in noch größerem Ausmaß, auf die gleichen Probleme. Sie harrten dringend einer Lösung. Darum verbündete sich die Kirche sehr stark mit der Krone Spaniens und Portugals. Weitere Gründe, die dazu führten, waren die Schwäche der päpstlichen Gewalt und der zeitgenössische Absolutismus, der alles, auch das religiöse Leben, kontrollieren und steuern wollte. Schließlich brachte auch Rom den katholischen Königen Vertrauen entgegen. Sie konnten bei der Evangelisierung immer abgelegenerer Gebiete, über die die Kirche kaum eine Kontrolle ausüben konnte, behilflich sein. Die Kirche verlieh den Königen in der „Neuen Welt" die gleichen Rechte und Privilegien wie vorher schon in der „Alten Welt". Insbe-

* Aus dem Französischen übersetzt von August Berz.

sondere überließ sie den Königen das Recht, den Zehnten für die Finanzierung der Evangelisation einzuziehen und zu verwalten. Die Könige erhielten das Vorrecht, die Bischöfe zu ernennen und neue Kirchenprovinzen zu errichten, das Recht, die Ordensoberen zu bestimmen, und das Recht, Priesterseminare zu gründen; kurz, sie leiteten die Kirche in der „Neuen Welt".

Die Könige nahmen ihrerseits die Gewissensverpflichtung auf sich, für die Verbreitung des Glaubens Sorge zu tragen, und selbstverständlich die Pflicht, nachträglich den Papst um die Zustimmung zu ihren Maßnahmen zu ersuchen. Dennoch wurden fast alle kirchlichen Angelegenheiten, selbst die subtilsten, zunächst von der Krone behandelt. Man muß zwar zugeben, daß den Königen im allgemeinen daran gelegen war, fähige und würdige Verantwortliche zu ernennen. Doch waren diese gutgesinnten, redlichen Delegierten manchmal gleichzeitig mit einer Aufgabe in der zivilen Verwaltung betraut. Es gab oft genug Persönlichkeiten, die Verwalter, Gouverneure, ja sogar Vizekönige waren und doch auch Bischöfe und Ordensobere blieben.[1]

1.1 Die Gründung der Kirche in Amerika

Im Zuge der Vorbereitung der zweiten Reise des Kolumbus nach den neuentdeckten Ländern erbaten die Könige vom Papst das notwendige „Placet" zur Gründung der Kirche. Die Bulle „Inter cetera" vom 3. Mai 1493 gab zur Antwort: „Im vollen Vertrauen darauf, daß Sie das, was Sie zu tun versprochen haben, auch ausführen werden, verpflichten wir Sie kraft des heiligen Gehorsams, in diese Länder und auf diese Inseln redliche, gebildete, in der Gottesfurcht erzogene, erfahrene Männer zu senden, damit sie den Eingeborenen und den Bewohnern dieser Territorien die Lehre, den Glauben und die guten Sitten beibringen." Die Könige nahmen die ihnen auferlegte Verpflichtung ernst – vor allem die Königin Isabella, die über die Entdeckung Amerikas begeistert war, weniger jedoch ihr Gatte Ferdinand, der von den Problemen in den Mittelmeerländern stark in Anspruch genommen war.

Zu der zweiten Expedition gehörten tausendfünfhundert Männer, die fast allen Gesellschaftsklassen angehörten: Ritter, Handwerker, Bauern, Kleriker. Sie waren auf siebzehn Schiffe verteilt, die mit allerlei Lebensmitteln, Arbeitsgeräten und Zuchttieren gefüllt waren. Zudem führten sie Saatgut, Zuckerrohrpflanzen und junge Obstbäume mit. Es war im Grunde eine „Kolonisierungsflotte".[2]

Die geistliche Leitung der Expedition lag bei dem Benediktiner Bernhard Boyl als dem Vertreter des Papstes und fünf weiteren Missionaren: drei Merzedarierpatres, ein Franziskaner und ein Hieronymit. Sie waren nicht die ersten Priester, die nach Amerika kamen; schon auf der ersten Reise war Kolumbus von dem Priester Pedro de Arenas begleitet gewesen. Bei der Eroberung Amerikas ging es sowohl um die Kolonisierung als auch um die Evangelisierung der Eingeborenen. Man brachte die Eingeborenen mit den spanischen Kolonisatoren, die die Absicht hatten, sich in den eroberten Ländern niederzulassen und eine Existenz aufzubauen, zusammen. Nicht alle Kolonisatoren hatten Respekt vor den Eingeborenen. Viele, die mit Kolumbus gekommen waren, handelten aus Profitsucht. Die Königin Isabella schickte zwar alle Indios, die als Sklaven zum Verkauf nach Spanien gebracht worden waren, wieder in ihre Heimat zurück. Doch vielfach hielt man sich nicht an die von den Königen und den Missionaren erlassenen Gesetze und Regeln. Am meisten litten unter all dem natürlich die Eingeborenen, die Indios, deren Zahl alarmierend sank. Die ungewohnten Arbeiten, zu denen sie gezwungen wurden, die von den Spaniern eingeschleppten Krankheiten, gegen die die Indios nicht immun waren, die Kriege sowie die Verbindungen zwischen einheimischen Frauen und Spaniern waren die Hauptursachen für das Dahinschwinden der Indios.

Die Dominikanermissionare empörten sich darüber so sehr, daß sie bei den Kolonialbehörden und beim König heftig zu protestieren begannen. Die Patres Montesinos, Cordova und später Bartholomé de las Casas sind als Verteidiger der Indios in die Geschichte eingegangen. Um die Lage zu verbessern, erließen die Könige neue Gesetze (die Leyes Nuevas und die Gesetze von Burgos und Valladolid). Doch dies genügte nicht. Nach und nach wurden die Indios aus ihren angestammten Landstrichen vertrieben, ganze Volksstämme wurden ausgelöscht. Später gelang es in einigen Gebieten (z. B. in Mexiko, Peru und Chile), Mißstände zu beheben und die Ureinwohner ein wenig besser zu schützen.

Las Casas, der erste spanische Kolonist, der in Amerika zum Priester geweiht wurde, dann in den Dominikanerorden eintrat und später zum Bischof ernannt wurde, zeichnete sich im entschiedenen Eintreten für die Rechte der Indios ganz besonders aus. Der König ernannte ihn zum „Prokurator" der Indios am Hof, und Las Casas kam dieser Aufgabe mit Eifer nach. Er bekämpfte vor allem die Institution der „encomienda", die seines Erachtens die Hauptschuld an all den Mißständen trug. Dieses System bestand darin, daß man spanischen Kolonisten und manchmal auch Indios Ländereien samt deren Bewohnern zuteilte; sie hatten diese zu verwalten und die Indios zur Arbeit anzuhalten, damit möglichst viel herausgewirtschaftet werden konnte. Die Chefs, die

„encomenderos", hatten zwar dafür besorgt zu sein, daß die Indios durch Priester evangelisiert wurden; sie hatten für ihre Unterweisung zu sorgen, sie zu schützen, sie zu entlohnen und ihnen ein Existenzminimum zu verschaffen. Doch wurden diese Verpflichtungen natürlich nicht immer erfüllt. Man hat über dieses System die schlimmsten Urteile gefällt, aber auch gesagt, es sei als das kleinere Übel notwendig gewesen. Die Geschichtsschreibung ist hierin nicht immer zu einem ausgeglichenen Urteil gelangt.[3]

1.2 Die Missionstätigkeit

Trotz der Mißgriffe und Fehler bei der Kolonisierung waren die Kirche und die Kolonisten unablässig missionarisch tätig. Die Könige nahmen kraft des Gehorsams die Verpflichtung auf sich, für die Evangelisierung und den Aufbau der Kirche zu sorgen. Mit dieser Aufgabe betrauten die Könige vier Ordensgemeinschaften: die Franziskaner, die Merzedarier, die Dominikaner und die Hieronymiten und später auch noch die Kapuziner und die Jesuiten. Diese Ordensgemeinschaften waren verpflichtet, dem König Jahr für Jahr eine bestimmte Anzahl von Missionaren zu stellen. Die Krone nahm alle Auslagen auf sich. Sie kam für die Kleidung, die Verpflegung, die Bücher, die Arbeitsgeräte, für den Bau von Kapellen und alle weiteren Aufwendungen auf.

Dies hinderte den König nicht, nötigenfalls weitere Orden und Kongregationen zur Mitarbeit aufzufordern und sie zu bitten, zu den gleichen Bedingungen ebenfalls Missionare zu entsenden. Es war auch Brauch, daß diese Orden und Kongregationen den König baten, ihre Missionare anzunehmen. Dies erklärt, weshalb solche Missionare reichlich vorhanden waren. Im Jahre 1530, dem Ende der Entdeckungsperiode, war die erste Phase der Evangelisierung abgeschlossen.[4]

Innerhalb zweier Generationen waren dann die Indios „katholisch" geworden. Man hatte sich ganz besonders um die religiöse Unterweisung der Kinder gekümmert. Schon damals standen nicht weniger als 330 Ordenspriester zur Verfügung, einige Diözesanpriester kamen noch dazu. Am Ende des 16. Jahrhunderts gab es 31 kirchliche Jurisdiktionsbereiche. Man schätzt, daß sich während des 16. Jahrhunderts durchschnittlich neunzig Priester pro Jahr in Amerika niederließen und während des folgenden Jahrhunderts jährlich hundert.

1.3 Die Epoche der Bourbonenkönige

Der Missionseifer erlahmte, als in Spanien die Bourbonen zur Macht kamen. König Karl II. starb ohne Nachkommen. Nachdem er den

Papst konsultiert hatte, ernannte er vor seinem Tod den Prinzen Philipp von Anjou, den Enkel des Königs Ludwig XIV. von Frankreich, zum Erben der spanischen Krone. Doch diejenigen, die für den Thronprätendenten aus dem Hause Habsburg eintraten – die Spanier und Österreicher –, erklärten den Krieg. So lagen um 1700 Österreich und Spanien gegen Frankreich und England im Krieg. Dieser dauerte fünfzehn Jahre und wurde durch den Vertrag von Utrecht beendet. Darin wurde Prinz Philipp als König von Spanien anerkannt.

Spanien verlor seine Rechte in den Niederlanden und mußte seine Absichten auf Mailand und Sardinien aufgeben. England erhielt Gibraltar.

Es waren fünfzehn unsichere, mißliche Jahre, die die Kirche Amerikas in eine starke Krise brachten, denn der Nachschub an Priestern und Missionaren war unterbunden. Auch war die neue, vom Jansenismus angekränkelte Politik der Bourbonen für die Kirche nicht günstig. Übrigens kamen durch die Ideen der Enzyklopädisten und die Freimaurerei, die beide von Grund auf antiklerikal waren, in Spanien neue Strömungen auf.

Der Druck beider Mächte erreichte, daß der König 1767 die Jesuiten vertrieb, zunächst ungefähr 5000 von Spanien an die Küsten Italiens und dann nicht weniger als 2200 Jesuiten aus Lateinamerika. Sie mußten ihre Missionen, ihre Schulen und Hilfswerke aufgeben und wurden nie mehr richtig ersetzt. Und da viele von ihnen mit den besten amerikanischen Kreolenfamilien verwandt waren, erlitten die Krone und die Kirche eine starke Einbuße an Glaubwürdigkeit. Manche Historiker behaupten sogar, damit habe der Niedergang des spanischen Reiches begonnen. Die schon bestehende Unabhängigkeit der Vereinigten Staaten wirkte als Beispiel. Wenn wir dazu noch an die Erschütterung, die von der Französischen Revolution ausging, denken, begreifen wir, daß die Idee heranreifen konnte, die Unabhängigkeit für Lateinamerika zu erkämpfen. Die Besetzung Spaniens durch Napoleon und die Ernennung seines Bruders Joseph zum König von Spanien motivierten die in Amerika herrschenden Autoritäten, den Gehorsam nunmehr zu verweigern. Sehr rasch schlossen sich ihnen diejenigen an, die eine volle Autonomie und Unabhängigkeit von Spanien erreichen wollten.[5]

1.4 Die Kirche und die Unabhängigkeit der Länder

Die Unabhängigkeitskämpfe dauerten ungefähr fünfzehn Jahre. Die institutionelle Kirche wurde von diesen Kämpfen anfänglich nicht allzusehr betroffen, obwohl der niedere Klerus sich aktiv auf die Seite der für die Unabhängigkeit Kämpfenden stellte. Die Haltung des Episko-

pats war unterschiedlich. Es gab spanische Bischöfe, die ohne weiteres die neue politische Ordnung akzeptierten. Und es gab kreolische Bischöfe, die sie entschieden ablehnten und von den neuen Machthabern ausgewiesen wurden, so wie umgekehrt die Spanier die Anhänger der Unabhängigkeit auswiesen.[6]
Die Unabhängigkeit brachte die Kirche in eine tragische Situation. Dazu führten verschiedene Gründe: 1. Während vieler Jahre war jeglicher Kontakt mit Rom unterbrochen und so blieben mehrere Diözesen lange Zeit unbesetzt. Rom wollte Spanien nicht nötigen, so lange die Unabhängigkeit noch nicht feststand. 2. Die Zahl der Neupriester sank rapid, denn die Priesterseminarien wurden geschlossen. 3. Viele spanische Priester mußten sich zurückziehen, andere wurden ausgewiesen oder verschwanden, und Spanien entsandte vorläufig keine Missionare mehr. 4. Die neuen Machthaber forderten von Rom die gleichen Privilegien des Patronato, doch Rom verhielt sich zurückhaltend, sei es, weil es den neuen Autoritäten nicht traute, sei es, weil Spanien die Unabhängigkeit noch nicht anerkannt hatte. 5. Die Kirche wurde auch sehr bald um die Hilfswerke und Schulen gebracht. 6. Die politische Gesellschaft spaltete sich in zwei sozusagen unvereinbare Gruppen: Auf der einen Seite standen die Konservativen, die im allgemeinen zum alten Regime und zum Katholizismus der früheren Epoche neigten; auf der anderen Seite standen die Liberalen, welche die gegenteilige Haltung einnahmen, sich eher als Laizisten verstanden und bereit waren, das Ansehen der Kirche und deren Gesellschaftsmacht in Frage zu stellen.
Fast überall ergriffen die letzteren die Macht, ohne daß sie dazu die Legitimation von seiten der Kirche erhielten. Sie trafen da und dort immer radikalere antiklerikale Maßnahmen. In gewissen Ländern – z. B. in Uruguay, Paraguay, Kolumbien und Venezuela – wurde die antiklerikale Tendenz zu einer Verfolgung der Kirche. Zuweilen drohten Spaltungen in der Kirche. Mehrere Bischöfe wurden ausgewiesen, die Güter der Kirche vom Staat eingezogen, die Friedhöfe eingeebnet, die Ehescheidung wurde staatlich erlaubt, das Schulwesen verstaatlicht. Die Zahl der Priester sank innerhalb kurzer Zeit – in etwa dreißig Jahren – um mehr als die Hälfte. Die Kirche stand am Ende des Jahrhunderts geschwächt und wie erschlagen da. Sie hatte ihren Einfluß verloren und würde ihn nicht leicht zurückgewinnen können. Viele Dienste, die von der Kirche vollbracht worden waren, blieben fortan aus: in den Schulen vor allem, aber auch in der Sorge für die Armen und Notleidenden. Die Kirche tat sich schwer damit, neue Kraft zu gewinnen. Während des 19. Jahrhunderts schaffte sie es dann, etwa 70 Jurisdiktionsbezirke neu zu schaffen. Im Bestreben, verantwortungsbewußte

Führungskräfte auszubilden, wurde 1858 in Rom das „Collegio Pio Latinoamericano" gegründet.

1.5 Die Kirche im zwanzigsten Jahrhundert

Für einige Länder Lateinamerikas, die um die Lieferung von Rohstoffen ersucht worden waren, bot der Erste Weltkrieg (1914–1918) eine Gelegenheit, eine anfängliche Reform ihrer Industrien in die Wege zu leiten. Das hatte einen gewissen wirtschaftlichen Fortschritt zur Folge. Doch wuchs durch diese erste Industrialisierung das Arbeiterproletariat an, und viele Emigranten, die wegen wirtschaftlicher Krisen oder aus anderen Gründen in Europa keine Beschäftigung mehr fanden, strömten nun in die lateinamerikanischen Länder. Mit dem Wachstum der Arbeiterschaft und dem Zustrom von Emigranten aus Europa änderte sich die gespannte politische Struktur ein wenig. Die liberale Richtung öffnete sich den sozialistischen und später den kommunistischen Tendenzen (1925); die konservative Richtung näherte sich, ein wenig später, den christlich-sozialen und demokratischen Strömungen.
Neben den politischen Extremisten, die Europa verlassen mußten, gab es auch Einwanderer, die ihre in Europa gemachten pastoralen Erfahrungen mitbrachten. Sie förderten besonders die Katholische Aktion, die während der ersten Hälfte des zwanzigsten Jahrhunderts in allen Ländern Lateinamerikas sehr fruchtbar war, und auch die Bestrebungen, durch eine katholische Presse ein Kommunikationsnetz zu schaffen.
Anläßlich der Vierhundertjahrfeier der Entdeckung Amerikas veröffentlichte Papst Leo XIII. die an den lateinamerikanischen Episkopat gerichtete Enzyklika „Quarto abeunte seculo". Darin betonte er das Erwachen der Kirche kraft der Missionen und die Rolle, die dem lateinamerikanischen Kontinent in der Kirche zukomme. 1897 berief er ein lateinamerikanisches Plenarkonzil ein, das sich 1899 in Rom versammelte. Dabei erörterten dreizehn Erzbischöfe und einundvierzig Bischöfe die Situation der Kirche in Lateinamerika und die Mittel und Wege, um dieser Kirche eine neue Vitalität zu geben. Man stellte über den Stand der Religion in Lateinamerika eine gründliche Reflexion an und faßte die Hauptprobleme ins Auge, die sich der Kirche stellten: das Heidentum, der Aberglaube, die religiöse Ignoranz, der Sozialismus, die Freimaurerei. Man sprach auch über die Bedeutung der Presse und schließlich über Fragen der Mission und der Organisation der Kirche. Die Neuordnung der Priesterseminare trug ihre Früchte; die Zahl der Priesteramtskandidaten stieg wieder. Auch begannen die europäi-

schen Länder, vor allem Spanien, wieder Priester und Missionare zu senden.

Der Zweite Weltkrieg (1939–1945), dem in Spanien ein schrecklicher Bürgerkrieg voranging (bei dem mehr als 4000 Priester ums Leben kamen), bremste den seit 1920 erwachten Missionseifer beträchtlich. Doch infolge der Kriegsbedürfnisse wurden die lateinamerikanischen Länder wie einst ersucht, Rohstoffe zu liefern. Dies ermöglichte ihnen einen neuen wirtschaftlichen und industriellen Aufschwung, der sich aufgrund des Koreakrieges über 1955 hinaus fortsetzte. In jenen Jahren konnten sich die lateinamerikanischen Länder auch im Rahmen der Vereinten Nationen mehr Gehör verschaffen und ihre Bedürfnisse äußern.

Die Kirche nutzte diese günstige Periode und zeigte eine neue Lebendigkeit. 1955 feierte man in Rio de Janeiro einen internationalen Eucharistischen Kongreß, an dem auch eine große Zahl lateinamerikanischer Bischöfe teilnahm. Auf Initiative von Papst Pius XII. trat bei dieser Gelegenheit zum ersten Mal die Vollversammlung des lateinamerikanischen Episkopats zusammen. Es ging um eine Wiederbelebung der durch die beiden Weltkriege gestoppten Missionsbewegung. Diese Versammlung ist vor allem deshalb von bleibender Bedeutung, weil auf Bitten der Konferenz selbst hin der Lateinamerikanische Bischofsrat (CELAM) geschaffen wurde. CELAM hat sich die Aufgabe gestellt, die Probleme der Kirche in Lateinamerika zu studieren und einer Lösung entgegenzuführen, die pastorale Arbeit der Kirche überall zu fördern. Außerdem hat CELAM weitere Vollversammlungen des Episkopats vorzubereiten und durchzuführen.

Angesichts der großen Zahl der Ordensmänner und -frauen und der Bedeutung ihres Einsatzes in allen apostolischen Bereichen der lateinamerikanischen Kirche hielt CELAM es für notwendig, ein eigenständiges Organ für die Ordensleute zu schaffen. Es sollte der Koordination der Mitarbeit der Ordensleute an der Gesamtpastoral dienen. Die römische „Kongregation für die Ordensleute" kam dem Wunsch des CELAM nach und errichtete einen Verband der Ordensleute Lateinamerikas (CLAR), in dem sämtliche regionalen und nationalen Gemeinschaften der Ordensleute vertreten sind. Die Entscheidung Roms, die Stadt Bogotá solle der Sitz der CLAR sein, zeigt, daß diese Organisation eng mit dem CELAM zusammenarbeiten soll; denn Bogotá ist auch Sitz des CELAM.

1.6 Die Zweite Vollversammlung des Episkopats: Medellín (1968)

Das Zweite Vatikanische Konzil war noch nicht beendigt, als Bischof Larrain, Präsident des CELAM, dem Papst den Vorschlag machte, eine Zweite Vollversammlung des lateinamerikanischen Episkopats einzuberufen, um den seit der Gründung des CELAM zurückgelegten Weg zu prüfen und die Seelsorge in Lateinamerika den Konzilsbeschlüssen entsprechend zu organisieren. Wir wissen nicht, ob Bischof Larrain vorsah, die Versammlung in Rom selbst abzuhalten, wo die meisten lateinamerikanischen Bischöfe des Konzils wegen sich aufhielten. Die Konferenz fand schließlich 1968 in Medellín (Kolumbien) statt. Wie schon 1955 in Rio nutzte man die Gelegenheit des Eucharistischen Kongresses von Bogotá, um die Bischöfe zusammenzuführen. Dieser Eucharistische Kongreß erhielt eine besondere Bedeutung durch die Anwesenheit des Papstes Paul VI. Er eröffnete auch die Bischofskonferenz. Die Konferenz von Medellín hatte das Thema: „Die Kirche in der gegenwärtigen Umwandlung Lateinamerikas im Lichte des Konzils." Ein dem Konzil entnommener Leitgedanke beherrschte die Diskussionen: „Die lateinamerikanische Kirche stellt sich in den Dienst des armen Menschen." Von ihm her war es notwendig, die Lebenswirklichkeit der Menschen in Lateinamerika von Grund auf zu studieren. An die gesellschaftliche Analyse schloß sich eine theologische Reflexion an. Danach ging man an den Entwurf einer Gesamtpastoral.

Die Wirklichkeitsbeschreibung trug den Stempel der damaligen soziologischen Forschungen. Man ging von der Feststellung aus, daß die lateinamerikanischen Länder unterentwickelt seien. Man war der Meinung, die Völker Lateinamerikas kämpften gegen einen gewissen wirtschaftlichen Rückstand und man brauche ihnen nur die nötigen Mittel zu beschaffen, damit dieser Rückstand aufgeholt werden könne. Es wurde noch zu wenig bedacht, was zehn Jahre später in Puebla eingesehen wurde: Die Situation ist das Ergebnis einer Unterdrückung, für die die reichen Völker verantwortlich sind. Die Konferenz von Medellín dauerte zwölf Tage. Man dachte über mehrere Themen nach: die schöpferische Botschaft Gottes; die Beziehung zwischen der Veränderung des Menschen und der Änderung der Strukturen; die Entsprechung zwischen dem Reich Gottes und der weltlichen Gesellschaft; die Neigung zur Gewalttätigkeit; der Priestermangel. Die Konferenz von Medellín zeitigte mehrere Früchte: 1. Der Entwurf einer Befreiungstheologie als Glaubensreflexion über die Notwendigkeit, die Hindernisse, die sich der menschlichen und gesellschaftlichen Entwicklung entgegenstellen, zu beseitigen; 2. Stärkung des Bewußtseins, daß den kirchlichen Basisgemeinschaften, in denen die Evangelisierung sich vollzieht, mehr Beachtung zu schenken ist; 3. Würdigung der Volksfrömmigkeit, die in den Basisgemeinden lebendig ist und deren Vorhandensein zeigt, daß die Saat des Gotteswortes trotz aller Schwierigkeiten aufgegangen ist; 4. Eine neue Sicht des kirchlichen Amtes als eines Dienstes an der kirchlichen Gemeinschaft, die ihrerseits ebenfalls ganz vom Dienst an ihrem Auftrag her verstanden wird; 5. Die Option für die Armen nach dem Beispiel Christi, der als „der Arme" aufgetreten ist und seine Botschaft in erster Linie an die Armen gerichtet hat.[8]

1.7 Die Dritte Vollversammlung des Episkopats: Puebla (1979)

Die zehn Jahre nach Medellín waren unruhig und bewegt: im politischen Bereich (es etablierten sich „Regime nationaler Sicherheit"; manche Diktaturen brachen zusammen; hier und da kamen Demokratien auf); im wirtschaftlichen Bereich (die Welt erlebte eine neue Wirtschaftskrise); im sozialen Bereich (die armen Völker äußerten lauter ihr Verlangen nach Unabhängigkeit, Gleichheit und Gerechtigkeit). Im kirchlichen Bereich gab es einerseits eine gewisse Krise, die sich beispielsweise im sprunghaften Ansteigen der Zahl der aus dem Amt scheidenden Priester anzeigte, andererseits aber auch Anzeichen einer neuen Lebendigkeit des kirchlichen Lebens. Im Anschluß an die Bischofssynode von 1975 erschien die Enzyklika „Evangelii nuntiandi", die die Evangelisierung eng mit der umfassenden Befreiung verbindet. Im Jahr darauf, 1976, kam im Vorstand des CELAM der Gedanke auf, man solle eine Dritte Vollversammlung der Bischöfe einberufen. Dort sollten die neue Situation und die neuen Herausforderungen an die Kirche und ihr Werk der Evangelisierung geprüft werden. Der Papst war mit dem Plan einverstanden. Das Thema der Vollversammlung sollte lauten: „Die Evangelisierung in der Gegenwart und in der Zukunft Lateinamerikas". Der Tod des Papstes Paul VI. und wenige Monate darauf der seines Nachfolgers, Johannes Paul I., verzögerten die Einberufung der Konferenz.

Die Vorbereitung dieser Versammlung war langwierig und spannungsreich. Man nahm sich zwei Jahre Zeit dafür. Nach entsprechenden Meinungsumfragen bei den Bischöfen und an der Basis der Kirche erarbeitete man zunächst ein Beratungsdokument und anschließend das sogenannte Arbeitsdokument. Die Konferenz arbeitete dann noch einmal ein neues Dokument aus, das die verschiedenen Tendenzen integrieren sollte. Man kann dennoch nicht sagen, daß es einen schlechten Kompromiß zwischen den verschiedenen Tendenzen hergestellt hätte; denn

in seinen Ausführungen über die Ideologien betonte das Dokument konkret die Gefahr, daß die eine oder andere Ideologie zu einer Art Ersatzreligion werden könnte, die das Leben und die Moral in Beschlag nehmen und ihren eigenen Zielen unterordnen würde.
Johannes Paul II. eröffnete persönlich die Konferenz, was ihr ein eigenes Gepräge gab. Während der langen Vorbereitungsmonate kam es zu starken Spannungen zwischen denen, die befürchteten, Puebla könnte Medellín irgendwie zurücknehmen, und solchen, die im Gegenteil befürchteten, gewisse Interpreten von Medellín könnten sich von der Dringlichkeit der wirtschaftlichen und sozialen Probleme allzusehr gefangennehmen lassen und die Evangelisationstätigkeit aus dem Auge verlieren oder auf einen zweiten Platz verweisen. Diese Spannungen nahmen noch zu, als man sah, daß die Einladungen zu dieser Konferenz diejenigen zu wenig berücksichtigten, die während der vorangegangenen Monate die Reflexion am meisten geprägt hatten: die Befreiungstheologen. In bezug auf den marxistischen Kollektivismus sagt das Dokument mit den Worten des Papstes Paul VI., „daß es illusorisch und gefährlich wäre", die marxistische Ideologie von der marxistischen Forschung trennen zu wollen, um sich nur an diese letztere zu halten, denn in der Praxis ist diese Analyse unzertrennlich mit der Dialektik des Klassenkampfes verbunden und führt unerbittlich zu totalitären, gewalttätigen Regimen. Das Dokument bezieht sich insbesondere auf die Theologie, die sich auf die marxistische Gesellschaftsanalyse und die damit verbundene Praxis stützt, und sagt abschließend: „Ihre Folgen sind die völlige Politisierung der christlichen Existenz, die Auflösung der Sprache des Glaubens in die Sprache der Sozialwissenschaften und die Aushöhlung der transzendentalen Dimension der christlichen Erlösung" (Nr. 545).[9]

2. Die pastorale Situation heute[10]

2.1 Der Mangel an Priestern und Mitarbeitern in der Seelsorge

Es gibt zwar keine genauen Statistiken über die Zahl der Priester während der Kolonialzeit und während des 19. Jahrhunderts, doch verfügen wir über Hinweise, die uns zu sagen erlauben, daß die Lage früher insgesamt einfacher war als heute.[11] Die folgende Zusammenstellung gibt uns eine Übersicht über die Entwicklung der Zahl der Priester und der Ordensleute in Lateinamerika während des 20. Jahrhunderts:

Jahr	Einwohner (in Tausenden)	Priester	Ordensfrauen	Ordensbrüder	Einwohner pro Priester
1912	73 217	16 354	14 083		4477
1945	140 602	24 381	58 567		5766
1950	157 648	27 552	69 073		5721
1955	180 802	32 155	79 697		5622
1960	208 642	38 220	98 384		5438
1970	273 606	45 614	120 187	8393	6000
1975	310 909	45 722	119 773	8383	6799
1980	355 380	47 066	123 700	9095	7408
1981	363 300	48 411	124 700	9347	7504

1980 wirkten in Lateinamerika etwa 12 500 Katechisten und ungefähr 500 ständige Diakone – die meisten in Brasilien und in Chile. In den etwa 660 Jurisdiktionsbezirken sind um 900 Bischöfe tätig. Man nimmt im allgemeinen an, daß die Katholikenzahl in allen Ländern, außer in Kuba, Uruguay und vielleicht Haiti, ungefähr 90 Prozent der Bevölkerung ausmacht. Die seelsorgliche Betreuung wird immer schwieriger, obwohl die Anzahl der Priester zugenommen hat. Doch dies war nicht im gleichen Maß der Fall wie die Zunahme der Gesamtbevölkerung. Die Beanspruchung der im kirchlichen Dienst tätigen Priester und Ordensleute ist gewachsen, und sie wird noch weiter zunehmen. Der initiative Geist der Christen unternimmt zwar gegenwärtig interessante Experimente; man übergibt den Laien, auch den Frauen unter ihnen, spezifische Seelsorgeaufgaben, die herkömmlicherweise den Priestern vorbehalten waren. Doch wird das kirchliche Personalproblem nicht an Schärfe verlieren, solange die Kirche nicht ganz andere Lösungen ins Auge faßt. Im übrigen beginnen die Länder, die von alters her großzügig Missionare entsandt haben, nun die sinkende Zahl der Priester selbst zu spüren. Doch auch andere Faktoren führen zu der Abnahme der kirchlichen Berufe.

2.2 Der Ruf nach Gerechtigkeit und die Durchsetzung der Menschenrechte

Die Bibel weist uns ständig darauf hin, daß alle Menschen vor Gott gleichwertig sind. Das Christentum hat einen charakteristischen Zug: daß sie dem Menschen zu Hilfe kommen möchte, aus welchem Grund auch immer er leidet. In Lateinamerika, ja in der ganzen Welt machen die Menschen, die an Armut, Elend, unter Unterdrückung und Freiheitsbeschränkung leiden, die überwältigende Mehrheit aus. Diese Situation ist eine Folge der Unterentwicklung, aber auch des Egoismus und des Machthungers anderer Länder und Gesellschaften. Die Lage ließe sich verbessern, wenn diese Länder und Gesellschaften auch nur ein wenig bereit wären, ihre Strukturen und die Mentalitäten ihrer Führungskräfte zu ändern. Die Enzykliken „Mater et Magistra" (1961), „Populorum progressio" (1967) und „Evangelii nuntiandi" (1975) – um nur diese Beispiele anzuführen – geben klar der Forderung der Kirche Ausdruck, daß die Gemeinschaft der Nationen so zu gestalten ist, daß sich eine integrale (gesellschaftliche, wirtschaftliche und moralische) Entwicklung ergibt, die der Gleichheit und Brüderlichkeit der Menschen entspricht. Die evangelischen Kirchen haben das gleiche Bestreben zum Ausdruck gebracht (Konferenz von Genf, 1966; von Uppsala, 1968, und von Bangkok, 1972). Die Kirchen sind von den Machthabern in Politik und Wirtschaft als subversiv bezeichnet worden, weil sie sich für die Gerechtigkeit und die Respektierung der Menschenrechte einsetzen.[12]

2.3 Die Ablehnung der Gewalttätigkeit

Angesichts dieser Situation der Ungerechtigkeit und der Verletzung der Menschenrechte, des Mangels an demokratischen Freiheiten und an Unabhängigkeit gibt es für viele Menschen keine andere Lösung mehr als den Aufstand und den bewaffneten Kampf. Medellín hat sich mit der Frage befaßt und dazu ein Wort gesagt, das als Richtschnur dienen kann. „Man darf nicht die Geduld eines Volkes mißbrauchen, das viele Jahre hindurch unter Lebensbedingungen schmachtet, die andere Völker, welche sich der Menschenrechte stärker bewußt sind, kaum zu ertragen vermöchten..." Und ein wenig später versucht das Dokument den Weg anzugeben, an den sich die Christen in solchen Grenzsituationen halten sollen: „Zwar kann der revolutionäre Aufstand erlaubt sein im Fall offensichtlicher, anhaltender Tyrannei, die die Grundrechte des Menschen schwer verletzt oder das allgemeine Wohl eines Landes schwer beeinträchtigt, ob dies nun von einer Person oder von offensichtlich ungerechten Strukturen herkommt. Doch Gewalttätigkeit oder eine Revolution, aus der neue Ungerechtigkeiten hervorgehen, führt zu neuen Gleichgewichtsstörungen und schafft neue Ruinen. Man darf nicht etwas Schlechtes um den Preis eines noch größeren Übels bekämpfen" (Medellín, Dokument über den Frieden, Nr. 19).

2.4 Die Seelsorge in den Großstädten

Der lateinamerikanische Kontinent hat sich mit dem schwierigen Problem der zunehmenden Verstädterung auseinanderzusetzen. Die Koeffizienten des Bevölkerungswachstums in Lateinamerika sind sehr hoch. Die Bevölkerung Lateinamerikas nimmt im Durchschnitt um mehr als sieben Millionen im Jahr zu. Besorgniserregend ist der Trend, in die Großstädte zu ziehen und die Landregionen aufzugeben. Dies geschieht in der Hoffnung, dort bessere Schulen für die Kinder zu finden, medizinisch besser betreut zu sein, Arbeit zu haben und vor Gewalttätigkeit sicher zu sein. Die Landflucht vollzieht sich in einem solchen Ausmaß und in einer solchen Geschwindigkeit, daß weder die Städte noch die Regierungen imstande sind, rechtzeitig die notwendigen Strukturen bereitzustellen. So geraten die Zugezogenen von einer Not in die andere.

Auch die Kirche hat nicht die Möglichkeit, eine hinreichende Hilfe zu geben, auch im seelsorgerlichen Bereich nicht. Dies schon deshalb nicht, weil die Zahl der Einwohner pro Priester und pro Pfarrei ständig zunimmt. Es stellt sich auch die Frage, ob die Pfarrei überhaupt eine geeignete Struktur ist, in solchen Situationen die Gläubigen gut zu betreuen. Die kirchlichen Basisgemeinden, die in einigen Regionen Lateinamerikas entstanden sind, haben ihre eigenen Leiter und Vorsteher. Die Kirchenleitungen denken an die Möglichkeit, ihnen einen spezifischen kirchlichen Dienst zu übertragen. Die Basisgemeinden stehen noch am Anfang, doch kann man schon jetzt sagen, daß in ihnen große Verheißungen liegen. Übrigens handelt es sich bei den in die großen Städte einströmenden Menschen fast stets um junge Menschen, also um solche, die einer kirchlichen Betreuung am meisten bedürften.

2.5 Die Unterstützung der ethnischen Minderheiten

Die ethnischen Minoritäten indianischen oder afrikanischen Ursprungs zu unterstützen ist eine besondere Schwierigkeit. Sie bilden ansehnliche Bevölkerungsgruppen. Und da aus ihnen noch weniger Priester und kirchliche Kräfte hervorgehen als aus der übrigen Bevölkerung, stellen sie für die Kirche eine noch größere Aufgabe dar. Sie sind die gewöhnlich im Stich gelassenen Gruppen, die jedoch einen starken Glauben und gleichzeitig mehr oder weniger synkretistische Kultbräuche bewahrt haben. Die Verehrung der Jungfrau Maria, der Heiligen und der Verstorbenen spielt bei ihnen eine große Rolle. Ansatzpunkte für die Arbeit mit ihnen liegen vor; sie müßten aufgegriffen werden.

2.6 Die Demokratie als Herausforderung

Die Demokratie ist in zweifacher Weise für die Kirche heute eine Herausforderung. Zum einen ist in der Kirche ein Sinn für die Beteiligung aller aufgebrochen. Greifbar ist er schon in den Akzenten, die das II. Vatikanische Konzil gesetzt hat. Die Kirche wird dort als das Volk Gottes bezeichnet. Ihm wird die Öffnung auf die heutige Welt nahegelegt. Zum anderen ergibt sich die Forderung nach Demokratisierung aus der Situation Lateinamerikas. Das Dokument von Puebla übt in deutlicher Form Kritik an den drei Regierungsformen, die in Lateinamerika bestehen: der kapitalistische Liberalismus, der marxistische Kollektivismus und das System der nationalen Sicherheit. Keines dieser Modelle entspricht dem Verlangen nach Demokratie. Puebla setzt diesen drei Modellen ein solches entgegen, das zufriedenstellender wäre und die Wahrung der Menschenrechte besser gewährleisten würde.

Es gibt noch eine Reihe weiterer Probleme, auf die die Kirche ihr Augenmerk zu richten hat. Es gibt sie zwar überall in der Welt, aber in Lateinamerika haben sie ihre eigene Färbung. Gemeint sind der Laizismus, der Säkularismus, der Kapitalismus. Ein eigenes Problem sind die Sekten und die spiritistisch geprägten Kulte. Die Kirche versucht heute, diesen Problemen in einer neuen Weise zu begegnen. Die Konferenzen von Medellín und Puebla haben die Richtung gewiesen.

3. Die Kirche in den einzelnen Ländern

Wir wollen im folgenden die Kirche in den einzelnen Ländern beschreiben. Wir können das nur mit ein paar Strichen tun. Unsere Quellen waren vor allem das „Annuarium Statisticum Ecclesiae" sowie die deutsche Zeitschrift „Herderkorrespondenz".

3.1 Mittelamerika – Kontinent

Mexiko

Seit Mitte des 19. Jahrhunderts ist das ehemals unter spanischer Herrschaft stehende Mexiko eine Bundesrepublik. An Größe und Einwohnerzahl übertrifft Mexiko bei weitem alle anderen mittelamerikanischen Länder. Wirtschaftlich ist Mexiko das bestentwickelte und stabilste Land Lateinamerikas. Die Entdeckung und Erschließung neuer Ölvorkommen hat die Situation zwar leicht stabilisiert, der mächtige Staatsapparat braucht jedoch den neuen Reichtum, um seine Ausgaben zu finanzieren. Die Bevölkerungszahl dürfte sich auf ca. 75 Millionen belaufen. Über 20 Millionen Menschen wohnen in der Hauptstadt Mexiko, die im Herbst 1985 von einem schweren Erdbeben heimgesucht wurde. Neben einer verhältnismäßig kleinen Gruppe von Weißen und

Indianern lebt die weitaus größte Gruppe der Mestizen. Etwa die Hälfte der Erwerbstätigen arbeitet in der Landwirtschaft. Der Präsident, derzeit Migüel de la Madrid Hurtado, wird auf jeweils sechs Jahre bestimmt. Trotz der erwähnten relativen wirtschaftlichen Stabilität sind viele Menschen in Mexiko sehr arm. Das Landproletariat verelendet, die durch die Landflucht in die Ränder der Städte gelangten Menschen geraten in ein erneutes Elend.

Der weitaus größte Teil der mexikanischen Bevölkerung gehört der katholischen Kirche an. Nicht zuletzt auf die jahrzehntelangen Verfolgungen der Kirche geht es zurück, daß die Kirchenzugehörigkeit nur selten zu einer lebendigen und überzeugenden kirchlichen Praxis führt. Vieles ist in Formalismen einerseits und in abergläubischen Praktiken andererseits erstarrt. Kardinal Ernesto Corripio Ahumada ist Erzbischof von Mexiko City. Im ganzen gibt es nach dem Annuarium Statisticum Ecclesiae von 1981 in Mexiko 73 Erzdiözesen und weitere kirchliche Bezirke. Nach den langen Jahrzehnten der kritischen Distanz ist die Beziehung zwischen Staat und Kirche heute eher entspannt. Das hat die Kirche nicht daran gehindert, immer wieder öffentlich Mißstände anzuprangern, so beispielsweise 1981, als sie das willkürliche und autoritäre Verhalten des Regimes tadelte. Aufgrund der staatlichen Gesetzgebung kann die Kirche im Erziehungs- und Bildungsbereich nur sehr beschränkt tätig sein. Die katechetische Arbeit vollzieht sich weitgehend im Rahmen der kirchlichen Gemeinden.

Guatemala

Guatemala ist eine Republik in Mittelamerika. Das Land wurde im 16. Jahrhundert von Mexiko aus unterworfen und wurde Teil des spanischen Herrschaftsbereiches. Das Miteinander von spanischer und indianischer Kultur ist für das Land kennzeichnend geworden. Die Weißen leben vorwiegend in den Städten des Hochlandes, die verschiedenen Stämmen angehörenden Indios meistens in den Küstenniederungen. Mehr als die Hälfte der etwa 7,5 Millionen Einwohner sind noch Analphabeten. Der größte Teil der Bevölkerung ist in der Landwirtschaft beschäftigt. Die Zuckerrohr-, Bananen- und Kaffeegewinnung sind am meisten verbreitet. Der Präsident und der Nationalkongreß werden jeweils für vier Jahre bestimmt. Der derzeitige Staatspräsident heißt Efraim Rios Montt. Wie in anderen mittelamerikanischen Ländern ist die politische und soziale Situation auch in Guatemala sehr bedrückend. Nur tiefgreifende Reformen könnten der auf der Tagesordnung stehenden Gewaltanwendung ein Ende bereiten. Das Militärregime Präsident Montts verfolgt auch die katholische Kirche, zu der etwa vier Fünftel der Bevölkerung gehört. Der Sitz des Erzbischofs ist die Stadt Guatemala. Außer dem Erzbistum Guatemala gibt es noch zwölf Diözesen und Apostolische Administrationen. Die Kirche verurteilt die ungerechte Verteilung des Landes und des Besitzes und setzt sich für die Wahrung der Menschenrechte ein. Papst Johannes Paul II. hat im März 1983 Guatemala besucht und zur Schaffung neuer Verhältnisse aufgerufen. Die katholische Kirche ist in Guatemala stark im Schul- und Bildungswesen engagiert.

El Salvador

El Salvador ist die kleinste der mittelamerikanischen Republiken. Das fruchtbare Hügel- und Gebirgsland ist dicht besiedelt. Die Bevölkerungszahl nimmt rasch zu. Jetzt beläuft sie sich auf ca. 5 Millionen. Etwa 10 Prozent sind Indianer, weitere 10 Prozent sind Weiße, die anderen Mestizen. El Salvador ist eine Republik, deren Präsident nach der Verfassung mit seinem Ministerrat alle fünf Jahre neu gewählt werden sollte. Da das Land in der Hand weniger Großgrundbesitzer ist, kommt es verständlicherweise zu dauernden sozialen Spannungen und Auseinandersetzungen. Seit einigen Jahren leidet das Volk unter einem harten und blutigen Bürgerkrieg. Viele Zehntausend Tote hat er bereits gekostet. Am 24. März 1980 wurde der Erzbischof von San Salvador, Oscar A. Romero, Opfer der Gewalt. Er hatte besonders eindringlich nach einer gerechten Ordnung in seinem Land gerufen. Sein neu ernannter Nachfolger Arturo Rivera y Damas setzt diese Linie fort. Die Katholiken, die den weitaus größten Teil der Bevölkerung ausmachen, sind in die schweren Konflikte verwickelt und Opfer der brutalen Gewalt. Seit 1982 ist der christdemokratische Präsident J. N. Duarte an der Macht. Von ihm wird langfristig eine Besserung der Situation erwartet. Außer der Erzdiözese San Salvador gibt es in El Salvador noch fünf weitere Diözesen. Die Zahl der Priester und der Ordensschwestern ist angesichts der stets wachsenden Zahlen der Katholiken und der Aufgaben im Land zu gering.

Honduras

Auch Honduras ist eine zentralamerikanische Republik. Sie zieht sich über mehrere hundert Kilometer an der Küste zum Karibischen Meer hin. Im frühen 16. Jahrhundert wurde das Land für Spanien unterworfen. Die Anzahl der Weißen heute ist verschwindend gering. Die meisten Bewohner des Landes sind Indios, die zu verschiedenen Stämmen gehören. Mehr als die Hälfte der Menschen sind Analphabeten. Die meisten Erwerbstätigen sind in der Landwirtschaft beschäftigt. Der Präsident und der Deputiertenkongreß werden auf jeweils sechs Jahre gewählt. Auch in Honduras ist die Kluft zwischen den wenigen Großgrundbesitzern und der Masse der Landbevölkerung krass. Seit 1981 ist die Militärdiktatur durch ein liberales Regime abgelöst. Der derzeitige Präsident Suaro Cordova will die sozialen Rechte der Menschen zur Geltung kommen lassen. Politische und soziale Unruhen werden nicht zuletzt von den umgebenden mittelamerikanischen Ländern nach Honduras getragen. Fast die gesamte, ca. 4 Millionen Menschen zählende Bevölkerung ist katholisch. Die Hauptstadt Tegucigalpa ist Zentrum einer Erzdiözese. Darüber hinaus gibt es fünf weitere Bistümer. Die Kirche ist im karitativen und im Erziehungs- und Bildungsbereich tätig. Die sozialen Konflikte des Landes ragen weit in den kirchlichen Bereich hinein.

Belize

Belize ist die Haupt- und Hafenstadt von Britisch-Honduras. Es liegt im tropischen Tiefland an der Ostküste der Halbinsel Yukatán. In Belize leben etwa 160 000 Einwohner. Gut die Hälfte ist katholisch. 1956 wurde das 1893 durch die Congregatio de propaganda fide gegründete Apostolische Vikariat in ein exemptes Bistum verwandelt. Die pastoralen Dienste werden weitgehend durch Jesuiten wahrgenommen.

Nicaragua

Das unruhigste der zentralamerikanischen Länder war in den letzten Jahren die Republik Nicaragua. Etwa 70 Prozent der knapp 3 Millionen Einwohner des Landes sind Mestizen, den Rest machen z. T. die Weißen und z. T. die Indianer aus. Nach der Entdeckung durch Kolumbus fiel das Land an Spanien. Die Landwirtschaft (Getreideanbau, Viehzucht, Forstwirtschaft) ist der wichtigste Bereich der wirtschaftlichen Aktivitäten des Landes. Viele Jahre hindurch litt das Volk unter autoritären und brutalen Militärdiktaturen, bis es 1979 zum Umsturz kam. Jetzt herrscht die linksgerichtete Revolutionsregierung der Sandinisten unter Daniel Ortega, der 1984 zum Präsidenten gewählt wurde. Ob der Kurs schließlich zur Besserung und Beruhigung der Verhältnisse führt, ist einstweilen sehr umstritten. Bislang haben Gewalt und Blutvergießen noch kein Ende. Die Kirche, zu der laut Statistik etwa sieben Achtel der Bevölkerung gehören, ist in den Konflikt hineingezogen und innerlich gespalten. Vier Priester sind als Minister in der Regierung tätig: die Brüder Ernesto Cardenal als Kultusminister, Fernando Cardenal als Erziehungsminister, Miguell D'Escoto ist Außenminister, Edgar Parrales war Sozialminister. Kürzlich sind sie ihrer priesterlichen Ämter von Rom enthoben worden, weil ihre politische mit der priesterlichen Tätigkeit für unvereinbar gehalten wurde. Managua, die Hauptstadt des Landes, ist Sitz des Erzbischofs Miguel Obando Bravo. Außer der Erzdiözese gibt es noch weitere sechs Diözesen. Bisher war die Kirche vergleichsweise stark im Erziehungswesen tätig. Die jetzige Regierung möchte sie daraus verdrängen, was den Widerstand der Kirche hervorruft. Die Gesamtlage Nicaraguas und also auch der Kirche in diesem Lande ist noch längst nicht geklärt, auch wegen des Drucks der USA und der Unterstützung seitens einiger kommunistischer Länder. Die einen befürchten, die anderen erhoffen eine Kubaisierung des Landes.

Costa Rica

Mehrere Jahrhunderte hindurch war Costa Rica eine spanische Provinz. Seit 1821 ist es unabhängig. Nach der Verfassung von 1949 werden in der Republik Costa Rica der Präsident und die Abgeordneten alle vier Jahre neu gewählt. Der größte Teil der etwa 2,4 Millionen Einwohner sind Weiße. Die sozialen Verhältnisse sind im lateinamerikanischen Rahmen vergleichsweise gut. Das Schulwesen ist effektiv ausgebaut. Ein erheblicher Teil der Bevölkerung ist in der Landwirtschaft, besonders im Kaffeeanbau tätig. 95 Prozent der Bevölkerung sind katholisch. Die katholische Kirche gilt seit 1871 als Staatsreligion. San José ist Sitz eines Erzbischofs. Darüber hinaus gibt es vier Suffraganbistümer.

Panama

Die Republik Panama ist von dem großen Kanal durchzogen, dessen Zone bis 1979 amerikanisches Hoheitsgebiet war. Ab 1999 wird der Kanal ganz an Panama übergeben, bis dahin wird er von beiden Staaten verwaltet. Im 16. Jahrhundert fiel das Gebiet an Spanien, das in der Folge seinen vielfältigen Einfluß geltend machte. Etwa 60 Prozent der zwei Millionen Einwohner sind Mestizen, die anderen z. T. Weiße, Schwarze, Mulatten und Indianer. Sowohl der Präsident als auch die Nationalversammlung werden jeweils auf vier Jahre gewählt. Die Menschen finden Arbeit vor allem in der Land- und Forstwirtschaft. Mehrere Tausend sind in der Kanalzone beschäftigt. Etwa 80 Prozent der Bevölkerung gehören der katholischen Kirche an. Die Hauptstadt Panama ist Zentrum der Erzdiözese. Außer ihr gibt es noch fünf weitere Diözesen. Der Priesternachwuchs ist — wie in allen Ländern Zentralamerikas — unzureichend. Die Kirche ist im Bildungs- und Erziehungsbereich tätig. Sie setzt sich für die Verbesserung der Lage der Landbevölkerung ein.

3.2 Mittelamerika — Antillen

Die Inselkette zieht sich über mehr als dreitausend Kilometer von den Bahamas bis zu den Inseln vor der Küste Venezuelas. In einem großen Bogen liegen sie nebeneinander: Die Bahamas, die Turks und Caicos Inseln, Kuba, Cayman und Jamaika, Haiti und die Dominikanische Republik, Puerto Rico, die Jungfern-Inseln, St. Christofer — Nevis — Anguilla, Antigua, Montserrat, Guadeloupe, Dominica, Martinique, St. Lucia, St. Vincent, Barbados, Grenada, Tobago und Trinidad, die Niederländischen Antillen.

Verschiedene Kolonialmächte haben im Bereich der Antillen ihren Einfluß geltend gemacht. Einige Inseln sind noch heute von europäischen Staaten oder den USA abhängig. Der größte Teil dieser Region ist wirtschaftlich wenig entwickelt, weite Teile der Bevölkerung sind arm. Verschiedene christliche Kirchen und verschiedene weltanschauliche und religiöse Gruppen existieren nebeneinander. Auf den Inseln überwiegen anglikanische und evangelische Kirchen. Im folgenden werden vier Inseln der Region eigens beschrieben, da die katholische Kirche dort zahlenmäßig stark ist.

Kuba

Kuba ist die größte der Antillen-Inseln. Kuba lebte seit seiner Entdeckung durch Kolumbus entweder unter spanischem oder nordamerikanischem Einfluß. In den 50er Jahren unseres Jahrhunderts führte Fidel Castro gegen den damaligen Präsidenten Batista einen zähen Guerillakrieg und übernahm 1959 die Macht auf Kuba. Bodenreformen wurden durchgeführt, die Wirtschaft verstaatlicht. Nur eine Partei ist zugelassen, die „Kommunistische Partei Kubas".

Die etwa 10 Millionen Einwohner Kubas sind zu etwa drei Viertel Weiße, die anderen sind Mestizen oder Schwarze. Viele Menschen sind in der Land-, Forst- oder Viehwirtschaft beschäftigt. Nach dem Annuarium Statisticum Ecclesiae von 1981 gehören etwa 4 Millionen Kubaner der römisch-katholischen Kirche an. Fidel Castro hat den kirchlichen Einfluß in Schule, Erziehung und Öffentlichkeit stark zurückgedrängt. In Kuba leben die Katholiken in sieben Diözesen, darunter zwei Erzdiözesen (San Cristóbal de la Habana und Cienfuegos-Santa Clara). Die Zahl der Priester und Ordensleute hat in den letzten Jahren beträchtlich abgenommen. Die kirchliche Praxis der Katholiken ist außerordentlich geschrumpft. Aber es gibt Anzeichen einer Wiedererstarkung der Kirche. Die Zahl der Taufen steigt wieder ein wenig; die Zahl der Priesterweihen beläuft sich auf etwa zehn pro Jahr. Solange die Kirche ihre Aktivitäten auf ihren Binnenbereich beschränkt, braucht sie zur Zeit nicht mit Behinderungen zu rechnen.

Dominikanische Republik

Diese Insel gehörte seit ihrer Entdeckung durch Kolumbus lange Zeit hindurch zum spanischen Einflußbereich. Nach vielen Staatsstreichen und Regierungswechseln wurde die jetzt geltende Verfassung 1966 in Kraft gesetzt. Der Präsident, der Senat und das Abgeordnetenhaus werden für vier Jahre gewählt. Die Bevölkerung zählt etwa 5,5 Millionen Menschen, 60 Prozent sind Mulatten, knapp 30 Prozent Weiße und gut 10 Prozent Schwarze. Wichtigster Wirtschaftszweig ist die Landwirtschaft. Fast alle Einwohner der Dominikanischen Republik gehören der katholischen Kirche an. Unter den neun Diözesen ist eine Erzdiözese: Santo Domingo. 1954 wurde ein Konkordat zwischen der Dominikanischen Republik und dem Vatikan unterzeichnet. Darin werden der katholischen Kirche weitreichende Handlungsmöglichkeiten, auch im Bereich der staatlichen Öffentlichkeit eingeräumt. Die Kirche ist im Bildungs- und Erziehungswesen sowie im Gesundheitswesen stark engagiert. Wie in anderen mittelamerikanischen Ländern so ist auch in der Dominikanischen Republik die Landbevölkerung bislang noch weitgehend arm und rechtlos.

Puerto Rico

Diese Insel war nach ihrer Entdeckung mit Spanien verbunden, bis sie zu Beginn dieses Jahrhunderts den USA unterstellt wurde. Ein Gouverneur zusammen mit einem auf vier Jahre gewählten Senat und einem Repräsentantenhaus führt die Regierung. Drei Viertel der Bevölkerung, die etwa 3,5 Millionen zählt, sind Weiße (mit spanischer Abstammung), ein Viertel Mulatten und Schwarze. Die Landwirtschaft (Zuckerrohr-, Kaffee-, Tabakanbau) sowie eine sich stark ausweitende Industrie geben der Bevölkerung Arbeit und Verdienst. Die Verbindung mit den USA hat Puerto Rico einen vergleichsweise hohen Lebensstandard gebracht. Die Zahl der in die USA auswandernden Puerto Ricaner ist hoch. Mehr als drei Viertel der Bevölkerung von Puerto Rico gehört der katholischen Kirche an. Unter den fünf Diözesen ist eine Erzdiözese mit dem Zentrum in San Juan, der Hauptstadt des Landes.

Haiti

Haiti hat seit seiner Entdeckung durch Kolumbus eine wechselvolle und leidvolle Geschichte durchlaufen. Nacheinander war es Spanien, Frankreich und den USA unterstellt. In diesem Jahrhundert sahen sich die USA gezwungen, Haiti Schritt für Schritt zu verlassen. Danach etablierten sich diktatorische Regimes. Die geltende Verfassung schreibt demokratische Wahl- und Kontrollverfahren vor, aber nur langsam ändert sich die reale Situation. Die große Mehrheit der Bevölkerung sind Schwarze, die übrigen Mulatten, die vor allem in den Städten die Oberschicht bilden. Haiti hat über 5 Millionen Einwohner. Die Landwirtschaft (besonders Zuckerrohr- und Kaffeeanbau) ist der wichtigste Teil der Wirtschaft, die sich im ganzen in einem erbärmlichen Zustand befindet. Haiti ist wohl das ärmste aller mittelamerikanischen Länder. Ein großer Teil der Bevölkerung kann nicht lesen und schreiben. Ungefähr zwei Drittel der Haitianer sind Katholiken. Sie leben in sieben Bistümern. Port-au-Prince, die Hauptstadt des Landes, ist Sitz des Erzbischofs. 1984 wurde das Konkordat zwischen dem Vatikan und Haiti neugefaßt. Das Mitspracherecht des Staates bei den Bischofsernennungen wurde eingeschränkt.

3.3 Südamerika

Kolumbien

Mehrere Jahrhunderte war Kolumbien Spanien zugeordnet. Im 19. Jahrhundert setzte die Loslösung von Spanien ein. Seit einigen Jahrzehnten regieren die konservative oder die liberale Partei, die sich in der „Nationalen Front" zusammengeschlossen haben, das Land. Aber noch immer sind nicht alle Gruppen in das Staatswesen integriert und so leidet das Land immer wieder unter Unruhe und Gewalttätigkeit. Die Bevölkerung, deren Zahl sich auf annähernd 28 Millionen beläuft, setzt sich aus etwa 70 Prozent Mestizen, 20 Prozent Weißen und 10 Prozent Schwarzen zusammen. Land- und Forstwirtschaft machen den größten Teil der kolumbianischen Wirtschaft aus. Fast alle Bewohner des Landes gehören der katholischen Kirche an. 1981 gab es 60 Jurisdiktionsbezirke, darunter acht Erzdiözesen – beispielsweise die Erzdiözese Bogota. Die Kirche ist im Universitäts- und Schulwesen tätig. Aber sie ist auch auf dem karitativen Feld engagiert. Viele Christen setzten sich für eine tiefgreifende Landreform ein, ohne die die Spannungen zwischen der Oberschicht und dem Volk nicht behoben werden können. Erhebliche soziale Probleme entstehen aus der zunehmenden Verstädterung. Die Bischofskonferenz hat mehrfach in Hirtenbriefen zu den Schwierigkeiten des Landes Stellung genommen.

Venezuela

Nach der Verfassung von 1969 ist Venezuela eine föderative Republik. Der Präsident – derzeit Jaime Lusinchi – wird für jeweils fünf Jahre gewählt. Ein Senat und ein Abgeordnetenhaus stehen ihm zur Seite. Bis ins 19. Jahrhundert hinein war Venezuela von Spanien abhängig. Die Zeit der Unabhängigkeit, die dann folgte, war mehrere Jahrzehnte hindurch zugleich eine Zeit der Unsicherheit und der Gewalttätigkeit. Venezuela hat reiche Erdölvorkommen. Sie bilden die wirtschaftliche Grundlage des Landes. Die meisten der etwa 15 Millionen Einwohner Venezuelas sind Mestizen und Schwarze, etwa 20 Prozent sind Weiße – vielfach eingewanderte Spanier und Italiener. Die Oberschicht der Großgrundbesitzer, Militärs und Industriellen ist klein, ihr steht das Volk gegenüber. Die sozialen Unterschiede sind groß, wenn auch der Lebensstandard langsam steigt. Fast 90 Prozent der Bevölkerung gehören der katholischen Kirche an. Die Katholiken leben in 28 Jurisdiktionsbezirken, darunter sechs Erzbistümern (u. a. Caracas). 1984 haben die Bischöfe eine Botschaft an die Bevölkerung ihres Landes gerichtet. Sie trägt die Überschrift „Die Ungerechtigkeiten müssen überwunden werden". Die Bischöfe stellen heraus, daß die notwendigen strukturellen Veränderungen durch eine moralische Erneuerung begleitet sein müssen.

Guayana

Unter dem Namen Guayana laufen drei geschichtlich und politisch klar voneinander geschiedene Regionen: Guayana (ursprünglich: Britisch-Guayana), Französisch-Guayana und Niederländisch-Guayana (amtlich: Suriname). Guayana ist seit 1965 von Großbritannien unabhängig, hält aber doch mehrfache Bindungen dorthin aufrecht. Die Verfassung ist am englischen Modell orientiert. Die (englischsprachige) Bevölkerung ist stark gemischt. Etwa die Hälfte sind Inder, ein Drittel Schwarze, der Rest Mulatten, Indianer, Weiße und Chinesen. Die wirtschaftliche Führung liegt bei den Indern. Das Land ist weitgehend von Wald überzogen. An einigen Küstenstreifen wird Landwirtschaft betrieben. Von den etwa 900 000 Bewohnern sind 200 000 evangelische Christen und etwa 100 000 Katholiken. Ein beträchtlicher Teil des Restes sind Hindus und Muslime. Georgetown, die Hauptstadt des Landes, ist Bischofsstadt.

Französisch-Guayana ist ein französisches Überseedepartement. Dieses Land war lange Zeit hindurch französische Sträflingskolonie. Heute ist es ein Raumforschungs- und Raketenerprobungszentrum. Finanziell ist das Departement stark vom französischen Mutterland abhängig. Das Land ist weitgehend von Wald überzogen. Die Zahl der Bevölkerung beläuft sich auf etwa ca. 60 000, von denen mehr als drei Viertel der katholischen Kirche angehören. Sie sind in dem exempten Bistum Cayenne zusammengefaßt.

Suriname ist ein autonomer Teil des Königreiches der Niederlande. Auch hier ist die Bevölkerung sehr gemischt. Schwarze und Mulatten, Inder, Indonesier und eine kleine Gruppe Weißer leben nebeneinander. Etwa gleich stark sind die Gruppen der Katholiken, der Evangelischen, der Hindus und der Muslime. Die Katholiken bilden das Bistum Paramaribo.

Ecuador

Ecuador hat eine besonders wechselvolle Geschichte hinter sich. Immer wieder hat das Volk unter Krieg und Diktatur gelitten. 1967 wurde eine neue Verfassung verabschiedet. Nun wird der Präsident, dem eine Abgeordnetenkammer und ein Senat zur Seite steht, alle vier Jahre gewählt. Die Bevölkerung setzt sich aus Indianern (30 Prozent), Mestizen (40 Prozent) und Schwarzen, Mulatten und Weißen (30 Prozent) zusammen. Die Weißen bilden die herrschende Oberschicht, die anderen sind das arme Volk auf dem Land. Die Kluft zwischen beiden Gruppen ist groß. Die Bevölkerung lebt zu einem erheblichen Teil von der Land- und Viehwirtschaft. Die Industrie ist wenig entwickelt. 85 Prozent der 8,5 Millionen Menschen zählenden Bevölkerung sind katholisch. Das Glaubensleben ist von vielen volksreligiösen Elementen durchsetzt. Da die Schulen zu einem großen Teil staatlich sind, hat die Kirche im Erziehungsbereich wenig Einflußmöglichkeiten. Doch wo sie diese Möglichkeiten hat, nimmt sie sie wahr. Darum sind viele Ordenspriester und -schwestern in Schulen tätig.

Die Kirche in Ecuador ist in 22 Jurisdiktionsbereiche aufgeteilt, u. a. ist Quito, die Hauptstadt des Landes, Sitz eines Erzbischofs. Vielen Christen ist bewußt, in welch hohem Maße sie Verantwortung für gerechte Strukturen in ihrem Volk tragen.

Peru

Peru hat eine weit zurückreichende Vorgeschichte. Im 16. Jahrhundert eroberten die Spanier das Land und gliederten es in ihr Kolonialreich ein. In den 20er Jahren des 19. Jahrhunderts erreichte Peru seine Unabhängigkeit. Aber die Folgezeit war dennoch durch Kriege und Umstürze geprägt. Häufig waren Militärregimes an der Macht. Neuerdings tragen Guerillagruppen Unruhe ins Land. Sie gefährdeten die Regierung des integren Präsidenten Belaúnde Terry, der inzwischen durch den demokratisch gewählten Alan Garcia abgelöst ist. Die Mehrzahl der etwa 18 Millionen Peruaner sind Indios und Indianer. Die Weißen bilden eine dünne Oberschicht. Die Landflucht hat zu einer Überbevölkerung der Städte geführt, 50 Prozent der Bevölkerung lebt nun dort. Sie leiden aufgrund der begrenzten Wohn- und Beschäftigungsmöglichkeiten Armut und Not. Viele Menschen finden in der Land- und Forstwirtschaft sowie in der Fischerei Arbeit. Im ganzen sind die wirtschaftlichen und sozialen Lebensbedingungen der peruanischen Landbevölkerung sehr schwierig. Etwa 85 Prozent der Peruaner sind katholisch. Das Land ist in 42 Jurisdiktionsbereiche aufgeteilt. Lima ist Landeshauptstadt und Sitz des Erzbischofs. Die Kirche in Peru, die zu wenig Priester und Ordensleute hat, ist im Schul- und Universitätsbereich tätig. Die peruanische Bischofskonferenz hat sich in den letzten Jahren intensiv mit der Befreiungstheologie befaßt, weil sie sich über das Werk eines ihrer bekanntesten Vertreter, Gustavo Gutierrez, ein Urteil bilden wollte. Nicht zuletzt aufgrund des Votums von Kardinal Juán Landazuri Richett, Erzbischof von Lima, kam es zu einer positiven Bewertung der Befreiungstheologie.

Bolivien

In der ersten Hälfte des 16. Jahrhunderts ist das Land von den Spaniern erobert worden. Das Ringen um die Unabhängigkeit zog sich im 19. Jahrhundert lange dahin und war schwierig und konfliktreich. In der Folgezeit fanden bis weit ins 20. Jahrhundert immer wieder gewaltsame Machtwechsel statt. Die 1947 vereinbarte, dann wieder außer Kraft gesetzte und schließlich 1964 ein weiteres Mal für gültig erklärte

Verfassung sieht die Staatsform der Republik vor. Der Präsident wird auf vier Jahre gewählt. Neben ihm gibt es einen Senat und eine Abgeordnetenkammer. Die politische Wirklichkeit freilich entspricht den Richtlinien der Verfassung nicht. Mehrfach hat es gewaltsame Umstürze gegeben. 1980 hat sich das diktatorische Militärregime des Generals Luis Garcia Meza etabliert. Seit diesem Putsch hat das Volk weniger Rechte als zuvor. Mehr als die Hälfte der etwa 6 Millionen Bolivianer sind Hochlandindianer. Ein weiteres Drittel sind Mestizen. Der relativ kleine Rest der Weißen, die Nachkommen der spanischen Kolonisten, bilden die besitzende und herrschende Oberschicht. Ein beträchtlicher Teil der Bevölkerung kann weder lesen noch schreiben. Über 90 Prozent der Bolivianer sind katholisch. Unter den 17 Jurisdiktionsbezirken gibt es zwei Erzbistümer: Sucre und La Paz. Die Kirche ist in die schweren Spannungen, die das Volk belasten, tief mit hineingezogen. Sofern sie sich mit der armen Landbevölkerung solidarisiert, erfährt sie Druck und Einschränkungen seitens der Regierung. Die Bischöfe fordern gleichwohl offen und entschieden mehr Freiheit und Recht für das Volk und die Kirche.

Paraguay

Paraguay geht zum einen auf die spanische Gründung Asunción und zum anderen auf die Guavani-Reduktion zurück. Die Reduktionen gingen mit der Vertreibung der Jesuiten (1759) zu Ende. Im 19. Jahrhundert begann Paraguay sich von Spanien zu lösen. Wie in anderen südamerikanischen Ländern folgte auch in Paraguay eine längere Periode der Unruhe, die sich in immer neuen, z. T. gewaltsamen Machtwechseln ausdrückten. Nach der Verfassung von 1967 ist Paraguay eine Republik. Der Präsident sowie der Senat und die Abgeordnetenkammer werden für fünf Jahre gewählt. Seit 1954 und bis zum heutigen Tage hat General Stroessner die Präsidentschaft inne. Er regiert das Land mit fester Hand und hat ihm einige Stabilität vermitteln können. Bis auf wenige Indianer und Weiße besteht die gesamte Bevölkerung Paraguays aus Mestizen. Ihre Zahl beläuft sich auf gut 3 Millionen. Die Hauptstadt Asunción zählt etwa 400 000 Einwohner. Der größte Teil der restlichen Bevölkerung lebt in Armut auf dem Land. 90 Prozent der Einwohner Paraguays sind Katholiken. Unter den 14 Jurisdiktionsbezirken befindet sich das Erzbistum Asunción. Die Kirche, die zu wenig Priester und Ordensleute hat, ist nicht zuletzt im Schul- und Universitätswesen tätig. Sie setzt sich viel für die arme Landbevölkerung ein.

Brasilien

Brasilien ist das an Fläche und Bevölkerungszahl bei weitem größte Land Lateinamerikas. Nach seiner Entdeckung wurde das Land 1500 portugiesische Kolonie. Seit 1822 ist Brasilien von Portugal unabhängig. Danach war Brasilien einige Jahre unter dem Sohn des Königs von Portugal ein Kaiserreich, bis es 1889 eine republikanische Verfassung bekam. Dennoch wurde das Volk in den folgenden Jahrzehnten von wechselnden Militärdiktaturen beherrscht. Die Wahlen 1984 führten zum ersten Mal seit langer Zeit wieder zu einer demokratischen und legitimen Regierung. Der Oppositionspolitiker Tancredo Neves wurde neuer Staatspräsident. Große Erwartungen richteten sich an die von ihm angekündigte Politik. General Neves ist bald nach seiner Wahl verstorben. José Sarmey hat ihn abgelöst. Er versucht, die Linie seines Vorgängers fortzuführen. In den letzten Jahren und Jahrzehnten war Brasilien bestrebt, das Land rasch zu industrialisieren. Große Kredite wurden dafür aufgenommen, so daß das Land unter Inflation und Verschuldung leidet. Die Bevölkerung Brasiliens setzt sich zu knapp zwei Dritteln aus Weißen und zu einem Drittel aus Mischlingen und Schwarzen zusammen. Die Einwohnerzahl, die bei 130 Millionen liegt, wächst rasch. Zwischen 80 Prozent und 90 Prozent der Bevölkerung gehört der katholischen Kirche an. Die Kirche umfaßt 234 Jurisdiktionsbezirke, unterhält Schulen und Universitäten und arbeitet aktiv in den Medien. Die Zahl der Priester und der Seminaristen ist angesichts der vielen Aufgaben der Kirche zu gering. Die Mehrheit der kirchlichen Würdenträger hat in den letzten Jahren einen Standortwechsel vollzogen und sich auf die Seite der Armen gestellt. Deutlich erkennbar war dies, als dem Vertreter der Befreiungstheologie, Leonardo Boff, von zwei hohen Repräsentanten der brasilianischen Bischofskonferenz, den Kardinälen Arns und Lorscheider, deutlich Unterstützung zukam, während die Kirchlichkeit seiner Theologie in Rom in Zweifel gezogen wurde. Ein großes Problem für die Kirche Brasiliens ist die enorme Zunahme des sich in afro-brasilianischen Kulten ausdrückenden Spiritismus. Seine Einflüsse ragen in den Bereich der Kirche hinein und verwischen das Profil des Christlichen.

Uruguay

Uruguay ist ein verhältnismäßig kleines Land, das sich im Süden an Brasilien anschließt. Das Land gehörte vom 16. Jahrhundert an zum spanischen Einflußbereich. Die Portugiesen versuchten bisweilen von

Brasilien aus einzudringen. Als Uruguay 1830 seine Unabhängigkeit erlangte, begannen unruhige Zeiten. Bürgerkriege und gewaltsame Regierungswechsel belasteten das Volk und verhinderten die Entfaltung einer gerechten Ordnung. Die demokratische Züge aufweisende Verfassung kommt in Wirklichkeit seit 1973 nicht mehr zur Geltung, da seit dem damaligen Staatsstreich der Präsident autoritär und ohne Rücksicht auf die gewählten Gremien regiert. Bis 1976 herrschte Juan Maria Bordaberry, danach Aparicio Mendez. Uruguay, das kleinste Land Südamerikas, weist eine weitgehend weiße Bevölkerung auf. Sie geht auf europäische Abstammung zurück. Vier Fünftel der Bevölkerung lebt in den Städten. Insgesamt zählt man etwa 3 Millionen. Etwa 80 Prozent gehören der katholischen Kirche an. Die Gruppe der evangelischen Christen und der Juden sind verhältnismäßig groß (75 000 bzw. 50 000). Neben dem Erzbistum Montevideo gibt es neun Suffraganbistümer. Die Kirche sieht in der Erneuerung sowohl der politischen als auch der moralischen Ordnung des Landes eine besonders drängende Aufgabe.

Argentinien

Argentinien ist eines der großen Länder Südamerikas. Es wurde im frühen 16. Jahrhundert von Spanien erobert. Wie die anderen südamerikanischen Länder erlangte auch Argentinien im frühen 19. Jahrhundert die Unabhängigkeit. Und auch für Argentinien begann damit zunächst eine lange Zeit der Instabilität. Vielfach regierten militärische Kreise autoritär und nationalistisch das Land. Ende Oktober 1983 wurde Raul Alfonsin zum neuen Präsidenten gewählt. Damit ist eine Phase der Militärdiktatur beendet, und Hoffnungen auf eine gerechte Zukunft sind aufgebrochen. In den vorhergehenden Jahren herrschte auch seitens der Regierung überall im Land Terror. Tausende von Menschen sind verschwunden und viele von ihnen wurden umgebracht. Die sich laizistisch verstehende Radikale Partei Alfonsins wird sich mit einem wirtschaftlich schwer geschädigten Land und einer kaum gebildeten Bevölkerung zu befassen haben. Etwa 90 Prozent des ungefähr 28 Millionen Menschen zählenden Volkes sind Weiße, meist europäischer Abstammung. Zwei Drittel von ihnen wohnen in der Stadt oder Region Buenos Aires. Über 80 Prozent der Argentinier gehören der katholischen Kirche an. Sie leben in gut sechzig Jurisdiktionsbezirken, darunter befinden sich 12 Erzdiözesen. In der Zeit der Diktatur hat sich die kirchliche Hierarchie den Militärs gegenüber wenig kritisch verhalten. Und auch heute tun sich viele Kirchenführer damit schwer, die ungerechten Verhältnisse im Land zu brandmarken und eine neue Ordnung zu fordern. Immerhin hat der politische Druck, der auch kirchliche Persönlichkeiten betraf, zu einer Annäherung zwischen den Bischöfen, den Priestern und dem Volk geführt.

Chile

Auch das langgestreckte Land an der Westküste Südamerikas wurde im frühen 16. Jahrhundert von den Spaniern erobert. 1818 hat sich das chilenische Volk definitiv die Unabhängigkeit erkämpft. Wechselvolle und konfliktreiche Jahrzehnte folgten. 1970 wurde der Präsident Allende gewählt, der einen marxistischen Kurs einschlug. Er ging auf Distanz zu den USA. Im September 1973 wurde Allende ermordet, General Pinochet übernahm die Macht. Er regiert autoritär und mit rücksichtsloser Härte das Land. Viele Menschen sind bereits Opfer der Unterdrückung und Verfolgung geworden. Die meisten Chilenen sind Mestizen. Indianer und Weiße bilden nur kleine Gruppen. Die Zahl der Einwohner Chiles liegt bei etwa 28 Millionen. Die Erwerbstätigen sind größtenteils in der Land- und Viehwirtschaft. Dazu kommen der Bergbau und industrielle Fertigung. Die Chilenen sind zu etwa 80 Prozent katholisch. Rund 11 Prozent der Bevölkerung gehören verschiedenen evangelischen Kirchen an. Die katholische Kirche ist in Chile in 25 Jurisdiktionsbereiche aufgeteilt, darunter sind 5 Erzdiözesen. Man wird davon ausgehen müssen, daß sich – wie in vielen anderen südamerikanischen Ländern – nur ein kleiner Teil der Katholiken regelmäßig am kirchlichen Leben beteiligt. Nicht zuletzt durch Schulen und andere Erziehungseinrichtungen versucht die Kirche, ihren Einfluß im Volk zu vermehren. Die Kirche steht in deutlicher Distanz zum Regime General Pinochets. Pinochet kritisiert und bedrängt die Kirche; diese macht auf die häufigen Menschenrechtsverletzungen aufmerksam und fordert für das Volk und die Kirche mehr Freiheit und Recht.

4. Das deutsche Hilfswerk „Adveniat"

Wir wollen diesen Text über Lateinamerika nicht abschließen, ohne daß wir einige Worte über das Hilfswerk „Adveniat" gesagt haben. Dieses Werk ist ein Ausdruck der Hilfsbereitschaft und des missionarischen Eifers der deutschen Katholiken. Ohne „Adveniat" könnte man die pastoralen Aktivitäten der katholischen Kirche in Lateinamerika während der letzten 25 Jahre schwerlich erklären. „Adveniat" stammt

zum einen aus einem lebendigen Impuls christlicher Liebe und zum anderen aus einem Sinn für eine zeitgemäße Wirksamkeit.
In den Jahren nach dem Zweiten Weltkrieg, die auch für die deutschen Katholiken schwierig waren, baten einige Bischöfe die lateinamerikanischen Katholiken um Hilfe. Die Bitte wurde großzügig beantwortet. Die deutschen Katholiken und ihre Bischöfe haben das nicht vergessen, und als die deutsche Wirtschaft einige Jahre später den bekannten Aufschwung genommen hatte, erinnerten sie sich der Freigebigkeit der lateinamerikanischen Menschen, die um so bemerkenswerter gewesen war, als der Kontinent arm war.
Der Erzbischof von München-Freising, Kardinal Joseph Wendel, hatte 1955 die deutschen Katholiken beim 36. Eucharistischen Weltkongreß in Rio de Janeiro vertreten. Dort hatte sich der lateinamerikanische Bischofsrat (CELAM) als Instrument der pastoralen Belebung und Koordination für ganz Lateinamerika gebildet. Kardinal Wendel kehrte stark beeindruckt von den Nöten der dortigen Katholiken heim. Er schickte die ersten fünf deutschen Diözesanpriester zur Arbeit nach Lateinamerika und entsprach damit der Enzyklika „Fidei donum" Papst Pius' XII.[13] Und er weckte in seinen deutschen Mitbischöfen ein Bewußtsein für das, was man mehr und besser tun müßte.
1958 gründeten die deutschen Bischöfe das Hilfswerk „Misereor" gegen den Hunger und die Krankheit der armen Völker. Die erste Fastenkollekte 1958 erbrachte bereits einen Betrag von mehr als 35 Millionen DM. Bischof Hengsbach, der zur bischöflichen Kommission für „Misereor" gehörte und über die Nöte der Kirche in Lateinamerika gut unterrichtet war, rief das Hilfswerk „Adveniat", das die Kirche in Lateinamerika unterstützen sollte, ins Leben. Von Anfang an stand ihm hilfreich Emil Stehle, der unter den deutschen Katholiken in Kolumbien und Panama gewirkt hatte und nun Weihbischof in Quito (Ecuador) ist, zur Seite. Die erste Adveniatkollekte 1961 ergab etwa 23 Millionen DM. Das Hilfswerk erinnert an die Tradition der zwischenkirchlichen Solidarität, die schon für die apostolische Zeit bezeugt ist und auf Wechselseitigkeit beruht (Röm 15, 25–27).
„Adveniat" konnte sich die Beziehungen und die Erfahrungen der lateinamerikanischen Bischöfe, die am II. Vatikanischen Konzil teilnahmen, zunutze machen. Eine Zusammenarbeit mit den in Frage kommenden lateinamerikanischen Institutionen wurde in die Wege geleitet. So konnte die Hilfe wirksamer gestaltet werden. Die Evangelisierung Lateinamerikas ist der vorrangige Zweck von „Adveniat". Die Kollekten, die sich in den ersten 20 Jahren auf etwa 1,368 Milliarden DM beliefen, haben die Ausbildung vieler Priester, die Ausstattung vie-

ler Seminare, die Errichtung von Pfarreien, Schulen und anderen von Ordensleuten betreuten Werken und – nicht zuletzt – Werken der Kranken- und Altersversicherung für Priester ermöglicht. Die Zahl der Katecheten, die in dieser Zeit für die Glaubensverkündigung ausgebildet wurden, läßt sich kaum schätzen. Überall in der Kirche Lateinamerikas hat man den Segen erfahren, der von der Hilfe der deutschen Katholiken ausgegangen ist.

ANMERKUNGEN

1 Francisco Morales Padron, Historia del Descubrimiento y Conquista de América, Madrid 1973, Edit. Mundo Cientifico; M. Picon Salas, De la Conquista a la Independencia, México 1965, Edit. Fondo de Cultura Economica; Enrique Dussel, Historia de la Iglesia en América Latina, Barcelona 1974, Edit. Nova Terra.
2 Angel Losada, Fray Bartolomé de las Casas a la luz de la Moderna Critica Historica, Madrid 1970, Edit. Tecnos.
3 Ramon Menendez Pidal, El Padre Las Casas, Madrid 1963, Edit. Espasa-Calpe.
4 Ivan Labbe, El clero y las Vocaciones sacerdotales en la Republica Dominicana, Santo Domingo 1976.
5 François Chevalier, L'Amérique Latine de l'indépendance à nos jours, Paris 1977, Edit. PUF (Presses Universitaires Françaises).
6 Richard Pattee, Historia del Catolicismo Contemporaneo, Buenos Aires 1951, Edit. Fides.
7 Secretariado General del CELAM, Medellín, Reflexiones en el CELAM, Madrid 1977, Edit. BAC (Biblioteca de Autores Cristianos).
8 Andrés Mendoza, El mensaje de Puebla, in: Boletin de Pro Mundi Vita, Bruselas 1970.
9 José L. Idigoras, Teologia Latinoamericana, Teologia de la Liberacion?, in: Mensaje Iberoamericano, Madrid, Nr. 233 (mayo 1984).
10 Gabriel Marc, La Iglesia institucional en el futuro, in: Boletin de Pro Mundi Vita, Brüssel, Nr. 82/1980.
11 Andrés Mendoza, América Latina y sus Sacerdotes, in: Boletin de Pro Mundi Vita, Brüssel, Nr. 22/1968; Ders., Ministros y Ministerios en América Latina, in: Informes de Pro Mundi Vita, Brüssel, Nr. 6/1977.
12 Pablo Richard, La Théologie de la Libération dans la Situation Politique actuelle en Amérique Latine, in: Foi et Développement, Centre Lebret, Paris, Nr. 42 (décembre 1976).
13 vom 21. April 1957, in: AAS 49, 1957, 225–248.

DIE KATHOLISCHE KIRCHE IN EUROPA

Ivo Fürer, St. Gallen

Auf die Bedeutung der Begegnung des Christentums mit Europa weist die Apostelgeschichte hin. In einer Vision in Troas sah Paulus „Ein Makedonier stand da und bat ihn: Komm herüber nach Makedonien und hilf uns! Auf diese Vision hin wollten wir sofort nach Makedonien abfahren; denn wir waren überzeugt, daß uns Gott dazu berufen hatte, dort das Evangelium zu verkünden" (Apg 16, 9–10).
Durch Jahrhunderte hindurch kam es zu einer gegenseitigen Durchdringung der Kirche und der griechisch-römischen, der germanischen und der slawischen Welt. Diese Kulturen prägten im Lauf der Jahrhunderte die Weltkirche wesentlich mit und wurden vom Christentum geprägt. In ihnen entwickelten sich die Teilkirchen zu ihrer heutigen Vielfalt. Im europäischen Rom liegt auch das Zentrum weltkirchlicher Einheit.
In Europa begannen aber auch die großen Kirchenspaltungen zwischen den östlichen und westlichen, den katholischen und reformatorischen Kirchen. Die der Kirche innewohnende Spannung zwischen weltweiter Einheit und vollem Eingehen in Erwartungen und Empfinden der einzelnen Kulturen wurde so teilweise aufgelöst in die umfassende Struktur der römisch-katholischen Kirche einerseits und die national geprägte Struktur der orthodoxen und reformatorischen Kirchen andererseits.
Wegen ihrer einzigartigen gesellschaftlichen Stellung hat die Kirche im Lauf der Geschichte in Europa verschiedene Aufgaben übernommen, welche nicht notwendig mit ihrer Sendung verbunden sind. In der Neuzeit übernahmen die Staaten immer mehr Ehe- und Familienrecht, Schule, soziale Aufgaben. Auch die Beantwortung menschlicher Grundfragen wurde der Kirche strittig gemacht. Im Anschluß an die Aufklärung entwickelten Europäer Ideologien und Gesellschaftssysteme, welche rein materialistisch diesseits ausgerichtet sind.
Die verschiedenen Faktoren der Entwicklung und die Auseinandersetzungen zwischen Staaten und Volksgruppen haben die Nationalstaaten und damit auch die in diesen Staaten wirkende Kirche verschieden geprägt. Man kann die katholische Kirche in Europa nur beschreiben als Teil der Universalkirche, welche in einzelnen Völkern verschieden lebt. Zudem steht sie zu den Staaten in verschiedenem Verhältnis: es gibt die vom Staat unterstützte Staatskirche, die öffentlich-rechtlich anerkannte

Kirche, die vom Staat getrennte Kirche, die im Schatten einer Mehrheitskirche lebende Minderheitskirche und die von der staatlichen Ideologie in Grenzen gewiesene oder sogar verfolgte Kirche. Wie im wirtschaftlichen, gesellschaftlichen und politischen Bereich, so bestehen auch für die Kirchen tiefgreifende Unterschiede in den Ländern des westlichen Europa und in den auf marxistisch-atheistischer Staatsideologie beruhenden sozialistischen Staaten. Die Möglichkeiten der Kirchen in diesen Staaten sind eingeschränkt. Kirchliche Tätigkeit wird genau kontrolliert. Massive Verfolgungen zerschlugen kirchliche Institutionen in den vergangenen Jahrzehnten. Der Einfluß der Kirche auf das öffentliche Leben und die Jugendseelsorge sind begrenzt. Das faktische Leben in diesen Staaten ist aber trotzdem recht verschieden. Es reicht vom großen gesellschaftlichen Einfluß der Kirche in Polen bis zum Verbot aller Religionsgemeinschaften in Albanien, von der Einholung der Zustimmung zu allen wichtigen Entscheidungen in der Tschechoslowakei bis zur effektiven Trennung von Kirche und Staat in der DDR.

Im Jahre 1982 ergab sich zahlenmäßig folgendes Bild der Kirche in Europa: Von den 686 833 000 Einwohnern waren 273 454 000 oder 39,81 Prozent Katholiken. Sie wurden von 1287 Bischöfen und 239 137 Priestern (164 840 Weltpriester und 74 297 Ordenspriester) betreut. Dazu kamen 2008 Diakone. In Europa gibt es durchschnittlich 1143 Katholiken auf 1 Priester, die Verteilung ist aber sehr unterschiedlich: In Litauen entfällt 1 Priester auf 3660, in Malta auf 311 Katholiken. Die Zahl der Weltpriester sank im Jahre 1981 um 2176, im Jahre 1982 um 1876. Es werden 25 630 Priesteramtskandidaten in 825 Ausbildungsstätten ausgebildet. Es gibt 511 967 Ordensfrauen und 33 628 Ordensmänner, welche nicht Priester sind. (Diese und die meisten folgenden Angaben sind dem Annuarium Statisticum Ecclesiae 1982 entnommen.)

Dies sind Zahlen. Sie sagen über das Leben der Kirche in Europa etwas aus. Man darf sich aber nicht täuschen lassen. Sie zeigen nicht an, wie viele Menschen aus dem Glauben leben, daß Jesus Christus das Heil der Welt ist. Sie zeigen auch nicht an, wie viele als Auswahlchristen nur teilweise von dem überzeugt sind, was die Kirche lehrt, wie viele Christen sein wollen, ohne sich mit der Kirche als Institution zu identifizieren. Dasselbe gilt für die Hinweise zur Lage in den einzelnen Ländern. In einem kurzen Überblick müssen wir uns auf Zahlen und wenige Angaben über das Leben der Kirche beschränken. Zudem handelt es sich um einen Blick in eine Gegenwart, die sich sehr rasch verändern kann. Eine interessante Aufgabe wäre es zu umschreiben, welches die Geistesgaben der einzelnen Teilkirchen sind, was sie beitragen zum Aufbau des ganzen geheimnisvollen Leibes Christi in Europa. Eine solche Überlegung übertrifft aber bei weitem die Möglichkeit eines einzelnen.

1. *Mittelmeerraum*

Spanien und Portugal

Spanien und Portugal weisen viele Ähnlichkeiten auf, haben sich aber verschieden entwickelt. Spanien zählt 98 Prozent Katholiken (37 171 000), Portugal 94,43 Prozent (9 471 000). In beiden Ländern stehen sich seit der Französischen Revolution eine konservative und eine liberale Tradition gegenüber, wobei sich in der konservativen Tradition Verherrlichung der Nation, teilweise royale Elemente und katholische Berufung des Landes verbanden. Die liberale Linie basierte auf den Idealen der Französischen Revolution, verbunden mit antiklerikalen Elementen. In neuester Zeit spielt der marxistische Einfluß eine bedeutende Rolle.

In *Spanien* wurde die katholische Kirche in der Zeit der Republik von 1931 bis 1937 verfolgt. Im Bürgerkrieg standen Revolution und Religionsverfolgung dem Einsatz für Heimat und Religion gegenüber. Der Krieg wurde in kirchlichen Kreisen als Kreuzzug für die christliche Religion betrachtet. 4184 Priester starben. Von 1939 bis 1955 suchten Staat und Kirche die alten Traditionen wieder zu beleben. Seit 1955 machte sich immer deutlicher eine kritische, weltoffene Generation in der Kirche bemerkbar.

Die spanische Bischofskonferenz besteht seit 1966 und umfaßt gegenwärtig 74 Mitglieder (65 Diözesen). Bis 1971 herrschte darin eher eine bewahrende Tendenz vor, heute ist sie für die Neuerungen des Konzils offen. Der Klerus begrüßt im allgemeinen die konziliare Entwicklung: 1970 waren 96 Prozent der Meinung, daß das Zweite Vatikanische Konzil notwendig war. Die Zahl der Priester ist stark zurückgegangen, die Zahl der Weltpriester von 24 749 (1971) auf 21 636 (1982). Es gibt 78 555 Ordensfrauen.

Im Jahre 1983 nahmen 29 Prozent der Katholiken regelmäßig am Gottesdienst teil. Die Kirche bemüht sich, in der Öffentlichkeit präsent zu sein. Die Cadena de Ondas Populares umfaßt 45 Sender von Diözesen und Ordensgemeinschaften. Die katholische Tageszeitung „Ya" hat eine Auflage von 120 000. Daneben gibt es vier Provinzzeitungen und eine Presseagentur. 25 Prozent aller Schüler Spaniens besuchen katholische

Schulen. Für deren Erhaltung kämpften Bischöfe und Laien anläßlich der Diskussion über ein neues Erziehungsgesetz im Jahre 1983/84.
Weit über das Land hinaus beeinflussen in Spanien entstandene geistliche Bewegungen das kirchliche Leben: Opus Dei (gegründet 1928, approbiert 1943), Cursillos de Cristiandad (1949), Neokatechumenale Gemeinschaften (1962).
In der Verfassung vom 29. Dezember 1978 wurde auf die Bezeichnung Spaniens als „katholischer Staat" verzichtet. Das Konkordat von 1953 wurde 1979 durch vier Verträge abgelöst. Anläßlich des Papstbesuches vom November 1982 sagte der Präsident der Bischofskonferenz: „Spanien muß ein zweites Mal evangelisiert werden."
In *Portugal* wurde die Kirche in der Zeit der Republik (1910–1926) verfolgt: Seminarien wurden geschlossen, das Tragen des geistlichen Kleides verboten, Ordensleute ausgewiesen, Religionsunterricht untersagt. In der Zeit des „Estado Novo" vor allem unter Salazar (1932–1970) verbesserte sich die Situation der Kirche, kirchliche Hierarchie und staatliche Autorität stützten sich gegenseitig. Große Änderungen brachten die Jahre 1974–1976 mit der Revolution, der Ölkrise und der Rückkehr von 600000 Einwohnern der damals verlorenen Kolonien Angola und Mosambik. Die Revolution traf eine arme, unpolitische Kirche an.
Seit der Verfassung von 1933 sind Kirche und Staat in Portugal getrennt. Das Konkordat von 1940 regelt die Stellung der Kirche und kirchlichen Organisationen, vor allem deren freie Tätigkeit, Eheschließung, kirchliche Schulen.
Dem Konzil gegenüber war der Episkopat eher abwartend. Die Bischofskonferenz zählt heute 37 Mitglieder, das Land 22 Diözesen. Die Zahl der Diözesanpriester ist von 4479 im Jahre 1971 auf 3723 im Jahre 1982 zurückgegangen, die Zahl der Ordensfrauen hat dagegen im gleichen Zeitraum von 6660 auf 7306 zugenommen. Die Teilnahme der Laien am sonntäglichen Gottesdienst ist sehr verschieden. Wird sie in der nördlichen Diözese Braga mit 60,2 Prozent angegeben, fällt sie im Süden, z. B. in Beja, auf 3 Prozent zurück.
Die Kirche Portugals hat sehr große Verdienste in der Missionierung von Angola und Mosambik. Im Jahre 1974 lebten dort 1250 Priester, 460 Brüder und 2550 Ordensschwestern aus Portugal.
Die Kirche besitzt einen beachtlichen Einfluß im Sektor der sozialen Kommunikationsmittel. Sie hat Zugang zum staatlichen Radio und Fernsehen. Seit 1933 verfügt sie über einen Radiosender „Radio Renascença". Die bis 1974 bestehende katholische Tageszeitung „Novidades" erscheint nicht mehr.

Eine besondere Bedeutung im Leben der Kirche Portugals spielt das Marienheiligtum in Fatima, von den einen betrachtet als Symbol der konservativen Kirche, von den andern als Ausdruck religiöser Vitalität. Dort lebt der Portugiese die Religiosität, wie es ihm gefällt. Fatima hat eine große Bedeutung für das nationale Bewußtsein.

Im Vordergrund der Bemühungen der Bischofskonferenz standen in letzter Zeit folgende Probleme: Kirche und wirtschaftliche Schwierigkeiten des Landes, Grundrechte der Familie, Abtreibungsgesetzgebung, neue Verfassung, christliche Erziehung und Religionsunterricht in öffentlichen Schulen, Emigration.

Italien

97,5 Prozent der Italiener, d. h. 55 322 000 sind Katholiken. Geschichte und Gegenwart der katholischen Kirche Italiens sind vor allem dadurch bedingt, daß der Papst Bischof von Rom ist. So war das Verhältnis zwischen Kirche und Staat durch den Untergang des Kirchenstaates stark geprägt. Die Katholiken standen nach 1870 vorerst abseits vom politischen Leben. Sie wechselten allmählich zur Neutralität über. Im Partito Popolare Italiano, gegründet 1919 von Don Luigi Sturzo, begannen sie selbständig zu agieren. Die Partei wurde 1923 durch Mussolini verboten. Aus der Widerstandsbewegung ging 1945 die Democrazia Cristiana hervor. Die katholische Aktion war lange Zeit das große Rekrutierungsfeld der Partei. Das Verhältnis der Kirche und Hierarchie zu den Christdemokraten ist noch immer ein heißes Eisen. Die Kirche steht gegenwärtig im Übergang von der Parteipolitik zur Gesellschaftspolitik.

Die römische Frage wurde durch den Lateranvertrag und das Konkordat von 1929 gelöst. Das Verhältnis von Kirche und Staat hat sich in der Zwischenzeit sehr stark geändert. Dies zeigt sich im Konkordat vom 18. Februar 1984. Es enthält einen Verzicht auf die Erklärung des Lateranvertrags, daß die katholische Religion die einzige Staatsreligion sei und betont die Unabhängigkeit von Kirche und Staat.

Erst 1952 begann eine Zusammenarbeit unter den kirchlichen Regionen, 1965 wurde die italienische Bischofskonferenz im heutigen Sinn gegründet. Sie ist die größte Europas und umfaßt 269 Mitglieder (227 Diözesen). Die Bischofskonferenz übt einen wachsenden Einfluß im Land aus. Der Papst hat sie in den letzten Jahren immer wieder dazu aufgemuntert, selbständig die Verantwortung im Land zu übernehmen. Die italienische Bischofskonferenz erneuerte in intensiver Arbeit (1967–1981) die Katechese auf allen Stufen. Von 1973–1977 vertiefte sie die Liturgiereform durch jährliche pastorale Schwerpunkte „Evangelisierung und Sakramente". Ein lebendiger Ausdruck kirchlicher Gemeinschaft war 1976 der Nationalkongreß „Evangelisierung und Förderung des Menschen", der Bischöfe, Priester und Laien vereinigte. Für 1985 ist ein zweiter derartiger Kongreß geplant.

Wie in andern Ländern, ist die Zahl der Priester rückläufig (62 242). 1982 schieden 708 Priester durch Tod oder Amtsaufgabe aus, während nur 355 geweiht wurden. Es wirken 145 641 Ordensfrauen. In Italien ist ein starker Wandel in der Theologie festzustellen. Aus z. T. rückständigen Seminarien sind moderne Ausbildungsstätten geworden. Bestanden zwischen 1965 und 1975 über 50 Prozent der theologischen Publikationen aus Übersetzungen, gibt es heute in biblischer Theologie, Moraltheologie und Dogmatik bedeutende und zahlreiche eigene Titel. Die katholische Aktion mußte im Anschluß an das Konzil kritische Jahre durchstehen. Die Arbeiterbewegung ACLI spaltete sich in eine mehr politische und eine mehr religiöse Bewegung. Andererseits entstanden in diesen Jahren spirituelle Bewegungen wie Communione e Liberazione (Mailand 1954), Foccolari (Trient 1943). Der durchschnittliche Gottesdienstbesuch an Sonntagen wurde 1976 mit 29 Prozent angegeben.

Eine große Sorge der Bischofskonferenz ist das Anwachsen des Terrorismus. Mehrere Bischöfe haben sich mutig dagegen eingesetzt. Bedeutsam ist der Text der Bischofskonferenz vom Oktober 1981 „Die Kirche Italiens und die Aussichten des Landes": Die Kirche will sich um die Erneuerung der ethischen Grundlagen im vorpolitischen Raum einsetzen.

Malta

Eine eigengeprägte Geschichte weist die Kirche Maltas auf. Von den 360 000 Einwohnern der zwei Inseln sind 95,83 Prozent katholisch. 1982 gab es auf 311 Katholiken einen Priester. Es gab 141 Priesteramtskandidaten, 1109 Priester und 1374 Ordensfrauen. Die Sprache ist teils arabischen, teils italienischen Ursprungs. Das Land war während dreier Jahrhunderte Eigentum des Johanniterordens, kurz französisch, seit 1800 englisch und seit 1971 souveräner Staat. Die gegenwärtige Regierung bemüht sich, den Einfluß der Kirche zurückzudrängen, vor allem auf den Gebieten der Spitäler und der Erziehung. 1984 besuchten 30 Prozent aller Schüler katholische Schulen. Die Eltern setzen sich gegen die Versuche, die katholischen Schulen zu unterdrücken, mit aller

Kraft ein. In Malta spielt die traditionelle Volksfrömmigkeit noch immer eine sehr bedeutsame Rolle (Feier der Kirchenpatrone).

Griechenland und Türkei

Die katholischen Kirchen in den östlichen Mittelmeerländern Griechenland und Türkei leben in ähnlicher Lage: Es handelt sich um ausgesprochene Minderheitskirchen. Im mehrheitlich orthodoxen Griechenland mit 9 790 000 Einwohnern gibt es 50 000 Katholiken (0,51 Prozent), und in der mehrheitlich mohammedanischen Türkei leben 16 500 Katholiken unter 46 310 000 Einwohnern (0,03 Prozent).
In *Griechenland* leben die Katholiken hauptsächlich auf den Inseln Syros und Tinos, sowie in Athen (ca. 25 000). Es gibt ca. 2000 unierte Orientalen mit einem Bischof, einer Zeitschrift, einem Kinder- und einem Studentenheim. Für die orthodoxe Kirche ist dies nebst der Errichtung einer Nuntiatur ein besonderer Stein des Anstoßes. Die ökumenischen Beziehungen gestalten sich äußerst schwierig. Besondere Probleme dieser kleinen Gemeinschaft sind die Ausbildung des Klerus (es gibt 108 Priester und 3 Priesteramtskandidaten); die Tourismuspastoral (auf Inseln ohne Katholiken und ohne Kirchen, wo Tausende von Katholiken die Ferien verbringen); sowie die Mischehe (fast alle Ehen sind gemischt und müssen orthodox geschlossen werden, so daß fast keine katholischen Eheschließungen mehr erfolgen). Auf der Insel Syros kämpfen die Katholiken für die Anstellung katholischer Religionslehrer. Die gegenwärtig stark einsetzende Säkularisierung wird vielleicht das Verhältnis der orthodoxen Kirche zu den Katholiken verändern.
In der *Türkei* bilden die Christen insgesamt eine verschwindende Minderheit (111 000). Von den 16 500 Katholiken (1980) gehörten 6000 dem lateinischen, 6400 dem chaldäischen, 4200 dem aramäischen Ritus an. Die liturgische Sprache in der lateinischen Kirche in Istanbul ist französisch, ein Zeichen, daß es sich um eine typische Ausländerkirche handelt. Die Infrastruktur der katholischen Kirche stammt aus einer früheren Zeit und besteht für zehnmal mehr Katholiken als gegenwärtig dort sind. Die orthodoxe Kirche ist noch mehr zurückgegangen. In Istanbul zählte sie 1914 245 000, heute sind es weniger als 4000, was ein vitales Problem für das Patriarchat bedeutet.
Die Christen sind im Land benachteiligt. Kirchenbau und Missionierung unter Mohammedanern sind nicht möglich. Ein Hauptproblem ist die Erteilung der Katechese. Einige wenige theologische Bücher konnten in die türkische Sprache übersetzt werden.

2. Frankreich und Benelux

Frankreich

Im konfessionellen Sinn muß Frankreich als katholisches Land betrachtet werden: Von den 54 220 000 Einwohnern sind 46 087 000 oder 85 Prozent katholisch. Die Kirche bezeichnet es aber schon seit Jahrzehnten als Missionsland. Die Zahl der praktizierenden Katholiken ging von 35 Prozent im Jahre 1960 auf 21 Prozent im Jahre 1971 und auf 12–17 Prozent im Jahre 1979 zurück. Der missionarische Gedanke innerhalb des Landes wurde von der „Mission de France" aufgenommen, welche 1949 von Rom anerkannt wurde.

Zu Beginn dieses Jahrhunderts kämpfte ein aktiver Laizismus für eine vollständige Säkularisierung der Gesellschaft. 1905 erfolgte eine radikale Trennung von Kirche und Staat. Geistliche konnten nur noch Angestellte der lokalen Kultvereine sein. Die Spannung war sehr groß. Der Erste Weltkrieg bewirkte ein neues Klima zwischen Kirche und Staat, was sich z. B. in der Aufnahme von diplomatischen Beziehungen mit dem Apostolischen Stuhl zeigte.

In der Zeit zwischen den beiden Weltkriegen entstanden die liturgische Bewegung und die Bibelbewegung. Die seit 1927 wirkende katholische Aktion war besonders aktiv. Ihr Ziel war die Verchristlichung des Milieus durch Milieuangehörige. Achtzehn spezialisierte Bewegungen entstanden. Der kaum übersetzbare Begriff „Milieu" weist auf die speziell französische Prägung der Arbeit hin. Ursprünglich arbeitete die katholische Aktion auf der Grundlage eines christlichen Humanismus, der sich sowohl vom Liberalismus als auch vom Sozialismus unterscheidet. In den sechziger Jahren gaben verschiedene Gliederungen die apolitische Haltung auf. Einige übernahmen marxistisches Gedankengut. Die Bischofskonferenz regelte im Jahre 1975 das Verhältnis der Gliederungen der katholischen Aktion zu den Bischöfen neu.

Von großer Bedeutung für die Evangelisierung sind in Frankreich die katholischen Schulen. In diesen werden 722 155 Primarschüler, 985 726 Mittelschüler und 22 686 Hochschüler unterrichtet. Nachdem 1905 die staatlichen Beihilfen abgeschafft wurden, wurden Verbände zum Schutz der katholischen Schule gegründet. Seit 1959 erhalten sie wiederum staatliche Unterstützung. Große Demonstrationen gegen einen Gesetzesentwurf der Regierung zeigten im Jahre 1984, daß die Katholiken für die katholischen Schulen einstehen.

Die französische Theologie ist beeinflußt durch die Trennung von Kirche und Staat. Die Theologen unterrichten – mit Ausnahme von Straßburg – nicht an staatlichen Universitäten, ihre Arbeit ist sehr pastoral ausgerichtet, sie leiden unter finanziellen Schwierigkeiten. Die französische Theologie zeigte vor dem Zweiten Vatikanischen Konzil eine ökumenische Ausrichtung, betonte die Quellen der Tradition und beschäftigte sich besonders mit der Ekklesiologie. Ihr Einfluß war bedeutend in der Erarbeitung der Konzilsdokumente über die Kirche, die Offenbarung, den Ökumenismus, die Liturgie und die Kirche in der Welt von heute. In Frankreich wurde 1930 von Le Bras die Religionssoziologie begründet. In den letzten Jahren erhalten viele Laien eine theologische Ausbildung.

Die Grundströmungen des Gallikanismus oder der Beschränkung des römischen Einflusses auf das religiöse Leben des Landes und des Ultramontanismus oder der Verstärkung der römischen Autorität als Hilfe für die Freiheit gegenüber dem Staat und gegenüber antikirchlichen Bemühungen zeigen sich in der Geschichte der Kirche Frankreichs. Darin dürfte ein Grund dafür liegen, daß die Bischofskonferenz erst spät entstand. Auf besonderen Wunsch von Papst Paul VI. hin hielt sie 1964 die konstituierende Sitzung ab. Seit 1966 treten sämtliche Bischöfe zu jährlichen Vollversammlungen in Lourdes zusammen. Es gibt in Frankreich – einschließlich der überseeischen Gebiete – 105 Diözesen und 125 Mitglieder der Bischofskonferenz. Die Bischofskonferenz befaßt sich, im Unterschied zu den Konferenzen anderer Länder, vorwiegend mit Analysen, Überlegungen und Grundideen. Es geht ihr mehr um Prozesse als um Gesetzgebung. In den letzten Jahren wurden folgende Themen behandelt: Mission in der Welt der Arbeit, Friede, Ordensleben, Weltmission, Seelsorge im Bereich des Gesundheitswesens, Familienseelsorge, höhere kirchliche Lehranstalten, Diakonat, Mission de France, Katechese, Buße und Versöhnung, Schutz des Lebens, Ausdruck des Glaubens, Ökumenismus, Priester, katholische Aktion.

In Frankreich gibt es 38 362 Priester oder 1 Priester auf 1201 Katholiken. Die Zahl der Priesterweihen ist stark zurückgegangen von 1028 im Jahre 1951 auf 501 im Jahre 1977 und 114 im Jahre 1982. Es gibt gegenwärtig 1476 Priesteramtskandidaten, 79 972 Ordensfrauen und 5298 Ordensbrüder. Eine besondere Bedeutung für das kirchliche Leben in Frankreich und weit darüber hinaus kommt dem Wallfahrtsort Lourdes zu.

Monaco wird von einem Erzbischof betreut, der nicht Mitglied einer Bischofskonferenz ist. Das Fürstentum zählt 30 000 Einwohner, davon 22 000 Katholiken.

Belgien/Luxemburg

Der Anteil der Katholiken an der Bevölkerung *Belgiens* ist 91,15 Prozent oder 8 978 000. Es handelt sich um ein fast vollständig katholisches Land, in dem die christlichen Institutionen eine bedeutende Rolle spielen. Während es 34 288 Spitalbetten in öffentlicher Hand gibt, sind 58 148 in privater Hand, davon die meisten in der Hand der Kirchlichen Caritas. 71,5 Prozent der Kindergärten, 62,5 Prozent der Primarschulen, 71 Prozent der Sekundarschulen, 62,3 Prozent der höheren Bildungsinstitute und 68,4 Prozent der Universitäten sind in privater Hand, meistens in kirchlicher Trägerschaft. Ein wichtiges Zentrum christlichen Lebens ist die Universität Löwen. Im Zweiten Vatikanischen Konzil übten Professoren aus Löwen einen sehr großen Einfluß aus.

Schon in der Verfassung von 1831 wurde die Unabhängigkeit der Kirche, aber auch die staatliche Besoldung anerkannter Kultdiener verankert. Die Katholiken taten sich vor allem zwischen den beiden Weltkriegen zur Sicherung der kirchlichen Institution zusammen. Ein großer Teil der Katholiken besucht die katholische Schule, liest die katholische Zeitung und ist organisiert in einer katholischen Berufsorganisation. 33 Prozent der Flamen zwischen 25 und 65 Jahren sind Mitglieder einer katholischen Organisation. Von sehr großer Bedeutung ist die Gründung der katholischen Arbeiterjugend durch Abbé Cardijn im Anschluß an den Ersten Weltkrieg. Diese Bewegung breitete sich seit 1926 auf viele andere Länder aus.

Die Kirche Belgiens hat die Säkularisierung sehr stark erfahren. Die Zahl der Katholiken, welche die Sonntagsmesse besuchen, ging von 42,9 Prozent im Jahre 1967 auf 30,2 Prozent im Jahre 1976 zurück. Im Jahre 1960 gab es 10 386 Weltpriester, 1972 9113 und 1982 7594. Im Jahre 1982 war bei 27 Priesterweihen ein Rückgang von 160 Priestern zu verzeichnen. Es gibt 29 255 Ordensfrauen.

Zwischen den verschiedenen kulturellen Gemeinschaften bestehen Spannungen. Es gibt Gebiete flämischer, wallonischer und deutscher Kultur und Sprache. Belgien kennt drei politische Regionen: Flandern, Wallonien und Brüssel. Die kirchliche Hierarchie hat sich in der früheren Zeit besonders stark für die Einheit Belgiens eingesetzt. Dies zeigte sich deutlich anläßlich der Auseinandersetzung um die den Bischöfen unterstellte Universität Löwen zwischen 1962 und 1968. Traten die Bischöfe 1966 noch für die Einheit der Universität ein, mußten sie 1968 einer Teilung in die Katholieke Universiteit Leuven und Université catholique in Louvain-la-Neuve zustimmen.

Belgien umfaßt heute 8 Bistümer. Die Bischofskonferenz versammelt sich monatlich, teils in sprachregional getrennten, teils in gemeinsamen Sitzungen.

Die Kirche Belgiens setzte sich stark für die Mission ein. Im Jahre 1954 wurde das Kolleg für die Ausbildung von Weltpriestern zum Einsatz in Lateinamerika gegründet. Es steht international offen. Schon früh fanden ökumenische Gespräche mit den Anglikanern in Mecheln statt (1921–1925). Die Abtei Chevetogne sieht im Einsatz für die Ökumene ihre besondere Aufgabe.

Im Unterschied zu Belgien gibt es in *Luxemburg* wenig katholische Schulen. Die Kirche konzentriert sich auf den Religionsunterricht an den staatlichen Schulen. Andererseits ist die wichtigste Tageszeitung des Landes, das ‚Luxemburger Wort', im Eigentum des Bistums. Von den 360 000 Einwohnern des Landes sind 350 000 oder 97,31 Prozent katholisch. Bistum und Land decken sich. Darin wirken 444 Priester und 1175 Ordensfrauen. Von 1971–1981 arbeitete eine Diözesansynode.

Niederlande

Die katholische Kirche in den Niederlanden hat in den letzten Jahrzehnten den bedeutendsten Wandel aller Kirchen im westlichen Europa durchgemacht. Die Zahl der Katholiken hat von 30 Prozent im Jahre 1850 auf 40 Prozent im Jahre 1950 zugenommen. Seither hat sich das Verhältnis wenig geändert. Von den 14 310 000 Einwohnern sind 5 581 000 oder 39 Prozent katholisch.

Die antichristliche Haltung der Liberalen und Sozialisten und die antikatholische Haltung der Protestanten in den Jahrzehnten vor dem Zweiten Weltkrieg drängte die Katholiken zum Aufbau einer katholischen Gesellschaftsstruktur. Man sprach von den verschiedenen Säulen: eigene Kranken- und Geisteskrankenfürsorge, eigene Presse, eigener Rundfunk (seit 1926), eigenes Schulwesen vom Kindergarten bis zur Universität (Katholische Universität Nymwegen und Wirtschaftshochschule Tilburg), eigene politische Partei, eigene Standesorganisationen und Gewerkschaften, eigene Sportvereine. Im Unterschied zur Entwicklung in anderen Ländern traten die Arbeiter in den Niederlanden nicht aus der Kirche aus, sondern bildeten zusammen mit dem Mittelstand die tragende Kraft. Das weit verbreitete kirchliche Schulwesen wird vollständig vom Staat subventioniert. Die Zahl der Priester und Ordensleute war sehr groß. Auf 100 Katholiken gab es im Jahre 1967

einen Priester oder Ordensbruder oder Ordensschwester, auf 600 Katholiken einen Missionar.
Im Anschluß an den Zweiten Weltkrieg führte ein großer wirtschaftlicher Aufschwung zu tiefem gesellschaftlichem Wandel. Die Niederlande wurden zum dichtest besiedelten urbanisierten Industriestaat. Immer stärker entwickelten sich die Kräfte unter den Katholiken, aus der bisherigen Ordnung, in der sie fast ausschließlich unter sich lebten, auszubrechen. Die Bischöfe stellten sich mit dem Hirtenbrief vom 1. Mai 1954 diesem Durchbruchsgedanken entgegen. Trotzdem war er nicht mehr aufzuhalten.
Das äußere Bild der katholischen Kirche in den Niederlanden änderte sich sehr rasch. Der sonntägliche Messebesuch sank von 70,75 Prozent im Jahre 1961 auf 34 Prozent im Jahre 1976 und 21,6 Prozent im Jahre 1982. Die Priesterzahl sank von 13 500 im Jahre 1967 auf 6618, diejenige der Ordensschwestern im gleichen Zeitraum von 32 000 auf 21 515. Gab es im Jahre 1965 noch 237 Priesterweihen, so 1982 nur noch 15. Es gibt 365 Laien im seelsorgerlichen Dienst, sogenannte Pastoralarbeiter. Diese Entwicklung führte zu großen Spannungen innerhalb der Kirche. Die einen sehen den Grund dafür in einem Verfall des Glaubens, andere suchen neue Wege und beklagen sich darüber, daß die Initiativen an der Basis von oben her abgebremst werden.
Im Anschluß an das Zweite Vatikanische Konzil bemühten sich die Katholiken der Niederlande mit großem Eifer um neue Wege in der Seelsorge. Eine große Zahl von Diskussionsgruppen entstand. Von 1966 bis 1970 beriet das niederländische Pastoralkonzil die neue Ausrichtung der Kirchenprovinz. Das Pastoralkonzil wurde im In- und Ausland sehr beachtet. Im Mai 1966 erschien der neue Katechismus – Glaubensverkündigung für Erwachsene, gefolgt von einer korrigierenden Stellungnahme Roms im Jahre 1968. Der Katechismus erlebte eine kaum wieder erreichte Auflage.
Seit 1973 wird das Pastoralkonzil durch die nationalen pastoralen Beratungen weitergeführt. Die bisherigen Themen waren: Gerechtigkeit in der Welt; das Verhalten des Christen in unserer Produktions-, Leistungs- und Konsumgesellschaft; gemeinsam glauben – gemeinsam Kirche sein; schöpferische Initiative in der Überlieferung des Glaubens unter Erwachsenen und Jugendlichen über 13 Jahren; Glaubensvertiefung in heutiger Zeit.
Die Laien wirken auch in den Pfarreien teilweise aktiv mit. Man hat festgestellt, daß 4 Prozent aller Katholiken ehrenamtlich in Liturgiegruppen, Dritte-Welt-Gruppen und ähnlichen pfarreilichen Strukturen tätig sind. Die Fragen des Friedens, der Verantwortung für die Dritte

Welt und des Lebensstils stoßen in den Niederlanden auf großes Interesse. Seit 1978 arbeiten 40 Gruppen und Gemeinden in der Basisbewegung kritischer Gruppen und Gemeinden zusammen.
Die Verfolgungen während des Zweiten Weltkrieges legten den Grund für ein neues Verhältnis unter den Kirchen. Die katholische Kirche ist Mitglied des Rates der Kirchen. Die Kirchen arbeiten weitgehend und selbstverständlich zusammen.
In den Niederlanden gibt es 7 Diözesen. Die Bischofskonferenz tritt jeden zweiten Monat zusammen. Im Januar 1980 tagte die niederländische Sondersynode unter dem Vorsitz des Papstes im Vatikan zur Förderung der Einheit. Es war dies die erste Synode dieser Art.

3. Britische Inseln

In England, Wales, Schottland und Nordirland ist die katholische Kirche Minderheitskirche, in der Republik Irland Mehrheitskirche. Parallele Entwicklungen wie Unterschiede sind aber nur von der gemeinsamen Geschichte her verstehbar: in Irland von der Unterwerfung durch England seit dem 16. Jahrhundert und den Freiheitsbewegungen her, in England von der Einwanderung der Iren her.

England/Wales und Schottland

Die Katholiken bilden in Großbritannien eine Minderheit: 5 092 000 auf 54 339 000 Einwohner (9,37 Prozent). 1767 waren es ca. 80 000, 1916 2,6 Mio. Mit dem zahlenmäßigen Wachstum ging ein gestärktes Selbstbewußtsein der Katholiken einher. Sie setzen sich zusammen aus katholisch gebliebenen Adelsfamilien und aus hauptsächlich irischen Einwanderern. Die große Einwanderung erfolgte zur Zeit der Hungersnot in Irland, Mitte des 19. Jahrhunderts. Heute sind drei Viertel der Katholiken irischer Abstammung. Eine katholische Mittelschicht ist erst in den letzten Jahrzehnten herangewachsen. Im weiteren wurde die katholische Kirche mitbestimmt durch die verhältnismäßig große Zahl von z. T. sehr bedeutenden Konvertiten.
Die Katholiken besuchen eifrig den Gottesdienst. 1977 gab es 45 Prozent regelmäßige Gottesdienstbesucher. Schon 1973 besuchten mehr Katholiken (1 766 500) als Anglikaner (1 410 398) den Sonntagsgottesdienst.
Vor der Wiedereinsetzung der Hierarchie in England (1850) und Schottland (1878) übten katholische Laien den bestimmenden Einfluß

auf die Kirche aus: Manche Priester betreuten als Schloßkapläne die Katholiken der Umgebung. Mit der Restauration der Hierarchie wurde eine streng römische Ordnung eingeführt. In den Pfarreien übten die Pfarrer eine starke Autorität aus. Bis zum Zweiten Vatikanischen Konzil konzentrierten sich die Kräfte hauptsächlich auf die innere Stärkung der Kirche. Durch katholische Schulen und Erwachsenenbildung sollten die Katholiken befähigt werden, als echte Christen zu handeln.
Die Zusammenarbeit zwischen Bischöfen und Priestern wird sehr gepflegt. Seit 1970 besteht eine nationale Konferenz der Priester von England und Wales. An den jährlichen Zusammenkünften, an welchen immer mehrere Bischöfe teilnehmen, werden wichtige pastorale Fragen besprochen. Die nationale Konferenz der Priester gab den Anstoß für den vom 2. bis 6. Mai 1980 in Liverpool tagenden nationalen Pastoralkongreß. Daran nahmen ca. 2000 Vertreter aus allen Diözesen teil. In verschiedenen Sektionen behandelten Bischöfe, Priester und Laien in sehr offener Art die wichtigsten Probleme der Kirche von heute. Die Bischofskonferenz nahm die Ergebnisse entgegen und veröffentlichte eine Stellungnahme dazu unter dem Titel „The Easter People".
Von besonderer Bedeutung sind die katholischen Schulen. Gemäß einer Umfrage von 1978 besuchten mehr als 70 Prozent der Katholiken eine katholische Schule. Nur 10 Prozent der befragten Katholiken antworteten, nie eine katholische Schule besucht zu haben. Diese Schulen werden durch große öffentliche Mittel unterstützt.
Die katholische Kirche ist eine Minderheitskirche. Dies trifft eindeutig zu in bezug auf die Kirche von England, welche ca. 27 Mio. Glieder umfaßt. Die katholische Kirche in England ist jedoch fünfmal so groß wie die nächst größte christliche Gemeinschaft. Sie ist nicht Mitglied des Britischen Kirchenrates, nimmt aber als beratender Beobachter an den Sitzungen teil. Sie ist besonders engagiert im anglikanisch-römischkatholischen Dialog und in den sich daraus ergebenden Dokumenten. Bei einem Besuch in Canterbury hat Papst Johannes Paul II. zum Weiterschreiten auf dem Weg zur Einheit aufgerufen.
In Schottland steht die katholische Kirche der presbyterianischen Mehrheitskirche gegenüber. Dort war die Reformation im Unterschied zu England eine Volksbewegung gegen den Episkopat und kirchliche Zerfallserscheinungen.
Seit dem Zweiten Weltkrieg wird die katholische Kirche in England immer weniger als Einwandererkirche betrachtet. Sie hat ein bedeutsames gesellschaftliches Ansehen erlangt. Ihre Stimme wird in der Öffentlichkeit sehr geachtet. Ähnliches gilt für Schottland.
In Großbritannien wirken 7818 Priester und 12 706 Ordensfrauen.

Wegen der verschiedenen Situationen gibt es zwei voneinander unabhängige Bischofskonferenzen. Die englische zählt 48 Bischöfe (21 Diözesen), die schottische 12 Bischöfe (8 Diözesen).

Irland

Politisch ist zu unterscheiden zwischen der Republik Irland und dem zu Großbritannien gehörenden Norden. Die Strukturen aller Kirchen umfassen jedoch die ganze Insel. Die konfessionelle Situation ist aber im Norden und Süden sehr unterschiedlich. Die ganze Insel zählt 5 067 000 Einwohner, davon sind 76,41 Prozent oder 3 872 000 katholisch. Im Norden leben unter 1,5 Mio. Einwohnern ca. 500 000 oder ein Drittel Katholiken. 95 Prozent der Bewohner der Republik sind Katholiken.

Die Geschichte Irlands ist geprägt durch die englische Besetzung, die Unterdrückung der katholischen Kirche und die Befreiungskämpfe der katholischen Iren. 1921 kam es zur Bildung des Freistaates Irland, der 1949 unabhängige Republik wurde. Die Republik umfaßt die südlichen Grafschaften, während die nördlichen weiterhin bei England verbleiben. Zur Irischen Bischofskonferenz gehören aber die Bischöfe der ganzen Insel. Gegenwärtig sind es 34 Bischöfe und Weihbischöfe, welche die 26 Diözesen leiten.

Zu Beginn des Jahrhunderts befürchteten die Protestanten, die Katholiken wollten einen theokratischen Staat unter klerikaler Leitung schaffen. Dies ist nicht geschehen. Die katholische Kirche lebt auch in der Republik ausschließlich von freiwilligen Zuwendungen der Gläubigen. Die irische Verfassung enthielt einen Hinweis darauf, daß die katholische Kirche die Kirche der großen Mehrheit der Bürger sei. Diese Feststellung wurde 1972 in einer Volksabstimmung ausgemerzt. Es gibt kein Konkordat zwischen Irland und dem Vatikan, wohl jedoch diplomatische Beziehungen.

Das religiöse Leben prägt die ganze Insel sehr stark. Der Kirchenbesuch lag 1973/74 bei 91 Prozent. Sehr viele Iren besuchen auch die Werktagsmesse. Im Bereich der Schule hat die Kirche in der Republik Irland wohl mehr Möglichkeiten als in jedem anderen Staat Europas. Die meisten Schulen sind kirchlich. Der Pfarrer ist zugleich der Schutzherr (Patron) der Schule. Der Staat bezahlt bis zu sieben Achtel der Baukosten und 80 Prozent aller laufenden Ausgaben. Die Situation in Nordirland ist ähnlich. In ganz Irland gibt es 3350 Primarschulen mit 558 482 Schülern und 718 Mittelschulen mit 228 787 Schülern. Die Sorge für die Schule beansprucht den einzelnen Pfarrer sehr stark.

In Irland leben 6102 Priester und 12 619 Ordensschwestern. Es gibt einen Priester auf 635 Katholiken (im europäischen Durchschnitt sind es 1143). Zudem wirken 5000 Missionare in 86 verschiedenen Ländern. Dabei handelt es sich einerseits um Priester, welche die irischen Emigranten begleiteten und die Seelsorge übernahmen und andererseits um Missionare vor allem in englischsprechenden Missionsländern. Der Priesternachwuchs scheint nach dem Rückgang in den letzten Jahren wieder leicht anzusteigen.

Im Jahre 1921 wurde in Dublin die Legio Mariens gegründet. Es handelt sich um eine Laienbewegung, welche neue Methoden des Apostolates zu entwickeln sucht, vor allem im Blick auf menschliche Randgruppen. Die Bewegung hat sich über die ganze Welt ausgebreitet. Im Jahre 1964 zählte man mehr als 1 Mio. aktive und 9 Mio. helfende Mitglieder.

Das größte Problem der Kirche Irlands ist die ungelöste Situation von Nordirland. Die Katholiken betrachten die Trennung als willkürlich und sehen sich im Norden gesellschaftlich und politisch benachteiligt. Die Protestanten wollen ihre Vorrechte beibehalten und fürchten eine Benachteiligung bei einer Eingliederung in die Republik. Seit 1968 hat diese Auseinandersetzung zu Gewalttat und Terror geführt. Die irischen Bischöfe verurteilten schon im letzten Jahrhundert einerseits die Ungerechtigkeit und Unterdrückung der Katholiken und andererseits den Einsatz von unrechtmäßigen Mitteln, vor allem der Gewalt. 1935 und 1940 bezeichneten sie illegale Vereinigungen, darunter namentlich die IRA, als sündhaft und religionslos. Im Gegensatz zu diesen Auseinandersetzungen stehen die engen ökumenischen Kontakte zwischen Katholiken, Anglikanern, Presbyterianern und Methodisten. Nur die Freie Presbyterianische Kirche von Ian Paisley verweigert jede Zusammenarbeit mit Katholiken. Die verantwortlichen Leiter der genannten vier Kirchen kommen acht- bis zehnmal im Jahr zu einem offenen Gespräch in freundschaftlichem Klima zusammen. Daneben gibt es regelmäßige theologische Konferenzen, ökumenische Initiativen für den Frieden, gemeinsame Arbeitsgruppen, einen gemeinsamen Fonds zur Unterstützung der Zusammenarbeit an der Basis. Leider konnte trotz dieser intensiven kirchlichen Bemühungen und der verschiedenen Initiativen auf politischer Ebene bisher keine Lösung gefunden werden.

4. Nordische Länder

Die katholischen Bistümer in Dänemark, Schweden, Norwegen, Finnland und Island bilden die Nordische Bischofskonferenz. Zum Bistum

Kopenhagen gehört zudem Grönland, wo ein Priester und zwei Ordensschwestern wirken. Es handelt sich um riesige, teilweise sehr dünn besiedelte Regionen, in denen die Katholiken eine verschwindende Minderheit bilden: In Dänemark sind es 28 000 oder 0,55 Prozent der Bevölkerung, in Norwegen 16 000 oder 0,40 Prozent, in Schweden 108 000 oder 1,29 Prozent, in Finnland 3000 oder 0,07 Prozent, in Island 2000 oder 0,67 Prozent. In diesen Ländern wirken im Verhältnis zur Katholikenzahl sehr viele Priester (286) aus verschiedensten Herkunftsländern und verschiedenen Ordensgemeinschaften. Mit Ausnahme einiger Städte betreut ein Pfarrer meistens ein riesiges Gebiet mit wenig Gläubigen. Nur wenige wohnen am Ort des Pfarrers, andere haben zum Besuch des Sonntagsgottesdienstes z. T. mehr als 100 km zurückzulegen. Finanziell wird die Kirche vor allem von Deutschland her unterstützt.

In *Dänemark* ist die katholische Kirche am besten integriert. Erstaunlich sind die Anstrengungen im Schulsektor. Die Kirche unterhält eine Mittelschule mit 752 Schülern und 22 Primarschulen mit 7200 Schülern, also mit mehr Schülern als es katholische Kinder gibt. Im Anschluß an das Zweite Vatikanische Konzil wurde im Jahre 1969 eine Diözesansynode abgehalten, welche die pastoralen Probleme und Strukturen in sehr offener Weise behandelte.

Die meisten Katholiken *Norwegens* wohnen in der Gegend von Oslo. In Tromsö und Trondheim ist je eine Prälatur errichtet, zu welcher je 600–700 Katholiken gehören. Die einzelnen Bischöfe sind aber 600–1000 km voneinander entfernt.

Bei Ausbruch des Zweiten Weltkrieges lebten in *Schweden* nur ca. 5000 Katholiken. Die zahlenmäßige Zunahme ist Einwanderern aus Italien, Spanien, Jugoslawien sowie Flüchtlingen aus Polen, Ungarn, der Tschechoslowakei und aus Lateinamerika zu verdanken. Es handelt sich um eine sprachlich und kulturell bunt zusammengesetzte Diasporakirche.

In den nordischen Ländern ist die katholische Kirche in gewissem Sinn zu einer Alternative zur lutherischen Volkskirche geworden. Sie übt eine gewisse Anziehungskraft auf Intellektuelle und Künstler aus. In Schweden konvertierten lutherische Pfarrer und Schriftsteller. Die Zahl der Konversionen ist verhältnismäßig hoch.

Von besonderer Bedeutung für die Kirchen dieser Länder ist die ökumenische Zusammenarbeit. In Schweden entwickelte sich diese vor allem seit der Vollversammlung des Ökumenischen Rates der Kirchen in Uppsala 1968. Die katholische Kirche ist Mitglied der ökumenischen Räte in Schweden, Dänemark und Finnland. Größere Schwierigkeiten

der Zusammenarbeit zeigten sich in Norwegen. Dänische Theologen üben einen großen Einfluß im Gespräch zwischen den Lutheranern und Katholiken auf Weltebene aus. Bischof Hans Ludwig Martensen von Kopenhagen ist der katholische Kommissionsvorsitzende.
Im Unterschied zu den meisten Ländern Europas ist die Zahl der Priesteramtskandidaten im Wachsen begriffen. Gegenwärtig sind es 27.

5. Sowjetunion und Polen

Die rechtliche und vor allem die faktische Situation der Katholiken in der UdSSR und in Polen ist kaum miteinander vergleichbar. Trotzdem bestehen Zusammenhänge. Das kirchliche Leben in Polen und in Litauen weist große Ähnlichkeiten auf. Die geschichtliche Entwicklung in dieser Region wurde von Rußland, Polen und Litauen bestimmt. Die kirchlichen Verhältnisse sind weithin eine Folge davon.

Sowjetunion

Im Jahre 1917 gab es in der damaligen *Sowjetunion* 7 Diözesen des lateinischen Ritus mit 912 Priestern und 4 Priesterseminarien. Nach verschiedenen Verfolgungswellen zählte man 1935 in den gleichen Gebieten noch 3 Kirchen und 10 Priester. Im Zweiten Weltkrieg kamen weitere, teilweise katholische Gebiete zur UdSSR: Ostpolen, das Baltikum, Bessarabien und die Westukraine. Dies brachte eine starke Vermehrung der Katholiken in der Sowjetunion. Sie gehören fast ausschließlich nichtrussischen Völkern an. Insbesondere gibt es eine starke polnische (ca. 1,15 Mio.) und eine starke deutsche (1,9 Mio.) Minderheit.
Die Litauer sind fast ausschließlich katholisch. Zirka 80 Prozent der Bewohner Litauens oder 2 562 000 gehören der katholischen Kirche an. Es gibt dort 700 Priester, 94 Priesteramtskandidaten im Seminar von Kaunas und 223 Ordensfrauen. Vor dem Zweiten Weltkrieg zählte man in Litauen ca. 1500 Priester und 600 Priesteramtskandidaten. Mit der Eingliederung in die UdSSR wurden blühende kirchliche Institutionen zerschlagen. Trotzdem ist die Kirche lebendig geblieben, und man rechnet heute mit einem Kirchenbesuch von 30 Prozent. Die meisten Kinder werden getauft. Im Jahre 1972 konnte eine Übersetzung des neuen Testamentes, im Jahre 1980 ein Katechismus herausgegeben werden, beide Werke aber leider nur in kleiner Auflage. Der Bedarf an religiöser Literatur kann nicht gedeckt werden. Der Priester spielt in den Dörfern Litauens noch immer eine bedeutende Rolle, der Priestermangel

wird aber immer stärker spürbar. In der letzten Zeit konnten neue Bischöfe geweiht werden, zuletzt ein Weihbischof in Kaunas. Andererseits ist der apostolische Administrator von Vilnius, Bischof Steponavicius, amtsbehindert. Im Jahre 1983 konnten die Bischöfe zum ersten Mal seit dem Zweiten Weltkrieg gemeinsam zur visitatio ad limina beim Papst erscheinen.

Zirka 10 Prozent der Bevölkerung von *Lettland* (250 000) sind Katholiken; im Jahre 1930 waren es dort 450 000. Mehrheitlich katholisch sind die im südlichen Teil wohnenden Latgalen, deren Sprache und Kultur vor allem durch die Kirche bewahrt wurde. An der Spitze der Kirche in Lettland steht der kürzlich zum Kardinal ernannte Bischof Vaivods in Riga. Während Bischof Dublinskis seit 30 Jahren sein Amt nicht ausüben darf, konnte kürzlich ein Koadjutor zum Bischof geweiht werden. In Riga gibt es ein Priesterseminar, in dem sich gegenwärtig 49 Priesteramtskandidaten befinden. Hier werden auch Priester für die Ukraine, Weißrußland und andere Sowjetrepubliken ausgebildet.

Estland zählte immer sehr wenig Katholiken. Im Jahre 1940 waren es ca. 3000. Heute wirken dort 2 Priester aus Lettland.

Viele Katholiken leben in *Weißrußland*, der Anteil soll 30 Prozent (1958) betragen. Die Kirche hat ihre hierarchische Struktur in zwei Phasen verloren, in den zwanziger Jahren wurden die Erzdiözese Mohilev und die Diözese Minsk liquidiert, nach der Verschiebung der sowjetischen Grenzen nach Westen, im Jahre 1939, die Diözese Pinsk. Im Jahre 1939 waren 300 Priester in dieser Region tätig; heute noch ca. 50. Versuche der Wiedererrichtung eines Bistums sind bisher gescheitert.

In verschiedenen *anderen Sowjetrepubliken* gibt es katholische Gemeinden: in der russischen Republik ca. 100 000 Deutsche, 200 000 Polen und 76 000 Litauer. Es gibt je eine katholische Kirche in Moskau und Leningrad mit je einem Priester. In der Ukraine leben ca. 260 000 Katholiken des lateinischen Ritus mit 19 Priestern. 1977/78 konnten 3 Priesteramtskandidaten ins Seminar Riga eintreten. In Armenien und Georgien sollen 40 000 Katholiken in einer katholischen Gemeinde mit 2 Priestern leben, in der Moldau 5000 Katholiken mit 1 Priester, in Kazachstan 9, in Kirgisien 2 und in Tadzikistan 3 Priester.

Neben den lateinischen Katholiken sind die unierten Orientalen in der *Ukraine* zu erwähnen. In der Union von Brest (1596) anerkannten orthodoxe Ukrainer und Weißrussen im damals polnischen Gebiet die Oberhoheit des Papstes. Im 19. Jahrhundert wurden in den russischen Territorien Teile dieser Kirchen dem Patriarchat Moskau unterstellt. In der damals polnischen Westukraine lebten 1939 4 Mio. unierte Ukrainer mit 1 Metropoliten, 7 Bischöfen, 2400 Priestern und 1600 Ordensleuten. Nach dem Sieg der Roten Armee über die Deutschen im Jahre 1944 wurden die Bischöfe inhaftiert. Die Leitung der Kirche wurde einer Initiativgruppe von 3 Priestern übertragen. 1946 wurde die Wiedervereinigung mit der Russischen Orthodoxen Kirche beschlossen. Ein Teil der Gläubigen und Priester fügte sich, ein anderer Teil pflegt seine Überzeugung im Untergrund: Publikationen erwähnen mehrere hundert Priester und Ordensleute.

Polen

Während der langen Teilungen und Besetzungen *Polens* wurde die katholische Kirche immer mehr Trägerin der nationalen Interessen. Sie spielte eine Schlüsselrolle bei der Wiedererrichtung des Staates im Jahre 1919. Das damals neu aufgebaute kirchliche Leben wurde durch die deutsche und sowjetische Besetzung 1939 weitgehend zerschlagen. Während des Krieges kamen 1996 Priester um, 3647 waren in Konzentrationslagern. Bei der Wiederherstellung Polens im Jahre 1945 verlor es östliche Gebiete an die Sowjetunion, im Westen wurden ihm Gebiete eingegliedert. Dies brachte eine Veränderung der konfessionellen Struktur mit sich: 1939 waren fast 40 Prozent der Bevölkerung nicht katholisch, nach 1945 95 Prozent katholisch.
Polen zählt 36 230 000 Einwohner. Davon sind 34 103 000 Katholiken. 90 bis 95 Prozent werden getauft, empfangen die erste Kommunion und werden kirchlich beerdigt. 1978 besuchten 44,5 Prozent der Katholiken regelmäßig den Sonntagsgottesdienst. 75 Prozent gingen an Ostern zur Beichte, wobei die Situation in den verschiedenen Altersstufen sowie zwischen Stadt und Land verschieden ist. Die Kirchen sind dauernd überfüllt. Die Priesterzahl ist in den letzten Jahren stark angestiegen. 1945 gab es 8624 Weltpriester, 1982 15 484, dazu kommen 4580 Ordenspriester, 24 836 Ordensfrauen und 7074 Priesteramtskandidaten. Wegen der vor allem in der Kriegszeit stark gesunkenen Priesterzahl kann man in Polen einstweilen noch nicht von einem Priesterüberfluß sprechen.
Polen ist in 27 Diözesen eingeteilt. Die Bischofskonferenz zählt 84 Mitglieder. Präsident ist der Primas, gegenwärtig Kardinal Glemp. Primas und Bischofskonferenz üben einen großen Einfluß auf Kirche und Gesellschaft aus.
Der Religionsunterricht wird in kircheneigenen Lokalen erteilt. 80–90 Prozent der Kinder zwischen 7 und 14 Jahren besuchen den Unterricht, zwischen 15 und 20 Jahren 30–70 Prozent. Schwierigkeiten

bestehen in der Herausgabe von Katechismen. Wer eine kirchliche Ehe eingehen will, muß einen Ehevorbereitungskurs von zehn Stunden besuchen. Hausbesuche werden sehr gepflegt. Neue Kirchen können gebaut werden, die Erteilung der Bewilligung stößt jedoch zeitweilig auf Schwierigkeiten. Ein großer Bedarf besteht vor allem in Neubaugebieten.

Neben Jugoslawien ist Polen das einzige sozialistische Land, aus dem Missionare ausgesandt werden: 1979 gab es in den Missionen 730 Priester, 281 Ordensfrauen, 45 Ordenspriester und 8 Laien aus Polen.

Die katholische Universität von Lublin besteht seit mehr als 60 Jahren. Sie wird von der Kirche finanziert und zählt 2244 Studenten, davon 60 Prozent Laien. Neben der Akademie für katholische Theologie in Warschau und den vier theologischen Fakultäten päpstlichen Rechtes übt sie einen großen Einfluß im Leben der Kirche Polens aus.

Die Kirche hat keinen regelmäßigen Zugang zu Radio und Fernsehen. Die Möglichkeiten kirchlicher Presse und des Drucks von theologischer Literatur sind beschränkt. Die katholischen Schulen und Organisationen wurden aufgelöst. Es bestehen noch 13 Mittelschulen mit 2327 Schülern. Eine bedeutende Rolle spielt die Seelsorge unter Juristen, Lehrern, technischen Berufen und Künstlern. Die Oase-Bewegung, welche auf das Jahr 1951 zurückgeht, organisiert während der Ferien zweiwöchige liturgisch-biblische Kurse. Oase-Gruppen existieren in Hunderten von Pfarreien.

Die große Wallfahrt nach Tschenstochau prägt das kirchliche Leben entscheidend. 1983 unternahmen mehr als 100 000 Fußwallfahrer eine Wallfahrt zum Fest der Aufnahme Mariens in den Himmel am 15. August. Während mehrerer Tage sind sie in Gebet, Meditation und Gesang unterwegs. Am Festtag versammeln sich regelmäßig mehrere hunderttausend Polen in Tschenstochau.

Die Wahl des Erzbischofs von Krakau, Karol Wojtila, zum Papst hat der Kirche Polens großen Auftrieb gebracht. Dies zeigte sich vor allem deutlich anläßlich der Besuche von Papst Johannes Paul II. in seiner Heimat.

6. Balkanländer

Bis zum Ersten Weltkrieg gehörten die mehrheitlich katholischen Regionen Ungarns, der Tschechoslowakei und Jugoslawiens zur habsburgischen Monarchie. Die Entwicklung der katholischen Kirche in diesen Ländern im Anschluß an den Ersten und Zweiten Weltkrieg ist trotzdem sehr unterschiedlich verlaufen. So ist die Lage der Kirche in Jugoslawien und in der Tschechoslowakei kaum miteinander vergleichbar.

Ungarn

Im heutigen *Ungarn* leben 6 663 000 Katholiken, das sind 62,27 Prozent der Bevölkerung. Im Jahre 1920 verlor Ungarn zwei Drittel seines damaligen Gebietes, die Kirche in Ungarn die Hälfte ihres Vermögens. Vor dem Zweiten Weltkrieg erlebte die Kirche eine Periode kraftvoller Erneuerung: Aufblühen der Orden, Schaffung von katholischen Schulen, Katholikentage, Internationaler Eucharistischer Kongreß. Die katholische Kirche war bis 1945 die beherrschende Kraft der ungarischen Gesellschaft, der Primas Stellvertreter des Reichsverwesers. Nach der Besetzung durch die Rote Armee wurden in den Jahren zwischen 1945 und 1950 das Vermögen der Kirche eingezogen, die katholischen Vereine und kirchlichen Institutionen verboten, die kirchliche Presse unterbunden und die Orden aufgehoben. Es gab damals 2582 Ordensmänner und 8956 Ordensfrauen. 3 männliche und 1 weibliche Ordensgemeinschaften konnten weiterbestehen und bestimmte katholische Schulen leiten. Die Aufnahme von Novizen ist beschränkt. 1948 wurden die katholischen Schulen (2828 Volksschulen, 82 Mittelschulen, 35 höhere Schulen, 33 Lehrerbildungsanstalten) verstaatlicht. Es verblieben 8 Mittelschulen mit 2441 Schülern. 1949 entstand die Bewegung der Friedenspriester, welche vom Staat gefördert wird als Instrument der Kontrolle und des Einflusses auf das kirchliche Leben.

Im Jahre 1964 wurde ein Vertrag mit dem Vatikan abgeschlossen, welcher die Ernennung neuer Bischöfe ermöglichte und die Situation des Ungarischen Instituts in Rom regelte. Verschiedene Bischöfe konnten am Zweiten Vatikanischen Konzil teilnehmen.

Eine besondere Rolle in der Kirche Ungarns spielte Kardinal Mindszenty. Er führte einen erbitterten Kampf gegen den Kommunismus. 1949 wurde er in einem Schauprozeß verurteilt, während des Aufstandes von 1956 befreit, lebte er bis 1971 in der amerikanischen Botschaft in Budapest und starb 1974 in Wien. Sein Nachfolger, Kardinal Lekai, vertritt die Politik der kleinen Schritte. Er leitet die Bischofskonferenz, welche 22 Mitglieder umfaßt (12 Diözesen).

Die Zahl der Priester hat stark abgenommen. Gegenwärtig wirken 3110 Weltpriester und 68 Ordenspriester in Ungarn. Es gibt 280 Priesteramtskandidaten in 5 Seminarien und im Zentralseminar in Budapest.

Wenige Kinder besuchen den Religionsunterricht. Am ehesten werden Erstkommunion- und Firmunterricht besucht, deren Stundenzahl beschränkt sind. Seit 1983 ist es erlaubt, in Pfarrhäusern Religionsunterricht zu erteilen. Man rechnet mit einem Gottesdienstbesuch von ca. 12 Prozent. In Ungarn bestehen eine katholische Zeitung und verschiedene Zeitschriften. Im Jahre 1982 konnten 27 Bücher herausgegeben werden. An 15–20 Sonntagen pro Jahr wird der Kirche eine halbe Stunde Sendezeit im Radio eingeräumt. Seit 1978 werden theologische Fernkurse für Laien angeboten. Jährlich können 150 Einschreibungen vorgenommen werden. Das Interesse für diese Kurse scheint recht groß zu sein.

Von besonderer Bedeutung sind Basisgemeinschaften. Die Anfänge dieser Gruppen reichen in die fünfziger Jahre zurück. Bestehende Spannungen zwischen einem Teil der Basisgruppen und den Bischöfen sind zu einem Problem in der ungarischen Kirche geworden. Weil sich Basisgemeinschaften der Kontrolle entziehen, sind sie auch zum politischen Problem geworden.

In Ungarn gibt es ca. 250 000 unierte Orientalen mit einem Bischof und einem Weihbischof. Der Priesternachwuchs ist wesentlich höher als bei den Lateinern.

Tschechoslowakei

Die Situation der Kirche in Böhmen und Mähren unterscheidet sich von der Situation in der Slowakei. In Böhmen entwickelte sich im Zusammenhang mit der Verbrennung von Jan Hus und mit der Härte, mit welcher die Habsburger die Gegenreformation durchführten, eine starke antiklerikale Haltung. Als das Gebiet aus der österreichisch-ungarischen Monarchie ausgegliedert wurde, übernahm 1918 eine kirchenfeindliche Führungsschicht die Regierung. Zu diesem bestehenden Ressentiment gegen die Kirche kam 1948 die antikirchliche Politik der Kommunisten.

Die Slowakei wurde von Ungarn beherrscht. Während des Zweiten Weltkrieges war sie ein unabhängiger Staat unter der Führung des katholischen Priesters Tiso, der mit Nazideutschland zusammenarbeitete. Dies hat in der Nachkriegszeit zu Vorwürfen und Mißtrauen von seiten der Kommunisten geführt.

In der *Tschechoslowakei* leben heute 10 600 000 Katholiken (ca. 69 Prozent). Die Zahl der Taufen ist verhältnismäßig hoch, 46 Prozent in Mähren, 64 Prozent in der Slowakei. Hingegen heiraten nur ca. 3 Prozent der Katholiken in der Kirche. Weil es den Priestern nicht möglich

ist, in den Spitälern zu wirken, sterben dort fast alle Katholiken ohne Sakramentenempfang.
Das katholische Leben wurde nach 1948 lahmgelegt: Aufhebung katholischer Schulen und Priesterseminarien, katholischer Orden und Vereine, der katholischen Presse, Einschränkung des Religionsunterrichtes. Seit 1949 üben die Kirchenämter auf verschiedenen Ebenen eine besonders starke Kontrolle und entscheidenden Einfluß auf die Kirchenleitung aus.
Es gibt in der Tschechoslowakei 3768 Priester, von denen aber viele nicht die staatliche Erlaubnis besitzen, ihr Amt auszuüben und öffentlich die Messe zu zelebrieren. Eine besondere Rolle spielt in der Tschechoslowakei die Priestervereinigung „Pacem in terris". Diese vom Staat empfohlene und geförderte Bewegung wurde immer mehr zum einzigen Vertreter der Kirche vor dem Staat. Im März 1982 untersagte die päpstliche Kleruskongregation die Mitgliedschaft der Priester in politischen Vereinigungen und zielte damit erklärtermaßen die Bewegung „Pacem in terris" an. Dies führte zu weiteren Auseinandersetzungen.
Die Ordensgemeinschaften wurden nie formell aufgehoben. Sie können aber keine Novizen aufnehmen und ihre Tätigkeit ist sehr eingeschränkt. Einige Gemeinschaften wurden verboten und Ordenshäuser verstaatlicht.
Gegenwärtig werden 317 Priesteramtskandidaten in Leitmeritz und Bratislava ausgebildet. Die Zahl der Bewerber ist viel größer als die Zahl derjenigen, die aufgenommen werden können.
Von 13 Bistümern sind 7 ohne Bischöfe. Neuernennungen stoßen auf große Schwierigkeiten.
In der Ostslowakei leben ca. 350 000 unierte Orientalen im Bistum Presov. Sie wurden 1950 dem Patriarchat Moskau eingegliedert, sind aber seit 1968 wieder als Unierte zugelassen.

Jugoslawien

Das heutige *Jugoslawien* entstand 1918 aus ehemaligen Gebieten der österreichisch-ungarischen Monarchie (Kroatien und Slowenien), Serbien und Montenegro. Es umfaßt sechs Republiken, fünf Nationen, ein Dutzend nationaler Minderheiten, vier verschiedene Sprachen, zwei verschiedene Schriften. Es gibt 7 189 000 oder 31,74 Prozent Katholiken. Davon sind ca. 50 000 unierte Orientalen.
Die konfessionelle Situation wird dadurch erschwert, daß konfessionelle Unterschiede weitgehend kulturellen und völkischen Unterschieden entsprechen. Geschichtliche Spannungen bedeuten daher eine be-

sondere Belastung. Zwischen den beiden Weltkriegen waren die katholischen Kroaten und Slowenen durch die Vorherrschaft der Serben benachteiligt. Zwischen 1941 und 1945 bestand ein kroatischer Nationalstaat, in dem die Ustaschapartei die Serben, z. T. blutig, verfolgte. Nach dem Zweiten Weltkrieg wurden viele katholische Priester verhaftet oder hingerichtet. Der Streit Jugoslawiens mit Italien wegen der Zugehörigkeit von Triest brachte den Katholiken teilweise den Vorwurf ein, sie stünden auf der Seite Italiens. Die Verschiedenheiten zeigen sich noch heute an den Urteilen über die Person von Erzbischof Stepinac, welcher 1946 verurteilt und 1952 von Papst Pius XII. zum Kardinal ernannt wurde.

Eine Besserung der Beziehung zwischen Staat und katholischer Kirche trat seit 1960 ein. 1966 konnte ein Vertrag mit dem Vatikan abgeschlossen werden. 1970 wurden diplomatische Beziehungen aufgenommen. Bisher ist Jugoslawien das einzige sozialistische Land, welches diplomatische Beziehungen mit dem Vatikan pflegt. Im Vergleich mit den westeuropäischen Staaten ist die Arbeitsmöglichkeit der Kirche eingeschränkt, im Vergleich zu sozialistischen Staaten ist ihr Freiraum groß.

Der Kirchenbesuch wird in Jugoslawien allgemein als gut bezeichnet, besonders auch unter Studenten und Akademikern. Der Staat fordert ein Monopol der Jugenderziehung und pflegt systematisch die atheistische Indoktrination. Religionsunterricht wird in allen Pfarreien erteilt. Der Kirchenbau ist möglich, oft aber erschwert. Im Bereich der Presse gibt es in Slowenien die Wochenzeitschrift „Druzina" mit einer Auflage von ca. 100 000 (1978), in Kroatien die Halbmonatsschrift „Glas Koncilia" mit einer Auflage von 180 000 (1970). Im Verlag „Christliche Gegenwart" in Zagreb sind bisher mehrere hundert Titel erschienen.

In Jugoslawien wirken 4326 Priester und 6372 Ordensfrauen. Die Seelsorge in Bosnien wird weitgehend von den Franziskanern wahrgenommen. Die 761 Priesteramtskandidaten werden an den zwei kirchlichen theologischen Fakultäten in Zagreb und Ljubljana sowie in Diözesanseminarien ausgebildet. Es gibt keine Beschränkung für die Aufnahme von Theologen in die Seminarien.

Die 30 Bischöfe, welche 23 Diözesen leiten, bilden die Bischofskonferenz.

Neben Polen ist Jugoslawien das einzige sozialistische Land, welches Missionare entsenden kann. 1978 arbeiteten 139 Slowenen und 40 Kroaten in Missionsländern. Bekannt ist vor allem Mutter Theresa. Sie verließ 1928 ihre damals zur Türkei, heute zu Jugoslawien gehörende Heimat und gründete in Kalkutta die Missionarinnen der Liebe.

In Jugoslawien lebten immer sehr viele Muslime (ca. 4 Mio.). Kontakte zwischen Christen und Muslimen bestehen. In der letzten Zeit sind auch Dialoge zwischen Marxisten und Christen gepflegt worden.

Albanien

Im Jahre 1945 war *Albanien* zu 70 Prozent mohammedanisch, 20 Prozent orthodox und 10 Prozent katholisch. Die Einwohnerzahl beträgt 2 800 000.
Nach dem Ersten Weltkrieg gab es 2 Erzdiözesen und 3 Diözesen, 143 Priester, 84 Ordensmänner und 66 Ordensfrauen. Die Missionare kamen vor allem aus Italien. Im Jahre 1939 wurde Albanien durch Italien besetzt. Nach dem Zweiten Weltkrieg wurden die ausländischen Missionare ausgewiesen, einheimische Bischöfe, Priester und Ordensleute teils erschossen, teils verhaftet und verbannt.
In Albanien ist die Schaffung jeder Art von Organisation, die Tätigkeit und Propaganda „faschistischen, antidemokratischen, religiösen und antisozialistischen Charakters" verboten. Wenn gegen dieses Verbot in Kriegszeit und mit besonders schweren Folgen gehandelt wird, droht sogar die Todesstrafe.
Man erklärte, daß in Albanien die Religion ausgerottet sei. Albanische Kommunisten beklagen sich aber gelegentlich darüber, daß immer noch viele Leute an Gott glauben und ihre Religion heimlich ausüben.

Bulgarien und Rumänien

Sowohl in Bulgarien als auch in Rumänien spielt die orthodoxe Kirche insofern eine führende Rolle, als sie die nationale Kultur während der Zeit der Türkenbesetzung weiter gepflegt und damit aufrechterhalten hat. Sie ist zu einem bedeutenden nationalen Faktor geworden. Dies ist für das Verhältnis der katholischen Kirche zur orthodoxen Kirche und zum Staat von nicht zu unterschätzender Bedeutung.
Bulgarien wurde 1848 durch die russische Armee von den Türken befreit. Die Bulgaren sind noch heute für diese Befreiung dankbar. Das Land zählt 9 110 000 Einwohner, darunter ca. 50 000 Katholiken des lateinischen und 10 000 des orientalischen Ritus. Es wirken ca. 40 Priester und 80 Ordensfrauen. Der Tätigkeit der katholischen Kirche sind enge Grenzen gesetzt. Sie beschränkt sich im wesentlichen auf den Gottesdienst. Es gibt keine Priesterseminarien. Die Ausbildung der vereinzelten Priesteramtskandidaten geschieht durch die Bischöfe. Von zwei lateinischen und einer orientalischen Diözese ist eine vakant.

Bis 1914 war *Rumänien* fast ausschließlich orthodox. Die Situation änderte sich mit der Einverleibung von Siebenbürgen nach dem ersten Weltkrieg. Damals kamen 2,5 Mio. Katholiken zu Rumänien, davon 1,4 Mio. unierte Orientalen. Die lateinischen Katholiken waren überwiegend ungarischen und deutschen Ursprungs. Heute zählt Rumänien 22 640 000 Einwohner, 1,4 Mio. Katholiken des lateinischen Ritus. Die Kirche war bis 1963/64 starken Repressionen ausgesetzt. Ihre Tätigkeit ist eingeschränkt, wenn auch in letzter Zeit Erleichterungen festzustellen sind. Es gibt 6 Diözesen, von denen einzig Alba Julia in den letzten Jahrzehnten durch einen Bischof geleitet wurde. Im Jahre 1984 konnte ein Bischof für Bukarest geweiht werden. Bisher ist es nicht gelungen, ein staatliches Statut für die katholische Kirche zu erhalten. In Rumänien wirken ca. 950 Priester des lateinischen Ritus. Sie werden in Seminarien in Alba Julia und in Jassi ausgebildet. Beide Seminarien konnten in den letzten Jahren erneuert und vergrößert werden. Gegenwärtig gibt es ca. 250 Seminaristen.

Die ca. 1,5 Mio. unierten Orientalen wurden 1948 der orthodoxen Kirche eingegliedert. Die Bischöfe und viele Priester wurden vor Abhaltung der Kirchenversammlung, welche diesen Beschluß faßte, verhaftet. Aus der Sicht der Katholiken war deshalb die Versammlung von 1948 nicht repräsentativ und die Vereinigung mit der orthodoxen Kirche ein Gewaltakt. Aus der Sicht der orthodoxen Kirche wurde der Wunsch der orthodoxen Rumänen erfüllt, wieder zu ihrer Kirche zurückkehren zu können, von der sie unter habsburgischer Herrschaft in der Union von 1695/1700 getrennt wurden. Seither besteht die unierte orientalische Kirche in Rumänien offiziell nicht mehr. Dem Vernehmen nach gibt es noch mehrere hundert Priester, welche privat zelebrieren und eine große Zahl von Gläubigen, welche unierte Orientalen geblieben sind.

7. Deutscher Sprachraum

Die Kirche im deutschsprachigen Raum lebt teilweise in besonderen staatskirchenrechtlichen Verhältnissen. Die Priesterausbildung geschieht weitgehend in theologischen Fakultäten, welche staatlichen Universitäten eingegliedert und vom Staat finanziert werden. Die Glieder anerkannter Kirchen (die Regelungen in der Schweiz sind kantonal verschieden) sind meistens durch staatliche Gesetzgebung verpflichtet, eine Kirchensteuer zu entrichten. Dies gibt den Kirchen eine solide wirtschaftliche Basis. Der Religionsunterricht ist obligatorisches Schulfach. Die Schweiz gehört nur teilweise zum deutschen Sprachraum. Sie verbindet verschiedene Kulturen. Was das staatliche Gegenüber betrifft, ist die Situation in der BRD und DDR wesentlich verschieden.

Deutschland

Im Anschluß an den Kulturkampf führten die deutschen Katholiken ein vom öffentlichen Leben abgekapseltes Eigenleben in Vereinen und Selbsthilfeorganisationen. Im Ersten Weltkrieg kam es, ähnlich wie in Frankreich, zu einer Identifizierung der Katholiken mit dem Nationalstaat. Zwischen den beiden Weltkriegen brachten die Zentrumspartei und die Bayerische Volkspartei als katholische Parteien den Katholiken einen verhältnismäßig großen Einfluß. In der Zentrumspartei waren Prälaten in führender Stellung. Mit dem Abbau der Benachteiligung der Katholiken sank das Interesse an konfessionellen Parteien.
Zwischen den beiden Weltkriegen wurden verschiedene Konkordate abgeschlossen: 1924 mit Bayern, 1929 mit Preußen, 1932 mit Baden und 1933 das Reichskonkordat.
Die nationalsozialistische Regierung suchte den Einfluß der Kirche auf die Öffentlichkeit zu eliminieren: Ausschaltung der katholischen Verbände, der kirchlichen Presse, der katholischen Schule, Behinderung des Religionsunterrichtes, Aufhebung von Ordenshäusern und Priesterseminarien. Nach dem Kriegsende am 8. Mai 1945 war die Kirche eine der wenigen überlebenden Institutionen. Größte Probleme schufen die Teilung Deutschlands in Ost und West sowie die 13 Mio. Heimatvertriebenen, welche die Bundesrepublik aufnahm. Diese änderten die konfessionelle Zusammensetzung wesentlich.
Im Gebiet der *Bundesrepublik Deutschland* leben unter 61 640 000 Einwohnern 28 589 000 oder 46,38 Prozent Katholiken. Der Gottesdienstbesuch sank von 55 Prozent im Jahre 1946 auf 30 Prozent im Jahre 1978.
Obwohl die Deutsche Bischofskonferenz grundsätzlich die Bischöfe aller Diözesen umfaßt, bleibt ihre Tätigkeit auf das Gebiet der BRD beschränkt. Die Jurisdiktionsträger in der DDR bilden seit 1976 die Berliner Bischofskonferenz. Im Gebiet der Bundesrepublik gibt es 30 Diözesen und Jurisdiktionsbezirke. Die Bischofskonferenz umfaßt 72 Mitglieder: Die Weihbischöfe sind zahlenmäßig stärker als die Diözesanbischöfe.
Die Zahl der Weltpriester ist von 19 651 im Jahre 1970 auf 16 739 im Jahre 1982 zurückgegangen. Dazu kommen 5907 Ordenspriester. Nach einem anhaltenden Rückgang wird gegenwärtig in der Zahl der Prie-

steramtskandidaten ein leichter Anstieg (2854) festgestellt. Die Ausbildung geschieht an den 11 theologischen Fakultäten der staatlichen Universitäten, den 5 theologischen Hochschulen und weiteren Ausbildungsstätten der Ordensgemeinschaften. Nach Abschluß des Universitätsstudiums besuchen die Priesteramtskandidaten die praktische Ausbildung im Pastoralseminar. Im Jahre 1982 gab es 852 Diakone.

Die Zahl der Laien im seelsorgerlichen-kirchlichen Dienst ist in den letzten Jahren stark angestiegen. Früher waren es vor allem Religionslehrer, heute gibt es viele Seelsorgehelferinnen, Gemeindereferenten, Pastoralreferenten (und Pastoralassistenten). Wegen des Priestermangels nehmen Laien Aufgaben wahr, welche früher vor allem durch die Priester verrichtet wurden. Ein besonderes Problem bildet gegenwärtig die Frage der Predigterlaubnis für Laien im normalen Sonntagsgottesdienst.

Sehr stark vom Rückgang betroffen sind die Ordensschwestern. 1960 gab es 93 172, 1982 noch 60 168. Dies wirkt sich vor allem im Dienst in Spitälern, im Sozialdienst und im Schuldienst aus.

Die Theologen aus dem deutschsprachigen Raum haben, zusammen mit Theologen aus der französischsprachigen Welt, das Zweite Vatikanische Konzil wesentlich mitbestimmt durch historische, biblische und pastoraltheologische Forschung. Die Bibelbewegung und die liturgische Bewegung spielten in Deutschland am Vorabend des Konzils eine große Rolle.

Deutsche Theologen bereiteten die ökumenische Bewegung in der katholischen Kirche vor. 1938 wurde die „Una Sancta"-Bewegung ins Leben gerufen. Nach dem Konzil wurden die ökumenischen Beziehungen in Deutschland ausgebaut, was im Jahr des Lutherjubiläums (1983) deutlich sichtbar wurde.

4–5 Mio. Gläubige sind kirchlichen Gruppierungen angeschlossen. Dies sind die Verbände und Organisationen im traditionellen Sinn, neue Bewegungen sowie die Räte des Laienapostolates im Sinn des Zweiten Vatikanischen Konzils. Auf Bundesebene bilden Vertreter der Diözesanräte und Vertreter zentraler Organisationen das Zentralkomitee der deutschen Katholiken, welches als repräsentatives Organ im gesellschaftlichen, kulturellen und politischen Leben einen bedeutenden Einfluß ausübt. Das Zentralkomitee der deutschen Katholiken ist verantwortlich für die Deutschen Katholikentage, welche alle zwei Jahre stattfinden und Großveranstaltungen geworden sind. Die wachsende Präsenz junger Menschen fiel an den letzten Katholikentagen besonders auf.

Zwischen 1971 und 1975 tagte in Würzburg die gemeinsame Synode

der Bistümer in der Bundesrepublik. Die Beschlüsse der Synode und Arbeitspapiere der Sachkommissionen befassen sich mit dem innerkirchlichen Leben, mit ihrem Wirken in der Gesellschaft und mit der Verantwortung für die Welt. Die Synode bestand ungefähr zur Hälfte aus Priestern und zur Hälfte aus Laien.
Der Religionsunterricht ist in Deutschland ordentliches Schulfach. Die Erteilung, Bestimmung der Lehrmittel usw. ist Sache der Kirche. Dies gibt der Kirche in Deutschland die Möglichkeit, sehr viele Kinder zu erreichen. Im Bereich der Medien besteht seit 1952 die kirchliche Presseagentur KNA. Die Kirche legt großes Gewicht auf die Zusammenarbeit mit den elektronischen Medien und auf die Heranbildung von Nachwuchskräften.
Die katholische Kirche Deutschlands trägt personell und finanziell sehr viel für die Weltkirche bei. In den Missionen wirken ca. 2300 Priester und 5000 Schwestern. Die Missionen werden finanziell unterstützt durch die deutsche „Missio", die Kirche in Lateinamerika durch „Adveniat". „Misereor" arbeitet vor allem auf dem Gebiet der Entwicklungshilfe, das Bonifatiuswerk unterstützt die nordische Diaspora, der Europäische Hilfsfonds (zusammen mit Österreich) die Kirche in Europa. Dazu kommt der Deutsche Caritasverband, welcher im In- und Ausland tätig ist. Er zählt gegenwärtig 263 696 Mitarbeiter.
In der *Deutschen Demokratischen Republik* leben die Kirchen in einem marxistisch-atheistischen Staat. Die Freiheit ihres Wirkens und insbesondere der Kontakt mit der Kirche der Bundesrepublik sind stark eingeschränkt. Die katholische Kirche in der DDR achtet auf eine säuberliche Trennung zwischen Kirche und Staat. Die Katholiken bilden eine kleine Minderheit von 7,59 Prozent oder 1 280 000. In der Seelsorge wirken 1463 Priester, 38 hauptamtliche Diakone, 570 Seelsorgehelferinnen und über 800 Diakonatshelfer. Die Diakonatshelfer halten vor allem Sonntagsgottesdienste, wenn kein Priester anwesend sein kann. In der DDR gibt es ca. 2930 Ordensfrauen und 55 Ordensbrüder. Die Priesteramtskandidaten (142) werden seit 1952 im „philosophisch-theologischen Studium Erfurt" ausgebildet. Nach Abschluß des theologischen Studiums werden sie an einem der zwei Pastoralseminarien auf die Priesterweihe vorbereitet. Es gibt im weiteren eine Hinführung zum kirchlichen Abitur für Spätberufene. Seelsorgehelferinnen werden in Magdeburg ausgebildet.
Die Berliner Bischofskonferenz zählt 10 Mitglieder, welche 2 Bistümer und 4 apostolische Administraturen leiten.
Der Religionsunterricht findet an Nachmittagen in kirchlichen Räumen statt. Er wird ergänzt durch „religiöse Kinderwochen", die während

der Ferien oder an Wochenenden angeboten werden. In der DDR gibt
es mehrere Häuser für Erwachsenenbildung und Exerzitien.
Der St. Benno-Verlag in Leipzig ist der einzige katholische Verlag, welcher eine ansehnliche Zahl von Büchern publizieren konnte. Er gibt
auch das wöchentlich erscheinende St. Hedwigsblatt (Auflage 25 000)
und den vierzehntägig erscheinenden „Tag des Herrn" (Auflage
100 000) heraus. Im Radio besteht eine kirchliche Präsenz. Die katholische Kirche hat die Möglichkeit, an ca. 14 Sonntagen pro Jahr Morgenfeiern auszustrahlen.
Eine sehr bedeutende Einrichtung ist die Caritas, bei welcher 7400
Mitarbeiter tätig sind. Sie führt 34 Krankenhäuser, 11 Pflegeheime,
107 Altenheime, 39 Kur- und Erholungsheime, 44 Kinderheime und
143 Kindergärten. In der Aktion „Not in der Welt" tragen die Katholiken der DDR durch Spenden zur Entwicklungshilfe und Katastrophenhilfe in aller Welt bei.
Zwischen März 1973 und November 1975 fand in Dresden die Pastoralsynode der Jurisdiktionsbezirke in der DDR statt. Sie umfaßte
150 Mitglieder, zur Hälfte Laien und zur Hälfte Priester.

Österreich

Seit 1282 wurde *Österreich* vom Haus Habsburg beherrscht. Mit dem
Untergang der Monarchie im Jahre 1918 verlor die katholische Kirche
ihren kaiserlichen Schutz. Die Zeit zwischen den zwei Weltkriegen war
geprägt durch Auseinandersetzungen zwischen den damals stark antiklerikalen Sozialisten und den Christlichsozialen, an deren Spitze zeitweise ein Priester (Ignaz Seipel) stand. Das Verhältnis zwischen Kirche
und Sozialdemokraten änderte sich nach dem Zweiten Weltkrieg. Das
kirchliche Leben wurde während des Anschlusses an das Nazideutschland direkt und indirekt behindert.
Die Katholikenzahl ging zwischen 1910 und 1981 um 9,4 Prozent zurück. Dies ist die Folge von Kirchenaustritten, vor allem nach dem Untergang der Monarchie und zu Beginn des Anschlusses an Deutschland.
Heute gibt es in Österreich 87 Prozent oder 6 586 000 Katholiken. Die
Zahl der Priester ist stark zurückgegangen. In Österreich wirken 5954
Priester. Wie in Deutschland, werden sie auch in Österreich vor allem
an theologischen Fakultäten staatlicher Universitäten ausgebildet.
Neben den Priestern wirken 122 Diakone, 83 Pastoralassistenten,
280 Pastoralassistentinnen und 10 672 Ordensschwestern in der Kirche. Der Gottesdienstbesuch sank von 39 Prozent im Jahre 1949 auf
28 Prozent im Jahre 1980, wobei große Unterschiede zwischen den ein-

zelnen Bundesländern festzustellen sind. Österreich umfaßt 2 Kirchenprovinzen und 9 Bistümer.
In Österreich gibt es verhältnismäßig viele katholische Mittelschulen (166). Diese erhalten eine fast kostendeckende staatliche Beihilfe. Der Religionsunterricht ist obligatorisches Schulfach, von dem dispensiert werden kann. Die Diözesen Österreichs haben sich in der Zeit nach dem Zweiten Weltkrieg sehr für den Aufbau von Bildungswerken und die Errichtung von Bildungsstätten eingesetzt. Ein Einsatz im Bereich der Erwachsenenbildung ist beträchtlich.
Es gibt eine katholische Tageszeitung („Kleine Zeitung") mit 508 000 Lesern. Daneben erscheinen auflagenstarke Wochenschriften und ca. 300 katholische Zeitschriften. Das österreichische Fernsehen strahlt wöchentlich drei religiöse Sendungen aus.
Ähnlich wie in Deutschland gab es schon vor dem Zweiten Weltkrieg eine bedeutsame liturgische Bewegung (Pius Parsch) und eine Bibelbewegung.
Im Anschluß an das Zweite Vatikanische Konzil fanden in den meisten Diözesen Diözesansynoden statt, auf welche der österreichische synodale Vorgang (1973/74) folgte.
Unter der Führung von Kardinal König hat sich die Kirche Österreichs im internationalen Bereich besonders engagiert. 1964 wurde das Institut Pro Oriente gegründet, welches vor allem den Kontakt mit orthodoxen Kirchen pflegt. Kirchliche Beziehungen zu den sozialistischen Ländern werden gepflegt. Die jährliche Seelsorgertagung des österreichischen Pastoralinstitutes wird von Seelsorgern verschiedener Länder besucht. Von besonderer Bedeutung waren Katholikentag und Papstbesuch im Jahre 1983. Diese Anlässe zeigten, daß mehr christliches Leben vorhanden ist, als man allgemein annahm.

Schweiz

Die *Schweiz* zählt 6 480 000 Einwohner, davon sind 3 044 000 oder 46,98 Prozent katholisch. 65 Prozent der Einwohner sprechen deutsch, 18,4 Prozent französisch, 9,8 Prozent italienisch, 0,8 Prozent rätoromanisch und 6 Prozent andere Sprachen. Die Schweiz ist föderalistisch strukturiert, so daß den 26 Kantonen und Halbkantonen eine große politische Bedeutung zukommt. Das Verhältnis Staat–Kirche sowie das Schulwesen sind kantonal geregelt. Die Kirche in der Schweiz steht somit sowohl sprachlich-kulturell als auch politisch einer äußerst vielfältigen Wirklichkeit gegenüber.
Die Bischofskonferenz bilden 4 deutsch-, 5 französischsprachige Mit-

glieder und 1 italienischsprachiges Mitglied. Daneben bestehen die deutsch-schweizerische Ordinarienkonferenz und die Konferenz der westschweizerischen Bischöfe, General- und Bischofsvikare.

Eine besondere Eigenart vieler Schweizer Kantone sind die Kirchgemeinden: Es handelt sich um öffentlich-rechtlich anerkannte Körperschaften, deren Glieder die katholischen Schweizer Bürger einer Gemeinde sind und denen das Besteuerungsrecht zukommt. Neben der hierarchischen Leitung der Kirche im seelsorgerlichen Bereich gibt es somit die auf demokratischen Strukturen des staatlichen Rechts beruhende finanziell-administrative Entscheidungskompetenz.

Ähnlich wie in Deutschland wurde bis in die fünfziger Jahre hinein ein starkes Eigenleben der Katholiken gepflegt, geprägt durch eine Vielfalt von Vereinen und Organisationen und in manchen Kantonen durch ein konfessionelles Schulwesen. Dieses Bild hat sich total geändert.

Von Bedeutung für die Kirche in der Schweiz und in der Welt ist das 1962 gegründete Fastenopfer der Schweizer Katholiken. Der Ertrag wird verteilt für Missionen, für Entwicklungshilfeprojekte und für die Inlandarbeit im diözesanen und insbesondere im interdiözesanen Bereich.

Von 1972–1975 tagte die Synode 72 abwechslungsweise diözesan und gesamtschweizerisch. Die Textentwürfe wurden interdiözesan erarbeitet und den einzelnen Diözesansynoden zugeleitet. Einige Probleme wurden sodann auf schweizerischer Ebene gemeinsam durch Delegationen der Diözesansynoden beraten.

Im Blick auf die 4202 Priester der Schweiz kann man noch nicht von einem priesterarmen Land sprechen. Wegen des Altersdurchschnittes wird jedoch der Priestermangel deutlicher spürbar. In der deutschsprachigen Schweiz wirken seit einigen Jahren zunehmend theologisch voll ausgebildete Pastoralassistenten und im kirchlichen Dienst stehende Katecheten, in der französisch- und italienischsprachigen Schweiz wirken vor allem ehrenamtlich tätige Laien in Pfarrei und in Katechese.

In der Schweiz wirken 9852 Ordensfrauen, der Nachwuchs ist leider spärlich.

In der Seelsorge an den eingewanderten Ausländern ist die Kirche in der Schweiz vor eine große Aufgabe gestellt. Die Ausländerzahl erreichte im Jahre 1974 mit 16 Prozent der Bevölkerung den Höchststand. Die Zahl ist stark zurückgegangen. Die Immigranten sind vorwiegend katholisch, die größte Gruppe ist nach wie vor die Gruppe der Italiener.

Im Mittelschulbereich ist die katholische Kirche mit 61 Schulen verhältnismäßig gut vertreten.

Seit dem Konzil wird die ökumenische Zusammenarbeit gepflegt. Die katholische Kirche ist seit ihrer Gründung im Jahre 1971 Mitglied der Arbeitsgemeinschaft christlicher Kirchen in der Schweiz.

8. Zusammenarbeit in Europa

Mit dem Zweiten Vatikanischen Konzil begann eine Zusammenarbeit unter den Bischöfen Europas, welche im Jahre 1971 zur Bildung des Rates der europäischen Bischofskonferenzen (CCEE) führte. Dadurch wurde in den letzten Jahren eine bessere gegenseitige Information und eine teilweise pastorale Zusammenarbeit der Bischofskonferenzen erreicht. Weil aber die Kirchen in Europa derart verschieden geprägt sind, ist eine kirchliche Zusammenarbeit nur begrenzt möglich. In den bisherigen Symposien befaßten sich die Bischöfe mit postkonziliaren diözesanen Strukturen (1967), dem Dienst und Leben der Priester (1969), der Sendung des Bischofs im Dienste des Glaubens (1975), Jugend und Glaube (1979) und Aufgaben der Evangelisierung im Kontinent (1982, 1985). Der gegenwärtige Präsident ist Kardinal Basil Hume, Erzbischof von Westminster. Das Sekretariat befindet sich in St. Gallen in der Schweiz.

Eine besondere Art der Zusammenarbeit besteht in der Kommission der Episkopate bei der Europäischen Gemeinschaft. Sie pflegt den Kontakt mit den Institutionen der Europäischen Gemeinschaft und des Europarates. Das Sekretariat befindet sich in Brüssel.

Im Jahre 1969 versammelten sich Vertreter von Priestergruppen aus verschiedenen europäischen Ländern in Chur, wo das Bischofssymposium abgehalten wurde. Es kam zu Demonstrationen gegen das Bischofssymposium. Im Jahre 1971 trafen sodann Vertreter von Priesterräten verschiedener Länder zu einer ersten Sitzung zusammen, um das Feld nicht extremen Gruppierungen zu überlassen. Seither besteht ein europäisches Komitee, welches Tagungen in vollem Einverständnis mit dem Rat der europäischen Bischofskonferenzen organisiert.

Auch die nationalen Ordensoberen-Konferenzen haben sich 1980 zu einer Union der europäischen Ordensoberen-Konferenzen zusammengeschlossen.

Eine Zusammenarbeit von Laienorganisationen auf kontinentaler Ebene besteht ebenfalls. Die internationalen katholischen Organisationen waren vorerst auf nationaler und Weltebene strukturiert. Immer mehr Organisationen schaffen sich auch eine kontinentale Struktur. Seit 1960 besteht eine Zusammenarbeit der nationalen Laienkomitees. 1967 wurde ein Forum gegründet, das jedes zweite Jahr eine Vollversammlung abhält.

Die Kirche Europas, des Kontinentes der Kirchentrennungen trägt eine besondere Verantwortung für die Bemühungen um die Einheit der Kirchen. Der Rat der europäischen Bischofskonferenzen arbeitet mit der Konferenz Europäischer Kirchen eng zusammen. Die Konferenz Europäischer Kirchen umfaßt die meisten nicht-katholischen Kirchen Europas. Ihr Sekretariat befindet sich in Genf. Von besonderer Bedeutung war der gemeinsame Gottesdienst maßgebender Vertreter aller Kirchen vom Oktober 1984 in der Kathedrale von Trient, in dessen Mittelpunkt das gemeinsame Glaubensbekenntnis stand.

Die katholische Kirche sieht sich in Europa gegenwärtig folgenden zentralen Aufgaben gegenüber:

1. Im Blick auf die übrigen Kontinente stellt die Erklärung der Präsidenten der Bischofskonferenzen vom 28. September 1980 fest: „Die Geschichte hat die Kirche vorwiegend europäisch geformt, obwohl sie Weltkirche ist, wie das Zweite Vatikanische Konzil deutlich betont hat. Es dürfte von zunehmender Bedeutung sein, daß die Gesamtkirche in voller Bewahrung der Einheit im Glauben, in den Sakramenten und in der Leitung, die vorwiegend europäische Prägung überwindet. Es freut uns, feststellen zu können, daß sich die Kirchen in Afrika, Amerika, Asien und Ozeanien bemühen, ihr eigenes Gesicht zu finden. Auch die Kirche in Europa muß ihren spezifischen europäischen Charakter finden. Damit können wir unseren Beitrag leisten für die Begegnung zwischen Christentum und nichteuropäischen Kulturen" (Nr. 42/43).

2. Die Religion bestimmt das Leben des Menschen in Europa weniger, als dies früher der Fall war. Der Kontinent ist sehr stark von den Institutionen her evangelisiert worden. Die Kirche steht heute weitgehend vor der Aufgabe einer Neuevangelisierung. Es gilt daher, die Situation genau zu sehen, um die Fragen beantworten zu können: Wie ist Christus für die kommende Generation zu verkünden? Wie muß die Kirche dazu beschaffen sein? Es handelt sich dabei um eine spezifisch europäisch/nordamerikanische Aufgabe der Kirche, welche den andern Kontinenten (noch?) nicht so gestellt ist. Das Symposium der europäischen Bischöfe arbeitet daran.

3. In der europäischen Gesellschaft muß sich die Kirche für die Menschenrechte einsetzen: für das menschliche Leben, Ehe und Familie, ausländische Arbeitnehmer und Flüchtlinge, für die richtige Verteilung der Arbeit, für die Religionsfreiheit. Als Gemeinschaft der Liebe, welche im Glauben die Menschen über alle Grenzen hinweg zusammenführt, hat sie das Ihre beizutragen für die Zusammenarbeit unter den

Völkern Europas, an deren Kriegen sie in der Vergangenheit nicht unschuldig war und die heute durch die politischen Auseinandersetzungen zwischen Ost und West und durch den Terrorismus in vielen Ländern bedroht ist (vgl. Erklärung der Präsidenten der europäischen Bischofskonferenzen vom 28. September 1980).

BIBLIOGRAPHIE

Secretaria Status, Annuarium Statisticum Ecclesiae, Poliglotta Vaticana 1984.
Hubert Jedin / Konrad Repgen, Handbuch der Kirchengeschichte Bd. VII, Die Weltkirche im 20. Jahrhundert, Freiburg 1979.
Verantwortung der Christen für das Europa von heute und morgen, Wort der europäischen Bischofskonferenzen vom 28. 9. 1980, Sekretariat der Deutschen Bischofskonferenz, Stimmen der Weltkirche Nr. 12.
Die kollegiale Verantwortung der Bischöfe und Bischofskonferenzen Europas in der Evangelisierung des Kontinents, Sekretariat der Deutschen Bischofskonferenz, Stimmen der Weltkirche Nr. 16.
Pro Mundi Vita, Bruxelles.
Dossiers:
L'Eglise Catholique d'Angleterre et du Pays des Galles, décembre 1980; L'Eglise d'Autriche, 1/1984; L'Eglise de Belgique, juillet 1982; L'Espagne: actualité socio-religieuse, septembre 1979; L'Eglise en Grèce, novembre 1976; L'Eglise de Hongrie, 2/1984; L'Eglise de Pologne, juillet/août 1980; L'Eglise du Portugal, juillet 1981; L'Eglise en Roumanie, novembre/décembre 1978; L'Eglise Catholique de Suisse, octobre 1982; Les croyants Tchecoslovaques et la lutte idéologique, avril 1982; L'Eglise en Turquie, avril 1981.
Bulletins:
Aspekte der katholischen Kirche in England, Januar/Februar 1978; Die Kirche in Italien, Mai/Juni 1977; Die römisch-katholische Kirche in Europa, Juli/August 1978.
Herder Korrespondenz, Freiburg, Beiträge zur Situation in verschiedenen Ländern.
The Catholic Church in Ireland, Catholic Press and Information Office of Ireland, Dublin 1984.
L'Eglise en France à l'heure de Jean-Paul II., Informations Catholiques Internationales, Paris, No. 548, 15. 3. 1980.
Trevor Beeson, Mit Klugheit und Mut. Zur religiösen Situation in Osteuropa, Herder, Wien 1979.

III.
Kirche in der Ökumene

III.
Kirche in der Gegenwart

DAS EINHEITS- UND ÖKUMENISMUSVERSTÄNDNIS DER RÖMISCH-KATHOLISCHEN KIRCHE

Werner Löser SJ, Frankfurt/Main

Die römisch-katholische Kirche nimmt in Anspruch, in herausgehobener Weise die *eine* Kirche Jesu Christi zu sein, und dies in doppelter Hinsicht: zum einen im Sinne der Einzigkeit, der Ausschließlichkeit, und zum anderen im Sinne der inneren Einheit. Diese beiden Hinsichten gehören zusammen und verweisen aufeinander. Die innere Einheit ist die ursprüngliche und grundlegende. Dem Anspruch, den die römisch-katholische Kirche im Gehorsam gegen Gottes Willen erheben zu müssen glaubt, entsprechen die Bewertungen, die sie anderen christlichen Gemeinschaften, die ihr nicht oder lediglich in gewisser Weise zugehören, zukommen läßt. Auch die Wege, die im Sinne ihrer Theologie zur Überwindung der Spaltungen in der Christenheit führen sollen, leiten sich von daher ab.

Das römisch-katholische Verständnis der kirchlichen Einheit ist in den letzten Jahrzehnten trotz aller Beständigkeit in den Grundentscheidungen in beträchtlichem Maße weiterentwickelt worden. Das ist nicht nur aus den einschlägigen Schriften vieler Theologen[1], sondern auch aus lehramtlichen Dokumenten erkennbar. Letztere prägen in unmittelbarer Weise die kirchliche Praxis. Darum beschränken wir uns bei der Darstellung des römisch-katholischen Einheits- und Ökumenismusverständnisses im wesentlichen auf sie und werden bisweilen auch längere Textstücke aus ihnen anführen. Das Einheits- und Ökumenismusverständnis, in seiner gegenwärtigen Form, hat seinen verbindlichen Niederschlag in den Texten des II. Vatikanischen Konzils gefunden. Am ausdrücklichsten handelt das Konzil darüber in den beiden ersten Kapiteln der Dogmatischen Konstitution über die Kirche „Lumen gentium" (LG) sowie in den beiden ersten Kapiteln des Dekrets über den Ökumenismus „Unitatis redintegratio" (UR).[2] Welches Ausmaß und welches Profil das Neue des neuen Einheitsverständnisses hat, kann ein Vergleich der genannten konziliaren Texte mit früheren lehramtlichen Dokumenten zeigen. Zu diesem Zweck erinnern wir an zwei Dokumente, die sich dazu besonders eignen, die Enzyklika Papst Leos XIII. „Satis cognitum" (SC) aus dem Jahre 1896[3] und die Enzyklika Pius' XI. „Mortalium animos" (MA) aus dem Jahre 1928.[4] Das Thema der ersten dieser beiden Enzykliken ist das Verständnis der Einheit der Kirche, das Thema der zweiten die Beziehung der römisch-katholischen Kirche zu anderen christlichen Gemeinschaften und zur ökumenischen Bewegung.

1. Das frühere Einheits- und Ökumenismusverständnis der römisch-katholischen Kirche

Das in den Jahrzehnten vor dem II. Vatikanischen Konzil herrschende römisch-katholische Einheits- und Ökumenismusverständnis (das aus kirchen- und theologiegeschichtlichen Zusammenhängen resultierte, die z. T. in dem Beitrag von Yves Congar beleuchtet wurden) umfaßte zwei entscheidende Aussagen: 1. Jesus Christus hat eine und nur eine Kirche gegründet (Einzigkeit der Kirche); 2. Jesus Christus hat diese Kirche als eine einige Kirche gegründet (Einheit der Kirche). Dabei weist der Begriff „Einheit" primär auf das im Zeichen der Einheit sich darstellende und vollziehende Strukturgefüge der römisch-katholischen Kirche hin. Der so verstandenen Einheit entsprechen die Glieder der Kirche, wenn sie sich um Einigkeit und Einmütigkeit untereinander bemühen. SC 616 spricht sowohl von der Einzigkeit der Kirche als auch von ihrer Einheit: „Er (Christus), der nur eine einzige Kirche gründete, hat sie auch einig gewollt, und zwar derart, daß alle, die zu ihr gehören sollten, durch die innigsten Bande miteinander vereinigt durchaus nur ein Volk, ein Reich, einen Leib ausmachen."

1.1 Einzigkeit als Ausschließlichkeit

Die Kirche ist, sofern sie gesellschaftlich verfaßt in Erscheinung tritt, eine „sichtbare" Größe. So hat Jesus Christus, ihr Gründer, sie gewollt und ins Werk gesetzt. Diese Kirche, die Jesus Christus als die einzige gewollt und gebildet hat, *ist* – so wird in SC und MA ohne weiteres angenommen – die römisch-katholische Kirche. Daraus folgt, daß die Menschen, die ihr nicht angehören, im Bereich der Finsternis und des Verderbens leben. Zu dem Heil, das Gott bereitet hat, können sie nur gelangen, wenn sie sich bekehren und in die römisch-katholische Kirche eintreten (es sei denn, sie leben in einer nicht-überwindlichen Unkenntnis der römisch-katholischen Kirche und sind doch von einer verborgenen Sehnsucht nach der Zugehörigkeit der Kirche bewegt, wie schon das Rechtfertigungsdekret des Konzils von Trient sagte – in Kap. 4). In SC 614 heißt es: „Es gibt nur eine Kirche Christi, und zwar für alle Zeiten. Wer abseits von ihr lebt, erfüllt nicht den Willen und die

Vorschrift Christi; da er den Weg des Heiles verlassen hat, geht er dem Verderben entgegen." Abseits von ihr leben aber – im Entscheidenden – unterschiedslos sowohl die, die zwar Christus annehmen, aber seiner Kirche nicht zugehören, als auch die, die auch an Christus nicht glauben, was indes nicht sogleich auch bedeuten muß, sie seien Atheisten. Über letztere sagt Leo XIII.: „Diese mögen bedenken und vollends erkennen, daß sie nicht zu den Kindern Gottes gezählt werden können, sofern sie nicht Christus zum Bruder und die Kirche zur Mutter gewählt haben" (SC 667). Und Pius XI. formuliert im Blick auf die nichtkatholischen Christen: „Es gibt keinen anderen Weg, die Vereinigung aller Christen herbeizuführen, als den, die Rückkehr aller getrennten Brüder zur einen wahren Kirche Christi zu fördern, von der sie sich ja einst unseligerweise getrennt haben. Zu der einen wahren Kirche Christi, sagen Wir, die wahrlich leicht erkennbar vor aller Augen steht, und die nach dem Willen ihres Stifters für alle Zeiten so bleiben wird, wie er sie zum Heile aller Menschen begründet hat" (MA 686).

Wie wird die Aussage belegt, Christus habe nur eine einzige Kirche gegründet? In SC wird auf einige Texte aus der Heiligen Schrift verwiesen, z. B. auf Mt 16, 18, und an einige Aussagen von Kirchenvätern erinnert, z. B. von Klemens von Alexandrien (Stromata VII, 17). Entscheidend aber sind zwei systematische Argumente. Das erste setzt bei der Einheit der Menschheit an, die als ganze mit der Erlösungsgnade Christi beschenkt werden soll. Die eine Gnade aber kann der einen Menschheit nur durch eine Kirche vermittelt werden. „Deshalb muß die Kirche das durch Jesus Christus erworbene Heil sowie alle Gnaden, die daraus hervorgehen, allen Menschen und allen Zeiten in reichem Maße vermitteln. Eben darum muß sie gemäß dem Willen ihres Stifters in allen Weltteilen und für alle Zeiten dieselbe sein. Wenn es noch eine andere Kirche geben könnte, so müßte man die Grenzen der Erde verlassen und eine neue, unbekannte Menschheit ersinnen" (SC 610). Das zweite systematische Argument ist eine Entfaltung des Bildes des Leibes. Die Kirche ist der Leib Christi. Christus ist das Haupt. Da es nur ein Haupt gibt, gibt es auch nur einen Leib. Daraus folgt, daß die Kirche nach Christi Willen nicht „eine Vereinigung von mehreren Gemeinschaften" ist, die zwar einander in ihrer Art ähnlich sind, sich aber doch voneinander unterscheiden, sondern die römisch-katholische Kirche als der Leib Christi muß den Anspruch erheben, die einzige von Christus gemeinte Kirche zu sein.

1.2 Einheit als Einförmigkeit

Die Kirche ist die eine nicht nur als die einzige, sondern auch als das im Zeichen der Einheit sich darstellende Strukturgefüge. Wie wird die Aussage verstanden und begründet, Christus habe die Kirche als die in diesem Sinne eine gewollt und gestiftet? Leo XIII. zitiert einige biblische Texte, zumal aus dem hohenpriesterlichen Gebet Jesu (Joh 17). Sodann spricht er über die Werkzeuge, derer Christus sich bedient, um in seiner Kirche die „Übereinstimmung der Geister" zu bewirken. Unter diesen ragt das Papstamt heraus. Ihm ist die letztverbindliche und umfassende Lehr- und Entscheidungsautorität übertragen. Die Wahrnehmung dieser Autorität durch den Papst und der Gehorsam der Gläubigen gewährleisten die innere Einheit in der Kirche – im Glauben, im Kult, im Recht. Christus selbst hat das Papstamt für die Kirche gestiftet, wie Mt 16, 16–18 und Joh 21 zeigen. „Da der göttliche Stifter wollte, daß die Kirche eins sei im Glauben, in der Verwaltung und in der Gemeinschaft, so wählte er sich den Petrus und seine Nachfolger zur Grundlage und zum Mittelpunkt dieser Einheit" (SC 657). An der Lehr- und Entscheidungsautorität des Papstes haben, in Unterordnung und Abhängigkeit, die Nachfolger der Apostel, die Bischöfe, teil.

Die einzige christliche Gemeinschaft, die tatsächlich mit den Organen (vor allem mit dem Papstamt) ausgestattet ist, die Christus der Kirche ingestiftet hat, damit sie geeint und geordnet ihren Auftrag zu erfüllen vermag, ist die römisch-katholische Kirche. Darum ist sie und sie allein die wahre Kirche Jesu Christi. Von diesem Einheitsverständnis her ist der Wunsch, den Pius XI. am Ende von MA ausspricht, nur folgerichtig: „Zum Apostolischen Stuhle, der in dieser Stadt aufgerichtet ist, welche die Apostelfürsten Petrus und Paulus mit ihrem Blut geweiht haben, zu diesem Sitze, der ‚die Wurzel und der Mutterschoß der Katholischen Kirche' (Cyprian) ist, mögen die getrennten Söhne kommen, nicht in der Absicht und Hoffnung, ‚die Kirche des lebendigen Gottes, die Säule und Grundfeste der Wahrheit' (1 Tim 3, 15), werde die Reinheit des Glaubens aufgeben und Irrtümer dulden und zulassen, sondern im Gegenteil, um sich ihrem Lehramt und ihrer Führung zu überlassen" (MA 688). Die gänzliche Ineinssetzung der Kirche Jesu Christi und der römisch-katholischen Kirche hat, wie MA in nicht nur deutlicher, sondern bisweilen schroffer Form ausführt, zur Folge, daß die katholische Kirche sich an der ökumenischen Bewegung, zu der sich damals viele nicht-katholische, christliche Gemeinschaften zusammenzuschließen begannen, in keiner Weise beteiligen kann. Es wird der Verdacht geäußert, die ökumenische Bewegung führe bei den Beteiligten nicht nur nicht zur Einheit der Kirche, sondern in Wirklichkeit zu Indifferentismus und modernistischem Relativismus (MA 683).

2. Das heutige Einheits- und Ökumenismusverständnis der römisch-katholischen Kirche

Das II. Vatikanische Konzil brachte für die römisch-katholische Kirche ein neues, vertieftes, biblischen und vor allem kirchengeschichtlichen Gegebenheiten eher gerecht werdendes Einheitsverständnis. Und von ihm her ließen sich auch ein neues Verständnis und eine neue Bewertung sowohl der nicht-römisch-katholischen Kirchen und Gemeinschaften als auch der ökumenischen Bewegung begründen. Das neue Verständnis ist das Ergebnis der Weiterentwicklung des früheren. Neue Akzente sind gesetzt worden. Von einem Bruch zwischen dem früheren und dem gegenwärtigen Einheitskonzept kann jedoch nicht die Rede sein.

Auch das II. Vatikanische Konzil geht von der Voraussetzung aus, daß „Christus der Herr eine einige und einzige Kirche gegründet hat" (UR 1). Darum widerspricht die Gespaltenheit der Christenheit dem Willen Christi und dem Wesen der Kirche. Im Ökumenismusdekret wird sie als „Ärgernis für die Welt und als ein Schaden für die heilige Sache der Verkündigung des Evangeliums vor allen Geschöpfen" bezeichnet (UR 1). Sie hat zur Folge, daß die Katholizität der Kirche, die schon durch die Eingebundenheit der Kirche in die Geschichte nur gebrochen in Erscheinung tritt, noch einmal zusätzlich verunklärt wird. „Es wird dadurch (durch die Spaltungen unter den Christen) auch für die Kirche selber schwieriger, die Fülle der Katholizität unter jedem Aspekt in der Wirklichkeit des Lebens auszuprägen" (UR 4).

2.1 Einzigkeit in Offenheit

Es gibt nur eine einzige Kirche Jesu Christi. Wie versteht das II. Vatikanische Konzil diese Aussage? Sie besagt nun nicht mehr vor allem Geschlossenheit und Ausschließlichkeit, sondern Offenheit. Im Hintergrund dieses neuen Verständnisses steht die Herausstellung der universalen Ausgerichtetheit und Reichweite, die der Kirche eigen ist. Wir entfalten das neue Verständnis in drei Schritten:

2.1.1 Die eine einzige von Christus gegründete Kirche ist auch nach dem letzten Konzil nicht eine einfachhin unsichtbare, geistliche Größe, sondern auch eine sichtbare, institutionell greifbare Größe. Das Wesen der Kirche, Leib Christi unter dem Haupte Christus zu sein, hat seine bestimmte Entsprechung in ihrer strukturellen Verfaßtheit, die in Analogie zum gottmenschlichen Geheimnis Christi sakramentalen Charakters ist. „Die mit hierarchischen Organen ausgestattete Gesellschaft und der geheimnisvolle Leib Christi, die sichtbare Versammlung und die geistliche Gemeinschaft, die irdische Kirche und die mit himmlischen Gaben beschenkte Kirche sind nicht als zwei verschiedene Größen zu betrachten, sondern bilden eine einzige komplexe Wirklichkeit, die aus menschlichem und göttlichem Element zusammenwächst" (LG 8). Bei den „hierarchischen Organen" ist konkret an das Bischofskollegium mit dem Papst als seinem Haupt sowie an die den Bischöfen zugeordneten Presbyter und Diakone zu denken. Man beachte, daß die „hierarchischen Organe" nicht nur darum zur Kirche Christi gehören, weil es in ihr bestimmte Aufgaben wahrzunehmen gilt, sondern auch weil sich in ihnen, die sakramentale Strukturelemente sind, darstellt, daß die Kirche Christi Leib unter dem Haupte Christus ist.

2.1.2 Die eine einzige Kirche Jesu Christi, von der im Glaubensbekenntnis die Rede ist, „ist *verwirklicht* (subsistit) in der katholischen Kirche, die vom Nachfolger Petri und von den Bischöfen in Gemeinschaft mit ihm geleitet wird" (LG 8). Mit dieser Aussage ist die frühere Auffassung, die römisch-katholische Kirche *sei* (est) die einzige von Christus gemeinte Kirche, bewußt nicht einfach wiederholt worden. Gerade hier sollte ein neuer Akzent gesetzt werden. Gleichwohl besagt auch diese Formulierung eine einzigartige Beziehung und Entsprechung zwischen der wahren Kirche Jesu Christi und der römisch-katholischen Kirche. Der Grund, warum die römisch-katholische Kirche an dieser Auffassung festhält, liegt vor allem in dem unter 1. bereits Ausgeführten; d. h. sie entdeckt in und bei sich die Elemente, die sie als für die Kirche Jesu Christi wesenskonstitutiv erfaßt hat, und sie ist willens, an ihnen festzuhalten, indem sie sie mit höchsten Qualifikationen belegt. Sie führt sie auf eine „institutio divina" zurück, beispielsweise das Bischofsamt in der Kirche (LG 20). Aus der Annahme, die Kirche Jesu Christi „subsistiere" in der römisch-katholischen Kirche, folgt die Herausstellung ihrer Heilsnotwendigkeit, die in den konziliaren Dokumenten freilich so ausgesprochen wird, daß damit nicht jedwede Heilsmöglichkeit „extra ecclesiam catholicam" ausgeschlossen wird. In LG 14 heißt es: „Gestützt auf die Heilige Schrift und die Tradition, lehrt die Heilige Synode, daß diese pilgernde Kirche zum Heile notwendig sei. Christus allein ist Mittler und Weg zum Heil, der in seinem

Leib, der Kirche, uns gegenwärtig wird; indem er aber selbst mit ausdrücklichen Worten die Notwendigkeit des Glaubens und der Taufe betont hat (vgl. Mk 16, 16; Joh 3, 5), hat er zugleich die Notwendigkeit der Kirche, in die die Menschen durch die Taufe wie durch eine Türe eintreten, bekräftigt. Darum könnten jene Menschen nicht gerettet werden, die um die katholische Kirche und ihre von Gott durch Christus gestiftete Heilsnotwendigkeit wissen, in sie aber nicht eintreten oder in ihr nicht ausharren wollten. Jene werden der Gemeinschaft der Kirche voll eingegliedert, die, im Besitz des Geistes Christi, ihre ganze Ordnung und alle in ihr eingerichteten Heilsmittel annehmen und in ihrem sichtbaren Verband mit Christus, der sie durch den Papst und die Bischöfe leitet, verbunden sind, und dies durch die Bande des Glaubensbekenntnisses, der Sakramente und der kirchlichen Leitung und Gemeinschaft. Nicht gerettet wird aber, wer, obwohl der Kirche eingegliedert, in der Liebe nicht verharrt und im Schoße der Kirche zwar ‚dem Leibe', aber nicht ‚dem Herzen' nach verbleibt. Alle Söhne der Kirche sollen aber dessen eingedenk sein, daß ihre ausgezeichnete Stellung nicht den eigenen Verdiensten, sondern der besonderen Gnade Christi zuzuschreiben ist; wenn sie ihr im Denken, Reden und Handeln nicht entsprechen, wird ihnen statt Heil strengeres Gericht zuteil."
Ähnliches ist auch in UR 3 zu lesen: „Nur durch die katholische Kirche Christi, die das allgemeine Hilfsmittel des Heiles ist, kann man Zutritt zu der ganzen Fülle der Heilsmittel haben. Denn einzig dem Apostelkollegium, an dessen Spitze Petrus steht, hat der Herr, so glauben wir, alle Güter des Neuen Bundes anvertraut, um den einen Leib Christi auf Erden zu konstituieren, welchem alle völlig eingegliedert werden müssen, die schon auf irgendeine Weise zum Volke Gottes gehören."

2.1.3 Das Neue in dem neuen Verständnis der Einzigkeit der Kirche, das in den Texten des letzten Konzils zum Ausdruck gekommen ist, besteht weniger in den Elementen, die wir unter 2.1.1 und 2.1.2 dargelegt haben, als in dem, was nun auszuführen ist. Angelegt und ermöglicht ist es in der schon erwähnten Ersetzung des „est" durch das „subsistit", durch das die Beziehung zwischen der wahren Kirche Christi und der römisch-katholischen Kirche so geöffnet werden sollte, daß künftig über den Bereich extra ecclesiam catholicam nicht mehr nur und ohne Unterscheidung sollte ausgesagt werden müssen, dort sei die Kirche überhaupt nicht und also walte dort nur Finsternis und Verderbnis. Was das „subsistit" im Unterschied zu dem früheren „est" meint, ist angedeutet in dem Satz, die Subsistenz der Kirche Christi in der römisch-katholischen Kirche schließe nicht aus, „daß außerhalb ihres Gefüges vielfältige Elemente der Heiligung und der Wahrheit zu finden sind, die als der Kirche Christi eigene Gaben auf die katholische Einheit hindrängen" (LG 8). Aufgrund dieser Elemente der Heiligung und der Wahrheit vermag die römisch-katholische Kirche in den christlichen Gemeinschaften, in denen sie lebendig sind, nun „Kirchen" und „kirchliche Gemeinschaften" zu erkennen und anzuerkennen. In LG 15 sowie in UR 13 bis 23 werden „die vom Römischen Stuhl getrennten Kirchen und kirchlichen Gemeinschaften" näher beschrieben und gewürdigt. Es wird herausgestellt, daß sowohl in den orthodoxen Kirchen des Ostens als auch in den kirchlichen Gemeinschaften, die aus der Reformation des 16. Jahrhunderts hervorgegangen sind, zahlreiche Elemente wirklicher Kirchlichkeit lebendig sind. Sie begründen eine wahre Verbundenheit dieser Gemeinschaften mit der römisch-katholischen Kirche. Das Konzil anerkennt ausdrücklich, „daß einige, ja sogar viele und bedeutende Elemente oder Güter, aus denen insgesamt die Kirche erbaut wird und ihr Leben gewinnt, auch außerhalb der sichtbaren Grenzen der katholischen Kirche existieren können: das geschriebene Wort Gottes, das Leben der Gnade, Glaube, Hoffnung und Liebe und andere innere Gaben des Heiligen Geistes und sichtbare Elemente: All dieses, das von Christus ausgeht und zu ihm hinführt, gehört rechtens zu der einzigen Kirche Christi. Auch zahlreiche liturgische Handlungen der christlichen Religion werden bei den von uns getrennten Brüdern vollzogen, die auf verschiedene Weise je nach der verschiedenen Verfaßtheit einer jeden Kirche und Gemeinschaft ohne Zweifel tatsächlich das Leben der Gnade zeugen können und als geeignete Mittel für den Zutritt zur Gemeinschaft des Heiles angesehen werden müssen. Ebenso sind diese getrennten Kirchen und Gemeinschaften trotz der Mängel, die ihnen nach unserem Glauben anhaften, nicht ohne Bedeutung und Gewicht im Geheimnis des Heiles. Denn der Geist Christi hat sich gewürdigt, sie als Mittel des Heiles zu gebrauchen, deren Wirksamkeit sich von der der katholischen Kirche anvertrauten Fülle der Gnade und Wahrheit herleitet" (UR 3).

Die römisch-katholische Kirche beansprucht also auch nach dem II. Vatikanischen Konzil, die einzige Kirche Jesu Christi zu sein. Aber sie schließt damit nicht aus, daß die anderen christlichen Gemeinschaften auch Kirchen und kirchliche Gemeinschaften sind. Sie sind es kraft ihrer Hinordnung auf die römisch-katholische Kirche und aufgrund der in ihnen lebendigen Elemente sakramentaler Kirchlichkeit.

2.2 Einheit in Mannigfaltigkeit

Wenn von der „einen Kirche" die Rede ist, geht es nicht nur um ihre Einzigkeit, sondern auch, ja ursprünglich vor allem, um ihre innere Geeintheit, die sich in der Liebe und dem Frieden und der Einmütigkeit ihrer Glieder darstellen soll. Die innere Geeintheit der Kirche wurde im Sinne der früheren Ekklesiologie, die sich etwa in SC und in MA ausdrückte, weitgehend als Uniformität verstanden. Man meinte, nur eine organisatorisch, kanonistisch, liturgisch und theologisch einheitlich sich darstellende und vollziehende Kirche entspreche dem Willen Christi für seinen Leib, die Kirche. Das II. Vatikanische Konzil hat sich von dem Ideal und der Praxis der kirchlichen Uniformität abgewandt und ein Verständnis von innerer Geeintheit formuliert, das der Mannigfaltigkeit viel Raum gibt. An die Stelle des Leitgedankens der Einförmigkeit ist der der Einheit in der Vielfalt getreten. Die Einheit des Volkes Gottes wird von seiner Katholizität her erschlossen. Mit Wolfgang Beinert (vgl. seinen obigen Beitrag) kann man nun von einer „kommunionalen Ekklesiologie" sprechen. In LG 13 heißt es: „In allen Völkern der Erde wohnt dieses eine Gottesvolk, da es aus ihnen allen seine Bürger nimmt, Bürger freilich nicht irdischer, sondern himmlischer Natur. Alle über den Erdkreis verstreuten Gläubigen stehen mit den übrigen im Heiligen Geiste in Gemeinschaft, und so weiß ,der, welcher zu Rom wohnt, daß die Inder seine Glieder sind' (Joh. Chrysostomus). Da aber das Reich Christi nicht von dieser Welt ist (vgl. Joh 18, 36), so entzieht die Kirche oder das Gottesvolk mit der Verwirklichung dieses Reiches nichts dem zeitlichen Wohl irgendeines Volkes. Vielmehr fördert und übernimmt es Anlagen, Fähigkeiten und Sitten der Völker, soweit sie gut sind. Bei dieser Übernahme reinigt, kräftigt und hebt es sie aber auch. Sie ist dessen eingedenk, daß sie mit jenem König sammeln muß, dem die Völker zum Erbe gegeben sind (vgl. Ps 2, 8) und in dessen Stadt sie Gaben und Geschenke herbeibringen (vgl. Ps 71, 10; Is 60, 4–7; Apk 21, 24). Diese Eigenschaft der Weltweite, die das Gottesvolk auszeichnet, ist Gabe des Herrn selbst. In ihr strebt die katholische Kirche mit Tatkraft und Stetigkeit danach, die ganze Menschheit mit all ihren Gütern unter dem einen Haupt Christus zusammenzufassen in der Einheit seines Geistes. Kraft dieser Katholizität bringen die einzelnen Teile ihre eigenen Gaben den übrigen Teilen und der ganzen Kirche hinzu, so daß das Ganze und die einzelnen Teile zunehmen aus allen, die Gemeinschaft miteinander halten und zur Fülle in Einheit zusammenwirken." Im Geiste solcher neuer Grundentscheidungen konnte das Konzil die Mannigfaltigkeit in der konkreten Aus-

gestaltung der Partikularkirchen ausdrücklich gutheißen. So heißt es beispielsweise in dem Dekret über die katholischen Ostkirchen „Orientalium Ecclesiarum" Nr. 2: „Die heilige katholische Kirche ist der mystische Leib Christi und besteht aus den Gläubigen, die durch denselben Glauben, dieselben Sakramente und dieselbe oberhirtliche Führung im Heiligen Geiste organisch geeint sind. Durch ihre Hierarchie zu verschiedenen Gemeinschaften zusammengeschlossen, bilden sie ‚Teilkirchen' oder ‚Riten'. Unter diesen herrscht eine wunderbare Verbundenheit, so daß ihre Vielfalt in der Kirche keinesfalls der Einheit Abbruch tut, sondern im Gegenteil diese Einheit deutlich aufzeigt."
Eine Reihe von theologischen Erkenntnissen und Entscheidungen haben die Neuakzentuierungen im Verständnis der inneren Einheit der Kirche ermöglicht:

2.2.1 Das II. Vatikanische Konzil hat, indem es sich für die Communio-Ekklesiologie entschieden hat, frühchristliche Kirchenstrukturen wiederzubeleben beabsichtigt. Darin kommt zum Tragen, was das Konzil im ganzen kennzeichnet: daß es Engführungen, die sich im zweiten Jahrtausend der Geschichte der Kirche ergeben haben, auch dadurch zu überwinden gedachte, daß es hinter sie auf reichere und weitere Traditionen, die bei ihr in Vergessenheit geraten waren, zurückgriff. Von daher ist es kein Zufall, daß Strukturen und Traditionen, die vor allem in den orthodoxen Kirchen festgehalten worden sind, ausdrücklich bejaht werden. Man denke hier beispielsweise an den Abschnitt über die Bedeutung der Patriarchate am Ende von LG 23.

2.2.2 Während das Verständnis der Einheit der Kirche in der Zeit vor dem letzten Konzil fast ausschließlich vom Gründerwillen Christi her erschlossen wurde, geschieht dies nun in doppelter Weise anders.
1. Früher wurde vorwiegend formal an den Gründerwillen Christi erinnert, der nun eben die Kirche als die eine gemeint habe. – Heute wird herausgestellt, daß sich die Einheit der Kirche von Christus her sakramental, vor allem eucharistisch versteht. Die Kirche ist der eine Leib Christi nicht nur, weil Christus, das Haupt, es so will, sondern auch und vor allem, weil sich der Leib Christi, der die Kirche ist, von dem eucharistischen Leib des Herrn her aufbaut. In LG 7 heißt es: „In jenem Leibe strömt Christi Leben auf die Gläubigen über, die durch die Sakramente auf geheimnisvolle und doch wirkliche Weise mit Christus, der gelitten hat und verherrlicht ist, geeint werden ... Beim Brechen des eucharistischen Brotes erhalten wir wirklich Anteil am Leib des Herrn und werden zur Gemeinschaft mit ihm und untereinander erhoben.

‚Weil es ein Brot ist, sind wir viele ein Leib, wir alle, die wir an dem einen Brote teilhaben' (1 Kor 10.17). So werden wir alle zu Gliedern jenes Leibes (1 Kor 12, 27), ‚die einzelnen aber untereinander Glieder' (Röm 12, 5)." Die Einheit der Kirche wird also nun vor allem sakramental verstanden. 2. Die christologische Begründung der Einheit der Kirche erscheint in den Texten des Konzils eingebettet in eine umfassend trinitarische. Das ist verwirklicht in den ersten Abschnitten von LG, die mit dem Wort Cyprians enden: „So erscheint die ganze Kirche als ‚das von der Einheit des Vaters und des Sohnes und des Heiligen Geistes her geeinte Volk'." Der Text im Ökumenismusdekret, in dem das Einheitsverständnis der römisch-katholischen Kirche dargelegt wird, setzt ebenfalls mit einem trinitarisch strukturierten Text ein (UR 2). Innerhalb dieser trinitarischen Erschließung der Kirche ist Raum sowohl für die christologischen Erörterungen, die früher der einzige Erschließungszusammenhang für das Verständnis der kirchlichen Einheit gewesen sind, als auch für die pneumatologischen Aussagen. Wurde die kirchliche Einheit solange fast ausschließlich als Einförmigkeit verstanden, als sie nur christologisch begründet wurde, so sprengt die Hervorhebung der Wirksamkeit des Heiligen Geistes nun dieses Verständnis und ermöglicht das kommuniale Kirchenbild, bei dem die Einheit als innere Geeintheit in Mannigfaltigkeit gemeint ist. Der Heilige Geist erscheint nicht nur als die Kraft der Einigung, sondern auch als die Quelle der vielfältigen Charismen. Ein zusammenfassender, programmatischer Text in UR 2 schließt die trinitarische Grundlegung des konziliaren Kirchenbildes so ab: „Dies ist das heilige Geheimnis der Einheit der Kirche in Christus und durch Christus, indes der Heilige Geist die Mannigfaltigkeit der Gaben schafft. Höchstes Vorbild und Urbild dieses Geheimnisses ist die Einheit des einen Gottes, des Vaters, und des Sohnes im Heiligen Geist in der Dreiheit der Personen." Welche Konturen hat die Kirche, die Abbild dieses Urbildes ist? LG 13 antwortet: „Es gibt in der kirchlichen Gemeinschaft (communio) zu Recht Teilkirchen, die sich eigener Überlieferungen (traditiones) erfreuen, unbeschadet des Primats des Stuhles Petris, welcher der gesamten Liebesgemeinschaft (coetus caritatis) vorsteht, die rechtmäßigen Verschiedenheiten schützt und zugleich darüber wacht, daß die Besonderheiten der Einheit nicht nur nicht schaden, sondern ihr vielmehr dienen. Daher bestehen schließlich zwischen den verschiedenen Teilen der Kirche die Bande einer innigen Gemeinschaft der geistigen Güter..." Auf dem Hintergrund eines solchen trinitarisch begründeten Kirchenverständnisses hat sich die römisch-katholische Kirche im

II. Vatikanischen Konzil in der Lage gesehen, ihre Beziehung zu den Kirchen der Orthodoxie und der Reformation neu zu beschreiben.

2.3 Das neue Ökumenismusverständnis

Aus dem eben dargelegten Verständnis der kirchlichen Einheit ergibt sich das Ökumenismusverständnis der römisch-katholischen Kirche. Ausführlich ist es im Ökumenismusdekret 4 bis 12 dargelegt. Nachdem die katholische Kirche die ökumenische Bewegung, die im Bereich der reformatorischen und der orthodoxen Kirchen aufgekommen war, in den Jahrzehnten vor dem II. Vatikanischen Konzil mit äußerstem Mißtrauen, ja mit gänzlicher Ablehnung begleitete, sieht sie sich nun in der Lage, ja durch das Wirken des Heiligen Geistes dahin geführt, die ökumenische Bewegung nicht nur gutzuheißen, sondern in sie einzutreten. „Unter dem Wehen der Gnade des Heiligen Geistes gibt es heute in vielen Ländern auf Erden Bestrebungen, durch Gebet, Wort und Werk zu jener Fülle der Einheit zu gelangen, die Jesus Christus will. Daher mahnt dieses Heilige Konzil alle katholischen Gläubigen, daß sie, die Zeichen der Zeit erkennend, mit Eifer an dem ökumenischen Werk teilnehmen" (UR 4). Was „ökumenische Bewegung" bedeutet, wird sodann vorläufig in vier Stichworten umschrieben: Abbau ungerechtfertigter Vorurteile; theologischer Dialog; Zusammenarbeit in allen möglichen Bereichen; gemeinsames Gebet. Das Ziel, das die römisch-katholische Kirche bei allem ökumenischen Bemühen letztlich verfolgt, wird mehrfach als „volle kirchliche Gemeinschaft" bezeichnet (plena communio ecclesiastica, UR 3; 4). Diese stellt sich im Sinne des letzten Konzils vor allem in der Gottesdienstgemeinschaft dar, wobei insbesondere an den Bereich der Eucharistie gedacht ist (communicatio in sacris). Aber auch schon bevor die „volle kirchliche Gemeinschaft" erreicht ist, können mannigfache Beziehungen, getragen von wechselseitiger Achtung, zwischen den Christen und zwischen den Kirchen verwirklicht werden. Daß diese Möglichkeiten ausgeschöpft werden, ist wichtig, „so daß dadurch allmählich die Hindernisse, die sich der völligen kirchlichen Gemeinschaft entgegenstellen, überwunden und alle Christen zur selben Eucharistiefeier, zur Einheit der einen und einzigen Kirche versammelt werden, die Christus seiner Kirche von Anfang an geschenkt hat, eine Einheit, die nach unserem Glauben unverlierbar in der katholischen Kirche besteht, und die, wie wir hoffen, immer mehr wachsen wird bis zur Vollendung der Zeiten" (UR 4). Damit dieses Ziel erreicht werden kann, sind Bewegungen sowohl in der römisch-katholischen Kirche als auch in den anderen Kirchen und Gemeinschaften unausweichlich. Bei den Kirchen der Orthodoxie und der Reformation geht es, in freilich recht unterschiedlicher Weise, um eine Wiedergewinnung und -belebung der bislang fehlenden oder Mängel aufweisenden Elemente sakramentaler Kirchlichkeit. Bei der römisch-katholischen Kirche – über die spricht das Konzil eindringlicher und ausführlicher – sind vielfältige Bekehrungen und Wandlungen notwendig. Sie sollen dazu verhelfen, das Bild der katholischen Kirche deutlicher und glaubwürdiger erscheinen zu lassen. „Obgleich nämlich die katholische Kirche mit dem ganzen Reichtum der von Gott geoffenbarten Wahrheit und der Gnadenmittel beschenkt ist, ist es doch Tatsache, daß ihre Glieder nicht mit der entsprechenden Glut daraus leben, so daß das Antlitz der Kirche den von uns getrennten Brüdern und der ganzen Welt nicht recht aufleuchtet und das Wachstum des Reiches Gottes verzögert wird. Deshalb müssen alle Katholiken zur christlichen Vollkommenheit streben und, ihrer jeweiligen Stellung entsprechend, bemüht sein, daß die Kirche, die die Niedrigkeit und das Todesleiden Christi an ihrem Leibe trägt, von Tag zu Tag geläutert und erneuert werde, bis Christus sie sich dereinst glorreich darstellt, ohne Makel und Runzeln" (UR 4). Von der unabdingbaren Bekehrung und Buße ist ausführlich auch in UR 7 die Rede. In allem gilt es, die Gestalt der Kirche deutlicher auszuprägen. Die „dauernde Reform", zu der die Kirche gerufen ist (UR 6), zielt nicht zuletzt dahin, daß soviel an Katholizität und Weite wie nur möglich zum Tragen kommt, damit die bisher getrennten Kirchen ohne Aufgabe ihrer vom Heiligen Geist gewirkten Traditionen innerhalb der erneuerten römisch-katholischen Kirche ihren Ort finden können. Das Konzil ermuntert zu dem Programm: Einheit im Notwendigen, Freiheit in allem anderen. „Alle in der Kirche sollen unter Wahrung der Einheit im Notwendigen ja nach der Aufgabe eines jeden in den verschiedenen Formen des geistlichen Lebens und der äußeren Lebensgestaltung, in der Verschiedenheit der liturgischen Riten sowie der theologischen Ausarbeitung der Offenbarungswahrheit die gebührende Freiheit walten lassen, in allem aber die Liebe üben. Auf diese Weise werden sie die wahre Katholizität und Apostolizität der Kirche immer vollständiger zum Ausdruck bringen. Auf der anderen Seite ist es notwendig, daß die Katholiken die wahrhaft christlichen Güter aus dem gemeinsamen Erbe mit Freude anerkennen und hochschätzen, die sich bei den von uns getrennten Brüdern finden. Es ist billig und heilsam, die Reichtümer Christi und das Wirken der Geisteskräfte im Leben der anderen anzuerkennen, die für Christus Zeugnis geben, manchmal bis zur Hingabe des Lebens: denn Gott ist immer wunderbar und bewunderungswürdig in seinen Werken. Man darf auch nicht übergehen, daß alles, was von der Gnade des Heiligen Geistes in den Herzen der getrennten Brüder gewirkt wird, auch zu unserer eigenen Auferbauung beitragen kann. Denn was wahrhaft christlich ist, steht niemals im Gegensatz zu den echten Gütern des Glaubens, sondern kann immer dazu helfen, daß das Geheimnis Christi und der Kirche vollkommener erfaßt werde" (UR 4).

Die Kirchen wachsen zur Fülle des Glaubens und der Kirchlichkeit auf je ihre Weise heran. Ermöglicht wird dieser Prozeß nicht zuletzt durch den Dialog, der nach dem Willen des Konzils auf der Ebene der Gleichheit (par cum pari) stattfinden soll (UR 9). Das Studium der Theologie soll ökumenisch ausgerichtet sein (UR 10). Alle ökumenischen Bemühungen sollen vom Gebet füreinander und um die Einheit der Kirche getragen und begleitet sein (UR 8).

Das neue Verständnis der kirchlichen Einheit, das im II. Vatikanischen Konzil zum Durchbruch gekommen ist, hat in der Folgezeit zu einer Neugestaltung der Beziehungen zu den orthodoxen und den reformatorischen Kirchen geführt. Über diese Vorgänge und über die Verheißungen und auch die Schwierigkeiten, die sich daraus ergeben, geben die folgenden Beiträge Rechenschaft.

ANMERKUNGEN

1 Es gibt zahlreiche Veröffentlichungen zu unserem Thema. Hier nur einige Titel: R. Frieling, Die ökumenische Bewegung und die römisch-katholische Kirche, in: J. L. Leuba/H. Stirnimann (Hrsg.), Freiheit in der Begegnung, Frankfurt 1969, 89–125; P. W. Scheele, Einheit, die wir haben; Einheit, die wir suchen. Auslegung des Ökumenismusdekrets, in: J. Chr. Hampe (Hrsg.), Autorität der Freiheit, Bd. II, München: Kösel 1967, 601–613; Ders., Jesus Christus sub specie unitatis. Das Christuszeugnis des Ökumenismusdekrets, in: E. Klinger/K. Wittstadt (Hrsg.), Glaube im Prozeß. Christsein nach dem II. Vatikanum, Freiburg 1984, 365–396; H. Fries, Die ökumenische Bedeutung des II. Vatikanums, ebd. 326–355; K. Hemmerle, Einheit als Leitmotiv in ‚Lumen gentium' und im Gesamt des II. Vatikanums, ebd. 207–220; H. J. Schulz, Kirchenzugehörigkeit. Von der jurisdiktionell fixierten Kirchengliedschaft zur Teilhabe am Pleroma des Leibes Christi, ebd. 397–417.

2 Diese Texte sind später durch Verlautbarungen des „Sekretariats für die Einheit der Christen" entfaltet und konkretisiert worden: Ökumenisches Direktorium I. Teil, in: AAS 59 (1967) 574–592, dt.: Trier 1967 (nachkonziliare Dokumentation 7); Ökumenisches Direktorium II. Teil, in: AAS 62 (1970) 705–724, dt.: Trier 1970 (nachkonziliare Dokumentation 27); Erwägungen und Hinweise zum ökumenischen Dialog, in: The Secretariat for promoting

Christian Unity – Information Service Nr. 12, 1970/IV, 3–11, dt.: Trier 1971 (nachkonziliare Dokumentation 30); Die ökumenische Zusammenarbeit auf regionaler, nationaler und örtlicher Ebene, in: The Secretariat..., Nr. 26, 1975/I, 8–31, dt.: Trier 1976 (nachkonziliare Dokumentation 56).

3 AAS 28 (1895–1896) 708–739, dt.: A. Rohrbasser (Hrsg.), Heilslehre der Kirche, Freiburg (Schweiz) 1953, 355–396. Im Folgenden wird nach dieser Ausgabe zitiert.

4 AAS 20 (1928) 5–16, dt.: A. Rohrbasser (Hrsg.), a.a.O., 397–411. Im folgenden wird nach dieser Ausgabe zitiert.

DIE BEZIEHUNGEN ZU DEN ORTHODOXEN KIRCHEN

HANS-JOACHIM SCHULZ, WÜRZBURG

Die Vorgeschichte der mit Johannes XXIII. und dem II. Vatikanischen Konzil vollzogenen ökumenischen Öffnung gegenüber den orthodoxen Kirchen reicht, als Geschichte der besonderen Beziehungen gerade zu *diesen,* so weit zurück wie die Geschichte der kirchlichen Communio und des nie erloschenen Bewußtseins, daß abgerissene Bande einer Kirchengemeinschaft zwischen den Ortskirchen nach Erzielung der entsprechenden Voraussetzungen ihrer Wiederanknüpfung bedürfen. Diese Aussage will nicht die ungeheure Spannung verschleiern, die im Verhalten der Päpste und im theologischen Durchschnittsbewußtsein zwischen Epochen und Ausdrucksformen der rigorosesten Gleichsetzung der päpstlich-hierarchisch verfaßten *katholischen* Kirche mit der *Kirche Christi* insgesamt und jenen anderen Epochen der Frühzeit und der neuesten Entwicklung besteht, in welchen auch die nicht in aktueller eucharistischer Communio mit Rom befindlichen Kirchen orthodoxer Überlieferung in ihrer ekklesialen Dignität anerkannt und theologisch gewürdigt werden. Dieser Hinweis auf das geschichtlich ursprüngliche Zusammengehörigkeitsbewußtsein zwischen Ost- und Westkirche will vielmehr deutlich machen, daß die ökumenischen Beziehungen der römisch-katholischen Kirche gerade zu den orthodoxen Kirchen auch heute eine besondere Eigenart besitzen und innerhalb des heutigen weitgespannten Ökumenebegriffs auch speziell jenen Inhalten verpflichtet sind, die im Ökumene-Verständnis der *konziliaren Epoche* wurzeln und sich in der theologischen Qualifikation bestimmter allgemeiner Konzilien der kirchlichen Überlieferung als *„ökumenischer"* manifestieren.

Auf ein solches Überlieferungsbewußtsein ist die katholische Kirche heute tatsächlich von den östlich-orthodoxen Kirchen angesprochen, die auf zwei Panorthodoxen Konferenzen auf Rhodos (1963 und 1964) den Dialog mit der katholischen Kirche unter der Bedingung beschlossen haben, daß dieser auf gleicher ekklesialer Ebene (ἐπὶ ἴσοις ὅροις) und auf jener Glaubensbasis stattfindet, die durch die 7 Ökumenischen Konzilien des 1. Jahrtausends bezeichnet ist.[1] Daß eine solche Orientierung ökumenischer Beziehungen am geschichtlichen Ökumenebewußtsein nicht in dessen historisch überlebte Begleitvorstellungen eines „reichskirchlich" und kulturell einheitlich zu verwirklichenden Kirchentums zurückfällt (bzw. mit unangemessenen Gegenwartsprojektionen solcher Vorstellungen arbeitet), das mag jener zweite Dialogpartner anmahnen, der in noch ursprünglicherer Weise frühchristlich überlieferungsgemäß geprägt ist; der jedoch, in seinem Verhältnis zu den katholisch-orthodoxen Konzilien, von Chalkedon (451) ab, jedes überzogene Orthodoxie-Verständnis in Richtung einer voluntaristisch definierten und auf ewig verbürgten verbalen Rechtgläubigkeit scheitern läßt. Gemeint sind die „orientalisch-orthodoxen" (altorientalischen, nichtchalkedonischen) Kirchen, deren Glaubensüberzeugung sich (jenseits von Nikaia, Konstantinopel und Ephesos) weniger konziliar als vielmehr *liturgisch-patristisch* ausspricht, und die heute, zugleich als Nachbarn islamischer und indischer Religionen und Kulturen, hinsichtlich der zu lösenden Spannung zwischen engster Geschichtsbezogenheit und der Notwendigkeit eines Sich-Öffnens für ein Zeitalter der Dritten Welt, als Symbolträger für künftige Aufgaben der Weltökumene gesehen werden können.

Wie die letztgenannte Konstellation zeigt, kann heute freilich kein bilateraler Dialog an der *Gesamtheit* der christlichen Konfessionen (ja der Weltreligionen) vorbeigehen. Und so darf die gleich eingangs betonte Besonderheit der geschichtlichen und derzeitigen katholisch-orthodoxen Beziehungen keine Vergessenheit der katholischen Kirche des Abendlandes gegenüber dem für sie geschichtsmächtigen Phänomen der Reformation und gegenüber den aus ihr hervorgegangenen Kirchen bedeuten. Das bilaterale wie das multilaterale ökumenische Bemühen auf Weltebene sieht sich bei der Konzentration auf die Frage nach der fundamentalen Glaubensgemeinsamkeit auf das „Dreiecksverhältnis" der großen Konfessionen verwiesen. So hat gerade in den Ursprungsländern der Reformation das Angewiesensein auf den Dialog mit deren Kirchen ökumenische Pionierfunktionen geweckt, die längst auch für das Verhältnis gegenüber der Orthodoxie fruchtbar geworden sind. Während andererseits auf der Ebene des Ökumenischen Rates der Kirchen die Mitarbeit der orthodoxen Kirche eine auch für das künftige katholisch-reformatorische Verhältnis hoffnungsvolle theologische Orientierung begünstigt hat, als deren bisher eindrucksvollstes Ergebnis wohl die Konvergenzerklärungen der Kommission für Glauben und Kirchenverfassung über Taufe, Eucharistie und Amt zu gelten haben.[2]

Das Thema „Die Beziehungen der römisch-katholischen Kirche zu den orthodoxen Kirchen innerhalb der Ökumene" wird demgemäß in drei Abschnitten zu entfalten sein, von denen der *erste* die Besonderheit der Beziehungen zur Orthodoxie von der Vorgeschichte des heutigen Dialogs her erhellt, der *zweite* dem Dialog selbst gewidmet ist, während der *dritte* die jeweiligen Beziehungen zu den einzelnen *altorientalischen* Kirchen behandelt, wobei gerade im letzteren Falle die neue Gesamtkonstellation im Rahmen der ökumenischen Bewegung beispielhaft deutlich wird.

1. Die besonderen Beziehungen zur Orthodoxie seit der Spaltung im 11. Jahrhundert

Für das Verständnis der besonderen Beziehungen zu den orthodoxen Kirchen heute ist nicht nur jenes Stück Vorgeschichte bedeutsam, das mit dem Aufbruch zum heutigen Ökumenismus nach der Mitte des 19. Jahrhunderts beginnt und in den päpstlichen Lehräußerungen der Epoche vor allem seit Leo XIII. sich ausspricht; es bedarf auch einer kurzen Vergegenwärtigung jenes Bemühens um Einheit, das schon bald nach Erlöschen der Communio mit der byzantinisch-orthodoxen Kirche wieder einsetzt und nie für längere Zeit ganz unterbrochen war.[3] Der Verlust der Communio, kurz nach 1009, der sich schon wenige Jahrzehnte später nicht mehr genau rekonstruieren läßt, war – im Gegensatz zu vielen früheren und späteren historischen Exkommunikationsverfahren – kanonisch nicht greifbar, weder mit Häresie noch Schisma auf einer der Seiten zu begründen, sondern das Resultat *politisch-kultureller Entfremdung*. Anscheinend wurde das Unterlassen der gegenseitigen liturgischen Kommemorationen zum Dauerzustand zur Zeit des Papstes Benedikt VIII. (1012–1024), der in Süditalien normannische und fränkisch-deutsche Vorstöße in byzantinische Stammlande unterstützte. Die spektakuläre Bannung im Jahre 1054, die Kardinal Humbert (nach dem Tod des Papstes Leo IX. und somit nicht mehr in gültiger Legatenfunktion) vollzog und die Patriarch Michael Kerullarios notgedrungen erwiderte, bezog sich, dem Wortlaut der beiden Bullen nach, nur auf den Patriarchen und seine Anhänger bzw. den Kardinal und seine Ratgeber und verwandelte erst nach langfristigen Solidarisierungsprozessen auf beiden Seiten den communio-losen Zustand zwischen dem Alten und dem Neuen Rom in eine bewußtseinsmäßig belastete *schismatische Situation*[4], in die dann nach und nach alle orthodoxen Kirchen mit hineingezogen wurden: eine Situation, die sich nochmals mit der Eroberung Konstantinopels 1204 durch die „Kreuzfahrer" des 4. Kreuzzuges zusätzlich verhärtete. Keine der Seiten aber betrachtete in den Jahrzehnten seit 1009, bzw. seit 1054, diesen Zustand als definitiv und unheilbar; und trotz allfälliger Häresievorwürfe in den theologischen Kontroversfragen[5], vor allem bezüglich der abendländischen Lehre über den Hervorgang des Heiligen Geistes „auch vom Sohn" (Filioque), vermied man es im allgemeinen, der anderen Kirche den überlieferungsgeschichtlich überkommenen ekklesialen Charakter abzuerkennen oder sie jeweils als ganze den konziliar verurteilten *häretischen* Bewegungen des kirchlichen Altertums gleichzusetzen.

1.1 Das fundamentale Kirche-Sein der Orthodoxie und die Idee von seiner Aktivierung durch die Union mit Rom

Auch nach dem Eklat des Jahres 1054 blieb kaum ein Jahrhundert ohne ernstliche Bemühungen für eine Wiederherstellung der Communio: beginnend mit dem Ansuchen Urbans II. 1088 um Wiederaufnahme seines Namens in die liturgischen Diptychen von Konstantinopel.[6] Spätere Päpste freilich verstehen die „Wiederherstellung der Einheit" als strikte Unterordnung der orthodoxen Kirche unter die päpstliche Jurisdiktionshoheit. Daß eine solche gefordert werden mußte, ergab sich in römischen Augen mit Notwendigkeit aus der Funktion der Päpste als Nachfolger Petri und Vicarius Christi, dem sich zu unterwerfen als selbstverständliche Voraussetzung der Zugehörigkeit zur *einen Kirche Christi* selbst erschien. Doch reichte die Erfüllung eben dieser Bedingung im wesentlichen auch schon zum Abschluß einer „Union" mit der römischen Kirche aus, während die zusätzlich beschworenen, oft sehr umfassenden Glaubensbekenntnisse[7], selbst im Falle der späteren Unionen mit altorientalischen Kirchen, nicht unbedingt im Sinne einer Abkehr von wirklich zuvor vertretenen Häresien interpretiert werden müssen. Dies gilt erst recht hinsichtlich der byzantinisch-orthodoxen Kirche[8], deren fundamentale Rechtgläubigkeit und ekklesiale Grundstruktur vorausgesetzt und der Aktivierung in der Einheit mit der katholischen Kirche für fähig gehalten wird.

Zwar bezichtigen briefliche Äußerungen der Päpste oft genug den Osten in drastischen Worten „des Abfalls von der wahren Kirche Christi"; ja es finden sich Urteile, wie das Gregors VII., der in einem Brief an Abt Hugo von Cluny beklagt, daß die „orientalische Kirche auf Eingebung des Teufels vom katholischen Glauben abgefallen ist und durch ihre Glieder der alte Feind (der Satan) die Christen vielfach tötet".[9] – Und gewiß wird die orthodoxe Kirche im ganzen Zeitraum, den W. de Vries in seinem Buch „Rom und die Patriarchate des Ostens" untersucht, niemals unter Absehen von ihren fehlenden Beziehungen zu Rom einfachhin als rechtmäßiger Teil der einen Kirche Christi betrachtet. Was Hadrian IV. formuliert, gilt auch später: Das verlorene

Schaf soll zur Herde zurückkehren; „denn es gibt nur *eine* Kirche und nur eine *einzige* Arche der Heiligung, in die hinein sich jeder Gläubige vor der Sintflut retten muß".[10]
Aber das jeweils verordnete Heilmittel zeigt, wie wenig im Grunde daran fehlt, aus der „Verlorenheit" in den vollen Schutz der Arche zurückzugelangen. Am deutlichsten beweist das Unionskonzil von Florenz (1438/39), daß es möglich war, das dogmatische Postulat von der Einheit der Kirche Christi, die nur in der römisch-katholischen Kirche gewahrt sei, mit einer selbst von der heutigen offiziellen katholischen Theologie noch nicht eingeholten und doch dogmatisch voll verantworteten ökumenischen Wertschätzung der orthodoxen Kirche zu verbinden. Die orthodoxen Bischöfe wurden in Florenz von Anfang an als gleichberechtigte Verhandlungspartner, ja als Konzilsväter, behandelt[11], was nur möglich war, wenn man davon ausging, daß die vorgegebene Glaubensgemeinsamkeit sich als konziliar formulierte Bekenntniseinheit würde aktivieren lassen und daß der Einigungswille beider Seiten gewissermaßen einen Vorgriff auf die wiederherzustellende Communio auch schon innerhalb des konziliaren Verfahrens selbst rechtfertige (obwohl man sich einer direkten communicatio in sacris noch enthielt).
Das dornigste Teilproblem innerhalb der herkömmlichen katholischen Einschätzung des ekklesialen Status der „getrennten" orthodoxen Kirchen liegt in der Frage nach der jurisdiktionellen Vollmacht ihrer Hierarchen. Selbst hinsichtlich einer strengen kanonischen Konzeption der Bindung aller kirchlichen Leitungsvollmacht an das Petrusamt des Papstes stellt W. de Vries fest: „Die Vollmacht der getrennten Hierarchen braucht nicht völlig erloschen zu sein, ebensowenig wie eine Teilkirche durch das Schisma alle kirchenbildenden Elemente verlieren muß. Durch die Wiederherstellung der Gemeinschaft mit dem Oberhaupt der Gesamtkirche wird die bisher schismatische Gemeinschaft wieder vollgültiges Glied der universalen Kirche. Ebenso könnten auch die getrennten Hierarchen durch die Erneuerung der Verbindung mit Rom wieder ipso facto ihre alte Vollmacht wiedererlangen, die also dann doch irgendwie, sagen wir *in radice*, auch im Schisma vorhanden gewesen sein müßte."[12]
Die Vielzahl der päpstlichen Dokumente, die im Anschluß an diese Äußerung untersucht wird, läßt sich in diesem Sinne verstehen. Die *negative* Seite dieser Konstruktion schlägt allerdings dort voll durch, wo orthodoxe Kirchengebiete unter lateinische Herrschaft geraten und nun, wie z. B. in den beim 4. Kreuzzug eroberten Gebieten, zur „Legitimation" der Leitung der orthodoxen Kirche Zwangsunionen verordnet oder lateinische Bischöfe zur Oberaufsicht eingesetzt werden.[13]

Die erstmals während der Kreuzzüge und dann vermehrt nach dem Scheitern der Union von Florenz abgeschlossenen Teilunionen[14] entsprachen zwar nicht dem eigentlichen römischen Konzept, das auf Gewinnung des jeweils ganzen Kirchenverbandes ausgerichtet war, lassen sich aber nach römischer Auffassung nicht vermeiden, da ohne Verbindung mit dem Nachfolger Petri die getrennten Bischöfe ihr „in radice" vorhandenes Hirtenamt eben nicht schlechthin „legitim" und „innerhalb der wahren Kirche" ausüben können und die betroffenen Gläubigen beider Merkmale in entsprechender Weise verlustig gehen.

Für solche Legitimationsakte begegnet im Rahmen der Teilunionen nach dem Konzil von Florenz teils ein pragmatischer Modus, der das gekennzeichnete Problem nicht artikuliert: so, als im Jahre 1553 der „nestorianische" Patriarch Johannes Sulaqa in Rom seine Bestätigung erhält[15]; teils wird förmlich von „Exkommunikation und Suspension" absolviert.[16] Einer solchen Suspension wäre, nach der strengen, u. a. von Robert Bellarmin vertretenen Auffassung, der einzelne Inhaber eines Amtes außerhalb der römisch-katholischen Kirche schon aufgrund dessen verfallen, daß er sich innerhalb einer schismatischen Hierarchie hatte weihen lassen.

Dennoch hat Rom die orthodoxen und altorientalischen Amtsträger in ihrer Funktion und ihrem ekklesialen Charakter nie gänzlich ignoriert (wie dies noch in den frühen päpstlichen Aussagen zum neuzeitlichen Ökumenismus hinsichtlich der reformatorischen „Gemeinschaften" geschah). Ja es galt als ausgemacht, daß in den orthodoxen Kirchen auch solche Sakramente gültig gespendet würden, die nach kanonistischer Konzeption eine letztlich an den Papst gebundene Jurisdiktionsvollmacht implizieren: so vor allem das Bußsakrament. Und es wurde zugunsten einer solchen Gültigkeit die Theorie entwickelt, der Papst ließe stillschweigend die „getrennten" orientalischen Hierarchen an seiner Jurisdiktion teilhaben[17], um deren Gläubige nicht der sakramentalen Gnadengaben verlustig gehen zu lassen.

Inzwischen hat das II. Vatikanische Konzil gerade auch für eine positive Wertung der Kirchenzugehörigkeit und der Vollmacht des durch die Bischofsweihe übermittelten Hirten-, Lehr- und Priesteramtes in der orthodoxen und in den altorientalischen Kirchen neue Grunddaten gesetzt.[18] Doch bleiben die erwähnten (heute schon anachronistisch wirkenden) kanonistischen Konstruktionen doch insofern weiter interessant, als sie zeigen, wie sehr selbst im Rahmen einer überkonsequenten Papst-Ekklesiologie Grundgegebenheiten des überlieferungsgeschichtlich überkommenen ekklesialen Erbes in den orthodoxen Kirchen, einschließlich einer wirkfähigen *hierarchischen* Struktur, als unzweifelhaft vorhanden galten.

Was die allgemeine Problematik von Unionen mit orientalischen Teilkirchen betrifft, die einst wie heute das Verhältnis zur Orthodoxie sehr belasten, so beruht diese, wie angedeutet, auf einem Jurisdiktionsprimat, der nicht nur universal, sondern auch direkt und unmittelbar (so das Vatikanum I) ausgeübt werden kann und deshalb bei einer Union nicht unbedingt der Vermittlung des Episkopats der Region bedarf.

Ob eine solche Primatsauffassung mit den auf dem II. Vatikanum statuierten Prinzipien einer eucharistisch-ortskirchlich-bischöflichen Ekklesiologie zu vereinbaren ist, bleibt zu fragen. In jedem Fall können die Päpste zur Unterlassung künftiger Unionen mit Teilen orientalischer Kirchen sich (unter Einschränkung ihrer Primatspraxis) ebenso verpflichten, wie sie bisher schon Verpflichtungen zur Wahrung der Rechte der östlichen Patriarchen eingegangen sind.[19] Den heutigen Unierten darf man ihre ekklesiologisch problematische Situation freilich nicht anlasten, bekunden diese doch teilweise ein hohes ökumenisches Engagement[20] und hängt das bleibende Bewußtsein von den Werten östlicher Überlieferungen im Verlauf der Neuzeit nicht zuletzt mit ihrer Existenz zusammen.

Wen es überhaupt heute befremdet, daß in früheren Epochen nicht einfach der Orthodoxie zugestanden wurde, rechtmäßiger Teil der einen Kirche Christi zu sein, der sollte freilich auch bedenken, daß die orthodoxe Kirche, wie auch die vorchalkedonischen Kirchen, ebenfalls davon überzeugt waren, ihrerseits allein die eine wahre Kirche Christi zu verkörpern. Und die orthodoxe Theologie verfuhr hierin meist rigoroser als die römische. In der Orthodoxie gilt ja bis heute ein aus den Zeiten Cyprians von Karthago und Firmilians von Cäsarea und dem Ketzertaufstreit ererbter strikter Vorbehalt gegenüber allen nicht in der eigenen Kirchengemeinschaft gespendeten Sakramenten; und dieser wird nur durch den Kanon 7 des 2. Ökumenischen Konzils (381)[21] und den Kanon 95 des Konzils „im Trullos" (692)[22] etwas gemildert. Bis heute spricht eine starke Richtung der orthodoxen Theologie (besonders in der Kirche von Hellas) der katholischen Kirche als „heterodoxer Gemeinschaft" die Gültigkeit der Sakramente ab.[23] Und als ökumenisch richtungweisend wurde noch in den 50er Jahren ein aus dem Jahre 1935 stammender Beitrag des Moskauer Metropoliten Sergij (Stragorodskij) empfunden[24], der vor allem von den differenzierten Bestimmungen des Konzils im Trullos über die Aufnahme „Heterodoxer" her für das Vorhandensein wenigstens wurzelhafter sakramentaler Elemente in der katholischen Kirche plädierte, die aber, ohne ein Aufleben in der Gemeinschaft der Orthodoxie, als tatsächlich „nutzlos" anzusehen seien.[25] Diese Sicht entspricht in etwa dem offiziellen katholischen Standpunkt gegenüber der Orthodoxie vor Leo XIII. – Erst im Zuge des Echos auf das II. Vatikanische Konzil und im Rahmen des „Dialogs der Liebe" mehren sich auch orthodoxerseits die Stimmen, die für die katholische Kirche als einen Teil der wahren Kirche Christi sprechen.[26]

1.2 Der „katholische Ökumenismus" Leos XIII. und Pius' XI. in seiner Ausrichtung auf die orthodoxe Kirche

Der Pontifikat Leos XIII. ist oft als Wende zu einem „katholischen Ökumenismus" bezeichnet worden.[27] Und tatsächlich gewinnt das Sprechen über die Kirchen des Ostens in den Äußerungen dieses Papstes eine neue menschliche Dimension der Aufgeschlossenheit und pastoralen Sorge. Dies zeigt sich auch in konkreten Maßnahmen zugunsten der östlichen Traditionen in den unierten Kirchen.[28] Schon Pius IX. vermied es in zwei Dokumenten der Jahre 1864 und 1865, Menschen und Gemeinschaften guten Glaubens als „häretisch" und „schismatisch" zu bezeichnen.[29] Das Wort „Schismatiker" wird definitiv im CIC von 1917, can. 1325, § 2 auf den Sinn einer willkürlichen Aufsässigkeit gegen die kirchliche Obrigkeit eingeschränkt. –
Leo XIII. greift oft auf die Selbstbezeichnungen der betreffenden Kirchen bzw. Personen zurück und nennt sie „Orthodoxi" und „Ecclesiae orientales".[30] Nach dem Vorbild einer von Vinzenz Pallotti in Rom eingeführten Predigt- und Gebetswoche (nach Epiphanie) mit dem Thema der Berufung der gesamten Menschheit zum Glauben weiht Leo XIII. 1895 die Pfingstnovene speziell dem Gebet für die Einheit der Christen. Das Anliegen der christlichen Einheit wird entfaltet in der Enzyklika „Praeclara gratulationis" vom 20. 6. 1894. Statt der üblichen Aufforderung zur Rückkehr heißt es dort: „Angetrieben sicher nicht von menschlichen Motiven, sondern durch die göttliche Liebe und die Sorge für das gemeinsame Heil, bitten wir Euch um Annäherung und Verbindung."[31] Geradezu ein Wort Pauls VI. aus dem fortgeschrittenen Stadium des „Dialogs der Liebe" wird in der Formulierung vorweggenommen: „Zwischen ihnen (den orthodoxen Kirchen) und uns gibt es keine scharfe Trennungslinie; abgesehen von einigen Punkten ist die Übereinstimmung so vollkommen, daß wir oft zur Verteidigung des katholischen Glaubens auf Autoritäten und Begründungen der Lehre, auf Gepflogenheiten und Riten der Ostkirche zurückgreifen."[32]
Dieses Wort spricht wesentlich zutreffender von der lebendigen Bedeu-

tung der östlichen Überlieferungen für die kirchliche Einheit als jene später viel zitierte Feststellung Pius' XI., „daß auch die abgespaltenen Teile eines goldhaltigen Felsens ebenfalls noch goldhaltig sind".[33] Und wenngleich die Enzyklika Leos XIII. tatsächlich doch die christliche Einheit letztlich als nur durch „Rückkehr zum mütterlichen Schoß" der katholischen Kirche zu verwirklichen sieht, klingt doch in der zitierten Bitte um Annäherung wenigstens vom Menschlichen her ein Motiv der *Wechselseitigkeit* des Bemühens um Einheit an, wie es schließlich von Johannes XXIII. in der Verbindung der beiden großen Ziele des II. Vatikanischen Konzils: kirchliche Erneuerung und christliche Einheit, programmatisch formuliert wird.

Der besondere Rang, der den orientalischen Traditionen zuerkannt wird, zeichnet sich um so deutlicher angesichts der Tatsache ab, daß Leo XIII. noch keine Möglichkeit sah, eine Anerkennung der *anglikanischen Weihen* auszusprechen. Obwohl die bedeutenderen Geister und besseren Kenner der Überlieferung in der von Leo zur Prüfung der Frage zunächst berufenen Theologenkommission, wie Abbé Duchesne, Msgr. Gasparri und P. de Augustinis, für die Gültigkeit votierten[34], setzten sich die Bedenken der Kurie und des Erzbischofs von Westminster Kardinal Vaughan schließlich durch.

Für die Ungültigkeit der anglikanischen Weihen gibt die Bulle „Apostolicae curae" vom 13. September 1896[35] folgende Gründe an: Dadurch, daß man im Ordinale Eduards VI. den Hinweis auf die Konsekrations- und Opfervollmacht des Priesters gestrichen habe, sei die das Wesen des Sakraments determinierende und für die Gültigkeit bestimmende „Form" defekt geworden; und auch nach der (ein Jahrhundert später) erfolgten Textkorrektur seien wegen der inzwischen erloschenen Sukzession keine gültigen Weihen mehr zustande gekommen. Gleiches gelte für den Formdefekt der Bischofsweihe. – Form- und Intentionsmangel faßt das Schlußargument zusammen: „Wenn der Ritus in der offenkundigen Absicht verändert wird, dafür einen anderen, von der Kirche nicht zugelassenen einzuführen und das zu verwerfen, was die Kirche tut und was aufgrund der Einsetzung durch Christus zum Wesen des Sakraments gehört, so fehlt offenbar nicht nur die zum Sakrament erforderliche Intention, sondern liegt überdies eine dem Sakrament entgegengesetzte und widersprechende Intention vor."[36]

Auch die von 1921–25 mit den Anglikanern geführten, später berühmt gewordenen Gespräche von Mecheln konnten an dieser Situation nichts ändern. Und selbst beim jüngsten, zu so weitgehender Konvergenz gelangten anglikanisch/römisch-katholischen Dialog schien eine direkte diesbezügliche Revisionsbitte noch nicht möglich oder doch nicht opportun.[37] Gleichwohl könnte gerade der Vergleich mit den orientalischen Traditionen und der mit der ältesten (und zugleich jüngsten) römischen Liturgieordnung einsichtig machen, wie liturgiefremd die 1896 gegebene Begründung ist. Denn zweifellos war das vorherrschende Motiv der anglikanischen Weihereform des 16. Jahrhunderts die Annäherung an das kirchliche Altertum und wich deren tatsächliches Resultat nicht stärker von der Normvorstellung gültiger Weiheliturgie zur Zeit Leos XIII. ab als die stadtrömische Weiheordnung des ganzen 1. Jahrtausends.[38]

Überhaupt wird die positive Ausrichtung der mit Leo XIII. begonnenen Phase des „katholischen Ökumenismus" vor allem im Gegenüber zum *christlichen Osten* eindrucksvoll deutlich, während bei Leo (und den Päpsten der Folgezeit) die Haltung zur ökumenischen Bewegung im *reformatorischen Christentum* noch äußerst reserviert ist und in den Stellungnahmen Pius' XI. zu den Weltkonferenzen von Stockholm (1925) und Lausanne (1927) sogar zu offenkundigen Fehleinschätzungen gelangt. So ruft Pius XI. im Hinblick auf die orientalischen Kirchen zum Ablegen aller Vorurteile und zu einem wirklichen Kennenlernen in Liebe auf, welches die Wiedervereinigung näherbringen wird. Und sein Aufruf gipfelt in dem Satz: „Die ehrwürdigen orientalischen Christengemeinden haben eine so verehrungswürdige Heiligkeit in ihrem Besitz bewahrt, daß sie nicht nur alle Achtung, sondern auch volle Sympathie verdienen."[39] – Dagegen verkennt die Enzyklika „Mortalium animos" mit ihrer scharfen Kritik an der ökumenischen Bewegung weitgehend deren tatsächliche Glaubensvoraussetzungen und Einigungsabsichten. Doch läßt sich auch eine gewisse Berechtigung jener päpstlichen Klarstellung nicht bestreiten, deren Prinzip Georges Tavard so zusammenfaßt: „Der Katholizismus nimmt an der ökumenischen Bewegung nur insofern Anteil, als sie eine Rückkehr zu den Glaubensquellen, zum Evangelium und zur Tradition besagt."[40] Und damit ist sachlich nicht nur ein katholisches, sondern in puncto Tradition ein katholisch-orthodoxes Richtmaß bezeichnet, wie es denn auch in der Arbeit der Kommission für Glauben und Kirchenverfassung mit dem Aufgreifen und fruchtbaren Durchdenken des Traditionsproblems 1952 in Lund und vor allem 1963 in Montreal tatsächlich in der Gesamtökumene wirksam wird.[41]

Von den konkreten Maßnahmen Benedikts XV. und Pius' XI.[42] zur Begegnung mit den orthodoxen Kirchen sind u. a. zu nennen: die Gründung und Neuausstattung des Orientalischen Instituts in Rom (Gründung: 1917), die „Unionistischen" Kongresse, wie sie 1907, 1909, 1911 und dann wieder seit 1924 in Velehrad (Tschechoslowakei) stattfanden, sowie die Gründung des Unionsklosters Amay sur Meuse (später Chevetogne) 1925, wo Dom Lambert Beauduin, einer der Inspiratoren der ökumenischen Arbeit in Belgien und Freund des Kardinals Mercier, erster Abt wurde und Abbé Couturier „der bekannte französische Apostel des Ökumenismus" bei einem einmonatigen Aufenthalt seine Lebenssendung erkannte. – Die wissenschaftliche Arbeit für die Kenntnis des christlichen Ostens war schon ab 1897 von den französischen Assumptionisten mit großer Intensität betrieben worden (Zeitschriften: Échos d'Orient, heute Revue des Études Byzantines; und ab 1922 auch: L'Union des Églises). Theologisch bahnbrechend wirkte die Zeitschrift Irénikon (Chevetogne, seit 1927) und ebenso nachhaltig das Studienzentrum Istina (Boulogne sur Seine) mit der Vierteljahresschrift „Istina" und der Monatsschrift „Vers l'Unité Chrétienne".

2. Das II. Vatikanische Konzil und der „Dialog der Liebe" mit der orthodoxen Kirche

Eine neue Phase ökumenischen Aufbruchs beginnt mit dem Amtsantritt Johannes' XXIII. Im Verhältnis zum Patriarchat von Konstantinopel wird man später die Jahre der Begegnungen, gemeinsamen Erklärungen und brieflichen Kontakte als Phase des „Dialogs der Liebe" bezeichnen[43]; und diese war ihrerseits auf jene neuen Beziehungen zur Gesamtorthodoxie ausgerichtet, die sich derzeit im „Theologischen Dialog" konkretisieren.

2.1 Der ökumenische Aufbruch unter Johannes XXIII.

Schon wenige Monate nach seinem Amtsantritt, am Schlußtag der Weltgebetswoche für die christliche Einheit (am 25. 1. 1959) überraschte Johannes XXIII. die Welt mit der Ankündigung eines Ökumenischen Konzils, „das zugleich eine Einladung an die getrennten Gemeinschaften zur Suche nach der Einheit" sein wolle. Freilich hatte der Papst bei dem Wort „Ökumenisches Konzil" dieses nicht, wie manche Berichterstatter zunächst vermuteten, im Sinne des modernen „Ökumenismus", sondern gemäß dessen theologisch-kanonischer Bedeutungsgeschichte verwandt. Dennoch scheint es, daß Johannes XXIII. aufgrund seiner großen Zuneigung zum christlichen Osten (die er bei seiner langjährigen Tätigkeit als Delegat in Bulgarien und in der Türkei gewonnen hatte) ein Konzil ersehnte, das (ähnlich wie in Florenz 1438/39) auch den orthodoxen Episkopat miteinbeziehen würde, um

nach Feststellung umfassender Glaubensgemeinsamkeit den altkirchlichen Zustand der Communio wiederherzustellen. Nur so nämlich erhalten die Worte des Papstes vom 29. 1. 1959 vor römischen Pfarrern einen konkreten Anhaltspunkt: „Wir werden keinen historischen Prozeß führen. Wir werden nicht zu erkennen suchen, wer recht und wer unrecht hatte. Die Verantwortung ist eine geteilte. Wir werden nur sagen: Vereinigen wir uns, beenden wir die Zwistigkeiten."[44]
Doch muß sich der Papst sehr schnell darüber klar geworden sein, daß er seinem großen Anliegen der Einheit nicht durch einen im beiderseitigen Kirchenvolk nicht vorbereiteten und in den theologischen Konsequenzen ungeklärten Unionsversuch dienen könne. Nicht nur das schnelle Scheitern der Unionen von Lyon und Florenz, sondern auch das äußerst negative Echo auf die (im Kontext des damaligen Vorhabens freilich deplacierte) Einladung des orthodoxen Episkopats zum I. Vatikanum, mußten hier unüberhörbar zur Warnung dienen. Immer mehr kristallisiert sich denn auch in den folgenden Wochen der Gedanke heraus, daß die innere *Erneuerung* der *katholischen* Kirche eine der wichtigsten Voraussetzungen künftiger Wiedervereinigung sei. Die Enzyklika „Ad Petri Cathedram" vom 29. 6. 1959 enthält dann das ausgereifte Konzilskonzept. Der Standpunkt, daß die Einheit der Kirche wesensmäßig in der katholischen Kirche gewahrt sei, wird hier ebenso wie von allen früheren Päpsten vertreten; die katholische Kirche erscheint als das Vaterhaus, in das zurückzukehren die getrennten Brüder eingeladen seien, um wieder zur Einheit unter *einem* Hirten zurückzufinden. Aber die neuen Töne sind doch unüberhörbar. Die „getrennten Brüder" und ihre Gemeinschaften dürfen in diesem Vaterhaus ein *Heimatrecht* in Anspruch nehmen; und sie werden das Vaterhaus *erneuert* vorfinden. Der Vorstellungsgehalt der „Rückkehr" ist von den Momenten einer beiderseitigen Annäherung und solchen eines gemeinsamen Voranschreitens hoffnungsvoll überformt.[45]
Hatte der Papst ursprünglich wohl an eine unmittelbare Einbeziehung orthodoxer Bischöfe in das Konzilsgeschehen gedacht, so kristallisierte sich nun im folgenden Jahre eine praktikable Form des Anliegens heraus: Beobachter-Delegierte (nun freilich aller Kirchen) würden eingeladen werden, um die konziliare Erneuerung selbst zu erleben, Anregungen zu geben und Impulse des Konzils für die christliche Einheit zu vermitteln. Um dieses Konzept zu realisieren und als ständige Kontaktstelle während des Konzils zu dienen, wurde am 5. Juni 1960 das „Sekretariat zur Förderung der Einheit der Christen" eingerichtet und seine Leitung dem gleichzeitig zum Kardinal ernannten P. Augustinus Bea SJ übertragen. Zum Sekretär wurde Msgr. J. Willebrands, der

Gründer und langjährige Sekretär der „Katholischen Konferenz für ökumenische Fragen" bestellt. Weit über diese erstumschriebenen Aufgaben hinaus sollte in den Konzilsjahren, und nach Konzilsbeendigung auf Dauer, dieses Sekretariat die großen ökumenischen Begegnungen und Geschehnisse des „Dialogs der Liebe" und des „Theologischen Dialogs" vorbereiten, mit durchführen und im späteren kirchlichen Leben fruchtbar machen.

Zunächst aber brachte die Frage der Entsendung und Konzilsteilnahme von Beobachter-Delegierten der orthodoxen Kirchen unmittelbar vor dem Konzil und während der ersten Konzilsphase einen über den direkten Anlaß hinausreichenden Prozeß der Klärung des Verhältnisses der Orthodoxie zur katholischen Kirche in Gang: Patriarch Athenagoras von Konstantinopel, der schon mit seinem Glückwunschschreiben zum Amtsantritt Johannes' XXIII. und in seiner Antwort auf die erste Rückäußerung des Papstes „Kontakte mit der Älteren Kirche des Westens" angeregt und den Wunsch ausgesprochen hatte, daß „die heilige Kirche von Rom sich dem Osten brüderlich zuwenden werde"[46], konnte im September 1961 eine erste Panorthodoxe Konferenz auf Rhodos abhalten[47], auf der, nach einer Phase politisch erschwerter Kontakte zwischen den autokephalen orthodoxen Kirchen, das Ökumenische Patriarchat neu an Ansehen gewann und Initiativen für ein zukünftiges Panorthodoxes Konzil gebilligt wurden.

Nachdem kurz vor der Eröffnung des römischen Konzils (am 11. 10. 1962) ein Versuch des Patriarchen Athenagoras, von den übrigen autokephalen Kirchen Zusagen zur Entsendung von Beobachtern zu erhalten, gescheitert war, befaßte sich die 2. Panorthodoxe Konferenz (vom 26.–30. 9. 1963)[48] mit dieser Frage und gab sie den einzelnen Kirchen zur positiven Entscheidung frei, so daß nun von der 2. und der 3. Konzilsperiode an zunehmend mehr orthodoxe Kirchen auf dem Konzil vertreten waren.[49] Zugleich wurde 1963 auf Rhodos die grundsätzliche Bereitschaft zu einem Theologischen Dialog mit der katholischen Kirche beschlossen. Dieser Dialog müsse freilich auf gleicher ekklesialer Ebene (ἐπὶ ἴσοις ὅροις) stattfinden, was dann schließlich auf der 3. Panorthodoxen Konferenz (1.–15. 11. 1964) noch näher umschrieben wurde.[50]

2.2 Die theologische Erneuerung durch das II. Vatikanische Konzil

Im Zuge der Anbahnung eines neuen Verhältnisses zur Orthodoxie in den Jahren vor dem Konzil ist nun nach den wichtigsten für dieses Verhältnis relevanten theologischen Neuansätzen des Konzils selbst zu fragen, bevor die mit dessen Ablauf eng verquickten ersten Höhepunkte des neuen Dialogs ihre Würdigung verlangen.

Zunächst jedoch ist es angebracht, sich an einige Hoffnungen zu erinnern, die ökumenisch aufgeschlossene orthodoxe Theologen hinsichtlich eines Konzils hegten, das sich vorgenommen hatte, die Papstaussagen des I. Vatikanums in einen ekklesiologischen Kontext zu integrieren und der kirchlichen Einheit zu dienen.[51] Würde es gelingen, das päpstliche Lehr- und Leitungsamt so auf die kirchliche Überlieferung und die alten ortskirchlich-sakramentalen Strukturen zurückzubeziehen, daß die Grenzen der Aussagen des I. Vatikanums bzw. deren eigener Grenzfall-Charakter deutlich werden könnte? – Die damalige Ablehnung eines „consensus ecclesiae" als Bedingung päpstlicher „ex cathedra"-Entscheidungen konnte, als Ablehnung einer quasi-parlamentarischen episkopalen Mehrheitsentscheidung in Glaubensfragen, auch in orthodoxer Sicht, einen guten Sinn haben, erscheint aber heute ergänzungsbedürftig hinsichtlich der Unverzichtbarkeit eines „consensus" im Sinne der inhaltlichen Kontinuität der Überlieferung und der Umschreibung von Kriterien einer solchen. Und die Identifizierung der Unfehlbarkeitssubjekte Kirche und Papst, sofern letzterer „ex cathedra" spricht, bedürfte nach orthodoxer Auffassung einer wesentlich differenzierteren Umschreibung.

Ähnlich wäre auch die „unmittelbare, echt bischöfliche" universale Jurisdiktion des Papstes ihren Ausübungskriterien nach zu bestimmen, soll sie nicht gegenüber der „ordentlichen" (d. h. nicht-delegierten) Vollmacht des Bischofs in seiner Diözese widersprüchlich wirken. – Was schließlich die absolute Identifizierung von römisch-katholischer Kirche und Leib Christi, wie sie in der Enzyklika „Mystici Corporis" Pius' XII. vorgenommen wird, betrifft, so erhebt zwar auch die Orthodoxie traditionellerweise einen solchen Anspruch in eigener Sache; doch würde eine diesbezügliche Festschreibung katholischerseits, der seit Konzilsankündigung vertretenen Hoffnung auf ein Sich-Finden im gemeinsamen Vaterhaus tatsächlich die ekklesiologische Grundlage wieder entziehen. Werden nun die tatsächlich verabschiedeten Konzilstexte diesen Anliegen gerecht? Insgesamt enthalten die Konstitutionen über die Kirche und über die göttliche Offenbarung und vor allem das Ökumenismusdekret eine Fülle von Aussagen, die noch weit umfassender einer Annäherung an die Orthodoxie dienen können.

Die beiden ersten Kapitel der Kirchenkonstitution über die Kirche als Mysterium und als Volk Gottes entsprechen weitgehend dem sakramentalen und vom Geheimnis der Trinität ausgehenden Kirchenverständnis der Orthodoxie. Die ortskirchliche Struktur und die Bedeutung der Vielfalt der Traditionen wird deutlich zur Geltung gebracht (Art. 13 und 23). Zugleich kommt das in der Orthodoxie stark betonte *Prinzip der intensiven Katholizität,* die einer jeden Ortskirche aufgrund der sakramentalen Teilhabe am Mysterium des Leibes Christi eigen ist, in Art. 26 zur Aussprache, der geradezu ein Stück *eucharistischer Ekklesiologie* beinhaltet und von deren frühen orthodoxen Entwürfen mit inspiriert ist.[52] Die ökumenische Fruchtbarkeit gerade dieser Ekklesiologie sollte in den Jahren nach dem Konzil und vor allem im jüngsten theologischen Dialog mit der Orthodoxie noch deutlicher offenbar werden.

Art. 8 von „Lumen gentium" vollzieht den Durchbruch von einem allein auf die römisch-katholische Kirche eingeschränkten Verständnis von Leib Christi und Kirche auf ein Kirchenverständnis hin, das, von der vollen Verwirklichung innerhalb der katholischen Kirche ausgehend, doch auf das gesamte Spektrum der Kirchen und kirchlichen Gemeinschaften als in ihrer Intensität unterschiedliche Verwirklichungsstufen ausgreift und letztlich das ganze Gottesvolk der Erlösten umspannt.[53]

Freilich darf man hier keine Aufzählung einzelner Kirchen und erst recht keine solche der ihnen zuzuordnenden Verwirklichungsgrade des Kircheseins erwarten. Andererseits bleibt es unbefriedigend, wenn der katholischen Kirche als der Vollverwirklichung nur die Formulierung: „(ekklesiale) *Elemente* der Heiligung und Wahrheit" gegenübersteht. Auch ist die mysterientheologische Aussage: „Kirche, die sein Leib und seine Fülle ist, erfüllt mit seinen göttlichen Gaben" (in Art. 7) allzu leicht mißdeutbar im Sinne konkreter *traditionsgeschichtlicher* Bewertungen und klingt die im gleichen ekklesiologischen Gedankenduktus zu verstehende Stelle (des Art. 8), daß die „vielfältigen Elemente der Heiligung und der Wahrheit ... als der Kirche Christi eigene Gaben auf die katholische Einheit hindrängen", leicht wie eine der Eigenständigkeit der orthodoxen Überlieferung widersprechende Vereinnahmung ihrer Werte durch die katholische Kirche.

Daß freilich die Orthodoxie nicht nur „Elemente" von Kirche besitzt, wurde in den nachkonziliaren Kritiken z. B. von Johannes Karmiris[54] und Anastasios Kallis moniert[55]; von Johannes Karmiris wurde zudem auch festgestellt, daß von einem Hindrängen der eigenen Überlieferungen und geistlichen Werte der orthodoxen Kirche (als „der Kirche Christi eigene Gaben") auf eine außer ihrer selbst liegende katholische Einheit keine Rede sein könne. – Tatsächlich aber widerspricht einer solchen Interpretation sowohl die hohe Würdigung der eigenständigen Überlieferungen (in Art. 13 von „Lumen gentium") als auch die inhaltliche Umschreibung des orthodoxen Kirchentums (in Art. 14–18 des Ökumenismusdekrets) und ebenso die deutliche Abhebung der „orientalischen Kirchen" von den „getrennten Kirchen und Kirchlichen Gemeinschaften im Abendland" (ebd.). Vielmehr ist für die katholische Vollverwirklichung von Kirche Christi das Merkmal des Verfaßtseins unter dem „Nachfolger Petri" in Art. 8 in dem Sinne zu verstehen, daß ein Fehlen der Communio mit dem Bischof von Rom keine Sache der Beliebigkeit, sondern ein eben doch die gottgewollte Kirchenstruktur berührender Mangel ist. Für eine Minimalinterpretation dieses Moments wäre dem Art. 8 – für sich genommen – schon Genüge getan, wenn man diesen Mangel nur so gewichten würde, wie er auch zu bestimmten Zeiten der Alten Kirche bei einem communiolosen Zustand einzelner Patriarchate gegenüber Rom zu gewichten war: als ein der Bereinigung bedürftiger, aber nicht den ekklesialen Status in Frage stellender Zustand.

Besonders hilfreich für die Wertschätzung der ekklesialen Dignität der Orthodoxie und ihrer bischöflich-sakramentalen Kirchenstruktur ist Art. 21 von „Lumen gentium". Hier wird in Übereinstimmung mit der östlichen und der westlichen *liturgischen* Überlieferung klargestellt, daß das bischöfliche Amt in der *Untrennbarkeit* seiner Verkündigungs-, Hirten- und Priesterfunktion durch die in apostolischer Sukzession erfolgende Bischofsweihe übertragen wird. Damit ist jene noch im CIC von 1917 vertretene mittelalterliche kanonistische Auffassung verlassen, die *neben das sakramentale Prinzip* der Weihe des Bischofs (und selbst diese wurde seit dem Mittelalter nicht als Sakrament im strengen Sinne, sondern als Sakramentale, ähnlich einer Abtsweihe oder einer Königssalbung verstanden) als weiteres *Wesenskonstitutiv* seines Amtes eine *unabhängig* davon durch den Papst zu übertragende Jurisdiktionsvollmacht stellte.[56] Dem aus dieser Auffassung zwangsläufig resultierenden Vorbehalt gegenüber dem orthodoxen Bischofsamt und gegenüber seinem sakramentalen Legitimationsprinzip entzieht speziell der letzte Satz der „nota explicativa praevia" zu „Lumen gentium" die Berechtigung, der ausdrücklich Bezug nimmt auf die „Vollmacht, die tatsächlich bei den getrennten Orientalen ausgeübt wird". – Die hohe Ehrerbietung, mit der die Päpste in der ganzen Phase des „Dialogs der Liebe" den orthodoxen Hierarchen begegnet sind, hat seitdem die neue theologische Sicht dieser Aussage mit Leben erfüllt; und in den begleitenden Erklärungen wurde zugleich ein Stück Konzilstheologie weiter entfaltet.[57]

Äußerst unbefriedigend blieb allerdings für die Orthodoxie die Art und Weise, wie Paraphrasen und Erläuterungen der Primats- und Unfehlbarkeitsaussagen des I. Vatikanums in Gedankengänge über das Myste-

rium der Kirche, über deren sakramentale Strukturen und über die
Funktionen des Bischofsamtes gleichsam eingesprengt erscheinen[58],
ohne daß dieser Kontext für eine wirkliche Neuinterpretation der
Papstaussagen selbst genutzt wird. Doch ergeben sich aus der Kirchenkonstitution und anderen Konzilsdokumenten durchaus hermeneutische Faktoren, um die Schwerpunktintentionen des Konzils auch hinsichtlich der neu zu interpretierenden ekklesiologischen Rückbindung
der Papstaussagen des 19. Jahrhunderts zu erschließen. So ist z. B. zur
Neuinterpretation der Unfehlbarkeitstexte die Konstitution über die
Göttliche Offenbarung mit heranzuziehen, die in ihrem Überlieferungsverständnis die normierende Funktion der Heiligen Schrift sowie auch
der alten Liturgie und der Patristik zur Geltung bringt und eine quantitative Vermehrung der *so* tradierten apostolischen Verkündigung etwa
unter Berufung eines Papstes auf eine geschichtlich nicht manifeste
Tradition, die dann vom Lehramt gewissermaßen nur postuliert wäre,
ausschließt (Art. 7 und 8).

Was die konziliare Umschreibung des päpstlichen Primats betrifft, ist
besonders der Konzilsbeschluß über die „Wiederherstellung der Rechte
der Patriarchen nach den alten Traditionen einer jeden Kirche ...: der
Rechte, die galten, als Ost und West noch geeint waren" (Ostkirchendekret, Art. 9), für eine orthodoxe Beurteilung wichtig. Wenngleich
dieser Beschluß auf die unierten Kirchen abzielt, so bezieht er doch
seine Motivation aus der authentischen Überlieferung der östlichen Kirchen als ganzer; und es eignen die betreffenden Rechte den unierten
Hierarchen gewissermaßen in Platzhalterfunktion[59] für die erhoffte
Zeit der wieder in Communio mit Rom stehenden autokephalen Kirchen. Der Hinweis auf die Nichteinhaltung ähnlicher Garantien, die
von seiten des Konzils von Florenz gegeben waren, sticht u. a. auch
deshalb nicht, da man damals im Westen kaum eine Vorstellung vom
wirklichen geschichtlichen Inhalt dieser Rechte hatte, heute aber sehr
wohl darum weiß. – Befremden erregte auf orthodoxer Seite allerdings
die einseitige Freigabe einer begrenzten eucharistischen Gastbereitschaft gegenüber der Orthodoxie (Art. 27), da hierüber keine orthodoxe Kirche konsultiert worden war[60] und die *volle* Einheit im Glauben
als *wesensmäßige Voraussetzung* solcher Praxis in den Formulierungen
des Artikels undeutlich blieb.[61]

Unter den Konzilsdokumenten, die sich in ihrer theologischen Konzeption besonders einer orthodoxen Sichtweise annähern, ist noch einmal
die Konstitution über die Göttliche Offenbarung zu nennen, insofern
ihre heilsgeschichtlich-verkündigungstheologisch-liturgische Dynamik
des Offenbarungsverständnisses, dem im universalen Sinn liturgisch

orientierten östlichen Denken entspricht; des weiteren die Liturgiekonstitution, die dem abendländischen Liturgieverständnis ekklesiale, kosmische und eschatologische Dimensionen erschlossen hat, die, lange verschüttet, erst durch die liturgische Bewegung der 20er Jahre – und auch damals nicht ohne Inspirationen durch die östlichen Liturgien – wiederentdeckt worden waren.[62]

2.3 Der „Dialog der Liebe"

Die ökumenischen Ansätze des konziliaren Aufbruchs und der Konzilsekklesiologie wurden durch die Päpste in der Folgezeit des Konzils gegenüber den orthodoxen Kirchen aktiviert und im Geschehenskontext der Dialogereignisse teilweise auch theologisch weiterentwickelt.

2.3.1 Unmittelbar im Anschluß an die 2. Sitzungsperiode (29. 9. bis 4. 12. 1963), in der die Liturgiekonstitution verabschiedet worden war und die Kirchenkonstitution und das Ökumenismusdekret Gestalt angenommen hatten, kündigte Papst Paul VI. für den Januar 1964 seine Pilgerfahrt ins Heilige Land an, die dann zur ersten jener Begegnungen führte, die insgesamt weit über die direkten Aussagen der Konzilstexte hinaus die vorhandene tiefgreifende Einheit zwischen der katholischen und der orthodoxen Kirche ins Licht stellen sollten.

Wie unmittelbar die ökumenische Intention des Papstes und die tiefe Symbolik der Pilgerfahrt zu den Stätten des Ursprungs der einen ungeteilten Kirche auf orthodoxer Seite empfunden wurde, zeigt die schon zwei Tage nach der päpstlichen Ankündigung erfolgte Erklärung von Patriarch Athenagoras. Er betont, „daß es ein Werk der Vorsehung wäre, wenn anläßlich dieser Pilgerfahrt alle Leiter der heiligen Kirchen des Ostens und Westens, aller drei Konfessionen, in der heiligen Stadt Sion einander begegneten, damit sie dort in gemeinsamer Reue des Geistes und des Herzens, mit erlösenden Tränen und mit innigen Gebeten auf dem mit dem Blute Christi getränkten Calvarienberg und am heiligen und lebenspendenden Grabe knieend, von dem die allgemeine Vergebung und das Heil gekommen sind, einen neuen und gesegneten Weg einschlagen ... zur Wiederherstellung der Einheit aller, gemäß Seinem Willen".[63]

Am 4. 1. 1964 reiste Paul VI. nach Jerusalem und traf auf orthodoxen Wunsch zuerst mit dem Patriarchen Benediktos von Jerusalem als dem Leiter der dortigen Ortskirche zusammen. Tief symbolisch vollzog sich die Begegnung zwischen dem Papst und dem Patriarchen Athenagoras, die beide gemeinsam Joh 17 griechisch und lateinisch rezitierten und das Vaterunser beteten. Paul VI. hatte als Geschenk einen Meßkelch ausgewählt: Zeichen der Anerkennung des orthodoxen Priestertums und Ausdruck der Hoffnung auf eine baldige Kommuniongemeinschaft. Athenagoras I. schenkte ein Enkolpion (Muttergottesmedaillon, das neben dem Brustkreuz zu tragen ist und zu den bischöflichen Insignien gehört). Er ließ zudem als Geschenk für den Papst eine Ikone malen, die Petrus und Andreas, die Apostel der Kirchen von Rom und Konstantinopel, in brüderlicher Umarmung zeigt[64]: Erinnerung an die Begegnung von Jerusalem und Mahnung für einen bleibenden Auftrag.

2.3.2 Der wohl bedeutsamste Schritt, der während der ganzen Konzilszeit positiv auf eine künftige Communio hin getan wurde, war die am 7. 12. 1965, dem Vortag der Schlußsitzung des Konzils, gleichzeitig in Rom und Konstantinopel proklamierte „Auslöschung" des Bannes von 1054. Da der damalige Bannspruch des Kardinals Humbert[65] nicht gegen die Kirche des byzantinischen Reiches, sondern gegen die Person des Patriarchen Michael Kerullarios und seine Ratgeber gerichtet war (und ebenso auch die Gegenbannung formal nur wenige Personen betraf und ihrerseits nur von der örtlichen Synode ausging), konnte Patriarch Athenagoras ohne Autorisierung durch andere orthodoxe Kirchen diesen Akt der Bewältigung des Traumas von 1054 vollziehen. Der Schritt war von Konstantinopel aus durch mündliche Übermittlung angeregt worden[66] und wird in seiner Planung erstmals dokumentarisch greifbar in einem Brief des Kardinals Bea vom 18. 10. 1965 an den Patriarchen, in welchem bereits Verhandlungen einer gemischten Kommission beider Kirchen für den Beginn des folgenden Monats vorgeschlagen werden.[67]
Tatsächlich konnte schon am 7. 12. 1965 die feierliche Proklamation in St. Peter und in der St. Georgskirche im Phanar erfolgen, in welcher „Papst Paul VI. und Patriarch Athenagoras I. mit seiner Synode erklären, a) daß sie die beleidigenden Worte, grundlosen Vorwürfe und verwerflichen Handlungen bedauern, die die traurigen Ereignisse dieser Epoche auf beiden Seiten geprägt und begleitet haben; b) daß sie ebenfalls die Exkommunikations-Sentenzen, die auf sie gefolgt sind und deren Erinnerung einer Annäherung in der Liebe bis heute hindernd im Wege steht, bedauern, *aus dem Gedächtnis und der Mitte der Kirche tilgen und dem Vergessen anheimfallen lassen;* c) daß sie schließlich die ärgerlichen Präzedenzfälle und die weiteren Vorkommnisse beklagen, die unter dem Einfluß verschiedener Faktoren, u. a. des gegenseitigen Verständnismangels und Mißtrauens, schließlich zum tatsächlichen Bruch der kirchlichen Gemeinschaft geführt haben".[68]

Die bisherige böse Erinnerung an die Ereignisse von 1054, die seitdem die Beziehungen zwischen den Kirchen des Ostens und Westens vergiftet hat, soll also hinfort einem gegenseitigen Gedenken in Liebe weichen und das Trauma von einst endlich Heilung finden. Die Analyse der historischen Vorgänge um 1054 und der Dokumente zur Bannauslöschung von 1965 zeigt, daß der schon zu Beginn des 11. Jahrhunderts bestehende Zustand fehlender Communio auch durch die Heilung des Traumas von 1054 (abgesehen von allen später aufgekommenen Differenzen) noch nicht behoben werden kann. Aber ein (psychologisches) Haupthindernis, das der Wiederherstellung der Communio im Wege stand, ist nunmehr ausgeräumt und die Hoffnung auf Beseitigung auch der theologischen Differenzen ist realistischer geworden.[69] – Das positive Echo aus verschiedenen orthodoxen Kirchen und insbesondere die Teilnahme des Metropoliten Nikodim vom Moskauer Patriarchat, der überraschend zur Feier im Petersdom angereist war, zeigt die Signalwirkung, die das Ereignis auf die Gesamtorthodoxie ausübte.[70]

2.3.3 Eine neue Qualität der Kommunikation zwischen Rom und Konstantinopel, die sich deutlich als Vorstufe einer sakramentalen Communio erweist[71], ist durch den Papstbesuch im Phanar (vom 25.–26. 7. 1967) und den Gegenbesuch des Patriarchen (vom 26.–28. 10. 1967) im Vatikan gekennzeichnet. Die Gottesdienste anläßlich dieser Begegnung zeugen (weit über das erste Treffen in Jerusalem hinaus) vom Bewußtsein ekklesialer Gemeinsamkeit und gegenseitiger episkopaler und patriarchaler Anerkennung.[72] Paul VI. greift in seinem im Phanar überreichten Breve „Anno ineunte" den Begriff der „Schwesterkirchen" auf[73] und gebraucht ihn im Sinne jener tiefgreifenden Einheit, die er später als „eine fast vollständige, wenn auch noch nicht vollkommene kirchliche Gemeinschaft" umschreibt.[74] Die Gottesdienste im Phanar und in der Heilig-Geist-Kirche in Konstantinopel umfassen bereits die gegenseitige Kommemoration der Hierarchen. Die orthodoxen Gläubigen brechen anläßlich der Überreichung einer bischöflichen Stola durch Athenagoras, die Paul VI. sofort anlegt, in „Axios"-Rufe aus und singen dem Papst das Polychronion („ad multos annos").[75]
Der mögliche und nahe Schritt auf eine auch theologische Bewältigung der noch bestehenden Differenzen hin wird vom Papst beschworen, indem er die altkirchlichen Konzilien als gemeinsame Glaubensbasis herausstellt und das Glaubenszeugnis der drei griechischen Kirchenväter Athanasius, Basilius und Kyrill von Alexandrien als vorbildhaft kennzeichnet, die als Wortführer im Glaubensstreit ihrer Zeit doch um der Liebe und der kirchlichen Einheit willen kontroverse Formulierungen

ihres eigenen theologischen Denkens hinter dem gemeinsamen Bekenntnis zurücktreten ließen.[76]
Die „Gemeinsame Erklärung" (vom 28. 10. 1967) beim Gegenbesuch des Patriarchen in Rom stellt die Früchte des „Dialogs der Liebe" heraus, verpflichtet zu pastoraler Gemeinsamkeit in den großen sozialen Aufgaben der Zeit und sagt „Segen und pastorale Unterstützung zu: für jegliches Bemühen um Zusammenarbeit von katholischen und orthodoxen Professoren auf dem Gebiet des Studiums der Geschichte und der kirchlichen Tradition, der Väterlehre und der Liturgie, sowie der Schriftauslegung" (TA 195).
Auch nach dem Tode des großen Pioniers der Einheit[77], des Patriarchen Athenagoras, am 7. 7. 1972, wurde dessen Linie vom neuen Patriarchen Demetrios fortgeführt.

2.3.4 Am 7. 12. 1975 kann Patriarch Demetrios I. dem Papst zum 10. Jahrestag der Bannauslöschung mitteilen, der Dialog der Liebe möge sich nun auch in der Vorbereitung des Theologischen Dialogs konkretisieren (TA 287).
Wiederum setzt Paul VI. anläßlich der Feierlichkeiten zu diesem Jahrestag (am 14. 12. 1975) ein Zeichen: Indem er vor dem Metropoliten Meliton von Chalkedon, dem Leiter der Patriarchatsdelegation, niederkniet und ihm die Füße küßt, bringt er den Anteil historischer Schuld der Päpste und des Abendlandes an der Kirchenspaltung zum Ausdruck und bittet die Kirchen des Ostens um Vergebung. In seiner Ansprache bekennt sich der Papst rückhaltloser als je zuvor zu der Einsicht, „daß die katholische und die orthodoxe Kirche durch eine so tiefe Gemeinschaft vereinigt sind, daß nur wenig fehlt, um die Fülle zu erreichen, die eine gemeinsame Feier der Eucharistie des Herrn erlaubt, ,welche die Einheit der Kirche bezeichnet und bewirkt'". Als besondere Momente der beiderseitig verbindenden genuinen Überlieferung werden hervorgehoben „das gleiche in der apostolischen Sukzession empfangene Bischofsamt, um das Volk Gottes zu leiten", und die von den ökumenischen Konzilien des 1. Jahrtausends geschaffene gemeinsame Glaubensbasis (TA 288).

2.4 Der Theologische Dialog

2.4.1 Mit der Ernennung der Gemischten Vorbereitenden Kommission im Dezember 1975 nähert sich der auf den Panorthodoxen Konferenzen 1963 und 1964 beschlossene Theologische Dialog endlich dem Stadium der Verwirklichung. Dieser Dialog bedeutet die Konkretisierung des „Dialogs der Liebe" aus dem Bewußtsein der Untrennbarkeit von Glauben und Liebe und mit dem erklärten Ziel, jene vorgegebene Glaubenseinheit wieder zu entdecken, die eine Koinonia der Kirchen und die Kommuniongemeinschaft als deren Ausdruck und Verwirklichung ermöglicht. Dieses Ziel wird deutlich in der Gemeinsamen Erklärung[78] bekundet, mit der Papst Johannes Paul II. und Patriarch Demetrios I. am Andreasfest (30. 11.) 1979 in Konstantinopel nach Abschluß der Arbeiten der Vorbereitungskommission den definitiven Beginn des Theologischen Dialogs proklamieren.

In der gleichzeitig ernannten Internationalen Dialogkommission sind nunmehr alle autokephalen orthodoxen Kirchen (einschließlich der von Konstantinopel nur als autonom betrachteten Georgischen und Finnischen) vertreten.

2.4.2 Die erste Vollversammlung der Kommission am 28. 5. bis 4. 6. 1980 auf Patmos und Rhodos umschreibt als Thematik der ersten Dialogphase: „Das Mysterium der Kirche und der Eucharistie im Lichte des Geheimnisses der Heiligsten Dreifaltigkeit"[79] und hebt drei Aspekte für die Arbeit der drei Subkommissionen hervor: Kirche und Eucharistie im Bezug zu Christologie, Pneumatologie und Trinitätslehre; Communio innerhalb der Ortskirche und ihr Bezug zur trinitarischen Lebensgemeinschaft; Communio der Ortskirche und Communio der Ortskirchen untereinander.[80]

2.4.3 Nach turnusgemäßen Zusammenkünften der Subkommissionen und der Koordinierungskommission kann auf der Vollversammlung in München-Fürstenried (29. 5. bis 4. 6. 1982) das erste umfassende theologische Dokument unter dem zitierten Titel der ersten Dialogphase verabschiedet werden.[81] Das Dokument darf als Ausdruck der in beiden Kirchen inzwischen erstarkten eucharistischen Ekklesiologie gelten, welche die in Eucharistie und Sakramenten vorgegebene Gemeinsamkeit als ein so fundamentales Einheitspotential kennzeichnet, daß demgegenüber die herkömmlichen Differenzen kirchenrechtlicher und systemtheologischer Art ihre kirchenspaltende Kraft zu verlieren scheinen. Der Text legt die Frage nahe: Wenn die Eucharistiefeier sich nach Sprachgestalt und Geschehensdimension so umfassend als Ausdruck des ganzen trinitarischen Glaubens der Kirche offenbart, kann dann die diesbezügliche Glaubensgemeinschaft als bloßer Teilkonsens gewertet werden? Oder ist dann nicht vielmehr in der liturgischen und bekenntnismäßigen Überlieferung eine an sich auch Kommuniongemeinschaft schon tragende wirkliche Glaubenseinheit gegeben, der gegenüber theologische Differenzen vor allem als Ausdruck unterschiedlicher lokaler Traditionen erscheinen, wie solche auch in der Alten Kirche etwa zwischen der antiochenischen und alexandrinischen Vätertheologie bestanden.

Angesichts dieses Dokuments gemeinsamen Glaubens scheint die theologische Anregung von Metropolit Damaskinos Papandreou angemessen[82], derzufolge das (auf dem II. Vatikanum noch unter unklaren theologischen Voraussetzungen ergangene) Angebot eucharistischer Communio für die orthodoxe Seite annehmbar sein könnte, sofern die dafür vorauszusetzende Glaubens- und Bekenntniseinheit auch katholischerseits ohne eine Verpflichtung der östlichen Seite auf die im Westen gewachsene Primatsstruktur und deren Theologie konzipiert werden könnte.[83] Orthodoxerseits würde die Annahme eines solchen Angebots entsprechend die Zurücknahme eines Vorwurfs auf kirchenspaltende westliche Glaubensneuerungen implizieren.

2.4.4 Auf der vom 30. 5. bis 8. 6. 1984 auf Kreta abgehaltenen 3. Vollversammlung[84] gelang es jedoch nicht, den in München beschrittenen Weg mit gleicher Zielstrebigkeit fortzusetzen. Die Verabschiedung des im Rahmen der zweiten Dialogphase „Glaube, Sakramente und Einheit" vorgesehenen ersten gemeinsamen Dokuments über die Initiation und das Verhältnis der drei Initiationssakramente Taufe, Firmung (Myronsalbung) und Eucharistie mußte auf die für 1986 in Bari geplante 4. Vollversammlung vertagt werden.

Der Grund für die Schwierigkeit gemeinsamen Glaubensausdrucks hinsichtlich der Initiationssakramente aufgrund der unterschiedlichen liturgisch-rituellen und kirchenrechtlichen Praxis zeigt jedoch nur wiederum, wie dringend notwendig es ist, ein wirklich wesensbezogenes Verständnis von Glaubens- und Bekenntniseinheit im altkirchlichen Sinne (unbeschadet lokaler Überlieferungen) wiederzuentdecken.

3. Die Beziehungen zu den altorientalischen Kirchen

Eine besonders tiefgreifende Wandlung hat das Verhältnis zu den altorientalischen Kirchen[85] (der koptischen, äthiopischen, syrischen, syrisch-indischen und armenischen Kirche) erfahren. Diese Kirchen galten nicht nur der byzantinisch-orthodoxen, katholischen und reformatorischen Dogmatik, sondern auch der modernen Konfessionskunde als „monophysitische", ungeachtet dessen, daß sie selbst diese Benen-

nung zurückwiesen und sich ebenso wie die byzantinisch-orthodoxen Kirchen als „orthodox" bezeichneten.
Die historischen Beziehungen katholischerseits zu diesen Kirchen und umgekehrt waren dementsprechend kontrastreicher als die zur byzantinischen Orthodoxie.

3.1 Die historischen Beziehungen

In der *Koptisch-Orthodoxen Kirche* erinnerte man sich zwar stets noch vage des einstigen positiven Verhältnisses zwischen Rom und Alexandrien besonders in der Zeit von Athanasius bis Kyrill († 444), das im Arianismusstreit geradezu als römisch-alexandrinische Achse in Erscheinung tritt. Vor allem aber waren die koptischen Christen später doch geneigt, die Päpste in einer Linie mit jenem Leo d. Gr. zu sehen, der mit Hilfe des Konzils von Chalkedon (451) ihren Patriarchen Dioskoros absetzen ließ und der in der Reichskirche eine Christologie zum Durchbruch brachte, die sie für „nestorianisch" hielten, so daß ihnen folgerichtig Leo als Erzketzer erschien. – In der ganzen Epoche neuzeitlicher Unionsversuche hat sich die koptische (und die äthiopische) Kirche diesen gegenüber äußerst ablehnend verhalten. Die Union von Florenz (Decretum pro Jacobitis: 1442) war hinsichtlich der fälschlich als „Jakobiten" bezeichneten Kopten mangels nennenswerter Repräsentation dieser Kirche in Florenz[86] – anders als die Union mit der byzantinischen Kirche – von Anfang an eine Fiktion. Und erst ab 1761 gibt es – mit Unterbrechungen – eine koptisch-unierte Kirche, ab 1895 das von Leo XIII. errichtete Patriarchat[87], das freilich die Beziehungen der Koptisch-Orthodoxen Kirche zu Rom nicht verbessern konnte.
Weniger belastet waren die Beziehungen zwischen der *Syrisch-Orthodoxen* Kirche und Rom. Hier wirkte sich ein Affinitätsgefühl der beiderseitigen Petrustradition aus, dessen (allerdings nicht konstante) antiochenische Form in der Verkündigung ihres Patriarchen das fortlebende Glaubenszeugnis des Petrus sah. Die spätere, besonders durch Severus von Antiochien vorherrschend gewordene Auffassung sieht allerdings stärker die *Gesamt*kirche als Träger des Petrusbekenntnisses und als Empfänger der dem Petrus gegebenen Verheißung (Mt 16, 18).[88] Die unter der Türkenherrschaft im Patriarchatsgebiet des öfteren erfolgten Unionsabschlüsse und eine lange anhaltende Praxis der „communicatio in sacris"[89] zeigen, daß hier die nachchalkedonischen wechselseitigen Häresievorwürfe nicht sehr nachhaltig waren und jedenfalls römischerseits (z. B. bei den anläßlich von Unionsabschlüssen durchgeführten

Bücherrevisionen) nicht immer auf das lebendige liturgische Erbe der Syrisch-Orthodoxen Kirche ausgedehnt wurden.[90] Der *Armenischen Kirche* konnte auch bisher schon selbst eine starre dogmengeschichtliche Sichtweise keine besondere Begünstigung der einstigen „monophysitischen" Bewegung anlasten. Diese Kirche, die als Staatsreligion älter ist als die konstantinische Reichskirche, hat sich von Anfang an auch hierarchisch unabhängig entwickelt. Der Widerstand gegen den Einfluß des Perserreiches ließ sie im 6. Jahrhundert die Gefahren des dort verbreiteten „Nestorianismus" besonders ernst nehmen und führte sie zur nachträglichen Ablehnung des als nestorianisierend empfundenen (und ohnehin als beziehungslos zur eigenen Kirchengeschichte gewerteten) reichskirchlichen Konzils von Chalkedon. – Kontakte mit der römischen Kirche seit den Kreuzzügen kommen vorurteilsfrei und oft zustande – bis hin zur päpstlich begünstigten Errichtung des Kleinarmenischen Reiches von Kilikien (1198–1375) und dem vom damals führenden armenischen Katholikat in Sis (Kilikien) unterstützten Unionsabschluß von Florenz (Decretum pro Armenis: 1439).[91] – Unter den altorientalischen Kirchen kam denn auch armenischen Bischöfen und Theologen in jüngster Zeit eine besondere Rolle in der Anbahnung eines neuen Verhältnisses zur byzantinischen Orthodoxie und zur katholischen Kirche zu.

3.2 Das Wunder von Aarhus

Wichtigster Markstein der neuen ökumenischen Entwicklung (mit äußerst positiven Folgen auch für die altorientalisch-katholischen Beziehungen) war die auf Anregung der Kommission für Glauben und Kirchenverfassung 1964 in Aarhus (Dänemark) veranstaltete erste „Inoffizielle Konsultation zwischen Theologen der östlich-orthodoxen und der orientalisch-orthodoxen Kirchen". Weitere Konsultationen fanden 1967 in Bristol, 1970 in Genf und 1971 in Addis Abeba statt.[92] Schon bei der ersten in Aarhus brach sich unerwartet schnell die Erkenntnis Bahn: Die fälschlich so genannten „monophysitischen" Kirchen haben niemals eine „einzige" Natur Christi (unter Leugnung seiner wahren Menschheit) vertreten, vielmehr stets das doppelte homoousios (wesensgleich dem Vater und wesensgleich uns Menschen) bekannt. Die für typisch chalkedonisch gehaltene Bestimmung des Verhältnisses von göttlichem und menschlichem Wesen in Christus mittels der Adjektive (bzw. Adverbien im griechischen Text): „unvermischt und unverwandelt, ungeteilt und ungetrennt" findet sich zwei Wochen vor Konzilsabschluß in Chalkedon im Munde des Patriarchen Dioskoros. Dioskoros wurde dort nicht wegen Häresie, sondern wegen seiner Verhandlungsführung in Ephesus (449) abgesetzt. Der Tomos Leonis muß aus der Sicht der Theologie Kyrills, die Lehre von Chalkedon in Kontinuität mit Ephesus (431) interpretiert werden (wie dies auch das Konzil von Konstantinopel 553 einschärft). Die Ausdrucksweise des Kyrill von der „μία φύσις" war und blieb nötig, um eine unkorrekte Zweinaturenlehre, sei es im nestorianischen Sinn, sei es im Sinne einer reinen „Begegnungschristologie auf der Seinsstufe der Hypostase" zu vermeiden. Die philosophische Terminologie, d. h. der spezifische Sinn der Begriffe von „φύσις", „ούσία", „πρόσωπον" und „ύπόστασις" war in Chalkedon und noch lange Zeit danach nicht so weitgehend entwickelt, daß man die Terminologie Kyrills hätte aufgeben müssen oder dürfen.

Die späteren Konsultationen erbrachten allerdings nur kleine Schritte weiterer Annäherung, da die Frage der Notwendigkeit der Rezeption der vier letzten Ökumenischen Konzilien (byzantinisch-orthodoxer Zählung) offenblieb. Eine solche wurde von griechischen Theologen streng gefordert, von den altorientalischen abgelehnt, da man die Lehre von Chalkedon im Sinne der ersten Konsultation zwar gemeinsam mit den östlich-orthodoxen Kirchen interpretieren, das Konzil in seiner geschichtlichen Konkretheit aber nicht nachträglich gutheißen könne. Schwieriger noch erwies sich eine Rezeption des 6. Konzils (680/81) mit seiner Verwerfung des „Monotheletismus" in einer nicht mehr im Sinne von Kyrill und Ephesus zu interpretierenden Aussageform und mit Anathematismen über die Patriarchen Dioskoros und Severus. – Man einigte sich darauf, eine Zurücknahme dieser Anathematismen (sowie der in den altorientalischen Kirchen ausgesprochenen gegen Flavian, Leo und das Konzil von Chalkedon) anzustreben, ebenso die Frage einer gegenseitigen Anerkennung der Heiligen zu prüfen. Schließlich wurde eine offizielle gemischte Kommission zur Ausarbeitung einer christologischen „formula concordiae" vorgeschlagen, welche denn auch von den Kirchenleitungen ernannt wurde.

3.3 Die Wiener Konsultationen

Die bei den vorausgehenden, mit Hilfe der Kommission für Glauben und Kirchenverfassung durchgeführten Konsultationen erzielten Ergebnisse mußten detailliert berichtet werden, da der derzeitige Stand der römisch-altorientalischen Beziehungen weitgehend durch die ähnlich strukturierten, vom Stiftungsfonds Pro Oriente 1971–1978 in Wien veranstalteten Konsultationen erzielt wurde[93], die ihrerseits die

Ergebnisse der orthodox-altorientalischen zum großen Teil mit einbeziehen konnten.
Die erste dieser Konsultationen[94] stellte durch Beiträge von Alois Grillmeier, Wilhelm de Vries und V. C. Samuel die dogmengeschichtlichen Daten noch deutlicher heraus. Als belastend erwies sich, verglichen mit der orthodox-altorientalischen Interpretation der Lehre von Chalkedon, das abendländische Beharren auf der Terminologie des Tomos Leonis und einem „Chalkedonismus", der sich der Neuinterpretation (bzw. der ephesinischen Redintegration) durch das 5. Konzil weitgehend entzogen hat. Andererseits berührten sich die Ausführungen des armenischen Erzbischofs Tiran Nersoyan mit heutigem katholischem bzw. mit altkirchlichem Denken in der Frage einer stärkeren ekklesialen Einbindung formaler Konzilsautorität in geschichtliche Entwicklungen, so daß auf der Konsultation von Anfang an eine Hypostasierung von „Rechtgläubigkeit" in Form eines unverrückbaren Festhaltens an einer numerisch genau festgelegten Zahl von Konzilien mit einem von diesen statuierten Komplex ewig gültiger und von allen Kirchen zu rezipierender Definitionen (und damit der kritische Punkt der orthodox-altorientalischen Konsultationen) vermieden wurde.[95] Diese Weichenstellung war auch für die weiteren Wiener Konsultationen wichtig; und es weisen in diese Richtung auf der 2. Konsultation[96] besonders die Referate von Alois Grillmeier, Paul Verghese (heute Metropolit der Kirche von Indien), J. G. Remmers und Mar Severus Zakka Iwas (heute Syrisch-Orthodoxer Patriarch von Antiochien). – Die Kirchenleitungen werden aufgefordert, die Streichung der historischen Anathemata in die Wege zu leiten und über die (inoffiziellen) Konsultationen hinaus offizielle Verhandlungen aufzunehmen.
Die 3. Konsultation[97] 1976 war dann den Themenkreisen „Ortskirche und Universalkirche" und „Die Bedeutung der Konzilien im Leben der Kirche" gewidmet. – Der 4. Konsultation[98] 1978 schließlich blieb die Frage nach den geschichtlichen Formen des Vorrangs einzelner Kirchen sowie das Problem der Interpretation der römischen Primatslehre und deren Vereinbarkeit mit den Traditionen der altorientalischen Kirchen vorbehalten. Dabei zeigte sich nun allerdings, daß die katholischerseits hier gebotenen dogmatischen Interpretationen der Lehre des I. Vatikanums, obwohl sie dessen zeitgeschichtliche Hintergründe aufhellten und eine an deren Relativität nicht haftende Redintegration in umfassendere überlieferungsgeschichtliche Zusammenhänge versuchten, den altorientalischen Theologen keinen Zugang von deren eigener Tradition her eröffneten und ihnen demgemäß als mit dieser unvereinbar erscheinen mußten. Dies um so mehr, als die Formen eines regiona-

len Primats in den historischen Ämtern der orientalischen Patriarchen und Katholikoi nach ihrer *theologischen* Dimension von der derzeitigen altorientalischen Theologie offenbar kaum reflektiert werden, vielmehr von den Altorientalen selbst oft als Relikt einer ehemaligen *Ethnarchen*funktion gesehen werden. Nach Erzbischof Nersoyan[99] allerdings eröffnet sich vom Petruszeugnis des Neuen Testaments her die Möglichkeit, das Verhältnis zwischen Petrus und den Aposteln als Modell für das spätere Verhältnis zwischen den regionalen Primaten und ihren Mitbischöfen zu sehen; und demgemäß haben besondere zeitgeschichtliche Voraussetzungen in der Kirche des Römischen Reiches seiner Auffassung nach auch die analoge Ausgestaltung einer sogar umfassend *ökumenischen* Funktion des römischen Bischofs ermöglicht. Doch kann es aus dieser Sicht keine *rechtliche* Petrusnachfolge und keinen universalen Jurisdiktionsprimat als *wesentliches* Strukturelement der Kirche Christi geben.

In dieser Richtung scheinen weitere Schritte der Verständigung möglich zu sein, vor allem auch im Gespräch mit der byzantinischen Orthodoxie. Denn auch die abendländische Frühpatristik sah, wie die Schriften des Cyprian von Karthago zeigen[100], sowohl im Ortsbischof (gegenüber seiner Gemeinde) die Funktion des Petrus verwirklicht, als auch im Amt des Bischofs von Rom den Ort und die Funktion der „Cathedra Petri" (für das Verhältnis der Kirchen untereinander).

3.4 Offizielle Begegnungen und Vereinbarungen

Die durch die neuere dogmengeschichtliche Forschung und besonders durch die auf den Wiener Konsultationen 1971–78 gewonnenen Einsichten wurden ekklesial fruchtbar und in die Wirklichkeitsdimension gemeinsamer Glaubensbezeugung gehoben, sowohl bei den Gottesdiensten anläßlich dieser Konsultationen[101] wie vor allem in den Begegnungen mehrerer Ersthierarchen der orientalischen Kirchen mit Papst Paul VI. und Johannes Paul II. in Rom.

Als bahnbrechend für weitere Begegnungen und Schritte auf das Ziel der Communio hin erwies sich bereits der Besuch des Syrisch-Orthodoxen Patriarchen von Antiochien Ignatius Yacoub III. 1971 in Rom.[102] Die gemeinsame Erklärung vom 27. 10. 1971 weist das Treffen aus als „einen neuen Schritt in den Beziehungen zwischen der römisch-katholischen und der Syrisch-Orthodoxen Kirche". Die tiefe geistliche Gemeinschaft beider Kirchen im Heilsmysterium und speziell im Bekenntnis wird beschworen. Die theologischen Einsichten werden in das Zeugnis umgesetzt:

„Ein Fortschritt wurde bereits erreicht und Papst Paul VI. und Patriarch Mar Ignatius Yacoub III. stimmen darin überein, daß es keine Unterschiede im Glauben, den sie hinsichtlich des Mysteriums des Wortes Gottes, das Fleisch geworden und wirklich Mensch geworden ist, gibt, auch wenn durch die Jahrhunderte Schwierigkeiten aus den verschiedenen theologischen Begriffen, in denen dieser Glaube ausgedrückt wurde, entstanden sind. Sie ermutigen den Klerus und die Gläubigen ihrer Kirchen, noch größere Anstrengungen zu unternehmen, um die Hindernisse, welche die vollkommene Einheit unter ihnen verhindern, zu beseitigen."
Zu noch differenzierteren Aussagen über die geistlichen und geschichtlichen Gemeinsamkeiten beider Kirchen wie auch über das Maß der in jüngster Zeit geleisteten Aufarbeitung der Differenzen kommt es beim Besuch des Koptischen Patriarchen Shenouda III. 1973 in Rom.[103] Bezugnehmend auf die 1. Wiener Konsultation und ihr Communiqué sagt der Patriarch, hier sei „eine Glaubensformel über die Natur Christi erreicht und von beiden Seiten anerkannt worden". Und den Charakter eines umfassenden christologischen Glaubensbekenntnisses hat der zweite Teil der Gemeinsamen Erklärung, der über die Christologie hinaus zusätzlich auch die Sakramente und gemeinsame Frömmigkeitsformen mit einbezieht. – Zur Bereinigung noch verbliebener theologischer Differenzen wird eine gemischte Theologenkommission eingesetzt.
Die erzielte theologische Annäherung kommt auch in einem neuerlichen Besuch des Antiochenischen Patriarchen Ignatius Yacoub III. 1980 in Rom zum Ausdruck, wobei Johannes Paul II. die Bedeutung der Wiener Konsultationen eigens hervorhebt.[104]
Mit dem Nachfolger dieses (zwischenzeitlich verstorbenen) Patriarchen, dem neuen Patriarchen der Syrisch-Orthodoxen Kirche Ignatius Zakka Iwas, konnte nunmehr im Juni 1984 im Zuge eines Austausches pastoraler Hilfen[105] sogar eine begrenzte Sakramentengemeinschaft und eucharistische Gastbereitschaft vereinbart werden, wie sie das II. Vatikanische Konzil in Art. 15 des Ökumenismusdekrets und Art. 27 des Ostkirchendekrets vorgesehen, aber weniger glücklich damals ohne eine zweiseitige Vereinbarung beschlossen hatte.[106] – Im Rahmen der pastoralen Übereinkunft mit dieser Kirche ist damit zugleich auch die Zweiseitigkeit in einer Entwicklung gewahrt, die nun im Kanon 844 des CIC von 1983 ihren Ausdruck gefunden hat.
Auch die Schritte der Begegnung mit den altorientalischen Kirchen dürfen als Ausdruck jener Sehnsucht nach Einheit gelten, die Johannes Paul II. und Patriarch Demetrios von Konstantinopel bei der Aufnahme des Theologischen Dialogs zwischen der katholischen und der

orthodoxen Kirche bekundeten, „alles uns mögliche zu tun, um den Tag zu beschleunigen, an dem die volle Gemeinschaft zwischen der katholischen und der orthodoxen Kirche wiederhergestellt ist und wir endlich gemeinsam die Eucharistie feiern können". – Von eben diesem Dialog heißt es zugleich: „Er soll auch zu dem *vielseitigen* Dialog beitragen, der sich in der christlichen Welt zur Suche nach der Einheit entwickelt."[107]

ANMERKUNGEN

1 S. unten, Anm. 48 und 50.
2 S. in: Dokumente wachsender Übereinstimmung. Sämtliche Berichte und Konsenstexte interkonfessioneller Gespräche auf Weltebene 1931–1982, hrsg. und eingel. von H. Meyer, H. J. Urban, L. Vischer, Paderborn–Frankfurt 1983, 545–585.
3 Zur Geschichte der Spaltung und der Bemühungen um deren Heilung vgl. H.-J. Schulz, in: W. Nyssen, H.-J. Schulz, P. Wiertz, Handbuch der Ostkirchenkunde, Düsseldorf 1984 (= Ostkirchenkunde), 94–131.
4 Wir vermeiden das Wort „Schisma", das (seit dem CIC von 1917, Kanon 1325, § 2) Auflehnung gegen die rechtmäßige kirchliche Obrigkeit impliziert (vgl. unten, 1.2) und sprechen erst recht nicht von einem „Schisma des Kerullarios" oder gar der Kirche des Ostens. – „Schismatische Situation" meint hier einen Zustand, wie er in der Alten Kirche u. a. auch bei Unklarheiten über die Legitimität rivalisierender Hierarchen zwischen deren Gemeinden eintreten konnte. – Anders freilich die Sicht der offiziellen katholischen Theologie in der hier zu behandelnden Epoche.
5 Vgl. zum historischen Aufkommen und zur jeweiligen theologischen Bedeutung der Hauptkontroversen: H.-G. Beck, Kirche und theologische Literatur im byzantinischen Reich, München 1959 (= Beck), 306–321; Schulz: Ostkirchenkunde 89, 99ff., 107f., 111–123.
6 Vgl. W. de Vries, Rom und die Patriarchate des Ostens, Freiburg 1963 (= de Vries, Patriarchate), 329f.
7 Vgl. ebd. 303–317.
8 Selbst ein so rigoroses Beispiel, wie die im Zusammenhang der Union von Lyon (1274) auferlegte „Professio fidei Michaelis Palaeologi" (Denzinger 851–861), setzt trotz des Hinweises auf „die zahlreichen Irrtümer der Griechen" keine solchen in eigentlichen *Glaubens*fragen voraus; und die dort im 2. Teil aufgelisteten lateinischen Bräuche stellen sich eher als zu respektierende, denn als im Glauben anzunehmende dar.
9 De Vries, Patriarchate 329.
10 Ebd. 331.

11 Zur theologischen Problematik dieses Verfahrens vgl. B. Schultze, Das letzte ökumenische Einigungskonzil theologisch gesehen: OrChrPer 25 (1959) 288–309. Vgl. de Vries, Patriarchate 336f.
12 De Vries, Patriarchate 338.
13 J. Gill, Ost und West von 1054–1453, in: de Vries, Patriarchate 23–73; 34ff.
14 Zur Geschichte der Unionen vgl.: de Vries, Patriarchate 74–180; Ders.: Ostkirchenkunde 209–248; M. Lacko: ebd. 269–285.
15 De Vries, Patriarchate 348.
16 Ebd. 349.
17 Ebd. 358.
18 Siehe unten, 2.2.
19 Ostkirchendekret, Art. 9; vgl. unten 2.2.
20 S. unten, Anm. 59.
21 Kanon 7 (nur in der östlichen Zählung): COD 35; dtsch.: J. v. Hefele, Concilien-Geschichte, Bd. 2, Freiburg 1875, 27.
22 Die 102 Kanones der im Osten zum 5. und 6. Ökumenischen Konzil gerechneten (und deshalb „Quinisextum" gen.) Synode von 692: Mansi XI, 921–1006; Hefele 3, 328–349.
23 So z. B. das Urteil des immer noch sehr einflußreichen emer. Athener Dogmatikers J. Karmiris, in: Die orthodoxe Kirche in griechischer Sicht, hrsg. von P. Bratsiotis (Die Kirchen der Welt, Bd. 1), Stuttgart 1959, I. Teil, 103; 111. – Vgl. auch Chr. Konstantinidis – E. Chr. Suttner, Fragen der Sakramentenpastoral in orthodox-katholisch gemischten Gemeinden, Regensburg 1979, 39–50.
24 „Die Bedeutung der apostolischen Sukzession bei den heterodoxen Glaubensgemeinschaften: Žurnal Moskovskoj Patriarchii (ŽMP) 1935, Nr. 23/24, 3–11. – Mehrfacher Wiederabdruck: ŽMP 1961, Nr. 10, 30–45; Stimme der Orthodoxie 1962, Heft 6, 26–34; Heft 7, 45–50; Messager de l'Exarchat du Patriarche Russe en Europe Occid. 1954, 106–126; One Church 1955.
25 Der zusammenfassende Schlußsatz lautet:
„Die heterodoxen Gemeinschaften, die sich die apostolische Sukzession bewahrt haben, genießen den gewaltigen Vorzug, daß die Kirche sie als ‚noch nicht der Kirche entfremdet' betrachtet und mit ihnen eine gewisse Gemeinschaftsordnung aufrecht erhält. Diese Beziehung ist jedoch unvollständig und unkonsolidiert. Falls sie nicht durch eine volle Vereinigung der Kirche in einheitlicher Eucharistie vollendet wird, verfallen alle Prärogative solcher heterodoxer Gemeinschaften der Nutzlosigkeit."
26 Unter ihnen ragt heraus die des verstorbenen griechischen Ökumenikers Hamilkar Alivisatos, der schon gleich nach Beendigung des II. Vatikanischen Konzils die katholische Kirche (trotz der noch bestehenden theologischen Differenzen) als Teil der einen Kirche Christi bezeichnete: Concilium 2 (1966) 259–261.

27 G. Baum, That they may be one. A Study of Papal Doctrine, Leo XIII.–Pius XII., Paris 1961; G. H. Tavard, Geschichte der ökumenischen Bewegung, Mainz 1964 (= Tavard) 90f. u. ö.
28 De Vries, Patriarchate 285 u. ö.
29 Tavard 84.
30 Ebd.
31 ASS 26 (1893/94) 708.
32 Ebd. 707. – Zum Wort Pauls VI. siehe unten, Anm. 74.
33 Tavard 120.
34 Ebd. 60, Anm. 8.
35 ASS 29 (1896/97) 198 ff.; Denzinger 3315 ff.
36 Ebd. 3318.
37 Vgl. „Canterbury-Erklärung 1973", Schluß; und „Erläuterung Salisbury 1979", Nr. 6, in: siehe oben, Anm. 2, 154; 158.
38 Die stadtrömische Weiheordnung des 1. Jahrtausends kennt weder für den Bischof noch für den Presbyter eine Bekundung der Konsekrations- und Opfervollmacht im Ordinationstext (– wohl wird im 3. Jahrhundert bei Hippolyt das „offerre dona sanctae ecclesiae" dem Bischof zugeschrieben, welcher Ordinationstext im Pontificale von 1968 reaktiviert wurde). Die diesbezügliche Aussage des tridentinischen Pontificale (bzw. seiner unmittelbaren Vorgänger) stellt eine späte Übernahme aus der gallischen Liturgie (gallikanisches Gelasianum und Missale Francorum des 8. Jh.) und der deutschen (Pontificale romano-germanicum, Mainz, 10. Jh.) dar. Belege bei: B. Kleinheyer, Die Priesterweihe im römischen Ritus, Trier 1962.
39 Tavard 120.
40 Ebd. 122.
41 Vgl. L. Vischer (Hrsg.), Die Einheit der Kirche. Material der ökumenischen Bewegung, München 1965, 101 ff., 195–210.
42 Tavard 151 ff.
43 Dementsprechend trägt deren offizielle Dokumentation den Titel „Tomos Agapis (1958–1970)", Phanar-Vatikan 1971 (Deutsche Ausgabe, ergänzt bis 1976, hrsg. vom Stiftungsfonds Pro Oriente Wien, Innsbruck 1978; künftig zitiert: TA).
44 F. Biot, Von der Polemik zum Dialog. Steine auf dem Weg zur Einheit der Christen, Wien 1966 (= Biot), 79; vgl. zum folgenden Abschnitt: 77 ff., 200 ff.
45 Zum psychologisch belasteten (und historisch nicht zutreffenden) Wort „Rückkehr" bemerkt Roger Schutz: „Es steht fest, daß dieser Ausdruck schockiert. Er macht den Eindruck, als erwarte man (von den Protestanten) eine bedingungslose Übergabe. Der Ausdruck „Rückkehr" liegt der Mentalität des heutigen Menschen sehr ferne, der es vorzieht, in einem Vorwärtsschreiten über sich selbst hinauszuwachsen" (zitiert bei: Biot 110).
46 TA, Nr. 5.

47 Beschlüsse der Konferenz: PrOrChr 11 (1961) 261–266. Zu den geschichtlichen Begleitumständen vgl. H.-J. Rick, Friede zwischen Ost und West. Rom und Konstantinopel im ökumenischen Aufbruch, Münster 1969 (= Rick), 92–97.
48 Dokumentation: Una Sancta 19 (1964) 64f. – Vgl. D. Savramis, Ökumenische Probleme in der neugriechischen Theologie, Leiden 1964, 102ff.; Rick 120–135.
49 Vgl. A. Kallis, Orthodoxie und katholische Kirche. Von der Polemik zum „Dialog der Liebe", in: P. Lengsfeld (Hrsg.), Ökumenische Theologie. Ein Arbeitsbuch, Stuttgart 1980, 124–151 (= Kallis), 125f. (ebd. eine Auflistung der durch Beobachter vertretenen östlichen Kirchen).
50 Zur 3. Konferenz: OstkSt 14 (1965) 68–82. – Zu den Dialogbedingungen: A. Kallis, Par cum pari. Eine Bedingung des Dialogs und der Einheit zwischen der katholischen und der orthodoxen Kirche, in: A. Kallis (Hrsg.), Dialog der Wahrheit, Perspektiven für die Einheit zwischen der katholischen und der orthodoxen Kirche, Freiburg 1981 (= Kallis, Dialog); H.-J. Schulz, Die inneren Bedingungen für den theologischen Dialog mit der orthodoxen Kirche: Catholica 33 (1979) 199–219 (aktualisierter Sonderdruck: Wiedervereinigung mit der Orthodoxie? Bedingungen und Chancen des neuen Dialogs, Münster 1980).
51 Vgl. die für das orthodoxe Denken äußerst repräsentativen Voten von J. Meyendorff, in: Esprit, Dezember 1961, 798ff. (zitiert bei: Biot 206f.).
52 Vgl. die Nota im vorbereitenden Schema der späteren Kirchenkonstitution: Acta Synodalia S. Conc. Oec. Vaticani II., Vol. I, Pars IV. Vatikan 1971, 87, Nota 2. Vgl. zur eucharistischen Ekklesiologie: N. Afanasieff, N. Koulomzine, J. Meyendorff, A. Schmemann, Der Primat des Petrus in der orthodoxen Kirche, Zürich 1961; zum Echo innerhalb des II. Vatikanischen Konzils und zur Rezeption innerhalb der Ökumene: B. Forte, La Chiesa nell' Eucaristia, Napoli 1975. – Zur Bedeutung innerhalb des katholisch-orthodoxen Dialogs vgl. die Vielzahl einschlägiger Zeugnisse, in: Auf dem Weg zur Einheit des Glaubens. Koinonia. Erstes ekklesiologisches Kolloquium 1.–7. April 1974, Innsbruck 1976 (= Koinonia); s. auch unten Anm. 80ff.
53 Zur veränderten Situation für die Einschätzung der Orthodoxie gegenüber Mystici Corporis vgl. H.-J. Schulz, Kirchenzugehörigkeit. Von der jurisdiktionell fixierten Kirchengliedschaft zur Teilhabe am Pleroma des Leibes Christi, in: Glaube im Prozeß. Für Karl Rahner, hrsg. von E. Klinger und K. Wittstadt, Freiburg 1984, 397–417.
54 J. Karmiris, in: Damaskinos Papandreou (Hrsg.), Stimmen der Orthodoxie zu Grundfragen des II. Vatikanums, Wien 1969, 54–91; 59ff.
55 A. Kallis (siehe oben, Anm. 50) 17; zur Diskussion der Frage siehe ebd. 35–45.
56 Dementsprechend heißt es im Index des CIC von 1917: „Potestas (als bischöfliche bzw. priesterliche Vollmacht) *sive* ordinis, *sive* iurisdictionis in Ecclesia est."

Zum Problem vgl. J. Ratzinger:
„Die Trennung beider stellte den wesentlichen Grund dar, weshalb die mittelalterliche Theologie den sakramentalen Charakter der Bischofsweihe glaubte ablehnen zu müssen; diese Trennung bildete auch den Ausgangspunkt für die andersartige Stellung, die das Recht im Aufbau der lateinischen Kirche im 2. Jahrtausend gegenüber dem 1. Millenarium einnahm; sie war endlich auch ein bestimmendes Element in der Entfaltung des Verhältnisses von Papst und Bischöfen, in der sie auf die Dauer den Kollegialitätsgedanken der Väterzeit zu ersticken drohte (Die bischöfliche Kollegialität, in: G. Barauna, De Ecclesia. Beiträge zur Konstitution „Über die Kirche" des Zweiten Vatikanischen Konzils, Bd. II, Freiburg 1966, 48).

Zum geschichtlich sekundären Charakter dieser Entwicklung vgl. Y. Congar: „Bedeutete bei Thomas und den Hochscholastikern, wenn sie sagten, der Papst vergebe die Jurisdiktion, daß er die Untergebenen bezeichnete, über die eine Gewalt zur Ausübung kommen sollte, die man schon besaß, so ist für Herveus (Natalis, † 1323) die Jurisdiktion die Gewalt selbst, die potestas ‚dicendi ius', in: Die Lehre von der Kirche. Von Augustinus bis zum Abendländischen Schisma (Handbuch der Dogmengeschichte, III, 3c), Freiburg 1971, 180.

57 Vgl. unten, S. 366, die Erklärung Pauls VI. vom 14. Dezember 1975 über „das gleiche in der apostolischen Sukzession empfangene Bischofsamt, um das Volk Gottes zu leiten".

58 So auch der ansonsten positiv urteilende N. Nissiotis: Concilium 2 (1966) 299. Vgl. insgesamt zur Konzilsekklesiologie die Stellungnahmen von J. Karmiris, N. Nissiotis, N. Arsenieff, N. Afanasieff, J. Meyendorff und P. Evdokimov bei H. Marot, in: Concilium 2 (1966) 298–307.

59 Die ökumenische Verpflichtung und eine solche Platzhalterfunktion wurde besonders von der melkitischen Kirche sehr ernstgenommen, deren Patriarch sich bereit erklärte, zugunsten einer die Communio mit Rom aufnehmenden Hierarchie zurückzutreten. Vgl. zur ökumenischen Pionierfunktion während des Konzils die Dokumentation: Maximos IV. Die Stimme der Ostkirche. Sendung und Anliegen der melkitischen Kirche, Freiburg 1962. – Im gleichen Geiste heute: E. Zoghby, Den zerrissenen Rock flicken: wie lange wollen Katholiken und Orthodoxe noch warten?, Paderborn 1984.

60 Zur orthodoxen Reaktion vgl. H. M. Biedermann, Orthodoxie und katholische Kirche heute: Catholica 33 (1979) 9–29; 18ff. – Doch entschied das Moskauer Patriarchat am 16. 12. 1969, Altgläubige und Katholiken auf deren Verlangen zu den Sakramenten zuzulassen: Žurnal Moskovskoj Patriarchii 1970, Nr. 1, 5; Klarstellung des Metropoliten Nikodim: ebd. Nr. 5, 25 (deutsch: Stimme der Orthodoxie 1970, Nr. 2, 5; Nr. 5, 9).

61 Zur Frage, wie künftig eine zweiseitige Vereinbarung, die gleichzeitig Ausdruck des Bewußtseins umfassender Glaubensgemeinsamkeit wäre, realisiert werden könnte, vgl. die Anregung von Metropolit Damaskinos Papandreou (s. unten, Anm. 82).

62 Hierfür stehen z. B. Namen wie Odo Casel, Anton Baumstark, Julius Tyciak und deren damalige Publikationen, besonders in der Reihe „Ecclesia Orans".
63 TA (= Tomos Agapis; siehe oben, Anm. 43), Nr. 36. – Zu den Begegnungen in Jerusalem: TA 48–54. Vgl. B. Stolz, Drei Tage, die die Welt in Atem hielten. Vom Geheimnis der Jerusalem-Fahrt Pauls VI., Wiesbaden 1964.
64 Bildwiedergabe und Deutung: Der Christl. Osten 35 (1980) 33; 36.
65 Zum historischen Vorgang und der formal zweifelhaften Rechtsgültigkeit des Aktes vgl. z. B.: Ostkirchenkunde 97ff.
66 Zur Vorgeschichte: Kallis (siehe oben, Anm. 49), 128f.
67 TA 119; zur Arbeit der Kommission: TA 121–126.
68 TA 127; vgl. zur Bedeutung des Vorgangs auch das päpstliche Breve (TA 128), den Patriarchal-Tomos (129) und die Ansprache des Metropoliten Meliton (130).
69 Vgl. zur Deutung: Kallis 129ff.; J. Ratzinger, Die ekklesiologischen Folgerungen der Aufhebung der Anathemata, in: Koinonia (s. oben, Anm. 52), 101–112; sowie V. Phidas: ebd. 89–100 (z. T. korrigiert in Kallis 129).
70 Zur Reaktion der einzelnen orthodoxen Kirchen: Kallis 134ff.; vgl. auch Rick (siehe oben, Anm. 47) 209, 213f. – Das ökumenische Engagement des Metropoliten Nikodim, das damals noch gelegentlich durch politisch bedingte Äußerungen Fragen aufwarf, ist später unzweideutig offenbar geworden und hat durch seine Papst-Johannes-Biographie (dtsch.: Johannes XXIII. Ein unbequemer Optimist. Mit einem Geleitwort von Franz Kardinal König, Einsiedeln 1978) und seinen Tod am 5. 9. 1979 bei der Audienz zum Amtsantritt Johannes Pauls I. ein symbolträchtiges Gedächtnis erhalten.
71 Man denke zum Vergleich an die altchristliche Form der Inthronistiken, der „Friedensbriefe" und Osterbotschaften und der gegenseitigen liturgischen Kommemoration, die einst eine bestehende Communio zum Ausdruck brachten und deren im folgenden beschriebene Analogieformen zwischen Rom und Konstantinopel auf die eucharistische Communio direkt ausgerichtet sind.
72 Vgl. die Erwägung von J. Ratzinger, der in der Anrede des Patriarchen (TA 173) an den Papst als den „Ersten von uns der Ehre nach, der den ‚Vorsitz hat in der Liebe'" das Wesentliche dessen erfüllt sieht, was Rom sinnvollerweise vom Osten in der Anerkennung des Petrusamtes erwarten darf (Koinonia 110).
73 Vgl. TA 176, wo der Papst von der (eher historischen) Verwendung des Wortes im Ökumenismusdekret ausgeht und den Begriff aktualisiert. Der Ausdruck erscheint auch schon in einem Brief des Patriarchen vom 12. 4. 1962 (TA 10). – Zur Interpretation vgl. J. Meyendorff und E. Lanne, Schwesterkirchen. Ekklesiologische Aspekte des Tomos Agapis: Koinonia 41–53; 54–82, sowie Kallis 132ff.
74 TA 283 (Brief Papst Pauls VI. an den Patriarchen Athenagoras über die Entwicklung der Beziehungen zwischen den beiden Kirchen; vom 8. 2. 1971).

75 Rick 228ff.; Ders., in: Echo der Zeit vom 6. 8. 1967 (vgl. auch ebd. vom 23. 7. 1967).
76 Ansprache Pauls VI. in der St. Georgs-Kirche im Phanar (TA 172). – Der Papst bezieht sich hier auf die Friedenssynode von 362 (Ausgleich mit der trinitätstheologischen Terminologie der Antiochener), auf die „Oikonomia" des hl. Basilius (der ein dogmatisch zugespitztes Vokabular im Bekenntnis zum Heiligen Geist vermeidet, um keine neuen Spaltungen in der Kirche zu provozieren) und auf den Ausgleich Kyrills mit den Antiochenern von 433.
77 Leben und Werk des Patriarchen würdigen: O. Clement, Patriarch Athenagoras. Portrait eines Propheten, München 1982; B. Ohse, Der Patriarch. Athenagoras I., ein ökumenischer Visionär, Regensburg 1968; sowie die Nachrufe, z. B. in: Der Christliche Osten 27 (1972) 95–106.
78 Text der Erklärung und Dokumentation des Papstbesuches in Konstantinopel: Der Christl. Osten 35 (1980) 3–11; L'Osservatore Romano vom 1. 12. 1979 (Wochenausgabe in deutscher Sprache, vom 7. 12. 1979).
79 Vgl. L'Osservatore Romano. Wochenausgabe in deutscher Sprache, vom 6. 6. 1980.
80 Vgl. zur Relevanz der Thematik und ihren überlieferungsgeschichtlichen Vorgegebenheiten, vier Beiträge von H.-J. Schulz: KNA Nr. 20 (12. Mai) – 24 (9. Juni) 1982. – Wichtige theologische Vorarbeit für die Annäherung in diesen Fragen haben die Symposien, theologischen Konferenzen und Podiumsgespräche der Stiftung Pro Oriente, Wien, geleistet, vor allem das 1. Ekklesiologische Kolloquium vom April 1974 (Dokumentation: Koinonia), sowie die Regensburger Ökumenischen Symposien im Auftrag der Deutschen Bischofskonferenz, besonders die von 1969 und 1981 (Dokumentation: A. Rauch – P. Imhof, siehe Anm. 81). Auflistung der Veranstaltungen: Kallis 144ff., sowie der betreffenden Publikationen: Ostkirchenkunde XXXff.
81 Text: KNA-Dokumentation Nr. 24 (3. 11.) 1982; Der Christl. Osten 37 (1982) 172–178; A. Rauch – P. Imhof (Hrsg.), Die Eucharistie der Einen Kirche. Regensburger Ökumenisches Symposion 1981, München 1982, 219–231 (Anhang). – Vgl. die erste Würdigung durch Kardinal J. Ratzinger: KNA-ÖKI, Nr. 30 (21. 7.) 1982, 11–14.
82 KNA-ÖKI, Nr. 12 (17. 3.) 1982, 5–8; Nr. 13 (24. 3.) 1982, 5–10. Vgl. hierzu auch den Beitrag von Metropolit Damaskinos beim Podiumsgespräch der Stiftung Pro Oriente vom 10. 9. 1983, anläßlich des Papstbesuches in Österreich, sowie die Antwort darauf im Beitrag von H.-J. Schulz (Dokumentation: 20 Jahre Ökumenismus, hrsg. vom Stiftungsfonds Pro Oriente Wien, Innsbruck 1984, 156–160; 169–177).
83 Vgl. die Erwägung von J. Ratzinger (oben Anm. 69) beim Ekklesiologischen Kolloquium Wien 1974 (Koinonia 110) und stärker akzentuiert 1977 in Graz: „Rom muß vom Osten nicht *mehr* an Primatslehre fordern, als auch im 1. Jahrtausend formuliert und gelebt wurde": Prognosen für die Zukunft des Ökumenismus in: Ökumenisches Forum. Grazer Hefte für

konkrete Ökumene, Nr. 1 (Graz 1977) 31–41; 36 (neu ediert in: Theologische Prinzipienlehre, München 1982, 203ff.; 209). – Zur Interpretation der Papstdogmen des I. Vatikanum als theologische Reflexion einer in *abendländischer* Überlieferung wurzelnder Glaubens- und Kirchenerfahrung: H.-J. Schulz (siehe oben, Anm. 50) 22ff.
84 Bericht: HerKorr 1984, 303f.
85 Geschichtliche und statistische Übersicht zu diesen fünf Kirchen: Ostkirchenkunde 34–44; Darstellung ihrer Entwicklung zur Eigenständigkeit und Unabhängigkeit von der Reichskirche durch W. de Vries: ebd. 209–225.
86 Vgl. G. Hofmann, Kopten und Äthiopier auf dem Konzil von Florenz: OrChrPer 8 (1942) 5–39.
87 De Vries, Patriarchate 100f.
88 Zu den syrischen Formen lebendiger Petrustradition vgl. Ostkirchenkunde 34f.
89 De Vries, Patriarchate 376–392, bes. 380; 384; 387f.
90 Ebd. 205ff.
91 Vgl. G. Hofmann, Die Einigung der armenischen Kirche mit der katholischen Kirche auf dem Konzil von Florenz: OrChrPer 5 (1939) 151–185. – Zur armenischen Unionsgeschichte insgesamt: de Vries, in: Ostkirchenkunde 230f.; 244; sowie V. G. Matfunian, in: F. Heyer, Die Kirche Armeniens (Die Kirchen der Welt, 18), Stuttgart 1978, 165–174.
92 Vollständige Dokumentation, in: The Greek Orthodox Theological Review X, 2 (1964/65); XIII, 2 (1968); XVI (1971: Genf und Addis Abeba). – Bericht über diese Konsultationen durch M. Krikorian auf der 1. Wiener Konsultation 1971: Wort und Wahrheit 26 (1971) 559–565.
93 Vollständige Dokumentation, in: Non-official Ecumenical Consultation between Theologians of the Oriental Orthodox Churches and the Roman Catholic Church 1971; 1973; 1976; 1978: Wort und Wahrheit. Review for Religion and Culture, Supplementory Issue Number 1–4, hrsg. vom Stiftungsfonds Pro Oriente, Wien 1971–1978. – Communiqués, Berichte und Predigten aller vier Konsultationen auch in: Das gemeinsame Credo. 1600 Jahre seit dem Konzil von Konstantinopel, hrsg. von Pro Oriente Wien, Innsbruck 1983, 167–243.
94 Bericht von O. Mauer in: Wort und Wahrheit 27 (1972) 78–86 (vgl. Anm. 93).
95 Daß eine solche Auffassung anachronistisch gegenüber den Intentionen der frühen Ökumenischen Konzilien wäre und speziell die Absicht der Väter von Chalkedon verfehlen würde, zeigt: A. Grillmeier, Piscatorie-Aristotelice. Zur Bedeutung der „Formel" in den seit Chalkedon getrennten Kirchen, in: A. Grillmeier, Mit ihm und in ihm. Christologische Forschungen und Perspektiven, Freiburg 1975, 283–300.
96 Bericht von A. Grillmeier: Wort und Wahrheit 28 (1973) 486–489 (vgl. Anm. 93).

97 Bericht von A. Grillmeier: Das gemeinsame Credo (siehe oben, Anm. 93), 189–195.
98 Bericht von W. de Vries: ebd. 203–219; sowie von H. Biedermann: ebd. 225–237 (aus OstkSt 27, 1978, 312–326).
99 De Vries: ebd. 212ff.; 217.
100 Der Bischof hat in seiner Ortskirche die „eine Cathedra", die „Cathedra Petri" inne (Ep 43, 5). – Zum ortskirchlichen Bezug dieser Stellen vgl. P. Th. Camelot, Die Lehre von der Kirche. Väterzeit bis ausschließlich Augustinus (Handbuch der Dogmengeschichte, hrsg. von M. Schmaus, A. Grillmeier und L. Scheffczyk, III, 3b), Freiburg 1970, 18–27; 22.
101 Text der bei den Konsultationen gehaltenen Predigten der späteren Patriarchen Shenouda (von Alexandrien) und Ignatius Zakka Iwas (von Antiochien) sowie des Metropoliten Mar Gregorios (Paul Verghese) und des Erzbischofs Tiran Nersoyan im Stephansdom: Das gemeinsame Credo, 178; 187f.; 200ff.; 240ff.
102 Text der beiden Ansprachen und der Gemeinsamen Erklärung, in: Veritati in Caritate. Der Beitrag des Kardinals König zum Ökumenismus, hrsg. vom Stiftungsfonds Pro Oriente Wien, Innsbruck 1981, 122–125.
103 Text der vier Ansprachen und der Gemeinsamen Erklärung: ebd. 143–149; 149–151.
104 Dokumentation: ebd. 182–184; 183.
105 Ansprachen und Gemeinsame Erklärung: L'Osservatore Romano, 22./23. und 24. 6. 1984; Der Christl. Osten 39 (1984) 138–143; Gemeinsame Erklärung: 20 Jahre Ökumenismus (s. oben, Anm. 82) 128–130. (In diesem Band jetzt auch die Gemeinsamen Erklärungen der vorstehend genannten Begegnungen.)
106 Siehe oben, Anm. 60f.
107 Der Christliche Osten 35 (1980) 6f. (vgl. oben, Anm. 78).

DIE BEZIEHUNGEN ZU DEN REFORMATORISCHEN KIRCHEN UND KIRCHLICHEN GEMEINSCHAFTEN

ALOYS KLEIN, PADERBORN

Mit der überwältigenden Annahme des Dekrets über den Ökumenismus durch die Väter des II. Vatikanischen Konzils am 21. 11. 1964 trat die katholische Kirche in die eine, umfassende ökumenische Bewegung ein, an der sie sich von nun an verbindlich gemäß den Prinzipien ihres Selbstverständnisses beteiligte. Eingebettet in zum Teil vielfältige zwischenkirchliche Beziehungen, folgte die katholische Kirche der Einladung zu offiziellen bi- und multilateralen Dialogen, wie sie nach und nach von den verschiedenen konfessionellen Weltbünden ausgesprochen wurde.

Das römische Einheitssekretariat ernennt jeweils die katholischen Mitglieder der internationalen gemeinsamen Kommission und betreut die laufenden Arbeiten. Je nach Gesprächspartner und den gemeinsamen Absprachen haben sich im Laufe der Zeit unterschiedliche Typen von Gesprächen mit verschiedener Methodologie und Zielsetzung gebildet. Angesichts des gerade im II. Vatikanischen Konzil entfalteten ekklesiologischen Selbstverständnisses und im Blick auf die Natur der katholischen Kirche als Weltkirche wird in allen Dialogen eine gewisse Asymmetrie der Dialogpartner deutlich. Andererseits bestärken gerade die bilateralen Dialoge mit der katholischen Kirche die konfessionellen Weltbünde in ihren Bemühungen, die eigene lehrmäßige und ekklesiale Identität zu formieren und zu artikulieren, wie überhaupt im Rahmen der Konfessionsfamilie eine größere kirchliche Gemeinschaft zu verwirklichen. Ohne prinzipiell den bilateralen Gesprächen eine Priorität zu geben, zeigen sich diese doch dadurch besonders fruchtbar und erfolgreich, daß jeweils die Besonderheiten, die spezifische historische Herkunft und Tradition und damit ihr konfessionelles Proprium, kurzum ihre eigene Identität sowie Einheitsvorstellung eingebracht werden können.

1. *Die Beziehungen zur Anglikanischen Kirchengemeinschaft*

Unter den konfessionellen Gemeinschaften, die seit der Reformationszeit im Abendland vom Apostolischen Stuhl in Rom getrennt sind, nimmt die Anglikanische Gemeinschaft einen besonderen Platz ein. Das Dekret des II. Vatikanischen Konzils über den Ökumenismus rechnet sie zu denjenigen Gemeinschaften, „bei denen katholische Traditionen und Strukturen zum Teil fortbestehen".[1] Das Konzil hat nicht nur „die Kirche von England", sondern die weltweite föderative Gemeinschaft der heute 27 selbständigen Kirchenprovinzen anglikanischer Prägung im Blick.

Hatte seit dem ausgehenden 16. Jahrhundert nur Polemik bzw. Isolationismus das Verhältnis zwischen der Kirche von England und der römisch-katholischen Kirche gekennzeichnet, so erwachte im 19. Jahrhundert mit der Oxford-Bewegung im anglikanischen Raum eine Neubesinnung auf das katholische Erbe und zeigten sich ernsthafte Ansätze einer möglichen Versöhnung mit der römisch-katholischen Kirche. Verheißungsvolle Entwicklungen erlitten jedoch eine spürbare Abkühlung unter anderem dadurch, daß Papst Leo XIII. 1896 mit der Bulle „Apostolicae Curae" die anglikanischen Weihen wegen Defektes in Form und Intention für ungültig erklärte. – Ein im geschichtlichen Rückblick ebenso mutiges wie zukunftsorientiertes Ereignis waren die in den Jahren von 1921 bis 1926 stattfindenden inoffiziellen (aber offiziösen) Gespräche zwischen anglikanischen und katholischen Theologen unter der Initiative und Leitung von Kardinal Desiré Jos. Mercier, Erzbischof von Mecheln, Belgien, und Charles Lindley, Lord Halifax, einem der Oxford-Bewegung verbundenen anglikanischen Laien aus Oxford. Letzterer hatte den französischen Lazaristenpater Fernand Portal zum Freund. Beide wußten um die Sympathien des Mechelner Kardinals für den auf der Lambeth-Konferenz 1920 verabschiedeten ökumenischen „Aufruf", in dem die anglikanischen Bischöfe ihre Bereitschaft zu einer möglichen Ergänzung der Weihen erklärten, sofern diese für die Versöhnung mit getrennten Kirchen notwendig sein sollte. Dabei hatte die Konferenz allerdings mehr an die Freikirchen als an die römisch-katholische Kirche gedacht.

Die kleine Gruppe von anfänglich 6, später 10 anglikanischen und katholischen Theologen traf sich insgesamt fünfmal zu jeweils mehrtägigen Beratungen in Mecheln und diskutierte dogmatische Fragen der Eucharistie, des Bischofs- und Papstamtes, aber auch praktische Schritte einer korporativen Vereinigung der getrennten Kirchen unter möglicher Anerkennung eines Ehrenprimats des Papstes und bei Erhalt einer selbständigen Tradition und Identität der Anglikanischen Kirchengemeinschaft.[2] Die bei diesen Gesprächen weitgehend erreichten Übereinstimmungen waren nicht zuletzt darin begründet, daß anglikanischerseits nur Vertreter der sogenannten hochkirchlichen Theologie teilnahmen. Der Vorgang wurde trotz seines privaten Charakters vornehmlich in den Kirchen Englands mit Argwohn und Kritik bedacht. Mit dem Tod von Kardinal Mercier und Pater Portal 1926 endete die Initiative. Zudem hatten auch römische Autoritäten ihr baldiges Ende gewünscht. – Mit der Enzyklika „Mortalium animos" zeigte Papst Pius XI. 1928 ohne ausdrückliche Erwähnung der Mechelner Gespräche an, wie eine wahre religiöse Einheit zu verstehen sei, verurteilte die ökumenische Bewegung in ihrer damaligen Gestalt und setzte der Teilnahme von Katholiken an interkonfessionellen Gesprächen und Veranstaltungen enge Grenzen.

Abgesehen von einigen privaten Besuchen von anglikanischen Geistlichen in Rom und ebenso privaten Einzelgesprächen mit katholischen Bischöfen und Theologen blieb das distanzierte Verhältnis in der Folgezeit zwischen den Kirchen unbewegt, bis ein historisches Ereignis eine neue Epoche von fern ankündigte. Am 2. 12. 1960 stattete der Erzbischof von Canterbury, Geoffrey Francis Fisher, Papst Johannes XXIII. einen persönlichen und privaten Besuch ab, dem gerade in der laufenden Vorbereitung des II. Vatikanischen Konzils eine große Bedeutung zukam. Ohne Zögern nahm wenig später die Anglikanische Gemeinschaft die Einladung Roms an, offizielle Beobachter zum Konzil zu entsenden. Noch bevor dieses sich dem Ende nahte, kam der neue Erzbischof von Canterbury, Michael Ramsey, zu einem offiziellen Besuch bei Papst Paul VI. nach Rom. Das Konzil hatte die Atmosphäre bereitet und die Weichen gestellt, die getrennten Kirchen zu verantwortlichen Bemühungen um die Wiederherstellung der Einheit zu führen. Am 24. 3. 1966 unterzeichneten Papst und Erzbischof Ramsey in der St. Pauls-Basilika zu Rom eine „Gemeinsame Erklärung", in der sie ihre Absicht bekunden, „einen ernsthaften Dialog einzuleiten, der auf die Evangelien und die gemeinsamen altkirchlichen Traditionen gegründet, zu jener Einheit in der Wahrheit führen möge, für die Christus gebetet hat".[3]

Ein solch gewichtiger Schritt konnte nur nach gründlicher Vorbereitung gewagt werden. Daher wurde eine Gemeinsame Anglikanisch/Römisch-Katholische Vorbereitungskommission eingesetzt. Innerhalb eines Jahres stellte sie 1968 ihren Bericht (Malta-Bericht) fertig, in dem sowohl zentrale Gemeinsamkeiten im Glauben als auch eine Reihe von konkreten Empfehlungen für das weitere Vorgehen formuliert waren.[4] Auf dieser Grundlage vereinbarten das repräsentative Organ der Anglikanischen Gemeinschaft, die Lambeth-Konferenz, und der Hl. Stuhl die Berufung einer „permanenten" Dialog-Gruppe. Sie traf im Januar 1970 als „Die Anglikanisch/Römisch-Katholische Internationale Kom-

mission" (ARCIC) zur konstituierenden Sitzung zusammen. Hatte der Malta-Bericht als wichtige und dringliche Themen für den Dialog die Frage der Interkommunion, Fragen der Kirche und des Amtes sowie der Autorität benannt, so folgte die aus je 9 Mitgliedern bestehende offiziell bestellte Kommission in der nun folgenden zwölfjährigen Arbeitsperiode dieser Vorgabe. Bereits 1971 veröffentlichte sie eine Gemeinsame Erklärung über die Lehre von der Eucharistie („Windsor-Erklärung"), in der sie ihre Überzeugung ausspricht, „daß wir Übereinstimmung in wesentlichen Punkten der eucharistischen Lehre erreicht haben".[5] 1973 folgte eine Gemeinsame Erklärung über die Lehre vom Amt (Canterbury-Erklärung).[6] Sie will eine grundsätzliche Übereinstimmung in den Bereichen der Lehre darstellen, die bisher Anlaß zu Kontroversen gegeben haben und plädiert für eine Überprüfung der Verurteilung der anglikanischen Weihen durch die Bulle „Apostolicae Curae" von 1896. In zwei weiteren Dokumenten legte die Kommission eine „Gemeinsame Erklärung zur Frage der Autorität, ihrer Natur, ihrer Praxis und ihren Konsequenzen" vor (Venedig-Erklärung von 1976 und Windsor-Erklärung von 1981).[7] Darin spricht sie von einem hohen Grad an „Konsens über die Autorität in der Kirche und insbesondere über die grundlegenden Prinzipien des Primats" und mißt diesem eine „fundamentale Bedeutung" bei. – Mit der Publikation der einzelnen Erklärungen hat die Kommission jeweils die Bitte an die Auftraggeber und die kirchliche Öffentlichkeit gerichtet, ihre Arbeiten und Ergebnisse zu diskutieren und sie mit kritischen Stellungnahmen zu begleiten. Das dieser Aufforderung folgende Echo fand seinen Niederschlag in zahlreichen Kommentaren und Reaktionen. Diese waren keineswegs nur ermutigend, veranlaßten die Kommission jedoch zum vertieften Studium einiger spezieller Fragen und zur Präzisierung einzelner Aussagen. Zu den Erklärungen über die Eucharistie und über das Amt veröffentlichte sie 1979 zusätzliche „Erläuterungen", solche zum I. Dokument über die Autorität im Jahre 1981.[8]
Damit hielt sie das von ihr 1970 festgelegte Arbeitsprogramm für erschöpft, faßte dann die drei Gemeinsamen Erklärungen einschließlich der dazugehörenden Erläuterungen zusammen und unterbreitete das Gesamtergebnis, versehen mit einer Einleitung sowie einem Vor- und Nachwort den kirchlichen Auftraggebern als „Schlußbericht" zur Beurteilung und Entscheidung.[9] Im Frühjahr 1982 wurde dieser Bericht auch der Öffentlichkeit bekanntgemacht. In der Einleitung bringt die Kommission ihre Überzeugung zum Ausdruck, daß in den Fragen der Eucharistie, der Bedeutung und Funktion des ordinierten Amtes sowie in den Fragen der Natur und Ausübung der Autorität in der Kirche,

also in jenen langanstehenden kontroversen Bereichen, die am Ursprung der kirchlichen Trennung standen, heute eine „substantielle Übereinstimmung" möglich ist. Die im Dialog behandelten Themen beziehen sich alle auf die wahre Natur der Kirche, für die als grundlegender Begriff die „koinonia" (Gemeinschaft) ausgemacht wird. „Dieses Thema der koinonia zieht sich durch alle unsere Erklärungen. Wir stellen darin die Eucharistie als das wirksame Zeichen der koinonia dar, die episcopé als Dienst an der koinonia und den Primat als sichtbares Band und als Brennpunkt der koinonia."[10]
Inzwischen hat die Anglikanische Gemeinschaft den „Schlußbericht" zum Studium allen ihren Mitgliedskirchen unterbreitet. Sie hofft, bis zur nächsten Lambeth-Konferenz (1988) ein gemeinsames Votum vorbereiten zu können. Seitens des Hl. Stuhls ist das Dokument an alle jene katholischen Bischofskonferenzen mit der Bitte um Stellungnahme zugeleitet worden, in deren Bereich anglikanische Kirche präsent ist. Im Laufe der kommenden Jahre wird seitens Roms eine zusammenfassende Stellungnahme erfolgen.

Kritische Würdigung des theologischen Dialogs

Die katholische Kirche hat in der geistigen Dynamik des II. Vatikanischen Konzils das Gespräch par cum pari mit einer weltweiten kirchlichen Gemeinschaft aufgenommen, die gemäß ihrem Selbstverständnis die berechtigten Anliegen der Reformation in ihre katholische Tradition aufgenommen hat, dadurch eine „Via Media" zwischen Rom, Wittenberg und Genf beschreiten und diesem mit der Betonung der „comprehensiveness" (des Umfassens, Geltenlassens und Zusammenwirkens unterschiedlicher Deutungen anglikanischer Lehr- und Liturgietradition) Ausdruck verleihen will. Im Laufe der Geschichte hat es immer wieder theologische Stimmen gegeben, die auf eine mögliche Mittler- und Brückenfunktion des Anglikanismus zwischen der römisch-katholischen Kirche und dem Protestantismus (Luthertum, Reformiertentum) verwiesen. Wenn Rom sich auch von einer solchen Leitidee nicht bewußt führen ließ und dem anglikanisch/katholischen Dialog keineswegs eine zeitliche oder sachliche Priorität gegenüber anderen bilateralen Gesprächen gab, so bleibt doch festzustellen, daß dieser Dialog bis heute der – relativ – am weitesten fortgeschrittene ist und in mancher Hinsicht als beispielhaft angesehen wird. War das ursprüngliche Ziel, nämlich die Wiederherstellung voller organischer Einheit im Glauben und sakramentalen Leben, realistischerweise nicht in einer einzigen Dialog-Phase bis zur Entscheidungsreife zu bringen, dazu noch mittels einer notgedrungen begrenzten 18 bis 20 Mitglieder umfassenden theologischen Kommission, der gemäß Mandat keine kirchliche Autorität zukam, so ist durch ihre Arbeit doch ein bedeutendes Stück Weges zur lehrmäßigen Versöhnung zwischen den beiden Gemeinschaften zurückgelegt worden.

Diese positive Wertung wird keineswegs durch inzwischen vorliegende katholische oder anglikanische Kritiken abgeschwächt. Unter anderem hat auf Wunsch von Papst Johannes Paul II. die römische Glaubenskongregation den „Schlußbericht" geprüft und das Ergebnis ihrer Untersuchung als „Bemerkungen" an die katholischen Bischofskonferenzen im Sinne von „Guidelines" für deren Studium und zur Berücksichtigung bei der Ausarbeitung ihrer oben erwähnten Stellungnahmen gesandt. Auch hat der Präfekt der Glaubenskongregation, Kardinal J. Ratzinger, mehrmals in privaten Beiträgen Methode und Ergebnis des anglikanisch/katholischen Dialogs kritisch gewürdigt.

Aus katholischer Sicht verbinden sich mit einer insgesamt und weitgehend positiven Wertung der Dialog-Ergebnisse einzelne Zweifel an der von der internationalen Kommission festgestellten „substantiellen Übereinstimmung" namentlich in Fragen der Eucharistie und des Papsttums sowie das Verlangen nach Klärung von bestimmten grundsätzlichen Anfragen an die Anglikanische Gemeinschaft, die deren Wesen und Identität betreffen.

Mehr beispielhaft als systematisch sollen einige kritische Punkte genannt werden: Das Dokument über die Eucharistie einschließlich der „Erläuterungen" scheint noch keine für die katholische Kirche befriedigende Übereinstimmung bezüglich des sakramentalen Opfers, des eucharistischen Wandlungsgeschehens und der Anbetung Christi im aufbewahrten Sakrament erreicht zu haben. Das gilt vor allem im Blick auf das Tridentinische Konzil. – Im Dokument über Amt und Ordination erkennt die Kommission an, daß die in Teilen der Anglikanischen Gemeinschaft kanonisch und praktisch eingeführte Ordination von Frauen ein neues und schweres Hindernis für die Versöhnung mit der katholischen Kirche darstellt. Die katholische Haltung beruht u. a. auf der ununterbrochenen Tradition der gesamten Kirche in Ost und West. Es wird daher diskutiert, ob – wie die Kommission annimmt – eine lehrmäßige Behandlung des Amtes und der Ordination unabhängig von der Frage geschehen kann, wer ordiniert werden kann oder nicht. Die Erklärung der Glaubenskongregation „Inter insignores" vom 15. 10. 1976 scheint einer solchen Auffassung zu widersprechen. – Eine Aussage von eminenter Bedeutung für die Überwindung der kirchlichen Trennung enthält das Dokument über die Autorität in der Kirche. Dort heißt es, daß „ein Primat des Bischofs von Rom dem Neuen Testament nicht widerspricht und Teil des Planes Gottes für die Einheit und Katholizität seiner Kirche ist", und ferner, daß „in jeder kommenden Einheit ein universaler Primat ... durch den Bischof von Rom ausgeübt werden sollte". Wie erste Reaktionen zeigen, bereiten diese und ähnliche Aussagen für manche anglikanische Kreise erhebliche Schwierigkeiten, stellte doch in der Vergangenheit gerade das Papsttum eine Art populären Kristallisationskern dar für alle Gegensätze und Auseinandersetzungen mit der katholischen Kirche. Katholischerseits wird gefragt, ob die Aussagen des Dialog-Dokuments über die neutestamentliche Grundlegung, den universalen Jurisdiktionsprimat und die Unfehlbarkeit dem Anspruch des I. und II. Vatikanischen Konzils genügen. Auch einige Feststellungen über die Allgemeinen Konzilien scheinen nicht in ausreichender Weise die katholische Lehrtradition zum Ausdruck zu bringen. Konkrete Zweifel formulieren die Anglikaner hinsichtlich der neuen marianischen Dogmen.

Diese wenigen konkreten Beispiele für Ansatzpunkte der Kritik und als Problemanzeige für den kirchlichen Rezeptionsprozeß finden in den bisher greifbaren theologischen Diskussionen keineswegs eine einheitliche Gewichtung. Die Urteile schwanken z. B. zwischen maximalen und minimalen Anforderungen an ein Dokument dieser Gattung, zwischen dem als „necesse esse" und „bene esse" Erkannten in der Wertung von Glaubensartikeln und damit zusammenhängenden Einzelfragen der Ekklesiologie, oder auch schlicht zwischen der (angeblich) größeren oder der vernachlässigten Treue zur Fülle des überlieferten Glaubensguts.

Wenn die katholische Kirche gemäß ihrer kirchlichen Struktur, d. h. unter der je spezifischen Beteiligung von Papst bzw. Hl. Stuhl, Kollegium der Bischöfe und des Kirchenvolks, in einen Prozeß der Urteilsfindung und damit der Vorbereitung von späteren kirchlichen Entscheidungen bezüglich der Wiederherstellung der Kirchengemeinschaft mit dem Anglikanismus eingetreten ist, so kann der Vorgang nur dann zukunftsträchtig und verheißungsvoll sein, wenn auch die Anglikanische Gemeinschaft willens und in der Lage ist, autoritative, d. h. verbindliche, Entscheidungen im Bereich von Lehre und Jurisdiktion zu treffen. Der Schlußbericht der anglikanisch/katholischen Kommission hat sich einer Erörterung der Frage nach der konkreten Autoritätsstruktur in der Anglikanischen Gemeinschaft enthalten. Allen anglikanischen Kirchen gemeinsam ist die Episkopalverfassung; dennoch ist die faktische Struktur kirchlicher Autorität keineswegs uniform in den einzelnen Mitgliedskirchen. Neben den Bischöfen partizipieren Klerus und Laienvertreter an der Leitungsvollmacht. Die seit 1867 etwa alle zehn Jahre sich versammelnde Lambeth-Konferenz unter dem Vorsitz des Erzbischofs von Canterbury als primus inter pares kann keine die Mitgliedskirchen bindenden Beschlüsse fassen, sondern diese bedürfen je der Ratifizierung durch die einzelnen selbständigen Kirchen. – Mit dem erklärten Willen, die Dialog-Ergebnisse zu prüfen und Stellung zu beziehen, hat sich die Anglikanische Gemeinschaft einem tiefgreifenden Prozeß der Klärung ihrer eigenen Identität namentlich im Bereich der Glaubensdoktrin unterworfen. Einmal geht es um das heutige Verständnis der für Glaubenslehre, Liturgie und Frömmigkeit einflußreichen, wenngleich in großer Variationsbreite interpretierbaren und faktisch interpretierten 39 Religionsartikel (1571), das Book of Common Prayer (1549 bzw. 1552, mehrfach revidiert) und der Bedeutung der Tradition im Verhältnis zur Heiligen Schrift. Zum anderen scheinen sich in einigen wichtigen Glaubensfragen Spannungen anzuzeigen zwischen Aussagen im Dialog mit der katholischen Kirche und solchen in anderen bilateralen Dialogen der Anglikanischen Gemeinschaft bzw. den bei Vereinbarungen über Interkommunion oder bei Unionen von anglikanischen Kirchen mit solchen reformatorischer Prägung zugrundegelegten „Übereinstimmungen" (agreements). Die in der anglikanischen Tradition angelegte typische Zurückhaltung hinsichtlich Festlegungen und Definitionen, die in den Begriffen „comprehensiveness", „agreement" und „common sense" ihren Niederschlag finden, kann für den traditionellen katholischen Denk- und Lehrstil gewiß noch Probleme bereiten.

Da eine Annäherung zwischen den beiden Gemeinschaften nicht nur auf der Klärung dogmatischer Lehrdifferenzen beruht, hatte der Malta-Bericht von 1968 empfohlen, auch praktisch-pastoralen Fragen und moraltheologischen Herausforderungen nachzugehen. Von Oktober 1967 bis Juni 1975 führte eine vom römischen Einheitssekretariat und von der Anglikanischen Gemeinschaft berufene internationale Kommission einen Dialog über die Theologie der Ehe und ihre Anwendung auf konfessionsverschiedene Ehen. Der Bericht wurde mit einem Vorwort von Erzbischof Donald Coggan, Canterbury, und Johannes Kardinal Willebrands, Präsident des Einheitssekretariats, publiziert. In den zwischenkirchlichen Beziehungen spielen die konfessionsverschiedenen Ehen eine bedeutende Rolle. Viele Christen erfahren hier die Wirklichkeit der getrennten Kirchen direkt und oft schmerzlich in ihrem täglichen Leben. Hier müssen sich die Kirchen in ihrem Verhältnis zu- und miteinander bewähren. In dem genannten Dialog auf Weltebene kristallisierten sich neben den konkreten, noch ungelösten Problemen

auch die Möglichkeiten einer gemeinsamen pastoralen Sorge und eines gemeinsamen Zeugnisses heraus, ebenso wurden auch die ekklesiologischen Implikationen des christlichen Eheverständnisses deutlich.
Über die theologischen und pastoralen Dialoge hinaus, die inzwischen in zahlreichen Ländern auch auf nationaler und lokaler Ebene geführt werden, haben die persönlichen Begegnungen und der Austausch von Botschaften zwischen den Päpsten und den Erzbischöfen von Canterbury seit dem II. Vatikanischen Konzil wesentlich zu einer Förderung der Beziehungen und der Annäherung der Kirchen beigetragen. Am 29. 4. 1977 kam der Nachfolger von Erzbischof Ramsey, der 1974 inthronisierte Erzbischof Donald Coggan von Canterbury zu einem offiziellen Besuch bei Papst Paul VI. Obwohl die in schriftlicher Korrespondenz erörterte Frage der Einführung der Ordination von Frauen in der Kirche von England die Atmosphäre ein wenig zu belasten schien, kam es zu einer wirklich brüderlichen Begegnung zwischen den beiden Oberhäuptern. Sie fand ihren Niederschlag in einer „Gemeinsamen Erklärung", in der sie die Fortschritte im bisherigen theologischen Dialog und ebenso im Bereich der praktischen Zusammenarbeit der Kirchen auf den verschiedenen Ebenen dankbar würdigen und ihre Bereitschaft erklären, den Prozeß der Versöhnung und Einigung verstärkt zu fördern. Im „Jahr der drei Päpste" 1978 nahm der Erzbischof von Canterbury in überaus brüderlicher Form an Freud und Leid der katholischen Kirche teil. Er führte persönlich die offizielle anglikanische Delegation bei der Inthronisation von Papst Johannes Paul II. an. Als der Papst im Mai 1980 Ghana besuchte und gleichzeitig auch Erzbischof Runcie im Lande weilte, änderten beide Kirchenführer kurzfristig ihr Reiseprogramm, um sich am 9. 5. für einige Stunden in Accra treffen zu können. Im Rahmen seiner Pastoralreise nach England stattete der Papst am 29. 5. 1982 dem Erzbischof von Canterbury, Robert Runcie, einen offiziellen Besuch ab, feierte mit ihm einen eindrucksvollen öffentlichen Wort-Gottesdienst in der Kathedrale und verabschiedete eine Gemeinsame Erklärung.[11] Es war die dritte zwischen einem Papst und dem Präsidenten der Anglikanischen Gemeinschaft. In ihr würdigen die Oberhäupter in Dankbarkeit die Arbeit der Internationalen Anglikanisch/Römisch-Katholischen Kommission und erklären: „Der Abschluß dieser Kommissionsarbeit gebietet uns, den nächsten Abschnitt unseres Pilgerweges ins Auge zu fassen, auf dem wir in Glaube und Hoffnung unterwegs sind hin zu der Einheit, nach der wir uns sehnen. Wir sind uns einig, daß es nun an der Zeit ist, eine neue internationale Kommission zu bestellen. Ihre Aufgabe wird es sein, die bereits begonnene Arbeit weiterzuführen; alles zu unter-

suchen, was der gegenseitigen Anerkennung der geistlichen Ämter unserer Gemeinschaften im Wege steht und die praktischen Schritte zu empfehlen, die notwendig werden, wenn wir auf der Grundlage unserer Einheit im Glauben in der Lage sind, an die Wiederherstellung der vollen Einheit zu gehen." Bereits im September 1983 traf sich die neu ernannte Anglikanisch/Katholische Kommission (ARCIC II), um das umfangreiche Arbeitsprogramm in Angriff zu nehmen. – Die persönlichen Kontakte und Begegnungen zwischen den Päpsten und den anglikanischen Präsidenten sind mehr als diplomatische Verbindungen; sie sind Zeichen für die starke Dynamik im Prozeß der kirchlichen Einigung geworden. Sie bedeuten für die Glaubensgemeinschaften Ermutigung und Herausforderung zugleich.

Um der vielgestaltigen und komplexen Wirklichkeit der zahlreichen konfessionellen Gemeinschaften gerecht zu werden und sie durch eine Sammelbeschreibung zu bezeichnen, spricht das Ökumenismusdekret von den „Kirchen und kirchlichen Gemeinschaften, die in der schweren Krise, die im Abendland schon vom Ende des Mittelalters ihren Ausgang genommen hat, oder auch in späterer Zeit vom Apostolischen Stuhl getrennt wurden". Ihnen weiß sich die katholische Kirche „durch das Band besonderer Verwandtschaft verbunden, da ja das christliche Volk in den Jahrhunderten der Vergangenheit so lange Zeit sein Leben in kirchlicher Gemeinschaft geführt hat".[12]
Neben der Anglikanischen Gemeinschaft hatten die Konzilsväter das ganze Panorama der Spaltungen vor Augen, die vor allem vom 16. Jahrhundert an bis zur Gegenwart die Geschichte der Christenheit überschatten. Das römische Einheitssekretariat unter der Präsidentschaft von Kardinal Bea konnte im Verlauf des Konzils durch den regen und vertrauensvollen Gedankenaustausch mit den offiziellen Beobachtern der auf internationaler Ebene existierenden Konfessionsfamilien enge Beziehungen knüpfen. Sie verlangten ihrer Natur nach Fortsetzung und verbindliche Formen von größerer Tragweite.

2. Die Beziehungen zum Lutherischen Weltbund

Im September 1964 befürwortete das Exekutiv-Komitee des Lutherischen Weltbundes die Aufnahme offizieller Kontakte mit der römisch-katholischen Kirche. Nach verheißungsvollen Vorbereitungen wurde eine internationale lutherisch/katholische Studienkommission berufen (1967), die in einem theologischen Gespräch jene Grundfragen behandeln sollte, in deren Verständnis beide Kirchen übereinstimmen oder getrennt sind. Es war nicht ihre Aufgabe, die theologischen Kontroversen des 16. Jahrhunderts als solche zu behandeln, sondern die Glaubensunterschiede im Licht der neueren bibeltheologischen und kirchengeschichtlichen Erkenntnisse sowie der im II. Vatikanum eröffneten Perspektiven zu prüfen. Bei den Bemühungen stellte sich als zentraler Schlüsselbegriff „das Evangelium" heraus. Der Schlußbericht (Malta-Bericht 1971) dieser Studienkommission trägt denn auch den Titel „Das Evangelium und die Kirche".[13] In einer substantiellen Umschau widmet sich das Dokument zentralen Themen, wie: Evangelium und Überlieferung, kirchliche Lehrautorität, Rechtfertigungslehre, Evangelium und kirchliches Recht, kirchliches Amt, Evangelium und Welt, Papsttum, Interkommunion...

Diese erste bilaterale Gesprächsrunde seit der Reformationszeit, durchgeführt im offiziellen Auftrag auf Weltebene, zeitigte überraschende Ergebnisse. Als Beispiel sei auf die Aussagen über die Rechtfertigungslehre verwiesen. In der Frage nach der Rechtfertigung des Sünders lag bekanntlich der zentrale Ansatzpunkt und der Inbegriff der reformatorischen Kritik an der katholischen Kirche im 16. Jahrhundert. Sie kann als Kurzformel und Inbegriff des gesamten Heils- und Erlösungswerks Jesu Christi, als Mitte des Evangeliums betrachtet werden.

Der Malta-Bericht stellt dazu fest: „Heute zeichnet sich in der Interpretation der Rechtfertigungslehre ein weitreichender Konsens ab." Diese Erkenntnis intensiver Studien wurde als hinreichende Basis gewertet, um sich drängenden Problemen, vor allem ekklesiologischen Fragestellungen zuzuwenden. Dabei blieb man sich bewußt, daß die Rechtfertigungslehre nicht als ein isoliertes dogmatisches Grundaxiom, sondern als ein Paradigma auch für die Lehre von der Kirche zu beachten sei.

Der Malta-Bericht wurde den Mitgliedskirchen des Lutherischen Weltbundes und den katholischen Bischofskonferenzen zu Studium und Stellungnahme zugesandt. Das Echo spiegelte die hohe Wertschätzung der von der Studienkommission geleisteten Arbeit wider und ermutigte die Kirchen zu weiteren Schritten. Der LWB und das Einheitssekretariat beschlossen 1973, den verheißungsvollen Dialog mit einer neuen Phase fortzusetzen. Sie beriefen eine aus je sechs ordentlichen Mitgliedern bestehende „Gemeinsame römisch-katholische/evangelisch-lutherische Kommission". Bei der Auswertung der Reaktionen auf den Bericht der Studienkommission hatten sich als thematische Schwerpunkte für die weiteren Gespräche „Eucharistie" und „kirchliches Amt" herauskristallisiert. In intensiven Studien und Diskussionen nahm daher die Gemeinsame Kommission diese schwierigen und komplexen Themen in Angriff. Die Eucharistie ist nach katholischem Verständnis Herz und Mitte des kirchlichen Lebens; darum wird die Trennung der Christen gerade hier am schmerzlichsten erfahren, solange es keine Kommuniongemeinschaft gibt. Als Frucht ihrer Bemühungen um besseres gegenseitiges Verständnis und der Klärung der Lehrpositionen heute legte die Kommission 1978 als gemeinsames Dokument „Das Herrenmahl" der kirchlichen Öffentlichkeit vor.[14] Geist und Ergebnis der Arbeit haben weltweite Beachtung gefunden. Es ist ein echtes ökumenisches Glaubenszeugnis, das nicht nur von dogmatischen Lehrsätzen her, sondern vornehmlich von der liturgischen Wirklichkeit geprägt worden ist. Die dem Dokument beigefügte Auswahl liturgischer Texte soll helfen, dieses Qualitätsmerkmal besser zu erschließen. Die unerläßliche wissenschaftliche Rechenschaft wird in Exkursen gegeben, die in der Verantwortung der Autoren liegen, von der Kommission aber zustimmend zur Kenntnis genommen worden sind.

Das gemeinsame Glaubenszeugnis findet seinen Ausdruck in den Aussagen wie: Christus ist nicht nur der Stifter des eucharistischen Mahles, sondern auch der Herr, der Gastgeber und die Gabe des Mahles. Er ist in diesem Sakrament „real", „wahrhaft" und „substantiell" gegenwärtig. Diese Gegenwart ist weder eine räumliche oder naturhafte, noch eine rein erinnernde oder figurative. – Aus Verantwortung gegenüber der einen Wahrheit und aus Redlichkeit vor den Gläubigen gibt das Dokument auch Rechenschaft über die „noch verbleibenden Differenzen". Es bedeutet jedoch keine Zurücknahme des insgesamt positiven Urteils über die entdeckten Gemeinsamkeiten im Glauben, wenn noch nicht befriedigend gelöste Probleme und gegenseitige Reformwünsche artikuliert werden. Katholiken fragen u. a., ob die lutherische Bekenntnisformel „in, unter, mit Brot und Wein" eine wirkliche Verwandlung einschließt, wie es um den Opfercharakter und das Verständnis der Messe als Sühnopfer steht sowie um die Dauer der sakramentalen Gegenwart des Herrn über den Vollzug der Eucharistiefeier hinaus. Lutherische Christen wünschen, daß in der katholischen Liturgie der Mahl-Charakter deutlich herausgestellt wird, daß der Verkündigung innerhalb jeder Eucharistiefeier der rechte Stellenwert zugemessen wird und die Spendung der heiligen Kommunion unter beiderlei Gestalten geschieht. Diese beispielhafte Auswahl von noch bestehenden Differenzen in Lehre und Praxis werden als „gemeinsame Aufgabe" erkannt, die nach Möglichkeit gemeinsam angegangen werden sollen. – Auch dieses Dialog-Dokument wurde den katholischen Bischofskonferenzen und den Mitgliedskirchen des Lutherischen Weltbundes zu Studium und Prüfung unterbreitet. Eine systematische Analyse und Auswertung der inzwischen vorliegenden Reaktionen soll noch erfolgen.

Parallel zu den Bemühungen um eine Versöhnung im Eucharistie-/Abendmahlsverständnis versuchte die internationale Kommission die im Malta-Bericht enthaltene Aussage zu verfolgen, „einen Weg sukzessiver Annäherung zu finden, auf dem verschiedene Stadien möglich sind". Der Fortschritt im Dialog und allgemein in den Beziehungen zwischen Katholiken und Lutheranern legte es nahe, sich der leitenden Zielvorstellungen zu vergewissern und auch Übersicht über konkrete Schritte zur Einheit hin zu gewinnen. Die Kommission veröffentlichte zu diesen Themenbereichen 1980 ein Dokument mit dem Titel: „Wege zur Gemeinschaft".[15] Der erste Hauptteil „Einheit als Ziel" bietet eine biblisch fundierte Theologie der Einheit, handelt von der Vermittlung der Gemeinschaft in Wort, Sakrament und Amt und kennzeichnet die zu suchende Einheit als kirchliche Gemeinschaft in Sichtbarkeit, Vielfalt und Dynamik. Im zweiten Hauptteil – unter dem Titel „Schritte zur Einheit" – finden wir die schon heute mögliche und nötige Vielfalt eines gemeinsamen Zeugnisses im kirchlichen Miteinander auf lokaler und regionaler Ebene dargestellt, insgesamt eine Ermunterung zu praktischen Initiativen, zur fruchtbaren Begegnung der Gläubigen beider Kirchen in Glauben, Gebet und Leben.

Einen Markstein im lutherisch/katholischen Dialog bildete die gemeinsame Besinnung und „Wiederentdeckung" der für das lutherische Bekenntnisgut grundlegenden Bekenntnisschrift „Confessio Augustana" (1530) aus Anlaß ihres 450. Jahresjubiläums. Im Zuge der mehrjährigen Vorbereitung des Jubiläums hatte eine Fülle von wissenschaftlichen Publikationen den Boden für eine gemeinsame Würdigung dieser Schrift bereitet. Das Augsburger Bekenntnis wollte seiner Intention nach den Glauben der lutherischen Christen bezeugen an „die eine, heilige, katholische und apostolische Kirche". Die Bemühungen der Reformatoren, mit Hilfe dieses Zeugnisses ihre Rechtgläubigkeit darzustellen und eine Reform in der katholischen Kirche zu erreichen, scheiterten damals aus verschiedenen, nicht nur theologischen Gründen. Das international gefeierte Jubiläumsjahr wurde an zahlreichen Orten von Lutheranern und Katholiken begrüßt und als Chance wahrgenommen, das inmitten der kirchlichen Trennung kontinuierlich als Gemeinsames und Verbindendes festgehaltene Glaubensgut neu zu entdecken und zu bekräftigen. Die lutherisch/katholische Kommission nutzte das Jubiläum, um eine gemeinsame Erklärung „Alle unter einem Christus" herauszugeben.[16] Die zentralen Aussagen des Dialog-Dokuments gipfeln in der Feststellung: „So hat sich Katholiken und Lutheranern in Besinnung auf das Augsburgische Bekenntnis ein gemeinsames Verständnis in grundlegenden Glaubenswahrheiten erschlossen, das auf Jesus Christus, die lebendige Mitte unseres Glaubens, verweist." Auch Papst Johannes Paul II. hatte sich – wie von einer geheimnisvollen Kraft geführt (Selbstzeugnis) – mit den theologischen und kirchlichen Bemühungen um die CA befaßt. In einer Ansprache bei der Generalaudienz am 25. 6. 1980 und bei der Begegnung mit den Vertretern der Evangelischen Kirche am 17. 11. 1980 in Mainz anläßlich seines Pastoralbesuchs in Deutschland hat er den lutherisch/katholischen Konsens in fundamentalen Glaubenswahrheiten hervorgehoben und bestätigt.[17]

Von Beginn des Dialogs nach dem Konzilsende an drängte sich die Thematik des Verständnisses vom geistlichen Amt als entscheidende Frage auf die Tagesordnung. In der Amtsfrage schneiden sich wesentliche Linien der Ekklesiologie und Soteriologie. Das Ökumenismusdekret hat von einem „defectus ordinis", d. h. einem Mangel (bzw. Fehlen) des Weihesakraments bei den getrennten Kirchen im Abendland gesprochen und dabei auch auf den Verlust der ursprünglichen und vollständigen Wirklichkeit des eucharistischen Mysteriums hingewiesen.[18] Die internationale Dialogkommission widmete sich in jahrelanger Arbeit der komplexen Problematik der traditionellen Differenzen über das kirchliche Amt, die apostolische Sukzession und im besonderen das Bischofsamt. Der Ertrag der Studien fand seinen Niederschlag in dem Dialog-Dokument „Das geistliche Amt in der Kirche" (1981).[19] Formal gesehen handelt es sich nicht um ein umfassendes Konsens-Dokument; es enthält jedoch eine Reihe sehr bedeutsamer Übereinstimmungen in einzelnen Fragen, formuliert Konvergenzen oder auch Parallelen und zeigt ferner die noch ungelösten Probleme an. Für die weiteren Bemühungen um die Überwindung der kontroversen Positionen sind einige Aussagen von entscheidender Bedeutung: Es wird festgestellt, daß aus der Fülle der Charismen und Dienste, wie sie das Neue Testament bezeugt, in der frühen Kirche sich ein besonderes Amt entwickelt hat, das als Nachfolgeamt der von Christus gesandten Apostel verstanden wurde. Es kommt nicht durch bloße Delegation von seiten der gläubigen Gemeinde zustande, sondern ist „Stiftung Jesu Christi", ein Amt, das „sowohl gegenüber der Gemeinde wie in der Gemeinde" steht. Bezüglich der Ordination wird als Bedingungssatz formuliert: „Wo gelehrt wird, daß durch den Akt der Ordination der Heilige Geist den Ordinierten mit seiner Gnadengabe für immer zum Dienst an Wort und Sakrament befähigt, muß gefragt werden, ob nicht in dieser Frage bisher kirchentrennende Unterschiede aufgehoben sind." Die lutherischen Kirchen kennen wie die katholische Kirche neben den lokalen Ämtern auch übergeordnete regionale Ämter. Wenn diese auch unterschiedlich ausgeformt sind, so werden sie doch als „eine Wirkung des Heiligen Geistes" gewertet. Einem gemeinsamen Verständnis des historischen Bischofsamtes konnte sich die Kommission nur von fern annähern. Im Blick auf das in den zwischenkirchlichen Gesprächen immer wieder artikulierte Postulat, die Kirchen mögen gegenseitig ihre Ämter „anerkennen", ließ sich die Kommission von dem Leitgedanken bestimmen, daß eine Anerkennung nur „schrittweise" geschehen kann: zunächst die gegenseitige Achtung der Ämter, dann die praktische Zusammenarbeit, um schließlich offiziell festzustellen, daß „das Amt in der anderen Kirche wesentliche Funktionen des Amtes ausübt, das Jesus Christus seiner Kirche eingestiftet hat und das man in der eigenen Kirche in voller Weise verwirklicht glaubt ..." – Wie beim Dokument über das Herrenmahl hat die Kommission eine repräsentative Auswahl von Ordinationsliturgien in ihre Arbeiten einbezogen. Diese sind dem Dokument als Annex beigefügt sowie auch Exkurse über das Problem der Ordination von Frauen und über das Mittlertum Christi im Verhältnis zum kirchlichen Priestertum.

Im Jahre 1983 stand der Geburtstag Martin Luthers vor 500 Jahren im Brennpunkt zahlreicher ökumenischer Bemühungen. Eine kaum überschaubare Fülle von Publikationen, theologischen und kirchlichen Veranstaltungen, Ausstellungen, Film-, Radio- und Fernsehbeiträgen brachte den Christen vor allem in Europa und Nordamerika Person und Werk des Wittenberger Theologieprofessors, Predigers und Seelsorgers nahe und regte sie zu einer aktualisierten Auseinandersetzung mit den historischen Ereignissen der Reformation und ihren bleibenden Inhalten an. Der Lutherische Weltbund und viele seiner Mitgliedskirchen waren bestrebt, vorrangig das ökumenische Potential Martin Luthers zu erschließen und ihre Lutherfeiern möglichst in Gemeinschaft mit den anderen Kirchen durchzuführen. Die katholische Kirche hat sich auf allen Ebenen kirchlichen Lebens in angemessener Weise am Jubiläum beteiligt. Katholische Theologen in der jüngeren Vergangenheit und Gegenwart haben mit Akribie und möglichst vorurteilslos Lutherstudien betrieben und mit ihren wissenschaftlichen Beiträgen ein heute insgesamt objektiveres, vollständigeres und gleichzeitig differenzierteres Verständnis ermöglicht. Es zeichnet sich allseits der entschiedene Wille ab, sich frei von Polemik und konfessioneller Rechthaberei dem komplexen Phänomen der Reformation zu widmen.

Der Präsident des römischen Einheitssekretariats, Kardinal Johannes Willebrands, hatte in Würdigung der neueren wissenschaftlichen Erkenntnisse und des veränderten zwischenkirchlichen Klimas auf der

5. Vollversammlung des LWB 1970 in Evian um der Wahrheit und Liebe willen für eine gerechtere Beurteilung von Person und Werk Luthers seitens der katholischen Kirche plädiert und eine Reihe von konkreten positiven Aspekten geltend gemacht. Er hatte Martin Luther als eine „tief religiöse Persönlichkeit" gekennzeichnet, die in Ehrlichkeit und Hingabe nach der Botschaft des Evangeliums forschte. Luther hat einen bemerkenswerten Besitz des alten katholischen Glaubens beibehalten. Ja, das Zweite Vatikanische Konzil selbst hat Forderungen eingelöst, die unter anderem von Martin Luther ausgesprochen worden sind. „Er mag uns darin gemeinsamer Lehrer sein, daß Gott stets Herr bleiben muß und daß unsere wichtigste menschliche Antwort absolutes Vertrauen und die Anbetung Gottes zu bleiben hat."[20] Bei einer zentralen Luther-Gedächtnisfeier in der Thomaskirche in Leipzig am 11. 11. 1983 hob Kardinal Willebrands in seiner Ansprache die ökumenische Bedeutung Luthers hervor und führte aus: „Martin Luther ist nicht nur im Leben der evangelischen Christenheit gegenwärtig, er ist auch gegenwärtig in der Ökumene der Christenheit. Wir müssen daher sein theologisches Erbe erneut, und zwar gemeinsam lesen und in einem kritischen Lernprozeß gemäß einem der Lieblingsworte M. Luthers verfahren: ‚Prüfet alles, das Gute behaltet' (1 Thess 5, 21)."[21] An einigen konkreten Beispielen erläuterte er die Aktualität Luthers für alle Christen und Kirchen. – Aus Anlaß des Luther-Jahres hatte Papst Johannes Paul II. am 31. 10. 1983 an den Präsidenten des Einheitssekretariats ein öffentliches Schreiben gerichtet. Darin würdigt der Papst die wissenschaftlichen Bemühungen evangelischer und katholischer Forscher, die zu einer vollständigeren und differenzierteren Kenntnis der Reformationszeit geführt haben. Dann heißt es: „Überzeugend sichtbar geworden ist dabei die tiefe Religiosität Luthers, der von der brennenden Leidenschaft für die Frage nach dem ewigen Heil getrieben war." Um den Bruch der Kircheneinheit zu überwinden, wird es weiterer sorgfältiger historischer Forschungsarbeit bedürfen, ebenso aber auch des „Dialogs des Glaubens" hier und jetzt.[22] – Diese offizielle Äußerung des Papstes und sein Besuch mit aktiver Teilnahme am Gottesdienst in der lutherischen Christus-Kirche am 13. 12. 1983 in Rom ordneten sich als hervorragende Ereignisse in die geistlichen Grundlinien der Feier des außerordentlichen Heiligen Jahres ein; denn eines der Hauptanliegen sollte gemäß der Ankündigungsbulle „Aperite portas" die Versöhnung zwischen den Christen sein. Da im Kontext des langjährigen Dialogs mit Recht auch eine Äußerung seitens der internationalen lutherisch/katholischen Kommission erwartet wurde, gab diese im Mai 1983 ein gemeinsames Wort heraus mit dem Titel: „Mar-

tin Luther – Zeuge Jesu Christi".[23] Es zeichnet wesentliche Entwicklungen nach, die in der evangelischen und katholischen Beurteilung Luthers „vom Streit zur Versöhnung" geführt haben, blickt selbstkritisch auf den Umgang mit dem theologischen und geistlichen Erbe Luthers in beiden Kirchen zurück und artikuliert konkrete Inhalte und Anliegen, wo die Kirchen heute gemeinsam von Luther als seinem „Vermächtnis und Auftrag" lernen können. Für den offiziellen Dialog ist die Feststellung beachtenswert, daß bei dem umfangreichen Schrifttum Luthers spezifisch kirchliche Bedeutung nur denjenigen Schriften zukommt, die den Rang von Bekenntnisdokumenten erreicht haben. Unter diesen nehmen die beiden Katechismen eine besondere Stellung im Leben der Kirche ein und dienen zusammen mit der Confessio Augustana dem ökumenischen Gespräch als Grundlage.

Während ihrer Arbeit über zentrale Glaubensdifferenzen und in dem Maße, als sich positive Ergebnisse abzeichneten, gewann die Gemeinsame Kommission die Überzeugung, daß ein weiterer Fortschritt in den lutherisch-katholischen Beziehungen nach einer klaren Zielvorstellung verlangt. Mit dem bereits genannten Dokument „Wege zur Gemeinschaft" waren bereits wichtige Vorarbeiten für eine Weiterführung der Diskussionen über „Modelle der Einheit" mit besonderer Berücksichtigung der lutherisch-katholischen Einheit geleistet worden. Als letztes Dokument der zweiten Phase des internationalen Dialogs konnte die Kommission im März 1984 ein Dokument verabschieden unter dem Titel: „Einheit vor uns. Modelle, Formen und Phasen katholisch/lutherischer Kirchengemeinschaft".[24] Es stellt in einem ersten Teil eine Übersicht dar über Formen und Modelle kirchlicher Einheit, wie sie in ökumenischen Dialogen zur Diskussion stehen. Im zweiten Teil behandelt es speziell das Verhältnis zwischen katholischer Kirche und lutherischen Kirchen und die Phasen und konkrete Gestaltwerdung katholisch/lutherischer Kirchengemeinschaft. Das Dokument bietet eine Gesamtschau der Vorstellungen von Einheit und einen differenzierten Überblick über die verschiedenen Stadien der Annäherung zwischen den Kirchen. Die Kirchengemeinschaft wird im einzelnen dargestellt als eine Gemeinschaft in Glauben, Sakrament und Dienst (Amt). – Freude und Dank für die fruchtbare Arbeit und den Fortschritt auf dem Wege zur Versöhnung und Einigung brachte Papst Johannes Paul II. zum Ausdruck, als er die Kommission am 2. 3. 1984 in einer Sonderaudienz empfing.

Noch manche wichtige Problemfelder im Annäherungsprozeß zwischen den Kirchen werden in der Fortführung des offiziellen Dialogs zu bearbeiten sein. So konnte bisher z. B. die Frage des Petrusdienstes/

Papstamtes nur am Rande berührt werden. Mariologie und Heiligenverehrung sind noch nicht ausdrücklich behandelt worden. Seit der Auswertung des o. g. Malta-Berichts ist die Dringlichkeit eines Dialogs über ethische Probleme und über die Herausforderungen existentieller Fragen der Dritten Welt hervorgehoben worden. Eine jüngstens im deutschen Sprachraum lebhaft geführte theologische Kontroverse hat die Frage zum Gegenstand, ob nicht alle ökumenischen Annäherungen und Übereinstimmungen in den Dialog-Dokumenten nur Scheinlösungen enthalten, weil sie nicht bedenken, daß die Grundentscheidungen der beteiligten Kirchen im kontradiktorischen Gegensatz zueinander stehen. Diese Grunddifferenzen – so wird gesagt – sind niemals ausführlich behandelt worden, so sehr Konsense in einzelnen Inhalten des Glaubens festgestellt wurden. Diskutiert werden daher mögliche Fundamentalgegensätze wie: Rechtfertigung–Kirche, Offenbarung–Kirche, Wort–Sakrament, Hl. Schrift–Kirche... Diese Streitfrage kann nicht unerledigt bleiben, da sie die Dialog-Ergebnisse insgesamt in Frage stellt und ihre Rezeption verhindert. Dabei wäre herauszustellen, daß in Einzelfragen des Glaubens wohl keine echten Übereinstimmungen zu erreichen gewesen wären, gäbe es nicht hinter und vor allem eine Übereinstimmung in der Wurzel.

In diesem Zusammenhang verdienen auch die offiziellen lutherisch/katholischen Dialoge auf nationaler Ebene besondere Beachtung. Als außerordentlich verheißungsvoll haben sich die Ergebnisse des Dialogs in den USA erwiesen. Nach der Veröffentlichung von Dokumenten über das Nizänische Glaubensbekenntnis, über Taufe, Eucharistie, Amt, Päpstlichen Primat, Lehrautorität und Unfehlbarkeit in der Kirche hat die bilaterale Kommission 1983 ein umfassendes Dokument „Rechtfertigung durch Glauben" herausgegeben, um allen vorangegangenen Arbeiten ein solides Fundament zu geben. – In Deutschland ist aus offiziellen Gesprächen zwischen der Vereinigten Evangelisch-Lutherischen Kirche und der Deutschen Bischofskonferenz 1984 das Dokument „Kirchengemeinschaft in Wort und Sakrament" hervorgegangen.[25] Es bemüht sich um eine Klärung dessen, was eint und was trennt. Dabei wurde eine Reihe von Übereinstimmungen in wichtigen theologischen Fragen festgestellt und betont, „daß die Kirchenspaltung des 16. Jahrhunderts nicht bis in die Wurzel gegangen ist". Noch nicht gelöste Kontroversen werden benannt und die Aufgabe unterstrichen, „den gewonnenen, wenn auch noch unvollständigen Konsens zu erweitern". Ähnliche bilaterale Dialoge sind im Laufe der postkonziliaren Zeit auch in anderen Teilen der Welt auf nationaler, regionaler oder auch lokaler Ebene geführt worden. Sie alle sind unverzichtbare Bausteine in den ökumenischen Entwicklungen. Einerseits stützen sie die internationalen Gespräche und über-setzen diese in den Kontext der jeweiligen Ortskirchen; andererseits befruchten sie die Dialoge auf Weltebene, indem diese gegebenenfalls auf ihre Impulse, konkreten Ergebnisse und den damit verbundenen „Sitz im Leben" zurückgreifen können. Ein solcher wechselseitiger Austausch und die gegenseitige Verwiesenheit aufeinander fördern den Rezeptionsprozeß im Kirchenvolk und erweisen dadurch erst ihre Tragfähigkeit und Fruchtbarkeit.

Kritische Würdigung des theologischen Dialogs

Die bilateralen Gespräche der katholischen Kirche mit der konfessionellen Föderation lutherischer Kirchen auf Weltebene waren im Anfang vorrangig von der Vorstellung geleitet, in theologischen Studien die traditionellen Lehrdifferenzen in ihrer gegenwärtig gelebten und kirchlich gültigen Gestalt zu prüfen. Die Fragestellungen, ebenso wie die mit der Arbeit betrauten Theologen, waren offenkundig durch einen europäischen Horizont geprägt. Die als „überraschende Entdeckungen" gewonnenen und der kirchlichen Öffentlichkeit bekanntgemachten Einsichten ließen in der Tat Übereinstimmungen, Gemeinsamkeiten oder doch Annäherungen in wichtigen Glaubensfragen erkennen, die trotz der getrennten Entwicklungen der kirchlichen Dialogpartner über mehr als vier Jahrhunderte hinweg ein hohes Maß an gemeinsamem Erbe verrieten. Die berechtigte Zuversicht, in kontinuierlicher theologischer Arbeit alle lehrmäßigen Kontroversen in einer zureichenden Versöhnung zu überwinden, hat bis heute noch keinen prinzipiellen Bruch erlitten, ist jedoch reifer d. h. realistischer geworden. Dazu haben mehrere Momente beigetragen: Die Bemühungen auf rein theologischer Ebene erweisen sich relativ unfruchtbar und ineffektiv, solange sie nicht in das konkrete Leben der Kirchen (Reformen, Verkündigung, Liturgie, Zeugnis) überführt werden. Es war daher sinnvoll, in die offiziellen Kommissionen zunehmend auch Bischöfe und kirchenleitende Persönlichkeiten einzubeziehen und die Kirchen in ihren maßgeblichen Organen am Dialog-Geschehen partizipieren zu lassen (offizielle Stellungnahmen, Möglichkeit der kritischen Rückfrage). Konstitutives Element der Annäherung zwischen den Kirchen ist über den theologischen Dialog hinaus die Suche nach vertrauensbildender Gemeinschaft in allen Bereichen kirchlichen Lebens, wo diese ohne Beeinträchtigung der Gewissen und der Wahrheit heute möglich ist. – Im Laufe des 20jährigen Dialogs ging mit der katholischen Anfrage an den Gesprächspartner nach seiner Identität, seinem

Wesen, seinen Strukturen kirchlicher Autorität Hand in Hand im LWB ein Prozeß des äußeren Wachstums und der beständigen Selbstreflexion. Letztere bezog und bezieht sich auf Fragen wie: Apostolizität und Katholizität, die Lehrgrundlage des LWB, das Selbstverständnis als Föderation und lutherische Gemeinschaft sowie der spezifische ökumenische Auftrag des Weltbundes. Heute zählt der Weltbund 104 Mitgliedskirchen. Obwohl das numerische Gewicht in europäischen Ländern liegt, haben doch die lutherischen Kirchen in den USA und Südamerika einen beachtlichen Stellenwert gewonnen, und die große Zahl der kleineren lutherischen Kirchen in Ländern der Dritten Welt stellen in ihrer Gesamtheit ein wachsendes geistliches und kirchenpolitisches Potential dar. Obwohl die Gemeinsame lutherisch/katholische Kommission in ihrer zweiten Dialog-Serie eine breitere Repräsentativität der kirchlichen Wirklichkeit auf beiden Seiten widerspiegelte, mangelte es ihr doch in gewissem Maße an der wirklich weltweiten und adäquaten „Stellvertretung", die die Gefahr eines offenkundigen Eurozentrismus mindern könnte. – Im Klärungsprozeß des Selbstverständnisses des Lutherischen Weltbundes verdient die in der Verfassung verankerte Lehrgrundlage eine besondere Würdigung, die gerade für den Dialog mit der katholischen Kirche von großer Bedeutung ist. Danach ist die Heilige Schrift des Alten und des Neuen Bundes die alleinige Quelle und unfehlbare Norm aller Lehre und allen Handelns der Kirche. Eine zutreffende Auslegung des Wortes Gottes liegt in den drei ökumenischen Glaubensbekenntnissen und den lutherischen Bekenntnisschriften vor, insbesondere im (unveränderten) Augsburger Bekenntnis und in Luthers Kleinem Katechismus. Wenn heute weitgehend in den lutherischen Kirchen die Auffassung vertreten wird, daß die Kirche der Reformation keine Neubildung einer Kirche, sondern echte Re-formation, d. h. eine Rück-Besinnung auf die ursprünglichen Maßstäbe des Kirche-Christi-Seins sein wollte, wenn sich die lutherischen Kirchen als Teil der „einen, heiligen, katholischen und apostolischen Kirche" verstehen, dann liegt es nahe, daß der lutherisch/katholische Dialog sich auf das gemeinsame Erbe und die Tradition der Alten Kirche stützt. Selbst wenn die lutherische Reformation in ihrem Glaubensbekenntnis und kirchlichen Leben besondere Akzente setzte (s. sola-Prinzipien), muß dieses nicht einen radikalen Neuansatz, eine der katholischen Tradition tiefgreifend und durchgehend widersprechende Neubildung der Kirche bedeuten. Im offiziellen Dialog geht es nicht zuletzt um die Bekräftigung der Grundübereinstimmungen im Glauben und soweit wie möglich um die Herausstellung der trotz der kirchlichen Spaltung erhalten gebliebenen Kontinuität kirchlicher Wirklichkeit und der Versöhnbarkeit von verschiedenen Ausprägungen des Glaubens. Dabei steht als mögliches Modell die Vorstellung von „Einheit in versöhnter Verschiedenheit" im Hintergrund.

Die spezifischen Probleme des Dialogs mit dem Lutherischen Weltbund sind – ähnlich wie im Dialog mit der Anglikanischen Gemeinschaft – zunächst in der Frage nach den Strukturen der kirchlichen Autorität zu sehen. Der Weltbund ist gemäß seinem Selbstverständnis keine Superkirche, sondern eine freie Vereinigung von in sich selbständigen Mitgliedskirchen. Er ist auf der Suche nach einem ekklesialen Charakter, kann aber von sich aus nicht in verbindlicher Weise für die Kirchen handeln und sprechen. In dem Maße als die Dialog-Ergebnisse im kirchlichen Leben, in Verkündigung, Zeugnis und Lehre fruchtbar werden sollen, werden die einzelnen Mitgliedskirchen – wie auch die katholische Kirche – zu verbindlichen Entscheidungen herausgefordert sein. In diesem Prozeß wird es darum gehen, welchen Verbindlichkeitsgrad die historischen Bekenntnisschriften heute innehaben und wie sie im einzelnen angesichts der potentiellen und faktischen Interpretationsbreite verstanden werden. Zum Beispiel haben die Diskussionen um das Augsburger Bekenntnis die Vielschichtigkeit dieses Textes offenbart; im besonderen ist die Frage nach dem Verhältnis der Theologie Luthers zu diesem Bekenntnis einmütig zu beantworten. Weitere noch zu lösende Fragen liegen in den Kirchenunionen, Kirchengemeinschaften und Interkommunion-Vereinbarungen, wo lutherische Kirchen beteiligt sind (z. B. Leuenberger Konkordie). Diese Aspekte nimmt auch die immer wieder als drängendes Anliegen seitens der Lutheraner an die katholische Kirche gerichtete Bitte an, sie möge die Kommuniongemeinschaft mit den lutherischen Kirchen aufnehmen. Konkrete und verheißungsvolle Schritte dazu sind vor allem in den Dialog-Dokumenten „Das Evangelium und die Kirche", „Das Herrenmahl" und „Das geistliche Amt in der Kirche" getan worden, aber noch konnten bisher nicht alle wesentlichen Fragen geklärt werden. Katholischerseits wird gerade im Dialog und in der wachsenden Annäherung der Kirchen als ganze der Weg, das Mittel und die Bedingung gesehen für die gemeinsame Feier des zentralen Glaubensgeheimnisses in der Kirche, nämlich der Eucharistie. Einen substantiellen Beitrag dazu leisten auch jene Bemühungen, namentlich in Deutschland, die eine Überprüfung der historischen Lehrverurteilungen des 16. Jahrhunderts im Lichte des gegenwärtigen kirchlichen Lehrstandes zum Gegenstand haben.

3. Der Dialog mit dem Reformierten Weltbund

Vorwiegend aus den Reformationsbewegungen des 16. Jahrhunderts stammen auch jene Kirchen, die im Reformierten Weltbund vertreten sind. Sie wissen sich vor allem dem theologischen und geistigen Erbe Calvins, Zwinglis und Bullingers verpflichtet. Zu diesem Traditionsstrom sind weitere geistige Komponenten wie u. a. das Vermächtnis und die Anstöße der Waldenser, der Hussiten und der John-Knox-Bewegung hinzugekommen. Der inzwischen rund 150 Mitgliedskirchen umfassende Weltbund, der als solcher 1970 aus dem Zusammenschluß des ältesten konfessionellen Weltbundes, des Reformierten Weltbundes Presbyterianischer Ordnung (gegr. 1875), mit dem Internationalen Rat der Kongregationalisten hervorgegangen ist, bezieht sich in seiner Verfassung auf die Übereinstimmung mit den historischen reformierten Bekenntnisschriften und auf die reformierte Tradition als biblischem, evangelischem und doktrinärem Ethos, verzichtet aber auf eine präzise Beschreibung eines gemeinsamen Bekenntnisses, soweit es über das Bekenntnis zu Jesus Christus als dem Herrn und Heiland sowie zur Heiligen Schrift als oberster Autorität hinausgeht. Der Dialog der katholischen Kirche mit dem Reformierten Weltbund hat daher der Vielfalt der Mitgliedskirchen Rechnung zu tragen und sich auch der besonderen Schwierigkeiten bewußt zu sein.

Das sich jährlich treffende Exekutiv-Komitee des Weltbundes beschloß 1968, die Möglichkeit und Opportunität eines Dialogs mit der katholischen Kirche prüfen zu lassen. Gespräche mit dem Einheitssekretariat führten bald zu dem Entschluß, in einen offiziellen bilateralen Dialog auf Weltebene einzutreten. In der aus je fünf Mitgliedern zusammengesetzten reformiert/katholischen Kommission folgte man den Empfehlungen der Planungsgruppe und studierte von 1970 bis 1977 zentrale Themen im Bereich der Christologie und Ekklesiologie, wo man historisch vermittelte Glaubensdifferenzen zu eruieren beabsichtigte, nicht ohne jedoch die Herausforderungen der Christen in der Welt heute mitzubedenken. Die Kommission schloß ihre Arbeiten mit der Veröffentlichung des Schlußberichts ab: „Die Gegenwart Christi in Kirche und Welt".[26] In Begleitschreiben brachten die beiden Vorsitzenden ihren Dank zum Ausdruck, daß beachtenswerte Konvergenzen und Übereinstimmungen im Dialog gefunden worden, aber auch wesentliche Differenzen deutlich geworden seien. Das Dokument behandelt im einzelnen folgende Themen: Die Beziehung Christi zur Kirche, die Lehrautorität in der Kirche, die Gegenwart Christi in der Welt, die Eucharistie, das kirchliche Amt. – Kommen in der Frage Christus – Kirche keine nennenswerten Probleme zur Sprache, so werden in ekklesiologischen Grundfragen doch wichtige Lehrunterschiede identifiziert. Es wird deutlich, daß z. B. nach reformierter Tradition die Heilige Schrift nicht durch ein kirchliches Lehramt oder durch kirchliche Glaubenszeugnisse der Überlieferung rechtens interpretiert werden kann, sondern der Heilige Geist je und je von neuem die Wahrheit vermittelt. Eine „Unfehlbarkeit" der Kirche, die an Ämter oder Strukturen gebunden ist, muß daher abgelehnt werden. Der Ruf zur beständigen Erneuerung führt die Kirche immer wieder über ihre jeweiligen Bekenntnisse hinaus und befreit sie von Bindungen an historische Bekenntnisse und Zeugnisse.

Die Divergenzen in der Frage des Amtsverständnisses werden auf Lehrunterschiede, aber auch auf unterschiedliche Akzente zwischen den beiden Traditionen zurückgeführt. Die katholische Kirche hat von der Herrschaft Christi eine vorwiegend hierarchische Ordnung abgeleitet, die Reformierte Kirche eine vorwiegend presbyteral-synodale Organisation. Gemeinsam wird jedoch ein besonderes Amt festgehalten, dem die Verwaltung von Wort und Sakrament anvertraut ist.

Überraschende Übereinstimmungen konstatierte die Kommission über die Eucharistie. Die spezifische Gegenwart Christi wird zugleich als sakramental und personal festgehalten, der Glaube an die Realpräsenz Christi als grundlegend zur Überwindung von Mißverständnissen und noch ungelösten Lehrdifferenzen betont. Der Schlußbericht „Die Gegenwart Christi in Kirche und Welt" wurde an die Mitgliedskirchen des Weltbundes und an zahlreiche katholische Bischofskonferenzen und theologische Fakultäten mit der Bitte um Stellungnahme und Kritik versandt. In einer späteren gemeinsamen Auswertung der Reaktionen und Gutachten kristallisierte sich neben allgemeiner Dankbarkeit für die Durchführung des Dialogs folgende Kritik heraus: Man bezweifelte die Repräsentativität der reformierten Kommissionsmitglieder. – Insgesamt wünschten europäische Kirchen eine stärkere Berücksichtigung historischer Kontroversen, im besonderen der Reformationszeit; andererseits vermißten junge Kirchen außerhalb Europas konkrete Schritte einer gemeinsamen christlichen Verantwortung für heutige Weltprobleme. – Etliche Stimmen forderten mehr Klarheit im Umgang mit theologischen Begriffen und baten um gründlichere biblische Fundierung. So sollte auch das Verständnis von Kirche anhand aller neutestamentlichen Metaphern erschlossen werden. Das Verhältnis von Schrift und Tradition verlange nach tieferer Klärung. Schließlich meinten einige Theologen, die Sendung der Kirche sei im Bericht zu optimistisch gezeichnet. Alle Stellungnahmen enthielten die ausdrückliche Bitte, den offiziellen Dialog auf Weltebene möglichst bald fortzusetzen.

Das Generalsekretariat des Reformierten Bundes und das Einheitssekretariat vereinbarten nach einer kurzen Phase der Vorbereitung die Errichtung einer neuen reformiert/katholischen Kommission und gaben ihr den Auftrag, sich mit den substantiellen Divergenzen im Verständnis von Kirche zu befassen. Diese hat 1984 unter dem Leitthema: „Die Kirche – das Volk Gottes, der Leib Christi, der Tempel des Heiligen Geistes" ihre Arbeit aufgenommen. Da die Kommission von jeweils fünf Mitgliedern und einigen wenigen Beratern nicht die Vielfalt der Kirchen in allen Teilen der Welt widerspiegeln kann, wird sie als Komponente zahlreiche Fallstudien, d. h. Berichte und Stellungnahmen zu bestimmten Fragen aus den Mitgliedskirchen in ihre Studien und Beratungen einbeziehen, so daß ein ständiger Austausch mit dem Glaubensleben wichtiger Ortskirchen garantiert ist.

Kritische Würdigung des theologischen Dialogs

Die bisher einzige Dialog-Phase galt entsprechend dem weitgefaßten Thema der Erkundung möglichst des gesamten Feldes überkommener und heute erfahrener Gegensätze und Unterschiede im Glaubensgut der beiden kirchlichen Weltgemeinschaften. In der damit gegebenen Fülle der Themen lag auch eine der besonderen Schwierigkeiten. Manche wesentliche Frage konnte nur summarisch bzw. deskriptiv oder eben nur als Frage dargestellt werden. Ein mehr prinzipielles Problem liegt im Wesen der reformierten Tradition(en) und der damit gegebenen pluralen Natur des Weltbundes. Bereits die verfassungsmäßige Strukturvielfalt der Mitgliedskirchen zeigt den komplexen Charakter des Dialogpartners auf Weltebene. Neben der Mehrheit von presbyteralsynodal strukturierten Kirchen gibt es die kongregational, episkopal oder präsidential verfaßten. Für den Dialog verheißungsvoll können jene Bemühungen gewertet werden, die seit der Generalversammlung des Weltbundes 1982 in Ottawa/Kanada unter dem Leitthema „Reformiertes Zeugnis heute" ein für den Weltbund gültiges, die Freiheit wie die Bindung der Mitgliedskirchen zugleich respektierendes gemeinsames Glaubenszeugnis anstreben. Die reformierten Kirchen können und wollen ihrer Selbstbezeichnung als „Reformierte" nur gerecht werden, indem sie sich selbstkritisch in einen Prozeß ständiger Reformwilligkeit hineinbegeben.

Der Dialog der katholischen Kirche mit den Reformierten folgt seiner sachlichen Logik, wenn er die Frage nach dem Kirchenverständnis in den Mittelpunkt rückt. Die reformierte Glaubensüberzeugung spricht von der Kirche als der „Schöpfung des Wortes". Kirche entsteht ständig von neuem durch das lebendige Wort Gottes. Sie ist zwar nicht unsichtbar, doch verborgen und kann nur im Glauben wahrgenommen werden. Obwohl die Kontinuität der Kirche durch die Jahrhunderte letztlich nicht nachgewiesen werden kann, so ist sie doch wegen der Treue Gottes auch während der Reformationszeit nicht verloren gegangen, da das Evangelium von den Reformatoren rein verkündet worden ist. Durch die Sukzession des Evangeliums ist die Kontinuität der Kirche gewahrt worden. Mit diesem stark – wenn nicht einzig – vom Wort Gottes her bestimmten Verständnis von Kirche wird katholischerseits die im besonderen seit dem II. Vatikanischen Konzil entwickelte Lehre von der Kirche als Sakrament, „dem Zeichen und Werkzeug für die innigste Vereinigung mit Gott wie für die Einheit der ganzen Menschheit" ins Gespräch gebracht. Gerade die Auffassung vom sakramentalen Charakter der Kirche stößt bei vielen reformierten Theologen auf erheblichen Widerstand. Andererseits werden heute die Gefahren einer spiritualistischen Sicht und der reinen Wort-Existenz von Kirche reformierterseits anerkannt. Hinter allen Differenzen in der Ekklesiologie werden die theologischen Bemühungen im Dialog wahrscheinlich tieferliegenden Lehrunterschieden in der Christologie und Pneumatologie sowie in der Rechtfertigungslehre nachgehen müssen.

Bereits beim jetzigen Stande der offiziellen Gespräche zeigt sich, daß und in welchem Maße die Kirchen voneinander lernen, sich gegenseitig bereichern und zur größeren Fülle in der Erkenntnis der Offenbarungswahrheit geführt werden. Noch sind manche kirchentrennenden Probleme nicht überwunden. Im organischen Prozeß der kirchlichen Annäherung können auch die sozialpsychologischen und soziokulturellen Bedingungsfelder des weltweiten Dialogs nicht außer Betracht gelassen werden. Während in den reformierten Kirchen Europas nicht selten noch die Hypothek der Erinnerung an die historischen Auseinandersetzungen und feindseligen Grundhaltungen aufzuarbeiten ist, beschweren in den jungen Kirchen der Dritten Welt oftmals politische Implikationen und kirchenpolitische Machtfragen die Beziehungen der Kirchen zueinander.

In dem Maße, als der offizielle Dialog konkrete Ergebnisse von Übereinstimmungen in den zentralen Glaubensfragen erzielt, wird auch hier die Frage akut, welche Instanzen in den reformierten Kirchen verbindliche Entscheidungen treffen können. Ein weiteres Problem besteht hinsichtlich jener Kirchen, die bereits Unionen oder Kirchengemeinschaft in Wort und Sakrament mit anderen Kirchen eingegangen sind.

4. Ein trilateraler Dialog auf Weltebene

Neben den bilateralen Dialogen mit dem Lutherischen Weltbund und dem Reformierten Weltbund hat die katholische Kirche in den Jahren 1970–1976 mit beiden Weltbünden zusammen offizielle Gespräche über „die Theologie der Ehe und Probleme der Mischehen" geführt.[27] Alle Kirchen sehen sich heute durch eine Krise der Institution der Ehe herausgefordert. Zudem stellen wachsende Zahlen von konfessionsverschiedenen Ehen in mehreren Ländern die Kirchen vor die Notwendigkeit, ihre pastoralen Bemühungen neu zu orientieren und zu verstärken. Die konfessionsverschiedenen Ehen sind stellenweise zum Normalfall von Eheschließungen geworden. Im Schlußbericht dieser trilateralen Gespräche auf Weltebene werden als Übereinstimmungen und gemeinsame Überzeugungen herausgestellt: der sakramentale Charakter der christlichen Ehe (evangelischerseits wird jedoch der Sakraments-Begriff im engeren Sinne für die Ehe abgelehnt); die Ehe wird als Bindung auf Lebenszeit anerkannt; ihre öffentliche und soziale Bedeutung wird unterstrichen. Differenzen zeigen sich in der evangelischen Praxis der kirchlichen Trauung geschiedener Partner, dem Versprechen bezüglich der religiösen Kindererziehung und der katholischerseits vorgeschriebenen kanonischen Eheschließungsform. Die Dialogpartner bekunden einmütig ihren Willen, sich intensiver als bisher in gemeinsamer Pastoral den konfessionsverschiedenen Ehen zuzuwenden.

Nach der Auswertung der kirchlichen Reaktionen auf das Dialog-Ergebnis können zwei Erkenntnisse nicht übersehen werden: Die gesellschaftliche, kulturelle und kirchliche Situation, in der die konfessionsverschiedenen Ehen beheimatet sind, stellt sich in den einzelnen Ländern oft sehr unterschiedlich oder gegensätzlich dar. Desgleichen differieren die glaubensmäßigen und theologischen Überzeugungen bezüglich Wesen der Ehe und Funktion der Kirche bei Eheabschluß bei den lutherischen und reformierten Kirchen in den einzelnen Ländern. Die drei Gesprächspartner haben sich daher für verstärkte Dialoge auf nationaler und lokaler Ebene ausgesprochen. In einigen Ländern haben inzwischen solche Gespräche stattgefunden und haben zum Teil zu verbindlichen pastoralen kirchlichen Abmachungen geführt. Insgesamt wird aber auch hier deutlich, daß die spezifischen Chancen und Probleme der konfessionsverschiedenen Ehen erst dann befriedigend gewürdigt werden können, wenn die noch getrennten Kirchen und ihre Ämter wirklich zu einer umfassenden Einheit gefunden haben.

5. Der Dialog mit dem Weltrat Methodistischer Kirchen

Seit den Anfängen der ökumenischen Bewegung haben die methodistischen Kirchen – ähnlich den Kirchen der reformierten Tradition – eine Schlüsselrolle in dieser Bewegung wahrgenommen. Die Sehnsucht nach Einheit der Christen, inspiriert von den Anliegen ihrer ursprünglichen Entstehung, hat methodistische Gemeinschaften in verschiedenen Ländern zu Unionen mit anderen Kirchen bzw. auf den Weg dazu geführt. Selbstverständlich entsandten sie auch eine Reihe von Beobachtern zum II. Vatikanischen Konzil. Als Reaktion auf deren verheißungsvollen Bericht votierte der Methodistische Weltrat 1966 in London auch für die Aufnahme offizieller Gespräche mit dem römischen Einheitssekretariat.

Inzwischen haben drei aufeinanderfolgende Gemeinsame Kommissionen der katholischen Kirche und des Methodistischen Weltrats je in einer Fünfjahres-Periode die Schlußberichte ihrer Arbeit vorgelegt: 1967–1970 (Denver-Bericht), 1972–1975 (Dublin-Bericht), 1977 bis 1981 (Honolulu-Bericht).[28] Eine vierte Kommission hat ihre Studien 1981 begonnen und widmet sich dem Thema: „Das Wesen und das Mysterium der Kirche". Waren die ersten Gesprächsrunden noch von der allgemeinen Zielsetzung geleitet, sich gegenseitig besser kennenzulernen, Mißverständnisse und Vorurteile abzubauen und Möglichkeiten eines gemeinsamen christlichen Zeugnisses zu erkunden, so faßte die Kommission 1983 den einmütigen Beschluß, als Ziel des Dialogs die volle kirchliche Gemeinschaft im Glauben, in der Sendung und im sakramentalen Leben ins Auge zu fassen.

Inhaltlich bezog sich der Dialog in jeder Phase auf mehrere Themen zugleich. Einige von ihnen wurden wiederholt behandelt, um sie unter Berücksichtigung von Stellungnahmen und Kommentaren aus beiden Kirchen und von Dokumenten im besonderen des anglikanisch/katholischen Dialogs zu vertiefen und reifer zu machen. Als Hauptthemen treten hervor: Christliche Verantwortung in einer Welt, die weithin den Gottesglauben und biblische Lebensmaßstäbe verloren hat, Heil und Rettung der Menschheit, gemeinsames Zeugnis, Heiligung im alltäglichen Leben, das Wirken des Heiligen Geistes im einzelnen und in der Gemeinschaft der Kirche, Glaubenserfahrung, Ehe und christliche Familie und schließlich Eucharistie und Amt, Autorität in der Kirche einschließlich der Frage des Papstamtes.

Zum Thema „Eucharistie" enthält der „Dublin-Bericht" eine ausführliche Diskussion zu den beiden zentralen Fragen a) der Gegenwart Christi im Sakrament, b) der Beziehung der hl. Eucharistie zu dem ein für allemal geschehenen Opfer Christi. Die Kommission bestätigt als gemeinsame Überzeugung: „Christus ist in der Fülle seines menschlichen und göttlichen Seins in der Eucharistie gegenwärtig... Es handelt sich um eine einzigartige Weise der Gegenwart Christi". Als Unterschied in der Lehre wird die Frage nach der „Verwandlung" von Brot und Wein ausgemacht. – Bezüglich des Opfercharakters der hl. Eucharistie heißt es: „Die Eucharistie ist die Feier des ganzen, vollkommenen und alleingenügenden Opfers Christi, das er ein für allemal dargebracht hat für die ganze Welt." Doch den Methodisten fällt es aufgrund ihrer traditionellen Bindung an das anglikanische Book of Common Prayer schwer, den Begriff Opfer für die Eucharistiefeier zu gebrauchen.

Das Gespräch über die Eucharistie führte naturgemäß auch zur Diskussion der Amts-Frage. Gemeinsam wird betont, daß das kirchliche Amt von Christus stammt, der Kirche als Gabe zuteil wird. Durch die Ordination wird die von Gott berufene Person ausgesondert, zu lebenslangem Dienst bestellt. Sie repräsentiert das Amt Christi selbst. – Offenkundige Differenzen treten zutage im Verständnis des Bischofsamtes. Obwohl auch einige methodistische Kirchen eine Art episkopaler Verfassung haben, wird das Bischofsamt doch nicht wesentlich unterschieden vom besonderen Amt des Ordinierten allgemein. Ihm kommen nur gewisse Vollmachten bei der episcopé für begrenzte Zeit zu. Methodisten haben keine Schwierigkeit, die in der Reformationszeit oder im 18. Jahrhundert entstandenen Ämter als gültig anzuerkennen, da nach ihrer Auffassung das Neue Testament keine bestimmte Gestalt des Amtes für alle Orte und Zeiten verbindlich festgelegt hat. Sie praktizieren in vielen Kirchen auch die Ordination von Frauen.

Hinsichtlich des christlichen Eheverständnisses hält der „Honolulu-Bericht" am sakramentalen Charakter der Ehe fest und betont die lebenslange Bindung der Partner. In der Praxis jedoch kennen die Methodisten die kirchliche Wiederverheiratung der Partner aus gescheiterten Ehen. – Große Vorbehalte und wenig Aussichten auf eine Verständigung bestehen in der Frage des Papstamtes.

Kritische Anmerkungen zum Dialog

Die bisherigen Ergebnisse des methodistisch/katholischen Dialogs sind durchgehend von einer starken pastoralen und gemeinchristlichen Verantwortung für Kirche und Welt charakterisiert. Evangelisierung und Sendung der Kirche heute sind die führenden Leitideen. Sie werden in enger Verbindung mit dem Wirken des Heiligen Geistes gesehen und

der Methodisten und Katholiken gemeinsamen Spiritualität, die auf „Heiligung" und „Heiligkeit" ausgerichtet ist.
Spezifische Probleme ergeben sich in diesem Dialog aus dem Wesen und Selbstverständnis der methodistischen Kirchen. Geschichtlich sind sie als Erweckungsbewegung aus der anglikanischen Kirche herausgewachsen; andererseits sind sie sich ihres protestantischen Erbes sehr bewußt. Im Blick auf die katholische Kirche belasten sie im Unterschied zu den Kirchen der Reformationszeit keine historischen Erinnerungen an polemische Auseinandersetzungen und kirchliche Spaltung. Von Herkunft als Bewegung verstanden, haben sie das Lehrgut ihrer Glaubenstradition weniger definiert, sondern eher als allgemeines Ethos gelebt. Damit hängt einerseits die breite Verschiedenheit der methodistischen Kirchen z. B. zwischen den britischen und amerikanischen Kirchen zusammen, andererseits aber auch ihr brüderliches Gemeinschaftsbewußtsein.

6. *Gespräche mit den Pfingstgemeinden und dem Weltbund der Baptisten*

So wie die bilateralen Dialoge der katholischen Kirche mit den großen kirchlichen Weltbünden voranschritten, äußerten weitere christliche Gemeinschaften auf Weltebene den Wunsch, mit der katholischen Kirche ins Gespräch zu kommen. Hier handelt es sich einmal um die Pfingstbewegung, zum anderen um den Baptistischen Weltbund. Wenigstens erwähnt werden sollen die Gespräche mit dem Rat für Christliche Einheit der Christlichen Kirche (Disciples of Christ).[29]
Die Pfingstbewegung nimmt in der ökumenischen Bewegung eine nicht zu unterschätzende Funktion wahr. Sie ist weitgehend gekennzeichnet durch eine evangelikale und fundamentalistische Orientierung, die ihren Niederschlag nicht in formulierten Doktrinen, sondern in der gelebten und vorwiegend mündlich sich vollziehenden Kommunikation findet. Die von 1972–1976 geführte erste Dialog-Serie war von einer besonderen Art.[30] Die Pfingstler waren durch leitende Persönlichkeiten einiger Pfingstkirchen vertreten. Hinzu kamen Theologen aus der Charismatischen Bewegung. Gegenstand der Gespräche waren nicht die klassischen Themen der anderen Dialoge, sondern im besonderen das Leben aus der Fülle des Heiligen Geistes. In einer zweiten Gesprächsrunde von 1977–1982 wurden Themen wie die Gabe des Zungenredens, Inspiriertheit der Heiligen Schrift, Tradition, kirchliches Amt behandelt.
Als jüngster Dialog der katholischen Kirche müssen die offiziellen

Gespräche mit dem Baptistischen Weltbund angesehen werden. Die erste Sitzung einer Gemeinsamen Kommission fand nach langen Vorverhandlungen 1984 in Berlin statt. Als Hauptthema wurde gewählt: „Evangelisierung und Mission der Kirche". Die unmittelbare Zielsetzung ist das gegenseitige Sich-besser-Kennenlernen sowie die Erforschung der Ähnlichkeiten und Differenzen in der Lehre, im kirchlichen Leben, in Pastoral und Mission. Da die Baptisten vorwiegend kongregationalistisch organisiert sind, der örtlichen Versammlung der Gläubigen mithin ein besonderes Gewicht zukommt, können die internationalen Gespräche ihrer Natur nach nicht auf verbindliche Projekte abzielen, sondern dienen eher dem wechselseitigen Austausch, gemeinsamen Lernprozessen und der Zubereitung eines für christliches Zeugnis heute allgemein förderlichen Klimas.

ANMERKUNGEN

1 Zweites Vatikanisches Konzil, Ökumenismusdekret Nr. 13.
2 Les conversations de Malines, 1921–1925 (Offizieller Bericht), London 1926.
3 Dokumente wachsender Übereinstimmung, Sämtliche Berichte und Konsenstexte interkonfessioneller Gespräche auf Weltebene, Paderborn–Frankfurt 1983, 191.
4 a.a.O., 127–133.
5 a.a.O., 139–142.
6 a.a.O., 148–155.
7 a.a.O., 159–170 u. 177–188.
8 a.a.O., 143–148 (Eucharistie); 155–158 (Amt und Ordination); 170–177 (Autorität in der Kirche I).
9 a.a.O., 133–138 und 188–189.
10 a.a.O., 137.
11 a.a.O., 194–196.
12 Ökumenismusdekret Nr. 19.
13 Dokumente wachsender Übereinstimmung, 248–271.
14 a.a.O., 271–295.
15 a.a.O., 296–322.
16 a.a.O., 323–328.
17 Dokumentation in, H. Meyer (Hrsg.): Das katholisch/lutherische Gespräch über das Augsburger Bekenntnis (LWB-Report 10), Genf/Stuttgart 1982.
18 Ökumenismusdekret Nr. 22.
19 Dokumente wachsender Übereinstimmung, 329–357.
20 Lutherische Rundschau, 20 (1970), 459.

21 Johannes Kardinal Willebrands, in: 20 Jahre Ökumenismus, hrsg. i. A. von Pro Oriente, Wien 1984, 334.
22 a.a.O., 331f.
23 a.a.O., 337–342.
24 Einheit vor uns. Modelle, Formen und Phasen katholisch/lutherischer Kirchengemeinschaft, Paderborn/Frankfurt 1985.
25 Kirchengemeinschaft in Wort und Sakrament, Paderborn/Hannover, 1984.
26 Dokumente wachsender Übereinstimmung, 487–517.
27 a.a.O., 358–387.
28 a.a.O., 388–475.
29 a.a.O., 233–245.
30 a.a.O., 476–486.

DIE KATHOLISCHE KIRCHE
UND DER ÖKUMENISCHE RAT DER KIRCHEN*

BASIL MEEKING, ROM

1. Der Ökumenische Rat der Kirchen

Der Ökumenische Rat der Kirchen (ÖRK) trat 1948 ins Leben. Er entstand aus dem Impuls, den die moderne ökumenische Bewegung seit der „Weltmissionskonferenz", welche die anglikanischen und protestantischen Kirchen 1910 in Edinburgh abgehalten hatten, auf die Welt ausübte. Der ÖRK hat sich seit seinem Beginn strukturell entfaltet und besteht heute aus drei Programmeinheiten: I Glaube und Zeugnis; II Gerechtigkeit und Dienst; III Bildung und Erneuerung. Jede Programmeinheit besteht aus mehreren Untereinheiten. Insgesamt sind es vierzehn. Von den beiden Bewegungen „Faith and Order" (Glauben und Kirchenverfassung) und „Life and Work" (Leben und Dienst), die sich zur Bildung der ÖRK vereinten, kommt jetzt die erste in einer Untereinheit der Einheit I, der „Kommission für Glauben und Kirchenverfassung", und die zweite in der Einheit II zum Ausdruck. Ihre Anliegen sind in einer schöpferischen, bisweilen auch mühevollen Spannung im ÖRK lebendig.

1961 integrierte sich der „Internationale Missionsrat", ursprünglich das Organ der anglikanischen und protestantischen Missionsbewegung, in den ÖRK als eine Untereinheit: die Kommission für „Weltmission und Evangelisation", und 1970 wurde der „Weltrat für christliche Erziehung" zur „Arbeitsgruppe Bildung". Jede Untereinheit bildet einen eigenen Rat mit mehr oder weniger betontem eigenem Stil und Charakter. Die Entscheidungsgremien des Rates sind der Zentralausschuß, der Exekutivausschuß und die Vollversammlung, welche die Grundlinien des Vorgehens bestimmt.

Der Rat faßt seine Mitglieder zu einer Einheit zusammen, die mit dem griechischen Wort Koinonia bezeichnet wird, aber nicht eine eigene Kirche ausmacht. Er beruht auf der Grundlage, die von den mehr als dreihundert Nationalkirchen, die seine Mitglieder sind, angenommen worden ist. Dieser Verfassung zufolge bildet der ÖRK „eine Gemeinschaft von Kirchen, die den Herrn Jesus Christus gemäß der Heiligen

---

* Übersetzt aus dem Englischen von August Berz.

Schrift als Gott und Heiland bekennen und darum gemeinsam zu erfüllen trachten, wozu sie berufen sind, zur Ehre Gottes, des Vaters, des Sohnes und des Heiligen Geistes." Seine Aufgaben sind u. a., „die Kirchen immer wieder an ihr Ziel zu erinnern: die sichtbare Einheit im einen Glauben und die eine eucharistische Gemeinschaft...; das gemeinsame Zeugnis der Kirchen überall in der Welt zu erleichtern; sie in ihrer weltweiten missionarischen und evangelistischen Aufgabe zu unterstützen; sichtbar zu machen, daß es gemeinsame Aufgabe der Kirche ist, Menschen in Not zu dienen, Schranken niederzureißen, die Menschen trennen, und zu fördern, was dem Zusammenleben der menschlichen Familie in Gerechtigkeit und Frieden dienlich ist..." (vgl. die vom ÖRK herausgegebene Information „Was ist der Ökumenische Rat der Kirchen?").

Der Rat ist ein Instrument seiner Mitgliedskirchen und sucht diese zu befähigen, gemeinsam gewisse Aufgaben zu leisten, die mit dieser Sendung zusammenhängen und die sie einzeln nicht oder nicht so gut leisten könnten. Er bildet ein Forum, wo sie einander begegnen, Erfahrungen austauschen, zu gemeinsamem Zeugnis und Dienst befähigt werden und einander eine gewisse gegenseitige Anerkennung gewähren. Er betrachtet sich als Ausdruck und Instrument der ökumenischen Bewegung, da er seine Mitgliedskirchen zum Suchen nach Einheit ermutigt und die zunehmende Einheit zum Ausdruck bringt. Er hat jedoch auch klargestellt, daß die Mitgliedschaft eine Kirche weder zu einer besonderen Einheitsauffassung noch zu einer Anerkennung des ekklesialen Charakters der anderen Mitgliedskirchen verpflichtet.

In den siebenunddreißig Jahren des Bestehens des Rates zeichnen sich verschiedene Phasen ab. Die erste Periode war gekennzeichnet durch eine gewisse Ausgewogenheit zwischen dem zunehmenden sozialen Engagement und der Formulierung eines Einheitszieles. In der Periode nach der Konferenz über „Kirche und Gesellschaft" von 1966 wurde das soziale Engagement sehr verstärkt, was den Rat einer weiteren Öffentlichkeit bekannt machte, während die Suche nach Einheit eher vernachlässigt zu werden schien. Dies ging Hand in Hand mit einer Tendenz, mehr und mehr durch Netzwerke, Geschäftsstellen und Aktionsgruppen tätig zu sein. Auf der Sechsten Vollversammlung in Vancouver kam von neuem zum Ausdruck, daß im Leben des Rates eine Ausgewogenheit besteht. Die Arbeit der Kommission für „Glauben und Kirchenverfassung" bekräftigte den sozialen Einsatz, und ihre Studie über „Taufe, Eucharistie und Amt" wurde zu einem der aufregendsten Versammlungsthemen. „Die Suche nach konkreten Schritten zu einer sichtbaren Einheit" wurde als ein vordringliches Anliegen des Rates bezeichnet. Gleichzeitig anerkannte man, daß „die ökumenische Bewegung mehr als der Ökumenische Rat der Kirchen" ist und daß „die eigentlichen Träger dieser Bewegung die christlichen Kirchen selbst sind."

2. Der Beginn der Beziehung

Auf alle Angebote, die ihr während der Periode der Bildung des ÖRK (1910–1948) gemacht wurden, antwortete die römisch-katholische Kirche zunächst durch ein verständnisvolles, doch entschiedenes Beiseitestehen und dann (1928) in der Enzyklika „Mortalium animos" durch eine entschiedenere Zurückweisung. Diese Haltung dauerte während der Periode der Errichtung des Rates und der ersten Versammlung von 1948 weiter und gipfelte im Monitum des Sanctum Officium vom 5. 6. 1948. Die Instruktion „Ecclesia Catholica" des gleichen Officiums vom 20. 12. 1948 anerkannte, wenn auch unter Warnen und großer Vorsicht, daß die Einheitsbewegung das Werk des Heiligen Geistes in den Herzen der Christen sei. Mit äußerster Behutsamkeit begann es, die Möglichkeit ins Auge zu fassen, daß auch Katholiken an den Versammlungen teilnehmen, um die Einheit aller Christen zu fördern. 1952 trat, von den römischen Autoritäten gebilligt, die „Internationale katholische Konferenz für ökumenische Fragen" ins Leben. Sehr vorsichtig nahm man insgeheim informelle Kontakte mit dem ÖRK auf. Mit der Ankündigung des Zweiten Vatikanischen Konzils im Jahre 1959 trat ein entschiedenerer Wandel ein, obwohl man auf beiden Seiten vorsichtig blieb. 1960 wurde das vatikanische „Sekretariat zur Förderung der Einheit der Christen" (in der Folge „Einheitssekretariat" genannt) gegründet, was die Haltungsänderung beschleunigte. Von Anfang an legte das Sekretariat großes Gewicht auf die Kontakte mit dem ÖRK, und es kam zwischen den führenden Leuten zu Begegnungen, die weitergehen. Im gleichen Jahr wurden zu der Versammlung des Zentralausschusses des ÖRK in St. Andrews zwei offizielle katholische Beobachter entsandt. Eine Begegnung zwischen Kardinal Bea und Dr. Visser 't Hooft vom ÖRK bildete das erste der wichtigen Gespräche, zu denen es nun kam. Man vereinbarte die Teilnahme von fünf katholischen Beobachtern an der Dritten Vollversammlung zu New Delhi (1961). Der ÖRK stellte klar fest, daß ein Gespräch über die Vereinigung mit der römisch-katholischen Kirche nicht in Frage kommen könne, da dies außerhalb seiner Zuständigkeit liege. Er erhoffte aber einen Dialog über die zwischen der römisch-katholischen Kirche und den Mitgliedskirchen des Rates bestehenden Probleme.

Diese behutsame Beziehung wurde zu einer Zusammenarbeit, als das Einheitssekretariat die Mithilfe des ÖRK gewinnen konnte, um die Anwesenheit von Beobachtern aus den verschiedenen Konfessionsfamilien am Zweiten Vatikanischen Konzil zu organisieren. Der ÖRK nahm ebenfalls eine Einladung an und entsandte zuerst einen und dann zwei Beobachter, wenn auch nicht ohne gewisse Schwierigkeiten. Obwohl die Katholiken, die bei der Konferenz der Kommission für „Glauben und Kirchenverfassung" in Montreal (1963) zugegen waren, auch wieder bloß Beobachterstatus hatten, wurden sie daran doch sehr viel mehr beteiligt als die beim Zweiten Vatikanischen Konzil anwesenden Beobachter. Während der vier Jahre, die das Vatikanische Konzil dauerte, und besonders bei der Ausarbeitung seines Ökumenismusdekrets „Unitatis redintegratio" nahm der ÖRK in seinem Zentralkomitee weiterhin Stellung zu ihm und zu der neuen Übernahme ökumenischer Verantwortung durch die römisch-katholische Kirche und fragte sich nach deren Bedeutung für die ökumenische Bewegung.

Als das Dekret über den Ökumenismus das Vatikanische Konzil durchlief, machte der ÖRK dem Einheitssekretariat Anregungen, und es fanden weiterhin Begegnungen statt. Dies trug dazu bei, die Angst einzelner Mitglieder des ÖRK zu beschwichtigen, und man begann über die Frage zu diskutieren, welche Beziehung zwischen der römisch-katholischen Kirche und dem ÖRK bestehen solle. Man faßte gemeinsame Arbeitssitzungen über verschiedene Probleme ins Auge. Doch nach der Veröffentlichung des Ökumenismusdekrets im November 1964 erklärte sich die Versammlung des Zentralausschusses des ÖRK in Enugu (Nigeria) in Januar 1965 damit einverstanden, eine „Gemeinsame Arbeitsgruppe" zu bilden. Diese sollte zur Aufgabe haben, die Prinzipien und praktischen Probleme der künftigen Zusammenarbeit abzuklären. Die ganze künftige Zusammenarbeit sollte aus ihren Gesprächen hervorgehen. Die Gruppe war jedoch nicht als Dauerinstitution gedacht. Einige Wochen später besuchte Kardinal Bea das Ökumenische Zentrum in Genf. Dies bedeutete den Anbruch eines neuen Stadiums in den gegenseitigen Beziehungen und brachte etwas von den bemerkenswerten Entwicklungen zum Ausdruck, die damals in der römisch-katholischen Kirche vor sich gingen und die den künftigen Verlauf der ökumenischen Bewegung prägen sollten.

3. Die „Gemeinsame Arbeitsgruppe"

Die „Gemeinsame Arbeitsgruppe" wurde aus acht Vertretern des ÖRK und sechs durch das Einheitssekretariat ernannten Vertretern zusammengestellt. Sie sollte zur Aufgabe haben, gemeinsam die Möglichkeiten zu Gespräch und gemeinsamem Handeln zu erkunden, die dafür geltenden Grundsätze auszuarbeiten und Methoden vorzuschlagen. Sie sollte stets unterscheiden zwischen den Problemen, die zwischen der römisch-katholischen Kirche und dem ÖRK aufgegriffen werden können, und solchen, die von den einzelnen Mitgliedskirchen des ÖRK und von der römisch-katholischen Kirche in gegenseitigen Kontakten zu behandeln sind.

In ihren Kompetenzbereich fallen: a) praktische Zusammenarbeit auf den Gebieten der allgemeinen Wohlfahrt, sozialer und internationaler Angelegenheiten; b) theologische Studienprogramme, die für die ökumenischen Beziehungen von besonderer Bedeutung sind; c) Probleme, die zwischen den Kirchen Spannungen schaffen (z. B. konfessionsverschiedene Ehen, Religionsfreiheit, Proselytismus usw.); d) gemeinsame Anliegen, die das Leben und die Sendung der Kirche betreffen (Laienschaft, Missionen usw.). Sie soll nur so weit eine Studiengruppe sein, als dies für die Planung von Initiativen notwendig ist, und ad hoc geschaffene oder schon existierende Körperschaften mit Studienprojekten betrauen. Entscheide sind durch analoge Körperschaften auf beiden Seiten zu treffen. Die Gruppe hat zu planen, in die Wege zu leiten, zu koordinieren, soll aber ein Projekt nur dann selbst ausführen, wenn sie ausdrücklich dazu bevollmächtigt worden ist. Die besonderen Probleme, die für die gegenseitigen Beziehungen damit gegeben sind, daß die römisch-katholische Kirche und der ÖRK keine vergleichbaren Gebilde sind, setzen ihrer Arbeit zwangsläufig Grenzen.

Direkt behandelt wurden der Ökumenismusbegriff, die Natur und die Voraussetzungen des Gesprächs, der gemeinsame Gottesdienst bei ökumenischen Zusammenkünften und die communicatio in sacris. Dazu gesellten sich alsbald die gemeinsame Bibelarbeit, die Suche nach einem gemeinsamen Osterdatum, die Erörterung der Probleme, die sich in Missionssituationen stellen, und die Erklärungen zu internationalen Fragen. Die Gruppe sonderte solche Fragen aus und nahm sie zur Kenntnis, behandelte sie aber mit Hilfe von Arbeitsgruppen und Konsultationen. Die Rolle der Frau und der Laien, die Gebetswoche für die Einheit, die Mischehenfrage, die Zusammenarbeit auf dem Gebiet der Medizin – alle diese Themen wurden auf diese Weise behandelt.

1966 veröffentlichte die Gruppe den ersten ihrer offiziellen Berichte, von denen bis jetzt fünf vorliegen. Dieser erste und dann der zweite Bericht von 1967 und der dritte von 1971 geben Rechenschaft über den Fortgang der Arbeit. Neben der aktiven Förderung einer beständigen Zusammenarbeit zwischen Untereinheiten des ÖRK und entsprechenden katholischen Partnern unternahm die „Gemeinsame Arbeitsgruppe" verschiedene ganz wichtige Studien. Eine davon befaßte sich mit dem „gemeinsamen Zeugnis und dem Proselytismus" und bahnte eine neue Phase an in den Beziehungen zwischen den Katholiken und den anderen in der ökumenischen Bewegung engagierten Christen. Hatte man früher mit dem Problem des Proselytismus zu tun, so konnte man nun das gemeinsame Zeugnis ins Auge fassen. Dieser Bericht und dieses Thema bleiben für die Beziehungen zwischen der römisch-katholischen Kirche und dem ÖRK wichtig. Eine zweite bedeutungsvolle Studie war die über „Katholizität und Apostolizität". 1970 wurde ein Studiendokument mit Anhängen, die auf künftige Forschungsbereiche hinweisen, und mit den Voten einzelner Teilnehmer veröffentlicht. Die Studie wurde weitergeführt. Sie bietet eine Menge von Material, das immer noch auszuwerten ist. Am Beginn stand eine Studie über den Ökumenismusbegriff im ÖRK und in der römisch-katholischen Kirche. Dies führte zu einer weiteren Studie über den gemeinsamen Dienst der römisch-katholischen Kirche und des ÖRK „in der einen ökumenischen Bewegung". In diesem Zusammenhang wurde die Frage nach der Möglichkeit der Mitgliedschaft der römisch-katholischen Kirche im ÖRK aktuell.

4. Die Frage der Mitgliedschaft

In der Diskussion über die Natur des Ökumenismus warf man die Frage nach der Mitgliedschaft der römisch-katholischen Kirche auch von katholischer Seite aus auf, wobei man diese Möglichkeit freilich eher skeptisch beurteilte. Während man zu bemerken begann, daß zwischen der römisch-katholischen Kirche und dem ÖRK eine besondere Beziehung entstanden war, sah man doch allgemein ein, daß eine Mitgliedschaft in naher Zukunft nicht zu erwarten sei, aus dem Gespräch jedoch nicht ausgeschlossen werden sollte. Obwohl in den offiziellen Berichten nicht erwähnt, wurde die Frage bald zu einem beständigen Gesprächsthema. Einen starken Anstoß dazu gab eine Botschaft von P. Robert Tucci SJ an die Vierte Vollversammlung des Rates in Uppsala (1968). Im Blick auf den vorläufigen Charakter der Arbeitsgruppe bestellte man eine kleine Kommission, um theologische, pastorale und administrative Aspekte einer eventuellen neuen Form der Beziehungen zwischen der römisch-katholischen Kirche und dem ÖRK zu studieren. Der Bericht, den diese Kommission verfaßte und dann 1972 veröffentlichte, sprach sich denn auch stark zugunsten der Mitgliedschaft der römisch-katholischen Kirche aus, während andere Lösungen weniger gründlich durchdacht wurden. Um so größer war bei vielen vom ÖRK die Enttäuschung, als ebenfalls 1972 im Vorwort zum Bericht, der von Kardinal Willebrands, dem Präsidenten des Einheitssekretariates, und von Dr. Eugene Carson Blake, dem Generalsekretär des ÖRK, unterzeichnet war, erklärt wurde, eine Vollmitgliedschaft werde „in naher Zukunft" nicht in Frage kommen.

Dieser Entscheid warf auf die Beziehung während der nächsten fünf Jahre einen Schatten.

Wieso war es dazu gekommen? Meines Erachtens deshalb, weil die Erörterung der Mitgliedschaft unzulänglich war. Die kleine Kommission von sechs Mitgliedern prüfte fast ausschließlich die theologischen Fragen, um die es ging, und zu wenig die Dynamismen und die Wirklichkeit des ÖRK und der Mitgliedschaft in ihm. Wie die Erfahrung in den folgenden Jahren zeigte, hatte man sich alles viel zu einfach gedacht. Man machte sich anscheinend keine ernsten Gedanken darüber, was in der katholischen Kirche vorging, teils infolge der vom Zweiten Vatikanischen Konzil veranlaßten Änderungen, teils infolge des Einflusses der massiven Säkularisierung der Gesellschaft. Wäre dies getan worden, so hätte der Bericht meiner Meinung nach zwar nicht die Mitgliedschaft vorgeschlagen, wohl aber sich intensiver darum bemüht, die Zusammenarbeit zwischen katholischen Partnern und Untereinheiten des ÖRK zu vertiefen. Bei den Unterschieden, die zwischen der römisch-katholischen Kirche und dem ÖRK in bezug auf die Struktur und den Handlungsstil bestehen, und so lange die Frage nach den theologischen Implikationen des Beitritts einer Universalkirche zu einem Rat von Nationalkirchen ungelöst bleibt, ist die Frage der Mitgliedschaft auch heute noch nicht aktuell.

5. Die Weiterarbeit der „Gemeinsamen Arbeitsgruppe"

Der negative Entscheid über die Mitgliedschaft führte zur Forderung, sich über den Status der „Gemeinsamen Arbeitsgruppe" zu entscheiden. In deren viertem offiziellem Bericht (der nicht nur über die bis dahin erfolgte Zusammenarbeit berichtete, sondern sich auch über die aktuellen ökumenischen Probleme und die Zukunftsaussichten Gedanken machte) wurde die Frage gestellt: „Wie können die römisch-katholische Kirche und der ÖRK – ohne eine strukturierte Gemeinschaft zu bilden – ihre gemeinsamen Aktivitäten intensivieren und so die Einheit, das gemeinsame Zeugnis und die Erneuerung der Kirche stärken?"

Die „Gemeinsame Arbeitsgruppe" sollte in dieser Situation aus einer zeitweiligen Körperschaft zum beständigen Instrument der Beziehung werden.

In einem Brief, der den Anhang I des Vierten Berichts bildet, sagt Kardinal Willebrands, daß in dieser Lage die „Gemeinsame Arbeitsgruppe" eine entscheidende Rolle erhalte. Ihre Bedeutung liege darin, daß sie die Beziehung zwischen dem ÖRK und der römisch-katholischen Kirche veranschauliche und in der Praxis zum Ausdruck bringe. Sie sei eine Stätte der Koordination und Reflexion, eine günstige Stelle, von der aus sich die Zusammenarbeit überblicken, organisieren und fördern lasse.

Aus diesem Grund legt die „Gemeinsame Arbeitsgruppe" in jeder Periode der weiteren Zusammenarbeit zwischen den Partnern zum Weiterbedenken gewisse Themen vor, welche die Zusammenarbeit als Ganzes betreffen. Da die „Gemeinsame Arbeitsgruppe" nicht in erster Linie eine Studiengruppe ist, zieht sie ad hoc gebildete oder bereits bestehende Gremien hinzu, um sich mit diesen Themen zu befassen. 1985 stehen folgende Themen auf dem Programm:

5.1 Der Weg zur Einheit. Man versucht, die neuen Perspektiven zu betrachten, die sich aus den theologischen Gesprächen ergeben, an denen die römisch-katholische Kirche und der ÖRK beteiligt sind. 1978 erarbeitete eine bedeutsame Konsultation den Bericht „Auf dem Weg zu einem Bekenntnis des gemeinsamen Glaubens", der in der Folge für die Kommission für „Glauben und Kirchenverfassung" im ÖRK sehr dienlich war. Diese Studie befaßte sich auch mit den sichtbaren Zwischenschritten, die zur Einheit führen und die zunehmende Einheit zum Ausdruck bringen. Dazu gehört auch eine Konsultation von 1982 über die Rolle des ÖRK und ähnlicher „präkonziliarer" Strukturen. Man plant, an diesem Thema weiterzuarbeiten und sich dabei auf die ekklesiale Bedeutung der gegenseitigen Anerkennung und Gemeinschaft zu konzentrieren, die man in einem Kirchenrat erfährt.

Man schlägt vor, die „Gemeinsame Arbeitsgruppe" solle ihre Reflexion über die Kirche als Zeichen und Instrument von neuem weiterführen und auf ihre frühere Studie über „Katholizität und Apostolizität" zurückkommen. Im Zusammenhang damit will man über die universalen und örtlichen Dimensionen der Kirche nachdenken. Eine ebenfalls unmittelbare Aufgabe wird die sein, der ökumenischen Bedeutung des Begriffs „Hierarchie von Wahrheiten" nachzugehen, der im Zweiten Vatikanischen Konzil aufgestellt worden ist. Dies entspricht einem Vorschlag, den Dr. Visser 't Hooft 1984 beim Besuch des Papstes

Johannes Paul II. beim ÖRK gemacht hat und der vom Papst beifällig aufgenommen wurde.

5.2 Gemeinsames Zeugnis. Damit wird die frühere Arbeit über „Gemeinsames Zeugnis und Proselytismus" (1970) fortgesetzt. 1980 erschien unter dem Titel „Gemeinsames Zeugnis" ein neuer Bericht, der neben allgemeinen Erwägungen eine Anzahl konkreter Beispiele gemeinsamen Zeugnisses enthält.

Die Studie ist ins Deutsche, Französische, Spanische und Italienische übersetzt worden. Man bemüht sich ständig, in den verschiedenen Regionen die Christen auf sie aufmerksam zu machen, um sie zu veranlassen, über ihre Möglichkeiten zu gemeinsamem Zeugnis nachzudenken und den Studientext und die Beispiele an ihre eigene Situation anzupassen. Etwas davon wurde während der „Dritten Europäischen Ökumenischen Begegnung" zwischen der „Konferenz Europäischer Kirchen und dem „Rat der europäischen Bischofskonferenzen" geleistet, die im Oktober 1984 in Riva am Gardasee stattfand.

Das Thema wird für die Beziehung zwischen der römisch-katholischen Kirche und dem ÖRK wichtig bleiben nicht zuletzt deshalb, weil Papst Johannes Paul II. weiterhin darauf Gewicht legt, beispielsweise in der Enzyklika „Redemptor hominis" und in seiner Botschaft an die Begegnung in Riva del Garda.

5.3 Die ökumenische Bildung wurde für die „Gemeinsame Arbeitsgruppe" in der Periode nach der Sechsten Versammlung des ÖRK zu einem vordringlichen Thema. Zwar verbesserten sich die Beziehungen zwischen den Christen, doch ist man sich weiterhin zu wenig bewußt, welches Ärgernis die Trennung zwischen den Christen und welche Vereitelung des Plans Gottes die Uneinigkeit ist. Trotz des Anstoßes, den das Zweite Vatikanische Konzil gegeben hat, wuchs eine ganze Generation in einem zu schwachen Gespür für die Dringlichkeit der Einheit auf. Mit dieser Situation sucht sich die Studie über die ökumenische Bildung zu befassen. Diese bezieht sich auf die Art und Weise, wie Gott durch die ökumenische Bewegung sein Volk zu einen sucht. Man unterrichtet über die zwischen den christlichen Kirchen bestehenden Unterschiede und über die neuerreichten Annäherungen. Dies geschieht durch ein tieferes Eindringen in die Lebenserfahrung der Christengemeinde in Kult, Dienst und Zeugnis. Es wird auch dadurch erreicht, daß die voneinander getrennten Christengemeinschaften sich füreinander verantwortlich fühlen und sich auf die verschiedenen Formen des ökumenischen Dialogs einlassen. Dies muß in der eigentlichen Bildungsarbeit, in der Katechese und in der Seelsorgerausbildung zum Zuge kommen, wo allzuvieles als feststehend angenommen zu werden scheint. Es muß Platz finden in Bestrebungen, vor Ort spontan gemeinsam zu studieren, zu handeln und zu beten. Beim ökumenischen Lernen wird besonders auf die Ausbildung der Seelsorger und das Abhalten der Gebetswochen geachtet, damit die für die Arbeit vorhandenen Hilfsmittel viel wirksamer eingeschätzt und eingesetzt werden. Im Anpacken der Frage besteht ein Unterschied zwischen gewissen Programmen des ÖRK, die vor allem auf das gemeinsame Handeln der Christen Gewicht legen, und dem des römischen Einheitssekretariats, das überdies die theologische Fundierung, das gegenseitige Verständnis und die Informationsarbeit für wichtig hält.

6. Die Zusammenarbeit im sozialen Bereich

Auch das ist eines der jetzigen Hauptthemen der „Gemeinsamen Arbeitsgruppe". Am Ende des Zweiten Vatikanischen Konzils war dies eines der verheißungsvollsten Felder der Zusammenarbeit, weniger jedoch in den letzten Jahren. Deshalb mußte man beginnen, wiederum die Voraussetzungen zu prüfen, die von jeder Seite aus für die Zusammenarbeit im sozialen Bereich mitgebracht werden, und zu versuchen, Wege ausfindig zu machen, um die in der Struktur und im Handlungsstil bestehenden Unterschiede zu berücksichtigen. Einige Äußerungen des sozialen Denkens und einige Programme im ÖRK wurden für die Mitarbeit der Katholiken zu Problemen. Doch die Zusammenarbeit auf diesem Feld war intensiv und fand auch Ausdruck in besonderen Strukturen.

6.1 SODEPAX

Die in der „Gemeinsamen Arbeitsgruppe" stattfindende Diskussion über Probleme der Kirche, der Gesellschaft, der Gerechtigkeit, der Entwicklung und des Friedens führte zu einer Konferenz in Beirut. Auf dieser wurde die Errichtung eines gemeinsamen Unternehmens unter dem Namen SODEPAX beschlossen. Der ÖRK und die kurz vorher ins Leben gerufene Päpstliche „Kommission für Gerechtigkeit und Frieden" riefen sie ins Leben. Sie wurde als „ein ökumenisches Experiment" bezeichnet und erhielt einen auf drei Jahre befristeten Auftrag, unter den christlichen Kirchen das Wissen um die Probleme der internationalen sozialen Gerechtigkeit zu fördern.

Mit Hilfe eines hochqualifizierten Mitarbeiterstabes und großmütiger Zuwendungen von Stiftungsgeldern arbeitete SODEPAX in zwei Richtungen. Die erste bestand in einer eingehenden Antwort auf örtliche Verhältnisse und führte zur Bildung von SODEPAX-Gruppen an verschiedenen Orten (sie sind nicht von SODEPAX abhängig, sondern sind örtliche Initiativen, die vom gleichen Anliegen beseelt sind). Zweitens umriß man sechs Programmbereiche: soziale Kommunikationsformen, Erziehung zur Entwicklung, Mobilisierung für den Frieden, Entwicklungsforschung, theologische Reflexion, Arbeit mit Menschen anderen Glaubens. Diese Themen wurden in einer Reihe von Konsultationen in verschiedenen Erdteilen entwickelt.

Mit seinem geschulten Mitarbeiterstab und reichlichen Geldmitteln beflügelte SODEPAX die Phantasie und trug dazu bei, daß viele Christen sich dieser Probleme bewußt wurden. 1971 einigten sich die Patronatskörperschaften darauf, dieses ökumenische Experiment weiterzuführen. Sie beschlossen jedoch, dessen Zielvorstellungen und Vorgehensstil zu überprüfen. Bei der weiten Ausdehnung der Programme fehlte bei einigen Initiativen die nötige Tiefe. Bestimmender war die Erkenntnis, daß die von Stiftungen und Firmen zur Verfügung gestellten Geldmittel nicht wieder erhältlich sein würden, sondern daß die Trägerinstitutionen die Kosten der ganzen Operation zu tragen hätten. Diese waren ihrerseits selbst in einer gewissen Selbstüberprüfung begriffen. Abgesehen davon wurden auf beiden Seiten Klagen laut, daß SODEPAX schon bestehende Programme konkurrenziere, daß einige Programme zu unklar seien, daß man zu unabhängig vorgehe und daß SODEPAX sich zu einem dritten Gebilde auszuwachsen drohe. So gab man SODEPAX einen neuen Auftrag, doch wurde der Leitungsstab und das Budget gekürzt, und die Organisation erhielt neue Zuständigkeitsgrenzen. Sie sollte für die Erziehung zur Entwicklung und die Förderung der ökumenischen Zusammenarbeit für Gerechtigkeit und Frieden zuständig sein. Während dieser Periode veröffentlichte SODEPAX eine aufschlußreiche Quartalsschrift „Church Alert" und arbeitete an verschiedenen Programmen, z. B. am Asiatischen Forum für Entwicklung und an der Studie „Auf der Suche nach einer neuen Gesellschaft". Doch aus verschiedensten Gründen dauerten die Schwierigkeiten weiter, und im Dezember 1980 fand SODEPAX schließlich ein Ende.

Nicht der geringste Grund dafür war der, daß die römisch-katholische Kirche und der ÖRK in ihrer Weise der Reaktion auf die sozialen Probleme und Zeitforderungen praktisch auseinandergingen. Zudem trat zutage, daß beide auf das Feld des sozialen Denkens und Handelns verschiedene Voraussetzungen mitbrachten, und diese Voraussetzungen beruhten auf theologischen und ethischen Vorverständnissen. Dies sah die „Gemeinsame Arbeitsgruppe" ein. Sie beobachtete von 1975 an die Situation, um diese Voraussetzungen zu prüfen, um herauszufinden, was auf dem Wege der Zusammenarbeit möglich sei und was beiseite zu lassen sei. Der Spielraum der Zusammenarbeit im sozialen Bereich zwischen den katholischen Partnern und dem ÖRK wurde von den SODEPAX-Programmen nie voll genutzt, sondern die Zusammenarbeit drohte im Lauf der Zeit auf das Schaffen von SODEPAX beschränkt zu werden.

6.2 Die Gemeinsame Beratungsgruppe

In ihren Sitzungen von 1979 und 1980 lenkte die „Gemeinsame Arbeitsgruppe" ihren Blick umfassend auf das Feld des sozialen Denkens und Handelns und begann nach anderen Formen Ausschau zu halten, um die Zusammenarbeit auf diesem Gebiet zu fördern, zum Ausdruck zu bringen und womöglich zu erweitern. Zu diesem Zweck bildete man 1981 eine „Gemeinsame Beratungsgruppe" für soziales Denken und Handeln. Deren Mitglieder waren auf katholischer Seite die Päpstliche „Kommission für Gerechtigkeit und Frieden", der Päpstliche Laienrat, der Päpstliche Rat „Cor Unum" und das Einheitssekretariat und auf seiten des ÖRK die Untereinheiten der Programmeinheit II Gerechtigkeit und Dienst. Die Beratungsgruppe soll ein Spezialorgan sein, um der „Gemeinsamen Arbeitsgruppe" beizustehen und sich im Rahmen der allgemeinen Beziehungen zwischen der römisch-katholischen Kirche und dem ÖRK zu betätigen. Sie soll die Zusammenarbeit organisiert planen und sie sichtbar zum Ausdruck bringen. Die Gruppe hat ihre Rolle langsam entwickelt und vollbringt jetzt eine nützliche, wenn auch nicht spektakuläre Aufgabe: das Denken und Handeln auf dem sozialen Feld zu erleichtern. Sie wird in naher Zukunft versuchen, sich mit einigen der Perspektiven zu befassen, auf die Papst Johannes Paul II. 1984 in seiner Ansprache anläßlich seines Besuchs beim ÖRK hingewiesen hat. Auch wird sie um die Zusammenarbeit in den Fragen der Religionsfreiheit, des Friedens, der Probleme der Befreiungstheologie besorgt sein.

Die „Gemeinsame Arbeitsgruppe" wird die Zusammenarbeit auf sozialem Gebiet weiterhin zu ihren vordringlichen Anliegen rechnen in der Überzeugung, daß für die Christen reale Möglichkeiten bestehen, auf diesem Feld zusammenzuarbeiten, und daß die römisch-katholische Kirche und der ÖRK ihr bisheriges Zusammenwirken noch verstärken können.

7. Die Beziehungen zu der Kommission für „Glauben und Kirchenverfassung"

1969 wurden neun vom Einheitssekretariat berufene Theologen zu Mitgliedern der Kommission für „Glauben und Kirchenverfassung" ernannt. Inzwischen erhöhte sich ihre Zahl auf zwölf; einer von ihnen ist einer der Vizemoderatoren der Kommission. Anfänglich kam diesen Theologen ihre Aufgabe nicht leicht vor. Sie hatten es mit einer theologischen Tradition zu tun, die sich von der ihren stark unterschied. Sie hielten nicht alle behandelten Themen für sehr zentral. Der Stil eines freien Meinungsaustausches auf der Suche nach einem Konsens war für sie neu. Es brauchte für sie eine gewisse Zeit, um sich einzuspielen und sich zu Gehör zu bringen. Doch von der Tagung an, welche die Kommission 1974 in Accra abhielt, änderte sich dies. In den folgenden Jahren leistete die katholische Seite einen immer gewichtigeren Beitrag, der sich auf die Wahl der Themen und der Inhalte auswirkte. Dies zeigt sich in der 1982 veröffentlichten Studie „Taufe, Eucharistie und Amt". Darin tritt der „katholische" Strang in der ökumenischen Bewegung deutlicher hervor als je, was für einige Vertreter der reformierten Tradition eine gewisse Überraschung darzustellen scheint. Er wird auch darin ansichtig, daß sich die Kommission auf das Thema „Auf dem Weg zu einem gemeinsamen Ausdruck des apostolischen Glaubens heute" konzentriert. Dies sind zentrale Fragen, die sich für katholisches Denken bei jeder ernsthaften Beschäftigung mit der Einheit der Christen stellen.

Aus diesem Grund war es 1975 bei der Fünften Vollversammlung in Nairobi von einiger Bedeutung, daß als erste Aufgabe des ÖRK „die sichtbare Einheit im einen Glauben und die eine eucharistische Gemeinschaft" bezeichnet wurde. Ebenso wichtig war es, daß die Sechste Vollversammlung des ÖRK in Vancouver die zentrale Rolle von „Glauben und Kirchenverfassung" im Rat laut bekräftigte und die Studie über „Taufe, Eucharistie und Amt" guthieß. Katholischerseits wird eingesehen, daß der ÖRK mehr als eine Studienkommission bildet und daß seine Aufgabe auch darin besteht, die unter seinen Mitgliedskirchen bereits bestehende Gemeinschaft zum Ausdruck zu bringen. Doch das Streben nach Dienst, Erneuerung und Mission erscheint nur dann gerechtfertigt, wenn es im Rahmen der aktiven theologischen Suche nach Einheit erfolgt, für welche die Kommission für „Glauben und Kirchenverfassung" zuständig ist. Die Zeiten, als dies noch weniger deutlich zutage trat, waren für die Beziehung der römisch-katholischen Kirche zum ÖRK problematisch.

Die Konvergenzerklärungen über „Taufe, Eucharistie und Amt" sind für die Zusammenarbeit zwischen der römisch-katholischen Kirche und dem ÖRK von großer Bedeutung. Sie sind zum großen Teil Frucht dieser Zusammenarbeit in der Kommission für „Glauben und Kirchenverfassung". Sie legen gewisse Konvergenzlinien im theologischen Verständnis vor und sind für die Fortsetzung dieser theologischen Arbeit verheißungsvoll. Die Abschnitte über die Taufe und die Eucharistie bieten sich zu ernstlicher Erwägung an, obwohl noch keineswegs alle Probleme gelöst sind. Der Abschnitt über das Amt läßt mehr zu wünschen übrig, ist jedoch nicht zuletzt darin wichtig, wie er das Amt als eine entscheidende Frage darstellt, die auf der Suche nach Einheit ins Auge zu fassen ist.

Die Kommission für „Glauben und Kirchenverfassung" hat diesen sogenannten Lima-Text den Mitgliedskirchen übersandt, um auf einer den einzelnen Kirchen entsprechenden Ebene eine Reaktion hervorzurufen. Sie bittet diese auch, weiterhin Wege ausfindig zu machen, um ihren Mitgliedern behilflich zu sein, die positiven theologischen Konvergenzen, die der Text enthält, zu „rezipieren".

Zum ersten Mal ist ein Dokument der Kommission für „Glauben und Kirchenverfassung" so ausgereift, daß es eine solche Antwort fordert. Und zum ersten Mal nimmt die römisch-katholische Kirche an der Beantwortung teil. Das Dokument ist an alle Bischofskonferenzen übersandt worden mit der Aufforderung, unter Einbeziehung von Theologen, theologischen Fakultäten und ökumenischen Kommissionen ein Urteil darüber abzugeben. Dieses Material wird dann vom Einheitssekretariat koordiniert. Danach wird es, zusammen mit einigen Erwägungen dieses Sekretariats und der Glaubenskongregation, den katholischen Beitrag zum Reaktionsprozeß darstellen.

8. Die Kommission für „Weltmission und Evangelisation"

Damit, daß man katholischerseits darauf besteht, daß die Einheit das Endziel des Plans Gottes für die ganze Menschheit ist und daß die kirchliche Einheit eine Vorstufe zur endgültigen Einheit des Gottesreiches darstellt, zieht man sich nicht zurück von der Mission. Im Gegenteil liegt darin der dringliche Beweggrund dazu, alle Kinder Gottes durch die Mission, durch die Wortverkündigung zu sammeln. So ist es denn auch kein Zufall, daß die Zusammenarbeit der römisch-katholischen Kirche mit der Kommission für „Weltmission und Evangelisation" sich verstärkt und sehr zufriedenstellend verläuft. Der Skandal der Uneinigkeit der Christen ist in Missionsgebieten am peinlichsten.

Darum hat man auf katholischer Seite im Gespräch über den Sinn, die Möglichkeiten und die Probleme der Mission neue Ebenen gefunden, um sich mit anderen Christen zu verständigen. Darauf wurde 1974 hingewiesen, als der Generalsekretär des ÖRK, Dr. Philip Potter, eingeladen war, vor den zur römischen Bischofssynode versammelten Bischöfen über die Evangelisierung in der modernen Welt zu sprechen. Das Apostolische Schreiben „Evangelii nuntiandi", das aus dieser Synode hervorging, findet seinen Niederschlag in der ökumenischen Erklärung „Mission und Evangelismus", die 1982 veröffentlicht wurde.

All dies kommt in der strukturellen Beziehung zwischen den katholischen Partnern und der Kommission für „Weltmission und Evangelisation" zum Ausdruck. In Kontakt mit der „Kongregation für die Evangelisierung der Völker" und den Vereinigungen der Generalobern von Ordensgemeinschaften stellt das Einheitssekretariat einen Berater zur Zusammenarbeit mit dem Leitungsstab der Kommission; vier katholische Missionsinstitute sowie mehrere weitere katholische Berater stehen mit dieser Kommission in konsultativer Beziehung.

9. Die Art der Zusammenarbeit

Die katholische Zusammenarbeit mit dem ÖRK erfolgt über die besonderen Untereinheiten des Rates. Sie wird also durch deren Programme und Vorgehensweisen bestimmt sowie durch die Möglichkeiten der verfügbaren katholischen Partner. Da die beidseitigen Strukturen verschieden sind, ergibt sich oft nicht nur ein Symmetrieproblem, sondern auch die Schwierigkeit, auf der katholischen Seite eine Körperschaft zu finden, welche die entsprechende Kompetenz besitzt. Natürlich war die Zusammenarbeit mit einigen Untereinheiten leichter als mit anderen, doch besteht mit fast allen eine gewisse Verbindung und ein Meinungsaustausch.

Zuweilen kommt es zu einer gemeinsamen Aktion oder Forschungsarbeit. Andere Male wieder bestehen eher zwei Programme, die bewußt einander ergänzen wollen oder irgendwie aufeinander abgestimmt werden. In weiteren Fällen geht man getrennt vor, tauscht aber miteinander Informationen aus und stellt einander Unterlagen zur Verfügung.

All dies untermauert das, was Papst Paul VI. in seiner Botschaft an die Fünfte Vollversammlung von 1975 als eine Gesamtbeziehung „brüderlicher Solidarität" bezeichnet hat.

10. Die Päpste und der Ökumenische Rat der Kirchen

1969 stattete Papst Paul VI. dem Sekretariat des ÖRK in Genf einen Besuch ab. Er sprach davon als von einer „segensreichen Begegnung" und bezeichnete den ÖRK als „eine wunderbare Bewegung ‚versprengter Kinder Gottes' (Joh 11, 52), die nun nach einem Wiederzusammengefügtwerden in Einheit suchen." Er sagte, sein Besuch sei „ein klares Zeichen der bereits schon bestehenden christlichen Gemeinschaft ... zwischen den Mitgliedskirchen des ÖRK und der katholischen Kirche". Er belobigte die Tätigkeit der „Gemeinsamen Arbeitsgruppe" und des ÖRK, warnte aber davor, eine baldige positive Antwort auf die Frage der Mitgliedschaft der katholischen Kirche zu erwarten.

1979 entschloß sich Papst Johannes Paul II., eine Grußbotschaft an die Tagung der „Gemeinsamen Arbeitsgruppe" in Le Louverain zu senden. Darin ermutigte er sie, „die nötige Klarsicht, Einbildungskraft und Kühnheit" aufzubringen, „um vorwärts zu drängen." Im Jahre darauf erklärte er sich in einer Ansprache an die Römische Kurie von der Wichtigkeit der Zusammenarbeit mit dem ÖRK überzeugt. Aus diesem Grund habe er darum „gebeten, die Zusammenarbeit zu verstärken".

Im Juni 1984 stattete Johannes Paul II. Genf einen Besuch ab und verbrachte drei Stunden mit dem ÖRK. Es wurde vermerkt, daß sowohl die Länge als auch der Stil des Besuchs auf eine Entwicklung in den Beziehungen hinweisen. Der Anlaß begann mit einem Gottesdienst, dem der Papst zusammen mit führenden Leuten des ÖRK und seiner Mitgliedskirchen vorstand und in dessen Verlauf wichtige Ansprachen gehalten wurden. Der Papst unterstrich, daß „die katholische Kirche und die Mitgliedskirchen des ÖRK eine lange gemeinsame Geschichte haben", eine Geschichte sowohl von Trennungen als auch von gemeinsamen geistlichen Erfahrungen, jetzt aber „eine Geschichte der Wiederentdeckung der unvollständigen, aber tatsächlich zwischen uns bestehenden Gemeinschaft ... mit allen Konsequenzen, die dieses neue Verständnis für unsere gegenseitige Zusammenarbeit und das gemeinsame Zeugnis mit sich bringt". Nach der Erwähnung von Schwierigkeiten in der Zusammenarbeit fuhr der Papst fort: „Trotz unserer Trennungen und häufig verschiedener Handlungsweisen im sozialen Denken und Tun treffen wir uns oft und bezeugen ein und dieselbe Sicht, die sich auf dieselbe Lesung des Evangeliums gründet." Deswegen forderte er auf, die Zusammenarbeit, wo immer möglich, zu steigern und zu intensivieren. Er lobte die Tätigkeit der „Gemeinsamen Arbeitsgruppe" und sagte, sie müsse „erfinderisch sein, um die Wege zu finden, die es uns

ermöglichen werden, uns bewußt im großen Auftrag zu vereinen, der da heißt: Christus der Welt zu offenbaren (Redemptor hominis, 11)."
Nach dem gemeinsamen Gottesdienst war der Papst über eine Stunde lang mit den führenden Leuten des ÖRK zu einem privaten Gespräch über ökumenische Themen zusammen. Dabei hatte er Gelegenheit, Punkte hervorzuheben, die er in seiner Ansprache erwähnt hatte, so z. B. seine Umschreibung des Papstamtes und der Rolle des Papstes im Licht seiner Funktion als Bischof von Rom. Als öffentlichen Schluß legten Kardinal Willebrands und Dr. Philip Potter eine gemeinsame Erklärung vor über die Zukunftsaussichten der Beziehungen zwischen der römisch-katholischen Kirche und dem ÖRK, und der Papst erteilte seinen Segen.
In einer Bewertung des Besuchs sagte der Stab des ÖRK: „Wir erblicken im Besuch beim ÖRK eine sichtbare öffentliche Bekundung und Anerkennung der Wichtigkeit des ÖRK für die ökumenische Bewegung und ein klares, zuverlässiges Zeichen für die Entschlossenheit der römisch-katholischen Kirche, ihre Beziehung zum ÖRK ernst zu nehmen und zu deren Weiterentwicklung beizutragen." Die Bewertung kam zum Schluß: „Obwohl die Strukturunterschiede zwischen der römisch-katholischen Kirche und den Mitgliedskirchen des ÖRK realistisch anerkannt wurden, wurde die bereits bestehende Gemeinschaft öffentlich bekräftigt ... Der Besuch des Papstes hat die gemeinsame Pilgerschaft bestätigt; wir können in Vertrauen und Hoffnung unseren Weg weitergehen und wo immer möglich Initiativen unternehmen."

11. Abschließende Überlegungen

Nach zwanzig Jahren ist es klar, daß das Zweite Vatikanische Konzil und die von der katholischen Kirche eingenommene ökumenische Haltung für die ökumenische Bewegung, so wie sie heute ist, von entscheidendem Einfluß waren. Sie geben ihr neue Impulse, bringen aber auch neue Verpflichtungen und Probleme mit sich. Vieles davon tritt in der Beziehung der römisch-katholischen Kirche zum ÖRK und zu dessen Mitgliedskirchen zutage.
Weder die römisch-katholische Kirche noch der ÖRK dürfen diese Beziehung vernachlässigen, wenn es ihnen mit der ökumenischen Bewegung und ihren eigenen besonderen Verpflichtungen in ihr ernst ist. (Der Fünfte Bericht der „Gemeinsamen Arbeitsgruppe" von 1983 über die ökumenische Situation und mit Vorschlägen für die künftige Zusammenarbeit entfaltet diese Gedanken.)

Im ganz einzigartigen Forum und in der Gemeinschaft, welche der ÖRK bietet, trifft und engagiert sich die katholische Kirche mit anderen christlichen Kirchen und Gemeinschaften auf eine Art und Weise, die für die Beziehungen, die sie durch bilaterale theologische Gespräche mit einigen von ihnen unterhält, tief bezeichnend ist. Es ist, als ob ihre so weit als mögliche Beteiligung an den Initiativen des ÖRK der Beweis und das Bewährungsfeld für ihren ökumenischen Willen wäre. Der Kontakt und der daselbst gewonnene Sinn für die gegenseitige Verantwortung schafft ein Klima des Vertrauens, weckt das Gefühl zusammenzugehören und bringt ein auf breiter theologischer Basis zustande gekommenes theologisches Verständnis mit sich, das für die mehr spezifische und eingehendere theologische Arbeit der bilateralen Gespräche von unschätzbarem Wert ist. Da das Ergebnis einiger dieser Gespräche den Punkt erreicht, an dem es die Kirchenleitungen zur Reaktion herausfordert, hat wohl die Erfahrung der praktischen Zusammenarbeit an Initiativen des ÖRK bei der Umsetzung von theologischen Konvergenzen in das kirchliche Leben eine Rolle zu spielen. Auf jeden Fall ist es bemerkenswert, daß ein Forum von bilateralen Gesprächen, das im März 1985 mit Hilfe der Kommission für „Glauben und Kirchenverfassung" von den Sekretären der Christian World Communions und dem Vatikanischen Einheitssekretariat organisiert wurde, anerkannte: „Kritische Fragen in der Richtung, daß die bilateralen Gespräche in Konkurrenz mit dem multilateralen Dialog (innerhalb des Rahmens des ÖRK) zu einer unabhängigen ökumenischen Methode werden könnten, sind in den Hintergrund getreten ... Sowohl bilaterale als auch multilaterale Gespräche dienen der ökumenischen Bewegung."
Einerseits ist zu sagen, daß die Beziehung der römisch-katholischen Kirche zum ÖRK und die Zusammenarbeit mit ihm in den vergangenen zwanzig Jahren an Intensität und Substanz gewonnen haben. Darum sagte 1979 Dr. Philip Potter beim Treffen des Zentralausschusses: „Ironischerweise sind die Beziehungen mit der größten Nichtmitgliedskirche, der römisch-katholischen Kirche, viel intensiver gewesen als die mit vielen Mitgliedskirchen." Diese Beziehung ist deshalb in der ökumenischen Bewegung ein bedeutsamer Faktor.
Andererseits hat diese Beziehung ihre Grenzen. Die römisch-katholische Kirche ist nicht Mitglied des ÖRK und wird auch in naher Zukunft ihm wahrscheinlich nicht beitreten. Daß eine große, weltweite Nichtmitgliedskirche mit einem Rat von Nationalkirchen weiterhin sehr intensiv zusammenarbeitet, bringt aber für diese Kirche und für den Rat nicht unbeträchtliche Probleme mit sich.
Darum ist es wichtig, daß Papst Johannes Paul II. zum Bemühen, die

Zusammenarbeit zu steigern, aufgerufen und die „Gemeinsame Arbeitsgruppe" in ihrer Tätigkeit ermutigt hat. Dies bestimmt die Einstellung des Vatikanischen Einheitssekretariats, die sich mit der wohlwollenden Haltung von Dr. Emilio Castro trifft, der im Juli 1984 zum Generalsekretär des ÖRK gewählt worden ist. Dieser sagte nach seiner Wahl in einem Interview im Vatikanischen Rundfunk: „Für mich ist es ein sehr gutes Zeichen, daß meine Wahl weniger als drei Wochen nach dem Besuch des Papstes Johannes Paul II. beim ÖRK in Genf erfolgt ist. Das ist ein gutes Omen für unsere künftige Zusammenarbeit... Wir sind sicher, daß wir in allen Weltteilen mit der katholischen Kirche mehr und mehr zusammenarbeiten werden und durch den Heiligen Stuhl das gemeinsame Streben nach Einheit und christlichem Dienst steigern können."

BIBLIOGRAPHIE

ÖRK/Römisch-Katholische Kirche, Erster offizieller Bericht 1966, in: H. Meyer / H. J. Urban / L. Vischer (Hrsg.), Dokumente wachsender Übereinstimmung, Frankfurt/Paderborn 1983, 586–597; Zweiter offizieller Bericht 1967, ebd. 597–613; Dritter offizieller Bericht, ebd. 614–622; Vierter offizieller Bericht 1975, ebd. 662–674; Fünfter offizieller Bericht 1983, in: Ökum. Rundschau 32 (1983) 335–361.

DIE BEGEGNUNG MIT AUSSERCHRISTLICHEN KULTUREN UND RELIGIONEN

GEORG EVERS, AACHEN

Von ihrem Anfang her stand die katholische Kirche in der Begegnung mit anderen Kulturen und Religionen. Im Laufe der Kirchengeschichte haben sowohl die praktischen Verhaltensweisen als auch die theoretischen Aussagen zur kulturellen und religiösen Vielfalt oft gewechselt. Eine einschneidende Änderung markierte das Zweite Vatikanische Konzil, das in einer welt- und kirchengeschichtlich bedeutsamen Phase eine grundlegende Neuorientierung versucht, die durch das Wort „Dialog" am ehesten gekennzeichnet wird. Sucht man in älteren theologischen Nachschlagewerken nach dem Stichwort „Dialog", so wird man gewöhnlich enttäuscht werden. Das „Lexikon für Theologie und Kirche" hat in seiner ersten Auflage von 1931 das Stichwort „Religionsgespräch", zu dem festgehalten wird, daß es „gefährlich" und „ohne Erlaubnis des Hl. Stuhles" nicht erlaubt sei. Unter dem Stichwort „Dialoge" werden in der zweiten Auflage des LThK von 1959 „polemische Gespräche", „philosophisch-dogmatische" und „asketisch-hagiographische Gespräche" unterschieden. Der Sache nach kommt die Begegnung mit anderen Kulturen und Religionen unter den beiden Stichworten „Apologetik" und „Akkommodation" vor, wobei die beiden Begriffe als Gegensatzpaar zu verstehen sind, unter dem sich verschiedene Haltungen und Stellungnahmen sowohl theoretischer als auch praktischer Art fassen lassen. Zwischen der Abgrenzung, wie sie das apologetische Vorgehen mit sich bringt, und der Anpassung, die eine Form des missionarischen und pastoralen Verhaltens kennzeichnet, bewegt sich die Haltung der Kirche. Charakteristisch für diese Periode war es, daß die anderen Kulturen und Religionen sowie Weltanschauungen in ihrer Eigenart, ihrem Eigenwesen und ihren eigenen Werten wenig oder gar nicht gesehen wurden.

1. Von der Apologie zum Dialog

1.1 Die Geschichte der Begegnung der Kirche
mit anderen Kulturen und Religionen

Mit der Entscheidung des Apostelkonzils, den Raum des Judentums zu überschreiten, beginnt das Ende der ersten Phase der Kirchenge-

schichte, der Periode des Judenchristentums. Paulus leitete die Begegnung mit der griechischen Kultur und Philosophie ein, die in der Zeit der Apologeten und griechischen Kirchenväter ihren Höhepunkt fand. Neben der Auseinandersetzung mit dem Gnostizismus (Gnosis) und den Mysterienkulten findet sich bei Klemens von Alexandrien (140 bis 216) mit der These, daß sich in der griechischen Philosophie und Kultur Spuren der göttlichen Weisheit (‚logoi spermatikoi') finden lassen, eine positive Aussage, die in der Geschichte der Begegnung der Kirche mit anderen Kulturen und Religionen immer wieder eine fruchtbare Rolle gespielt hat. Ihr entgegen steht die Formel „Extra Ecclesiam nulla salus", die in der Folgezeit bei der Erörterung der Heilsmöglichkeit von Nichtchristen ein großes Gewicht gehabt hat, obschon sie von Cyprian von Karthago (200–258), der sie zum erstenmal gebraucht, in der Diskussion um die Heilschance von Häretikern verwendet wird.
Mit der „konstantinischen Wende" der Machtübernahme des Kaisers Konstantin (312) und der Erhebung des Christentums in den Rang einer Staatsreligion kommt eine lange Periode der Auseinandersetzung mit römischer Kultur und Kaiserkult zu einem Ende. Die Begegnung mit der germanischen Religiosität geschah seitens des Christentums schon aus einer Position der Stärke und Überlegenheit, die in den germanischen Religionen nur heidnischen Aberglauben sehen konnte. Einflußreicher als die Weisung des Papstes Gregor I. (590–604), die germanischen Heiligtümer stehen zu lassen und die Bräuche – soweit irgend möglich – zu bewahren, ist das Beispiel des hl. Bonifatius gewesen, der durch das Fällen der Wotanseiche seine negative Einschätzung der germanischen Göttervorstellung unter Beweis stellte. Mit der Entstehung der abendländischen Christenheit – des „Corpus Christianum" – beginnt eine Phase, in der eine Auseinandersetzung mit anderen Kulturen und Religionen nur in einem sehr eingeschränkten Sinn statt hat. Innerhalb der Christenheit gab es jüdische Gettos, die bestenfalls in Ruhe gelassen wurden, mit denen es aber keine ernst zu nehmende Begegnung auf religiösem oder philosophischem Gebiet gab. Außerhalb des Corpus Christianum war der Islam, mit dem die „Begegnung" in der Form des Abwehrkampfes und später der Kreuzzüge stattfand. Die theologische Auseinandersetzung beschränkte sich auf die apologetische Abgrenzung (z. B. in der „Summa contra Gentiles" von Thomas von Aquin), die im Islam eine häretische Verirrung des Christentums sah. Versuche einer tieferen Begegnung, wie sie Raimund Lull (1235–1315) unternahm, blieben eine große Ausnahme.
In der Zeit der portugiesisch-spanischen Entdeckung im 15. und 16. Jahrhundert kommt es zur Begegnung mit der indianischen Kultur

und Religion in Lateinamerika, dem Hinduismus in Indien und den verschiedenen Formen des Buddhismus in den Ländern Asiens sowie später auch mit dem Konfuzianismus in China. Die mehr flüchtigen Kontakte mit afrikanischer Kultur und Religiosität zu dieser Zeit haben kaum tiefere Spuren hinterlassen. In Lateinamerika bringt die brutale Eroberungspolitik der Konquistadoren es mit sich, daß die Kulturen der Mayas, Inkas und Azteken vor einer möglichen Begegnung mit dem Christentum bereits vernichtet werden. Das einsame Beispiel eines Bartolomé Las Casas (1474–1566), der für die Menschenrechte jener Völker einzutreten versucht, kann die Tragik dieser verfehlten Begegnung nicht mindern. In Asien hat es wegen der Größe der Gebiete, der kulturellen Vielfalt und Eigenständigkeit, der Tiefe der religiösen Überzeugung eine ähnliche Ausrottungspolitik – sieht man einmal von der spanischen Herrschaft auf den Philippinen ab – nicht gegeben. Einer der ersten Asienmissionare, Franz Xaver (1506–1552), zeigte sich von der Begegnung mit Hinduisten und mehr noch mit buddhistischen Mönchen sehr beeindruckt. Aber letztlich gilt für ihn doch die fraglose Überlegenheit des Christentums.

Zu einer tieferen Begegnung mit asiatischer Religiosität, Philosophie und Kultur kommt es im 16. bis 17. Jahrhundert durch Bemühungen um Akkommodation, für die die Namen von Matteo Ricci (1552–1610) und Roberto de Nobili (1577–1656) beispielhaft stehen. Der sogenannte Ritenstreit, d. h. die Auseinandersetzung, inwieweit dieses Eingehen auf kulturelle und religiöse Eigenarten die Integrität des christlichen Zeugnisses und Glaubens in Frage stellte, hat diese aus pastoralen Motiven erwachsenen Bemühungen um eine tiefere Begegnung mit anderen Kulturen und Religionen für längere Zeit verhindert.

Die neuere Mission des 19. Jahrhunderts ist im Zeitalter des Imperialismus und Kolonialismus geprägt vom Bewußtsein europäischer kultureller Überlegenheit. Die starke Verknüpfung der Gewinnung der Seelen mit Kulturmission und Einsatz für westliche Zivilisation auf den Gebieten der Erziehung, der Medizin und der Technik verhinderte weitgehend ein Eingehen auf die in Asien und Afrika vorgefundenen einheimischen kulturellen und religiösen Werte. Missionare betrieben zwar linguistische Forschungen, sammelten ethnologisch bedeutsame Zeugnisse und unternahmen religionswissenschaftliche Untersuchungen; aber alle diese Bestrebungen standen unter der Zielsetzung, die Verkündigung der christlichen Botschaft zu erleichtern. Die anderen Kulturen und Religionen wurden dabei nie als mögliche Gesprächspartner angesehen, auch wenn einzelne Missionare immer wieder Anstrengungen unternahmen, aus missionsstrategischen Überlegungen gewisse Anpassungen der christlichen Botschaft an vorhandene Vorstellungen asiatischer oder afrikanischer Geisteswelt vorzunehmen. Bis in die Mitte unseres Jahrhunderts hinein zeigte die katholische Kirche in den Ländern Asiens, Afrikas und Lateinamerikas ein stark abendländisch europäisches Gesicht, bei dem die romanischen Elemente überwogen. Die Liturgiesprache war das Latein, die Ausbildung einheimischer Priester erfolgte in scholastischer Philosophie und Theologie; die Kirchenstrukturen Europas wurden nachgeahmt, das lateinische Kirchenrecht wurde mit geringen Anpassungen verbindlich gemacht, was vor allem auf dem Gebiet der Ehegesetzgebung zu unüberwindlichen Schwierigkeiten führte. In den Augen von Asiaten und Afrikanern erschien die katholische Kirche als eine fremde Religion, die auf ihre traditionelle Kultur und Religiosität verächtlich herabschaute.

1.2 Äußere Umstände der Neubesinnung der Kirche in ihrem Verhältnis zu anderen Kulturen und Religionen

Das Selbständigwerden der ehemaligen Kolonien in Asien und Afrika bedeutet einen tiefgehenden Wandel im weltgeschichtlichen Kontext der katholischen Mission. Das neu erwachte Selbstbewußtsein der Völker Asiens und Afrikas geht Hand in Hand mit einer neuen Einschätzung der eigenen kulturellen und religiösen Tradition. Im Hinduismus, Buddhismus und Islam kommt es zu einer Reihe von Reformbewegungen, die im Rückgriff auf ihre eigene Überlieferung auf Anstöße der christlichen Mission mit ganz neuem Selbstbewußtsein reagieren. Auch in Afrika gibt es Bemühungen, eine eigene afrikanische Identität (africanité) auf der Grundlage traditioneller afrikanischer Religiosität und Weltsicht zu entwickeln. Die Bevölkerungsexplosion bringt es mit sich, daß der prozentuale Anteil der Christen an der Weltbevölkerung ständig sinkt. Dies ungeachtet der Tatsache, daß wir von einer der erfolgreichsten Perioden in der Missionsgeschichte der christlichen Kirchen sprechen können, wenn wir nur die Erfolge der Afrikamission in unserem Jahrhundert ansehen. Zusammen mit dieser relativen Abnahme der Christen an der Weltbevölkerung wächst die Einsicht, daß ein Überwinden der kulturellen, religiösen und weltanschaulichen Vielfalt wohl kein realistisches Missionsziel darstellt, der weltanschaulich-religiöse Pluralismus vielmehr ein Phänomen ist, mit dem auf Dauer zu rechnen ist. Die Anerkennung dieser Tatsache ist vorbereitet durch den Toleranzgedanken, die Erklärung der Menschenrechte, insbesondere der Rechte auf Freiheit des Gewissens und der Religion. Aus der Reihe der „säkularen" Welterklärungen erwachsen der Mission in den weltanschaulichen Ideologien des Sozialismus, des Marxismus und Kommunismus darüber hinaus Gegner, die in Asien, Afrika und Lateinamerika großes Gehör finden. Wie auch immer das Phänomen der Säkularisierung gewertet wird, es bringt in seinen vielfältigen Ausprägungen auf jeden Fall einen Funktionsverlust der Religionen in der Gesellschaft mit sich. Der internationale Handel, die Entwicklung der Kommunikationsmedien, der weltweite Tourismus und die Migration vieler Menschen aus verschiedenen Kultur- und Religionsräumen schaffen neue Formen der Begegnung.

1.3 Theologische Gründe einer Neubesinnung auf außerchristliche Kulturen und Religionen

Auf dem oben gezeichneten Hintergrund eines bleibenden kulturellen, weltanschaulichen und religiösen Pluralismus beginnt die Entwicklung einer eigenständigen Theologie der Religionen mit der Verschiebung der Fragestellung von der Frage nach der Heilsmöglichkeit des individuellen Heiden zur Frage nach der Heilsbedeutung der nicht-christlichen Religion. Daß ein „guter Heide", d. h. Nichtchrist, der guten Willens ist und das natürliche Sittengesetz beachtet, eine Heilschance besitzt, darüber war unter den katholischen Theologen Anfang dieses Jahrhunderts mit Berufung auf das theologische Axiom „Deus facienti quod in se est, non denegat gratiam" (Gott verweigert dem, der tut, was er kann, seine Gnade nicht) Einigkeit erzielt worden. Aber dieser „gute Heide" wurde, wenn er Muslim, Hindu, Buddhist oder Angehöriger einer anderen Religion war, nicht wegen seiner Religionszugehörigkeit, sondern trotz dieser gerettet. Nach Vorarbeiten von O. Karrer, J. Daniélou und Yves Congar ist es Karl Rahner, der die katholische Theologie der Religionen vor dem Zweiten Vatikanischen Konzil maßgebend bestimmte. Ausgehend von der Tatsache des allgemeinen Heilswillens Gottes, folgert Rahner, daß die soziale Natur des Menschen es mit sich bringt, daß sich die Annahme des Heilsangebotes Gottes im Raum der geschichtlich vorgegebenen Religion ereignet. Zumindest vorläufig zu einer existentiellen Begegnung mit der Botschaft des Christentums kann diesen Religionen daher eine vorläufige Legitimität nicht abgesprochen werden. Da für die katholische Theologie Heil grundsätzlich „Heil in Christus" ist, kommt Rahner bei der Berücksichtigung der tatsächlichen Heilsmöglichkeiten auch außerhalb des offiziellen Christentums zu seiner These einer „anonymen Christlichkeit" und der Annahme von anonymen Christen. Gegen die für die innerchristlich theologische Diskussion geprägte Aussage von den „anonymen

Christen" ist eingewandt worden, daß sie für den interreligiösen Dialog eher hinderlich sei, da sie den nichtchristlichen Gesprächspartner vereinnahme und ihn zu etwas mache, was er gerade nicht sein wolle. In der mehr aus der Praxis des Dialogs mit anderen Religionen erwachsenen Theologie der Religionen in Asien – hier ist vor allem Indien zu nennen – kamen eigenständige Entwürfe. In Indien wurde von R. Panikkar u. a. das Bild vom „universalen" oder „kosmischen Christus" gebraucht, um die eschatologische Gemeinsamkeit aller Religionen zu betonen.

Ganz allgemein aber gilt, daß in der Zeit vor dem Zweiten Vatikanischen Konzil die Theologie der Religionen noch weitgehend „vom grünen Tisch" ohne langwährende praktische Dialogerfahrung entwickelt wurde.

1.4 Die Aussagen des Zweiten Vatikanischen Konzils zu den Religionen und Kulturen

Die Öffnung der katholischen Kirche zum Dialog mit anderen Weltanschauungen und Religionen geschah auf dem Zweiten Vatikanischen Konzil (1962–1965). Vorbereitet und begleitet wurde diese Öffnung auch durch päpstliche Aussagen. Johannes XXIII. suchte in seiner Enzyklika „Pacem in terris" (1963) das Gespräch mit „allen Menschen guten Willens". Paul VI. entwarf in der Enzyklika „Ecclesiam suam" (1964) ein Konzept des Dialogs, bei dem um die katholische Kirche als Mittelpunkt sich die übrigen Gesprächspartner – zunächst die anderen Christen, dann die Gläubigen der nichtchristlichen Religionen und schließlich die Nichtgläubigen – in konzentrischen Kreisen ordnen. Das Zweite Vatikanische Konzil bekannte sich zum Dialog mit den „getrennten Brüdern" (Ökumenismusdekret), den Weltanschauungen und Ideologien (Pastoralkonstitution über die Kirche in der Welt von heute) und den nichtchristlichen Religionen (Erklärung über das Verhältnis der Kirche zu den nichtchristlichen Religionen und Erklärung über die Religionsfreiheit). Zugrunde gelegt sind die Aussagen des Konzils zur Frage der Nichtchristen und der Bedeutung ihrer Religionen in der Kirchenkonstitution. Die zentrale Aussage lautet: „Wer nämlich das Evangelium Christi und seine Kirche ohne Schuld nicht kennt, Gott aber aus ehrlichem Herzen sucht, seinen im Aufruf des Gewissens erkannten Willen unter dem Einfluß der Gnade in der Tat zu erfüllen trachtet, kann das ewige Heil erlangen" (LG 16). Die ursprünglich allein im Hinblick auf das Verhältnis der Kirche zum Judentum vorgesehene Erklärung wurde in der Diskussion in der Konzilsaula erweitert zu einer grundsätzlichen Stellungnahme zum Verhältnis der Kirche zu den nichtchristlichen Religionen überhaupt. Ausgangspunkt ist die Tatsache, daß durch den ständig größer werdenden Austausch und Kontakt der verschiedenen Kulturen, Religionen und Weltanschauungen auf den Gebieten des Verkehrs und der Kommunikationsmedien so etwas wie „eine Welt" entstanden ist. In diesem Prozeß der gegenseitigen Annäherung werden die verschiedenen weltanschaulichen und religiösen Systeme zur Frage, Herausforderung und Beunruhigung der anderen. Ohne sich auf die Problematik des Religionsbegriffs einzulassen, beschreibt die Erklärung als für alle Religionen gemeinsam, daß sie versuchen, Antwort auf die fundamentalen Fragen der menschlichen Existenz zu geben. Ausführlicher werden das Judentum und der Islam wegen ihrer besonderen Nähe zum Christentum als „abrahamitische Religionen" dargestellt, während Hinduismus und Buddhismus jeweils in einem religionswissenschaftlich gefüllten Satz charakterisiert werden. Zusammenfassend wird betont: „Die katholische Kirche lehnt nichts von alledem ab, was in diesen Religionen wahr und heilig ist" (NA 2). Ausdrücklich wird zum Dialog und zur Zusammenarbeit mit den Religionen aufgefordert: „Deshalb mahnt sie (die Kirche) ihre Söhne, daß sie mit Klugheit und Liebe, durch Gespräch und Zusammenarbeit mit den Bekennern anderer Religionen sowie durch ihr Zeugnis des christlichen Glaubens und Lebens jene geistlichen und sittlichen Güter und auch die sozial-kulturellen Werte, die sich bei ihnen finden, anerkennen, wahren und fördern" (NA 2). Noch stärker wird die soziale Gebundenheit des Menschen in der Ausübung seiner Religion in der Erklärung über die Religionsfreiheit herausgestellt. Sicher besteht die Ausübung der Religion zuerst in inneren freien Akten der Gottesverehrung, doch die „Sozialnatur des Menschen erfordert, daß der Mensch innere Akte der Religion nach außen zum Ausdruck bringt, mit anderen religiösen Dingen in Gemeinschaft steht und seine Religion gemeinschaftlich bekennt" (DH 3). Mit dieser Anerkennung und Achtung vor der Gewissensentscheidung des anderen, sein Leben nach dieser oder jener Religion auszurichten, ist eine wichtige Voraussetzung für den interreligiösen Dialog gegeben.

Erstmals wird den Religionen von der Kirche eine legitime Existenz eingeräumt und es ermöglicht, mit ihnen als Gruppen und Gemeinschaften in ein Gespräch zu kommen. Daß die Kirche dabei zugleich ihre Glaubensüberzeugung, sich als die Verwirklichung der einzig wahren Religion anzusehen, ohne Abstriche artikuliert, braucht nicht als ein Hindernis für den Dialog betrachtet zu werden, solange man davon ausgeht, daß das Gespräch auf der Grundlage des Selbstverständnisses des jeweiligen Partners stattfinden muß. Die bleibende Spannung zwischen der Verpflichtung zur Mission „in alle Welt", zu allen Menschen, Kulturen und Religionen und der Aufforderung zum Dialog mit Weltanschauungen und Religionen drückt das Missionsdekret aus: „Wenngleich Gott Menschen, die das Evangelium ohne ihre Schuld nicht kennen, auf Wegen, die er weiß, zum Glauben führen kann, ohne den es unmöglich ist, ihm zu gefallen (Hebr 11, 6), so liegt also doch auf der Kirche die Notwendigkeit (vgl. 1 Kor 9, 16) und zugleich das heilige Recht der Evangeliumsverkündigung. Deshalb behält heute und immer die missionarische Tätigkeit ihre ungeschmälerte Bedeutung und Notwendigkeit" (AG 7). In der Erfüllung ihrer Missionsverpflichtung trifft die Kirche auf verschiedene Völker, Sitten und Kulturen. Dabei ist „die Kirche ... an keine Rasse oder Nation, an keine besondere Art der Sitte, an keinen alten oder neuen Brauch ausschließlich und unlösbar gebunden ... Sie ist sich der Universalität ihrer Sendung bewußt und vermag so, mit den verschiedenen Kulturformen eine Einheit einzugehen, zur Bereicherung sowohl der Kirche als auch der verschiedenen Kulturen" (GS 59). Das Konzil bekennt sich zur Zusammenarbeit mit allen Menschen, Religionen und Weltanschauungen zum Aufbau einer menschlichen Gesellschaft. „Wir wenden uns dann auch allen zu, die Gott anerkennen und in ihren Traditionen wertvolle Elemente der Religion und Humanität bewahren, und wünschen, daß ein offener Dialog uns alle dazu bringt, die Anregungen des Geistes treulich aufzunehmen und mit Eifer zu erfüllen. Der Wunsch nach einem solchen Dialog... schließt unsererseits niemanden aus, weder jene, die hohe Güter der Humanität pflegen, deren Urheber aber noch nicht anerkennen, noch jene, die Gegner der Kirche sind und sie auf verschiedene Weise verfolgen" (GS 92).

Diese weitestgehende Dialogbereitschaft drückt zugleich den epochalen Wandel in der Haltung der katholischen Kirche gegenüber anderen Kulturen, Weltanschauungen und Religionen aus. Die Zeit des „Aggiornamento" (Johannes XXIII.) bedeutete auch eine Phase eines euphorischen Neubeginns, in der im „Dialog" der Schlüssel für viele Probleme gesehen wurde. Doch es gab auch Einsprüche gegen diese für viele zu plötzlich gekommene Wende. Widerstände machten Missionare, die mit der doppelten Aussage des Konzils, daß auf der einen Seite die Missionsverpflichtung unverändert fortbestehe, auf der anderen Seite aber die anderen Religionen und Weltanschauungen nicht mehr als Gegner, sondern als Gesprächspartner anzusehen seien, nicht zurechtkamen. Auch in der Heimat, in den Ländern der alten Christenheit, wurde gefragt, ob die Mission als Verkündigung des Evangeliums noch notwendig sei, wenn auch die anderen Religionen Heilsbedeutung hätten, ob dann nicht eher die Entwicklungshilfe die Form der Erfüllung der Missionsverpflichtung für die neue Zeit darstelle. Das Zweite Vatikanische Konzil markiert die Wende, in der die Epoche der griechisch-römischen-europäischen Christenheit ihr Ende findet und die Phase der Weltkirche beginnt. Die Anerkennung eigenständiger Ortskirchen mit liturgischer, theologischer und organisatorischer Eigenständigkeit bedeutet den Überschritt aus einer monolitischen und zentralistischen Kirche zur Weltkirche als einer Gemeinschaft vieler Ortskirchen. Diese Entwicklung bedingt das Bemühen um Inkulturation, um das Einheimischwerden der christlichen Botschaft, das nur in einer Begegnung mit den kulturellen, weltanschaulichen und religiösen Werten der jeweiligen Religion erfolgen kann. Die Aufgabe der Evangelisierung ist durch diese neue Sicht nicht aufgehoben, sondern vielfältiger und komplexer geworden. Die Kirche, die aus „ihrem Wesen heraus missionarisch ist" (AG 2), befindet sich überall auf der Welt in der Erfüllung ihrer missionarischen Sendung. Die Vorstellung von der Mission als „Einbahnstraße", die aus „christlichen Gebieten" in die „Missionsländer" geht, ist damit aufgegeben worden.

2. Orte und Inhalte der Begegnung

2.1 Gesamtkirchliche Einrichtungen

Für das innerchristliche ökumenische Gespräch hatte Johannes XXIII. 1960 das Sekretariat für die Einheit der Christen geschaffen. Sein Nachfolger, Paul VI., errichtete während des Konzils 1964 das Sekretariat für die Nichtchristen, das die Aufgabe erhielt, die Methode des interreligiösen Dialogs voranzutreiben, dafür zu sorgen, daß die Christen exakte Kenntnisse über die nichtchristlichen Religionen erhalten, und auch umgekehrt den Nichtchristen ausreichende Kenntnisse des Christentums vermittelt werden. In der Folgezeit hat das Sekretariat durch Publikationen (u. a. eine eigene Zeitschrift „Bulletin"), durch planerische und personelle Mitarbeit an interreligiösen Konferenzen in Asien und Afrika und durch eigene Studien die interreligiösen Kontakte der katholischen Kirche auf Welt- und Ortsebene erheblich gefördert. Ebenfalls noch während des Konzils wurde 1965 das Sekretariat für die Nichtglaubenden gegründet, das „das Phänomen des Atheismus studieren und den Dialog mit den Menschen guten Willens, die keiner religiösen Überzeugung anhängen", führen soll. Sein erster Leiter war Kardinal König. Es begleitete in den späten 60er Jahren und Anfang der 70er Jahre die christlich-marxistischen Gesprächsversuche mit Interesse. Die politischen Veränderungen, die nach der Unterdrückung des Prager Frühlings 1968 das christlich-marxistische Gespräch schwer belasteten, haben den ersten Elan dieser Einrichtung stark gebremst. Nach dem Konzil wurden an der römischen Kurie weitere Einrichtungen geschaffen, die Kontakte mit nichtchristlichen Religionen haben. In der Erfüllung ihrer Aufgabe, für den internationalen Frieden und die Entwicklung der Völker zu arbeiten, hat die päpstliche Kommission „Iustitia et Pax" (gegr. 1967) viele Kontakte mit Buddhisten, Hindus, Muslimen und Angehörigen anderer Religionen und Weltanschauungen aufgebaut. Auf dem Gebiet der direkten Nothilfe arbeitet der päpstliche Rat „Cor Unum", als Zusammenschluß der Caritas-Organisationen der katholischen Kirche 1970 gegründet, mit vielen anderen religiösen und weltanschaulichen Organisationen zusammen. Gezielt mit den Fragen einer Zusammenarbeit zwischen verschiedenen Kulturen soll sich der 1983 gegründete päpstliche Rat für die Kultur befassen. Die päpstliche Kongregation „De Propaganda Fide" wurde zwar in Kongregation für die „Evangelisierung der Völker" umbenannt, behielt aber ihren Aufgabenbereich, die Missionsaufgaben der katholischen Kirche zu koordinieren und voranzutreiben, im wesentlichen bei. Die Aufgliederung der Aufgaben der Evangelisierung, des Dialogs und der Diakonie auf verschiedene Einrichtungen hat zur Folge, daß nach außen oft ein etwas widersprüchliches Erscheinungsbild der katholischen Kirche entsteht. In ihren Aussagen spart die Kongregation für die Evangelisierung die Frage des Dialogs weitgehend aus und erweckt den Eindruck, als ob die Verkündigung „gelegen oder ungelegen" unverändert gültig sei. Ganz auf Dialogbereitschaft abgestellt sind dagegen die Äußerungen des Sekretariats für die Nichtchristen. Wieder einen anderen Eindruck von der katholischen Kirche vermittelt das Sekretariat für die Nichtglaubenden. Hier zeigt sich, daß mit der Neuorientierung eine Reihe von Fragenkomplexen angesprochen ist, die theologisch und organisatorisch noch nicht ausreichend abgeklärt sind.

2.2 Der interreligiöse Dialog in Asien

Sucht man nach einem Charakteristikum für die katholische Kirche in Asien, so ist dies zweifellos die Aufgabe des interreligiösen Dialogs. Mit einem Anteil von gerade 2,6 Prozent der Bevölkerung stellen die Katholiken in Asien eine kleine Minderheit dar, die sich den großen Weltreligionen wie Hinduismus, Buddhismus, Islam, Taoismus und Schintoismus gegenüber sieht. Die 1972 gegründete Vereinigung von asiatischen Bischofskonferenzen (FABC) hat sich die Aufgabe der Förderung des interreligiösen Dialogs als besondere Aufgabe gestellt. Das Büro für interreligiöse Angelegenheiten (BIRA) hat für Bischöfe und Theologen eine Reihe von Seminaren veranstaltet, bei denen die Problematik des Dialogs mit dem Buddhismus (1979 in Thailand), des Dialogs mit dem Islam (1979 in Malaysia und 1983 in Varanasi) und des Dialogs mit dem Hinduismus (1982 in Indien) behandelt wurde. Bei diesen Seminaren ging es darum, die theologischen Voraussetzungen des Dialogs in ihrer Bedeutung für Asien zu sehen, eine Bestandsaufnahme der bestehenden Kontakte zu den anderen Religionen zu machen, sich um die Verbreiterung der Basis dieses Dialogs zu kümmern, der über den Kreis der Experten auf die Priester, die Theologiestudenten, Lehrer, Katecheten bis hin zu den einfachen Gläubigen auszudehnen sei. Der Erziehung zum Dialog haben sich die asiatischen Bischöfe besonders gewidmet und hierfür Handbücher und Informationsmaterial erarbeiten lassen. Bei der letzten Vollversammlung der FABC in Bangkok 1982 haben die asiatischen Bischöfe die Verpflichtung zum Dialog für die asiatische Kirche deutlich bestätigt. Sie erkennen an, daß Gott seit undenklichen Zeiten sich den asiatischen Völkern geoffenbart hat und daß aus der Antwort auf das Wirken des Heiligen Geistes die Glaubensgemeinschaften entstanden sind, die die gesellschaftliche, kulturelle und religiöse Geschichte Asiens bestimmt haben. Die Katholiken Asiens erfahren ihre erste menschliche und religiöse Zugehörigkeit zu diesen Gemeinschaften. Die Katholiken Asiens befinden sich in gemeinsamer Pilgerschaft und Suche nach dem Absoluten und der Wahrheit mit den Angehörigen dieser Religionen. Die Form der christlichen Präsenz in Asien ist für sie daher der Dialog mit den Religionen. Die Erklärung schließt: „Unsere doppelte Zugehörigkeit – die zu unserer Kultur und die zu unserem christlichen Glauben – ist nicht eine Nebeneinanderstellung, sondern sie ist in der Tiefe unseres Seins zusammengefügt zu einer lebendigen Synthese in unserer Spiritualität, Theologie, in unserem Gebetsleben und unserem Lebensstil. Letztlich kann nur so eine Gemeinschaft des Glaubens in Asien aufgebaut werden. Deshalb ist dieser Dialog ein unverzichtbares Element für den Aufbau unserer christlichen Gemeinschaften auf allen Ebenen" (FABC Papers, No. 32, 40f.).

Die eigentliche Praxis des interreligiösen Dialogs ereignet sich in Dialogzentren, Instituten und auf Zusammenkünften in den verschiedenen asiatischen Ländern. In Indien hat der *christlich-hinduistische* Dialog seit den Jahren des Zweiten Vatikanischen Konzils mächtig zugenommen. Auf verschiedenen Ebenen wird dieser Dialog geführt. Es gibt *Dialog-*

treffen zu mehr allgemeinen religiösen Themen; *Dialoge in Ashrams,* in denen Themen des monastischen Lebens, der Meditation und der Spiritualität behandelt werden. Eher den Experten vorbehalten ist der eigentlich *theologische Dialog* zu bestimmten Fragestellungen, wie der Offenbarung im Hinduismus und Christentum, der Christologie im Vergleich mit der hinduistischen Lehre des Avatar und zu ähnlichen Problemen. Einen breiten Raum nimmt der *Dialog in der Gesellschaft* ein, bei dem Christen und Hindus sich gemeinsam mit Fragen der Gesellschaft, der Entwicklung, der Gesundheitsfürsorge und ähnlichen gemeinsamen Problemen auseinandersetzen. Nicht direkt verbunden mit diesen Dialogbegegnungen, doch von ihnen inspiriert und befruchtet, sind die Versuche einer Inkulturation des Katholizismus in Indien auf den Gebieten der Liturgie, des Gebets und des religiösen Brauchtums. Hier stellen sich auch am ehesten die Fragen, wie weit eine Annäherung an hinduistische Vorstellungen und Bräuche gehen kann, ohne die Identität und Wahrheit des christlichen Glaubens zu tangieren. Da der *Islam* in den verschiedenen Ländern Asiens ein oft recht unterschiedliches Gesicht zeigt, stellt sich die Situation des christlich-islamischen Dialogs auch sehr verschieden dar. Im Vorderen Orient ist wegen der politischen Spannungen so gut wie kein Dialog möglich. In Indien dagegen gibt es zwischen Katholiken und Muslimen, die beide in unterschiedlicher Weise eine religiöse Minderheit darstellen, viele Berührungspunkte und gute Kontakte. Eine Vereinigung für islamische Studien (ISA) versucht, auf katholischer Seite die Dialogarbeit zu koordinieren. In Indonesien, dem zahlenmäßig stärksten islamischen Land der Welt, bestehen zwischen der katholischen Kirche und dem Islam viele langjährige Verbindungen, die in jüngster Zeit durch islamische Erneuerungsbewegungen gefährdet erscheinen. Dem christlich-islamischen Dialog auf den Philippinen kommt insofern eine besondere Bedeutung zu, weil die Philippinen das einzige Land darstellen, in dem die Katholiken mit 85 Prozent in der Mehrzahl sind. Belastet wird das Verhältnis zu den Muslimen, die 4 Prozent der Bevölkerung ausmachen, durch die politisch bestimmten Auseinandersetzungen. Die katholischen Bischöfe von Mindanao, wo die Mehrzahl der Muslime wohnt, bemühen sich, durch Hirtenbriefe, Studientage für Priester und Laien, durch Handreichungen für den christlich-islamischen Dialog das Verständnis für die Notwendigkeit einer Verständigung und Versöhnung mit den Muslimen zu verbreiten. Auch Johannes Paul II. hat bei seinem Besuch 1981 die Notwendigkeit dieses Dialogs unterstützt.
Als Dialogpartner begegnet der *Buddhismus* der katholischen Kirche in Asien in zwei Erscheinungsformen, die sich geographisch auf Südost-

asien für den Theravada-Buddhismus und Ostasien für den Mahayana-Buddhismus erstrecken. Auf Sri Lanka, dem Kernland des Theravada-Buddhismus, war die christlich-buddhistische Begegnung lange von der Hypothek des Kolonialismus belastet gewesen. Das nationale Priesterseminar in Kandy bemüht sich, in der Ausbildung der Priester Kenntnisse der Grundlehren des Buddhismus zu vermitteln, um die Priester für den Dialog vorzubereiten. Das Dialogzentrum „Tulana" hat zum Ziel, den Dialog unter den Fachleuten zu fördern und darüber hinaus konkrete Probleme der Entwicklung auf dem sozialen Sektor, die Katholiken und Buddhisten in gleicher Weise betreffen, zu behandeln. In Thailand hat das gute Verhältnis zwischen Katholiken und Buddhisten in jüngster Zeit durch Aktivitäten von buddhistischen Gruppen gelitten, die sich durch die Bemühungen um Inkulturation und Dialog seitens der katholischen Kirche bedroht sehen. In Ostasien ist Japan ein Zentrum des christlich-buddhistischen Dialogs geworden. Zu nennen sind Begegnungen mit dem Zen-Buddhismus, die zunächst von Missionaren (H. Enomiya-Lasalle, Heinrich Dumoulin, W. Johnston) begonnen und dann von Japanern (Oshida, Kadowaki, Okumura) aufgegriffen und weiterentwickelt wurden. Studienzentren für das Studium der Religionen und den Dialog in Tokio (Sophia Universität und Oriens Institut) und in Nagoya (Nanzan Institut) helfen, Grundlagen für den Dialog zu erarbeiten und den Austausch unter Fachleuten zu ermöglichen. Seit 1982 bemüht sich das „Nanzan Institut für Religion und Kultur" in Nagoya, die verschiedenen katholischen und protestantischen Zentren in Ostasien, die sich mit dem interreligiösen Dialog befassen, zu koordinieren. Neben regelmäßigen Treffen soll die Zeitschrift „Inter-Religio" die Zusammenarbeit verstärken. Enge Kontakte bestehen auch zur neubuddhistischen Sekte der Rissho Koseikai, die mit den Christen in der „Weltkonferenz der Religionen für den Frieden" (WCRP) eng zusammenarbeitet.

Bei der Vielzahl von Gesprächspartnern und den jeweils sehr verschiedenen örtlichen Gegebenheiten lassen sich nur sehr formal Gemeinsamkeiten in der Thematik des christlich-buddhistischen Dialogs aufzeigen. Bei den Fragen der Lehre geht es um die Problematik der Wiedergeburt, der Frage nach Gott, dem Leid und der Frage des Heils. In der Ethik geht es um die Beziehung zwischen der christlichen Liebe und dem buddhistischen Begriff des Mitleids. Starke Berührungspunkte ergeben sich auf dem Gebiet der Spiritualität, der Meditation und der Mystik. Besonders vielversprechend haben sich die Begegnungen zwischen christlichen und buddhistischen Mönchen entwickelt, die in Zusammenarbeit mit dem Sekretariat für die Nichtchristen veranstaltet wurden. 1979 waren Mönche aus der Tradition des Zen-Buddhismus für einige Wochen Gäste in verschiedenen Klöstern Westeuropas. 1983 unternahmen christliche Mönche einen ebenfalls mehrwöchigen Gegenbesuch in buddhistischen Klöstern in Japan. Auf der Grundlage des gemeinsamen Zusammenlebens im Rahmen einer bestimmten monastischen Tradition kam es zu sehr tiefgehenden Begegnungen.

2.3 Begegnung mit afrikanischer Kultur und Religiosität

Seit dem Beginn dieses Jahrhunderts ist die Anzahl der Katholiken in Afrika, vor allem in den schwarzafrikanischen Staaten, erstaunlich gewachsen. Dieser Missionserfolg, der zu 60 Millionen Katholiken (= 12 Prozent der Bevölkerung Afrikas) geführt hat, kann nicht darüber hinwegtäuschen, daß die katholische Kirche in Afrika immer noch ein sehr europäisches Gesicht trägt. Bei der geschichtlichen Verknüpfung der Missionierung mit der europäischen Kolonialisierung ist dies nicht eigentlich verwunderlich. In dem Maß, in dem die Verantwortung für die katholische Kirche in Afrika an afrikanische Bischöfe, Priester und Theologen übergegangen ist, mehren sich die Anstrengungen, der Kirche in Afrika ein afrikanisches Gesicht zu geben. Kardinal Malula von Kinshasa hat diese Aufgabe lapidar so umrissen: „Gestern noch haben die ausländischen Missionare Afrika christianisiert, heute werden die Schwarz-Afrikaner das Christentum afrikanisieren" (Paul Zoungrana, Afrikas Beitrag zur Theologie in der Kirche, Bibel und Kirche 1980, Heft 3, 78–89; 86).

1975 hat die Gesamtafrikanische Bischofskonferenz (SECAM) eine Inkarnation des Christentums in Afrika gefordert, die durch die Inkulturation der christlichen Botschaft in afrikanisches Gedankengut vorangebracht werden solle. Ausdrücklich lehnten die afrikanischen Bischöfe dabei eine Theologie der Anpassung – die missionsmethodische Adaptation – an afrikanische Bräuche und Vorstellungen als nicht ausreichend ab, um die geforderte Afrikanisierung zu erbringen. In der Umsetzung dieser Aufgabe der Inkulturation ist eine eigenständige afrikanische Theologie entstanden. In Schwarzafrika hat sie ethnologische und philosophische Vorarbeiten von Missionaren (z. B. der Bantu-Philosophie von P. Tempels) aufgegriffen und eigenständig weitergeführt. Ausgangspunkt für eine Beschäftigung mit den traditionellen afrikanischen Religionen ist die Frage nach der Bedeutung der Ahnen, deren religiöse Vorstellungen im Licht des eigenen christlichen Glaubens und einer Theologie der Religionen auf ihren Heilswert geprüft werden. Dabei geht es um die Untersuchung des Gottesbegriffes, von

Gebets- und Opfertexten, des Geisterglaubens und der religiösen Weltsicht gewöhnlich eines einzelnen Stammes oder Stammesverbandes, z. B. für die Moose in Bourkina Faso (G. M. Kalmogo) oder die Vodun in Benin (B. Adoukonou). Weit über Zaire hinaus bekannt geworden ist das Zentrum für Studien afrikanischer Religionen (CERA) an der katholischen Fakultät in Kinshasa, das systematisch die Begegnung mit afrikanischer Religiosität und Spiritualität sucht. Durch Publikationen und Fachkongresse fließen die Ergebnisse dieser Forschung in die theologische und pastorale Arbeit der katholischen Kirche in Afrika ein. Besonderes Gewicht kommt den vielen afrikanischen Unabhängigen Kirchen zu, die auf vielfältige Weise eine Verknüpfung und Verschmelzung von Christentum und afrikanischer Religiosität zeigen. Auf der einen Seite signalisieren sie der katholischen Kirche in Afrika die Dringlichkeit der Aufgabe einer Inkulturation des Christentums und weisen auf die Versäumnisse im Erscheinungsbild, in der Liturgie und der Pastoral der katholischen Kirche hin, die das Wachstum dieser Gruppen begünstigten. Zum anderen läßt sich an den Fehlformen und synkretistischen Verirrungen dieser Unabhängigen Kirchen ablesen, wohin eine zu starke Afrikanisierung ohne hinreichende theologische Reflexion führen kann. Ein großes Problem in der Begegnung der katholischen Kirche mit den traditionellen afrikanischen Religionen und der afrikanischen Kultur liegt darin, daß der Einfluß der Säkularisierung und Modernisierung die Bedeutung und Relevanz dieser authentisch afrikanischen Weltsicht immer mehr in Frage stellt. In Kreisen afrikanischer Theologen wird von einer „anthropologischen" und einer „kulturellen Armut" gesprochen, mit der die Verluste an menschlicher Identität und die kulturelle Verarmung in Afrika im Gefolge der kolonialen bzw. neokolonialen Ausbeutung, der politischen Mißwirtschaft, der wirtschaftlichen Abhängigkeit, der zunehmenden Verstädterung und Industrialisierung gekennzeichnet werden, die alle zusammen die Erreichung und Bewahrung einer afrikanischen Identität bedrohen.

Der christlich-islamische Dialog in Westafrika

In vieler Beziehung sehen sich Christen und Muslime in Westafrika in einer Konkurrenzsituation, weil sich beide Religionsgemeinschaften um die Gewinnung von Anhängern aus den traditionellen afrikanischen Religionen bemühen. Seit Jahren bemüht sich die Konferenz der regionalen Bischofskonferenzen in Westafrika (CERAO) trotz der örtlich oft gespannten Situation zwischen Christen und Muslimen, sich für Verständigung und Gespräch zwischen dem Christentum und dem Islam einzusetzen. Eine eigene Kommission für Fragen des christlich-islamischen Gesprächs koordiniert in den verschiedenen Ländern die Dialoganstrengungen, führt Schulungskurse durch und bemüht sich um Publikationen und Arbeitsmaterial für die Gemeinden. Der Titel einer dieser Arbeitshilfen „Kennst Du Deinen Bruder? — Für ein besseres Verstehen der Muslime in Afrika" kennzeichnet die Zielsetzung dieser Arbeit. Der Dialog mit den Muslimen in Westafrika stellt sich für die Christen als Notwendigkeit dar, da sie dort überall eine Minderheit bilden und mit muslimischen Nachbarn eng zusammenleben. Diesem „Dialog des Lebens", der leicht zu einem schiedlich-friedlichen Nebeneinanderleben ohne direkte religiöse Bezüge führen kann, steht der religiöse und theologische Dialog, der sich die Gemeinsamkeiten und Unterschiede zwischen Christen und Muslimen zum Thema setzt, gegenüber. Der Dialogbereitschaft der Katholiken seit dem Zweiten Vatikanischen Konzil entspricht auf muslimischer Seite nicht immer die gleiche Bereitschaft und Sachkompetenz. Trotz mancher Rückschläge und Enttäuschungen betonen die Bischöfe Westafrikas, daß es für die Katholiken aus theologischen und gesellschaftlichen Gründen keine Alternative zum Dialog geben kann.

2.4 Die Begegnung mit den Kulturen in Lateinamerika

Die Vollversammlung des lateinamerikanischen Episkopats in Puebla (1979) hat als eine der pastoralen Optionen der lateinamerikanischen Kirche „Die Evangelisierung der eigenen Kultur in Gegenwart und Zukunft" genannt (vgl. Schlußdokument von Puebla, No. 394–443). Wenn dabei von einer „lateinamerikanischen Kultur" gesprochen wird, so wird darunter die Mischkultur verstanden, die aus der Begegnung zwischen spanisch-potugiesischer Kultur mit den präkolumbianischen ursprünglich südamerikanischen Kulturen und den afrikanischen kulturellen und religiösen Einflüssen entstanden ist. Die Aufgabe, sich gegen die drohende Zerstörung kultureller Werte und kultureller Identität durch äußere Einflüsse oder verfremdende Nachahmung importierter Lebensformen zu wenden, wird von den Bischöfen Lateinamerikas neben die Aufgabe gestellt, die wirtschaftliche Ausbeutung und politische Unterdrückung zu bekämpfen. Die Ausrichtung der lateinamerikanischen Theologie in der Form der Befreiungstheologie hat den Akzent mehr oder weniger einseitig auf die sozio-ökonomischen Aspekte der Unterdrückung und entsprechend auch der Befreiung gerichtet. Schon in der Diskussion im Rahmen der Ökumenischen Vereinigung von Dritte-Welt-Theologen (EATWOT) ist den lateinamerikanischen Theologen von ihren afrikanischen und asiatischen Kollegen das Fehlen der kulturellen und religiösen Komponente bei der Untersuchung des Kontextes, in dem die Botschaft des Evangeliums in Lateinamerika verkündet werden muß, vorgehalten worden. Es ist daher kein Zufall, daß die lateinamerikanischen Bischöfe neben der „Option für die Armen", d. h. dem Einsatz für die soziale Gerechtigkeit, für Menschenrechte und Abbau von Ausbeutung, sich für die Evangelisierung der lateinamerikanischen Kultur engagieren. „Das allgemeine Ziel der Evangelisierung unserer lateinamerikanischen Kirche muß die ständige Erneuerung und Umformung unserer Kultur im Geiste des Evangeliums sein, d. h. das Evangelium muß die Werte und Maßstäbe der Kultur durchdringen, damit die Strukturen, in denen Menschen leben..., in vollerem Sinn menschlich werden" (Dokument von Puebla, No. 395).

Die Kirche in Lateinamerika sieht sich in der Auseinandersetzung mit Kräften des Kapitalismus und Liberalismus auf der einen und dem marxistischen Kollektivismus auf der anderen Seite. Als Gegengewicht gegen diese Kräfte, denen beiden gemeinsam ist, daß sie einen Säkularismus vertreten, setzt sich die Kirche für die Volksfrömmigkeit in Lateinamerika ein. Auch die Theologen in Lateinamerika entdecken in zunehmendem Maß die Volksfrömmigkeit als ernst zu nehmenden Faktor, der lange von den Eliten geringgeschätzt wurde. Diese Geringschätzung hat zu einem Anwachsen von autochthonen Kulturgruppen und Formen ursprünglich afrikanischer oder indianischer Religiosität (Condomblé, Vodu, Umbanda) geführt, ähnlich der Entstehung der Unabhängigen Afrikanischen Kirchen. Angesichts der Gefährdung des lateinamerikanischen Volkskatholizismus durch den Übergang von der Agrargesellschaft zur städtisch-industriellen Gesellschaft sieht die Kirche ihre Aufgabe in einer pastoralen Pädagogik, „durch welche der Volkskatholizismus vom Evangelium her aufgegriffen, geläutert, vervollständigt und wirkkräftig gemacht wird. ... Dazu ist eine Kenntnis der Symbole, der stummen, nicht-verbalen Sprache des Volkes erforderlich, damit es gelingt, in einem kraftvollen Dialog die Frohe Botschaft neu mitzuteilen" (Dokument von Puebla, No. 557).

2.5 Die Begegnung mit Ideologien: Der Dialog zwischen Christen und Marxisten

Bei der Begegnung der katholischen Kirche mit „den anderen" sollte eine Engführung auf die Begegnung der Kirche mit den nichtchristlichen Religionen, d. h. eine religiöse Engführung der Fragestellung, vermieden werden. Wenigstens mit einigen Bemerkungen sollte die Aufgabe des Gesprächs der Kirche mit den anderen Weltanschauungen und Ideologien am Beispiel des Dialogs zwischen Christen und Marxisten genannt werden. Am Anfang steht die klare Grenzziehung zwischen Christentum und Kommunismus, wie sie noch Pius XI. (1931) herausstellt, wenn er vom „Kommunismus als von einer in sich schlechten Weltanschauung" spricht. Die Phase der aktiven Begegnung wird zur Zeit des Zweiten Vatikanischen Konzils von Johannes XXIII. mit seiner Enzyklika „Pacem in terris" (1963) eingeleitet. Mit der dort getroffenen Unterscheidung, daß Philosophien zwar falsch und schlecht sein könnten, ihre Vertreter und die sich daraus ergebenden Programme und Aktionen nicht in gleicher Weise davon betroffen sein müßten, ergaben sich neue Gesprächsmöglichkeiten mit den Marxisten. In den Jahren 1965–1967 wurden von der Paulusgesellschaft in Salzburg, Chiemsee und Marienbad christlich-marxistische Gespräche geführt. Die hohen Erwartungen, die an diese Begegnungen von Theologen, Philosophen und Sozialwissenschaftlern geknüpft wurden, – auf der christlichen Seite engagierten sich Karl Rahner, Johann Baptist Metz u. a.; die marxistische Gruppe bestand aus Roger Garaudy, M. Prucha, Milan Machovec, L. Kolakowski u. a. – gingen parallel mit der Hoffnung auf einen „Sozialismus mit menschlichem Gesicht", wie sie der Prager Frühling geweckt hatte. Das militärische Eingreifen des Ostblocks in der Tschechoslowakei beendete diese Begegnungen zunächst. 1984 kam es in Ungarn wieder zu einer vorsichtigen Annäherung. Die 1968 begründete „Internationale Dialogzeitschrift" setzte unter der Schriftleitung von Herbert Vorgrimler noch einige Jahre die Bemühungen fort, das christlich-marxistische Gespräch am Leben zu erhalten. Ausgehend von einer Konferenz in Santiago 1972 gewann die Bewegung der „Christen für den Sozialismus" auf dem Hintergrund der Volksfrontregierung in Chile eine gewisse Bedeutung für Lateinamerika und darüber hinaus auch wieder für Europa, wo sie ursprünglich begonnen hatte. Für Lateinamerika bedeutsamer wurden aber die verschiedenen Formen der Befreiungstheologie, die in unterschiedlichem Maße in der Methode und Terminologie gewisse Anleihen an den Marxismus machten. Die „Option für die Armen" ist für viele gleichbedeutend mit einer Option für den Sozialismus, wobei offen bleibt, inwieweit damit ein Sozialismus marxistischer Prägung gemeint sein soll. Die politischen Veränderungen, die den Abbruch der Entspannungspolitik mit sich brachten, und die innerkirchliche Diskussion um die Befreiungstheologie haben das christlich-marxistische Gespräch sehr stark belastet. Es stellt sich wieder die Frage, inwieweit Christentum und Marxismus nicht doch zwei Gedankensysteme darstellen, die sich gegenseitig so in Frage stellen, daß eine Verständigung zwischen ihnen notwendig mit einer Aufgabe der Identität eines der beiden verbunden ist.

3. Die bleibende Spannung: Dialog und Mission

Man hat der Dialogbereitschaft der katholischen Kirche von innerhalb und mehr noch von außerhalb den Vorwurf gemacht, daß es sich hier um eine taktische Maßnahme handele. Da es der Kirche unter den gegebenen Umständen nicht mehr möglich sei, in direkter Missionsarbeit die anderen Weltanschauungen und Religionen zu überwinden, habe man sich zum Dialog entschlossen, um das gleiche Ziel nur mit anderen Mitteln zu erreichen. Wie wir gezeigt haben, liegen die Voraussetzungen für das Bewußtwerden der Bedeutung und Notwendigkeit des Dialogs durchaus auch in den äußeren Umständen, daß die verschiedenen Weltanschauungen und Religionen nicht mehr darauf hoffen oder daraufhinarbeiten können, einander durch Propaganda, einseitige Verkündigung und durch äußere Gewalt zu überwinden oder voneinander isoliert in getrennten Räumen zu existieren.
Theologisch liegen die Gründe für den Dialog aber wesentlich tiefer. Der Dialog gründet theologisch in der Geschöpflichkeit und der daraus resultierenden grundsätzlichen Gleichheit und Solidarität aller Menschen, die vom allgemeinen göttlichen Heilswillen umfangen sind. Am Beginn des Dialogs steht also die Annahme, in den anderen Religionen und Weltanschauungen Elemente der göttlichen Gnade zu finden, die unter Umständen in der eigenen Tradition verlorengegangen sind oder sich noch nie haben entwickeln können, so daß auch eine sich als universal verstehende Religion wie das Christentum durchaus im Vollzug des Dialogs lernen und sich bereichern kann, also nicht ausschließlich gebend oder lehrend ist. Ein echter Dialog übersteigt den einfachen Austausch von verschiedenen Meinungen, der letztlich unverbindlich bleibt, und zielt auf eine echte Begegnung von Überzeugungen und Glaubensentscheidungen, die unverkürzt und unverfälscht zur Darstellung und gegenseitigen Begegnung kommen sollen.
Missionarische Verkündigung und interreligiöser Dialog haben beide etwas Gemeinsames. Sie sind beide Zeugnis von der eigenen Glaubensüberzeugung, die dem anderen ohne Abstriche und in ihrer ganzen Fülle mitgeteilt wird. Es würde dem Dialog seine Herausforderung und Tiefe nehmen, wenn sich die Partner nur auf partielle Weise mitteilten und bewußt ganze Bereiche ihrer Glaubensüberzeugung aus dem Dialog ausklammerten. Die vorübergehende Erleichterung eines solchen Gespräches würde erkauft sein durch den Verlust an Wahrheit und da-

mit letztlich an Glaubwürdigkeit. Die Kirche kann im Dialog die Missionsverpflichtung nicht ausklammern. Sie wird sich aber bewußt sein müssen, in welcher Situation und unter welchen Umständen diese Verpflichtung sich auswirkt. Dann wird auch der Unterschied von missionarischer Verkündigung abgesetzt und vom Dialog deutlich unterschieden sein und bleiben. Bei der missionarischen Verkündigung handelt es sich um kerygmatisches Sprechen mit dem Ziel, den Adressaten der Botschaft von der Wahrheit zu überzeugen und ihn zur Annahme der eigenen Überzeugung zu bringen. Legitim kann man auf diese Weise nur sprechen, wenn der andere gezeigt hat, daß er in seiner bisherigen Glaubens- und Weltsicht unsicher geworden ist und daher von der Kirche „die Rechenschaft von ihrer Hoffnung" (1 Petr 3, 15) verlangt. Der Dialog dagegen ist eine Begegnung in gegenseitiger Achtung der Andersheit des anderen, die auf der Basis einer grundsätzlichen Gleichberechtigung stattfindet. Die bewußte Absicht, den anderen zur eigenen Überzeugung bewegen zu wollen, würde den Dialog sofort beenden.

Negativ läßt sich das Ziel des Dialogs so beschreiben: Es geht nicht um die Begründung einer „Welteinheitsreligion", die sich als synkretistisches Gebilde aus dem Verschnitt der verschiedenen religiösen Traditionen vielleicht erstellen ließe. Hier liegt eine klare Unterscheidung zum innerchristlichen ökumenischen Gespräch, das die „Einheit" (als „Einheit in Vielheit" oder als „versöhnte Verschiedenheit") zum Ziel hat. Da es sich beim Dialog um ein geistiges Wagnis handelt, um ein bewußtes Herausgehen aus dem festen Rahmen der eigenen Tradition, ist es auch gefährlich, die Ziele des Dialogs so eng zu fassen, daß eine geistige mögliche Entwicklung erst gar nicht stattfinden kann. Die Herausforderung des Dialogs liegt darin, die eigene geistige und religiöse Erfahrung mit den anderen zu teilen. Dadurch wird ein stärkeres Bewußtwerden der Eigenart des eigenen religiösen Weges geschenkt. Zugleich werden Ähnlichkeiten und Parallelen sichtbar. Es zeigt sich, daß geistige und religiöse Entwicklungen im Gebet, in der Mystik, in ethischen und asketischen Regeln Gesetzen folgen, die vielfach universal sind. Es wird auch deutlich, wie sehr die Beschreibung, das begriffliche Erfassen und Artikulieren dieser religiösen Überzeugungen und Erfahrungen differieren. Mit dem wachsenden Verständnis für die Vielfalt und Verschiedenheit der religiösen Traditionen kann dann auch die Ehrfurcht vor dem einen großen Geheimnis wachsen, das wir Christen „Gott und Vater Jesu Christi" nennen. Es werden sich weiter Möglichkeiten des gemeinsamen Einsatzes für den Aufbau einer menschlicheren Gesellschaft auf den Gebieten der Entwicklung, der Sozialarbeit und der sozialen Gerechtigkeit ergeben. Die Weiterentwicklung des Dialogs bleibt trotz aller Rückschläge und Angefochtenheit für die Zukunft offen. Die Kirche wird mit der Freiheit Gottes rechnen, der in seinem universalen Heilswillen alle Menschen sucht. In der eschatologischen Erwartung des Kommens der Herrschaft Gottes in Jesus Christus wird der Christ nicht anders können, als die endgültige Einheit der Menschen in Jesus Christus verwirklicht zu sehen. Für die „Zwischenzeit" bleibt aber die Verpflichtung für die Kirche, mit „allen Menschen guten Willens" zusammenzuarbeiten und gleichzeitig den Sendungsbefehl (Mt 28, 19 f.) zu erfüllen, allen Menschen die Botschaft zu bringen. Wie Petrus auf die Frage nach dem Schicksal von Johannes die Antwort bekam: „Was geht das dich an?", so können wir im Hinblick auf die anderen Religionen und Weltanschauungen formulieren: „Wenn ich will, daß sie bis zu meinem Kommen bleiben, was geht das dich an? Du aber folge mir nach!" (Joh 21, 22).

BIBLIOGRAPHIE

Achútegui, P. (Hrsg.), Towards a „Dialogue of Life", Ecumenism in the Asian Context, Manila 1975.
Bsteh, A. (Hrsg.), Der Gott des Christentums und des Islams, Mödling 1978.
Bsteh, A. (Hrsg.), Erlösung im Christentum und Buddhismus, Mödling 1982.
Bühlmann, W., Wenn Gott zu allen Menschen geht. Für eine neue Erfahrung der Auserwählung, Freiburg 1981.
Camps, A., Partners in Dialogue, Christianity and other World Religions, New York 1983.
Evers, G., Mission – Nichtchristliche Religionen – Weltliche Welt, Münster 1974.
Friedli, R., Fremdheit als Heimat, Auf der Suche nach einem Kriterium für den Dialog zwischen den Religionen, Freiburg 1974.
Fries, H. u. a. (Hrsg.), Jesus in den Weltreligionen. Kirche und Religionen: Begegnung und Dialog, Bd. 1, Sankt Ottilien 1981.
Fries, H. u. a. (Hrsg.), Heil in den Religionen und im Christentum. Kirche und Religionen: Begegnung und Dialog, Bd. 2, Sankt Ottilien 1982.
Hebblethwaite, P., The Christian-Marxist Dialogue and Beyond, London 1978.
Kasper, W. (Hrsg.), Absolutheit des Christentums, Freiburg 1977.
Küng, H. u. a., Christentum und Weltreligionen. Hinführung zum Dialog mit Islam, Hinduismus und Buddhismus, München–Zürich 1984.
Panikkar, R., The Interreligious Dialogue, New York 1978.

Rahner, K., Schriften zur Theologie, Einsiedeln 1954–1983, Das Christentum und die nichtchristlichen Religionen, V, 136–158; Weltgeschichte und Heilsgeschichte, V, 115–135; Die anonymen Christen, VI, 545–554.
Rousseau, R. W. (Hrsg.), Interreligious Dialogue, Scranton, PA, 1981.
Secretariatus Pro Non Christianis, Dialog und Mission. Die Haltung der Kirche gegenüber den Anhängern anderer Religionen. Erklärung vom 10. 5. 1984, Bulletin, 1984–XIX/2, 205–219.
Waldenfels, H., Absolutes Nichts. Zur Grundlegung des Dialogs zwischen Buddhismus und Christentum, Freiburg 1980.
Welte, B., Christentum und die Religionen der Welt, in: Böckle, F. u. a. (Hrsg.), Christlicher Glaube in moderner Gesellschaft, Bd. 26, Freiburg 1980, 39–126 (Literatur).

DIE KIRCHEN DER WELT

Herausgeber: D. *Hans Heinrich Harms*, Oldenburg; D. Dr. *Hanfried Krüger*, Frankfurt/M.; Dr. *Günter Wagner*, Zürich; D. Dr. *Hans-Heinrich Wolf*, Bochum. Diese Buchreihe bringt Selbstdarstellungen der wichtigsten christlichen Kirchen.

Bei Bezug der gesamten Reihe gilt der Subskriptionspreis.

Band III: *Die Altkatholische Kirche*
3. Aufl.
558 S., DM 56,– (Subskr.-Pr. 48,–)

Band IV: *Die Kirche von England* und die anglikanische Kirchengemeinschaft
258 S., DM 35,– (Subskr.-Pr. 30,–)

Band V: *Die Brüder-Unität*
288 S., DM 35,– (Subskr.-Pr. 30,–)

Band VI: *Der Methodismus*
348 S., DM 35,– (Subskr.-Pr. 30,–)

Band VII: *Die Pfingstkirchen*
380 S., DM 40,– (Subskr.-Pr. 35,–)

Band IX: *Die Kirche der Brüder*
220 S., DM 35,– (Subskr.-Pr. 30,–)

Band X: *Die unierten Kirchen*
376 S., DM 40,– (Subskr.-Pr. 35,–)

Band XI: *Der Kongregationalismus*
256 S., DM 35,– (Subskr.-Pr. 30,–)

Band XII: *Koptisches Christentum*
286 S., DM 40,– (Subskr.-Pr. 35,–)

Band XIII: *Die syrischen Kirchen in Indien*
222 S., DM 40,– (Subskr.-Pr. 35,–)

Band XIV: *Die Quäker*
237 S., DM 40,– (Subskr.-Pr. 35,–)

Band XV: *Die Evangelisch-Lutherische Kirche*. 2., neubearb. Aufl.
448 S., DM 48,– (Subskr.-Pr. 42,–)

Band XVI: *Die Kirche der Jünger Christi* (Disciples)
264 S., DM 48,– (Subskr.-Pr. 42,–)

Band XVII: *Die reformierten Kirchen*
400 S., DM 48,– (Subskr.-Pr. 42,–)

Band XVIII: *Die Kirchen Armeniens*
232 S., DM 48,– (Subskr.-Pr. 42,–)

Band I: *Die Orthodoxe Kirche in griechischer Sicht*, Band II: *Die Baptisten*, Band VIII: *Die Mennoniten* sind derzeit vergriffen.

In Vorbereitung befindet sich:
Band XIX: *Die Russische Orthodoxe Kirche*

EVANGELISCHES VERLAGSWERK FRANKFURT/M.